［明］张居正 著

張居正全集

【四】

集部
太岳集

長江出版傳媒

崇文書局

目录

卷十八 书牍五

卷十九 书牍六

卷二十二 书牍九

卷二十三　书牍十

卷二十七　书牍十四

卷三十四　文集六

卷三十五　文集七

卷三十六　文集八

卷四十　诗一

卷四十三　诗四

卷四十五　诗六

太岳集

孙大鹏　点校

卷一　奏疏一

陈六事疏

臣闻帝王之治天下，有大本，有急务。正心修身，建极以为臣民之表率者，图治之大本也。审几度势，更化宜民者，救时之急务也。大本虽立，而不能更化以善治，譬之琴瑟不调，不解而更张之，不可鼓也。

恭惟我皇上践祚以来，正身修德，讲学勤政，惓惓以敬天法祖为心，以节财爱民为务，图治之大本，既以立矣。但近来风俗人情，积习生弊，有颓靡不振之渐，有积重难反之几，若不稍加改易，恐无以新天下之耳目，一天下之心志。臣不揣愚陋，日夜思惟，谨就今之所宜者，条为六事，开款上请，用备圣明采择。

臣又自惟，幸得以经术遭逢圣主，备位辅弼，朝夕与同事诸臣，寅恭谐协，凡有所见，自可随事纳忠，似不必更有建白。但臣之愚昧，窃见皇上有必为之志，而渊衷静默，臣下莫能仰窥；天下有愿治之心，而旧习因仍，趋向未知所适。故敢不避形迹，披沥上陈，期于宣昭主德，而齐一众志，非有他也。伏乞圣慈垂鉴，俯赐施行。天下幸甚，臣愚幸甚！

计开：

一、省议论

臣闻天下之事，虑之贵详，行之贵力，谋在于众，断在于独。汉臣申公云："为治不在多言，顾力行何如耳。"臣窃见顷年以来，朝廷之间议论大多，或一事甲可乙否，或一人而朝由暮跖，或前后不觉背驰，或毁誉自为矛盾，是非淆于唇吻，用舍决于爱憎，政多纷更，事无统纪。

又每见督抚等官，初到地方，即例有条陈一疏。或漫言数言，或更置数官，文藻竞工，览者每为所眩，不曰"此人有才"，即曰"此人任事"。其实莅任之始，地方利病，岂尽周知？属官贤否，岂能洞察？不过采听于众口耳。读其词藻，虽若烂然，究其指归，茫未有效。比其久也，或并其自言者而忘之矣。即如昨年，皇上以虏贼内犯，特敕廷臣集议防虏之策。当其时，众言盈庭，群策毕举。今又将一年矣，其所言者，果尽举行否乎？其所行者，果有实效否乎？又如蓟镇之事，初建议者曰：吾欲云云；当事者亦曰：吾欲云云。曾无几何，而将不相能，士哗于伍，异论繁兴，讹言踵至，于是议罢练兵者，又纷纷矣。

臣窃以为事无全利，亦无全害；人有所长，亦有所短。要在权利害之多寡，酌长短之所宜，委任责成，庶克有济。今始则计虑未详，即以人言而遽行；终则执守靡定，又以人言而遽止。加之爱恶交攻，意见横出，逸言微中，飞语流传，寻之莫究其端，听者不胜其眩。是以人怀疑贰，动见诪张，虚旷岁时，成功难睹。语曰："多指乱视，多言乱听。"此最当今大患也。

伏望皇上自今以后，励精治理，主宰化机，扫无用之虚词，求躬行之实效。欲为一事，须审之于初，务求停当；及计虑已审，即断而行之，如唐宪宗之讨淮蔡，虽百方阻之，而终不为之摇。欲用一人，须慎之于始，务求相应；既得其人，则信而任之，如魏文侯之用乐羊，虽谤书盈箧，而终不为之动。

再乞天语丁宁部院等衙门：今后各宜仰体朝廷省事尚实之意，一切章奏务从简切，是非可否明白直陈，毋得彼此推诿，徒托空言。其大小臣工，亦各宜秉公持正，以诚心直道相与，以勉修职业为务。反薄归厚，尚质省文，庶治理可兴，而风格可变也。伏乞圣裁。

一、振纪纲

臣闻人主以一身而居乎兆民之上，临制四海之广，所以能使天下皆服从其教令，整齐而不乱者，纪纲而已。纲如网之有绳，纪如丝之有总。《诗》曰："勉勉我王，纲纪四方。"此人主太阿之柄，不可一日而倒持者也。

臣窃见近年以来，纪纲不肃，法度不行，上下务为姑息，百事悉从委徇。以模棱两可，谓之"调停"；以委曲造就，谓之"善处"。法之所加，唯在于微贱；而强梗者，虽坏法干纪，而莫之谁何。礼之所制，反在于朝廷；而为下者，或越理犯分，而恬不知畏。陵替之风渐成，指臂之势难使。贾谊所谓"蹠盭"者，深可虑也。

然人情习玩已久，骤一振之，必将曰："此拂人之情者也。"又将曰："此务为操切者也。"臣请有以解之：夫"徇情"之与"顺情"，名虽同而实则异；"振作"之与"操切"，事若近而用则殊。盖"徇情"，因人情之所同欲者而施之，《大学》所谓"民之所好好之，民之所恶恶之"者也。若"徇情"，则不顾理之是非，事之可否，而惟人情之是便而已。"振作"者，谓整齐严肃，悬法以示民，而使之不敢犯，孔子所谓"道之以德，齐之以礼"者也。若"操切"，则为严刑峻法，虐使其民而已。故情可顺不可徇，法宜严而不宜猛。

伏望皇上奋乾刚之断，普离照之明，张法纪以肃群工，揽权纲而贞百度。刑赏予夺，一归之公道，而不必曲徇乎私情；政教号令，必断于宸衷，而毋致纷更于浮议。法所当加，虽贵近不宥；事有所枉，虽疏贱必申。

仍乞敕下都察院，查照嘉靖初年所定宪纲事理，再加申饬，秉持公论，振扬风纪，以佐皇上明作励精之治。庶体统正，朝廷尊，而下有法守矣。伏乞圣裁。

一、重诏令

臣闻君者，主令者也；臣者，行君之令而致之民者也。君不主令，则无威；臣不行君之令而致之民，则无法，斯大乱之道也。臣看得旧规，凡各衙门章奏，奉旨有"某部看了来说"者，必是紧关事情，重大机务；有"某部知道"者，虽若稍缓，亦必合行事物，或关系各地方民情利病。该衙门自宜参酌缓急，次第题覆。至于发自圣衷，特降敕谕者，又与泛常不同，尤宜上紧奉行，事乃无壅。盖天子之号令，譬之风霆，若风不能动，而霆不能击，则造化之机滞，而乾坤之用息矣。

臣窃见近日以来，朝廷诏旨，多废格不行，钞到各部，概从停阁。或已题"奉钦依"，一切视为故纸，禁之不止，令之不从。至于应勘、应报，奉旨行下者，各地方官尤属迟慢。有查勘一事，而十数年不完者，文卷委积，多致沉埋；干证之人，半在鬼录。年月既远，事多失真。遂使漏网终逃，国有不伸之法；覆盆自若，人怀不白之冤。是非何由而明？赏罚何由而当？

伏望敕下部院等衙门：凡大小事务，既奉明旨，须数日之内，即行题覆。若事理了然，明白易见者，即宜据理剖断，毋但诿之抚按议处，以致耽延。其有合行议、勘、问、奏者，亦要酌量事情缓急，道里远近，严立限期责令上紧奏报。该部置立号簿，登记注销，如有违限不行奏报者，从实查参，坐以违制之罪。吏部即以此考其勤惰，以为贤否，然后人思尽职，而事无壅滞也。伏乞圣裁。

一、核名实

臣闻人主之所以驭其臣者，赏罚用舍而已。欲用舍赏罚之当，在于综核名实而已。臣每见朝廷欲用一人，当事者辄有乏才之叹。窃以为古今人才，不甚相远。人主操用舍予夺之权，以奔走天下之士，何求而不得？而曰世无才焉，臣不信也。惟名实之不核，拣择之不精，所用非其所急，所取非其所求，则上之爵赏不重，而人怀侥幸之心。牛骥以并驾而俱疲，工拙以混吹而莫辨。才恶得而不乏，事恶得而有济哉？

臣请略言其概：夫器必试而后知其利钝，马必驾而后知其驽良。今用人则不然。称人之才，不必试之以事；任之以事，不必更考其成；及至偾事之时，又未必明正其罪。椎鲁少文者，以无用见讥；而大言无当者，以虚声窃誉。倜傥优直者，以忤时难合；而脂韦逢迎者，以巧宦易容。其才虽可用也，或以卑微而轻忽之；其才本无取也，或以名高而尊礼之。或用一事之善，而终身借之以为资；或以一动之差，而众口訾之以为病。加以官不久任，事不责成，更调太繁，迁转太骤，资格太拘，毁誉失实。且近来又有一种风尚：士大夫务为声称，舍其职业，而出位是思。建白条陈，连编累牍。至核其本等职业，反属茫昧。主钱谷者，不对出纳之数，司刑名者，未谙律例之文。官守既失，事何由举？凡此皆所谓名与实爽者也。如此则真才实能之士，何由得进？而百官有司之职，何由得举哉？故臣妄以为世不患无才，患无用之道。如得其道，则举天下之士，唯上之所欲为，无不应者。

臣愿皇上慎重名器，爱惜爵赏。用人必考其终，授任必当其当。有功于国家，即千金之赏，通侯之印，亦不宜吝；无功国家，虽饔飧之微，敝袴之贱，亦勿轻予。

仍乞敕下吏部：严考课之法，审名实之归。遵照祖宗旧制，凡京官及外官，三、六年考满，毋得概引复职，滥给恩典，须明白开具"称职"、"平常"、"不称职"以为殿最。若其功过未大显著，未可遽行黜陟者，乞将诰敕、勋阶等项，酌量裁与，稍加差等，以示激劝。至于用舍进退，一以功实为准。毋徒眩于声名，毋尽拘于资格，毋摇之以毁誉，毋杂之以爱憎，毋以一事概其平生，毋以一眚掩其大节。在京各衙门佐贰官，须量其才器之所宜者授之，平居则使之讲究职业，赞佐长官；如长官有缺，即以佐贰代之，不必另索。其属官有谙练故事，尽心官守者，九年任满，亦照吏部升授京职，高者即转本衙门堂上官。小九卿堂官品级相同者，不必更相调用。各处巡抚官，果于地方相宜，久者，或就彼加秩，不必又迁他省。布、按二司官，如参议久者，即可升参政；金事久者，即可升副使：不必互转数易，以兹劳扰。如此，则人有专职，事可责成，而人才亦不患其缺乏矣。此外如臣言有未尽者，亦乞敕下该部，悉心讲求，条例具奏。伏乞圣裁。

一、固邦本

臣闻帝王之治，欲攘外者，必先安内。《书》曰："民为邦本，本固邦宁。"自古虽极治之时，不能无夷狄、盗贼之患。唯百姓安乐，家给人足，则虽有外患，而邦本深固，自可无虞。唯是百姓愁苦思乱，民不聊生，然后夷狄、盗贼乘之而起。盖"安民可与行义，而危民易与为非"，其势然也。

恭惟皇上嗣登大宝，首下蠲恤之诏，黎元忻忻，方切更生。独昨岁以元年蠲赋一半，国用不足，又边费重大，内帑空乏，不得已差四御史分道督赋，三都御史清理屯盐，皆一时权宜，以佐国用之急，而人遂有苦其搜括者。臣近日访之外论，皆称不便。缘各御史差出，目睹百姓穷苦，亦无别法清查，止将官库所储尽行催解，以致各省库藏空虚。水旱灾伤，视民之死而不能赈；两广用兵，供饷百出而不能支。是国用未充，而元气已耗矣。

臣窃以为天之生财，在官在民止有此数。譬之于人，禀赋强弱，自有定分。善养生者，唯撙节爱惜，不以嗜欲戕之，亦皆足以却病而延寿。昔汉昭帝承武帝多事之后，海内虚耗，霍光佐之，节俭省用，与民休息，行之数年，百姓阜安，国用遂足。然则与其设法征求，索之于有限之数以病民，孰若加意省俭，取之于自足之中以厚下乎？

仰惟皇上即位以来，凡诸斋醮、土木、淫侈之费，悉行停革，虽大禹之克勤克俭，不是过矣。然臣窃以为矫枉者必过其正，当民穷财尽之时，若不痛加省节，恐不能救也。伏望皇上轸念民穷，加惠邦本，于凡不急工程，无益征办，一切停免，敦尚俭素，以为天下先。

仍乞敕下吏部，慎选良吏，牧养小民。其守令贤否殿最，惟以守己端洁，实心爱民，乃与上考称职，不次擢用；若但善事上官，干理簿书，而无实政及于百姓者，虽有才能干局，止与中考；其贪污显著者，严限追赃，押发各边，自行输纳，完日发遣发落，不但惩贪，亦可以为实边之一助。

再乞敕下户部，悉心讲求财用之所日匮者，其弊何在？今欲措理，其道何由？今风俗侈靡，官民服舍俱无限制。外之豪强兼并，赋役不均，花分、诡寄，恃顽不纳田粮，偏累小民；内之官府造作，侵欺冒破，奸徒罔利，有名无实。各衙门在官钱粮，漫无稽查，假公济私，官吏滋弊。凡此皆耗财病民之大者。若求其害财者而去之，则亦何必索之于穷困之民，以自耗国家之元气乎？

前项催督御史事完之后，宜即令回京，此后不必再差，重为地方之病。其屯盐各差都御史，应否取回别用，但责成于该管抚按，使之悉心清理。亦乞敕下该部，从长计议，具奏定夺。

以后上下唯务清心省事，安静不扰，庶民生可遂，而邦本获宁也。伏乞圣裁。

一、饬武备

臣惟当今之事，其可虑者，莫重于边防；庙堂之上，所当日夜图画者，亦莫急于边防。迩年以来，虏患日深，边事久废。比者屡蒙圣谕，严饬边臣，人心思奋，一时督抚将领等官，颇称得人。目前守御，似亦略备矣。然臣以为虏如禽兽然，不一创之，其患不止。但战乃危事，未可易言，须从容审图，以计胜之耳。

今之上策，莫如自治。而其机要所在，惟在皇上赫然奋发，先定圣志。圣志定，而怀忠蕴谋之上，得效于前矣。今谭者皆曰："吾兵不多，食不足，将帅不得其人。"臣以为三者皆不足患也。夫兵不患少而患弱，今军伍虽缺，而粮籍具存。若能按籍征求，清查影占，随宜募补，着实训练，何患无兵？捐无用不急之费，并其财力，以抚养战斗之士，何患无财？悬重赏以劝有功，宽文法以伸将权，则忠勇之夫，孰不思奋，又何患于无将？臣之所患，独患中国无奋励激发之志，因循怠玩，姑务偷安，则虽有兵食良将，亦恐不能有为耳。故臣愿皇上急行自治之图，坚定必为之志；属任谋臣，修举实政；不求近功，不忘有事；熟计而审行之，不出五年，虏可图矣。

至于目前自守之策，莫要于选择边吏，团练乡兵，并守墩堡，令民收保。时简精锐，出其空虚以制之。虏即入犯，亦可不至大失。此数者，昨虽已经阁部议行，臣愚犹恐人心玩愒日久，尚以虚文塞责。伏乞敕下兵部，申饬各边督抚，务将边事，着实举行。俟秋防毕日，严查有无实效，大行赏罚，庶沿边诸郡，在在有备，而虏不敢窥也。

再照祖宗时，京营之兵数十万，今虽不足，尚可得八九万人，若使训练有方，亦岂尽皆无用？但士习骄惰，法令难行，虽春秋操练，徒具文耳。臣考之古礼及我祖宗故事，俱有大阅之礼，以习武事而戒不虞。今京城内外，守备单弱，臣常以为忧。伏乞敕下戎政大臣，申严军政，设法训练。每岁或间岁季冬农隙之时，恭请圣驾亲临校阅，一以试将官之能否，一以观军士之勇怯。有技艺精熟者，分别赏赍；老弱不堪者，即行汰易。如此，不惟使辇毂之下常有数万精兵，得居重驭轻之道，且此一举动，传之远近，皆知皇上加意武备，整饬戎事，亦足以伐狂虏之谋，销未萌之患，诚转弱为强之一机也。伏乞圣裁。

（奉圣旨：览卿奏，俱深切实务，具见谋国忠恳。该部院看议行。）

请册立东宫疏

臣闻太子者，国之大本，君之储贰。自昔圣帝明王，莫不早建元良，豫定储位，所以尊宗庙，重社稷也。

臣昔侍藩邸，窃闻皇子聪明岐嶷，睿质凤成。我皇上茂膺天眷，笃生圣子，中外人心咸切仰戴。去岁皇上登极之初，礼官即疏请册立。伏奉圣谕：以皇子年尚幼，先赐名而后册立。臣有以见皇上慎重大礼之意。但人心属望已久，大计亦宜早定。

查得我祖宗故事，宣宗以宣德三年立英宗为皇太子，时年二岁；宪宗以成化十一年立孝宗为皇太子，时年六岁；孝宗以弘治五年立武宗为皇太子，时尚未周岁也。今皇子年已六岁，比之孝庙年适相符，较之英、武两朝，则已过其期矣。伏望皇上率由祖宗之旧章，深惟社稷之长计，以今首春吉旦，敕下礼官，早正储宫之位，以定国本，以慰群情。至于出阁请学，及一应朝贺等礼，稍俟数年，皇子睿体充实，然后举行，亦未为迟。臣愚昧，荷皇上恩遇，列在辅臣之末，事关宗社，不敢不尽其愚。伏惟圣慈，俯允实行，天下幸甚。

（奉御批：礼部本上，允行。）

请宥言官以彰圣德疏

昨，该吏科给事中石星，疏陈时政，冒犯天威。伏奉御批："石星这厮恶言讪上，好生无理，着锦衣卫拿在午门前，着实打六十棍。为民当差，不许欺纵！"

臣一闻此旨，不胜惊骇。仰惟皇上圣德宽弘，天覆地载。即位以来，敬大臣，礼群臣，矜不能，赦小过。至于言官论事，往往曲赐含容，未尝轻加罪责。今一旦有此处分，不知石星所言何事？致触圣怒如此。今日于该科取其原本观之，乃知石星所言，委为狂妄，不知事体。如鳌山灯，在正月二十间已即撤去；皇上于宫中游宴，一切减省，在廷之臣方切仰瞻，而星乃信其误闻，辄肆诬诋。至于经筵日讲，已奉钦依，择日举行；陆凤仪差写圣谕，已奉旨处分，不许救扰，而星乃哓哓焉复以为言。此其狂愚无识，恣肆妄言，在星诚为有罪，而在皇上亦有不能忍受者矣。但臣惓惓之愚，窃以为科道乃朝廷耳目之官，职司纠正，必平日养其刚正之风，宽其触冒之诛，而后遇事敢言，无所畏避，四方利弊得以上闻。我皇上登极之初，特下明诏，广求直言。故大小臣工，莫不幸际昌辰，遭逢明主，凡有一得之愚，皆愿献于阙下。今若因此一事，将石星遂加重遣，四方闻之，必谓朝廷求言，特虚文耳；转相告诫，以言为讳。虽有忠言谠论，四方利病，谁肯为朝廷言者？石星一人固不足惜，然因此折言官之气，开忌讳之门，则于圣朝从谏之盛美，岂不有亏？明诏求言之初意，岂不相背哉？且自古顺耳之言易从，逆耳之言难听。于逆耳难受之言，而能曲容之，乃为盛德。

臣追思皇上昔在藩邸，臣因进讲汉光武杀直臣韩歆事，反覆开导，言人臣进言之难。叹惜光武以明圣之主，不能容一韩歆，书之史册，为盛德之累。荷蒙皇上改容倾听。又于宫中，御书"文武献纳"四字，置之坐侧。是皇上因臣之言，有所感悟，而欲广纳忠谋，以追尧、舜之治也。今一闻直言，遂尔加罪，则皇上昔时所以感悟于臣言者，其心为何如哉？

臣又访得石星，原任行人，去年十月间，始选为给事中。草野之人，少不更事，乍被选用，职司言责，不量浅深，急于图报，故发言狂妄如此。原其本心，实亦无他。今既杖之于朝，则妄言者已知所警，乃又尽褫其职，发为编氓，臣窃以为过矣。今大臣皆持禄养交，莫肯尽言；谏官皆慑于天威，不敢申救。人臣缄默苟容，恐非国家之福。臣受国家厚恩，备位辅导，有股肱心膂之托，诚不愿皇上有此过举。伏望圣慈，哀悯狂愚，曲示宽宥，将石星召还原职，或谪降外任，以倡敢言之风，以开自新之门。则言者之狂妄，益无以解于天下之公恶。而皇上包容直臣之美，宥过赦罪之仁，将垂之万世而有光矣。

（留中。）

请停取银两疏 阁中公本

昨者，恭睹圣谕，钦取户部银三十万两。随该户部奏称：边费重大，国用不足，欲乞圣明停止取用等因。

奉御批：已有旨了。

臣等看得：祖宗朝国用、边饷俱有定额，各处库藏尚有赢余。自嘉靖二十九年，虏犯京师之后，边费日增，各处添兵添马，修堡修城，年例犒赏之费，比之先朝，数几百倍，奏讨请求，殆无虚日。加以连年水旱灾伤，百姓征纳不前，库藏搜括已尽。

臣等备查御览揭帖，计每岁所入，折色钱粮及盐课、赃赎事例等项银两，不过二百五十余万，而一岁支放之数，乃至四百余万，每年尚少银一百五十余万，无从措处。生民之骨血已罄，国用之费出无经。臣等日夜忧惶，计无所出。方与该部计议设处，支持目前，尚恐不给。若又将前项银两取供上用，则积贮愈虚，用度愈缺，一旦或有饥荒、盗贼之事，何以应之？该部所以恳切具奏，诚事势穷蹙，有万不得已者也。

仰惟皇上嗣登大宝，屡下宽恤之诏，躬身节俭，以先天下。海内忻忻，方幸更生。顷者以来，买办渐多，用度渐广，当此缺乏之际，臣等实切隐忧，辄敢不避烦渎，披沥上请。伏愿皇上俯从该部之言，将前项银两免行取进。仍望念国储之日乏，怀俭德之永图，节赏赉以省财用，停买办以宽民力。如上供之费，有必不可已者，照祖宗旧制，止于内库取用。至于该部所储，专以备军国重大之费，庶国可以渐裕，而民力可以少苏也。臣等无任惶悚陨越之至。

（御批：朕览卿等所奏，户部银两缺乏，内库亦缺银两，朕方取。既这等说，且取十万来。卿等传示，不必再来奏扰。）

请宥言官疏_{公本}

本月十一日，臣等在阁办事，忽闻御史詹仰庇以言事忤旨，命锦衣卫拿在午门前，打一百棍，发为民。臣等不胜惊愕。缘此本未经发票，不知所言何事，至于触犯圣怒如此。

昨于该科查问原本，乃知奏内，以清查内官监钱粮末后一段，有再照等语，词涉狂妄，致干谴责，乃其自取，臣等何敢党护，复行奏扰？但惟朝廷设耳目之官，正欲其每事匡正，有所裨益；即或有所触犯，亦必曲赐含容，以养其刚直之气，然后遇事敢言，无所畏避。若谴怒重加，摧折过甚，将使谏臣丧气，箝口不言。倘国家有大利害，朝廷有大奸恶，谁敢复为皇上言者乎？且臣等再三参详仰庇疏意，止因该监钱粮未明，欲行清查，以资国用。原其本心，实亦无他。若以其出言狂躁而罪之，或量为罚治，亦足惩戒。乃杖之于朝廷之上，尽褫其官，似为少重矣。

比见九卿、科道诸臣，皆向臣等言，皇上天性宽仁，即位以来，敬大臣，体群臣，矜不能，赦小过。即一二言官，有言及乘舆者，亦未尝辄加罪责。乃今仰庇以指摘内监一事，遂赫然震怒，有此处分，似非皇上平日所以优容言官之意。责臣等职居辅导，坐视不救，臣等无以应之，深切惶悚。查得：隆庆元年该吏科都给事中胡应嘉，以建言得罪，奉旨为民；随蒙天恩矜宥，改从降调。至今大小臣工，无不称颂。如蒙圣慈，哀矜狂愚，敕下吏部，查照应嘉事例，将仰庇量调外任，或降边方杂职，令其省改图报。则我皇上天宽地容之量，赦过宥罪之仁，将传之万世而有光矣。

臣等又惟言路之通塞，实天下治忽所关。我圣祖有训，凡天下利病，许诸人直言无隐。所以防壅蔽，而杜奸萌也。伏望皇上，今后凡臣下有建白条陈，悉发下臣等看详，有可采者，即望嘉纳施行；或有妄言无当，不知忌讳者，亦乞俯赐包容，以倡敢言之气，杜欺蔽之端。庶下情无壅，而治道可兴也。臣等无任恳切祈望之至。

（奉御批：知道了。该衙门知道。）

再乞酌议大阅典礼以明治体疏

近，该南京刑科给事中骆问礼奏称：大阅古礼非今时所急，不必仰烦圣驾亲临等因。

缘臣于去年七月条陈六事，内一款"饬武备"中议及前事，荷蒙圣明采纳允行。原臣本意，止以京营戎务废弛日久，缓急无备。先年虽屡经言官建白，该部题"奉钦依"，厘革整饬，迄今数十余年，竟无成效。臣窃以为国之大事在戎，今人心懈惰如此，若非假借天威，亲临阅视，不足以振积弱之气，而励将士之心。

又自皇上御极以来，如耕耤以示重农之意，视学以彰崇儒之美，一二大典礼皆已次第举行，则大阅之礼，亦古者圣王诘兵治戎、安不忘危之意，且稽之列圣《实录》，在祖宗朝亦间有行者，遂尔冒昧具奏上请。其意但欲借此以整饬戎务，振扬威武而已。然自臣原疏观之，此不过"饬武备"中之一事，其惓惓纳忠之意，委不在此。揆之当今时务，委非所急。

今骆问礼欲乞皇上先其所急，留神万机，以励庶职，此诚根本切要之论。又谓衅端宜防，巡幸宜谨，尤为计虑深远，非臣浅陋所及。臣闻人臣进言于君，不必其说之尽行；事有至当之论，不必其初之为是。况臣职忝辅导，一言一动，务合天下之公，尤不宜拂众论而执己见以为是也。伏乞敕下该部，再加详议，如果事体未便，不必另议停止。夫始以为可行而行之，继以当止而止之，唯求以便于国家耳，辅臣、科臣之言何择焉！臣若不自言之，该部无从酌议。辄敢冒昧渎奏，伏乞圣明俯览愚诚，不胜幸甚。

（奉御批：该部看了来说。）

请皇太子出阁讲学疏公本

昨，该礼部、礼科题请东宫出阁讲学，臣等拟票，择日具仪。奉御批："年十龄来奏。"此我皇上保爱东宫，不欲以讲学劳之也。臣等敢不仰体圣心！但窃闻孔子有云："爱之能勿劳乎？"劳之正所以成其爱也。远稽古礼，近考祖制，皆以八岁就学。盖人生八岁，则知识渐长，情窦渐开，养之以正，则日就规矩；养之不正，则日就放逸，所关至重也。故周成王在襁褓之中，即周、召、太公为之师保，为之置三少，为之选天下之端士，以卫翼之。自孩提有识，即见正事，闻正言，而成王为有周之令主，良有以也。

敬惟东宫殿下，英明天锡，睿知夙成。今已八龄，非襁褓矣。正聪明初发之时，理欲互胜之际，必及时出阁，遴选孝友敦厚之士，日进仁义道德之说，于以开发其知识，于以薰陶其德性。庶前后左右所与处者皆正人，出入起居所见闻者皆正事。作圣之基，以豫养而成；天下之本，以早教而端也。若必待十龄，去此尚有二年之远，中间倘所见所闻，少有不正，则关系匪轻。早一日，则有一日培养之益；迟一年，则少一年进修之功。惟皇上深省焉。

　　臣等职叨辅导，义不容默。用是不避烦渎，恳切陈请，恭候命下。臣等会同礼部，酌议简便仪注，上请钦定施行。伏望圣明，俯赐俞允。

　　隆庆四年正月二十日上。

　　（留中。）

卷二 奏疏二

谢召见疏

先该臣以祇役山陵回还，中暑致病，具奏请假调理。本月十九日辰刻，忽闻中使传奉圣旨，宣召臣入。皇上御平台，命臣至宝座前，亲涣玉音云："先生为父皇陵寝，辛苦受热。"又以国家事重，命臣只在阁调理，不必给假。臣叩头承旨讫。复奉皇上亲谕云："凡事要先生尽心辅佐。"且追述先帝之言，加以忠臣之奖。臣感激涕零，不能仰视。因伏奏："臣叨受先帝厚恩，亲承顾命，敢不竭力尽忠，以图报称。方今国家要务，惟在遵守祖宗旧制，不必纷纷更改。至于讲学亲贤，爱民节用，又君道所当先者，伏望圣明留意。"蒙皇上亲答云："先生说的是。"臣又奏："目今天气盛暑，望皇上在宫中，慎起居，节饮食，以保养圣躬，茂膺万福。"蒙皇上亲答云："知道了。与先生酒饭吃。"随颁赐银五十两，纻丝四表里，内蟒龙、斗牛各一匹。臣叩头祇谢而出。钦此。

臣窃惟召见辅臣，乃祖宗朝盛事。先帝临御六年，渊穆听政，屡经群臣奏复，俱未蒙赐允。天下臣民，仰望此举，殆非一日。我皇上甫登宝位，方在妙龄，即慨然发自渊衷，修明旷典，此诚上下交泰之期，宗社万年之福也。而臣愚乃得首逢其盛，可不谓非常大幸哉！但念臣起自草茅，行能无取，当先帝践阼之初，即拔置密勿之地；及龙驭上宾之日，又恭承凭几之言。兹遇皇上绍统凝基，更新理化。自揣位高才薄，方欲以不能而止。而皇上乃曲怜旧物，俯鉴朴愚，特御内台，宣臣入见，得以密迩天光，亲聆温奖。

夫恭阅山陵，臣之分也。而皇上以父皇之重，过悯其劳，俾之在阁调理。代言备问，臣之职也。而仓卒奏对之言，皆蒙优纳；而禁帑骈藩之锡，尤出常规。以上异恩，有一于此，皆足为当世希艳；而臣愚一旦兼得之，其何以仰答眷知、副此千载一时之盛际哉！

臣闻古所称为辅弼大臣者，在于赞成君德，乂安海内，责任甚巨，固非臣愚所能称塞上意。而人臣之道，必秉公为国，不恤其私，乃谓之忠。臣少受父师之训，于此一字，讲明甚熟。迨登仕籍以来，业业操持，未尝有坠。今伏荷皇上天语谆谆，恩若父子，自非木石，能不奋励。臣之区区，但当矢坚素履，罄竭猷为。为祖宗谨守成宪，不敢以臆见纷更；为国家爱养人才，不敢以私意用舍，此臣忠皇上之职分也。仍望皇上思祖宗缔造之艰，念皇考顾遗之重，继今益讲学勤政，亲贤远奸，使宫府一体，上下一心，以成雍熙悠久之治。臣愚幸甚！天下幸甚！

（奉圣旨：览卿奏谢。知道了。礼部知道。）

两宫尊号议

今日伏蒙皇上召臣至平台，面谕臣曰："皇后是朕嫡母，皇贵妃是朕生母，尊号上先生可多加几字。钦此。"

臣仰见我皇上大孝根心，纯切恳至。臣连日方欲以此上请，但以大行皇帝尊谥大礼尚未告成，故未敢衔请。兹蒙面谕，臣不胜悚仄。恭惟圣母皇后，俪体先帝，表正宫闱；圣母皇贵妃，诞毓圣躬，翊宣坤教。恩隆罔极，德并无疆，诚宜各极其尊称，乃可仰慰乎圣孝。但系国家重大典礼，臣之愚昧，岂敢擅专？伏乞敕下礼部，会同多官，参考前代礼文，仰稽祖宗故事，议拟具奏。容臣再加斟酌，上请圣裁，庶足以光昭一代之盛典，仰成皇上之大孝乎！

（奉圣旨：礼部会同多官，议拟来说。）

谢赐玉带疏

今日该文书官尚文口传圣旨:"先生忠心为国,特赐光素玉带一围。"赍捧到阁,臣谨叩头祗领讫。

伏念臣猥以虚庸,早参密勿。属真主龙飞之始,首文僚振鹭之班。依乘偶会于风云,遇合深投于鱼水。皇上念臣才虽犹众,心实无他。尝恭承凭几之言,可不孤负扆之托。内台赐见,两厘纶绰之温谆;中禁分珍,屡拜筐筐之稠叠。岂期异数,洊逮微踪,奖以忠心,已荷只字衮褒之重;锡之鞶带,更惊万钉玉质之辉。追琢其章,温润而栗。龙精炳朗,涣颁宠逾于缁衣;虹彩纷纶,祗玩光腾于紫阁。顾惟谫质,冒此殊恩。感奚啻于九迁;惧实深于三襫。臣谨当比德于玉,用书诸绅。道不下视而自存,必匪躬乃可报主;带则有余而若砺,一举手不敢忘君。惟俯殚犬马之忧,庶仰答乾坤之造。

看详礼部议两宫尊号疏

伏蒙发下礼部一本,内称会议两宫尊号,谓:"前代礼文,典制不同,称谓无据。"仰稽我祖宗旧典,惟天顺八年,宪宗皇帝尊嫡母皇后为慈懿皇太后,生母皇贵妃为皇太后,则与今日事体,正为相同。但于嫡母特加二字,而于生母止称皇太后,则尊尊亲亲之别也。然今恩德之隆,既为无间,则尊崇之礼,岂宜有殊?且臣居正恭奉面谕,欲兼隆重其礼,各官仰体孝思,亦皆乐为将顺。今拟两宫尊号,于皇太后之上各加二字,并示尊崇。庶于祖制无愆,而于圣心亦慰。

又谓先朝母后徽称,有加至四字、六字、八字者,皆因朝廷有大庆典,以渐致隆,如大婚礼成、诞生皇子之类。其初则止于二字,乃定制也。今圣母福寿无疆,皇上万年御历,将来吉祥喜庆之事,将层见叠至,尊号徽称,有加无已,固不在此时之骤增也。臣居正愚昧,仔细看详各官所拟,揆之情理,似为允当。伏望圣明裁酌,俯从众议。先期奏闻二圣母,并加尊称,以成大孝。

（礼部奉圣旨：这典礼既经多官会议停当，两圣母徽号依拟，于"皇太后"之上并加二字，以尽朕尊尊亲亲至情。内阁拟来看。）

请谕戒边臣疏

臣看得北虏连年款塞，目前虽若安宁，然虏情叵测，戒备宜谨。况今国有大故，或启戎心。隆庆元年之事，可为鉴戒。臣愚伏望特敕兵部，令其行文各边总督、镇、巡等官，秋防在迩，比常务要倍加儆备，庶可永保无虞。亦以见皇上临御之初，留心边事，盖鼓舞振励之一机也。臣谨拟敕稿上进，伏乞圣明裁定，发下书写，于初六日早朝发行。

皇帝敕谕兵部：朕荷皇天眷命，嗣承大统，内治既定，外备宜严。目今边患虽宁，未可视为无事。尔兵部便行文与各边总督、镇、巡等官，秋防伊迩，今岁事体比之常年，倍宜谨备。选将练兵、积饷修守等项事务，都要着实举行。如有因循怠玩、沿习旧套以致偾事的，都拿来治以重罪，决不轻宥。你部里亦要常差的当人员，侦探边事虏情，从实奏报，以俟朝廷处画。如或朦胧误事，一体重治不饶。钦哉！故谕。

遵谕自陈不职疏

该吏部、都察院节奉圣谕："朕初嗣大位，欲简汰众职，图新治理。两京六部等衙门四品以上官，俱著自陈，去留取自上裁。钦此。"

臣仰惟皇上涣发德音，式序在位，欲剔瑕蠹，以新化理，意义甚盛。然臣愚窃以为官有崇卑，则称有难易；任有大小，则责有重轻。今百司庶府之官，所分理者一事耳，即有不称，亦不过一肢病耳。若阁臣之职，上以辅养君德，赞理万几；下以表率百僚，兼综庶务。一有不称，则化机为之壅室，庶事为之隳坠，其为害岂特一肢之病而已哉！臣徽时厚幸，受先帝付托之重，荷皇上知遇之隆，非不欲捐糜此身，以图报答。奈臣性质暗昧，学术空疏。虽不敢逞小智以紊旧章，而综理剧繁，力有不逮。虽不敢昵私交以树党与，而老成英俊，荐拔未周。虽不敢怙权势以便身图，而水旱盗贼之时闻，吏治民风之未善。徒切忧惶，一筹罔效，是臣奉职无状之明验，可见于此矣。乃滥竽政府，六年于兹。品秩骤躐于孤卿，封荫屡叨于前后。则今阁臣之中，冒幸忝窃者，又莫甚于臣也。夫易一榱，不若得一栋；评众臣，不若简柄臣。今皇上于百司庶府之官，既已一一而评汰之矣；乃政本之地，不加精核，非致理之要也。伏望皇上念内阁为机衡之地，愚臣为不职之尤，特赐罢免，以儆旷瘝；别求贤哲，以充任使。则大小臣工，咸知自励，而于新政，亦为有补。

（奉圣旨：卿元辅重臣，公忠端慎，勋望素隆，中外具瞻。朕兹嗣位，方切倚托，宜益展谋猷，赞成新治。所辞不允。吏部知道。）

请戒谕群臣疏

兹者，大小臣工自陈考察，俱已竣事，一时朝政始觉更新。但人心陷溺已久，宿垢未能尽除，若不特行戒谕，明示以正大光明之路，则众心无所适从，化理何由而致？臣等谨拟敕谕一道，具稿呈览。伏乞圣明裁定发下，写完用宝，于本月十六日早朝，特召吏部官捧出，集百官于午门外，宣谕施行。

（皇帝敕谕文武群臣：盖闻理道之要在正人心，劝阻之机，先示所向。朕以冲幼，获嗣丕基，夙夜兢兢，若临渊谷。所赖文武贤臣同心毕力，弼予寡昧，共底升平。乃自近岁以来，士习浇漓，官方刓缺。钻窥隙窦，巧为躐取之媒；鼓煽朋傅，公事挤排之术。诋老成廉退为无用，谓谗佞便捷为有才。爱恶横生，恩雠交错。遂使朝廷威福之柄，徒为人臣酬报之资。四维几至于不张，九德何由而咸事。朕初承大统，深烛弊源，亟欲大事芟除，用以廓清氛浊。但念临御兹始，解泽方覃，铚铚锄或及于芝兰，密网恐惊乎鸾凤。是用去其太甚，薄示戒惩，余皆曲赐矜原，与之更始。《书》不云乎："无偏无党，王道荡荡；无党无偏，王道平平。"朕方嘉与臣民，会归皇极之路，尔诸臣亦宜痛湔宿垢，共襄王道之成。自今以后，其尚精白乃心，恪恭乃职。毋怀私以罔上，毋持禄以养交，毋依阿淟涩以随时，毋噂沓翕訾以乱政。任辅弼者，当协恭和衷，毋昵比于淫朋，以塞公正之路。典铨衡者，当虚心鉴物，毋任情于好恶，以开邪枉之门。有官守者，或内或外，各宜分猷念以济艰难。有言责者，公是公非，各宜奋谠直以资听纳。大臣当崇养德望，有正色立朝之风；小臣当砥砺廉隅，有退食自公之节。庶几朝清政肃，道泰时康，用臻师师济济之休，归于荡荡平平之域。尔等亦皆垂功名于竹帛，绵禄荫于子孙，顾不美欤？若或沉溺故常，坚守途辙，以朝廷为必可背，以法纪为必可干，则我祖宗宪典甚严，朕不敢赦。百尔有位，宜悉朕怀，钦哉故谕。）

乞崇圣学以隆圣治疏

窃惟自古帝王虽具神圣之资，犹必以务学为急。我祖宗列圣，加意典学，经筵日讲，具有成宪。用能恢弘治理，坐致升平。仰惟皇上睿哲天成，英明神授。自昔毓德春宫，令闻已彰于四海。兹者，光膺大宝，临朝听政，动容出辞，无一不中于礼节；用人行政，无一不当乎人心。中外臣工，欢欣仰戴，皆以皇上为不世出之主。若从此再加学问之功，以讲求义理，开广聪明，则太平之业，可计日而待也。

臣等谬以菲陋，职叨辅弼。伏思培养君德，开导圣学，乃当今第一要务。臣居正又亲受先帝顾托，追惟凭几之言，亦惓惓以讲学亲贤为嘱，用敢冒昧上请。今一应大典礼俱已次第修举，时值秋凉，简编可近。伏望皇上思先帝付托之重，勤始终典学之功，乘此清秋，将讲读令典，亟赐举行，以慰天下臣民之望。

臣等又查得弘治十八年，该大学士刘健等，以孝宗皇帝山陵甫毕，题请先行日讲，至次年二月，始开经筵。奉武宗皇帝圣旨，依拟行。今先帝梓宫在殡，服色不便；比及山陵事竣，时已迫冬，殿庭高旷，亦难临御。合无照弘治十八年例，敕下礼部，于八月中旬择日，请皇上于文华后殿先行日讲。容臣等参酌累朝事宜，定拟简便仪注，及讲读人员，恭请圣裁。其经筵会讲，俟明春首举行。庶圣德日益，圣治日隆。而臣等犬马图报之忱，亦可少效于万一矣。臣等不胜惓惓喁望之至。

（奉圣旨：览卿等奏，具见忠爱。八月择吉先御日讲，经筵候明春举行。部知道。）

请酌定朝讲日期疏

窃惟讲学勤政，固明主致治之规；保护圣躬，尤臣子爱君之悃。今开讲期近，臣等伏念皇上日每视朝，朝后又讲，似于圣体太劳，恐非节宣之道。若论有益于身心，有裨于治道，则视朝又不如勤学之为实务也。臣等愚见，欲乞皇上每月定以三、六、九日视朝，其余日俱御文华殿讲读。非大寒大暑，不辍讲习之功。凡视朝之日即免讲，讲读之日即免朝，庶圣体不致太劳，而圣德亦为有益。臣等未敢擅便，谨拟传帖上进，伏乞圣明裁览，发下礼部遵行。

（传帖圣旨：朕方在谅阴，哀慕深切。日临朝政，心实未安。今后除大礼大节并朔望升殿，及遇有大事不时宣召大臣咨问外，其常朝每月定以三、六、九日御门听政，余日俱免朝参，只御文华殿讲读。其一应谢恩、见辞人员，遇免朝之日，止于午门外行礼毕，即各供职事，不必候补。大祥之后，还照旧行。礼部知道。）

拟日讲仪注疏

照得日讲期近，臣等谨查照累朝事例，酌拟仪注，开坐上请，伏乞圣明裁定，敕下臣等遵行。

计开：

一、伏睹皇上在东宫讲读，《大学》至传之五章，《尚书》至《尧典》之终篇。今各于每日接续讲读，先读《大学》十遍，次读《尚书》十遍。讲官各随即进讲，毕，各退。

一、讲读毕，皇上进暖阁少憩。司礼监将各衙门章奏进上御览。臣等退在西厢房伺候。皇上若有所咨问，乞即召臣等至御前，将本中事情，

——明白敷奏，庶皇上睿明日开，国家政务，久之自然练熟。

一、览本后，臣等率领正字官，恭侍皇上进字。毕，若皇上欲再进暖阁少憩，臣等仍退至西厢房伺候。若皇上不进暖阁，臣等即率讲官，再进午讲。

一、近午初时，进讲《通鉴节要》。讲官务将前代兴亡事实，直讲明白。讲毕各退，皇上还宫。

一、每日各官讲读毕，或圣心于书义有疑，乞即下问。臣等再用俗说讲解，务求明白。

一、每月三、六、九视朝之日，暂免讲读。仍望皇上于宫中有暇，将讲读过经书，从容温习；或看字体法帖，随意写字一幅，不拘多少，工夫不致间断。

一、每日定以日出时，请皇上早膳。毕，出御讲读。午膳毕，还宫。

一、查得先朝事例，非遇大寒大暑，不辍讲读。本日若遇风雨，传旨暂免。

辞免恩命疏

节奉手敕吏部："朕嗣承大统，内阁辅臣翊赞勤劳。兹特加恩少师、兼太子太师、吏部尚书、建极殿大学士张居正，加授左柱国，进兼中极殿大学士，还荫一子尚宝司司丞，照新衔给与诰命。钦此。"

仰惟皇上光缵丕图，恩隆逮下，覃敷大赉，首及弼臣，此千载一时之盛际也。臣敢不祗承休命，仰副圣心。但念臣猥以凡庸，受知先帝，早蒙亲简，擢置鼎司。官品骤躐于孤卿，封荫累叨于前后。逮我皇上嗣位以来，鉴臣忠实无他，被以晋接之荣，托以首辅之重。奖褒赐赉，卓越前闻。臣夙夜省循，如梦如觉，未知何缘际此殊宠！伏维乾坤高厚，虽捐糜此身，不足以仰酬其万一矣！乃今特麇纶绰，礼数愈隆。既锡以加勋进殿之荣，又重以荫典纶章之渥。旧恩未报，新宠荐临。将使微臣何修何为，可以称塞；何颜何面，可以堪承？况左柱系文品穹阶，而中极乃殿学峻秩，在先朝名德，犹不敢居，岂臣之驽愚，可容忝窃？至若符台世赏，以待有功，臣有何勋庸，侥此厚幸？夫能薄而位高，则易有覆悚之虞；劳微而获厚，则《诗》有《伐檀》之刺。臣虽极愚，自量甚审。若不揣分于止足，必将速咎于颠阶，此臣所以跼天蹐地，震惧而不宁者也。伏望皇上怜臣福分已过，将至灾危；察臣控辞甚真，非有矫饰，特回成命，俾守旧官。庶朝廷名器之隆，不致滥予；而臣子分义之正，亦获少安。

（奉圣旨：卿劝讲春宫，弼赞新政，独秉公忠，茂宣劳勚。特加恩数，用示眷酬。宜承成命，不必过辞。吏部知道。）

再辞恩命疏

昨奉手敕，以阁臣翊赞勤劳加恩。臣谬叨辅首，蒙被独隆。该臣具疏辞免。奉圣旨："卿劝讲春宫，弼赞新政，独秉公忠，茂宣劳勚。特加恩数，用示眷酬。宜承成命，不必过辞。吏部知道。钦此。"

臣捧诵纶音，仰悉皇上体念臣工，微劳必录，臣即宜遵奉，徐图称塞。但臣反覆思惟，于分甚非所宜，于心实不能安，用敢不避烦渎，再申前悃。臣惟朝廷慎重名器，必自贵近始，所以示大公也。人臣虽竭力效劳，不敢言功，所以昭大分也。往者皇帝毓德春宫，臣备员内阁，提调讲读，乃其常职，何功之有焉？及皇上应期抚运，光膺大宝；臣受先帝顾托之重，夙夜兢兢，惟以不克称塞是惧。于凡大礼大政，皆遵率祖宗彝典，祗奉皇上英断，臣不过鞠躬仰成于下而已，又何功之有焉？乃昨承明诏，既蒙翊赞之褒；兹奉温纶，又荷公忠之奖。殊荣异数，叠至荐临；帝眷宸恩，愈隆益渥。力轻于鸿毛，而任重于泰山；恩深于沧溟，而报微于涓露。臣朝夕省循，诚不自知其死所矣！臣闻赏僭则滥及匪人，知足乃免于殆辱。然赏疑惟重，在明主不失厚下之仁；而履盛忘危，在人臣必致颠阶之咎。臣所以跼蹐震栗，屡控而不止者，非以辞荣也，乃以避咎也。伏望圣慈俯鉴愚诚，特垂俞允，收回成命，使服旧官。则皇上知臣之深，逭臣于罪，九迁不为荣，百朋不为重。而臣居于百僚之首，有地容身，亦可以纾诚效力，图报于万一矣。

（奉圣旨：卿受遗辅政，有安定社稷之功，勋荫未足以酬，岂可过为逊免？宜勉承眷命，以副朕怀，不允所辞。吏部知道。）

三辞恩命疏

昨奉手敕，加恩阁臣。臣自以劳微赏重，分不自安，再疏辞免。奉圣旨："卿受遗辅政，有安定社稷之功，勋荫未足以酬，岂可过为逊免？宜勉承眷命，以副朕怀，不允所辞。吏部知道。钦此。"

臣词不宣心，莫回天听。过蒙眷奖，弥切冰兢。然臣所以屡控而不止者，非以沽名也；窃有款悃之愚，敢终为皇上陈之。臣惟明君以礼使臣，荣其身不若行其志；大臣以身率物，有诸己乃可求诸人。臣谬以庸愚，荷蒙皇上眷遇优隆，信任专笃；宠以师臣之礼，日承晋接之荣；每事必咨，有言必听。是臣之志已行，愿已遂矣。即使臣职居冗散，列在庶僚，亦足以震耀一时，垂声千载。况臣官品已极，涯分已逾，但惧福薄，不能承受耳！又何敢过冒非分之恩，以速必然之咎耶！此臣自揣，分义如此。臣又闻古语云："朝廷之上，让而处下，民犹犯礼。"晋之大夫范宣子让，其下皆让。载之前史，以为美谭。故大臣者，民之表也。仰惟皇上临御之初，将振举纲维，作新化理。顷奉敕谕，勉大臣以崇养德望，饬小民以砥砺廉隅。臣忝为大臣，即不能树德隆望，挽回师济之风，亦宜思砥行矜名，恪守廉隅之节。若腼颜滥冒，不知止足，则瘝素之罪，臣实尸之，贪进之戒，臣先犯之，何以率先百僚，表正颓俗，亦非皇上所以振励臣工之意也。臣抱此二端，日夕悚仄，用敢冒昧屡恳，仰渎宸严。伏望皇上曲察愚诚，特垂俞允，则不惟愚臣微分，获以少安。其于圣明新政，亦为小补。

（奉圣旨：朕知卿性笃忠贞，不因爵赏而劝，但勋荫酬功，系累朝彝典，原非过制。卿宜以承命为恭，不必固执谦让，所辞不允。还着写敕奖谕，风励臣工。赏银一百两，大红纻丝蟒衣一袭，彩段四表里。该衙门知道。）

四辞恩命疏

昨该臣三疏辞免勋荫恩典。奉圣旨:"朕知卿性笃忠贞,不因爵赏而劝,但勋荫酬功,系累朝彝典,原非过制。卿宜以承命为恭,不必固执谦让,所辞不允。还着写敕奖谕,风励臣工。赏银一百两,大红纻丝蟒衣一袭,彩段四表里。该衙门知道。钦此。"又该文书房官张孝,两次到阁,口传圣旨,欲臣领受。

臣祗奉纶音,愈增惭悚,无地自容。念臣素性朴愚,耻为文饰。若徒务廉让之迹,至于渎扰君父,以欺世盗名,则其罪尤大,又臣所不敢为也。但自揣分义,万分不能自安。故屡控宸严,冀申愚款。前后所奏,字字皆出于肺肠,句句直陈其悃愊。讵意犬马之诚,不能动天;锡予之隆,更出望外,既不解其所已有,又复益其所本无。是在愚臣,则叨冒之中,愈为叨冒;在朝廷,则加恩之外,重复加恩矣。国家驭臣之柄,与人臣自处之道,岂不两失之乎?且赐敕奖谕,盖以臣为廉,而奖之以示劝也。若使臣既不得遂其辞让之私,又冒此非分之获,则臣为贪夫矣!贪得之人,奖于何有?奖贪以劝廉,犹却行而求前也。揆之事理,未见其顺;参之公论,必以为非。此臣所以宁冒烦渎之罪,而不能腼颜承受者也。伏望皇上鉴臣愚诚,恕臣万死,将前项恩数,俯容辞免。是皇上知臣之深,信臣之笃,九鼎百朋,不足以喻其荣重矣。粉骨捐躯,不敢忘报。

(奉圣旨:卿屡辞恩命,词意恳至,谦让之风足励有位。兹特准辞,以成卿劳谦之美。敕谕赏赍,照前旨行。该衙门知道。)

谢赐敕奖赏疏

今日伏蒙圣恩,特遣文书房官、内官监太监刘大用,颁赐奖谕敕书一道,银一百两,大红纻丝蟒衣一袭,彩段四表里,赍捧到臣私寓。臣谨焚香叩头祗领讫。

草疏冒陈,方惧干乎严谴;恩纶贲锡,乃曲荷乎优嘉。精镠颁御府之珍,彩服出尚衣之制。声传里闬,光动簪绅。臣猥以庸流,被兹殊宠。衮职无一字之补，玺书屡十札之褒。感与愧并，惧将荣至。臣谨当祗承彝训，矢竭愚忠。崇让奖恬，倡百辟和衷之义；鞠躬尽瘁，赞一人垂拱之休。

山陵礼成奉慰疏

臣于十八日，伏奉钦命，前诣昭陵，恭题穆宗庄皇帝神主。至即恭叩玄宫，见其精固完美，有同神造。宝城三面俱完，工甚坚厚。及周视山川形势，结聚环抱，比之前日考卜之时，更觉佳胜。诚天地之奥区，帝王之真宅也。十九日辰时，奉迁梓宫入皇堂，行题主礼毕，奉安于献殿，未时掩玄宫。是日又喜天气澄爽，人物昭融，祗役臣工，无不钦忭。

仰惟我大行皇帝，仁厚之德，贯彻宇宙，故得天人协佑，事事美成，可以上慰两宫圣母永慕之诚，仰成皇上慎重大事之孝矣。臣伏思数日之间，圣心必为悬切。为此，除候回京之日，另行复命外，谨先具题奉慰以闻。

（奉圣旨：览卿奏，皇考梓宫已入皇堂，大事克襄，足慰我两宫圣母哀念，朕心深用嘉慰。卿为国忠勤，始终备尽。朕知道了。礼部知道。）

纂修事宜疏

昨该臣等题请，预定纂修实录官员。奉圣旨："是。礼部知道。钦此。"

除钦遵具题外，臣等又惟事必专任，乃可以图成；工必立程，而后能责效。查得隆庆元年六月初一日，开馆纂修《世宗肃皇帝实录》，经今六年，尚未脱稿。虽屡屡先帝圣问，迄无成功。任总裁者，恐催督之致怨，一向因循；司纂修者，以人众而相推，竟成废阁。臣等日食大官之馔，茫无一字之初，素殄旷职，实切兢惕。然揆厥所由，皆以未尝专任而责成之故也。盖编撰之事，必草创修饰，讨论润色，工夫接续不断，乃能成书。而其职任紧要，又在于副总裁官。顾掌部事，则有簿书综理之繁；直经帏，则见侍从讲读之责。精神不专，职守靡定，未免顾此失彼，倏作忽辍，是以岁月徒悠，而绩效鲜著也。今两朝并纂，二馆齐开，若不分定专任，严立限程，则因循推捱，其弊愈甚。

臣等看得吏部右侍郎兼翰林院侍读学士诸大绶，礼部左侍郎兼翰林院侍读学士王希烈，原系《世宗肃皇帝实录》副总裁官。今查各馆草稿，俱已纂完，但未经修饰。二臣虽任部堂，止是佐理，尚有余功。及左春坊、左谕德兼翰林院侍读申时行，右春坊、右谕德掌南京翰林院事、今行取王锡爵，职任宫坊，事务尤简，皆可以专心著作之事。合无责令诸大绶、王希烈专管纂修《世宗肃皇帝实录》，申行时、王锡爵专管纂修《穆宗庄皇帝实录》，每日俱在史馆供事。仍立为程限，每月各馆纂修官务要编成一年之事，送副总裁看详。月终，副总裁务要改完一年之事，送臣等删润。每年五月间，臣等即将纂完稿本进呈一次；十月间，又进呈一次。大约一月之终，可完一年之事；一季之中，可完三年之事。从此渐次累积，然后成功可期。其余副总裁等官陆树声等，或理部休暇，相与讨论；或侍讲优闲，令其补凑，不必责以程限，不致两妨。各馆纂修官务以职业为重，公家为急，不得别求差假，图遂私情。书成之日，分别叙录，但以效劳多寡为差，不复计其年月久近。如此，庶人有定守，事易考成。在各官可免汗青头白之讥，而臣等亦得以逭旷职素飧之咎矣。此虽纂修一事，而国家用人之理，综核名实之道，实寓于斯。伏惟圣明裁断，敕下臣等遵行。

再照皇祖历世四纪，事迹浩繁，编纂之工，卒难就绪。皇考临御六年，其功德之实，昭然如日中天，皆诸臣耳目之所睹记，无烦搜索，不假阙疑，但能依限加功，自可刻日竣事。合无不拘朝代次序，俟《穆宗庄皇帝实录》纂成之日，容臣等先次进呈；却令两馆各官，并力俱纂《世宗肃皇帝实录》，则两朝大典，可以次第告成矣。

（奉圣旨：这纂修事理，都依拟行。卿等还宜督率各官，上紧用心编纂，用成两朝大典，称朕光昭前烈之意。该衙门知道。）

谢赐貂鼠疏

伏蒙皇上念臣等日侍讲读，时值冬寒，特赐臣居正貂鼠皮六个，臣调阳貂鼠皮二个。臣等谨顿首祗领讫。

仰惟皇上天纵睿资，日新圣学，虽值沍严之候，尚勤讲习之功。臣等但愧经术空疏，无裨启沃；敢以风寒奔走，自爱发肤，岂意圣慈曲垂轸念？珥貂宠锡，恩尤重于解衣；温绤传宣，暖已逾于挟纩。昔宋祖开疆重武，远颁介胄之臣；今明主稽古右文，特赐章缝之侣。兹为旷典，实迈前闻。臣等敢不罄竭悃诚，寅恭夙夜。敷陈仁义之道，必见效于日就而月将；简求侍从之儒，期不至于十寒而一暴。

辞免筵宴疏

先该礼部题：本月二十六日，开馆纂修《穆宗庄皇帝实录》。查得累朝旧例，先于本部钦赐筵宴，次日入馆。今次监修等官，亦合照例筵宴。奉圣旨："是。钦此。"

臣等窃照纂修赐宴，固累朝彝典。但今玄象垂戒，伏闻皇上在宫中斋心露祷，减膳彻乐；又特谕百官，痛加修省。臣等夙夜皇皇，方切兢惕，岂敢为此饮食宴乐之事？非唯于礼有不可，于心亦实有不安也。且一宴之资，动至数百金，省此一事，亦未必非节财之道。伏望皇上俯鉴臣等愚衷，特免赐宴，只于二十六日照常开馆供事，以少见臣等兢惧不敢自宁之诚。臣等无任惶恐俟命之至。

（奉圣旨：卿等以修省辞宴，具见慎畏。准辞免办。礼部知道。）

议处黔国公沐朝弼疏

伏蒙发下兵部、三法司会议原任云南总兵官沐朝弼罪状一本，内称："朝弼罪恶显著，法应处死。"臣等看得朝弼稔恶有年，世宗皇帝时即欲拿问重处；但以其元勋后裔，未忍即置于法，止于罚住禄米。隆庆二、三年间，屡经抚按及科道官论劾，先帝亦不忍加刑，止令革任闲住。朝弼乃不知感恩省改，作恶愈甚。谋害亲子，擅杀无辜，揆其情罪，处死不枉。但其始祖三世，皆有大功于国家，曾关给铁券，子孙许免一死；非有反逆实迹，似应稍从宽宥，待以不死，庶为情法之中。夫因其有罪而逮问之，既足以破奸宄之胆；念其先功而宽释之，又足以彰肆赦之恩。国法皇仁，两得之矣。

（兵部法司奉圣旨：你每说的是沐朝弼屡抗明旨，积恶多年，擅杀无辜，情罪深重，本当依律处死，但念元勋世裔，姑从轻。着革去冠带为民，押发南京随住。还着内外守备衙门羁管何文等，并蒋福等抚按官，问拟具奏。）

谢御笔大书疏

兹者，伏蒙皇上亲洒宸翰，赐臣居正"元辅"大字一幅、"良臣"大字一幅，臣调阳"辅政"大字一幅。

臣等恭捧天章，不胜钦戴。仰惟皇上天纵睿资，日勤圣学。至于操觚染翰，虽作圣之余功，亦莫不究其精微，穷其墨妙，一点一画，动以古人为法。臣等每侍帏幄，辄欣仰钦服，不能自已。兹者所赐，大至盈尺，运笔尤难。乃裁自圣心，不由摹拟，比之常日所书，更为佳妙。且笔意遒劲飞动，有鸾翔凤翥之形，信所谓云汉之章、翰墨之宝也。顾臣等浅薄，谬蒙眷奖，恭睹之余，欣愧交至。谨各摹临入梓，悬扁居第，晨夕瞻仰，如对天颜。御书真迹，当什袭珍藏，永为世宝。

再谢御书疏

伏蒙皇上亲洒宸翰，赐臣"尔惟盐梅"大字一幅、"汝作舟楫"大字一幅。该文书房官王宦恭捧到阁。臣谨叩头祗领讫。

仰惟皇上圣哲夙成，英明天挺，必得名世俊乂之佐，乃为格心启沃之资。臣猥以虚庸，谬膺简任。虽葵忠自许，心恒切于倾阳；而蚊力难胜，惧每深于履薄。乃蒙皇上置诸左右，托以股肱。前既承"良臣"、"元辅"之褒，兹复荷"舟楫"、"盐梅"之寄。渥恩踵至，眷顾弥隆。宝墨淋漓，宛降从于天上；琼章灿烂，忽光动于人间。卓然云汉之昭回，矫若凤鸾之翔骞。宠荣洊被，感愧交并。臣敢不景行前修，对扬休命。孜孜纳诲，罔少懈于夙宵；汲汲求贤，式钦承乎德意。期少效济川调鼎之用，庶以答天高地厚之恩。

卷三　奏疏三

进帝鉴图说疏

臣等闻商之贤臣伊尹告其君曰："德惟治，否德乱。与治同道，罔不兴；与乱同事，罔不亡。"唐太宗曰："以铜为鉴，可正衣冠；以古为鉴，可见兴替。"臣等尝因是考前史所载治乱兴亡之迹，如出一辙。大抵皆以敬天法祖，听言纳谏，节用爱人，亲贤臣，远小人，忧勤惕厉即治；不畏天地，不法祖宗，拒谏遂非，侈用虐民，亲小人，远贤臣，般乐怠傲即乱。出于治，则虽不阶尺土，民之力，而其兴也勃焉。出于乱，则虽藉祖宗累世之资，当国家熙隆之运，而其亡也忽焉。譬之佩兰者之必馨，饮酖者之必杀。以是知人主欲长治而无乱，其道无他，但取古人已然之迹，而反己内观，则得失之效，昭然可睹矣。

仰惟皇上天纵英资，光膺鸿宝。孜孜诵习，懋殷宗典学之勤；事事讲求，迈周成访落之轨。海内臣民，莫不翘首跂足，想望太平。臣等备员辅导，学术空疏，夙夜兢兢，思所以佐下风效启沃者，其道无由。窃以人求多闻，事必师古。顾史家者流，亡虑千百，虽儒生皓首，尚不能穷，岂人主一日万几，所能遍览？乃属讲官臣马自强等，略仿伊尹之言，考究历代之事。除唐、虞以上，皇风玄邈，纪载未详者，不敢采录。谨自尧、舜以来，有天下之君，撮其善可为法者八十一事，恶可为戒者三十六事。善为阳为吉，故用九九，从阳数也。恶为阴为凶，故用六六，从阴数也。每一事前，各绘为一图，后录传记本文，而为之直解，附于其后。分为二册，以辨淑慝。仍取唐太宗以古为鉴之意，僭名《历代帝鉴图说》，上呈睿览。昔班伯指画屏以谏，意专戒惩；张九龄《千秋金鉴》一书，词涉隐讽。今臣等所辑，则美恶并陈，劝惩斯显。譬之薰莸异器，而臭味顿殊；冰镜澄空，而妍媸自别。且欲触目生感，故假像于丹青；但取明白易知，故不嫌于俚俗。虽条目仅止百余，而上下数千年理乱之原，庶几略备矣。

伏望皇上俯鉴愚忠，特垂省览。视其善者，取以为师，从之如不及；视其恶者，用以为戒，畏之如探汤。每兴一念，行一事，即稽古以验今，因人而自考。高山可仰，毋忘终篑之功；覆辙在前，永作后车之戒。则自然念念皆纯，事事合理。德可媲于尧、舜，治将埒于唐、虞。而于万世之下，又必有愿治之主，效忠之臣，取皇上今日致治之迹，而绘之丹青，守为模范者矣。

（隆庆六年十二月十八日奉圣旨：览卿等奏，见忠爱恳至。朕方法古图治，深用嘉纳，图册留览。还宣付史馆，以昭我君臣交修之义。礼部知道。）

附　帝鉴图说述语

右善可为法者八十一事，臣等既论次终篇。乃作而叹曰：嗟乎！孟轲称"五百年必有王者兴"，传曰"千年一圣，犹旦暮也"，讵不信哉！夫自尧、舜以至于今，代更几世，主更几姓矣，而其可取者，三十余君而已。中间又或单举一善，节取一行，究其终始，尚多可议。其完善烁懿、卓然可为世表者，才什一耳，可不谓难哉！

天祐我明，圣祖继任。臣等尝伏读我祖宗列圣《实录》，仰稽创守鸿规，则前史所称圣哲之事，无一不备者，略举其概：如二祖之开基靖难，身致太平，则尧、舜、汤、武，功德并焉；典则贻休，谟烈垂后，则汉纲唐目，巨细具焉。昭皇帝之洪慈肆宥，培植国脉，则解网泽骨之仁也。章皇帝之稽古右文，励精图治，则宏文延英之轨也。睿皇帝之聘礼处士，访问治道，则蒲轮玄纁之举也。纯皇帝之亲爱诸王，厚遇郗邸，则惇睦友于之风也。敬皇帝之延见群臣，曲纳谠言，则揭器止辇之明也。肃皇帝之心存敬一，治本农桑，则《丹书》《无逸》之箴也。皇考穆宗庄皇帝之躬修玄默，服戎怀远，则垂衣舞干之化也。其他片言之善，一事之美，又不可以殚述。盖明兴才二百余年，而圣贤之君，已不啻六七作矣。以是方内乂安，四夷宾服，重熙袭洽，迭耀弥光，致治之美，振古罕俪焉。猗欤休哉！岂非乾坤光岳之气，独钟于昭代；河清里社之兆，并应于今日哉！《诗》曰："下武维周，世有哲王。""王配于京，世德作求。"我明盖轶有周而特盛矣。今皇上睿哲挺生，膺期抚运，又将觐光扬烈，以远追二帝三王之治焉。臣等何幸，躬逢其盛！

右恶可为戒者三十六事。自古人君覆亡之辙，大略不出乎此矣。谚曰："前人踬，后人戒。"然世主皆相寻而不改。彼下愚不移，固无足论。至如晋武、唐玄、庄宗之流，皆英明雄武，又亲见前代败亡之祸；或间关险阻，百战以取天下；及其志得意盈，迷心酖毒，遂至一败涂地，不可收拾，其视中才守成之主，反不逮焉。《书》曰："惟圣罔念作狂。"成败得失之机，可畏也哉！

臣等尝伏读我太祖高皇帝《实录》，与侍臣论及古来女宠、宦寺、外戚、权臣、藩镇、夷狄之祸。侍臣曰："叔季之君，至于失天下者，尝在于此。"高皇帝曰："朕究观往古，深为用戒，然制之有道。若不惑于声色，严宫闱之禁，贵贱有体，恩不掩义，则女宠之祸，何自而生？厚其恩赉，不任以事，苟干政典，裁以至公，则外戚之祸，何由而作？宦寺便习，供给使令，不假以兵柄，则无宦寺之祸。不设丞相，六卿分职，使上下相维，大小相制，防耳目之壅蔽，谨威福之下移，则无权臣之祸。藩镇之设，本以卫民。使财归有司，兵必合符而调，岂有跋扈之忧？修武备，谨边防，来则御之，去不穷追，则无夷狄之虞。"渊哉睿谟，诚万世圣子神孙所当遵守而弗失者也。至于端本澄源，正心修身，以销衅孽于未萌，杜间隙于无迹者，则又备载宝训及御制诸书，伏维圣明留意焉。臣等不胜幸甚！

谢银币疏

昨该臣等以所辑《帝鉴图》册，进呈睿览，面蒙天语嘉纳。随又节奉圣谕："卿等进《帝鉴图》册，于君道甚有裨益。赐元辅居正银五十两，纻丝四表里，以示朕嘉奖忠悃之意。钦此。"

伏念臣猥以迂疏，谬蒙知遇。虽无伊尹致其君必为尧舜之学，实有魏徵劝其主力行仁义之心。故每因事以纳忠，盖以责难而为敬。顾葵藿徒廑于倾向，而涓埃何补于崇深？岂意圣明，特垂鉴奖。恩纶温绰，已逾华衮之褒；彩币精鏐，更拜尚方之赐。宠荣荐被，感愧交并。履厚戴高，知报酬之无地；鞠躬尽瘁，惟捐殒以为期。

明制体以重王言疏

窃照阁臣之职，专一视草代言，故其官谓之知制诰。若制词失体，以致轻亵王言，则阁臣为不职矣。谨按旧规，凡官员应给诰敕，该部题"奉钦依"手本到阁，撰述官先具稿，送臣等看详改定，誊写进呈；候批红发下，撰述官用关防挂号，然后发中书舍人写轴用宝。此定制也。

至于制命之词，贵在简严庄重，乃为得体。查得成化、弘治年间诰敕，叙本身履历功绩，不过百余字；祖父母、父母及妻室，不过六七十字。至于庆典、覃恩，则其词尤简。盖以恩例概及，比之考绩不同，故以赍被为荣，不必详其阅历。此制体也。

近年以来，俗尚干求，词多浮靡。撰述官沿袭宿弊，往往不候进呈，先将文稿传示于人。其中词语又过为夸侈，多至数百千言。或本无实行，虚为颂美；或事涉幽隐，极力宣扬。臣等方欲为之更定，而本官已先得稿登轴矣。夫诰敕者，朝廷所以告谕臣下者也。臣谀其君，犹谓之佞；况以上谀下，是何理乎？

查得嘉靖十二年，该大学士张孚敬等题为重诰敕事。奉世宗肃皇帝圣旨："卿等所言，足见敬慎至意。近年以来，委的诰词之文，浮泛夸誉，至于数百，甚非制体，甚非王言。今后都着删去浮词，以存实体。钦此。"又该本官题为前事，参论制敕房办事、大理寺评事岳梁，撰拟南京兵部尚书陶琰赠官诰文，浮词妗诞，又不先送内阁看详，辄便进呈等因。奉世宗肃皇帝圣旨："卿等另撰诰文来看。岳梁骋卖浮词，蔑视制辞，不遵前旨，着法司提了问。钦此。"比时嘉靖初年，诰敕之文，视成化、弘治，虽为稍繁，然尚未如近年之甚也。

窃以礼贵从先，辞尚体要。况命令之辞，乃一代典制，传之四方，垂之后世，所关非小。此系臣等职掌，不容不为厘正。伏乞皇上念朝廷体统之当尊，国家典制之当守。敕下臣等，戒谕各撰述官，自今以后，凡为诰制，必须复古崇实，毋得徇情饰辞，以坏制体；及文字未经进呈，亦毋得预行传示，以市私交。如此，庶王言重、国体尊，而臣等亦得以守其常职矣。

（奉圣旨：卿等说的是。今后诰敕文字，都着删去浮词，务崇本实。各官撰完送阁，卿等还要仔细看详改定，乃可进览。如有仍前徇情饰辞，及不候进呈，预行传示的，照例参来处治。该部知道。）

请开经筵疏

去年八月内，该臣等题为乞崇圣学以隆圣治事。奉圣旨："览卿等奏，具见忠爱。八月内，择吉先御日讲，经筵候明春举行。礼部知道。钦此。"今年正月初五日，奉圣谕："初七日开日讲，谕卿等知之。钦此。"

臣等恭照经筵、日讲，皆所以仰成圣德，讲明治道，在我祖宗列圣，自有成规。去年臣等因山陵未毕，岁事将终，故请皇上先御日讲，次开经筵。荷蒙圣明即赐允行。后值隆冬，讲读不辍。兹于年节假内，即已谕开日讲。臣等仰见我皇上惕励之诚，法天行健，缉熙之学，与日俱新，诚宗社万万年无疆之庆也。

但经筵盛典，亦宜次第举行。且在廷臣工，久切快睹之望。伏乞敕下礼部，遵照前旨，于二月内择日具仪，肇举令典。其合用知经筵、同知经筵及侍班讲读、执事侍仪等官，容臣等查照旧规，议拟上请，仰候圣裁施行。庶劝讲之礼，既不废于公庭；造膝之言，又日陈于左右。圣功已密而益密，圣德日新而又新矣。

（万历元年正月初十日奉圣旨：是。礼部知道。）

广奏捷辞免加恩疏

今日早，该臣等恭侍皇上讲读毕，伏蒙面谕，以兵部覆广东奏捷本，谬及臣等运筹效劳，欲加升荫。臣等自愧无功，当即面奏辞免。又蒙皇上再三奖谕，以先朝旧典，必欲另行拟票。臣等仰见天恩隆重，未敢面违，谨承旨叩头而出。随具揭，沥诚控辞，未蒙俞允。兹又蒙圣谕："岭东积寇荡平，皆卿等赞谋庙堂，致无遗策，功当首论，拟敕来行。钦此。"

臣等祗奉纶音，愈切惶惧。窃惟论功行赏者，朝廷之大典；视草演纶者，儒臣之常职。比者岭寇荡平，实仰仗我皇上天威远播，及督臣将士协心奋力所致。臣等官居禁近，职在代言，既无亲冒矢石之劳，又非典司戎旅之任，虽曾参帷幄之末议，借前箸以效画，皆仰遒庙谟，幸而微中，岂敢贪冒天功，觊叨懋赏？且人臣有难报之恩，无必酬之劳。臣等备员辅弼，仰戴高厚，即捐縻此身，犹不足以报答其万一。况今阴阳失调，旱涝为虐；间阎寂寞，盗贼公行，皆臣等奉职无状所致。方惶恐俟罪之不暇，又何敢侥偶逢之幸，以掩不职之尤，冒非分之恩，以重忝窃之咎哉！明主驭下，施一概之平，亦不宜独私亲近，横予滥及，以失远方将士之心，乖朝廷激劝之义也。

臣等反覆思惟，心悚背汗，所有加恩敕谕，万不敢拟。伏望皇上俯鉴愚诚，特停前命。俾臣等获安微分，免于罪愆，则圣明体谅之恩，虽九迁之荣，十世之赏，不足以喻其隆赫矣。

（奉圣旨：卿功在社稷，乃劳谦不有，足立臣极。朕心甚嘉，特赐卿银一百两、纻丝六表里、蟒衣一袭，稍示酬报之典。宜承恩眷，慎勿又辞。内监给。）

谢堂楼额名并赐金疏

昨者，臣以恭建楼堂，尊藏宸翰，不揣轻微，妄以额名上请。

伏奉圣旨："览卿奏，具见忠敬。楼名与做'捧日'，堂名'纯忠'。工部制扁，差官悬安。朕知卿素秉廉节，特赐御前银一千两，少给工费，卿宜承命勿辞。钦此。"随又蒙皇上亲洒宸翰，特降手敕，谕元辅："朕以卿纯忠为社稷，有捧日之功，故以为堂楼名，卿其钦承之。故谕。钦此。"及又颁赐御笔大字二幅、对句一联，特遣文书官尚文，恭捧到臣私寓。臣谨叩头祗领讫。

璇题昭揭，既黏制墨之新；宝橐焕颁，复荷赐金之渥。光腾里第，荣动朝绅。窃念臣猥以谫材，滥居首辅。龙飞虎变，幸逢千载之期；凤翥鸾回，屡拜十行之札。顾惟蓬荜，惧藏谟训以非宜；爰就枌榆，特建楼堂而祗奉。及是经营之始，僭求榜额之悬。何意圣明，即垂矜允。谓臣躬扶景运，颇殚捧日之勤；察臣志抱朴愚，知慕纯忠之节。遂纡神画，肇锡嘉名。琼翰辉煌，倬彼云章之丽；玉音谆复，蔚焉衮字之褒。犹曲轸乎小廉，乃特颁乎大赉。兼金千镒，出内庭麟褎之奇；广厦万间，遂寒士骈蓬之愿。昔马周之遇唐主，但承给宅之恩；若方平之在宋朝，仅赐文儒之字。如臣所际，振古未闻。

兹盖伏遇皇上英资天纵，睿学日新。焕乎尧文，阐乾坤经纬之秘；康哉舜绩，追明良喜起之风。遂令一介之末踪，获沾九重之麻命。美增轮奂，江山藉以光华；彩溢图书，珠璧森其布列。臣敢不式严琰写，瞻天奉咫尺之威；载谨家藏，奕世作云礽之宝。尚当觊名思义，纯心奉公。就日云霄，勉馨丹忱于葵藿；输忠社稷，矢坚素履于冰渊。

（万历元年六月十八日奉圣旨：卿勋德并茂，朕亲撰堂楼额名以赐，用示褒嘉，未足以尽酬眷之意。览奏谢，知道了。礼部知道。）

请稽查章奏随事考成以修实政疏

臣等窃闻尧之命舜曰："询事考言，乃言底可绩。"皋陶之论治曰："率作兴事，钦哉！屡省乃成。"盖天下之事，不难于立法，而难于法之必行；不难于听言，而难于言之必效。若询事而不考其终，兴事而不加屡省，上无综核之明，人怀苟且之念，虽使尧、舜为君，禹、皋为佐，恐亦难以底绩而有成也。

臣等窃见近年以来，章奏繁多，各衙门题覆，殆无虚日。然敷奏虽勤，而实效盖鲜。言官议建一法，朝廷曰可；置邮而传之四方，则言官之责已矣，不必其法之果便否也。部臣议厘一弊，朝廷曰可；置邮而传之四方，则部臣之责已矣，不必其弊之果厘否也。某罪当提问矣，或碍于请托之私，概从延缓。某事当议处矣，或牵于可否之说，难于报闻。征发期会，动经岁月；催督稽验，取具空文。虽屡奉明旨，不曰"着实举行"，必曰"该科记着"。顾上之督之者虽谆谆，而下之听之者恒藐藐。鄙谚曰："姑口顽而妇耳顽。"今之从政者，殆类于此。欲望底绩而有成，岂不难哉？

臣居正当先帝时，曾上便宜六事，内"重诏令"一款，亦尝亹亹言之。随该吏部题覆，欲各衙门皆立勘合文簿，事下各抚按官，皆明立程限，责令完报。然亦未闻有如期令以实应者。甚者，寝格如初。

兹遇皇上躬不世出之资，励精图治。百执事亦皆兢兢务修其职业，无敢以玩愒弛废者，盖庶几乎"率作兴事"矣。独所谓"考言"、"屡省"者，尚未加之意焉。窃恐致理之道，有未尽也。

查得《大明会典》内一款："凡六科每日收到各衙门题奏本状，奉圣旨者，各具奏目，送司礼监交收。又置文簿，陆续编号，开具本状，俱送监交收。"又一款："凡各衙门题奏过本状，俱附写文簿。后五日，各衙门具发落日期，赴科注销。过期稽缓者，参奏。"又一款："凡在外司府衙门，每年将完销过两京六科行移勘合，填写底簿，送各科收贮，以备查考。钦此。"及查见行事例，在六科，则上下半年，仍具奏目缴本。在部院，则上下半月，仍具手本，赴科注销。以是知稽查章奏，自是祖宗成宪。第岁久因循，视为故事耳。

请自今伊始，申明旧章。凡六部、都察院，遇各章奏，或题奉明旨，或覆奉钦依，转行各该衙门，俱先酌量道里远近、事情缓急，立定程期，置立文簿存照，每月终注销。除通行章奏不必查考者，照常开具手本外，其有转行覆勘、提问议处、催督查核等项，另造文册二本，各注紧关略节，及原立程限。一本送科注销，一本送内阁查考。该科照册内前件，逐一附簿候查，下月陆续完销。通行注簿，每于上下半年缴本。类查簿内事件，有无违限未销。如有停阁稽迟，即开列具题候旨，下各衙门诘问，责令对状。次年春夏季终缴本，仍通查上年未完。如有规避重情，指实参奏。秋冬二季，亦照此行。又明年仍复挨查，必俟完销乃已。若各该抚按官奏行事理，有稽迟延阁者，该部举之。各部院注销文册，有容隐欺蔽者，科臣举之。六科缴本具奏，有容隐欺蔽者，臣等举之。如此，月有考，岁有稽，不惟使声必中实，事可责成，而参验综核之法严；即建言立法者，亦将虑其终之罔效，而不敢不慎其始矣。致理之要，无逾于此。伏惟圣明裁断施行，臣等不胜大愿。

（奉圣旨：卿等说的是。事不考成，何由底绩？这所奏都依议行。其节年未完事件，系紧要的，着该部院另立期限，责令完报。若不系钱粮紧要，及年远难完的，明白奏请开除，毋费文移烦扰。）

考满谢赍银币疏

臣以六年考满，伏蒙圣恩颁赐银五十两，纻丝四表里，原封钞五千贯，茶饭卓五卓，羊三只，酒三十瓶。又特奉圣谕："先生启沃朕心，平治天下，功已在社稷。兹当六年考满，特于例外加赐银一百两，蟒衣、斗牛各一袭，少示优眷，不必辞。钦此。"该文书房官刘东，恭捧到臣私寓，臣谨焚香叩头祗领讫。

伏念臣猥以庸流，膺兹巨畀。致身紫阁，荏苒已逾乎七期；窃禄清朝，循省蔑闻乎寸补。兹者，恭遇我皇上生知作圣，神授当天。臣既庆旷世之奇逢，复荷先皇之重托。每欲敷陈仁义，奉明主于三代之隆；振肃纪纲，布皇风于八区之外。而学惭启沃，才匪平章。心惟切于葵倾，力实悭于蚊负。兹当再考，曾靡一长。方虞汰黜之必加，岂意恩施之横及。楮颁内帑，馔出天厨。上尊养羊，络绎在道；白金彩币，炫烂充庭。又廑圣藻之亲裁，特降宸纶而赍奖。隆以不名之礼，加之异数之恩。倬彼云章，重宝真逾于朋百；斯皇命服，申锡奚啻于至三。臣有何德能，冒此荣宠？分涯已过，惧颠隮以非遥；覆载难名，将报酬之奚以。惟当益坚精白，矢竭衷丹。放踵摩顶，苟利国家而奚惜；铭心镂骨，惟安社稷以为图。臣无任激切感激之至。

考满辞加恩疏

准吏部咨，奉圣旨："元辅居正，社稷重臣，忠勋茂著。兹六年考绩，朕心嘉悦。着支正一品俸，进中极殿大学士，荫一子中书舍人，给与应得诰命。钦此。"

臣闻命自天，措躬无地。伏念臣本以凡庸，蹑司鼎轴。自先朝受任以来，误承优眷；及皇上嗣服之始，更受特知。而臣上不能以皇王之道，启沃圣心；下不能纾纡远之猷，平章国政。敝风因循而未振，实效疏阔而罔臻，是臣莫副倚毗之专，而适丛瘝旷之咎也。兹当课绩，方俟黜幽；岂意圣慈，更加隆施。昨者宸章赐奖，已蒙逾例之恩；今者纶贲传温，更荷非常之宠。踧踖自省，梦寐若惊。夫无基而厚墉，则圮倾立至；器小而受巨，则覆满随因。岂惟舆议之所共讥，实亦天道之所必忌。故往岁大赉加恩，臣屡疏辞免，幸蒙俞允，乃少即安。今敢不避宸严，再陈愚悃。伏望皇上察臣素抱朴忠，绝无矫饰，特收成命，俾图后功，庶国恩不为滥施，而群工亦克用劝矣。臣无任恳切祈望之至。

（奉圣旨：考绩加恩，朝廷彝典。于勋德未足为酬，宜承眷命，不必再辞。吏部知道。）

进讲章疏

臣等一岁之间，日侍皇上讲读。伏见圣修日懋，圣志弥坚，盛暑隆寒，缉熙罔间。臣等备员辅导，不胜庆幸。但惟义理必时习而后能悦，学问必温故而后知新。况今皇上睿明日开，若将平日讲过经书，再加寻绎，则其融会悟入，又必有出乎旧闻之外者。

臣等谨将今岁所进讲章，重复校阅，或有训解未莹者，增改数语；支蔓不切者，即行删除。编成《大学》一本，《虞书》一本，《通鉴》四本，装潢进呈。伏望皇上万几有暇，时加温习，庶旧闻不至遗忘，新知日益开豁，其于圣躬，实为有补。以后仍容臣等接续编辑，进呈御览。仍乞敕下司礼监，镂板印行，用垂永久。虽章句浅近之言，不足以仰窥圣学精微之奥；然行远升高，或亦一助云尔。

请定面奖廉能仪注疏

昨该吏部、都察院钦奉圣谕："开具各在外廉能官员，请照旧例宴赏。"该臣等于文华殿面奏。伏蒙皇上亲发玉音："将各官引来，朕面加奖谕。钦此。"随奉圣旨："这廉能官，着吏部、都察院堂上官，并吏科都给事中，掌河南道御史，引来会极门，朕面加奖赏。钦此。"

臣等窃惟致理之道，莫急于安民生；安民之要，惟在于核吏治。前代令主，欲兴道致治，未有不加意于此者。如臣等前所进《帝鉴图说》中，褒奖守令、召试县令诸事，载之史册，以为美谭。我太祖高皇帝，每遇各地方官来京奏事，常召见赐食，访问民间疾苦。虽县丞、典史有廉能爱民者，亦特差行人赍敕奖励，或封内醪金币以赍之。迨宣、顺、弘治之间，亦间举宴赏之典。故二百余年，重熙累洽，兴致太平，实由于此。

恭遇皇上天纵圣明，励精图治。兹当考察之初，大明黜陟之典。又特蒙天语谕臣等，欲引见廉能官员，破格奖赏。仰窥圣心，盖以深纳臣等《图说》所陈，而远追我圣祖综核吏治之轨也。宗社生灵，曷胜庆幸！但此系特典，久未举行。且远方外吏，从来未睹朝廷之礼，若不先示以仪节，使之演习，恐一旦震怖天威，仓皇失措，又非所以昭德意、光盛举也。伏乞钦定行礼日期，敕下礼部，略仿祖宗时御会极门午朝之仪，定拟简便仪注，上请圣裁，明示各衙门遵行，庶临期不致差误。且旷典肇举，懿范昭垂，贻之万世，永有烈光矣！

（奉圣旨：着于十八日行。礼部便具仪来看。）

谢御笔大书疏

昨者，伏蒙皇上召臣等于文华殿，恭视御书大字。赐臣居正"宅揆保衡"大书一幅；臣调阳"同心夹辅"大书一幅；六部、都察院、通政司、大理寺堂上掌印官九员，各"正己率属"大书一幅；日讲官五员，各"责难陈善"大书一幅；正字官各"敬畏"大书一幅。臣等今日早朝后，谨率同诸臣恭诣会极门。该司礼监太监曹宪，恭捧颁给，俱叩头祗领讫。

仰惟皇上睿哲天成，英明神授。不惟圣修之学，已造于精深；虽于翰墨之微，亦臻夫佳妙。臣等前此虽日侍左右，恭视仿写，然未尝见御笔大书如是之妙。笔意飞动，若惊鸿矫凤之飞翻；体格庄严，俨周鼎商彝之陈列。且二十余纸，八十余字，咄嗟之间，摇笔立就。初若不经意，而锋颖所落，奇秀天成。臣等恭视仰观，心悚神骇，祗深钦忭，莫罄揄扬。今日颁给九卿诸臣，亦莫不相顾惊叹，欢呼颂仰。诚旷世之奇逢，间代之鸿宝也。谨当与诸臣庆戴殊恩，对扬休命；共竭驽钝，仰佐熙明。臣等无任欣喜踊跃之至。

谢恩赉父母疏

钦蒙圣谕："朕闻先生父母俱存，年各古稀，康健荣享，朕心嘉悦。特赐大红蟒衣一袭，银钱二十两。又玉花坠七件，彩衣纱六匹，乃奉圣母恩赐。咸钦承，着家童往赉之。外银钱二十两，是先生的。钦此。"该文书官刘东恭捧到阁，臣谨叩头祗领讫。

伏以纶綍疏荣，叠荷尚方之特赐；庭闱锡类，载分长乐之余欢。恩出非常，感同罔极。窃念臣猥从寒薄，蹑致台司。自惟一介之侗愚，实本二亲之训育。晨昏久旷，宁忘不寐之怀；云日长瞻，适获俱存之幸。稀龄并届，封诰重膺。谓已藉君父之厚荣，足以慰人子之至愿。岂意宸衷之轸念，载承圣母之推恩。敷天语以丁宁，睹奎章而灿烂。金钱错落，重颁百镒之珍；绮縠方空，兼备六珈之饰。忽从天上，遥落人间。慈光借贲于桑榆，湛露下沾于草莽。考之前史，惟唐元振、宋王溥登辅相在双亲偕老之年；稽诸本朝，惟原吉母、李贤父蒙存问于二子得君之日。然未有宠荣烜赫，赉予骈蕃，如臣遭际之极盛至隆者也。此盖伏遇皇上神圣宅中，宽仁逮下。敛五位康宁之福，锡厥庶民；推两宫尊养之心，刑于四海。遂令微陋，荐被恩施。以及怙恃之私，并沐生成之造。士而知己，许身尚不为难；臣之受恩，捐躯岂足云报！谨当钦承圣贶，戒僮仆以星驰；归奉亲欢，传子孙为世宝。仰天颜之咫尺，守庭训以周旋。身体发肤，苟利国家而何惜；股肱元首，庶希喜起以交孚。

谢宸翰疏

昨该臣等以翰林院所产白燕，及内阁嘉莲进献。随奉手谕："白燕、莲花，俱进献圣母，甚是喜悦。却独产翰林院中，先开于密勿之地，上天正假此以见先生为社稷祥瑞，花中君子。朕赖先生启沃，固不敢颠纵，何德之有？钦此。"

恭惟圣母德配坤元，含万汇而发育；皇上道隆乾运，跻四海于升平。协气薰蒸，休祯骈集，乃犹泯鸿工于不宰，逊大美而弗居。特涣温纶，谬申眷奖，此诚圣不自圣、谦而又谦之心也。顾臣猥以庸虚，叨司鼎铉，燮调靡效，敢贪天功以自私；歌颂难名，真忘帝力于何有。捧诵纶音，不胜感戴愧悚之至。

进实录辞免加恩疏

准吏部咨，节奉手敕："皇考《实录》修完，朕心嘉悦。总裁辅臣张居正，着兼支尚书俸，荫一子做中书舍人。如敕奉行。钦此。"备咨到臣。

臣闻命自天，措躬无地。仰惟皇考穆宗庄皇帝，骏德鸿功，增光列祖；睿谟懿行，垂范百王。臣祗奉明纶，总司纪录。徒惭浅陋，莫罄揄扬；不加谴诃，已为荣幸。岂敢复萌希觊之想，以重瘝素之尤！

夫禄以奠食，必有兼人之能，而后可以食兼官之禄；荫以酬劳，必有超世之功，而后可以蒙延世之赏。臣谬以浅薄，得效编摩。载笔操觚，乃词臣之常职耳，有何勤劳可当懋赏？且顷者屡奉温旨，宴赉骈蕃，恩礼优渥。藉曰酬劳，不啻厚矣，况本无劳，何可逾冒？故昨者钦奉圣谕，令臣等拟敕加恩监修总裁官，臣再三退避，不敢自拟。仰蒙天语谆谆，复差文书官传谕同官大学士吕调阳另拟，必欲令臣同沾恩命。而其所拟，乃又越分超等，反出诸臣之上，将使臣益跼蹐惶汗而不能自宁也。

伏望皇上鉴臣悃诚，素无矫饰，收回成涣，特赐允俞。俾臣得少效犬马之微勤，不至速颠之重咎。则皇上遂臣之志，保臣之终，九迁百朋，不足以喻其荣重矣。

（奉圣旨：皇考功德，纪述详实。卿总裁首臣，勤劳为多。加恩已有成命，宜即勉承，不必固辞。吏部知道。）

再辞恩命疏

顷以纂修《穆宗庄皇帝实录》告成，荷蒙圣恩曲轸微劳，敕加封荫。随该臣具本辞免。奉圣旨："皇考功德，纪述详实。总裁首臣，勤劳为多。加恩已有成命，宜即勉承，不必固辞。吏部知道。钦此。"

天听莫回，冰兢愈至。窃以有劳必录者，明主厚下之仁；敬事后食者，人臣奉公之节。夫臣之于君，事无大小，孰非所当尽心毕力以为之者？为之而有功，分义当然，劳于何有？为之而无功，谴责是虞，矧敢他觊？故人臣进不敢以其能要利于上，退不敢以其事尸功于己，此事使之大分，古今之通义也。

臣以草茅孤介，荷先帝顾托之重，蒙皇上眷遇之隆，夙夜皇皇，虑无以报。藉使臣有奇勋异能，铭之太常，勒之钟鼎，其于臣子分义，固未能有加秋毫之末也。况纂修之役，不过从事于楮墨觚翰之间，又非有执殳荷戈之劳，重巨艰危之任也。而遂以此施劳于己，侥宠于上，其毋乃非人臣自处之义乎？且履盛处盈，古人所戒。臣叨忝已极，涯分已逾，若冒窃不止，必致殃咎。故在诸臣可受，而臣独不可受也。伏望皇上察臣之愚，曲赐俞允，因以明君臣分义于天下。使为人臣者，皆知尽心所事，而不敢萌希觊之心，则臣节纯而主道立矣。臣屡冒天威，不胜战悚陨越之至。

（奉圣旨：卿每事有功不居，屡辞恩命，兹又惓惓以君臣分义为言，具见忠贞大节。特准辞荫，以成卿美。兼俸可免承之，稍存旧典。吏部知道。）

辽东大捷辞恩疏

昨该兵部核叙辽东功次，滥及臣等，请加恩赉，已即具揭辞免。兹奉圣谕："辽东大捷非常，皆卿等运筹之功，例宜升荫，还拟敕来行。钦此。"

恩纶宠被，敢不遵承。但臣等窃惟庆赏之典，激劝攸关，必当其功，乃可服众。兹者辽左之捷，实仰赖我皇上圣武昭布，神威震叠，一时文武将吏，遵奉庙算，同心戮力之所致。然论其力战之功，尚富以将士为首。故臣等昨者拟票，加恩该镇诸臣，首叙总兵，赐赉独厚。虽总督、巡抚身在地方亲理戎务者，亦视之有差。诚以摧锋陷坚，躬冒矢石，本诸将士之力，固非坐而指画者所可同也，况如臣等，身不出乎禁闼，足不履乎戎行。虽曾借箸效画，演纶授事，不过奉英主之睿谟，效阁臣之常职耳。乃欲缘此遂攘以为功，冒叨恩宠，则九边之士闻之，必将曰："我辈披坚执锐，千辛万苦，乃得一级之赏，而彼乃掠而有之。"武夫力而获诸原，书生坐而享其利。不惟以功蒙赏者，不知所劝，而旁观逖听之人，亦将愤惋而不平矣，非所以昭大公、明激劝也。

矧昨者皇上以大捷告庙，自引冲年凉德，而以成功归之祖宗列圣。夫以皇上之明圣，犹不肯自以为能，必归之列祖。臣等何知，乃敢贪天之功以为己力乎？且阁臣以边功受赏，亦自近时有之，非我祖宗朝盛德事也。臣等反覆思惟，加恩一节，断不敢当。伏望皇上俯鉴臣等愚悃，绝无一毫矫饰，竟寝其事，免令臣等撰敕，因以明朝大公之典，作九边将士之气。其于圣政，亦为有补。所有原奉圣谕一道，谨收藏阁中，以彰天眷。臣等不胜感戴悚栗之至。

（奉圣旨：卿等所奏，诚意恳切，准辞免。各赐银一百两，彩段四表里，大红纻丝蟒衣一袭，稍示眷酬。）

谢御札奖励疏

昨该臣等以大捷加恩，具疏辞免。奉圣旨："卿等所奏，诚意恳切，准辞免。各赐银一百两，彩段四表里，大红纻丝蟒衣一袭，稍示眷酬。钦此。"臣又特奉御笔敕谕："元辅张少师：朕以幼冲嗣位，赖先生匡弼启沃，四方治安，九边宁靖。我祖宗列圣，亦鉴知先生之功，就加显爵不为过。乃屡辞恩命，惟一诚辅国，自古忠臣如先生者罕。朕今知先生实心，不复强。特赐坐蟒衣一袭，银钱五十两，以示优眷，申成先生美德，其钦承之。故敕，钦此。"该文书官太监刘东，恭捧到臣私寓，臣谨叩头祗领，不胜感泣。

窃念臣山泽之贱臞也，不自意侥时厚幸，致身台鼎。遭逢英主英飞，又谬以章句浅陋，为帝者师。其中倚托之重，契合之深，虽在廷之臣犹有不及知者。每自思惟，士为知己者死。古侠客之流，急人之难，既已存亡生死矣，而犹不矜其能，不望其报；况臣之于君，有不可逃之分，受不能报之恩者乎！今以臣之遭遇如此，而不思毕忠竭力以图称塞；或虽忠于所事，而有一毫计功谋利、侥宠觊恩之心，则为侠士之弗如。故自臣当事以来，夙夜兢兢，恒欲使功浮于食、事过所受，犬马之心于是乃安。其抗违恩命，冒渎宸严，至于屡控而不已者，实以愚抵此耳。仰荷圣慈特垂俞允；又亲洒宸翰，曲赐褒嘉，谅其实心，不复相强。是皇上之知臣也以心，而不在于爵禄豢縻之厚；微臣之遇主也以道，而非由于要宠窃禄之私。此古之圣贤豪杰，所为梦想而不获一觏者也。臣何缘何幸，有此遭际。至于坐蟒乃尊贵之服，岂臣下之可僭干？金钱乃玉府之珍，非贫士之所宜有。殊恩特赍，更逾分涯。臣又将何修何为，可以报称？继自今惟当益坚精白，矢竭衷丹，惟社稷之是图，何发肤之可惜。更愿皇上终鉴愚诚，曲成微志。凡非分之恩，逾格之赏，勿复滥及，以毕臣惓惓图报之忧。苟遂其愚，死无所憾。

进职官书屏疏

窃以安民之要，在于知人；辨论官材，必考其素。顾人主尊居九重，坐运四海，于臣下之姓名贯址尚不能知，又安能一一别其能否而黜陟之乎？朝著之间，百司庶府尚不能识，又安能旁烛于四方郡国之远乎？考之前史，唐太宗以天下刺史姓名书于御座屏风，坐卧观览；唐宣宗知泾阳令李行言之贤，书其名于殿柱，不次擢用；我成祖文皇帝，尝书中外官姓名于武英殿南廊；仁宗昭皇帝亦命吏部尚书蹇义、兵部尚书李庆，具各都司、布政、按察司官履历，揭于奉天门西序。良以舆图辽廓，官府分罗，身既难以遍历，故托之标记以广其明；知既难以周知，故操其要约而运诸掌。君，心也；臣，股肱耳目也。人之一心，虽赖股肱耳目以为之视听持行，而心之精神，亦必常流通于股肱耳目之间，然后众体有所管摄，而各效其用。此明君所以总条贯而御人群之要道也。

仰惟皇上天挺睿明，励精图治。今春朝觐考察，亲奖廉能；顷者吏部奏除，躬临铨选，其加意于吏治人才如此。顾今天下疆里，尚未悉知；诸司职务，尚未尽熟，虽欲审别，其道无由。臣等思所以推广德意，开发圣聪者，谨属吏部尚书张瀚、兵部尚书谭纶，备查两京及在外文武职官，府部而下，知府以上，各姓名籍贯及出身资格，造为御屏一座。中三扇，绘天下疆域之图；左六扇，列文官职名；右六扇，列武官职名。各为浮帖，以便更换。每十日，该部将升、迁、调、改各官，开送内阁。臣等令中书官写换一遍。其屏即张设于文华殿后，皇上讲读进字之所，以便朝夕省览。如某衙门缺某官，该部推举某人，即知其人原系某官，今果堪此任否？某地方有事，即知某人见任此地，今能办此事否？臣等日侍左右，皇上即可亲赐询问，细加商榷。臣等若有所知，亦得面尽其愚，以俟圣断。一指顾间，而四方道里险易，百司职务繁简，一时官吏贤否，举莫逃于圣鉴之下。不惟提纲挈要，便于观赏；且使居守守职者，皆知其名常在朝廷左右，所行之事，皆得达于宸聪。其贤者，将兢兢焉争自焯厉，以求见知于上；不才者，亦将凛凛焉畏上之知，而不敢为非。皇上独运神智，坐以照之，垂拱而天下治矣。臣等谨将所制职官御官一座，随本上进。伏乞敕下该衙门进收，如法张设，恭请圣明俯览，以少尽臣等因事纳忠之诚。

（奉圣旨：览卿等奏进职官书屏，欲朕周览舆图，审察众职，诚知人安民要务，具见匡弼之忠，朕心深用嘉悦。围屏着进收设于文华殿后，以便朝夕省览。该衙门知道。）

卷四　奏疏四

议处史职疏

准礼部手本，该本部题覆翰林院编修张位奏，为恳乞圣明，申饬史职，以光新政事。议照裁定史职，系阁臣题请，合照本官奏内事理，将一应事宜，详行议拟上请，奉钦依到阁，臣等谨钦遵。

议得国初设起居注官，日侍左右，纪录言动，实古者左史记事、右史记言之制，迨后详定官制，乃设翰林院修撰、编修、检讨等官，盖以纪载事重，故设官加详，原非有所罢废。但自职名更定之后，遂失朝夕记注之规，以致累朝以来，史文阙略。昔世宗皇帝尝谕大学士张璁曰："日每有左史、右史之官，历代因之。我圣祖创翰林之制，亦有编修、修撰之名，但未见居此职者尽乃事云。"是纪录之职，本自备官；旷废之由，实在臣下。即如迩者纂修世宗、皇考《实录》，臣等祇事总裁，凡所编辑，不过总集诸司章奏，稍加删润，隐括成编。至于仗前柱下之语，章疏所不及者，即有见闻，无凭增入。与夫稗官野史之书，海内所流传者，欲事采录，又恐失真。是以两朝之大经大法，虽罔敢或遗，而二圣之嘉谟嘉猷，实多所未备。凡此，皆由史臣之职废而不讲之所致也。

矧我皇上聪明天启，渊哲性成，践祚以来，善鸿鸿猷，班班可述，类非章疏所能尽见。若不及时纪录，奚以章阐盛美，垂法无极？所据申明史职，光复祖制，以备一代令典，在于今日，委不可缺。臣等祇奉明命，仰稽成宪，参酌时宜，谨将一应合行事宜，逐条详列于后，伏乞圣明裁定施行。

计开：

一、议分管责成

照得史臣之职，以纪录起居为重。顾宫禁邃严，流传少实；堂廉远隔，听睹非真，则何以据事直书，传信垂后？看得日讲官密迩天颜，见闻真的；又每从阁臣之后，出入便殿，即有密勿谋议，非禁秘不可宣露者，阁臣皆得告语之。合令日讲官日轮一员，专记注起居，兼录圣谕、诏敕、册文等项，及内阁题稿。其朝廷政事见于诸司章奏者，另选年深文学素优史官六员，专管编纂。事分六曹，以吏、户、礼、兵、刑、工为次，每人专管一曹，俱常川在馆供事，不许别求差遣，及托故告假等项，致妨公务。

一、议史官侍直

谨按礼仪定式，凡遇常朝，记事官居文武第一班之后，近上，便于观听，即古螭头载笔之意。洪武二十四年，定召见臣下仪，以修撰、编修充侍班官，即古随使入直纪事之意。今宜遵照祖制，除升殿例用史官侍班外，凡常朝御皇极门，即轮该日记注起居并史官共四员，列于东班各科给事中之上。午朝御会极门，列于御座西稍南，专一记注言动。凡郊祀、耕耤、幸学、大阅诸典礼，亦令侍班，随从纪录。至于不时宣召及大臣秘殿独对者，恐有机密，不必用史官侍班；但令入对大臣，自纪圣谕及奏对始末，封送史馆铨次。其经筵、日讲，则讲官即记注起居，亦不必另用侍班。

一、议纂辑章奏

照得时政所寄，全在各衙门章奏。今除内阁题稿，并所藏圣谕、诏敕等项，该阁臣令两房官录送史馆外，其各衙门章奏，该科奉有旨意，发钞到部，即全钞一通，送阁转发史馆。至于钦天监天文祥异，太常寺祭祀日期，各令按月开报。其钞本不必如题奏揭帖格式，但用常行白纸，密行楷书，不论本数多寡，并作一封送入。

一、议纪录体例

照得今次纪录，只以备异日之考求，俟后人之删述。所贵详核，不尚文词，宜定著体式。凡有宣谕，直书天语；圣谕、诏敕等项，备录本文。若诸司奏报一应事体，除琐屑无用、文义难通者，稍加删削润色外，其余事有关系，不妨尽载原本，语涉文移，不必改易他字。至于事由颠末，日月先后，务使明白，无致混淆。其间事迹可垂劝戒者，但据事直书，美恶自见；不得别以己意，及轻信传闻，妄为褒贬。

一、议开设馆局

照得东西十馆，原系史臣编校之所，密迩朝堂，纪述为便。今合用东馆近上四所，令史臣分直其中：一起居，二吏户，三礼兵，四刑工。除典守誊录人役，随同供事外，一应闲杂人等，不许擅入。其合用纸札、笔墨、酒饭等项，俱照纂修例给。

一、议收藏处所

照得国史古称为金匮石室之书，盖欲收藏谨严，流传永久。今宜稍仿此意，月置一小柜，岁置一大柜，俱安放东阁左右房内。每月史官编完草稿，装为七册，一册为起居，六册为六曹事迹。仍于册面各记年月、史官姓名，送内阁验讫，即投入小柜，用文渊阁印封锁。岁终，内阁同各史官，开取各月草稿，收入大柜，用印封锁如前，永不开视。

一、议誊录掌管

照得史馆纪录所用誊录典守官吏，见今纂修《实录》，即可通融选用。合将各馆誊录官，选取勤谨善书者二员，专誊秘密文字。行吏部选拨善书帖写办事吏十二名，专为各衙门章牍。拨当该吏四名，专管文册及朝夕启闭馆门，常川供事。满日，各照常送部拨补，不给恩典。

一、议补修记注

伏睹圣明践祚之始，即召见辅臣于平台。二年之春，召见计吏廉能卓异者，面赐奖谕。迩者，以吏兵二部奏除文武职官，又亲临铨选。皆古帝王之盛节。三年之间，鸿猷善政，不可缕数。兹者，旷典修复，亦合将二年以前事迹，追书谨录，用传万世。拟令各官除每日照前供事外，兼将二年以前起居初政，亦照月分曹，以次纂录。其诏敕等项，内阁查付。各衙门章奏，行六科照月类钞一册，送内阁转发。

（万历三年二月二十日奉圣旨：史臣纪录时政，我祖宗成宪具存。但近年任此职者因循旷废，遂成阙典。今宜及时修举。卿等既议处停当，都依拟行。礼部知道。）

请裁抑外戚疏

伏蒙发下工部覆武清伯李伟请价自造坟茔一本。该文书官孙斌口传圣旨："该部折价太薄，从厚拟来。钦此。"

臣等看得李伟乃皇家至亲，与众不同。皇上仰体圣母笃念外家之意，礼宜从厚。但昨工部尚书郭宾等见臣等，言先朝赐赉外戚恩典，唯玉田伯蒋轮家为最厚，正与今圣母家事体相同，故本爵亦遂据蒋轮例以请。及查嘉靖二年，蒋轮乞恩造坟，原系差官盖造，未曾折价。该部处办木石等料，当时估计该银二万两，卷案具存。该部因本爵自比蒋轮例，故即查蒋轮例题覆。其做工班军，及护坟田土，另行拨给，原不在此数。今奉圣谕，欲令从厚，臣等敢不仰体皇上孝心？且臣等犬马之情，亦欲借此少效微悃于圣母之家。但该部查照旧例，止于如此，今欲从厚，惟在皇上奏知圣母，发自宸衷，特加优赉，固非臣下所敢擅专也。

臣等又惟昔玉田伯，乃世宗皇帝亲母家也。当时章圣皇太后母仪天下，世庙奉事母后，笃厚外家，何所不至？而其所给，乃仅于此数。想以祖宗以来，相传恩例如此，有难以逾越耳。今皇上孝事圣母，岂能有加于世庙？而圣母之笃厚外家，亦岂能有逾于章圣皇太后乎？今以世宗皇帝之所不能加，章圣太后之所不可逾，而圣母与皇上必欲破例处之，此臣等所以悚惧而不敢擅拟者也。

夫孝在无违，而必事之以礼；恩虽无穷，而必裁之以义。贵戚之家，不患不富，患不知节。富而循礼，富乃可久。越分之恩，非所以厚之也；逾涯之请，非所以自保也。臣等待罪辅弼，不敢不尽其愚。伏惟圣慈垂鉴。

请申旧章饬学政以振兴人才疏

窃惟养士之本，在于学校；贞教端范，在于督学之臣。我祖宗以来，最重此选。非经明行修、端厚方正之士，不以轻授；如有不称，宁改授别职，不以滥充。且两京用御史，外省用按察司风宪官为之，则可见居此官者，不独须学行之优，又必能执法持宪、正己肃下者，而后能称也。《记》曰："师严然后道尊，道尊然后民知敬学。"臣等幼时，犹及见提学官多海内名流，类能以道自重，不苟徇人，人亦无敢干以私者。士习儒风，犹为近古。

近年以来，视此官稍稍轻矣，而人亦罕能有以自重。既无卓行实学，以压服多士之心，则务为虚谭贾誉，卖法养交。甚者，公开幸门，明招请托。又惮于巡历，苦于校阅，高座会城，计日待转。以故士习日敝，民伪日滋；以驰骛奔趋为良图，以剽窃渔猎为捷径；居常则德业无称，从仕则功能鲜效。祖宗专官造士之意，骎以沦失，几具员耳。

去年，仰荷圣明循敕吏部慎选提学官，有不称者，令其奏请改黜。其所以敦崇教化，加意人才，意义甚盛。今且一年矣，臣等体访各官，卒未能改于其故；吏部亦未见改黜一人。良以积习日久，振蛊为艰；冷面难施，浮言可畏。奉公守法者，上未必即知，而已被伤于众口；因循颓靡者，上未必即黜，而且博誉于一时。故宁抗朝廷之明诏，而不敢挂流俗之谤议；宁坏公家之法纪，而不敢违私门之请托。盖今之从政者，大抵皆然，又不独学校一事而已。

臣等顷因南直隶提学御史褚铁、浙江提学佥事乔因阜，赴阁会敕，因查先朝以来相传，旧稿所载，提学职任，本自崇严。且别项官员敕谕，俱不开款，独提学敕开款。殆如国学监规之制，中间委任责成，极其郑重。但居此官者，不能着实遵奉，自隳职守。夫敕谕者，所以命官分职，而属之以事者也。彼既不能遵奉上命，恪恭乃职，而责士子以率从其教，不亦难乎？

臣等查得嘉靖初年，世宗皇帝尝诏吏部，将天下提学官通行考察改黜，盖仅有存者。又诏礼部沙汰天下生员，不许附学过于廪增之数。今之士习，凋敝已极，即按先朝故事，大加洗涤，亦岂为过？但臣等窃以为积废既久，举当以渐，骤于操急，人或不堪。且约束不明，申令不熟，不独奉行者之罪，亦在上者之过也。

臣等谨将敕谕旧稿，再加酌拟，附以近日题准事例，逐款开列，上请圣裁，备载敕内，仍昭示天下。使居此官者，知上之所以责之者如此，则虽被怨蒙谤，而有所弗恤；人之视之，知彼之责任如此，亦将敛手息喙，而莫之敢挠。抚、按以此核其能否，部、院以此定其黜陟。使人皆知敦本尚实，而不敢萌侥幸之心，则振兴人才之一大机也。

仍乞敕下吏、礼二部，以后务要加意此官，慎重其选。其各见任提学官，一体俱换与新敕，以便遵守。《书》曰："作新民。"尧使契掌教，命之以劳来匡直辅翼，又从而振德之。今臣等所言，非敢过为操切，亦不过申明旧章，以作新振德之耳。伏惟圣明裁断施行。

再照提调学校，固宪臣之责；而群居教习，又在儒学教官。顾近来考贡之法太疏，士之衰老贫困者，始告授教职。精力既倦于鼓舞，学行又歉于模范。优游苟禄，潦倒穷途。是朝廷以造士育才之官，为养老济贫之地，冗蠹甚矣！今后凡廷试岁贡生员，容臣等遵照先朝事例，严加考试。有不堪者，尽法黜落；提学官照例提问降调。其愿就教职者，该部先行考阅。有年力衰惫者，即行拣退，不准送试。廷试学业荒疏，不堪师表者，发下该部，验其年力尚壮，送监肄业，以须再试；如年已衰，不必发监，遥授一职，回籍荣身。庶官无冗旷，士有师模，十年之后，人才当不可胜用矣。

谨题请旨，敕谕提学官事理。

计开：

一、圣贤以经术垂训，国家以经术作人。若能体认经书，便是讲明学问，何必又别标门户，聚党空谭？今后各提学官督率教官生儒，务将平日所习经书义理，着实讲求，躬行实践，以需他日之用。不许别创书院，群聚徒党，及号招他方游食无行之徒，空谭废业，因而启奔竞之门，开请托之路。违者，提学御史听吏部、都察院考察奏黜；提学按察司官听巡按御史劾奏；游士人等，许各抚、按衙门访拿解发。

一、孝弟廉让，乃士子立身大节。生员中有敦本尚实、行谊著闻者，虽文艺稍劣，亦必量加奖进，以励颓俗。若有平日不务学业，嘱托公事；或捏造歌谣，兴灭词讼，及败伦伤化，过恶彰著者，体访得实，不必品其文艺，即行革退。不许徇情姑息，亦不轻许信有司教官开送，致被挟私中伤，误及善类。

一、我圣祖设立卧碑，天下利病，诸人皆许直言，惟生员不许。今后生员，务遵明禁。除本身切己事情，许家人抱告，有司从公审问，倘有冤抑，即为昭雪。其事不干己，辄便出入衙门，陈说民情，议论官员贤否者，许该管有司，申呈提学官，以行止有亏革退。若纠众扛帮聚至十人以上，骂詈官长，肆行无礼，为首者，照例问遣，其余不分人数多少，尽行黜退为民。

一、国家明经取士。说书者，以宋儒传注为宗；行文者，以典实纯正为尚。今后务将颁降《四书》《五经》《性理大全》《资治通鉴纲目》《大学衍义》《历代名臣奏议》《文章正宗》及当代诰律典制等书，课令生员，诵习讲解，俾其通晓古今，适于世用。其有剽窃异端邪说，炫奇立异者，文虽工弗录。所出试题，亦要明白正大，不得割裂文义，以伤雅道。

一、各省提学官，奉敕专督学校，不许借事枉道，奔趋抚按官，干求荐举。各抚按二司官，亦不许侵伊职掌行事。若有不由提学官考取，径自行文，给与生儒衣巾；及有革退生员，赴各衙门告诉复学者，即将本生问罪革黜。若提学官有行止不端，怠玩旷职者，许巡按御史指实劾奏。

一、该管地方，每年务要巡视考校一遍。不许移文代委，及于隔别府分调取生儒，以致跋涉为害。亦不许令师生匍匐迎送。考毕即于本地方发落，明示赏罚。不许携带文卷于别处发案，致令吏书乘间作弊，士子无所劝惩。亦不许招邀诗朋酒友，游山玩水，致启幸门，妨废公务。其水陆夫马廪给，随带吏书，俱照常行。

一、提学官巡历所属，凡贪污官吏、军民不法重情，及教官干犯行止者，原系宪司，理当拿问；但不许接受民启，侵官喜事。其生员犯罪，或事须对理者，听该管衙门提问，不许护短曲庇，致令有所倚恃，抗拒公法。

一、廪膳增广，旧有定额，迨后增置附学名色，冒滥居多。今后岁考，务要严加校阅。如有荒疏庸耄，不堪作养者，即行黜退，不许姑息。有捏造流言，思逞报复者，访实拿问，照例问遣。童生必择三场俱通者，始收入学。大府不得过二十人，大州、县不得过十五人。如地方乏才，即四、五名亦不为少。若乡宦势豪干托不遂，暗行中伤者，许径自奏闻处治。

一、两京各省，廪膳科贡，皆有定额。近来有等奸徒，利他处人才寡少，往往诈冒籍贯，投充入学。及有诡写两名，随处告考；或假捏士夫子弟，希图进取；或原系娼优隶卒之家，及曾经犯罪问革，变易姓名，援纳粟纳马等例，侥幸出身，殊坏士习。访出，严行拿问革黜。若教官纳贿容隐，生员扶同保结者，一体治罪革罢。

一、府州县提调官员，宜严束生徒，按季考校。凡学内殿堂斋房等屋损坏，即办料量工修理。其斋夫膳夫、学粮学田等项，俱要以时发给，不许迟误克减。

一、生员之家，依洪武年间例，除本身外，户内优免二丁差役。

一、生员考试，不谙文理者，廪膳十年以上，发附近去处充吏；六年以上，发本处充吏。增广十年以上，发本处充吏；六年以上，罢黜为民。

一、儒学教官，士子观法所系。按临之日，考其学行俱优者，礼待奖励。其行履无过，但学问疏浅者，一次考验，姑行戒饬；再考无进，送吏部别用。老病不堪者，准令以礼致仕。若卑污无耻，素行不谨者，不必试其文学，即拿问革黜。

一、考贡。照近日事例，每岁预将次年应贡生员，限年六十以下，三十以上，屡经科举者六人，严加考选，取其优者充贡。定限次年四月到部，听候廷试。文理不通者，即行停降。年老衰惫者，姑授与冠带荣身，不许但挨次滥贡。其有停廪、降廪者，必考居一二等，方许收复。未收复者，不许起送应贡。如有滥贡，及廷试发回五名以上，提学官照例降调。

一、补贡有缺，务查人文未经到部、果在一年以里者，将原给批咨朱卷追缴，方取年力精壮、文学优长者一人补贡。定限该贡年分，次年到部，方准收考。如有不遵旧例，将年远贡缺滥补布恩者，起送到部，即将本生发回，革廪肄业；提学官参究。

一、遇乡试年分，应试生儒名数，各照近日题准事例。每举人一名，取科举三十名，此外不许过多一名。两京监生，亦依解额照数起送。有多送一名者，各监试官径行裁革，不许入场。

一、名宦乡贤、孝子节妇及乡饮礼宾，皆国之重典，风教所关。近来有司忽于教化，学校是非不公，滥举失实，激劝何有？今后提学官宜以纲常为己任，遇有呈请，务须核真。非年久论定者，不得举乡贤名宦。非终始无议者，不得举节妇孝子。非乡里推服者，不得举乡饮宾僎。如有妄举，受人请求者，师生人等即以行止有亏论。其从前冒滥混杂，有玷明典者，照近例径自查革。

一、所辖境内有卫所学校，一体提调整理。武职子弟，悉令习读《武经七书》《百将传》及操习武艺。有愿习举业者听。社学师生，一体考校，务求明师责成，量免差役。其行止有亏，及训诂、句读、音韵差讹，字画不端，不通文理者，即行革退。

（万历三年五月初三日奉圣旨：学校，人才所系。近来各提学官不能饬躬端范，精勤考阅，只虚谭要誉，卖法市恩，殊失祖宗专官造士之意。卿等所奏，俱深切时弊，依拟再行申饬。所开条件，一一备载敕内，着各着实遵行。有仍前违怠旷职的，吏部、都察院务要指实考察奏黜，不许徇情。礼部知道。）

论边事疏

昨该辽东巡抚张学颜等报称："虏贼二十余万，谋犯辽东，前哨已到大宁。"请兵请粮，急于星火。至于上厪圣虑，面谕臣等："虏寇猖獗，深以为忧。"比时臣等已即面奏："暑月非虏骑狂逞之时，料无大害，请宽圣怀。"今据蓟镇总兵官戚继光揭称："诸酋久已解散，时下正议掣兵。"及臣等使人于宣府密探西虏青把都动静，则本酋一向在巢住牧，未尝东行。辽东所报，皆属夷诳赏之言，绝无影响。数日以来，更不闻消息矣。

臣等因此，反切忧虑。夫兵家之要，必知彼己，审虚实，而后可以待敌，可以取胜。今无端听一讹传之言，遽尔仓皇失措，至上动九重之忧，下骇四方之听，则是彼己虚实，茫然不知，徒借听于传闻耳。其与风声鹤唳、草木皆兵者何异？似此举措，岂能应敌？且近日虏情狡诈，万一彼尝以虚声恐我，使我惊惶，疲于奔命；久之懈弛不备，然后卒然而至，措手不及。是在彼反得先声后实，多方以误之之策；而在我顾犯不知彼己，百战百败之道。他日边臣失事，必由于此。故臣等不以虏之不来为喜，而深以边臣之不知虏情为虑也。

兵部以居中调度为职，尤贵审察机宜，沉谋果断，乃能折冲樽俎，坐而制胜。今一闻奏报，遂尔张皇；事已之后，又寂无一语。徒使君父日焦劳于上，以忧四方；而该部以题覆公牍，谓足以了本兵之事耳。

臣等谓宜特谕该部，诘以虏情虚实之由，使之知警。且秋防在迩，蓟辽之间，近日既为虚声所动，征调疲困，恐因而懈怠，或至疏虞，尤不可不一儆戒之也。臣等愚见如此，伏惟圣明裁断施行。

（即日奉圣谕：兵部前报，虏贼数十万欲犯辽东，前哨已到近边。朕心日夕悬虑。今经旬日，如何又声息杳然？不知前贼果否入犯？该镇有无失事？你部里如何通不以闻？着从实说来。）

进郊礼图考疏

兹者，恭遇皇上肇举郊禋大典，臣等谨辑郊礼新旧图考，进呈睿览。旧礼者，太祖高皇帝所定也；新礼者，世宗皇帝所定也。按天地之祭，自周以来，或分或合，其礼不一，然大率合祭者为多。国朝自洪武以后，一向合祭。嘉靖年间，始建分祭之制。然议者咸以合祭为便。顾兹重典，今且未敢轻议，谨辑为礼书二册，首叙分合沿革之由，次具坛壝陈设规制图，次列仪注乐章等项，而以臣等浅陋之见，略述其概，窃附于后，以备圣明他日裁择，且以仰赞明禋之万一。

臣等又惟国之大事在祀，祀之大者曰郊。兹者皇上亲郊之始，正百辟具瞻之初。况郊坛高旷，霜露凝寒，登降周旋，礼文繁缛，必须寅竭诚恫，乃可孚格于重玄；必须收敛精神，乃能成全乎大礼。虽圣敬乾诚，昭格有素，然兹当行礼之期，凡起居饮膳、念虑动止之间，尤宜倍加谨慎，务期积诚致洁，真如上帝之降临可也。臣等又无任恳切祈望之至。

（万历三年十一月初三日奉圣旨：览卿等奏进郊礼图册，又导朕以积诚致洁，恭承大祭，具见忠敬。朕知道了。图册留览。礼部知道。）

附　郊礼新旧考

国初，建圜丘于钟山之阳，以冬至祀天；建方丘于钟山之阴，以夏至祀地。洪武二年，始奉仁祖皇帝西向配享。十年春，始定合祀之制。时以天、地坛大祀殿未成，暂于奉天殿行礼。至十二年正月，乃合祀于大祀殿，仍奉仁祖配享。命官分献日月、星辰、岳镇、海渎、山川诸神，凡一十四坛。三十二年，更奉太祖高皇帝配享。永乐十八年，北京天、地坛成，每岁仍合祀如仪。南京坛有事，则遣官祭告。洪熙元年，奉太祖高皇帝、太宗文皇帝同配享。

嘉靖九年初，建圜丘于大祀殿之南，每冬至祀天，以大明、夜明、星辰、云雨、风雷从祀；建方泽于安定门外，每岁夏至祀地，以五岳、五镇、四海、四渎、陵寝诸山从祀。俱止奉太祖一位配享，而罢太宗之配。其大祀殿，则以孟春上辛日行祈谷祭，奉太祖、太宗同配享。十年，又改以启蛰日行祈谷礼于圜丘，仍止奉太祖一位配享。十七年秋九月，诏举明堂大享礼于大内之玄极宝殿，奉睿宗献皇帝配享。玄极宝殿，即旧钦安殿也。是冬十一月，上皇天上帝尊号。十八年春，行祈谷礼于玄极宝殿，不奉配。二十四年，拆大祀殿，改建大享殿。命礼部岁用季秋，奉请卜吉，行大享殿礼。随又命仍暂行于玄殿宝殿。隆庆元年，诏罢祈谷、大享二祭。复玄极宝殿，仍名钦安殿。而天地则分祀，如世宗所更定云。

臣等谨按：国初天地分祀。至洪武十年，圣祖乃定为合祀之制，每岁以正月上辛日行礼于南郊大祀殿，列圣遵行百六十余年。至世宗皇帝始按《周礼》古文，复分建南北郊，俱坛而不屋。南郊以冬至、北郊以夏至行礼，而二至之外，复有孟春祈谷、季秋大享，岁凡四郊焉。隆庆改元，诏廷臣议郊祀之礼。时议者并请罢祈谷、大享，复合祀天地于南郊。先帝深惟三年无改之义，独以祈谷、大享在大内行礼不便，从礼官议罢之。而分祀姑仍其旧，盖亦有待云尔。

夫礼因时宜，本乎人情者也。高皇帝初制郊礼，分祀者十年矣，而竟定于合祀者，良以古今异宜，适时为顺。故举以岁首，人之始也；卜以春初，时之和也；岁惟一出，事之节也；为屋而祭，行之便也。百六十余年，列圣相承，莫之或易者，岂非以其至当允协，经久而可守乎？今以冬至极寒，而裸献于星露之下；夏至盛暑，而骏奔于炎歊之中，一岁之间，六飞再驾，以时以义，斯为庋矣。且成祖文皇帝，再造宇宙，功同开创，配享百余年，一朝而罢之，于人情亦有大不安者。故世宗虽分建圜、方之制，而中世以后，竟不亲行；虽肇举大享之礼，而岁时禋祀，止于内殿。是斯礼之在当时，已窒碍而难行矣，况后世乎？

臣等愚昧，窃以为宜遵高皇帝之定制，率循列圣之攸行，岁惟一举合祀之礼，而奉二祖并配。斯于时义允协，于人情为顺。顾郊禋重典，今且未敢轻议，谨稽新旧规制礼仪，而略述其概，以俟圣明从容裁断焉。

被言乞休疏

昨以御史刘台论列，具奏乞休。伏奉圣旨："卿赤忠为国，不独简在朕心，实天地祖宗所共降监。彼谗邪小人，已有旨重处。卿宜以朕为念，速出辅理，勿介浮言。吏部知道。钦此。"

臣捧读恩纶，涕泗交集。念臣受先帝重托，既矢以死报矣。今皇上圣学，尚未大成；诸凡嘉礼，尚未克举；朝廷庶事，尚未尽康；海内黎元，尚未咸若。是臣之所以图报先帝者，未罄其万一也，臣岂敢言去！古之圣贤豪杰，负才德而不遇时者多矣。今幸遇神圣天纵不世出之主，所谓千载一时也，臣又岂可言去？皇上宠臣以宾师不名之礼，待臣以手足腹心之托，相亲相倚，依然蔼然。无论分义当尽，即其恩款之深洽，亦自有不能解其心者，臣又何忍言去？然而臣之必以去为请者，非得已也！

盖臣之所处者，危地也；所理者，皇上之事也；所代者，皇上之言也。今言者，方以臣为擅作威福。而臣之所以代王行政者，非威也，则福也。自兹以往，将使臣易其涂辙，勉为巽顺以悦下耶？则无以逭于负国之罪；将使臣守其故辙，益竭公忠以事上耶？则无以逃于专擅之讥。况今谗邪之党，实繁有徒，背公行私，习弊已久。臣一日不去，则此辈一日不便；一年不去，则此辈一年不便。若取臣之所行者，即其近似而议之，则事事皆可以为作威，事事皆可以为作福。明明之谗，日哗于耳。虽皇上圣明，万万不为之投杼，而使臣常负疑谤于其身，亦岂臣节之所宜有乎？此臣之所以辗转反侧而不能不惕于衷也。

伏望皇上怜臣之志、矜臣之愚，特赐罢归，以解群议。博求廊庙山林之间，必有才全德备之士，既有益于国，而又无恶于众者，在皇上任之而已。臣屡渎宸严，无任战栗陨越之至。

（万历四年正月二十六日奉圣旨：卿精诚可贯天日，虽负重处危，鬼神犹当护佑，谗邪阴计岂能上干天道！朕亦知卿贞心不贰，决非众人口能摇惕。已遣司礼监随堂官往谕朕意，卿宜即出视事，勉终先帝顾托，勿复再辞。吏部知道。）

谢恩疏

昨该臣以被论乞休，未蒙俞允。今日伏蒙圣恩，特降御笔谕元辅："先帝以朕幼小，付托先生。先生尽赤忠以辅佐朕，不辞劳，不避怨，不居功，皇天后土祖宗必共鉴知。独此畜物，为党丧心，狂发悖言，动摇社稷，自有祖宗法度。先生不必如此介意，只思先帝顾命，朕所倚任，保安社稷为重，即出辅理，朕实惓惓竚望。特赐烧割一分，手盒二副，长春酒十瓶，用示眷怀。先生其钦承之，慎勿再辞。钦此。"该司礼监太监孙隆，恭捧到臣私寓，臣谨焚香望阙叩头祗领讫。

念臣赋性愚戆，处事乖方。虽横被乎恶言，实自贻乎伊戚。仰廑圣念，遣慰再三。载降宸纶，匪颁稠叠。恶彼谗慝，直欲为有北之投；鉴此悃诚，固止其居东之请。捧诵未毕，涕泪交零。窃念臣矢死报国，本其素心；因毁乞骸，殊乖本愿。缘未舍砥名励行之小节，忽自忘忍耻成事之大忠。兹奉诲言，乃发深省。夫事惟求诸理之至当，心奚必于人之尽知？况臣款款之愚，既特孚于昭鉴；则诸呶呶之口，诚无足为重轻。谨当仰体圣怀，益殚赤悃。冰霜自保，虽嫌怨以冥辞；社稷是图，何发肤之敢惜。臣不胜感戴激切之至。

（万历四年正月二十七日奉圣旨：览奏谢，知卿勉出辅理，朕心乃悦。知道了。礼部知道。）

乞宥言官疏

伏蒙发下镇抚司打问御史刘台一本。该文书官邱得用口传圣旨："刘台这厮，谗言乱政，着打一百，充军。拟票来行。钦此。"臣谨钦遵，与同官二臣商榷拟票间。

窃伏自惟古之圣贤所最恶者，谗言乱政之人。大舜曰："朕疾谗说殄行，震惊朕师。""若不在时，侯以明之，挞以记之。"《大学》曰："惟仁人放流之，屏诸四夷，不与同中国。"良以谗说之人以是为非，以非为是，其意不过欲诬害良善，以泄其怨愤狠毒之私，而其害乃至于覆人国家。故虽以帝舜之仁，孔子之圣，犹畏而恶之如此。今皇上之痛恶刘台，欲加重处，是即大舜之疾顽谗，孔子之所谓惟仁人能恶人者也。臣又何敢引嫌自避，不为皇上除谗去恶，以定国是？

顾臣思之，台，言官也。前日御史傅应祯虚捏旨意，诬损圣德，皇上欲廷杖之，臣窃以皇上一向虚己受谏，今一旦众辱此人，将使居言路者畏惧自保，而不敢正言。故再三为之恳乞。荷蒙圣慈俯从，曲赐宽宥，免其箠杖，天下莫不称仁焉。今台之谗狠乱国，其罪固不减于应祯。然所诬诋者臣也，比之君父，则相悬矣。前应祯诬讪皇上，臣以言官之故，犹为乞免。今台诬害臣，臣以被害之故，即欲尽法。是臣以所恶于下者事上，而爱君父不如爱己身，臣不敢也。

又臣观台疏中，尚有垂白父母在家，臣实恻然怜之。夫彼之背本反噬，忍为不义，固自忘其父母；度彼父母之心，岂不念其子耶！箠楚之下，死生难料。万一被创而死，以忧及其父母，或致并殒，则于皇上如天之仁，或亦有所歉焉。而臣之心，又大有不能自安者矣。

伏望圣慈俯鉴臣愚，免其廷杖谪戍重罪，薄加退斥，以警顽谗。则皇上不行浸润之哲，与赦过宥罪之仁，并行而不悖矣。臣非敢违旨市恩，以沽流俗之誉，盖亦事理合当如此。伏惟圣明垂允焉。

（万历四年二月初七日奉圣旨：这等谗狠奸人，卿还申救他，可谓忠慈之至。姑准从宽。该衙门知道。）

奉谕看详民本疏

伏蒙发下山东鱼台县民屈琛一本。奏讦本县乡官佥事随府违法事情。该文书官孙斌口传圣旨："这本说随府曾受业于屈琛，是他师长，乃敢非理诬害，可拟旨拿来处治。钦此。"

臣等仰见皇上留心政务，于四方民情，靡不周览。又恶其以弟子而犯师长，欲加重治，诚振扬法纪，矫正颓薄之大机也。臣等不胜钦服！但参详屈琛所奏，忿起于刘轸之告讼，归咎于随府之唆使，遂发其平日不法事情。若使其言果实，则随府之罪诚宜重治。但此项民本，其中亦多诬罔不实之辞，若径拟旨拿问，恐因而开告讦之门，长刁讼之风。嘉靖年间，王联、赵祖鹏等事可鉴也。似宜照常下都察院，臣等传示圣意，令其行与山东巡按御史，从公审鞫。所奏果实，即将随府参提问罪；若有虚捏，自宜坐以诬告之条。庶四方民隐无不毕达，而无情者亦不得尽其辞矣。

卷五　奏疏五

请重修大明会典疏

准礼部手本，该礼科给事中林景旸等题为泰道方亨，国家闲暇，恳乞圣明及时修辑成宪，以垂永图，以光继述大孝事。要将弘治十五年以后事例，命官编辑，增入《会典》等因。该本部覆称："《大明会典》一书，即唐、宋《六典》《会要》之遗意，以昭一代之章程，垂万年之成宪，至精且当。顾其为书，成于弘治之末年，至今代更四圣，岁逾六纪。典章法度，不无损益异同，其条贯散见于简册卷牍之间。凡百有司，艰于考据，诸所援附，鲜有定画。以致论议烦滋，法令数易，吏不知所守，民不知所从，甚非所以定国是而一人心也。嘉靖年间，世宗皇帝尝命儒臣续修《会典》，自弘治十五年至嘉靖二十八年而止；已经进呈，未蒙刊布。隆庆二年，都御史孙应鳌亦尝奏请汇辑嘉靖事例附入《会典》。今给事中林景旸等复申前请，委于政理有裨。但今两朝《实录》尚未告成，披阅校正，日不暇给；若复兼修《会典》，未免顾此失彼。合行翰林院，候《实录》进呈毕日，另行题请开馆，抡选儒臣，分局纂修。仍先行文各该衙门，选委司属官，将节年题准见行事例，分类编集，呈送堂上官校勘明白，候开馆之日送入史馆，以备采择。"等因。万历年五月初六日，奉圣旨："是。钦此钦遵。"

手本到阁，臣等恭照《会典》一书，于昭代之典章法度，纲目毕举，经列圣之因革损益，美善兼该，比之《周官》《唐典》，信为超轶矣。顾其书创修于弘治之壬戌，后乃阙如；续编于嘉靖之己酉，未经颁布。又近年以来，好事者喜于纷更，建议者鲜谙国体，条例纷纭，自相牴牾，耳目淆惑，莫知适从，我祖宗之良法美意几于沦失矣。今幸圣明御极，百度维新，委宜及今编辑成书，以定一代之章程，垂万年之典则。

先该科臣建议、该部题覆，比时委因两朝《实录》未成，势难兼理。今穆宗皇帝《实录》进呈已久，世宗皇帝《实录》编纂已完，臣等删润，功亦将毕，催督缮写，计岁终可以进呈，所有编纂诸臣在馆稍暇，前项钦奉明旨续修《会典》一节，相应及时举行。合候命下，查照弘治、嘉靖年间事例，择日开馆，命官纂辑。仍乞敕下礼部，照依先题事理，催各该衙门，将见行事例选委司属官素有文学者，分类编辑，送馆备录。其一应纂修事宜，及合用官员职名，容臣等陆续开具奏闻。谨题请旨。

（奉圣旨：是。礼部知道。）

进世宗御笔疏

先该臣等面奏，以皇上圣龄日长，乞留神政务，省览章奏；暇时间取皇祖世宗皇帝所亲批旧本览阅，以为裁决庶务之法，已荷圣明嘉纳。

兹臣等恭查阁中所藏皇祖亲笔圣谕六十三道，御制四十四道，圣旨并票帖共七十道；又于纂修馆中，拣得嘉靖十年起至二十年止亲批奏、题本，共六十五本，进上睿览。

恭惟我世祖天纵聪明，继统之后，二十年间励精图治，孜孜问学，其英谟睿断，诚有作前代帝王所能及者。伏望皇上万几之暇，特加省阅，则致理之方，不外于法祖而得之矣。

请择有司蠲逋赋以安民生疏

窃惟致理之道，莫要于安民。《书》曰："民惟邦本，本固邦宁。"民安邦固，即有水旱盗贼、敌国外侮之虞，而人心爱戴乎上，无土崩瓦解之势，则久安长治之术也。

然欲安民，又必加意于牧民之官。方今圣明在上，一时郡邑长吏固莫不争自焠励，勉修职业，以求无负于明时。但虚文矫饰，旧习尚存；剥下奉上，以希声誉；奔走趋承，以求荐举；征发期会，以完簿书；苟且草率，以逭罪责。其实心爱民、视官事如家事、视百姓如子弟者，实不多见。故皇上虽有安民之心，而上泽不得以下究者，职此之故也。

臣等思得明春又当外官考察之期，一举一措，乃天下向背所系。伏望圣明特敕吏部，令其预先虚心访核各有司官贤否，惟以安静宜民者为最；其沿袭旧套、虚心矫饰者，虽浮誉素隆，亦列下考。抚按以此核属官之贤否，吏部以此别抚按之品流，朝廷以此观吏部之藻鉴。若抚、按官不能悉心甄别，而以旧套了事，则抚按官为不称职矣，吏部宜秉公汰黜之；吏部不能悉心精核，而以旧套了事，则吏部为不称职矣，朝廷宜秉公更置之。庶有司不敢以虚伪蒙上，而实惠旁孚，元元之大幸也。

臣等又查得隆庆六年六月诏书一款，自嘉靖四十三年、四十四年、四十五年并隆庆元年钱粮，除金花银不免外，其余悉从蠲免，其二年、三年、四年，各量免十分之三；至于淮安、徐州以水患，广东惠、潮二府以兵伤，则并隆庆二年、三年，亦从蠲免。恩至渥矣，乃该地方犹不能追纳。至万历二年，户部乃议，于拖欠七分之中每年止带征三分，而民犹以为苦。何也？盖缘各有司官不能约己省事，无名之征求过多，以致民力殚竭，反不能完公家之赋。其势豪大户侵欺积猾，皆畏纵而不敢问，反将下户贫民责令包赔。近来因行考成之法，有司官惧于降罚，遂不分缓急，一概严刑追并；其甚者，又以资贪吏之囊橐。以致百姓嗷嗷，愁叹盈间，咸谓朝廷催科太急，不得安生。

夫出赋税以供上者，下之义也；怜其穷困，量行蠲免者，上之恩也；于必不可免之中，又为之委曲调处，是又恩之恩也。今乃不知感戴而反归过于上，则有司官不能奉行之过也。然愚民难以户晓，损上乃可益下。须赖皇上力行节俭，用度渐舒；又以北虏纳款，边费稍省。似宜曲垂宽恤，以厚下安民。合无敕下户部，查各项钱粮，除见年应征者分毫不免外，其先年拖欠带征者，除金花银遵诏书仍旧带征外，其余七分之中，通查年月久近、地方饶瘠，再行减免分数。如果贫瘠不能完者，悉与蠲除，以苏民困。至于漕运粮米，先年亦有改折之例。今查京、通仓米，足支七八年，而太仓银库所积尚少。合无比照先年事例，将万历五年漕粮，量行改折十分之三，分派粮多及灾伤地方征纳。夫粮重折轻，既足以宽民力，而银库所入，又藉以少充，是足国裕民，一举而两得矣。

臣等待罪辅弼，日夜思所以佐皇上，布德元元，辑宁邦本，计无便于此者。伏乞圣明采纳施行，生民幸甚。

（万历四年七月初六日奉圣谕：吏、户二部，朕奉天子民，注存邦本，思欲固国安民，必得良有司加意牧养。近来各地方官，虽颇知守己奉法，然虚文粉饰，旧习未除。今朝觐考察在迩，着吏部悉心访察各官贤否，惟以牧爱宜民者为最；其有弄虚文、事趋谒、剥下奉上以要浮誉者，考语虽优，必置下等，并抚按官一体论黜。近又闻，各有司官催征钱粮，不分缓急，一概严并；又畏纵富豪奸猾，偏累小民，致有流离失所者，朕甚悯之。今后除见年应纳钱粮不免外，其以前拖欠，着户部分别年月久近、分数多少，具奏蠲免。万历五年漕运粮米，暂行改折十分之三，以宽民力。各着实奉行。）

考满辞免恩命疏

兹者，臣以一品九年考满。该吏部题，奉圣旨："朕元辅受命皇考，匡弼朕躬，勋德茂著。兹一品九年考绩，恩礼宜隆。着加特进左柱国，升太傅，支伯爵俸，兼官照旧，给与应得诰命，还写敕奖励，赐宴礼部，荫一子尚宝司司丞，以称朕褒答忠劳至意。钦此。"

有命自天，措躬无地。伏念臣本以谫陋，谬秉台衡。受先帝顾托之隆，荷皇上倚毗之重。礼之以师傅，待之以腹心。异数隆施，骈至叠锡。亦欲罄其狗马之力，用以少答高厚之恩。而学术迂疏，行能浅薄。朝夕献纳，不过口耳章句之粗；手足拮据，率皆法制品式之末。心力徒竭，绩效罔闻。兹当九载课绩之期，正应"三考黜幽"之典，岂谓既逃于显斥，乃尤滥被乎殊恩。退自省循，若临渊谷。

臣闻有非常之才，然后有非常之功，有非常之功，乃可受非常之赏。五等厚禄，三公峻阶，飨赐大烹，荫承延世，皆所谓非常之赏也。虽先朝名臣硕辅，耆德元勋，膺此数者，盖亦无几。臣有何功德，可以堪承？若不揣分义之安，必自速颠跻之咎，此所以展转思惟，不敢以为荣而深以为惧也。除勋阶敕奖、诰命贶恩，不敢渎辞，谨已恭领；其诸特典，万非所堪。伏望皇上俯鉴愚诚，收回成命，俾臣得安分义，勉效驰驱。则皇上施推心之爱，百朋未足为荣；而愚臣保知足之规，九死不敢忘报。臣不胜感激惶惧之至。

（万历四年十月十九日奉圣旨：卿以硕德宏才，夙佐皇考，亲承顾命，辅朕冲年，阅历滋深，忠劳独茂，功在社稷，泽被生民。兹特循彝典加恩，犹未惬于朕志。卿宜勉遵成命，副朕眷怀，所辞不允。吏部知道。钦此。）

考满谢手敕加恩疏

兹者，臣以一品九年考满。该吏部题，奉圣旨，逾例加恩。臣自揣愚分不安，谨已具疏辞免。随遣中使，颁赐银五十两，纻丝四表里，内大红织金胸背斗牛一表里，羊三只，茶饭卓五卓，酒三十瓶，新钞五千贯。臣叠荷恩施，已不胜感戴矣。今日又蒙特遣司礼监随堂太监孙秀，赍奉御笔手敕："谕元辅，先生亲受先帝遗嘱，辅朕冲年。今四海升平，四夷宾服，实赖先生匡弼之功。先生精忠大勋，朕言不能述，官不能酬，惟我祖宗列圣，必垂鉴知，阴佑先生子孙，世世与国咸休也。兹历九年考绩，特于常典外，赐银二百两，坐蟒、蟒衣各一袭，岁加禄米一百石，薄示褒眷。先生其钦承之，勿辞。钦此。"又该文书官太监孙得胜，赍奖励敕书一道，各恭捧到臣私第，臣谨焚香叩头祗领讫。

伏念臣谬司鼎铉，历有岁年。亲承先帝凭几之言，特荷皇上倚衡之寄。虽尝誓捐屠质，勉竭苦心。而戴高厚者，有难报之恩；肩繁重者，无可底之绩。日申月饬，特祖宗已试之规；夕惕朝乾，乃臣子本然之分。论君德，则聪明自天，而浅学无裨；语治功，则谋猷惟后，而绵力何有？愆尤徒积，汰斥为宜，岂总圣明，复从甄叙。穹阶世赏，既按功令以宣麻；宸藻奎章，复厪睿思而赐札。嘉乃丕绩，居然虞廷让美之风；惟公德明，蔼矣周宣毗贤之命。重以宝橐精镠之贶，兼之绮衣赤绂之荣。不稼不耕，久已被素飡之刺；非勋作威，乃冒膺诏禄之恩。睠此骈施，灼然异数。将控辞而弗获，欲酬报以奚由。惟当益殚疲蹇，勉效驰驱。知我者天，即违俗而遑惜；许身于国，惟尽瘁以为期。臣无任激切感戴之至。

再辞恩命疏

昨以一品九年考满，荷蒙圣恩逾例升赏。臣自揣分义不安，具疏辞免。奉圣旨："卿以硕德宏才，夙佐皇考，亲承顾命，辅朕冲年，阅历滋深，忠劳独茂，功在社稷，泽被生民。兹特循彝典加恩，犹未惬于朕志。卿宜勉遵成命，副朕眷怀，所辞不允。吏部知道。钦此。"天听未回，冰兢愈切，敢陈微悃，再控宸严。

臣闻人之受享，各有分量，受过其量，鲜不为灾。譬之雨泽所以生物，过多或反有伤；甘脆所以养人，太饱亦能致疾。臣幸以一介庸竖为帝者师，纡朱拖紫，揖让人主之前；当轴秉衡，平章军国之重，所谓千载一时之遇也。乃自受任以来，宸纶蕃锡，异数殊恩，所以加于臣者，岁无虚月。虽膏雨普润，而臣之被泽为独隆；江河同饮，而臣之歠腹已先饱矣。及兹止足，犹惧满盈；若复浸灌不已，贪饕无厌，其有不至于灾患者乎？欲贵虽人同情，履危良亦可畏。与其贪得以速咎，何如自抑以图存？臣虽至愚，岂不自审？且太傅之秩，古谓三公，本朝文臣无居此者。惟嘉靖初年，大学士杨廷和曾奉命特加，旋亦辞免。彼定策元老犹不敢当，臣何人斯，可以叨冒？至于伯禄、部宴、符丞之荫，虽先朝辅臣间有蒙被者，然或因一事而偶加，或以积久而渐，固未有不论功阀，一朝而尽畀之者。夫以国典之所未尝予者，而臣独冒然以受之；昔人之所未曾备者，而臣乃兼得而有之，岂惟天道所忌，盖亦公论不平。早夜思惟，如负芒刺。用是不避烦渎，复陈其愚。伏望圣慈曲垂矜允，使臣得以其未尽之力，勉效驱驰，是皇上之所以厚臣而保其终也。臣干冒天威，无任陨越悚栗之至！

（万历四年十月二十二日奉圣旨：朝廷设三公之职，用弘化理，得贤则授，自古已然。朕以卿精忠大勋，经邦论道，厥惟其人，特进崇阶，允乎公论。至于增禄、宴、荫等项，亦皆累朝优礼辅臣常典，安得以盛满为嫌，过执谦逊？其尚体朕至意，毋复固辞。吏部知道。钦此。）

三辞恩命疏

顷以拜恩逾分，再疏辞免。奉圣旨："朝廷设三公之职，用弘化理，得贤则授，自古已然。朕以卿精忠大勋，经邦论道，厥惟其人，特进崇阶，允孚公论。至于增禄、宴、荫等项，亦皆累朝优礼辅臣常典，安得以盛满为嫌，过执谦逊？其尚体朕至意，毋复固辞。吏部知道。钦此。"

捧诵温纶，愈深踘蹐。欲仰承恩眷，则分不自安；将再渎宸严，又惧贻重谴。思惟展转，寝食靡宁。然臣所以屡控而终不能已者，非矫也。缘臣前岁以辽东大捷，荷蒙圣恩，欲加升荫。臣具疏辞免，中间引古侠士酬报知己之义，以及人臣敬事后食之心，每欲事过所受，功浮于食，犬马之诚，于是乃安。自今凡非分之恩，逾格之赏，无复滥及。庶大义克尽，微志获伸等因。已荷圣明俯垂矜允，又特加纶奖，风励臣工。是臣之微诚，既已仰孚于圣鉴；臣之愚忠，又已盟心而自许矣。乃今未有尺寸之效，以自副其功浮于食之心，而非分之恩，逾格之赏，又复滥及。则臣向之所以陈辞者，不过矫饰之虚言；而皇上之所以许臣者，亦未为相信之深至矣。臣不敢自背其言，上以欺主，外以欺人。故不避烦渎，沥血陈诚，必望圣慈，特垂俞允。倘微志终伸，即通侯之爵未为荣，万钟之禄不为富矣。臣屡冒天威，无任战栗陨越之至。

（万历四年十月二十五日奉圣旨：卿有定国安民大功，加秩赐禄，未足酬赏，乃犹固执谦逊，至于再三。朕览所奏，词益用怀歉。兹重违卿意，特准辞免太傅伯禄，成卿忠志，用立臣极。其余常典，悉宜勉承，以见君臣相体之义，慎勿又辞。该部知道。钦此。）

请叙录日讲诸臣疏

臣等伏睹皇上践祚以来，日御讲筵，孜孜问学，隆冬盛暑，未尝少间。而侍讲诸臣申时行等，亦夙夜在公，勤诚匪懈。在诸臣以劝讲为职，虽竭忠尽瘁，分所当然，岂敢有所希觊？但臣窃以为敬事后食者，人臣靖共之心；有劳必录者，明主激劝之典。况先朝于日讲官亦每特加优礼，所以重圣学也。

今皇上聪明日开，闻见日广。虽天挺英资，匪由学习，而诸臣开导启沃之功，亦似有不可泯者。伏望圣慈俯轸诸臣微劳，酌其年资，量加升级，以示激励，敕下吏部，铨注遵行。夫诸臣之效劳愈深，则皇上典学之功愈进；诸臣之被恩愈渥，则朝廷崇儒之典愈光矣。

辞加恩疏

昨该臣等以讲读诸臣学士申时行等效劳年久，乞恩升级，以示激劝。兹该文书官孙斌口传圣意：俯念臣等提调讲读，亦有勤劳，欲一体加恩。令臣等具拟上请。钦此。

臣等伏奉纶音，不胜感激，敢不钦遵以仰承恩眷？但念臣等猥以浅薄，俱蒙皇上简任辅弼。辅弼之职，上则培养君德，翼赞庙谟；下则表率群僚，修明庶政。其职最为繁重，最难称塞。若提调讲读，不过职分中之一事，实与诸臣之专供一职者不同。虽每日趋侍讲筵，改定讲义，亦不过总其大纲，率领诸臣以供事而已。又何功之可言，何劳之可录？夫掠人之美以自为功，谓之窃；无其实而冒其赏，谓之忝。忝与窃，臣等不敢为也。伏望皇上俯鉴微忱，免縻圣念。所有加恩一节，万不敢承。止将原本拟票上请，伏乞圣裁。臣等仰蒙恩念，不胜感激图报之至。

议处就教举人疏

昨该礼部开送乞恩就教举人，臣等会同翰林院掌院事学士申时行，遵奉钦依，出题考试，取中上卷八卷、中卷三百三十六卷，俱堪授教职，已经封卷进呈讫。

臣等又查得先年就教举人，多授以府、州、县学训导之职，令其以举人署教事，仍准下科会试一次。三年之后，考其年力精壮、通达民事者，乃升有司正官；次则量转学正、教谕，以次渐升有司。盖以就教举人，皆未经国学作养，故使之分署教职，资其廪给，以进学习事，为将来用之之地也。近年以来，此意寖失。举人乞恩者，概授以学正、教谕，绝无除训导者，不及三年，即升知县。又以愿就者多，学正、教谕缺少，除授不尽。则纵令回籍，下科仍以举人会试之，后始从选除，甚非政体。由是举人以就教为捷径，不复坐监，而祖宗造士作人之意，寖以不存。

臣愚窃以为居今之时，欲尽复初制，固作人情所堪，亦宜酌议厘正，以敦士习。合无敕下吏部，将今次臣等所定上卷八卷及中卷十名以前，俱授以州学正；中卷二百名以前，俱授县学教谕；二百名以后，俱授以府、州、县各人才众多所在儒学训导。仍俱准下科会试一次，三年之后，考其才力能治民者，始升授有司正官。今次查有见缺，尽与除授；如员缺不敷，暂令在部，听候陆续选除。毋得徇情，纵令回籍，致乖政体。以后年分，俱照例施行。如此则举人不敢侥幸于径截之途，而国学由此允实，亦作兴人才之一端也。

请停止内工疏

该文书官丘得用口传圣旨："慈庆、慈宁两宫，着该衙门修理见新，只做迎面。钦此。"臣等再三商榷，未敢即便传行。

窃惟治国之道，节用为先；耗财之原，工作为大。然亦有不容已者：或居处未宁，规制当备；或历岁已久，敝坏当新。此事之不容已者也。于不容已者而已之，谓之陋；于其可已而不已，谓之侈。二者皆非也。

恭惟慈庆、慈宁，乃两宫圣母常御之所，若果规制有未备，敝坏所当新，则臣等仰体皇上竭情尽物之孝，不待圣谕之及，已即请旨修建矣。今查慈庆、慈宁，俱以万历二年兴工，本年告完。当其落成之日，臣等尝恭偕阅视，伏睹其巍崇隆固之规，彩绚辉煌之状，窃以为天宫月宇，不是过矣！今未逾三年，壮丽如故，乃欲坏其已成，更加藻饰，是岂规制有未备乎？抑亦败坏所当新乎？此事之可已者也。况昨该部、该科，屡以工役繁兴，用度不给为言。已奉明旨："以后不急工程一切停止。"今无端又兴此役，是明旨不信于人，而该部、科必且纷纷执奏，徒彰朝廷之过举，滋臣下之烦言耳。

方今天下，民穷财尽，国用屡空。加意撙节，犹恐不足；若浪费无已，后将何继之？臣等灼知两宫圣母，欲皇上祈天永命，积福爱民，亦必不以此为孝也。臣等备员辅导，凡可将顺，岂敢抗违？但今事在可已。因此省一分，则百姓受一分之赐。使天下黎民，万口同声，祝圣母之万寿，亦所以成皇上之大孝也。伏望圣慈，俯鉴愚忠，将前项工程暂行停止，俟数年之后，稍有敝坏，然后重修未晚。臣等干冒宸严，无任悚栗之至。

（万历五年五月二十一日上随该文书官口传圣旨：先生忠言已奏上圣母。停止了。）

岭西大捷辞免加恩疏

昨蒙发下兵部题核广东罗旁大捷，请叙录有功人员本，臣已酌量拟票上请。兹该文书官孙斌口传圣旨："广东大捷，全是先生每运筹，都该荫赏，改票来行。钦此。"臣等不胜感激，不胜惶悚。

兹者岭西之役，兵不逾时，而俘获四万有余，拓地千里之远，诚为殊常大捷。然此皆祖宗垂祐，皇上圣武布昭，下则将士用命之所致也。臣等参预密勿，适会成功，有何劳勋，敢冒恩赏？况前已奉旨："以后边功，不许叙及辅臣。"臣等又岂敢身自犯之？伏望圣明俯鉴臣等愚衷，所有加恩一节，特赐停寝，庶臣等犬马微分得以少安。谨将原票封进。

（随奉圣谕：广东大捷，实赖先生每运筹。赐元辅银一百两，蟒衣一袭，彩段四表里；次辅二，各银八十两，四表里。钦此。）

奏请圣母裁定大婚吉期疏

该文书官送下钦天监一本，题称："皇上大婚礼，择于十二月大利。"然未定有年分。臣等恭照祖宗列圣婚期，多在十六岁出幼之年。英宗皇帝九岁登极，正统七年正月成婚；武宗皇帝十五岁登极，正德元年八月成婚；世宗皇帝亦十五岁登极，嘉靖元年九月成婚；皆在十六之年。今皇上圣龄方在十五，中宫亦止十四岁。若在来年十二月，则过选婚之期一年有余，于事体未便。若即今年十二月，则又太早矣。

该监又称："一年之间，止利十二月，余月皆有碍。"臣等窃惟帝王之礼，与士、庶人不同，凡时日禁忌，皆民间俗尚，然亦有不尽然者。臣居正素性愚昧，不信阴阳选择之说。凡有举动，只据事理之当为、时势之可为者即为之，未尝拘泥时日，牵合趋避，然亦往往误蒙天幸，动获吉利。况皇上为天地百神之主，一举一动皆将奉职而受事焉，又岂阴阳小术可得而拘禁耶？

仰惟两宫圣母，既已慎选贤淑作配圣躬，臣等亦当不欲及早赞成嘉礼，以为万年嗣续之计，以慰四海仰望之心？但如该监所言，实未稳便。适闻文书官向臣等说圣母慈意，亦欲候明年二三月万物发生之时，举行大礼。仰惟圣母睿见，极其允当。考之古礼，皆以仲春会男女，《桃夭》之咏，见于风人。今若定以春时，则既有合于天地交泰、万物化醇之意，且当圣龄十六，又率遵乎累朝列暂之规，不迟不早，最为协中。

夫婚姻大事，人道所重。然必待父母之命、媒妁之言，自天子以至于庶人，一也。今此大礼，亦惟取裁于圣母之一言耳。仰烦眷思，再加斟酌。定以明岁，或取三月春暖之时，或用四月清和之候。谕下臣等，传示各衙门遵行。其该监本，合无姑且留中，以俟裁定施行。

（随该文书官口传圣母谕：先生说的是。今定以明年三月。次日奉御批钦天监本：朕奉圣母慈谕，着于明年三月内择吉行礼。

纂修书成辞恩命疏

昨奉圣谕，以皇祖《实录》书成，命臣等撰敕加恩监修、总裁官。臣自以官品已极，涯分久逾，不敢再叨。谨钦遵，将英国公张溶并同官二臣，拟敕上进。兹该文书官邱得用口传圣旨："皇祖四十五年《实录》，字字句句都是先生费心看改几次，我尽知道。先生恩该首加，却怎的不拟这敕？着令改拟了才行。钦此。"

臣恭闻宠命，愧惧交并。追惟我皇祖世宗皇帝《实录》，自先帝嗣统之初，已即降纂修之命。一向因循废阁，竟未脱稿。迨臣当事，始定为章程，严其期限，然后责成有据，端绪可寻。其中编摩草创，虽皆出于诸臣之手，然实无一字不经臣删润，无一事不经臣讨论。既更定其文义，复雠校其差讹。穷日逮夜，冒暑凌寒，盖五年于兹，而今始克就。鞭驽策蹇，宁靡寸劳？况书成加恩，累朝彝典。皇上按故事，录微劳，臣即循例仰承，亦岂得为溢滥？但臣有匹夫微志，硁硁欲以自遂者，向已屡控宸严，兹敢再陈素悃。

臣以羁单寒士，致位台鼎。先帝不知臣不肖，临终亲握臣手，属以大事。及遭遇圣明，眷倚弥笃，宠以宾师之礼，委以心膂发之托。渥恩殊锡，岂独本朝所无，考之前史，亦所希觏。每自思惟，古之节士感遇知己，然诺相许，至于抆面碎首而不辞，既已存亡死生矣，而犹小矜其能，不食其报，况君臣分义，有不可逃于天地之间者乎？用是盟心自矢，虽才薄力僝，无能树植鸿巨，以答殊眷，惟于国家之事，不论大小，不择闲剧，凡力所能为、分所当为者，咸愿毕智竭力以图之。嫌怨有所弗避，劳瘁有所弗辞，惟务程功集事，而不敢有一毫觊恩谋利之心。斯于臣子分义，庶乎少尽云尔。故自皇上临御以来，所加于臣文武录荫，不啻四五矣，而臣皆未敢领。昨以九年任满，皇上欲授臣以三公之官，给臣以五等之禄，臣亦恳疏陈辞，必得请而后已。岂敢异众为高，以沽流俗之誉哉？盖素所盟誓者至重，不敢自背其初心故也。

近年以来，君臣之义不明，敬事之道不讲。未有尺寸，即生希冀；希冀不得，辄怀觖望，若执左契而责报于上者。臣窃非之，每欲以身为率而未能也。今乃以楮笔供奉之役，即叨横恩渥泽之施，则平日所以劝勉诸臣者，皆属矫伪，人谁信之？此臣所以展转思惟，有不能一日自安者也。

臣闻人臣事君，无隐情，无二辞。今臣所言，皆已真吐肺肠，辞理俱竭。藉惟皇上复申前命，臣亦不过再执此辞。而章奏屡腾，言语烦渎，非皇上以手足腹心待臣之义也。万仰圣慈俯鉴愚衷，特赐停寝。俾臣微志获伸，虽疏食，没齿有余荣矣。所有改敕一节，万不敢拟，谨将原稿封进。伏乞圣裁施行。

（万历五年八月二十一日，奉圣旨：卿社稷大功，不止纂修一事，乃屡辞恩命，逊美弗居。览奏，真忠大义，深激朕衷。特允所辞，以成卿劳谦之美，风激臣工。仍宣付史馆，昭垂万世。该部知道。钦此。）

论决重囚疏

昨该司礼监太监孙得胜口传圣旨："奉圣母谕，今岁大喜，命臣等于刑科三覆奏本上拟旨，暂免行刑。钦此。"

仰惟圣母慈悲不杀之仁，皇上将顺好生之美，臣等敢不仰承，以广德意。但查我祖宗旧制，凡官吏军民人等，犯该死罪，有决不待时者，有监至秋后者。鞫问既明，悉依律处决，未有淹禁累年不行处断者。至嘉靖末年，世宗皇帝以斋醮奉玄，始有暂免不决之令；或间从御笔所句，量行处决。然此实近年姑息之弊，非我祖宗垂宪之典也。

夫春生秋杀，天道所以运行；雨露雪霜，万物因之发育。若一岁之间，有春生而无秋杀，有雨露而无雪霜，则岁功不成而化理或滞矣。明王奉若天道，其刑赏予夺，皆奉天意以行事。《书》曰："天命有德，五服五章哉；天讨有罪，五刑五用哉。"若弃有德而不用，释有罪而不诛，则刑赏失中，惨舒异用，非上天所以立君治民之意矣。

臣等连日详阅法司所开重犯招情，有杀祖父母、父母者，有殴死亲兄及同居尊属者，有杀一家非死罪三人者，有强盗劫财杀人者，有斗殴逞凶登时打死人命者。据其所犯，皆绝灭天理，伤败彝伦，仁人之所痛恶，覆载之所不容者。天欲诛之，而皇上顾欲释之，其无乃违上天之意乎？《康诰》曰："惟吊兹，不于我政人得罪，天惟与我民彝大泯乱。曰：乃其速由文王作罚，刑兹无赦。"言彼寇攘奸宄，不孝不友之人，所犯至于如此，若为政者不加之以罪，则天与我民之常道将至于泯灭而坏乱。必须速依文王所作之法，刑之而无赦。此书乃皇上近日所讲习者。夫文王视民如伤，古所称仁圣之主，而于此等之人亦必刑之而无赦者，良以为恶之人，彼自蹈于刑辟，虽欲生之而不可得也。

且稂莠不锄，嘉禾不茂；冤愤不泄，戾气不消。今圣母独见犯罪者身被诛戮之可悯，而不知被彼所戕害者，含冤蓄愤于幽冥之中，明王圣主不为之一泄，彼以其怨恨冤苦之气，郁而不散，上或蒸为妖沴氛祲之变，下或招致凶荒疫疠之灾，则其为害，又不止一人一家受其荼毒而已。独奈何不忍于有罪之凶恶，而反忍于无辜之良善乎？其用仁亦舛矣！

况此等之人，节经法司评审，九卿大臣廷鞫，皆已众证明白，输服无辞。纵使今年不决，将来亦无生理，不过迟延月日，监毙牢狱耳。然与其暗毙牢狱而人不及知，何如明正典刑，犹足以惩奸而伸法乎？法令不行，则犯者愈众，年复一年，充满囹圄，既费关防，又亏国典，其于政体，又大谬也。

伏愿皇上念上天之意不可违，祖宗之法不可废，毋惑于浮屠之说，毋流于姑息之爱，奏上圣母，仍将各犯照常行刑，以顺天道。若圣心不忍尽杀，或仍照去年例，容臣等拣其情罪尤重者，量决数十人，余姑牢固监候，俟明年大婚吉典告成，然后概免一年，则春生秋杀，仁昭义肃，并行而不悖矣。臣等叨与密勿，此关系朝廷大政，祖宗旧典，不敢不尽其愚，伏惟圣明裁择。

（万历五年九月十四日，文书官口传圣旨：先生说的是。今年照旧例行刑。）

卷六 奏疏六

闻忧谢降谕宣慰

本月二十五日，得臣原籍家书，知臣父张文明以九月十三日病故。臣一闻讣音，五内崩裂。

兹者，伏蒙皇上亲洒宸翰，颁赐御札："朕今览二辅所奏，得知先生之父弃世十余日了，痛悼良久。先生哀痛之心，当不知何如里！然天降先生，非寻常者比。亲承先帝付托，辅朕冲幼，社稷奠安，天下太平，莫大之忠，自古罕有。先生父灵，必是欢妥。今宜以朕为念，勉抑哀情，以成大孝。朕幸甚，天下幸甚。钦此。"该司礼监太监李佑恭捧到臣私第。

臣不忠不孝，祸延臣父，乃蒙圣慈曲轸哀怜犬马余生，慰谕优渥。臣哀毁昏迷，不能措词，惟有痛哭泣血而已，臣不胜激切哀感之至。

谢遣官赐赙疏

臣于本月二十五日闻臣父忧，今日钦奉圣旨，赐臣银五百两，纻丝十表里，新钞一万贯，白米二十石，香油二百斤，各样碎香二十斤，蜡烛一百对，麻布五十匹。该司礼监随堂太监魏朝恭捧到臣私第，臣谨叩头祗领讫。

伏念臣犬马微生，樗蒲贱质，事主不能效民扶之力，事亲不得尽菽水之欢，以致抱恨终天，虽生犹死。仰荷圣慈曲垂悯念，昨既奉慰谕之勤恳，兹又拜赐赙之隆渥，顾此殊恩，今昔罕觏。臣一家父子，殁者衔环结草，存者碎首捐躯，犹不足以仰报圣恩于万一也。臣哀苦愚衷，昏迷罔措，仰天泣血，辞不能宣诚，不胜激切感戴之至。

万历五年九月二十七日。

谢两宫太后赐赙疏

臣于本月二十五日闻臣父忧，今日钦奉仁圣皇太后懿旨，赐臣银五百两，纻丝十表里，新钞一万贯，白米二十石，香油二百斤，各样碎香二十斤，蜡烛一百对，麻布五十匹。该慈庆宫管事太监张仲举恭捧到臣私第，臣谨叩头祗领讫。

伏念臣罪恶深重，祸延臣父，以致抱恨终天，痛苦几绝。仰荷慈恩垂怜犬马残生，谕慰谆切。又特颁厚赙，赫弈充庭。顾此殊恩，古今罕遇。臣一家父子，殁者衔环结草，存者捐躯殒首，犹不足以仰报慈恩于万一也。臣哀苦愚衷，辞不能布诚，不胜激切仰戴之至。

慈圣皇太后赐赙谢疏_{同前}

谢恤典疏

臣于本月二十八日，该礼部题："为恤典事，钦奉圣旨：'是朕元辅，功在社稷，伊父恤恩，委宜从厚。着照例与祭葬，仍加祭五坛，各差官前去祭葬，以示优眷。钦此。'"

伏念臣负罪积愆，祸延臣父。仰荷圣慈，特颁恩恤，廑温纶之俯贲，视彝典而加优。犬马何有微劳，乌乌获伸私悯。古今罕遇，存殁均沾。臣虽縻骨捐躯，莫能仰酬洪造于万一也。臣哀苦病惫，未能匍匐阙庭，俯伏叩谢，不胜激切仰感之至。

万历五年十月初二日。

乞恩守制疏

臣于本月二十五日闻父讣音，即移咨吏部，题请放臣回籍守制。该吏部题奉圣旨："朕元辅受皇考付托，辅朕幼冲，安定社稷，朕深切倚赖，岂可一日离朕？父制当守，君父尤重。准过七七，不随朝。你部里即往谕，着不必具辞。钦此。"

臣在忧苦之中，一闻命下，惊惶无措。臣闻受非常之恩者，宜有非常之报。夫非常者，非常理之所能拘也。臣一介草茅，忝司政本十有余年，受先皇顾托之重，荷圣主倚毗之专。无论平日所承隆恩异数，超轶古今；即顷者闻忧之日，两宫圣母为臣悯侧，圣心感动，为臣凄惋，慰吊之使络绎道途，赙赠之赉充溢筐篚。又蒙皇上亲洒宸翰，特降玺书，中间慰之勤笃，勉喻之谆切，尚有溢于圣言之外者。臣伏而读之，一字一泪，虽旁观逖听之人，亦无不伤心酸鼻者。夫自古人臣以忠结主，商则成汤之于伊尹，高宗之于傅说，周则成王之于公旦，汉则昭烈之于诸葛亮，其隆礼渥眷，辞命诰谕之文，载在史册，至今可考，固未有谦抑下巽，亲信敬礼，如皇上之于臣，若是之恳笃者。此所谓非常之恩也。臣于此时，举其草芥贱躯，摩顶放踵，粉为微尘，犹不足以仰答于万一；又何暇顾旁人之非议，徇匹夫之小节，而拘拘于常理之内乎？

且人之大伦，各有所重。使幸而不相值，则固可各伸其重，而尽其所当为；不幸而相值，难以并尽，则宜权其尤重者而行之。今臣处君臣父子，两伦相值而不容并尽之时，正宜称最而审处之者也。况奉圣谕，谓："父制当守，君父尤重。"臣又岂敢不思以仰体而酌其轻重乎？顾臣思之，臣今犬马之齿才五十有三，古人五十始服官政，而本朝服制止于二十七个月，计臣制满之日亦五十六岁耳。此时自量，精神、体力尚在强健，皇上如不以臣为不肖，外则操戈执锐，宣力于疆场；内则荷橐持筹，预议于帷幄。远迩闲剧，惟皇上之所使，虽赴汤火，死不敢避。是臣以二十七月报臣父，以终身事皇上，昔人所谓"报国之日长，报刘之日短"者也。如此，则君臣父子之伦，虽不得以并尽，而亦不至于相妨。夫古人有衔哀赴官、墨缞从政者，有金革之事则可。方今赖皇上威德，四郊无垒，九塞消尘，故臣欲以其间少尽私情。此臣之所以呼天泣血哀鸣而不能自已者也。

伏望圣慈垂念乌鸟微情，曲赐允许。不惟臣之愚衷获安，臣父有知，亦衔感于九泉矣。

（万历五年十月初二日奉圣旨：卿笃孝至情，朕非不感动。但念朕昔当十龄，皇考见背，丁宁以朕嘱卿，卿尽心辅导，迄今海内乂安，蛮貊率服。朕冲年垂拱仰成，顷刻离卿不得，安能远待三年？且卿身系社稷安危，又岂金革之事可比！其强抑哀情，勉遵前旨，以副我皇考委托之重，勿得固辞。吏部知道。钦此。）

再乞守制疏

顷者，以臣父病故，奏乞回籍守制，伏奉圣旨："卿笃孝至情，朕非不感动。但念朕昔当十龄，皇考见背，丁宁以朕嘱卿，卿尽心辅导，迄今海内乂安，蛮貊率服。朕冲年垂拱仰成，顷刻离卿不得，安能远待三年？且卿身系社稷安危，又岂金革之事可比？其强抑哀情，勉遵前旨，以副我皇考委托之重，勿得固辞。吏部知道。钦此。"

臣在痛楚困惫之中捧诵纶音，至先帝顾托一节，触地号天，肝肠寸裂。夫人之相与，然诺相许，犹能捐躯赴义，死且弗背。臣于国家，粪土草芥之臣耳。先帝不知臣不肖，临终托臣以大事，丁宁付嘱，言犹在耳；中道而背之，虽施于交友，然且不可，乃敢以此事吾君父，而自蹈于诛夷之罪乎？

盖臣今所乞于皇上者，非长往远引，背而去之之谓也。痛念臣父别来十有九年，虽《陟岵》之怀时时在念，而以国家事重，未敢言私。窃常自拟，俟皇上大婚礼成，暂乞一假归省。不图一旦奄至于此，使臣抱恨终天。今日虽得归家，亦知扳号无及。但念臣父生身恩重，今纵不得再睹其音容，然及其未殡，凭棺一恸，身负箦土，加于邱垅之上，犹得少道其违旷之咎，以慰冥漠之魂。比及禫除，臣当不俟宣召，驰赴阙庭，以听任使。是臣未尽愚忠，尚有俟于他日也。若此愿不获，将负痛终身，虽勉强在此，而精神沮丧，心志昏迷，发虑出谋，必至乖舛。或因而郁郁致病，丧此残躯，则忠孝君亲两俱有损，此臣所以展转恓惶而不能已于哀鸣也。

夫君臣之义，无所逃于天地之间。君之于臣，欲其生则生，欲其死则死，命之进则进，命之退则退。臣岂敢以区区蝼蚁微情，仰于大义之重？所以屡控而不止者，亦恃皇上平日谅臣之深，眷臣之笃，凭宠怙恩，而觊幸于一获耳。臣连日痌切穷苦，心蕴结而难纾，语荒迷而无次，惟圣慈哀怜臣下情，不胜沥血抆泪恳切祈望之至。

（万历五年十月初五日奉圣旨：览奏，词益哀恳，朕恻然不宁。但卿言终是常理，今朕冲年，国家事重，岂常时可同？连日不得面卿，朕心如有所失。七七之期犹以为远，矧曰三年！卿平日所言，朕无一不从，今日此事，却望卿从朕，毋得再有所陈。吏部知道。钦此。

谢赐甜食疏

伏蒙圣母、皇上特遣近侍官孙良、尚铭到臣私第，颁赐甜食二盒，茶食二盒。又传奉慈谕，着臣节哀自爱。臣谨叩首祗领，不胜感戴天恩之至。

万历五年十月初四日。

三乞守制疏

比者，臣再疏陈乞，伏奉圣旨："览奏，词益哀恳，朕恻然不宁。但卿言终是常理，今朕冲年，国家事重，岂常时可同？连日不得面卿，朕心如有所失。七七之期犹以为远，矧曰三年！卿平日所言，朕无一不从，今日此事，却望卿从朕，毋得再有所陈。吏部知道。钦此。"

又闻同官二臣言：昨送本官将臣奏本到阁，传奉圣意云："虽上百本，亦不能从。"

嗟乎！古语云"犬马之诚，不能动人"，譬人之诚亦不能动天。臣始不信，今乃见之。臣前后所奏，哀苦迫切之情，非不仰触圣心也；悲鸣号泣之声，非不上彻天听也。然竟不能侥一二之幸于万分之中者，仰窥皇上之心，不过以数年以来，举天下之重，尽属于臣，见臣鞠躬尽瘁，颇称意指，将谓国家之事，有非臣不能办者。此殆不然也。

夫人之才识，不甚相远，顾上用之何如。臣之不肖，岂真有卓荦超世之才，奔轶绝尘及之力？惟皇上幸而用之，故臣得尽其愚耳。今在廷之臣，自辅臣以至于百执事，孰非臣所引荐者？观其器能，咸极一时之选。若皇上以用臣之道而用诸臣，诸臣以臣心之忠而事皇上，将臣平日所称"圣贤道理"、"祖宗法度"此两言者，兢兢守之，持而勿失，则固可以端委庙堂而天下咸理。是臣虽去，犹未去也。何必专任一人，而使天下贤者不得以各效其能乎？

且臣尚有老母，年亦七十二岁，素婴多病。昨有家人到，致臣母意，嘱臣早归。田野之人，不知朝廷礼法，将谓臣父既没，理必奔丧。屈指终朝，依闾而望。今若知臣求归未得，相见无期，郁郁怀思，因而致病，则臣之心益有不能自安者矣。皇上方以孝养两宫，何不推此心以及臣之母乎？夫人之最难遣者，忧思之情也。臣本孱弱之躯，数日之间，上恋君恩，下念父母，欲留既不可，欲去则未能，抱此沉思，寝食俱废。若使忧能伤人，则臣之身亦有不能自保者矣。皇上诚欲用臣，何不生全之，以责他日之效乎？

臣闻："兽死不择音。"今臣情势窘急，无可奈何，蹐地号天，诚不自知其词之过激，而有干于严谴也。惟圣慈哀其愚而矜许之，无任拭泪扴血恳切仰干之至。

（奉圣旨：朕为天下留卿，岂不轸迫切至情，忍相违拒？但今日卿实不可离朕左右。着司礼监差随堂官一员，同卿子编修嗣修驰驿前去，营葬卿父；完日，即迎卿母来京侍养，用全孝思。卿宜仰体朕委曲眷留至意，其勿再辞。该衙门知道。钦此。）

谢降谕慰留疏

臣三疏陈情，未蒙俞允。今日该司礼监太监何进恭捧御笔："谕元辅，朕以幼冲，赖先生为师，朝夕纳诲，以匡不逮。今再三陈乞守制，于常理固尽，于先帝付托大义，岂不鲜终？况朕学尚未成，志尚未定，一日二日万几尚未谙理，若先生一旦远去，则数年启沃之功尽弃之矣！先生何忍？已有旨，特差司礼监官同先生子前去造葬；事完，便就迎接先生老母来京侍养，以慰先生孝思。务要勉遵前旨，入阁办事。岂独为朕？实所以为社稷，为苍生也。万望先生仰体圣母与朕惓惓恳留至意，毋劳又有所陈。钦此。"

念臣以一缕微情，屡渎天听，方踡伏苫凷以待谴诛，乃荷圣慈曲垂矜宥；既逭其抗违之罪，又申之慰勉之辞。念臣情切送终，特遣枢臣而造葬；知臣心悬归省，遂将老母以偕来。眷念周详，恤存恳至。实旷古所未闻之盛事，皆人臣不当得之殊恩。臣伏地顶天，叩心雪涕。乾坤并育，何独怜于虫豸之微；雨露隆施，乃偏润于根荄之朽。念兹罔极，欲报奚由？苟可藉手于一酬，宁惜阖门之千指。臣无任仰戴天恩激切哀感之至。

乞暂遵谕旨辞俸守制预允归葬疏

顷者，臣三疏陈情，伏奉圣旨："朕为天下留卿，岂不轸迫切至情，忍相违拒？但今日卿实不可离朕左右。着司礼监差随堂官一员，同卿子编修嗣修驰驿前去，营葬卿父；完日，即迎卿母来京侍养，用全孝思。卿宜仰体朕委曲眷留至意，其勿再辞。该衙门知道。钦此。"又奉圣谕："朕以幼冲，赖先生为师，朝夕纳海，以匡不逮。今再三陈乞守制，于常理固尽，于先帝付托大义，岂不鲜终？况朕学尚未成，志尚未定，一日二日万几尚未谙理，若先生一旦远去，则数年启沃之功尽弃之矣！先生何忍？已有旨，特差司礼监官同先生子前去造葬；事完，便就迎先生老母来京侍养，以慰先生孝思。务要勉遵前旨，入阁办事。岂独为朕？实所以为社稷，为苍生也。万望先生仰体圣母与朕惓惓恳留至意，毋劳又有所陈。钦此。"

臣迫于一念，微情蠢愚，不能自解。凭恃宠眷，屡渎宸严，不加谴诃，已为厚幸。乃又仰廑圣心，曲加体恤，施之以礼之所不当得，以伸其追慕之情；资之以力之所不能为，以遂其怀归之愿。凡可以安臣之志而慰臣之私者，皆亲劳圣虑，屈己下逮，为臣图之。无论臣心悲感衔结，凡朝士大夫见者闻者，无不恻切叹颂，皆以大义责臣，谓殊恩不可以横干，君命不可以屡抗，既以身任国家之重，不宜复顾其私。臣连日枕块自思，且感且惧，欲再行陈乞，恐重获罪戾。且大婚期近，先帝之所付托与国家之大典礼，莫此为重，乃一旦委而去之，不思效一手一足之力，虽居田里，于心宁安？用是茹忍哀惊，不敢再申前请。谨当恪遵前旨，候七七满日，不随朝，赴阁办事，日侍讲读。但乞圣慈俯谅愚衷，容令在官守制，所有应支俸薪，准令尽数辞免；一应祭祀吉礼，俱不敢与；入侍讲读及在阁办事，俱容青衣角带，出归私第，仍以缞服居丧；凡章奏应具衔者，仍容加"守制"二字。使执事不废于公朝，下情得展于私室。臣职子道，庶几少全。

再惟人子事亲，送终为大。臣父虽蒙特恩，遣官治葬，然宅兆之事必躬必亲，乃可无悔。今卜地营茔，须明年三四月间乃可竣工，计此时大礼已成，国务稍暇。至期，仰恳圣恩，仍容臣乞假一行，送父归窆，便迎臣母一同来京。臣得了此一念，则自此之后皆报国之日矣。臣不识进止，敢预乞俞旨，以为他日请行之地，伏惟圣慈矜许。臣不胜感激祈望之至。

（奉圣旨：卿为朕勉出，朕心始慰。这所奏俱准。归葬一节，还候旨行。吏部知道。钦此。）

谢赐点心甜食疏

今日伏蒙圣母仁圣皇太后，特遣司房太监刘彦保到臣私第，颁赐甜食一盒，七品点心一盒。又传奉慈谕：天气寒冷，着臣节哀自爱。臣谨叩首祗领，不胜感戴天恩之至。

又

今日伏蒙圣母慈圣皇太后、皇上，特差答应近侍李忠到臣私第，颁赐上用甜食二盒，素点心四盒，卷签面勷二盒。又传奉慈谕："天气寒冷，少要烦恼。"臣谨叩首祗领，不胜感戴天恩之至。

乞恢圣度宥愚蒙以全国体疏

比因翰林院编修吴中行等疏言，臣当遵礼回籍守制。至有诋臣为忘亲贪位者，以致上干天怒，俱获重谴。

又蒙特降圣谕，宣示百官："朕承天明命，为天下君，进退予夺，朕实主之，岂臣下所敢自擅？元辅张居正受皇考顾命，辅朕幼冲，摅忠宣猷，弼成化理，以其身任社稷之重，岂容一日去朕左右？兹朕体其至情，厚加恩恤，凡人子所以荣亲送终之典，备极隆异。元辅孝思已无不尽，亦不在此一行。且纲常人纪，君臣为大。元辅既受皇考付托，义不得复顾其私；为朕倚任，义不得恝然自遂。朕为社稷至计，恳切勉留，群臣都当助朕留贤，才是同心为国。叵奈群奸小人，藐朕冲年，忌惮元辅忠正不便己私，乃借纲常之说，肆为挤排之计，欲使朕孤立于上，得以任意自恣，殊为悖逆不道，倾危社稷，大伤朕心。兹已薄示处分，用惩奸罔。凡尔大小臣工，宜各明于大义，恪共职业，共成和衷之治；如或党奸怀邪，欺君无上，必罪不宥。钦哉，故谕。钦此。"该礼部刊布到臣，臣伤痛之余，惊魂未定，忽闻朝廷有此处分，心悚神悸，寝食靡宁。

臣闻非常之元，必致惑于众庶；经生之见，每坚守其故常。夫惟圣人在天子之位，乃能执义理之中正，建皇极以导民，固非经生学士之所能窥也。臣虽不肖，邹鲁之教习闻之矣。束发修行至于白首，虽一言一动之微，犹兢兢如执玉捧盈，罔敢失坠。况事关纲常人纪、士君子立身大节，而可苟焉，以自越于名教乎？自从初计以至于今，其叩心泣血，呼号于旻天之下者，不啻三四矣。乃臣也请之弥哀，而皇上留之愈固；留之而不得，至于亲劳万乘之重，为臣图虑私情，特遣心膂之臣为臣经理家事，则朝廷之恩至于不可复加，而臣之苦心殆颠连而无告矣。夫臣所遇之时，何时也；所居之任，何任也；所事之君，何君也；所受之恩，何恩也。皇上举人子之力不能致者而悉以畀臣，臣乃不以人臣之所当为者而效之于上，是尚得为人类矣乎？臣于此时，诚道尽途穷，莫知所出，故不得已而为辞俸守制之请，又不得已而为预订归葬之请。意欲暂遵谕旨，以慰皇上之心，而预陈悃诚，徐为乞归之计，诚万万不得已而为之者也。既荷圣慈矜允，又许以归葬一节候旨而行，臣窃以为君亲二念，庶可曲全而无害矣。

乃今议者不达皇上所以恳切留臣之意，又不白臣所以委曲顺命之忠。徒见三年之丧，古人所重，夺情之事，治世非宜。举其经生之说，纷纷渎扰；遂致上干天怒，雷霆洊惊，杖责编遣，曾不少贷。又特降宣谕，让诸臣以欺藐君父，忌惮排挤。则既亏国体，又伤圣心，而臣之微衷，尤有惕然不宁者矣。夫域中三大，君居其一；臣欺其上，罪不容诛。诸臣固皆素知章句者，今方责臣以不能尽子道，乃敢先自蹈于不臣之罪乎？况皇上聪明圣智，旷世间出。臣往见大小臣工一瞻天表，辄欣庆累日，每闻朝廷行一政，出一令，辄举手吐舌，谓明见万里。方倾心仰戴之不暇，而敢萌欺藐之念乎？如臣之愚，凡所注措，惟知求利国家，不能取谐流俗。以此致恨，理或有之。若谓欺藐君父，则臣固知其必无也。方今圣明在上，百工济济，臣每切庆幸，以为雍熙太和之美，庶几复见。今被二三狂童，无端生此一衅，使君父挟见欺之心以临臣，而臣下蒙欺上之罪以事主。臣主之间猜惧互起，情悃隔阂，议论滋多，则安静和平之福必不克终享，此臣所为深惜也。

今言者已诋臣为不孝矣，斥臣为贪位矣，詈臣为禽兽矣。此无下之大辱也，然臣不以为耻也。夫圣贤之学，有遁世不见是而无闷者；人臣杀其身，有益于君则为之，况区区訾议非毁之间乎？苟有以成臣之志，而行臣之忠，虽被恶名，不难受也。臣之所惧，独恐因是而益伤皇上之心，大亏国体之重，凿混沌未萌之窍，为将来无穷之害耳。

今诸臣已被遣斥，臣不敢又救解于事后，为欺世盗名之事。前已奏称遵谕暂出，今亦不敢因人有言，又行请乞，以自背其初心。但连日触事警心，忧深虑切，故敢陈其缕缕之愚。伏愿皇上恢弘天地之量，洞开日月之明，察兆心仰戴之诚，悯迂儒拘挛之见。卓然自信，尽挥群疑。今后凡有言者，谅其无知，勿与较计。宁使愚臣受辱，毋致有伤圣心。仍乞鉴臣初请，俟大礼既成，放臣归葬，则纷纷之议不俟禁谕而群喙自息矣。臣不胜震惧陨越恳切祈望之至。

（奉圣旨：朕为卿备加恩恤，曲全父子之情；卿为朕抑情顺命，实尽君臣之义，于纲常人纪何有一毫亏损！这厮每明系藐朕冲幼，朋兴诋毁，欲动摇我君臣，倾危社稷。卿虽曲为解说，于法决是难容。所奏朕以具悉，卿亦务勉遵谕旨，用成大忠大孝，以终顾托之重，勿以浮言介怀。钦此。）

谢召见疏

昨，该鸿胪寺少卿陈学曾等传奉圣谕，以臣父丧七七期满，召臣于初六日吉期入阁办事。今日，又蒙特差文书官孙斌宣臣入见于平台。

臣以"比者臣父不幸，仰荷圣恩赐吊赐赙。又遣官治葬，恤典殊常。臣于国家未有尺寸之功，叨此隆恩，感洞心脾"致词称谢。

伏奉上谕："先生孝情已尽了。朕为社稷屈留先生，先生只想父皇付托的意思，成全始终才是大忠大孝。钦此。"臣仰聆玉音，悲感哽塞。伏奉皇上前后谕旨，委曲恳切，臣愚敢不仰体？又昔承先帝执手顾托，誓当以死图报，今日岂敢背违？但臣赋性愚直，凡事止知一心为国，不能曲徇人情，以致丛集怨雠，久妨贤路。今日若得早赐放归，不惟得尽父子微情，亦可保全晚节。

伏蒙上谕："先生精忠为国的心，天地祖宗知道，圣母与朕心知道。那群奸小人乘机排挤的，自有祖宗的法度处治他，先生不必介怀。钦此。"又蒙谕："今日好日子，先生可就阁办事。钦此。"随蒙颁赐银五十两，彩段四表里，与酒饭吃。仍命文书官孙斌送臣到阁。臣当于禁门叩谢两宫圣母恩赉，即遵旨赴阁办事讫。

念臣哀苦衷怀，难胜重任，摧残形状，有玷清班，揆诸情礼之宜，惟以纵归为当。乃蒙圣慈不加厌弃，曲赐慰留，起诸苦块之中，还畀丝纶之寄。释其苴杖，假以冠裳。预涓吉旦以传宣，特御内台而接晋。恩光下济，蔼然家人父子之亲；顾答频烦，宁止鱼水君臣之契。既服训辞之谆切，复蒙殊锡之骈蕃。至于圣念之勤惓，难以名言而颂述，臣于此际更复何辞！惟当益竭衷丹，矢坚精白。今虽暂援而止，靖共之念不敢少懈于斯须；傥终得请而归，衔结之忧尚欲勉图于异日。臣下情无任激切感戴之至。

谢内府供给疏

先该臣奏乞辞俸在京守制，已蒙圣明俞允。兹该内府各衙门传奉圣旨："元辅张先生，俸薪都辞了。他平素清廉，恐用度不足。着光禄寺每日送酒饭一卓，各该衙门每月送米十石，香油二百斤，茶叶三十斤，盐一百斤，黄白蜡烛一百枝，柴二十扛，炭三十包，服满日止。钦此。"臣仰荷恩施，愈深惶悚。

窃惟顷者辞俸守制之举，正欲别于居官食禄之臣。得奉俞音，始安微分。今乃叨此大赉，所入更为加丰。月分内府之储，日给大官之馔。是所辞者少而所受者多，既博虚名而又获实利。贪饕已甚，廉节奚存？不获不耕，益重风人之刺；继粟继肉，谬叨宾礼之隆。虽圣慈不靳于鸿施，在微臣实盈于饛腹。将聚族而共食，岂一饭之敢忘？臣下情无任激切感戴之至。

谢免自陈疏

顷以星变示警，仰蒙圣明俯纳言官所陈，饬举考察之典，令京堂官皆自陈不职，以听汰黜。臣虽已辞俸守制，然犹奉旨入阁办事，日侍讲读，实与事故离任者不同。昨该同官二臣为臣题请。伏奉圣旨："元辅本朕再四勉留，又准辞俸守制，着不必自陈。吏部知道。钦此。"

臣闻三公为大臣之首，策免宜先；中书乃政本之司，感召为切。臣才品最下，学术尤疏，居台府已逾十年，总枢机又且六载。上不能燮调元化，佐明主以察玑衡；下不能振举宏纲，率群僚而修品式。诸所注措，每见乖违，积此罍愆殆非朝夕。故玄纬示扫除之象，在愚臣实罪戾之尤，谓宜亟赐汰除，庶以少惩瘝旷。岂意圣慈曲垂弘庇，既谊黜幽之典，复宽自劾之章，俾以墨缞仍参密勿。臣谬蒙恩宥，愈切凌兢。退自省循，若为消弭，谨当澡心自励，克己知非。洗垢刮瘢，虽莫道于既往；拾遗补过，期有救于将来。臣下情无任激切感戴省悔图报之至。

请别遣大臣以重大礼疏

今日该文书官送本到阁，见有户科给事中李涞一本。内称大吉婚礼，臣有服制，不宜与执事，请乞改命等因。伏奉圣谕："昨李涞说，大婚礼不宜命先生供事。这厮却不知出自圣母面谕朕，说先生尽忠尽不的孝。重其事，才命上公、元辅执事行礼。先生岂敢以臣下私情，违误朝廷大事？先朝夺情起复的，未闻不朝参、居官、食禄，今先生都辞了，乃这大礼亦不与，可乎？看来，今小人包藏祸心的还有，每遇一事，即借言离间。朕今已鉴明了，本要重处他，因时下喜事将近，姑且记着，从容处他。先生只遵圣母慈命要紧，明日起暂从吉服，勿得因此辄事陈辞。钦此。"臣捧诵恩纶，不胜感激，不胜钦仰，即宜遵奉，无事渎辞。但其事之本末，外廷之臣或不及知，而以臣为有所逾越，以干大礼，臣不得不一言以自明。

先该礼部题，大婚纳采问名，请钦命大臣二员充正副使行礼。该文书官丘得用口传圣旨，传示圣母慈谕："这大礼还着元辅一行，以重其事。"又说："忠孝难以两尽，先生一向青衣角带办事，固是尽孝。但如今吉期已近，先生还宜暂易吉服在阁办事，以应吉典；出到私宅，任行服制。钦此。"昨日又节奉圣谕："朕奉圣母慈谕，赐元辅坐蟒、胸背蟒衣各一袭。"该文书官丘得用口传。又口传圣旨："着于十九日起，俱吉服办事。钦此。"此臣被命充使，奉谕从吉之由也。

伏念臣前者具奏，遵旨暂留，原以大礼期近，图效犬马微劳，以终顾命之重。然亦自知服色不便，不可与执事，辱大典。乃蒙天语谆谆，传示圣母慈谕，谓先朝旧典，凡大婚纳采问名，发册奉迎，皆用班首勋臣及内阁首臣将命。又委曲谕臣，暂易吉服从事。盖圣母与皇上以腹心手足待臣，实与群臣不同。故凡国家大事，皆欲臣为之管领；而臣亦妄信其愚，不敢以群臣自处。凡可以摅忠效劳者，皆不避形迹，不拘常礼，而冒然以承之。且士民之家，其父母有大喜庆事，为子孙者亦不敢以己之私忌，而违父母之使命，况事关君父，而臣又臣子之最亲信者乎？然此实非外臣之所能窥，众人之所可谕也。

但闻之古礼，吉凶异道不得相干，变服从吉委为未妥。李涞所奏，其意虽不可知，而其言未为不是。伏望圣慈俯从所论，以礼使臣，奏上圣母，容臣仍以初服在阁办事。凡一应典礼所当行者，谨当夙夜匪懈，悉心措画，以赞襄嘉礼之成，不敢辞劳。惟是遣命充使一节，恳乞圣慈别遣大臣一员将事，免令臣与。庶大典不致于溷辱，而臣之初心亦得以少安矣。

（奉圣旨：卿只遵奉慈命，勿以小人之言自阻。礼部知道。钦此。）

谢皇太后慈谕疏

钦奉圣母慈圣皇太后慈谕："皇帝大婚礼在迩，我当还本宫，不得如前时常常守着看管。恐皇帝不似前向学勤政，有累圣德，为此深虑。先生亲受先帝付托，有师保之责，比别不同。今特申谕，交与先生，务要朝夕纳诲，以辅其德，用终先帝付托重义。庶社稷苍生永有赖焉。先生其敬承之。故谕。外赐坐蟒、蟒衣各一袭，彩段八表里，银二百两，用示惓惓恳切至意。钦此。"该司礼监随堂太监张鲸、慈宁宫管事牌子太监谨柯恭捧到臣私第，臣谨叩头祗领讫。

臣捧诵恩纶，悲感交集。追念壬申之夏，先帝不豫，召臣等于御榻前，该司礼监太监冯保宣读遗嘱，以皇上付托。比时臣亲闻我圣母在帷中口谕云："江山社稷要紧，先生每务尽忠为国。"臣伏地恸哭，至于失声。自惟才微力小，不能胜此重任。又念圣龄方幼，睿质未充。臣等外臣虽欲竭驽骀，效犬马，然燕见之时有限，开导之益盖寡。九重天远，高卑迥隔，岂能日侍左右，以调护起居，辅养德性？每念及此，心切皇皇。仰赖我圣母天笃慈仁，躬亲教育，居则同宫，寝则对榻。使非礼之言不得一闻于耳，邪媟之事不敢一陈于前。凡面命耳提，谆谆教戒，不曰亲近贤辅，则曰听纳忠言；不曰怀保小民，则曰节省浮费。盖我圣母之于皇上，恩则慈母也，义则严师也。至于臣之孤忠直道，屡被憸邪诬诋摇撼，亦惟我圣母深加鉴亮，曲赐保全。故臣得以益坚自信，尽展其愚。自皇上临御以来，于兹七年。以圣躬则纯真未凿，天然完固；以圣学则精勤靡懈，日就光明。以内则道泰时清，民安物阜；以外则百蛮归款，九塞尘清。揆厥所由，繄谁之力欤？仰惟我圣母阴功至德，岂独慰我穆考凭几之托，其二祖列圣在天之灵，实默鉴之。今海内臣民歌颂圣德，推原本始者，亦惟祝愿我圣母寿康福祉，等同天地，以保子孙黎民于亿万年也。

兹奉诰谕，以慈驾还宫，虑看管之少疏，恐圣德之有累。委臣以师保之责，勉臣以匡弼之忠。宠锡骈蕃，开喻恳切。臣捧读未竟，涕泗横流。念臣昔承先帝顾托之重，既矢以为国忘家，捐躯徇主矣。其在今日，敢不益摅忠荩，图报国恩？但内禁外廷，地势自隔，臣谀母训，听纳悬殊。自兹以后，尚冀我圣母念祖宗基业之重，天位保守之难，凡所以拥护圣躬、开道圣学者，尤望时加训迪，勿替凤恩。臣知皇上纯孝性成，必能仰承慈意，服膺罔懈也。至于进尽忠言，弼成圣政，则臣分义所宜自尽者，虽微慈谕，犹当思勉。况奉教督谆谆，敢不罄竭愚衷，对扬休命。臣诚不胜感激祈望之至。

（奉圣旨：览卿奏谢，圣母具悉忠爱。知道了。礼部知道。钦此。）

乞遵守慈谕疏

伏蒙颁示圣母劝勉慈谕："说与皇帝知道：'尔婚礼将成，我当还本宫。凡尔动静食息，俱不得如前时闻见训教，为此忧思。尔一身为天地神人之主，所系非轻。尔务要万分涵养，节饮食，慎起居，依从老成人谏劝。不可溺爱衽席，任用匪人，以贻我忧。这个便可以祈天永命，虽虞舜大孝不过如此。尔敬承之，勿违。钦此。'"

臣等俯而捧读，仰而叹曰：大哉，我圣母之训乎！龟鉴药石，不足以喻其明切也。渊哉，我圣母之德乎！明德宣仁，不足以为之比伦也。窃闻父母爱子，必教之以义方，弗纳于邪，乃为真爱。子于父母，必服从其教训，不贻父母之忧，乃为至孝。况我皇上一身承祖宗基业之重，为天地神人之主，比之士民之家，其所关系宁止万倍？故我圣母谆谆教戒，皆发于天性至慈，根于心而不容自已者。盖惟其爱之也深，故其训之也切；惟其训之也切，益见其爱之之深也。至于"慎起居，节饮食，毋溺衽席，毋用匪人"数语者，尤为紧切。帝王所以养德养身之要，举不外此。

伏望皇上仰体慈心，服膺明训。不徒听从于面命，尤必允蹈于躬行。大婚礼成之后，视朝讲学，比前更宜勤敏。至于晏息幸御，尤望万分保爱，万分撙节。心存兢业，俨如圣母之在前；身服教言，恒若慈音之在耳。则圣寿可等于松乔，圣德可媲于尧舜，宗社亿万年无疆之庆实在于此。此乃皇上之至孝，所以仰承圣母之真爱者也。臣等不胜钦仰祈望之至。

（奉御批：圣母慈训，朕当拳拳服膺，尚赖卿等朝夕纳诲，左右匡弼，庶克有成。览奏，知道了。该衙门知道。钦此。）

卷七　奏疏七

辽东大捷辞免加恩疏

伏蒙发下辽东巡抚、都御史张学颜报捷一本。钦奉圣谕："昨见辽东捷报非常，即奏闻圣母。蒙面谕朕云：'赖天地祖宗默佑，此时正尔行嘉礼之际，有此大捷，乃国家之庆，我心甚喜。元辅运筹庙谟，二辅同心协赞，才得建此奇功。我勉留张先生，这是明效。'朕恭对云：'圣母慈谕的是。'兹恭述以示先生等知，一应叙录，宜从优厚，称朕惓惓仰体圣母至意。钦此。"

臣等捧读恩纶，不胜欣跃，不胜感激。看得辽东一镇，切邻虏巢，数年以来，无岁无警。边民苦于侵掠，官军疲于战守。适赖皇上圣明，留神边备，轸念该镇将士比诸边独苦，加赈加赏，大需殊恩，增饷增兵，数破常格。以故将士感奋，咸思树立，以图报称。前擒王杲，斩馘一千有余；继战平虏，获级二百之上。至于今次建功，尤为奇特，出边二百余里，斩获四百三十。彼之精锐，咸就歼夷；我之损伤，止于一卒。使东胡破胆，顿消窥伺之谋；西虏惊心，益谨款关之约。诚该镇百余年间未有之奇勋也。且当嘉礼肇行之期，慈御移居之日，而捷音凯奏，千里飞传，文德武功，一朝咸萃，臣等列职丞弼，恭逢盛事，欣庆踊跃，万倍恒情。然此实上帝申庥，祖宗垂佑，我皇上天威远震，诸将士戮力用命之所致也。

臣等以章句腐儒，窃禄禁近，曾靡尺寸，仰赞庙谟。乃荷宸纶，谬加奖鉴。又恭述圣母惓惓倚眷至意，尤逾寻常。臣等内自省循，诚不知将何为报也。夫有非常之功者，宜受非常之赏。今该镇捷报，实为非常，俟兵部题覆本上，臣等谨遵谕拟赏，悉从优厚。至于臣等，则先已奉旨，不得侵冒边功。臣居正又屡次奏辞，俱荷圣慈俞允，今次若欲加恩，则万万不敢叨承者也。臣等不胜欣忭感切之至。

辞上巾恩赏疏

兹者，伏蒙圣恩，以今日臣等恭视皇上整容上巾礼成，特赐臣居正，银一百两，纻丝六表里；臣调阳、臣四维，每银八十两，纻丝四表里；及讲官申时行等，正字马继文等，亦各赉及。

臣等被命之余，愧汗沾背。仰惟天恩宠赉，岂敢抗违？奔走效劳，乃臣子常分。自举行大礼以来，臣等节被恩施，不一而足，至于今次所赉，尤为逾常。内自省循，实为忝窃。即讲读诸臣，亦每向臣等言，无劳叨赏，于心不安。伏乞圣慈俯鉴愚诚，容臣等将今次恩赉辞免，仍送该衙门交收。庶横恩不至于屡滥，愚心亦得以少安。臣等不胜愧悚恳切之至。

（奉圣旨：朕上巾始谓成吉。奉圣母慈命赐赉，即内监咸与，况辅相岂可后，不独为一侍视？先生等宜钦承慈眷，并示讲读诸臣勿辞。钦此。）

再辞辽东大捷加恩疏

伏蒙发下兵部覆辽东御虏功次本，叙及臣等。该文书官丘得用口传圣旨："前有谕，先生每运筹有功，该加恩叙录，拟旨来行。钦此。"

天恩下逮，纶旨博温，臣等不胜感激。但决机奋勇，执锐披坚，本诸将士之力，即该镇督抚官，亲总戎行者，犹不可与之并论。况臣等官列禁近，职在论思。仰赖皇上威德远播，屡歼丑虏，边境辑宁。臣等因缘遭际，沾被宠荣，已为万幸。岂敢又贪冒天功，妄希恩赉？况前已有明旨，不许叙及阁臣之功，臣等又曾屡辞恩命。今若因此复行叨冒，是明旨不信于人，而臣等前次具辞，皆出于矫饰耳。内自省循，事体欠妥。所有恩命，终不敢当。谨将兵部本，遵奉前谕俱从厚拟赏。其加恩臣等一节，必望圣慈俯鉴愚诚，特赐停寝。庶功赏不至于混滥，愚分亦得以少安。臣等抗违宠命，不胜战栗惶悚之至。

（奉圣旨：该镇大捷，实卿等运筹之功，升荫非滥。既恳辞，朕勉从。赐元辅银一百两，彩段六表里；次辅二，各八十两，四表里，以示褒嘉。该衙门知道。钦此。）

乞归葬疏

臣于去年九月二十五日，闻臣父忧，屡疏乞请回籍守制，未蒙俞允。仰荷圣恩特遣司礼监官为臣父造葬，降谕慰留，至再至三。臣不得已，奏乞暂遵谕旨，辞俸在京守制，乃候大婚礼成，再请归葬。奉圣旨："卿为朕勉出，朕心始慰。这所奏俱准，归葬一节，还候旨行。吏部知道。钦此。"

比时，臣仰沐恩眷殊常，诚不忍一旦背而远去。又知圣意坚定，若渎扰不已，必获重谴。且大婚期近，臣叨承先帝付托之重，若不于此一效微劳，即归伏草莽，心岂能安？故暂留以顺上命，预请以订归期，诚万万不得已而为之者也。既荷圣慈俞允，许以候旨而行，则自幸乌鸟微情，亦必得遂于今日矣。兹遇皇上嘉礼备成，又值两宫圣母大庆，臣得以浅陋之识，讨论故事，赞成盛典，犬马图报之忱，于是少效，乃敢复申前请。今赖圣明在上，中外事体，帖然底定，傥蒙天恩垂悯，慨然允臣回籍终制，固为万幸矣。若皇上必欲留臣驱使，俾竭其驽骀之力，则愿乞数月之假，候尊上圣母徽号礼成之后，星驰回籍，送臣父骨归土，即依限前来供职，以毕臣惓惓图报之忠。臣得了此一念，剖心裂肝，死无所恨。臣干冒天威，不胜战栗陨越之至。

（奉圣旨：卿受遗先帝，辅朕冲年，殚忠宣劳，勋猷茂著。兹朕嘉礼初成，复奉圣母慈谕，惓惓以朕属卿，养德保躬。倚毗方切，岂可朝夕离朕左右？况前已遣司礼官营葬，今又何必亲行？宜遵先后谕旨，勉留匡弼，用安朕与圣母之心，乃为大忠至孝。所请不允。吏部知道。钦此。）

大婚礼成辞免加恩疏

昨奉圣谕："朕大婚礼成，元辅张先生受先帝付托，殚忠竭力，左右朕躬，启迪保护，功难名述。宜加殊恩，以表眷酬。二辅同心协赞，劳绩茂著，并宜叙录，拟敕来行。钦此。"随该臣具辞，止为二臣拟敕加恩。今日该文书官孙斌口传圣旨："张先生元功，恩典当首加，如何通不叙及？着二辅另拟来看。钦此。"

仰惟皇上嘉礼备成，普天同庆，因而覃敷恩赍，首及阁臣。此明主逮下之仁，录劳彰劝之典也。臣敢固为抗违，以虚觊施？但臣于国家受恩独重，皇上待臣，既与诸臣不同，则臣之报礼，亦当与诸臣有异。人之所不能者，而臣为之；人之所可受者，而臣辞之：庶于分义少尽耳。若大礼之成，臣不过讨论故典，赞成盛事而已，是岂众人之所不能为？而隆恩殊锡，又岂人臣之所当受者乎？况臣暂留于此，原欲一效微劳，既已辞俸守制，则与见任有异。若因此冒叨恩典，则昔者愿忠之悃，适为希觊之图；而外沽守制之名，实冒见任之体。初心既已自违，事理亦为欠当。故在诸臣可受，而臣决不可受也。伏望圣慈鉴臣微悃，免令二臣另拟。惟使臣愚志得伸，虽疏食殁齿，荣幸多矣。臣不胜惶悚祈望之至。

（奉敕谕吏部：朕大婚礼成，内阁辅臣忠劳茂著，宜加特恩。元辅张居正，受先帝付托，尽忠辅导，保护启迪，勋猷独茂，宜加殊礼，以答元功。但元辅以守制恳辞，暂从其请。候制满之日，该部奏请加恩。次辅吕调阳加支尚书俸，进兼建极殿大学士；张四维加少保，进兼武英殿大学士；兼官俱照旧，仍各荫一子作中书舍人，以示酬眷。如敕奉行。钦此。）

再乞归葬疏

兹者，以臣父归窆有日，疏乞回籍送葬。奉圣旨："卿受遗先帝，辅朕冲年，殚忠宣劳，勋猷茂著。兹朕嘉礼初成，复奉圣母慈谕，惓惓以朕属卿，养德保躬。倚毗方切，岂可朝夕离朕左右？况前已遣司礼官营葬，今又何必亲行。宜遵先后谕旨，勉留匡弼，用安朕与圣母之心，乃为大忠至孝。所请不允。吏部知道。钦此。"

臣伏诵宸纶，涕泗横集。念臣虽赋质愚昧，然君臣大义，颇知向方。况昔承先帝顾托之重，兹又奉圣母申命之颁，耿耿孤忠，宁敢自负？但臣今日所祈，非欲长往远引，忍于背违者也。痛念先臣生臣兄弟三人，爱臣尤笃。自违晨夕，十有九年，一旦讣闻，遂成永诀。生不得侍养焉，殁不得视含焉，每念及此，五内崩裂。一从闻讣，吁天号泣，恨不能朝被命而夕就道也。后屡奉温谕，慰留谆切，义不敢抗，情不忍离。又念大婚期近，欲因此一效犬马微劳，故暂留以俟后命，预请以订归期。此臣处君臣父子之变，不得已而委曲以求通者也。然抱此隐痛，神往形留。加以孤志不明，横遭狂讪。内忧外侮，举集于一身。数月以来，志意衰沮，形容憔悴。惟含怆饮泣，屈指计日，以俟嘉礼之成，冀以俯遂其初愿耳。夫尽忠所以成孝，而死者不可复生。臣岂不知今日之归，无益臣父之死。且重荷殊恩，特遣重臣为之造葬，送终之礼已为极至。臣今虽去，亦复何加？但区区乌鸟私情，唯欲一见父棺，送之归土，以了此一念耳。若此念不遂，虽强留于此，而心怀蕴结，形神愈病，必不能专志一虑，以图国家之事，公义私情岂不两失乎？

比得家信，言臣父葬期，择于四月十六日。如蒙圣慈垂怜，早赐俞允，给臣数月之假。俟尊上两宫圣徽号礼成，即星驰回籍，一视窀穸，因而省问臣母，以慰衰颜。傥荷圣母与皇上洪庇，臣母幸而康健无病，臣即扶侍回来。臣私念既遂，志意获纾，自此以后，当一心一虑服勤终身，死无所憾。是今虽暂旷于数月，而后乃毕力于终身。皇上亦何惜此数月之假，而不以作臣终身之忠乎？此臣之所以叩心泣血，呼天乞怜而不能自已者也。若谓臣畏流俗之非议，忘顾托之重任，孤负国恩，欲求解脱，则九庙神灵鉴臣之罪，必加诛殛，人亦将不食其余矣。臣情出迫切，冒渎宸严，自干斧钺，诚不胜战栗惶悚之至。

（奉圣旨：朕勉留卿，原为社稷大计，倚毗深至。览卿此奏，情词益迫，朕不忍固违，准暂回籍襄事。还写敕差文武官各一员护送。葬毕，就着前差太监魏朝，敦趣上道，奉卿母同来，限五月中旬到京。往回都着驰驿。该省抚按官，仍将在籍起身日期，作速差人奏报。该衙门知道。钦此。）

谢准假归葬疏

兹者，臣再疏恳乞给假归葬。奉圣旨："朕勉留卿，原为社稷大计，倚毗深至。览卿此奏，情词益迫，朕不忍固违，准暂回籍襄事。还写敕差文武官各一员护送。葬毕，就着前差太监魏朝，敦趣上道，奉卿母同来，限五月中旬到京。往回都着驰驿。该省抚按官，仍将在籍起身日期，作速差人奏报。该衙门知道。钦此。"

臣屡疏陈情，万非得已。渎扰天听，方切悚惶。乃蒙圣慈不加谴诃，特赐俞允。又遣官卫导，预定来期。臣忧苦之惊，一朝顿解。拭泪雪涕，忽若更生。不惟臣父，衔感于地下。因以昭示天下，使知君父有两重之恩，忠孝有曲全之道。凡为人臣者，孰不思委质捐躯，以尽莫逃之分；为人子者，孰不思竭诚致慎，以伸难解之情？圣朝懿举，又不独关系臣一身之进退而已。顾臣昔者急切求归，只欲遂乌鸟思亲之念。今者违离有日，又不胜犬马恋主之心。拟候两宫圣母徽号礼成之后，伏乞特赐召见于便殿，一睹天颜，面陈微悃，以少伸瞻恋之忱。臣仰荷隆恩，不胜激切感戴之至。

（奉圣旨：览卿奏谢，朕知道了。待卿行有定日，朕于文华殿召卿面辞。礼部知道。钦此。）

请简用阁臣疏

照得阁臣列在禁近，以备顾问，代王言，其职务最为繁重。必博求贤哲，广集众思，乃足以仰赞皇猷，弼成化理。

今臣居正，以题奉钦依，给假回籍。止臣调阳、臣四维二人在阁，诚恐闻见有限，办理不前，或致误事。伏乞圣明俯察在廷诸臣，有心术端正、才识优长者，特赐简拔一二人，与臣等同办阁务，庶共济有赖，庶事可康。臣等又查得先朝简用阁臣，多出特旨，间有下部会推者。又查得万历三年八月内，该臣等以阁臣员缺，题请简用。奉圣旨："卿等举堪任的来看。钦此。"随该臣等推举詹事府掌府事、吏部左侍郎、兼翰林院学士张四维等三员。钦蒙御笔点用臣四维。合无今次仍请圣明特简，或敕下吏部会推，上请点用。臣等未敢擅便，谨题请旨。

（奉御批：卿等推堪是任的来看。钦此钦遵。）

奉旨荐举阁臣疏

昨该臣等题：为阁务繁重，恳乞圣明博简才贤，以广忠益事，乞增用阁臣，协赞机务。请断自宸衷，特赐简用或敕下吏部，会官推举等因。奉御批："卿等推堪是任的来看。钦此钦遵。"

查得万历三年八月内，臣等题请简用阁臣。亦奉御批："卿等举堪任的来看。钦此。"臣等随举得詹事府掌府事、吏部左侍郎、兼翰林院学士张四维，吏部左侍郎、兼翰林院侍读学士马自强，詹事府少詹事、兼翰林院侍读学士掌院事申时行三员堪任。奉御批："张四维升礼部尚书，兼东阁大学士，着随元辅等在内阁办事。吏部知道。钦此。"其马自强等二员，随蒙圣明简擢，马自强升礼部尚书，加太子少保；申时行历升吏部右侍郎，仍日侍讲读。是二臣之才品学识，固已简在圣心矣。今臣等公同评品，堪任是职，似亦无逾于二臣者。敢仍以二臣推上，伏乞圣明再加审酌。于二臣之中，或简用一员，或并用二员，令其与臣等同办阁务，深为便益。再照二臣才品虽同，年资稍异。马自强任礼部尚书已及三年，近又恭遇大婚嘉礼，颇效勤劳，如用本官，似应量加一品官衔，仍以尚书兼阁学办事。申时行年资稍浅，如用本官，似应量转左侍，兼阁学办事，乃为相应。臣等俱未敢擅便，谨题请旨。

（奉圣旨：马自强以本官加太子大保、兼文渊阁大学士，申时行升吏部左侍郎、兼东阁大学士，俱着随元辅等在内阁办事。吏部知道。）

请给勘合疏

兹者，臣仰荷圣慈，俯容给假归葬。违远有期，不胜瞻恋。念臣谬膺重托，顶戴鸿恩，虽身远阙庭，而国家之事，有不能一刻暂忘于心者。辞朝之后，或于四方事情，有所闻见；或于朝廷政务，有所献替，即欲不时奏闻。但途路窵远，未能即达。伏乞敕下兵部，给与勘合数道，以便差人赍奏。臣不胜惓惓愿忠之至。

（奉圣旨：准给与。兵部知道。）

谢赐敕论并银记疏

兹者，蒙准给假，辞行有日。仰荷天恩，特降手谕："朕大礼甫成，倚毗先生方切，岂可一日相离？但先生情词迫切，不得已，准暂给假襄事，以尽先生孝情。长途保重，到家少要过㤢，以朕为念，方是大孝。五月中旬，就要先生同母到京，万勿迟延，致朕悬望。又先生此行，虽非久别，然国事尚宜留心。今赐先生'帝赍忠良'银记一颗，若闻朝政有阙，可即实封奏闻。外奉圣母慈命，赐先生路费银五百两，纻丝六表里。朕赐亦同。先生钦承之。故谕。钦此。"并龙笺敕谕一道，"帝赍忠良"银记一匣，银池锁钥全。该司礼太监王臻，恭捧到臣私寓。臣谨叩头祇领讫。又该本官口传圣旨："着臣于十一日，诣文华殿面辞。钦此。"

念臣顷以微情，上干高听。仰蒙矜悯，特赐允俞。犬马之忠，既少伸于朝宁；乌鸟之愿，兼追尽于家园。戴此恩私，已难报答。兹复珍颁睿藻，曲轸微悰。愍其在道之劳，令加珍护；忧其凭棺之㤢，俾顺礼经。温然家人父子之亲，溢于口语文字之外。三薰三复，一涕一言。且凤绰龙笺，辉煌映日，精镠彩币，炫烂充庭。至于图章篆记之颁，虽先朝间有；若乃取义命词之重，则往牒希闻。昔傅说之辅商宗，是称帝赍；若魏徵之对唐帝，曾辩忠良。岂如一介孤踪，兼备二臣盛美，遭逢若此，称塞谓何！臣敢不俯抑哀思，仰纾慈念。望归途之渐渺，瞻魏阙以长悬。天语春温，时佩推心之爱；星言凤驾，日虔趋命之恭。尚勉图有谋入告之忠，庶以见在远不忘之义。臣感戴洪恩，无任瞻恋激切之至。

（奉圣旨：览卿奏谢，具见忠爱，朕心嘉慰。卿未行，朕已悬望，宜早襄葬事，星驰赴京。吏部知道。钦此。）

谢两宫赐路费疏

今日伏蒙圣母慈圣宣文皇太后，以臣蒙准给假，特赐路费银五百两，纻丝四表里。差慈庆宫管事太监李用，恭捧到臣私寓。臣谨叩头祇领讫。

慈恩下逮，行色增辉，宠锡非常，镂肌切感。念欲仰酬夫高厚，唯有俯罄其忠丹。一心永肩，九死奚惜。臣不胜激切仰戴感奋思报之至。

圣母仁圣懿安皇太后，赐路费银三百两，纻丝六表里，谢疏同。

（奉圣旨：览卿奏谢，圣母知道了。礼部知道。钦此。）

召辞纪事

先是有旨，令臣以十一日，诣文华殿面辞。是日，上御文华殿西室，召臣入。致辞云："臣仰荷天恩，准假归葬。又特降手谕，赐路费银两、表里及银记一颗。臣仰戴恩眷非常，捐躯难报。"上云："先生近前来些。"臣至御座前。上谕云："圣母与朕意，原不肯放先生回，只因先生情词恳切，恐致伤怀，特此允行。先生到家事毕，即望速来。国家事重，先生去了，朕何所倚托？"

臣叩头谢。因奏言："臣之此行，万非得已。然臣身虽暂违，犬马之心，实无时刻不在皇上左右，伏望皇上保爱圣躬。今大婚之后，起居食息，尤宜谨慎。这一件是第一紧要事，臣为此日夜放心不下，伏望圣明万分撙节保爱。又数年以来，事无大小，皇上悉以委之于臣，不复劳心。今后皇上却须自家留心。莫说臣数月之别，未必便有差误，古语说：'一日、二日万几。一事不谨，或贻四海之忧。'自今各衙门章奏，望皇上一一省览，亲自裁决。有关系者，召内阁诸臣，与之商榷停当而行。"上说："先生忠爱，朕知道了。"

又奏："臣屡荷圣母恩慈，以服色不便，不敢到宫门前叩谢，伏望皇上为臣转奏。"上又说："知道了，长途保重，到家勿过哀。"臣仰荷圣慈悯念，不胜感恋，伏地哭泣，不能致谢。上云："先生少要悲痛。"然天语未毕，亦哽咽流涕。臣叩头而退。

上谓左右云："我有好些话，要与先生说，见他悲伤，我亦哽咽，说不得了。"

随着人奏知圣母，圣母亦感痛。差管事牌子李旺，赐银八宝六十两，途中赏人。又口传慈谕："先生既舍不得皇帝，到家事毕，早早就来，不要待人催取。钦此。"

谢召见面辞疏

今日伏蒙召臣于文华殿西室面辞，仰荷天语，慰谕谆谆。臣犬马之情，不胜依恋，涕泗横集，言不能宣。仰见圣慈垂悯，亦为臣哽咽。随蒙特遣文书官太监孙斌，暖殿牌子李忠，赐臣食品八盒。又蒙圣母差慈宁宫牌子李旺，赐臣银八宝豆叶六十两，为途中犒赏之需。又口传慈谕臣行之后，皇上无所倚托，到家事毕，即宜早来，不必候人催取。臣谨俱叩头祗领讫。

臣数年供奉，一旦违离，怅望天颜，心焉如割。归家竣事，即当仰遵慈谕，星夜前来，用毕臣惓惓图报之忠，不敢迟遭，以负重托。臣不胜感戴瞻恋之至。

（奉圣旨：览卿奏谢，圣母知道了。礼部知道。）

谢遣官郊饯疏

兹臣蒙准给假。先于十一日，诣文华殿面辞。今日出城就道，伏蒙圣恩特遣司礼监太监张宏，饯送于郊外。又赐臣甜食二盒，干点心二盒。臣谨望阙叩头祗领。即时启行去讫。

重臣衔命，宠赐宾筵，尚食分珍，光生祖道。仰圣情之缱绻，荷帝赉之骈蕃。往昔所希，冒叨愈甚。徂途日远，躬跋涉以星言；魏阙天高，望云霄而雨涕。臣无任感戴瞻恋之至。

（奉圣旨：览卿奏谢，朕知道了。礼部知道。）

归葬事毕谢恩疏

臣前乞恩给假，荷蒙俞允，于三月十三日辞行。一路感恩含痛，倍道遄征，至四月初四日抵家。拜臣父枢，一恸几绝。孀母见臣归来，犹讶梦中相见。臣因备诵圣母、皇上慈恩，特许归葬本末，母子相抱，痛哭失声。当是时，乡老亲戚故旧，环列枢前，靡不嘘唏感叹，仰颂恩遇者。

乃以四月十六日，率子弟族人，扶臣父枢归窆于敕赐太晖山之原。其日，钦遣营葬司礼监太监魏朝，工部主事徐应聘，谕祭礼部主事曹诰，护送臣回。尚宝司少卿郑钦，锦衣卫指挥金事史继书，先任湖广巡抚、都御史、今升刑部右侍郎陈瑞，抚治郧襄等处都御史徐学谟，及地方司道等官，毕来会葬。谨已安厝成礼讫。

臣于臣父，菽水之养，虽有旷于生前，窀穸之礼，幸少尽于殁后。宿心获遂，冥骨用安。斯实仰荷我皇上至仁遍覆，大孝宏敷，故臣得以少释终天之恨，曲全乌鸟之情。臣阖门百口，仰戴隆恩，无可报答，惟有竭诚尽力，为臣死忠，为子死孝，庶以少酬洪造之万一耳。臣闻天虽高而听则卑，人有求而愿必遂。前者，中外臣工见圣母慈谕倚托之重，皇上温旨勉留之恳，以为臣之所请，必不得遂矣。岂意圣慈曲轸，幡然允俞，俾臣宿愿获伸，前言终践。于以见皇上爱臣之笃，不强其心之所弗安；于以见微臣获上之深，得行其道之所当尽。皆有出于群情意料之外者，诚圣朝希旷之恩，教孝作忠之典也。臣不胜铭心镂骨感激衔戴之至。

（奉圣旨：览卿奏谢，朕知道了。礼部知道。）

请宽限疏

臣于三月十三日，蒙恩准假辞行，至四月初四日抵家，十六日葬臣父讫。除另具奏谢恩外，先该臣奏乞给假葬父省母。伏奉圣旨："朕勉留卿，原为社稷大计，倚毗深至。览卿此奏，情词益迫，朕不忍固违，准暂回籍襄事。还写敕差文武官各一员护送。葬毕，就着前差太监魏朝，敦趣上道，奉卿母同来，限五月中旬到京。往回都着驰驿。该省抚按官，仍将在籍起身日期，作速差人奏报。该衙门知道。钦此。"

今葬事已竣，即宜遵奉前旨，同臣母星驰赴阙，图报国恩。但臣母今年七十有三，一向多疾，去年痛臣父殁，旧疾转增。今年正月间，伏枕数日，饮食顿减，此司礼监太监魏朝所亲见。比因臣归，母子相见，乃复易悲为欢，眠食复旧。然气体终是羸弱，不胜劳苦。臣因诵圣母慈谕，皇上恩旨，欲令同臣赴京。臣母顶戴鸿恩，即当力疾就道。奈今天气渐暑，道路阻修，高年多病之躯，岂能跋涉二三千里之远？为此进退踌躇，诚难自强。臣欲钦遵严限，独身前来，又恐有违将母同行之旨。不得已，再沥悃诚，仰干天听。惟祈圣慈俯赐宽限，容臣暂停至八九月间，天气凉爽，扶侍臣母，一同赴京。其先差司礼监太监魏朝，原以葬臣之父，取臣之母。今臣父既葬，臣母未行，久稽使命，臣心不安。合无俯容先回复命，免令敦促，俾臣得扶侍老母，从容赴阙。是今虽暂违数月之限，而私愿既遂，母身获宁，内顾无虞，志专报主。自兹以往，捐躯碎首，死无所憾矣！臣怙恃恩慈，屡行烦渎，不胜惶悚陨越之至。

（奉圣旨：朕日夜望卿至，如何却请宽限？着留先差太监魏朝，待秋凉伴送卿母北来。卿宜作速上道，务于五月终到京，以慰朕怀，方是大忠大孝。便写敕差锦衣卫堂上官一员，星夜前去催来，勿再迟延。该衙门知道。钦此。）

奉谕拟辽东赏功疏

臣于三月十三日，蒙恩准假回籍，至四月初四日抵家，方经营臣父葬事。忽于本月十一日，该兵部差官，赍奉圣谕内阁："昨见辽东塘报大捷，比前次更多，朕心深喜。今早奏闻圣母，欢悦殊甚。朕以冲年践祚，恒念德不足格天，威不能慑虏，夙夜惕励。而边臣奋勇，屡立非常奇功。诚如圣母前谕，赖天地祖宗默佑，乃国家之庆，元辅平日加意运筹，卿等同心协赞之所致也。部疏上时，卿等钞录，封此谕内，着兵部马上差人，星夜前去与张先生看，将一应叙录，比前再加优厚，用示朕惓惓奖酬之意。钦此。"又该同官大学士吕调阳等，录示阁中题稿，并该镇塘报，传奉圣意,欲臣议拟处分等因。

臣在哀苦之中,忽闻该镇有此奇捷,辄复转戚为欣,拭泪称庆。又惟庆赏予夺,虽朝廷大政,然以我皇上之明圣,俟该部题覆,阁臣票拟之日,皇上秉离照以裁之,出乾断以处之,自将应机立解,游刃有余。乃不远数千里,而询及于臣,且俯念微劳,冲然让美,诚圣不自圣、谦而又谦之心也。臣又曷胜钦仰,曷胜感激!

窃照辽东一镇,岁苦虏患,迩赖圣明加意鼓舞,屡奏肤功。乃今以裨将偏师,出边邀剿,斩馘至四百七十余级,而我军并无损失,功为尤奇。况当嘉礼美成之会,两月之间,捷报踵至,而今次所获,比前更多,此诚昊穹纯祐,宗社垂庥,我皇上圣武布昭之所致也。

所据该镇文武诸臣,协心用命,功委可嘉。圣谕欲加厚赏,诚不为过。虽其中有投降一节,臣未见该镇核勘详悉。第据塘报所称,如总兵李成梁素称忠勇,屡立奇勋。前次劈山之捷,该部议加封爵,臣欲留此殊典以待后功,故未敢拟。今次大捷,伊虽未尝亲历战阵,而号令调度,实由主将,论功行赏,仍宜首叙,似应量加流爵,以劝功能。副总兵陶承蓥,奋勇当先,决机取胜;副使翟绣裳,守备预严,督察加慎:俱宜重加升级,仍行厚赏。总督梁梦龙、巡抚周咏,履任虽俱未久,威令亦已大行,宜加升俸级,或量与荫叙。本兵调度有功,尚书方时逢,宜加升叙;侍郎曾省吾、郜光先,宜加俸级,或特与服色。其余将士及文武臣工,与有劳者,或升或赏,该部议覆,自有旧例,臣不能一一叙拟。惟颁赏一节,本出特恩,今次似在可已,伏乞圣裁。

再照近年各边获功,屡蒙圣恩,叙及阁臣,欲加升荫。臣自以职在论思,不敢攘夺将士之功,具疏辞免,不啻四五,俱荷圣明俞允。但同官诸臣,所处原自不同,乃以臣之故,竟未得一沾恩命,臣心恒以为歉。今臣既不在任,而诸臣协赞庙略,发踪指示,功自有归。伏乞圣慈弘敷大赉,将大学士吕调阳、张四维,特加武荫;马自强、申时行,量加文荫,以酬其劳。至于臣者,宠荣已极,涯分久逾,兹荷宸纶追奖,已逾华衮之褒,决不敢复有叨冒,以取覆悚之尤也。

臣愚昧无知,误蒙圣明俯询,敢略陈其概,统冀圣明裁夺施行。

奉谕还朝疏

先该臣以臣父葬毕，即宜遵旨，将母赴阙。缘臣母老，暑天不能远涉，疏乞宽限。奉圣旨："朕日夜望卿至，如何却请宽限？着留先差太监魏朝，待秋凉伴送卿母北来；卿宜作速上道，务于五月终到京，以慰朕怀，方是大忠大孝。便写敕差锦衣卫堂上官一员，星夜前去催来，勿再迟延。该衙门知道。钦此。"

本月十六日，蒙差锦衣卫指挥佥事翟汝敬，赍奉敕谕一道，到臣原籍。该地方官迎接，至臣私第开读皇帝敕谕："少师兼太子太师、吏部尚书、中极殿大学士张居正：卿前奏请给假，为父封少师兼太子太师、吏部尚书、中极殿大学士张文明营葬。朕念卿孝心恳切，不忍固违，暂准回籍襄事，限五月中旬回京，实非得已。自卿行后，朕惓惓注念，朝夕计日待旋。兹览来奏，复请宽假，欲待秋凉，奉母同来，殊乖朕望。兹特命锦衣卫指挥佥事翟汝敬，驰驿星夜前去，守催起程。卿母既高年畏热，着先差太监魏朝，留待秋凉，伴送来京。卿可即日兼程就道，务于五月末旬，回阁办事，用副先帝委托之重，以慰朕夙夜倚毗延伫至意。钦哉故谕。钦此。"

又特奉宸翰谕："元辅张先生：自先生辞行之后，朕心日夜悬念，朝廷大政俱暂停以待。今葬事既完，即宜遵旨早来，如何又欲宽限？兹特遣锦衣卫堂上官，赍敕催取。敕到，即促装就道，以慰惓惓。先生老母畏热难行，还着太监魏朝，将先生父坟未尽事宜，再行经理，便候秋凉，护送先生老母同来。先生宜思皇考付托之重，圣母与朕眷倚之切，早来辅佐，以成太平之治。万勿耽延，有孤悬望，先生其钦承之。钦此。"臣谨焚香，望阙叩头祇领讫。

天使临门，云缄启札，圣心悬切，眷命重申。臣既迫大义之难违，又念殊恩之未报，虽有私曲，遑复为图。谨钦遵谕旨，留臣母，托之司礼监太监魏朝，候秋凉徐行。臣已于本月二十一日，更服墨缞，星驰就道。

伏念臣违远阙庭，已逾两月，今恨不能一蹴便至，仰觐天颜。但臣原籍去京师，几三千里，加以道途霖潦，每至迍邅，哀毁余生，难胜劳顿。今计五月终旬之限，已属稽违，私心惶惶，不遑宁处。除候到京之日，伏藁待遣外，谨先奏知，以仰慰圣母、皇上悬念。尤冀圣慈曲垂矜悯，特宽斧钺，少假便宜，俾孱弱之躯，获免困仆。裂肝碎首，死不敢辞。臣无任惶悚陨越之至。

（奉圣旨：览奏，知卿已在途，朕心慰悦。炎天远道，宜慎加调摄，用副眷怀。便从容些行不妨。吏部知道。）

谢遣官郊迎疏

臣于五月二十一日，被召还朝，早夜疾趋，以六月十五日未刻，到京城外。仰荷天恩，特遣司礼监太监何进，赐宴于真空寺。该何进口传天语，慰劳勤惓。又传奉圣旨："若午时分进城，便着张先生在朝房稍候，朕即召见于平台；若未时分进城，着先生迳到宅安歇，次日早，免朝召见。钦此。"

念臣昔者奔归，已沐宾筵之遣钱；今兹趋命，又廑重使以劳迎。湛露重濡，需云偏覆。光生俎豆，宠极章缝。顾以草野微贱之臣，辱此圣朝殊绝之典，扪心自惧，粉骨难酬。除今日遵奉恩谕，于朝房斋戒沐浴，次日早恭诣文华殿朝见外，臣不胜仰戴鸿恩，激切感奋之至。

（奉圣旨：卿冒暑疾驰，忠勤茂著，朕心嘉悦。特遣使郊劳，用示眷酬。览奏谢，知道了。礼部知道。钦此。）

谢两宫遣使郊劳疏

臣于五月二十一日，被召还朝，早夜疾趋，以六月十五日到京。仰荷圣母慈圣宣文皇太后，特遣慈宁宫管事太监李琦于城外真空寺，口传慈谕，慰劳勤惓。又特赐银八宝二十两，金钱川扇十柄。随又遣管事太监李用，颁赐上用干点心二盒，熟肴四盒，果饼二盒，鲜果二盒，清酒一坛，臣谨俱叩头祗领讫。

伏念臣受国厚恩，矢当捐躯以报。闻君召命，岂敢俟驾而行，起居不遑，分义宜尔。乃荷慈恩曲轸，宠命重申，谆谆慰劳之辞，奕奕珍奇之贶。顾以凡庸，沐此优眷，镂肌切感，陨首奚辞。臣不胜感奋激切之至。

仁圣懿安皇太后同。

（奉圣旨：览卿奏谢，圣母知道了。礼部知道。钦此。）

谢召见疏

臣于本月十五日，趋召到京，十六日，仰承恩谕，赐见于文华殿西室。该臣以前者蒙恩准假葬父，事竣，臣母老未能同行。又蒙圣恩特留司礼监太监魏朝，候秋凉伴行。臣一门存殁，仰戴天恩，不胜感切，叩头称谢。

伏承天语："先生此行，忠孝两全了。"臣因奏："臣一念乌鸟私情，若非圣慈曲体，何由得遂？感恩图报之忱，言不能宣，惟有刻之肺腑而已。"蒙谕云："暑天长路，先生远来辛苦。"臣叩头谢，因请违限之罪。蒙谕云："朕见先生来，甚喜。两宫圣母亦喜。"臣奏："臣违远阙庭，倏忽三月，然犬马之心，未尝一日不在皇上左右。不图今日重睹天颜，又闻圣母慈躬万福，臣不胜庆忭。"蒙谕云："先生忠爱，朕知道了。"

又问云："先生沿途见稼穑何如？"臣因备述往来经过畿辅、河南地方，今春二麦全收，秋禾茂盛，实丰登之庆。又问："黎民安否？"臣奏："各处抚按有司官来见，臣必仰诵皇上奉天保民至意，谆谆告戒，令其加意爱养百姓。凡事务实，勿事虚文。臣见各官，兢兢奉法，委与先年不同。以是黎民感德，皆安生乐业，实有太平之象。"

又问："今边事何如？"臣因奏："昨在途中，见山西及陕西三边督抚总兵官，具有密报，说虏酋俺答西行，为挨落达子所败，损伤甚多，俺答仅以身免。此事虽未知虚实，然以臣策之，虏酋真有取败之道。夫夷狄相攻，中国之利。此皆皇上威德远播，故边境乂安，四夷宾服。"因叩头称贺。蒙谕云："此先生辅佐之功。"臣又奏："虏酋若果丧败，胡运从此当日衰矣。但在我不可幸其败而轻之。盖圣王之制夷狄，惟论顺逆，不论强弱。若其顺也，彼势虽弱，亦必抚之以恩；若其逆也，彼势虽强，亦必震之以武。今后乃望皇上扩并包之量，广覆育之仁，戒谕边臣，益加恩义。彼既败于西，将依中国以为固，又恐乘其敝而图之。若我抚之，不改初意，则彼之感德益深，永为藩篱，不敢背叛。此数十年之利也。"仰见天颜喜甚，再三首肯云："先生说的是。"

又蒙谕："先生沿途辛苦，今日见后，且在家休息十日了进阁。"臣草芥微躯，仰荷圣慈垂念，叩头称谢。随又蒙恩赐银一百两，纻丝六表里，新钞三千贯，羊二只，酒二瓶，茶饭一卓，烧割一分。臣谨叩头称谢。又蒙遣司礼监太监张宏，引至慈庆、慈宁，朝谒两宫圣母，谢恩而出。

窃念臣往摅恳悃，仰冒恩私，得暂解于繁机，幸克襄乎大事。远荷圣情之悬注，特麈敕使之敦催。爰望阙以遵途，遂脂牵而戒两。顾星驰凤驾，虽启处之不遑，奈水远山长，恨奋飞之莫逮。致稽程限，已逾旬朝。自知不免于严诃，敢望获从乎宽政。乃蒙我皇上洪慈宥假，优眷骈蕃。盘珍特出于尚方，迎劳更烦乎中贵。禁扉宵启，促文席以清言；天语春温，雾宸严而俯慰。忧民艰而轸边事，曲赐咨询；修内治而计外攘，谬承鉴奖。礼隆昼日，侈三接以为荣；泽溥云天，拟百朋而非重。戴恩罔极，图报奚由。惟誓捐狗马之余生，庶少答乾坤之大造。臣诚不胜踊跃欣庆激切感戴之至。

（奉圣旨：朕昨见卿，喜甚。又闻岁丰民安，边境宁谧，益用欣慰。览奏谢，知道了。该部知道。钦此。）

卷八　奏疏八

乞鉴别忠邪以定国是疏

臣于本月十五日，趋召到京。晚阅邸报，见户部浙江司员外郎王用汲一本，为乞察总宪大臣欺罔，以重正气，以彰国是事。奉旨切责，革职为民。臣不知所言何事。其时方急于赴命，企睹天颜，一切时事，俱未暇谂问。

次日朝见毕，会同官三臣，始知用汲以都察院左都御史陈炌参论湖广巡按御史赵应元托病乞休，谓其有所阿附等情，妄行诬诋。然尚未见其全疏也。日来少暇，取其全钞读之，始知用汲之言，阳为论炌，实阴以攻臣也。憸邪小人，已蒙圣断处治，臣似可置之无论。但其所言，有朝廷政体所关，天下治乱所系者。臣若隐忍不言，将使忠邪混淆，是非倒植，卒致国是不定，政本动摇，非细故也。刘向有言："谗邪之臣，将同心以害正臣。正臣进者，治之表也；邪臣进者，乱之机也。"方今天下当五阳之会，处极辨之朝，一阴潜萌，其兆已见；群邪害正，积虑日深。臣有社稷之寄，心切忧之，故不容已于言也。臣请先析其疏中所藉口者二事，而后发其机窍所在。惟圣明鉴察。

臣看得用汲疏中，谓臣前葬父事毕谢恩疏，无御史赵应元名；谓臣有所憾于应元，而炌阿附臣意，遂因其称病而纠之。此大诬也。臣前回籍数日，即扶先人柩归窆。比时都御史陈瑞，以升任赴京，道经臣里，其余各官皆奉差有事，及本地方住札者，适会臣父葬期，遂吊祭于丘垄。其时应元差满，正与新任巡按御史郭思极交代于襄阳，相去数百里，势自难及。彼何尝有所失礼于臣，而臣憾之耶？夫吊丧送殡，人道之常，不但臣无所憾于应元，即应元亦未尝有持秉风裁，不为私交之意，但偶不与耳。彼亦何所畏避，而遂以病乞休耶？若其称病之有无虚诈，及宪职之果否修举，在炌为堂官，访之必真，臣不知也。前者屡奉明旨："御史托病偷安，及差满回道，俱着都察院着实纠劾考察。"然掌院之臣竟未闻有执法奉行者。今独炌有此举耳，而遂为人所诬指胁制，则后之居是任者，必将以炌为戒，宁背违明旨，而不敢结怨台臣，相与务为扶同欺蔽，以致纪纲陵替而不可收拾。岂朝廷所以属任台臣、振扬风纪之意耶？

又谓："旧岁以星变考察，其所惩抑者，半为不附宰臣之人。"此又大诬也。臣按旧规，每遇京官考察时，吏部、都察院预行各衙门堂上官，开列应黜官员事迹，送部、院会同考察。比时兵部尚书方逢时，奉命带管吏部事，一日，持各衙门所开及本部司属所访姓名事迹告臣，言："据所开，则应黜者众，奈何？"臣即语之曰："人才难得。况此乃非时考察，事起仓卒，恐一时廉访未真，或有亏枉。但取其罪状显著，人所共知者，量行黜降足矣。"故比时考察人数，比之往年独少。臣何尝属意部、院，私黜一人？今逢时见在，皇上试一问之，可知也。今曰："某某被黜，以某某故。"则各衙门堂官所开、部官所访者，岂尽皆臣指使之耶？即如礼部主事张程，乃今大学士马自强原任礼部尚书时所首开者，岂自强亦阿附臣意而黜之耶？又如礼部郎中章礼，乃臣子业师，亦在开中，臣亦不敢以私庇之，竟从降调，况其余乎？今自强见在，皇上试一问之，可知也。夫人之善恶，各以其类。兔死狐悲，情势自然。若被黜者，一一求其所以得罪之故，捕风捉影，捏造流言，以掎龁当事之人，则将来司考察之柄者，将缄口敛臂而不敢轻动一人，祖宗考察公典几于废矣。又岂朝廷所以属任铨衡、振刷吏治之意耶？

然此二端，皆借言也。至末后一段，谓："皇上当独揽乾纲，不宜委政于众所阿附之元辅。"此则其微意所在，乃陷臣之机穽也。唐贞观时，有劝太宗揽权，不宜委政房玄龄等者。太宗曰："此欲离间我君臣也！"立命徙之。今用汲之意，实类于此。然此可以惑庸暗之君，不可以欺明哲之主也。夫自古惟明王圣主，乃能择贤而属任之，非庸君暗主之所能也。三五之隆，不可殚举。成汤圣君也，其于伊尹，乃学焉而后臣之。高宗良主也，拔傅说于胥靡，一旦命总百官，而属之曰："汝为舟楫，汝为霖雨。"其倚任之重如此。然成汤、高宗，不以其故贬王，而功业之隆，照耀史册，垂宪千古。盖八柱高承，而天位始定；四时成岁，而大造乃成。明主劳于求贤，而逸于得人。故信任贤臣者，正所谓揽权也。岂必若秦始皇之衡石程书，刚愎自用；隋文帝之猜忌任察，谗害忠良，而后谓之有权耶？若夫庸君暗主，则明不足以知贤，而信不足以使下，虽奉之以太阿之柄，彼亦不能持也。以皇上之明圣，用汲乃不以成汤、高宗之所以任其臣者，而导之为秦皇、隋帝，不亦谬哉！

夫国之安危，在于所任，今但当论辅臣之贤不贤耳。使以臣为不贤耶，则当亟赐罢黜，别求贤者而任之；如以臣为贤也，皇上以一身居于九重之上，视听翼为，不能独运，不委之于臣而谁委耶？先帝临终，亲执臣手，以皇上见托。今日之事，臣不以天下之重自任，而谁任耶？羁旅微贱之臣，一旦处百僚之上，据鼎铉之任，若不得明主亲信委用，又何以能肩巨负重，而得有所展布耶？况今各衙门章奏，无一不经圣览而后发票；及臣等票拟上进，亦无一不请圣裁而后发行，间有特出宸断，出于臣等智虑所不及者。今谓皇上谩不经意，一切委之于臣，何其敢于厚诬皇上耶？臣自受事以来，殚赤心以尽忠王室者，神明知之矣。赖我皇上神圣，臣得以少佐下风。数年之间，纪纲振举，百司奉职，海内之治，庶几小康，此市人、田父所共歌颂而欣庆者也。今乃曰"人人尽私，事事尽私"，又何颠倒是非一至此耶！

然用汲之言如此也，而意不在此也。其言出于用汲也，而谋不止于用汲也。缘臣赋性愚戆，不能委曲徇人，凡所措画，惟施一概之平。法所当加，亲故不宥；才有可用，疏远不遗。又务综核名实，搜剔隐奸，推毂善良，摧抑浮竞，以是大不便于小人。而倾危躁进之士，游谈失志之徒，又从而鼓煽其间，相与怂恿揎喙，冒险钓奇，以觊幸于后日，为攫取富贵之计，蓄意积虑，有间辄发。故向者刘台为"专擅"之论；今者用汲造"阿附"之言。夫"专擅"、"阿附"者，人主之所深疑也。日浸月润，铄金销骨。小则使臣冒大嫌而不自安，大则使臣中奇祸而不自保。明主左右既无亲信重臣，孤立于上。然后呼朋引类，藉势乘权，恣其所欲为，纷更变乱，不至于倾覆国家不已。此孔子所以恶利口，大舜所以疾谗说也。

臣日夜念之，忧心悄悄。故敢不避烦渎，控于圣明之前，遂以明告于天下之人。臣是顾命大臣，义当以死报国，虽赴蹈汤火皆所不避，况于毁誉得丧之间。皇上不用臣则已，必欲用臣，臣必不能枉己以徇人，必不能违道以干誉。台省纪纲，必欲振肃；朝廷法令，必欲奉行。奸究之人，必不敢姑息，以挠三尺之公；险躁之士，必不敢引进，以坏国家之事。如有捏造浮言，欲以荧惑上听、紊乱朝政者，必举祖宗之法，请于皇上，而明正其罪。此臣之所以报先帝而忠于皇上之职分也。尤望皇上大奋乾断，益普离明。大臣之中，有执法奉公如陈炌者，悉与主持裁断，俾得以各守其职业而无所畏忌。则国是不移，而治安永保矣。臣诚不胜怀忠奋义愤发激切之至。

（奉圣旨：朕践祚之初，方在冲幼，赖卿受遗先帝，尽忠辅佐。以至于今，纪纲振肃，中外乂宁。此实宗灵所共昭鉴。惟是奸邪小人不得遂其徇私自便之计，假公伺隙，肆为谗谮者，累累有之。览奏，忠义奋激，朕心深切感动。今后如再有讹言诪张，挠乱国是的，朕必遵祖宗法度，置之重典不宥。卿其勿替初心，始终辅朕，俾臻于盛治，用副虚己倚毗至怀。吏部知道。）

奉旨迎母就养谢遣官郊劳疏

臣母诰封一品夫人赵氏，伏蒙钦差司礼监太监魏朝，伴护来京就养。到京，又蒙圣恩特命司礼监太监李佑，赐劳于郊外，随送至臣私寓。臣扶侍臣母，焚香望阙叩头安家讫。

伏念臣严亲见背，已遭风木之悲；母氏幸存，亦逼桑榆之景。每欲就帝都而侍养，庶几窃天禄以延龄。抱此缕情，惮于牍渎。讵意区区之恫，上轸宸衷；苍苍之高，俯从人愿。叠荷恩纶之存注，特廑敕使以将迎。赐劳郊关，送归里第。望慈容而动喜，既以纾瞻云陟屺之怀；奏甘腝以承欢，宁复忆馔鲤饮江之乐。候起居于八座，欣团聚于一家。昔李令伯之陈情，未登朊仕；在潘安仁之奉母，徒赋闲居。方之今日所遭，讵可同年而语。兹盖恭遇我皇上孝隆锡类，爱立因亲。推孝养两宫之心，为鞠育兆人之惠。故乌鸟获伸其私愿，蝼蚁亦赖以曲成。臣不自知宿世于国家有何缘分，今生一草芥冒此宠荣。仰而戴天，俯焉省己。方寸既定，何牵系之为忧；七尺虽微，矢捐麋而罔惜。臣诚无任激切感戴铭心图报之至。

（奉圣旨：卿母已至京，朕心甚悦。览奏谢，知道了。圣母即欲召卿母入见，今既称高年，远来劳顿，且从容就养。礼部知道。钦此。）

谢两宫圣母疏

臣母诰封一品夫人赵氏，伏蒙圣母差司礼监太监魏朝，伴送来京就养。到京，仰荷圣母慈圣宣文皇太后，特遣慈宁宫管事太监李用，赐劳于郊外，随送至臣私第。臣即扶母焚香、望阙叩头谢恩安家讫。

臣母仰沐慈恩，至隆极渥，即当匍匐入内，仰叩慈尊，以少伸顶戴之诚。奈臣母年高多病，加以长途跋涉，步履益艰；虽勉强扶行，恐不能成礼，谨令臣恭诣会极门叩头代谢。臣诚不胜感切悚惧之至。

圣母仁圣懿安皇太后同。

（俱奉圣旨：览卿奏谢，圣母知道了。礼部知道。）

谢赐母首饰等物

臣母伏蒙钦取来京就养，今日仰荷圣恩差司礼监太监张鲸，赍赐臣母金纍丝镶嵌青红宝石珍珠长春花头面一副，银八宝豆叶一百两，红纻丝蟒衣一匹，青纻丝蟒衣一匹，红罗蟒衣一匹、青罗蟒衣一匹，里绢四匹，甜食二盒。又蒙两宫圣母，俱有首饰、八宝、袭衣、珍食之赐。臣谨于私寓，扶侍臣母焚香、望阙叩头祇领讫。

潘舆将母，方承爱日之欢；汉阙驰恩，忽拜自天之贶。贲荣光于荆布，藉景色于桑榆。宝髻庄严，巧出天宫之样；金精璀璨，宠颁玉府之藏。珍羞充溢于圆方，华绮炜煌于筐篚。惊传闾巷，荣感簪绅。实臣子不敢觊之殊恩，亦载籍所未闻之盛事。欲酬高厚，惟当移孝以为忠；苟利国家，敢惜捐躯而碎首。臣母子诚不胜顶戴感切之至。

（奉圣旨：览卿奏谢，朕知道了。礼部知道。钦此。）

谢两宫圣母疏

臣母伏蒙钦取到京就养，今日仰荷圣母慈圣宣文皇太后，特赐金纍丝镶嵌青红宝石珍珠长春花头面一副，珍珠宝石环一双，红罗蟒衣一匹，青纻丝蟒衣一匹，红绅蟒衣袄儿，绿膝襕裙一套，青纻丝蟒衣袄儿、绿纻丝暗花裙一套，银八宝豆叶三包，每包二十两，荤素盒八副。该慈宁宫管事太监谨柯、陈相，恭捧到臣私第。谨叩头祇领讫。

慈光下被，天赉洪敷，凡在听闻，举深忻跃。矧身膺异数，独被隆施。捐糜此躯，未足言报。臣母子诚不胜顶戴感切之至。

圣母仁圣懿安皇太后，赐金纍丝首饰一副，织金闪色纻丝六表里，荤素盒八副。谢疏同。

（俱奉圣旨：览卿奏谢，圣母知道了。礼部知道。钦此。）

为故大学士高拱乞恩疏

伏蒙发下原任大学士已故高拱妻张氏，陈乞恤典一本。该文书官田义口传圣旨："高拱不忠，欺侮朕躬，今已死了，他妻还来乞恩典，不准他。钦此。"

臣等闻命震惊，罔知所措。看得高拱赋性愚戆，举动周章，事每任情，果于自用。虽不敢蹈欺主之大恶，然实未有事君之小心。以此误犯天威，死有余戮。但伊昔侍先帝于潜邸，九年有余，犬马微劳，似足以少赎罪戾之万一。皇上永言孝思，凡先帝簪履之遗，犹不忍弃，况系旧臣，必垂轸念。且当其生前，既已宽斧钺之诛；今值殁后，岂复念宿昔之恶？其妻冒昧陈乞，实亦知皇仁天覆，圣度海涵，故敢以匹妇不获之微情，仰干鸿造也。查得世宗肃皇帝时，原任大学士杨一清、翟銮俱以得罪褫职，后以大庆覃恩，及其子陈乞，俱蒙赐复原职，给与恤典。今拱之事体，实与相同。夫保全旧臣，恩礼不替者，国家之盛典也；山藏川纳，记功忘过者，明主之深仁也。故臣等不揣冒昧，妄为代请。不独欲俯存阁臣之体，实冀以仰成圣德，覃布鸿施；又以愧死者、劝生者，使天下之为臣子者，皆知竭忠尽力，以共戴尧、舜之君也。仰惟圣慈裁察，臣等不胜战栗陨越之至。

（奉圣旨：高拱负先帝委托，藐朕冲年，罪在不宥。卿等既说他曾侍先帝潜邸讲读，朕推念旧恩，姑准复原职，给与祭葬。礼部知道。）

请裁定宗藩事例疏

先该臣等题奉钦依，重修《大明会典》。节奉敕谕："卿等宜督率各官，悉心讲究，以成一代画一经常之典，昭示无极。钦此钦遵。"

随开馆纂修间，臣等看得各衙门事例，惟礼曹为繁。国家典章，亦惟礼制为重。乃属纂修官，先将礼曹纂完，送副总裁官看改，然后呈送臣等删润。近该副总裁、礼部尚书潘晟等，将各官所募礼曹事例，参互考订，呈稿到阁。臣等仔细参详国家典礼，如仪制秩祀等项，皆出祖宗列圣睿思亲定，至精极当，臣等不敢妄议。但次其年月，删其重复，分类编录，足垂永久。

惟宗藩一事，条例最繁，前后事体参差不一，似皆因时立法，未能悉协于中。至嘉靖四十四年，该礼部题覆，言官建议，始定为《宗藩条例》一书，颁布天下。比时礼官，亦自以稽考累朝典制，博采诸宗建白，斟酌损益，既殚厥心矣。然以臣等愚见观之，揆诸事理，尚多有未当者。推原其意，徒以天潢支派浩繁，禄粮匮乏，国家之财力已竭，宗室之冒滥滋多，不得不曲为堤防，严加裁抑。顾集议之始，未暇精详，中间彼此矛盾，前后牴牾。或减削太苛，有亏敦睦；或拟议不定，靡所适从；或一事而或予夺；或一令而旋行旋止；或事与理舛，窒碍难行；或法与情乖，轻重失当，徒使奸猾得以滋弊，有司无所持循。略举数端，可知其概。

如亲王乐工二十七户，乃高皇帝所定，载在《会典》。盖以藩王体尊，其燕飨皆得用乐，不独迎接诏敕为然。今乃概从裁革，此减削太苛，事例之未妥者也。又如亲王故绝，既许为之继封，以重大宗。又云亲弟亲侄，方许请继。及查例行之后，亦有不由亲弟亲侄而继封者。此议拟不定，亦事例之未妥者也。又如郡王初封者，爵秩虽同，然有帝孙王孙之异，亦当视其亲疏，以为差等。今房屋等项一概停给，此亲无隆杀，亦事例之未妥者也。又今文官三品以上，皆得给与祭葬，郡王体亚亲藩，乃身后坟价，概从停给。此恩恤太薄，亦事例之未妥者也。又如郡王故绝者，不准袭封，而以罪革夺者，反得袭封。将军等未有子者，许选继室，而亲郡王未有子者，乃反不许选继。擅婚庶人，名粮止给五十石，而罪宗庶人，乃得七十余石，又历世不减。此恩纪失伦，亦事例之未妥者也。又如郡王与亲王同城居住故绝者，止以本等官职奉祀。而另城郡王故绝者，其子又得世授镇国将军。此事同例异，亦事例之未妥者也。又如擅婚子女，不定年限，概从查革，有一府而至数百位者，于法不可尽革，不革则又废法。此厘革无序，亦事例之未妥者也。又如郡王故绝，与以罪革降者，事体原自不同，其册印亦当分别进缴，今乃概从缴夺。此混施无别，亦事例之未妥者也。又如滥妾及花生、传生子女，冒请名、封，将保勘宗室通行革夺，长史等官，俱问发边卫充军。及流官寄籍奏请选婚者，革退另选。将被选之人，发边卫充军，遇赦不宥。此立法太严，亦事例之未妥者也。诸如此类，尚不可以悉数。

夫令所以布信，数易则疑；法所以防奸，二三则玩。见今该部处置宗藩事情，悉用此以准，因时救弊，似亦未为大害。但欲勒成简册，昭示将来，则必考求国体，审察人情，上不亏展亲睦族之仁，下不失酌盈剂虚之术。使情法允协，衰益适宜，乃足为经常可久之规，垂万世不刊之典。今观其例议，实多未妥。臣等欲因仍纪载，则恐事理不顺，有碍施行；欲径从改易，则先皆题奉钦依，今不敢以臆见擅为更定。照得万历四年六月内，该礼部题为名封事。奉圣旨："这宗室滥妾所生子女，于例已不许请名请封，乃至令改姓易籍，发为编民，殊非情理之当。见今重修《会典》，此等条例，都着议拟停当改正行。钦此。"

合无敕下礼部，遵照前旨，将前项条例，再加斟酌。并累朝见行事例，系关宗藩者，悉行衰集，分类编录，仍会同多官，议拟停当，上请圣裁，著为宪令，然后开送臣等纂入《会典》。庶法以画一而可守，令以坚信而不移。悬诸日月，万世无弊矣。缘系纂修事理，臣等未敢擅便，谨题请旨。

（奉圣旨：礼部看议来说。）

番夷求贡疏

臣近者接得巡抚甘肃、兵部右侍郎、兼都察院右佥都御史侯东莱，差人赍到乌思藏僧人番书一纸。译称释迦摩尼比丘锁南坚错贤吉祥，合掌顶礼朝廷钦封干大国事阁下张：知道你的名，显如日月，天下皆知有你，身体甚好。我保佑皇上，昼夜念经。有甘州二堂地方上，我到城中，为地方事，先与朝廷进本，马匹物件到了，我和阐化王，执事赏赐，乞照以前好例与我。我与皇上和大臣昼夜念经，祝赞天下太平，是我的好心。压书礼物，四臂观世音一尊、氆氇二段、金刚结子一方。有阁下分付顺义王，早早回家，我就分付他回去。虎年十二月，初头写等因。并虏酋顺义王俺答，亦有禀帖，为本僧转乞通贡，俱投到臣。

臣看得乌思藏僧人锁南坚错，即虏酋俺答所称活佛者也。去年虏酋西行，以迎见活佛为名，实欲西抢瓦剌。比时臣窃料虏酋此行，必致败衄，待其既败，而后抚之，则彼之感德愈深，而款贡可以坚久。乃授策边臣，使之随宜操纵，因机劝诱，阴修内治，以待其变。今闻套虏连遭丧败，俺答部下番夷，悉皆离叛，势其窘蹙。遂托言活佛教以作善戒杀，阻其西掠，劝之回巢。又因而连合西僧，向风慕义，交臂请贡，献琛来王。自此虏款必当益坚，边患可以永息。此皆天地祖宗洪庇，皇上威德所及。而臣以浅薄，谬当枢轴，躬逢太平有道之盛，诚不胜欣庆，不胜仰戴。除求贡一事，已奉旨下礼、兵二部议处。惟本僧所馈臣礼物，虽远人向化之诚，难以峻拒，但臣系辅弼近臣，参预密勿，义不得与外夷相通。查得国初翰林学士宋濂，因朝鲜国王馈礼求文，却而不受，曰："天朝之臣，岂可受小夷之礼！"高皇帝闻而深喜之。其能守义自重如此。况臣列职帷幄，与词臣不同；而通贡大事，又非求文之比，缘是不敢私受。谨略具其事本末，仰乞圣明俯赐裁夺，敕下臣愚遵行，庶不孤远夷归向之诚，亦以见人臣不敢自专之义。为此谨具题知，伏候敕旨。

（奉圣旨：卿辅理勋猷，宜播遐迩，戎狄咸宾，朕得以垂拱受成，深用嘉悦。览奏，具见忠慎。宜勉纳所馈，以慰远人向风慕义之诚。礼部知道。钦此。）

召见纪事

先是，礼部以圣体大安，遵旨择于初九日，请皇上视朝，已奉俞允。至初八日，遣文书官至内阁谕臣居正："朕明日御朝，切欲与先生一见，奈先生前有旨，不在朝参之列，明日未朝之时，先于平台召见。说与先生知之。"

是日黎明，臣入见于平台。致词云："恭惟圣躬康豫，福寿无疆。臣犬马微衷，不胜欣庆。"叩头称贺。上说："朕久未视朝，国家事多劳先生费心。"臣对言："臣久不睹天颜，朝夕仰念。今蒙特赐召见，下情无任欢忻。但圣体虽安，还宜保重。至于国家事务，臣当尽忠干理，皇上免劳挂怀。"上云："先生忠爱，朕知道了。"随赐银五十两，彩币六表里，烧割一分，酒饭一卓。臣叩头称谢。

上又谕云："先生近前，看朕容色。"臣承旨，至御座前跪。上亲执臣手。仰见天颜和粹，玉音清亮，不胜忻忭。上又说："朕日进膳四次，每次俱两碗，但不用荤。"臣对云："病后加飧，诚为可喜。但元气初复，亦宜节调，过多恐伤脾胃。然不但饮食宜节，臣前奏疹后最患风寒与房事，尤望圣明加慎。"上云："今圣母朝夕视朕起居，未尝暂离，三宫俱未宣召。先生忠爱，朕悉知。"

上又说："十二日经筵，其日讲且待五月初旬行。"臣谨承旨，叩头而退。始鸣钟御门，百官致词称贺云。

请更定时享祝文疏

据太常寺本，为祭祀事，该本寺卿温纯等开称：太庙时享，原设九帝后冠服。今祝文内称五庙，皇祖考妣、太皇太后。皇高祖考宪宗纯皇帝、皇高祖妣孝贞纯皇后，皇曾伯祖考孝宗敬皇帝、皇曾伯祖妣孝康敬皇后，皇曾祖考睿宗献皇帝、皇曾祖妣慈孝献皇后，皇伯祖考武宗毅皇帝、皇伯祖妣孝静毅皇后，皇祖考世宗肃皇帝，皇祖妣孝洁肃皇后，皇考穆宗庄皇帝、皇妣孝懿庄皇后。职等照得宪庙而下，既备列六帝后，乃又加以五庙，则不止于九矣。

今查五庙内，实止太祖、成祖、英宗三庙设祭；而祝文则多称二庙，于座位未合，似应改正。其岁暮大祫，东壁下配享，设寿春王以下，共十五位神牌。按帝系图，寿春王于太祖为伯，霍丘以下七王为兄，宝应以下七王为侄。自英宗以来，相沿称寿春及霍丘以下七王，俱为皇高伯祖，宝应以下七王，为皇曾伯祖。伦序既紊，且世次已远，不宜仍称高、曾伯祖。查亲尽帝后，止称徽号，今诸王似应改称本爵，庶于名义为协等因到阁。据此，臣等恭照时享之制，止于九庙，太祖、成祖、百世不迁，其余则以亲序，而祧庙不与焉。查得先朝祝文，弘治中，自宪宗而上，称八庙太皇太后。嘉靖初，自孝宗而上，称六庙皇祖考妣、太皇帝后。至孝烈皇后升祔，仁宗奉祧，始称五庙。隆庆年间，因而不改。盖其时世宗新升之主，即孝烈旧祔之位，世数犹未增也。至我皇上嗣统，则世次异矣。乃时享祝文，自皇高祖、宪宗皇帝，至皇考穆宗皇帝，已备六庙之数，而太祖、成祖、英宗三庙，犹仍五庙之称，揆之世数名义，委属未妥。

臣等窃惟，孝莫大于尊祖，礼莫严于假庙。当皇上躬亲对越之顷，正祖宗神灵陟降之时，帝后尊称，不宜径从简略；庙祐世次，允当序列分明。合无比照岁暮大祫礼，将时享祝文，通列九庙帝后圣号，以致如在之诚，不必更称五庙字样。其大祫配享寿春等王，亲属已远，称谓未安，宜将诸王神牌，俱止称本爵，其皇高伯祖等称，尽行裁去，庶得情礼之当。合候命下，容臣等另撰祝文，进呈御览，发下该寺，并寿春等王神牌，一体遵照，改正施行。

（奉圣旨：是。该衙门知道。钦此。）

看详户部进呈揭帖疏

伏蒙发下票拟章奏内，有户部进呈御览揭帖一本。臣等看得，国家财赋正供之数，总计一岁输之太仓银库者，不过四百三十余万两。而细至吏承纳班、僧道度牒等项，毫厘丝忽皆在其中矣。

嘉、隆之间，海内虚耗，公私贮蓄，殊可寒心。自皇上临御以来，躬行俭德，核实考成；有司催征以时，逋负者少；奸贪犯赃之人，严治不贷；加以北虏款贡，边费省减；又适有天幸，岁比丰登；故得仓库积贮，稍有赢余。然闾阎之间，已不胜其诛求之扰矣。臣等方欲俟国用少裕，请皇上特下蠲租之诏，以慰安元元之心。

今查万历五年，岁入四百三十五万九千四百余两。而六年所入，仅三百五十五万九千八百余两。是比旧少进八十余万两矣。五年岁出，三百四十九万四千二百余两。而六年所出，乃至三百八十八万八千四百余两。是比旧多用四十万余矣。问之该部，云："因各处奏留蠲免数多，及节年追赃人犯，财产已尽，无可完纳，故入数顿少。又两次奉旨取用及凑补金花拖欠银两，计三十余万，皆额外之需，故出数反多也。"

夫古者王制以岁终制国用，量入以为出。计三年所入，必积有一年之余，而后可以待非常之事，无匮乏之虞。乃今一岁所出，反多于所入。如此，年复一年，旧积者日渐消磨，新收者日渐短少。目前支持，已觉费力。脱一旦有四方水旱之灾，疆场意外之变，何以给之？此皆事之不可知，而势之所必至者也。比时，欲取之于官，则仓廪所在皆虚，无可措处；欲取之于民，则百姓膏血已竭，难以复支。而民穷势蹙，计乃无聊，天下之患，有不可胜讳者。此臣等所深忧也。

夫天地生财，止行此数，设法巧取，不能增多，惟加意撙节，则其用自足。伏望皇上将该部所进揭帖，置之座隅，时赐省览。总计内外用度，一切无益之费，可省者省之；无功之赏，可罢者罢之。务使岁入之数，常多于所出，以渐复祖宗之旧，庶国用可裕，而民力亦赖以少宽也。鄙谚云："常将有日思无日，莫待无时想有时。"此言虽小，可以喻大。伏惟圣明留意。

论外戚封爵疏

今日该文书官丘得用口传圣旨："皇亲都督同知王伟，着进封伯爵，拟旨来行。钦此。"并将正德二年封庆阳伯夏儒，嘉靖二年封泰和伯陈万言及各子男辈授官事例传示。

臣等恭照圣祖定制，公、侯、伯爵，非有军功，不得滥封。国初如魏、定两公，自以佐命元勋，联姻帝室；彭城、惠安，虽托籍戚里，然亦半有军功。胙土剖符，皆无容议。宣德中季，始有恩泽之封。弘治以来，遂为故事。然实非高皇帝之旧制也。嘉靖八年，世宗皇帝曾诏廷臣会议外戚封拜事理。该府、部等衙门议称："祖宗之制，非军功不封。夫爵赏者，天下之爵赏，人主所恃以励世之具也。今使椒房之属，与有大勋劳之人，并享茅土，非所以昭有功、劝有德也。今除已封见任者，姑准终身外；此后凡皇亲驸马，俱要查照祖宗旧制，不许夤缘请封。其有出自特恩，一时赏赉者，亦止照祖宗朝故事，量授指挥千百户等官，以荣终身。敢有违例奏请、希图恩泽、妄引洪熙以后事例比乞者，听本部及科道官即时举劾，置之重典，以为贪冒不知止足者之戒。"等因。奉圣旨："卿等既会议停当，外戚封爵古未有，我皇祖亦未有制典。魏、定二国公，虽为戚里，实开国佐命靖难元勋，难同其功，彭城、惠安二伯，亦有军功居半，都着照旧袭封。其余以为戚里，滥膺重爵，名器既轻，人不知劝，见任的都当查革。但其中有于先朝恩命及已封者，姑与终身，子孙不许承袭。钦此。"此我世祖超世之见，同符二祖，非近代帝王所能彷佛其万一者。嗣后虽曾垂泽安平，许传再世，则以孝烈皇后有翦逆保驾之功，特旨酬赏，非援例进封者也。

臣等窃以为我皇上当英妙之龄，事事皆祗遹先猷，宪章烈祖。则太祖定制，与世祖圣谕，正宜仰稽而效法者。但既有正德以后事例，王伟系中宫至亲，臣等不敢抗违，谨拟传帖，上请圣裁，发下吏部施行。其皇亲子男辈，姑且从容，俟后再有大喜庆事，然后加恩未晚也。臣等谨查嘉靖八年世宗皇帝圣旨及廷臣会议二本，进呈御览，用见先朝恩封外戚始末，伏惟圣明垂览。

请停止输钱内库供赏疏

昨该文书官姚秀口传圣旨:"内库缺钱赏用,着臣等拟旨,传该部铸造进用。钦此。"

臣等查得万历四年二月,奉圣旨:"万历通宝制钱,着铸二万锭,与嘉靖、隆庆等,相兼行使。户、工二部知道。钦此。"本月又该工部题铸造事宜。节奉圣旨:"钱式照嘉靖通宝,铸金背一万四千锭,火漆六千锭,着以一千万文进内库应用。钦此。"万历五年二月内,该户部进新铸制钱。又奉圣旨:"这钱锭还查原定二万之数,以一半进内库应用,一半收贮太仓。钦此。"及查工部题议,制钱二万锭,该钱一万万文,用工本银十四万九千两,大半取之太仓银库。此奉旨铸钱之大略也。

臣等看得先朝铸造制钱,原以通币便民,用存一代之制。铸成之后,量进少许呈样,非以进供上用者也。万历二年铸造之初,亦止进样钱一千万文。其后以一半进用,已非通币便民之本意。今若以赏用缺钱,径行铸造进用,则是以外府之储,取充内库,大失旧制矣。且京师民间,嘉靖钱最多,自铸行万历制钱之后,愚民讹言,便谓止行万历新钱,不行嘉靖旧钱,小民甚以为苦。近该五城榜示晓谕,民情少定。今若又广铸新钱,则嘉靖等项旧钱,必致阻滞不行,于小民甚为不便。又与原奉圣旨,与嘉靖、隆庆等钱相兼行使之意相背。臣等揆度事体,似为未便。伏望圣明裁审,暂停铸造进用之旨。待二三年后,如果民间钱少,再行铸造,亦未为晚。仍乞皇上曲纳臣等节次所陈狂愚之言,敦尚俭德,撙节财用。诸凡无益之费,无名之赏,一切裁省,庶国用可充,民生有赖。不然,以有限之财,供无穷之用,将来必有大可忧者。臣等备员辅导,敢不尽其愚,伏惟圣明亮察。

(万历七年四月十九日上。次日奉谕停铸。)

卷九 奏疏九

请罢织造内臣对

工部覆礼科左给事中顾九思、工科都给事中王道成等疏：请罢苏、松及应天织造，取回原差内臣。上遣文书官传谕云："御用袍服紧急，织造且未可罢。若如部议取回内臣，改属抚按有司，则织造不精，谁任其责？且见有钱粮，不必加派。先生每拟票来。"

臣与同官二臣，持工部疏入见上于便殿。奏云："近日苏、松等处，水灾重大。据抚按官奏报及臣等所闻，百姓困苦流离，朝不谋夕，有群聚劫夺者。地方钱粮，委难措处。且自前年星变时，亲奉明旨：停止织造，着孙隆回京。至今尚未完报，是诏令不信而德泽不宣也。臣等谓宜从该部所请，以彰皇上敬天恤民至意。民惟邦本，愿少加圣心。"

上曰："朕未尝不爱惜百姓，但彼处织造，不久当完，远不过来春尔。"

臣对言："皇上德意，臣民无不欣仰。即孙隆在彼，亦能仰体圣心，安静行事。但地方多一事，则有一事之扰；宽一分，则受一分之赐。今彼中织完，十未四五，物料钱粮，尚有未尽征完者，灾地疲民，不堪催督。愿皇上且取回孙隆，其应天被灾稍轻，许坤仍旧可也。"

上乃许之曰："近降去花样，皆御前发出银两，并不加派扰民。此一件还着织完回京，其余则皆停罢可也。"

臣等顿首曰："幸甚！"盖是时宫中，自大婚以来，应受赐者皆籍记以待，又当供奉慈宁，岁币益不足，尽仰东南织造。上心亦难之。乃从中发银五千两界孙隆，约用尽更请，一不以烦百姓，外廷莫得知也，故上指此为言。

因以部疏授臣云："先生将去票来。"又顾臣等云："君臣一体，今有司通不奉行，百姓安得受惠物？"

臣对言："诚如圣谕，臣等今日亦无非推广皇上德意而已。愿皇上重惜民生，保固邦本，则百万生灵，仰戴至仁，实社稷灵长之庆。"因叩头出。

（次日奉圣旨：苏、松地方，灾伤重大。孙隆着查近降花样，御前发去银两，应织袍服。上紧凑织，完日即便回京。其以前织完的，照数解进。未完的，都着停止物料等项，准作岁造段匹支用。抚按官还查数明白具奏。许坤且着照旧。）

请酌减增造段匹疏

伏蒙发下工科都给事中王道成等请酌减织造段匹一本。臣等查得先该承运库太监孔成等，以赏赐夷人，段匹缺乏，题请行南京、苏、松、浙江等处增织，于内又将上用袍服等项，并请织造，共该七万三千匹。奉圣旨："工部知道。"今科臣王道成等，因见东南地方，灾伤重大，民力罢敝，恐加派扰民，故有此奏。

臣等看得岁造段匹，原有定额。祖宗朝计一岁所造，赏赉诸费，尚有赢余。至嘉靖年间，赏赉无时，每称缺乏，乃行文于该地方增织，谓之"急缺段匹"。然亦间一行之，非可为常例者也。今查万历三年，该库已称缺乏，请于岁造之外，添织九万有余。其时以大婚礼重，赏赐浩繁，该部不得已钦遵明旨，设法措处。然闻之各地方库藏，搜括已尽，经今四年，方得织完。而添织之旨又下，计该库所开数目，度其所费，非得银四五十万，不能办此。索之库藏，则库藏已竭；加派小民，则民力已疲。况今岁南直隶、浙江一带，皆有水灾，顷蒙特恩，破格蠲赈，又取回织造太监，罢困之民，方得更生。乃又重复加派，子惠之恩未洽，诛求之令即施，非圣慈所以爱养元元、培植邦本之意也。民穷财尽，赋重役繁，将来隐忧，诚有不可胜讳者。科臣所奏，宜留圣心。

臣等看得该库偶因三卫夷人赏赐段匹，缺少虎豹一样服色，及近年北房俺答款贡，岁增赏赉，溢于旧数，故题请添织。以上二项，委不可已。至于上供御用等项，则近年南京太监许坤，苏杭太监孙隆织进御前者，已自足用，不必又取办于岁造矣。臣等愚见，伏乞圣明再谕该库，查北房俺答一宗赏赐，一岁约该几何，及三卫夷人虎豹服色缺少几何，照数行该地方添织，即作岁造之数，其余皆可停止。惟冀俯从科臣之言，一概减半织造。其支费银两，敕下户、工二部酌处，免复加派小民，庶近日蠲恤之旨不为虚文，罢极之民少得苏息也。臣等职在帷幄，蒙皇上心膂之寄，岂不知国用浩繁，事在难已，敢故为节省之言，以沽违拂之誉？但事关邦本，不得不为深长之虑。伏望圣慈宥其愚昧，裁酌施行。

（奉圣旨：东南地方既有灾伤，这段匹等项准减半织造。其支费银两，着户、工二部措处，毋得加派小民。钦此。）

服阕谢降敕召见赐衣带金器疏

先准吏部咨，钦奉圣谕，问臣服制几时满，着吏部上本起复。该部回称，臣服制扣至万历七年十二月二十四日期满，礼当从吉等因，备咨到臣。

遵奉间，至本月二十三日，仰荷天恩，特降手敕："谕元辅张少师先生，在京守制，忠孝两全。今当服满，朕心忻慰。特赐玉带一条，大红坐蟒、蟒衣各一袭，金执壶一把，金台盏一副，用示眷知。念五日见朝毕，候朕御平台召见。以后朝参经筵，俱照旧行，先生钦承之，故谕。"该文书官太监孙斌恭捧到臣私寓，臣谨焚香望阙，盥手捧读，叩头祗领讫。

伏念臣猥以庸虚，特蒙眷遇。曩遭家严之变，将匍匐以言奔；顾惟慰勉之坚，屡吁号而莫遂。继荷圣慈之曲轸，敢烦睿思以折衷。许臣谢常禄以在公，容臣襄大事而归里。自违丘垅，趋觐阙廷。入则荷橐持筹，遵墨缞之往制；出乃寝苫枕块，守苴绖之常经。既获承圣主之倚毗，兼克尽匹夫之恳悃。斯盖我皇上乾坤帱载，父母爱怜；酌权宜于礼典之中，垂体恤于使令之外。镂镌识感，衔结难酬。惟兹隙驷之易驰，倏尔祥琴之在御。

先王之制不敢逾，虽勉循禫裑之文；人子之心不能忘，实倍切居诸之感。乃荷宸衷俯记，降清问于余曹；复蒙纶札传宣，接威颜于中禁。祇佩衮辞之蔼郁，重永朋锡之骈蕃。食出壸餗，惊麟裛黄金之质；衣加鞶带，羡红光白璧之珍。更令既毁之残躯，还被斯皇之宠饰。捧而心醉，服以魂摇。昔名臣若荣、溥、孜、贤之辈，际盛世在永、宣、顺、化之间，固常变礼从时，并荷先朝之知遇，未闻殊恩异数有如今日之遭逢者也。臣敢不益摅丹悃，仰答隆施。倘筋力之未疲，远道宁忘于驱策；如发肤之可效，微生何爱于捐糜。谨钦遵圣谕，于二十五日廷见后，即趋诣平台，恭候召见。诚不胜激切感戴之至。

召见平台记事

钦奉敕谕，召见于平台，致词云：“臣前奉钦依，在京守制，服满朝见。”

奉面谕：“先生全忠全孝，万古留名。”

臣奏：“臣蒙皇上天恩，委曲体悉，故得以少尽臣子之情，不胜感戴。”叩头称谢。又奏：“昨蒙圣恩，特降手敕，恩赉殊常，尤不胜感戴。”叩头谢毕。又奏：“昨奉敕谕，着臣以后照旧朝参，臣即当钦遵。但年前数日，尚在三年之内，余哀未忘，仍望皇上俯容，再宽数日，免令朝参陪祀。候元旦庆贺后，照旧朝参供职。”

上说：“先生元旦出来也罢。”臣叩头承旨。

上又说：“与先生酒饭吃。”臣叩头谢。

又奏：“臣在制中，屡荷两宫圣母慈恩，赐赉稠叠。今服满，欲诣各宫门外，叩头称谢。未敢擅便，请旨。”

上说：“是。着张宏引进。”臣叩头退。

随诣慈庆宫外叩头，蒙仁圣皇太后遣中使传谕云：“先生忠孝两全了，宜益尽心辅佐。赐银九十两，纻丝四表里。”随诣慈宁宫门外叩头，蒙慈圣皇太后着引伴太监张宏传谕云：“皇帝冲年，凡事多赖先生辅佐，天下太平。今服制已满，忠孝都全了，宜益尽心处置国事。特赐膳九品，金执壶一把，金台盏一副，金镶牙箸一双，银五十两，彩段四表里，荤素食八盒，甜食四盒，酒十瓶。命太监张宏递酒三杯管待。"

辞免恩命疏

准吏部咨，为钦奉圣谕事。查得："节奉敕谕：'朕大婚礼成，内阁辅臣，忠劳茂著，宜加特恩。元辅张居正，受先帝付托，尽忠辅导，保护启迪，勋猷独茂，宜加殊礼，以答元功。但元辅以守制恳辞，暂从其请，候制满之日，该部奏请加恩，如敕奉行。'今本官服制已满，谨遵敕谕，题请加恩。"等因。奉圣旨："朕元辅社稷重臣，受先帝顾托，翊戴朕躬，以及大婚，弼成治理，勋绩隆茂。着加太傅，岁加禄米一百石，原荫武职伊男升一级，世袭。着南镇抚司金书管事，用副朕酬奖元功至意。钦遵。"备咨到臣。

臣闻命惊惶，拊躬局促。仰惟皇上鸿仁下逮，骏惠旁敷。往因嘉礼之成，肆举叙劳之典，以臣叨居首弼，加惠独先。念臣方在宅忧，悬赏以待。兹允部臣之请，涣颁追录之恩。三锡殊荣，一朝并至。既已奉有成命，讵宜仰渎宸严？但臣自揣疏庸，误承眷遇。一从受事，以至于今，每自省循，诸所蒙被，岂独近代臣人之所稀觏，抑亦在昔载记之所罕闻。即如顷者服制未除，预垂清问。迄于祥禫甫届，遄降温纶。衮辞麈十札之褒，珍贶逾百朋之重。黄金白璧，炫耀门庭；锦绮华章，充溢筐筐。

臣伏思惟，盆盎之器，不啻盈矣；鼹鼠之腹，亦既饱矣。及今克自抑畏，庶几获免倾危。而浃旬之间，丰施荐及；越岁之后，异命重申。注之已盈，而不虞其将覆；噉之过饱，而不虑其难容。在舆论为未孚，尤天道之所忌。此臣所以夙夜匪宁，凌兢罔措者也。伏望圣慈鉴臣素悃，俾仍旧贯，特寝新恩。庶愚分获安，幸逭颠隮之咎；微躯未陨，得纾衔结之忠。臣诚不胜战兢踯躅、恳切俟命之至。

（奉圣旨：卿保迪朕躬，夙夜匪懈，辅宣化理，茂著成功，眷德酬勋，宜从优典。朕体卿谦让至情，今次所颁恩数，欲卿安受。视先朝施及元臣故事，已自不同，朕心方以为歉，卿岂可复行逊避？宜勉遵成命，以慰朕怀，所辞不允。吏部知道。）

再辞恩命疏

昨臣以蒙恩殊常，具奏辞免。该文书官姚秀，送本到阁，口传天语，着同官二臣拟票温旨，勉臣遵奉，不必再辞。随奉圣旨："卿保迪朕躬，夙夜匪懈，辅宣化理，茂著成功，眷德酬勋，宜从优典。朕体卿谦让至情，今次所颁恩数，欲卿安受。视先朝施及元臣故事，已自不同，朕心方以为歉，卿岂可复行逊避？宜勉遵成命，以慰朕怀，所辞不允。吏部知道。钦此。"

仰惟圣眷优崇，宸纶蔼郁，敢不祗若，用彰宠荣？但臣自以蒙被过隆，难于报答；涯分久溢，恐致颠危。故屡次渎陈，非敢矫饰，诚省躬揣分，有万万不能自安者也。今奉圣谕谆切，又该同官二臣，咸道臣以将顺，诚臣以抗违。臣窃伏思惟，俯自揣酌。因忆前年恭侍皇上日讲，曾奉面谕："先生功大，朕无可为酬，只是看顾先生子孙便了。"臣每念及此，辄为涕零。夫施及于己身者，其恩犹浅；施及于子孙者，其恩为深。戴德于一时者，其报有尽；戴德于后世者，其报无穷。今蒙圣恩怜念臣男，擢之卫司，延以世赏。藐焉弱息，荷此殊荣，斯盖前谕所谓看顾臣子孙惓惓之意也。臣不胜感激，不胜顶戴，谨拜手祗领。仍嘱臣后嗣，世效犬马，仰报生成。惟是三公崇阶，以待耆硕，在本朝文职，咸不敢居；万钟厚禄，以赐勋亲，臣昔已蒙恩，岂宜重冒？惟此二项殊典，揣己终不敢当。伏望圣慈，俯鉴臣愚，准臣量受臣男升荫，其太傅、禄米之加，俯容辞免。庶横恩不致于滥及，微分亦得以少安。履厚戴高，不敢忘报。臣干冒天威，不胜战栗陨越之至。

（奉圣旨：卿功在社稷，不惟朕所眷知，亦中外臣民所共闻见。进秩加恩，于礼匪过。乃又固辞不已，朕心益用弗宁。今谅卿悃诚，特准辞免太傅，以成卿劳谦廉让之美，其余宜勉遵成命，慎毋再辞。吏部知道。）

辞考满加恩疏

准吏部咨，题请稽考绩以优辅臣事。内称："臣于万历五年九月内闻臣父忧，奏乞回籍守制。荷蒙皇上谕留，准假归葬，旋诏还内阁。至万历七年十二月二十四日，服满起复，通计前后历任年分，除给假回籍不计外，其余月日皆实在内阁辅政。扣至万历七年十二月十七日止，一品九年满后，又历三年，例应考满给由。"等因。奉圣旨："卿等说的是。元辅为朕勉留，夙夜在公，忠勤匪懈，实与见任供职者不殊。你部里便查考满恩例，从厚开拟来看。"备咨到臣。

臣伏诵纶音，不胜惶悚。窃惟该部所奏，乃课功常典；臣之所处，则值事之变而酌礼之中，非可以常典概论者也。今且无论臣功之有无与课之殿最，但以事理言之。追忆前年，先臣不禄，臣闻讣之初，五内崩裂，沥血陈情，惟乞一去而已。乃奉圣谕恳留，至于三四。比时臣虽在昏迷中，犹念先帝之顾托未终，圣母、皇上之深恩未报，犬马恋主，实切依依。而乌鸟私情，又有不能自释者，乃不得已而为在京守制之请。仰荷圣慈俯从，又特允归葬。旋即召还，免其朝参，停止支俸，令以素服在阁办事。臣出则综理国事，尽在公之义；入则守其苴绖，执居丧之礼。是臣之不去者，报君恩也；守制者，报亲恩也。士大夫有识者，咸谓皇上之所以处臣，与臣之所以自处，于君臣父子之情，庶几两全而无害矣。然身虽属于公家，事实殊于见任。今乃又计算前后月日，通作实历，积日累劳，循例考满。则事同见任，礼旷居丧，君臣之义虽全，父子之情则缺矣。皇上昔日之所以处臣，与臣之所以自处者，岂不两失之乎？

臣又查得前代典礼与本朝律令，凡夺情起复者，皆居官食禄，与见任不殊，故先年大学士杨溥、李贤等，皆从服中升官考满，以事同见任故也。今臣乃辞俸守制，皇上原未夺臣之情，臣亦未尝于制中起复，比之诸臣，事体原自不同。况前年荷蒙圣恩，以大婚礼成，叙录内阁诸臣，晋秩荫子，独臣以服制未满，特敕该部，俟制满而后题请。是皇上亦谅臣在服制之中，不可以加恩故也。夫既不可以加恩，又独可以考满乎？盖事必揆诸天理之当，即乎人心之安，乃无歉恨，所谓求仁而得仁者。今臣自审，于理欠当，于心未安，故不得不仰控圣明，冀申情款。惟求协夫事理之中而已，非畏人之议己，而故为是喋喋也。

伏望圣慈俯鉴愚诚，特停恩命，敕下吏部，免臣给由，庶臣得以安心供职，而皇上曲全之仁，与微臣自处之义，终为完善，无所亏缺矣。臣于此理，剖析已详，皇上圣明，必垂洞鉴。万望即赐俞允，免致再三陈控，烦渎宸严。臣不胜惶恐战栗、恳切祈望之至。

（奉圣旨：卿昔为朕勉留，夙夜在公，忠勤弥笃，殊勋茂绩，中外所知。该部题请考满加恩，委系彝典。兹览卿奏，辞俸守制与夺情起复不同，朕心更觉洞然。卿之所处，实为恩义两尽，足以垂范万世。特允所辞，以全忠孝大节。至于卿之勋劳，简在朕心，当别有酬眷。吏部知道。）

归政乞休疏

臣一介草茅，行能浅薄，不自意遭际先皇，拔之侍从之班，畀以论思之任。壬申之事，又亲扬末命，以皇上为托。臣受事以来，夙夜兢惧，恒恐付托不效，有累先帝之明。又不自意特荷圣慈眷礼优崇，信任专笃，臣亦遂忘其愚陋，毕智竭力，图报国恩。嫌怨有所弗避，劳瘁有所弗辞，盖九年于兹矣。

每自思惟，高位不可以久窃，大权不可以久居。然不敢遽尔乞身者，以时未可尔。今赖天地祖宗洪佑，中外安宁。大礼大婚，耕耤陵祀，鸿仪巨典，一一修举。圣志已定，圣德日新；朝廷之上，忠贤济济。以皇上之明圣，令诸臣得佐下风，以致升平、保鸿业无难也。臣于是乃敢拜手稽首而归政焉。且臣禀赋素弱，比年又以任重力微，积劳过虑，形神顿惫，血气早衰，逾五之龄，须发变白。自兹以往，聪明智虑，当日就昏蒙，若不早自陈力，以致折足覆餗，将使王事不终，前功尽弃。此又臣之所大恐也。

伏望皇上，特出睿断，亲综万几，博简忠贤，俾参化理。赐臣骸骨生还故乡，庶臣节得以终全，驽力免于中蹶。臣未竭丹衷，当令后之子孙，世世为犬马以图报效也。

（奉圣旨：卿受遗先帝，为朕元辅，忠勤匪懈，勋绩日隆。朕垂拱受成，倚毗正切，岂得一日离朕？如何遽以归政乞休为请，使朕恻然不宁。卿宜仰思先帝丁宁顾托之意，以社稷为重，永图襄赞，用慰朕怀，慎无再辞。吏部知道。）

再乞休致疏

昨臣以大礼毕成，具疏乞休。伏奉圣旨："卿受遗先帝，为朕元辅，忠勤匪懈，勋绩日隆。朕垂拱受成，依毗正切，岂得一日离朕？如何遽以归政乞休为请，使朕恻然不宁。卿宜仰思先帝丁宁顾托之意，以社稷为重，永图襄赞，用慰朕怀，慎无再辞。吏部知道。"

臣闻命自天，不胜感悚。念臣发迹寒单，赋才谫劣。仰承先帝顾托之重，祗荷皇上眷遇之隆，分当捐身，庶以仰酬高厚之万一，岂敢辄求引退，图遂私怀？但臣葵藿之志虽殷，而犬马之力已竭。一自壬申受事，以至于今，惴惴之心，无一日不临于渊谷。中遭家难，南北奔驰。神敝于思虑之烦，力疲于担负之重。以致心血耗损，筋力尪瘯，外若勉强支持，中实衰惫已甚。餐荼茹荤，苦自知之。恒恐一日颠仆，有负重托，欲乞身于圣明之前，非一日矣。独念国事未定，大礼未完，口嗫嚅而不忍言，心依依而未能舍。今赖皇上神圣，臣得以少效愚衷。中外乂安，国家无事，诸大典礼皆已完就，乃敢一言其私，盖亦度其时可以去而后去耳。昔颜回有言：东野毕之马将败矣。步骤驰骋，朝礼毕矣，历险致远，马力尽矣，而犹求马不已。无何而东野毕之马果败。故舜不穷其民力，造父不穷其马力，是以舜无失臣，造父无失马。今臣之乞去，亦非敢为决计长往也，但乞数年之间，暂停鞭策，少休足力。倘未即填沟壑，国家或有大事，皇上幸而召臣，朝闻命而夕就道，虽执殳荷戈，效死疆场，亦所弗避。是臣之爱身，亦所以爱国也。伏惟圣慈矜允，臣无任悚惧俟命之至。

（奉圣旨：连日不见卿出，朕心若有所失。如何又有此奏？今诸大典礼虽已举行，不过礼文之事，机务繁重，赖卿辅理更切，未便是卿闲逸之时。古之元老大臣，耄耋之年在朝辅理者不少，卿方逾五十，岂得便自称衰老，忍于言去？宜遵前旨即出，永肩一德，用成始终大忠。着鸿胪寺官往谕朕意。吏部知道。）

谢圣谕疏

昨该臣再疏乞休，未蒙俞允。今日钦承龙笺手敕一道："谕元辅少师张先生，朕面奉圣母慈谕云：'与张先生说，各大典礼虽是修举，内外一应政务，尔尚未能裁决，边事尤为紧要。张先生亲受先帝付托，岂忍言去？待辅尔到三十岁，那时再作商量。先生今后再不必兴此念。'朕恭录以示先生，务仰体圣母与朕惓惓倚毗至意，以终先帝凭几顾命，方全臣节大义。先生其钦承之，故谕。"该司礼监太监孙秀、文书房官丘得用，恭捧到臣私寓。臣叩头捧读，感切涕零。

念臣受国厚恩，未能图报。况身膺重托，敢遂私图？但自审体力向衰，兼之宠禄逾分，万不获已，仰控宸严。兹蒙圣恩，亲洒琼翰，恭述圣母慈谕，责臣以付托之未效，勉臣以臣节之当终。臣庄诵之余，感惧兼抱。仰惟慈训谆切，圣眷优隆，诚所谓义重身轻，威尊命贱。臣于此时若复固求私便，是为自冒谴诛。但臣愿忠之心无穷，而任事之力难强，仍乞皇上朝夕于圣母前，达臣微悃，曲赐矜涵。庶税驾之祈，虽未遂于今日；首丘之愿，犹有冀于将来。又该鸿胪寺官奉旨谕臣早出，臣即宜钦遵，赴阁办事。但臣前以山陵扈驾，触冒风寒，近又闻亲弟讣音，感伤致病。伏乞圣慈垂悯，俯容调理数日。少可，即出供职。臣不胜惶悚感激之至。

（奉圣旨：览卿奏谢，知道了。调理数日，即出辅理，以慰朕心。礼部知道。）

请专官纂修疏

先该臣等题奉钦依重修《大明会典》。节奉敕谕："《会典》一书，我祖宗列圣典章法度，纲目具存。第简编浩穰，精核实难。我皇祖世宗肃皇帝，尝见其一二舛误，申命儒臣重加校辑。比及进览，迄未颁行，似于圣心犹有未当。今特命卿等校订差讹，补辑缺漏，督率各官，悉心考究，务令诸司一体，前后相贯，用成一代画一经常之典。钦此。"钦遵。已经开馆纂修去后，近该副总裁等官，将所编草稿，呈送臣等删润。止将旧《会典》并嘉靖二十九年续修进呈，未奉钦依。旧稿誊写一遍，稍续以近年事例，中间体例，尚有未当，纪载颇多缺漏。良由副总裁诸臣，各有部事相妨，无暇讨论讲究。臣等欲另为修削，苦阁务浩繁，力有弗给；欲因仍旧贯，聊取完事，则于愚心实有未安者。

窃以《会典》所载，乃昭代致治之大经大法。我太祖高皇帝，稽古定制，美善兼该，纲目毕举。列圣相承，间有损益。历世滋久，经画愈详。今既汇为一书，固当深究本原，备详因革，酌古准今，以定一代之章程，垂万年之典则。况钦承敕谕，令臣等校订差讹，补辑缺漏，是于旧本或有未当者，亦许以愚瞽之见，上请圣裁矣。今若止将旧本誊写，附以新例，则不过重录续编而已，岂圣明所以属托臣等之意乎？顾事必专任，乃可责成；力不他分，乃能就绪。往者，纂修两朝《实录》，亦皆专属副总裁二员，臣等又月有程督，岁有稽考，乃克有成。今《会典》事理，又与《实录》不同，考索讲求，尤费心力，非有专责，决难奏功。臣等看得，吏部左侍郎兼翰林院侍读学士余有丁、詹事府詹事兼翰林院侍读学士许国，文学素优，年力方富，属以此事，似可责成。如蒙圣明俯允，将余有丁暂解部事，以本官仍管詹事府事，许国协管府事，俱充副总裁。各暂停常转，令其专在史馆，遵照敕谕事理，将《会典》新旧原本，细加考究，另具草稿，送臣等删润。其原题副总裁官，惟于部务有暇，相与讨论，不必限以章程，致令两误。庶几事有专责，而汗青可期也。

（奉圣旨：是。吏部知道。）

请处治邪佞内臣疏

该文书官丘得用口传圣谕："孙海、客用，凡事引诱，无所不为，着降作小火者，发去孝陵种菜。尔等司礼监并管事牌子，既受朝廷爵禄，我一时昏迷，以致有错，尔等就该力谏方可，尔等图我一时欢喜不言。我今奉圣母圣谕教诲我，我今改过，奸邪已去。今后但有奸邪的小人，尔等司礼监并管事牌子，一同举名来奏。该衙门知道。钦此。"传示到阁。除钦奉宣谕臣等另行具题外，臣等看得，孙海、客用，奸邪不忠，引诱蛊惑，以致亏损圣德，举动差错，上违圣母慈诲，下失臣民仰望之心。论祖宗法度，宜正典刑，罪在不赦。皇上心虽恼恨，犹不忍加刑，薄从降斥。烛奸之明，等于日月；宥罪之仁，同于天地矣。但臣等查得旧例，孝陵种菜，皆军人为之。二犯既发令着役，不宜止降火者，须充做净军，乃为正法。臣等谨拟票，上请圣裁施行。

（奉圣旨：乾清宫管事牌子太监孙海、客用，凡事引诱，无所不为，降黜未尽其辜，着充净军，发去南京孝陵种菜。该衙门知道。）

请清汰近习疏

伏蒙圣谕："昨朕有御笔帖子，先生看来未曾？孙海、客用，朕越思越恼，这厮乱国坏法，朕今又降做小火者，发去南京孝陵种菜。先生等既为辅臣，辅弼朕躬，宗庙社稷所系非轻，焉忍坐视不言？先生等既知此事，就该谏朕，教朕为尧、舜之君，先生等也为尧、舜之臣。朕今奉圣母圣谕教诲，朕悔过，进去奸邪，先生等各要尽心辅朕。钦此。"该文书官丘得用恭捧到阁。臣等恭诵纶音，不胜钦仰，不胜惶愧！

仰惟皇上天挺圣资，幼而聪颖。自临御以来，讲学勤政，圣德日新。臣等每自庆幸，以为亲逢尧、舜之主，庶几复见唐、虞之治矣。乃数月之间，仰窥圣意所向，稍不如前；微闻宫中起居，颇失常度。臣等心切忧惶，但身隔外庭，不知内事，即有所闻，未敢轻信。而朝廷庶政，未见有阙，故不敢妄有所言。然前者恭侍日讲，亦曾举孔子"益者三乐，损者三乐"，并"益者三友，损者三友"两章书，请皇上加意省览，盖亦阴寓讽谏之意。又数日前，曾问文书官云："近臣闻皇上夜间游行，左右近习皆持短棍兵器，此何为者？"乃文书官回说："并无此事。"臣等亦遂以所闻为妄，不敢复言。连日因睹御笔帖子，处治孙海、客用两人。因而询访，始知此两人者，每日引诱皇上燕间游宴别宫，释去法服，身着窄袖小衣，长街走马，挟持刀仗。又数进奇巧戏玩之物，以蛊惑上心，希图宠幸。臣等连日寝食不宁，神爽飞越。可惜天生圣主，被这几个奸佞小人，引诱蛊惑，一至如此。拟俟日讲时，面奏谏劝，以尽愚忠。乃蒙圣母谆谆教戒，皇上幡然改悔，迸去奸邪，引咎自责。又宣谕臣等尽心辅导。此盖九庙列圣之灵，默启我圣母之心，形之谴责；阴佑我皇上之心，自悔前非也。

夫人孰无过，惟过而能改，则复于无过。自兹以往，皇上依然为尧、舜之主，臣等亦庶几可勉为尧、舜之臣矣。宗社生灵，曷胜庆幸！但古语云："树德务滋，除恶务尽。"臣等窃闻近日引诱之人，在孙海、客用固为尤甚，而其中谄佞希宠、放肆无忌者，尚不止此二人。如司礼监太监孙德秀、温泰，兵仗局掌印周海者，皆不良之人，其罪亦不在孙海、客用之下。今皇上既将此二人置之于法，以示悔过自新之意，则孙德秀等，亦不宜姑容在内，以为圣德之累。伏望皇上大奋乾断，将孙德秀等一体降黜，以彰日月之明。其司礼监管事牌子等官，平日为忠为佞，谅莫逃于圣鉴，合无俱令自陈，请自圣断。老成廉谨者，照旧管事；谄佞放肆者，悉加汰黜。且近日皇穹垂象，彗芒扫宦者之星，亦宜大行扫除，以应天变，以光盛德。此皇上修德改过之实政也。

臣等又闻汉臣诸葛亮云："宫中府中，俱为一体；陟罚臧否，不宜异同。"臣等待罪辅弼，宫中之事皆宜与闻。臣居正又亲承先帝遗命，辅保圣躬，比之二臣，责任尤重。今乃徒避内外之嫌，不行直言匡救，以致皇上有此过举，孤负先帝付托之言，万死不足以自赎。除痛自省励，以图报称外，既蒙皇上明发德音，昭示圣意，臣等此后亦不敢复以外臣自限。凡皇上起居及宫壸内事，但有所闻，即竭忠敷奏。及左右近习，有邪佞不忠，如孙海、客用等者，亦不避嫌怨，必举祖宗之法，奏请处治，仍望俯允施行。皇上亦宜仰遵圣母慈训，痛自改悔。戒游宴以重起居，专精神以广胤嗣，节赏赉以省浮费，却珍玩以端好尚，亲万几以明庶政，勤讲学以资治理。庶今日之悔过，不为虚言；将来之圣德，愈为光显矣。臣等无任沥血哀恳之至，伏惟圣慈鉴宥。

（奉御批：览卿所奏，具见忠爱。依拟行。

又奉圣旨：司礼监太监孙德秀、温泰，兵仗局掌印周海，都降三级，着外私家闲住，永不叙用。其司礼监及管事牌子等，都着自陈。该衙门知道。）

请敷陈谟烈以裨圣学疏

先该臣等面奏："皇上春秋鼎盛，宜省览章奏，讲究治理，于字书小学，不必求工。以后日讲，请暂免进字，容臣等将诸司题奏紧要事情，至御前讲解，面请裁决。"伏奉谕旨，臣等钦遵举行外，但数月以来，应奏事件，与日讲之期，多不相值。或系常行细务，义不敢烦渎圣聪；即恭侍讲读，须臾而毕，拱默而退，不得供奉燕间，从容陈说。虽欲竭悃款之愚，效献替之益，其道无由，非臣等面请奏事之初意也。

顷奉圣谕，责臣等以尽心辅导。臣等夙夜思惟，图所以仰承德意，启沃圣心者。窃以为远稽古训，不若近事之可征；上嘉先王，不如家法之易守。昔伊尹、周公，矢谟作诰，撮其大指，不过两言，曰"明言烈祖之成德"，曰"觐扬文、武之光烈"而已。唐宪宗读《贞观政要》，竦慕不能释卷；宋仁宗命侍臣读《三朝宝训》及祖宗圣政录，前史书之，皆为盛事。良以羹墙如见，自不忘继志之思；耳目既真，又足为持循之地。守成业而致盛治，莫要于此。

仰惟我二祖开创洪业，列圣纂绍丕图。奎章睿谟，则载之《宝训》；神功骏烈，则纪之《实录》。其意义精深，规模宏远，枢机周慎，品式详明，足以迈三五之登闳，垂万亿之统绪。此正近事之可征，家法之易守者也。夫皇上所践者，祖宗之宝位；所临者，祖宗之臣民；所抚驭者，祖宗之舆图；所凭藉者，祖宗之威德。则今日之保泰持盈，兴化致理，岂必他有所慕，称上古久远之事哉？惟在皇上监于成宪，能自得师而已矣。

臣等谨属儒臣，将累朝《宝训》、《实录》副本，逐一检阅，分类编摩，总计四十款：曰创业艰难；曰励精图治；曰勤学；曰敬天；曰法祖；曰保民；曰谨祭祀；曰崇孝敬；曰端好尚；曰慎起居；曰戒游佚；曰正宫闱；曰教储贰；曰睦宗藩；曰亲贤臣；曰去奸邪；曰纳谏；曰理财；曰守法；曰警戒；曰务实；曰正纪纲；曰审官；曰久任；曰重守令；曰驭近习；曰待外戚；曰重农；曰兴教化；曰明赏罚；曰信诏令；曰谨名分；曰却贡献；曰慎赏赉；曰敦节俭；曰慎刑狱；曰褒功德；曰屏异端；曰饬武备；曰御夷狄。虽管窥蠡测之见，未究高深，而修德致治之方，亦已略备矣。但简册浩繁，遽难卒业，容臣等次第纂辑，陆续进呈。拟俟明岁开讲以后，每晨讲既毕，臣等恭诣文华后殿，讲解《训》《录》一二条，粗述大指。如皇上偶有疑难，即望面赐咨询，或臣等窃有见闻，亦得随事献纳。其诸司章疏有紧要者，即于讲后面奏请裁。多寡有无，不拘程限。但使工夫接续，时日从容，自可以开发聪明，亦因以练习政事。

伏望皇上留神听览，黾勉力行。视《训》《录》之在前，如祖宗之在上。念念警惕，事事率由。且诵法有常，缉熙无间，即燕息深宫之日，犹出御讲幄之时。则圣德愈进于高明，圣治愈跻于光大。而臣等区区芹曝之忠，亦庶几少效万分之一矣。

（奉御批：览卿等所奏，具见忠爱。朕知道了。）

请停止工程疏

该文书官田义，传奉圣谕："欲修理武英殿。钦此。"

臣等看得，祖宗宫殿，如有损坏，自合修理，岂宜惜费？但查本殿自宣德、正统以后，久不临御。迨世宗皇帝践祚之初，即将文华殿鼎新修建，易以黄瓦。凡斋居、经筵及召见大臣等项，俱临御于此。今九五斋、恭默室，皆世宗皇帝亲题其额，轮奂巍然，堂构具在。盖以东方发生，喜神所向，故斋居、听政、讲学、冠读，皆恒处于斯，其取义深矣。今武英殿乃祖宗久不临御之所，即加修理，圣驾未必常到。而徒费十余万之费，经营于不常到之地，似为无益。且臣等亦曾至本殿，观其藻饰颜色，虽稍有剥落，而栋宇规制，未常少损，似亦无烦于改作也。

臣等愚见，伏望皇上绎思世宗皇帝临御东朝之意，姑仍旧贯，暂停工作，以省劳费。或待皇储诞降之后，仍以文华为东宫讲读之所，却请圣驾临幸武英，彼时鼎新修理，未为晚也。臣等浅陋无识，仰蒙俯谕，不敢不尽其愚。伏望圣明曲垂鉴纳，臣等不胜恳切愿忠之至。

（奉圣旨：览卿等所奏，朕知道。）

卷十　奏疏十

请用翰林官更番侍直疏

臣等伏睹皇上近日以来留神翰墨，一切嬉游无益之事，悉屏去不御。仰惟圣学该洽，睿志清明，臣等不胜庆忭。

夫人主一心，乃万化从出之原，亦众欲交攻之会，必使常有所系，弗纳于邪，然后纵逸之念不萌，而引诱之奸不入。故虽笔札小技，非君德治道所关，而燕间游息之时，藉以调适性情，收敛心志，亦不悖于孔氏游艺博文之指。比之珍奇玩好、驰骋放佚之娱，则相去远甚，未必非皇上进德养心之一助也。

但臣等窃见前代好文之主，皆有文学之臣，载笔操觚，奉侍清燕。如唐有天策瀛洲之选，供奉待诏之员；宋有秘阁待制、二馆著作，或承诏登答，或应制赓酬，皆于语言文字之中，微寓风劝箴规之益，即今之翰林官是也。国朝建置翰林，于一榜进士中拔其英俊特异者，除授此官，固欲储养德望，以备启沃、任枢机，然文史词翰，撰述讨论，亦其本等职务。皇上即有任使，不必他求，如日讲诸臣，皆文学优瞻，臣等慎选以充。见今记注起居，日逐在馆供事外，其余见任翰林各官，亦皆需次待用者。臣等拟令分番入直，每日轮该四员，与同日讲官在馆祗候。

皇上万几之暇，如披阅古文，欲有所采录；鉴赏名笔，欲有所题咏，即以属之诸臣，令其撰具草稿，送臣等看定，然后缮写，呈进圣览。或不时召至御前，面赐质问，令其发摅蕴抱，各见所长，因以观其才品之高下，他日量能擢才，自可断于圣衷。且诸臣因此亦将自庆遭逢，益图称塞，争相淬励，以求见知于上。其于圣明辨材审官之道，亦默寓于中矣。

臣等不胜惓惓愿忠之诚。

（奉圣旨：是。该衙门知道。）

议外戚子弟恩荫疏

昨该文书房官丘得用口传圣旨，欲将皇亲永年伯王伟弟、男加恩授职。臣等谨钦遵拟传帖，将王伟弟王俊、男王栋各与做锦衣卫正千户带俸。顷又该丘得用传示圣意，说："正德年间，皇亲夏助等，俱授锦衣卫指挥使等官，世袭，今何止授千户，又无世袭字样？"以臣等所拟为薄。臣等不胜惶悚。

仰惟皇上笃眷中宫，加恩外戚，此乃情礼之至，臣等敢不仰承？但查正德二年虽有此例，至世宗皇帝登极之后，悉已厘革。凡皇亲授官，无论大小，皆不得世袭。故泰和伯陈万言，系元配孝洁皇后之父，伊男陈绍祖，原系监生出身，亦止授尚宝司丞，文官未尝世袭也。又查得隆庆年间，今仁圣懿安皇太后之父固安伯陈景行，伊男陈昌言，初亦止授锦衣卫千户。至皇上登极，因恭上两宫尊号，方降敕将陈景行长男陈昌言，升锦衣卫指挥佥事，次男陈嘉言，授锦衣卫副千户。慈圣宣文皇太后父李伟封武清伯，长男李文全授锦衣卫指挥佥事，次男李文贵授锦衣卫副千户，俱无"世袭"字样。臣等恭照祖宗定制，武职非有军功不得世袭。正德年间，政体紊乱。至世宗皇帝，以聪明至圣入继大统，将以前敝政一切改正，以复我祖宗之旧，正今日所当遵守者。当先帝龙飞之日，与皇上嗣统之初，加恩陈、李二家，例止于如此。今皇上虽欲优厚外戚，讵可逾于两宫皇太后之家乎？是臣等所拟乃三朝见行事例，非敢擅为裁抑也。

今奉圣谕，令臣等改拟。臣等谨钦遵，斟酌近例，拟将王伟男王栋，授锦衣卫指挥佥事；弟王俊，授锦衣卫正千户。比之两宫皇太后之家，实为相等。至于世袭一节，则祖宗旧制，决不敢违越也。

臣等又惟皇上与中宫圣寿万年，将来皇储兆庆，绳绳振振，推恩戚里，固未可量，似亦不在此一时也。伏望圣明俯鉴臣等愚诚，特赐俞允，不胜幸甚。

（奉圣旨：皇亲永年伯王伟男王栋，与做锦衣卫指挥金事；弟王俊，锦衣卫正千户，俱带俸。兵部知道。）

文华殿论奏

四月十八日，上御文华殿讲读。有顷，臣居正等入至后殿，讲《训》《录》毕，以南科给事中傅作舟疏进览。臣因奏云："今江北淮、凤及江南苏、松等府，连被灾伤，民多乏食，徐、宿之间，至以树皮充饥，或相聚为盗，大有可忧。"

上曰："淮、凤频年告灾，何也？"

臣对云："此地从来多荒少熟，即如《训》《录》中所载，元末之乱，亦起于此。今当大破常格，急发赈济以安之。臣等拟令户部议处，动支各该州县库银仓谷；不足，则南京见贮银米，尽有赢余，可以协济。民惟邦本，愿特加圣心。"

上曰："依先生每议处。"

臣言："皇上天性至仁，爱民如子。臣等每奏灾伤，皇上即恻然闵念。凡请蠲请赈未尝不慨然赐允。而臣等愚陋，亦仰体圣衷，无日不以忧民为心，安民为事。四方奏乞蠲贷，拟旨允行者，无月无之。而在外诸司，往往营私背公，剥民罔上，非惟不体皇上子惠困穷之德意，且不知臣等所以仰赞皇上之愚忠，殊可恨也。且人臣居官食禄者，皆有代君养民之责，故虞舜咨十有二牧。牧者，养也。今有司坐视民瘼，痛痒不相关。如作舟疏云：'报灾则曰不敢报。'此何不敢报之有？又云：'请赈则曰不敢请。'此何不敢请之有？不过推调支吾，归怨君上，何尝有忧民之心？即如积谷一事，屡奉旨申饬，竟成虚文。彼皆有自理赃赎，未尝佐公家之急，则将焉往？臣等不胜愤懑。窃以为此辈若遇圣祖，不知当以何法？"

上怒形于色，曰："有司为民害者，当着实重处。"

臣对云："今后有犯者，当如圣谕。"臣复奏云："近年以来，正赋不亏，府库充实，皆以考成法行，征解如期之故。今大江南北荒歉如此，河南又有风灾，畿辅之地，雨泽愆期，二麦将槁，将来议蠲议赈，势不容已，赋税所入，必不能如往年。惟皇上量入为出，加意撙节。如宫中一切用度及服御之类，可减者减之，赏费可裁者裁之。至如施舍一节，尤当禁止。与其惠缁黄之流以求福利，孰若宽恤百姓，全活亿兆之命，其功德为尤大乎？"

上曰："然。今宫中用度，皆从节省，赏赐亦照常例，无所增加。"

臣云："皇上所谓常例者，亦近年相沿，如今年暂行，明年即据为例，非祖宗旧例也。臣不暇远引，如嘉靖中，世宗皇帝用度最为浩繁，然内库银两尚有余积，隆庆初年冬内库尚余百余万。今每岁金花银百二十万，每按季预进，随取随用，常称缺乏，有限之财，安能当无穷之费乎？臣等职在辅导，为国家长久之虑，不敢不尽言。惟皇上留神省察。"

患病谢遣医并乞假调理疏

臣自入夏以来，因体弱过劳，内伤气血，外冒盛暑，以致积热伏于肠胃，流为下部热症。又多服凉药，反令脾胃受伤，饮食减少，四肢无力，立秋以后转更增剧。自以身当重任，一向勉强支持，又恐惊动圣心，未敢具奏调理。乃蒙宸衷曲轸，特遣御医诊视，传奉温纶，饮以良剂。念臣狗马微躯，不自爱慎，以上贻君父之忧，沐此鸿恩，捐糜难报。但臣自察病原，似非药饵能疗，惟澄心息虑，谢事静摄，庶或可痊。仍乞圣慈悯，特赐旬月假限，暂解阁务，俾得专意调理。倘获就痊，臣即勉赴供职，不敢久旷。臣不胜感激恳祈之至。

（奉圣旨：览卿奏谢，朕知道了。宜慎加调摄，不妨兼理阁务。痊可即出，副朕眷怀。该部知道。）

谢赐粥米食品疏

昨蒙圣恩，以臣患病，遣医诊视。该臣具奏陈谢，并请暂解阁务，赐假调理。奉圣旨："览卿奏谢，朕知道了。宜慎加调摄，不妨兼理阁务。

痊可即出，副朕眷怀。该部知道。钦此。"今日又蒙圣恩，特遣文书官太监孙斌到臣私寓，临视臣疾，颁赐鲜猪一口，鲜羊一腔，甜酱瓜茄一坛，白米二石，酒十瓶。臣谨力疾扶掖，叩头祇领讫。

念臣柳质易摧，驽才既竭，遭此疾疢，益觉支离。方瘝旷之是虞，惧谴诃之莫逭。乃荷乾坤覆帱，父母爱怜。纶旨温存，遣上医而视诊；宠颁稠叠，廑中使以光临。切感难名，沉疴顿释。九恩未报，敢退托以求安；一息尚存，矢捐糜而罔惜。臣诚不胜感激图报之至。

（奉圣旨：览卿奏谢，朕知道了。礼部知道。）

谢圣谕存问并赐银两等物疏

顷该臣以患病不能供职，具奏请假调理。仰戴天恩，特赐允俞。又遣医诊视，颁赐粥米食品等物。臣方衔感遵奉间，今日又蒙圣谕："张少师，朕数日不见先生，闻调理将痊可。兹赐银八十两，蟒衣一袭，用示眷念，先生其钦承之。月初新凉，可进阁矣。钦此。"外又颁赐甜食二盒，点心二盒，该司礼监太监张鲸，恭捧到臣私寓。臣谨力疾扶掖，叩头祇领讫。

仰惟天光荐被，宸眷郅隆，非臣捐躯陨首所能报答，亦非敝楮殚毫，所能宣谢，惟有镂之肺腑，传之子孙，期世为犬马，图效驱驰而已。臣自奉俞音，得从休沐，屏居谢事，息虑澄心，数日以来，始觉少减。顾患所由来已久，今祛之使去甚难。兹蒙温谕，示以仲月之初，遂为趋朝之候。帝星垂照，人间灾祟当不禳而自除；天语定期，凉入秋中必勿药而有喜矣。臣诚不胜感泣顶戴之至。

（奉圣旨：览卿奏谢，朕知道了。礼部知道。）

谢遣中使趣召并赐银八宝等物疏

臣以患病，乞假调理，屡蒙圣慈轸念，赐赉骈蕃。今日又蒙钦遣文书官太监丘得用，到臣私寓，口传天语，视臣病疫之状，趣其进见之期。又特赐银八宝四十两，甜食一盒，干点心一盒，臣谨叩头祗领讫。

　　臣养疴旅邸，倏已再旬。虽违远天颜，旷离官守，而犬马依恋之心，无时无刻不在皇上左右。数日以来，始觉痊可，再假五六日，俟气体渐复，即当钦遵圣谕，趋赴阙庭。臣仰荷殊锡频繁，宸心注念，虽父母之于爱子，有不能得者。臣诚不胜感泣图报之忱。

　　（奉圣旨：览卿奏谢，朕知道了。礼部知道。）

卷十一　奏疏十一

考满谢手敕赐赍疏

臣以一品历俸十二年考满，钦承圣恩，着臣复职。随遣司礼监太监张诚，恭捧手敕，赐臣银二百两，坐蟒、蟒衣各一袭，岁加禄米二百石。钦此。又蒙遣文书官吴忠，颁例赏银一百两，纻丝四表里，内大红坐蟒一表里，蟒衣一表里，原封钞一万贯，茶饭卓五卓，羊十只，酒五十瓶，各赍捧到臣私第，臣谨望阙叩头祗领讫。

伏念臣猥以凡庸，滥司鼎轴。夙荷先皇之末命，遂蒙圣主之深知，矢竭愚忠，用图称塞。顾涓流徒烦于注海，而寸石何望于补天。虽夜寐而夙兴，自谓心力之已罄；苟日省而月试，终为廪饩之虚縻。碌碌瘝官，又逾一纪；兢兢在事，尚抱百忧。吏职有一之未修，皆臣表率之无状；民生有一之弗遂，皆臣调燮之多乖。属兹考课之辰，宜正黜幽之典，讵意获从宽政，因而复冒殊恩。谓臣备职有年，宠褒匡弼；察臣秉心不二，谬许精忠。云汉章天，枉贵臣而宣播；筐筐载道，拜珍贶之骈蕃。抚岁月以怀渐，戴荣光而增惧，敢不坚持晚节，益励初忱。苟利国家，何发肤之足惜；戴铭肺腑，终衔结以为期。

（奉圣旨：览卿奏谢，朕知道了。礼部知道。）

考满谢恩命疏

臣以一品十二年考满，该吏、礼二部，钦奉圣谕，议拟恩例。奉圣旨："卿等说的是。元辅受先帝遗命，辅朕十二年，精忠大功，冠于先后。兹实历一品，已及十五年，恩数委当优异。着支伯爵禄，加上柱国、太傅，兼官照旧。给与应得诰命，还写敕奖励，赐宴礼部。荫一子，与做尚宝司司丞。用见朕崇奖元勋至意。钦此。"

臣闻命自天，措躬无地。窃念臣学术迂疏，行能谫劣。凤荷先皇顾托之重；误蒙圣主倚任之专，待罪首弼，于兹十年。荏苒岁时，丝毫无补。今计历俸一品，虽十有二年，自知无绩可书，不敢妄干功令。特以三考黜陟，乃国家彝典，若有幽当黜，亦不得避。故不得已，循例给由，以应明典。伏荷圣慈优容，准令复职，寻亲洒宸翰，降敕褒嘉，增禄赐金，迥出常数，筐筐牢醴，络绎道途。臣顶戴鸿恩，已不啻逾涯溢分矣。乃又特敕吏、礼二部，将臣守制之年，俱作实历月日。穿阶勋禄，一朝并加，隆礼殊荣，冠绝前后。臣扪心自愧，何功何劳，可以堪此！夫天道所最忌者，非望之福；明主所深惜者，无功之赏。臣以驽下谬当艰巨，日夕兢兢救过之不给。虽十年以来，四海乂安，百蛮宾服，皆皇上神威广运，圣化旁敷，臣安敢贪天之功，以为己力？而一旦获此非望之福，冒此无功之赏，岂惟自速陨颠之咎，抑恐有累日月之明。此臣所以踟躇惶悚，而不能已于辞也。除诰命藉荣先世，敕奖风励臣工，谨已祗领，其余非分所安者，万不敢当。伏望皇上俯鉴下诚，收回成命，俾仍旧次，图报将来，庶臣获少安于陋庸，亦幸免于颠越矣。

（奉圣旨：朕冲龄缵服，赖卿宏才亮节，竭成匡辅。十年之间，政理修明，蛮夷率服，勋绩显著，简在朕心。兹九年满后，又经六载，方一举酬庸之典，岂得仍执谦逊？宜勉遵成命，副朕眷怀，无复固辞。吏部知道。）

再辞恩命疏

顷蒙皇上以臣一品十二年考满，特加异恩。该臣具疏辞免。奉圣旨："朕冲龄缵服，赖卿宏才亮节，竭成匡辅。十年之间，政理修明，蛮夷率服，勋绩显著，简在朕心。兹九年满后，又经六载，方一举酬庸之典，岂得仍执谦逊？宜勉遵成命，副朕眷怀，无复固辞。吏部知道。钦此。"

臣恭诵宸纶，愈增惶悚。臣闻古卓荦奇伟之士，抱经纶匡济之才者，恒以不逢明主，无所建立为恨。伊尹曰："吾岂若使是君为尧、舜之君哉！吾岂若于吾身亲见之哉！君不尧、舜，其心愧耻若挞于市。"盖感遇合之难也。臣闾巷韦布之士耳，非有硕德鸿才，可以庶几古人之万一。幸逢英主在上，臣得以谬劣佐下风，效启沃。十年之间，志同道合，言听计从，主德昭宣，圣化旁洽。伊尹之所愿见者，臣亲见之；其所愧耻者，臣幸无之。即千万世而下，颂我皇上圣德神功，为尧、舜之主，臣亦得以窃附于尧、舜之佐矣。此之荣遇，虽万钟之享，百朋之锡，岂足以拟之哉！故臣向者每被恩命，辄控辞而不已者，良以所庆幸者大，而爵禄非其所计也。乃若诏禄诏爵，虽朝廷驭臣之典，亦宜稍加节制，而不至横溢，乃足为劝。三公穹阶、五等厚禄、上柱崇勋，在先朝名德咸不敢当，乃一朝悉举而界之于臣，所谓溢恩滥赏也。至于符节世赏，部宴大烹，臣前九年考满，皆已冒叨，兹又岂可重领？反覆思惟，如坠渊谷，故不避烦渎，再控于君父之前。伏望圣慈谅臣之衷，素无矫饰，矜其愚而俞允焉。碎首陨躯，不敢忘报。

（奉圣旨：卿以古人自期，致君安国，不计爵禄，朕所深信。然丰功伟绩，社稷利赖，朝廷自当有崇报之典。卿乃固执谦逊，控辞益切，朕心殊有未安，重违卿意，特准辞免伯禄、上柱国、部宴，用成卿劳谦之美。其余悉宜勉承，乃见我君臣相体笃谊，慎勿又辞。吏部知道。）

奉谕整肃朝仪疏

伏奉圣谕："朕近来每视朝，见百官穿杂色衣服，系杂色带，都不按品级。又行礼之际，咳嗽吐痰。孰为敬也？孰为不敬？与先生等说，传与鸿胪寺，传示百官，今后再有这等的，着该科并鸿胪寺指名参奏。钦此。"

臣等当即传示该寺讫。看得礼莫大于君臣之交，分莫严于上下之辨。况朝参之际，天颜咫尺，尤臣子所当致敬而不可忽者。孔子曰："事君尽礼，人以为谄也。"《论语·乡党》一篇记孔子见君之时，自入门以至于升

堂，敬谨之心，不敢以一时少懈。人见其鞠躬踧踖，屏气敛容，议其为
谄，而不知事君之礼，常如是也。近日以来，朝参之礼委觉少懈，百官衣
带多有僭越。入班之时，吐唾在地；进退行走，舒徐摇摆：谢恩见辞，致
词不恪。礼官不行申明，御史不行纠奏。臣等亦屡加戒谕，而人情玩狎，
积习难改，安知背非后议，不有以臣等为谄者乎？今蒙天语申严，众心始
知所儆。后有犯者，着鸿胪寺及侍班御史指名参奏，必罪不宥。庶朝廷之
礼尊，而上下之分明也。

请蠲积逋以安民生疏

窃闻致理之要，惟在于安民。安民之道，在察其疾苦而已。迩年以
来，仰荷圣慈轸念元元，加意周恤，查驿传，减徭编，省冗员，惩贪墨。
顷又特下明诏，清丈田粮，查革冒免。海内欣欣，如获更生矣。

然尚有一事为民病者，带征钱粮是也。所谓带征者，将累年拖欠，
搭配分数，与同见年钱粮，一并催征也。夫百姓财力有限，即年岁丰收，
一年之所入，仅足以供当年之数。不幸遇荒歉之岁，父母冻饿，妻子流
离，见年钱粮尚不能办，岂复有余力完累岁之积逋哉？有司规避罪责，
往往将见年所征，那作带征之数，名为完旧欠，实则减新收也。今岁之
所减，即为明年之拖欠；见在之所欠，又是将来之带征。如此连年诛求无
已，杼轴空而民不堪命矣。况头绪繁多，年分混杂，征票四出，呼役沓
至。愚民竭脂膏以供输，未知结新旧之课；里胥指交纳以欺瞒，适足增溪
壑之欲。甚至不才官吏，因而猎取侵渔者，亦往往有之。夫与其敲扑穷
民，朘其膏血，以实奸贪之囊橐；孰若施旷荡之恩，蠲与小民，而使其皆
戴上之仁哉！

昨查户部，自隆庆元年起，至万历七年止，各直省未完带征粮一百
余万，兵、工二部马价、料价等项不与焉。而苏、松两府，拖欠至七十余
万。盖以彼处税粮原重，故逋负独多，其间固有豪右奸猾恃顽不纳者，然
穷民小户不能办者亦有之。而有司之令，但能行于小民，不能行于豪右，
故催科之苦，小民独当之。昨该应天巡抚孙光祜具奏请蠲，户部以干系国

计，未敢擅便议覆。臣等窃谓布德施惠，当出自朝廷，若令地方官请而得之，则恩归于下，怨归于上矣。臣等愚见，合无特谕户部，会同兵、工二部，查万历七年以前节年逋负几何，除金花银两，系供上用，例不议免外，其余悉行蠲免。止将见年正供之数，责令尽数完纳，有仍前拖欠者，将管粮官员比旧例倍加降罚。夫以当年之所入，完当年之所供，在百姓易于办纳，在有司易于催征，闾阎免诛求之烦，贪吏省侵渔之弊，是官民两利也。况今考成法行，公私积贮，顾有赢余，即蠲此积逋，于国赋初无所损，而令膏泽洽乎黎庶，颂声溢于寰宇。民心固结，邦本辑宁，久安长治之道，计无便于此者。伏乞圣裁施行。

（奉圣谕：朕闻各处带征未完钱粮，苦累小民者，户部查节年所欠几何，即今应否悉行蠲免，止将见年正供之数勒限完纳，还会同兵、工二部，一并议处来说。）

进大阅图颂卷疏

兹者恭遇皇上修举旷仪，躬行大阅，益弘祖烈，丕振皇威，诚修内攘外之鸿猷，致治保邦之长策也。臣滥叨首辅，获奉属车，快睹之余，不胜庆忭。谨撰颂词一首，诗歌一章，并绘图进献。虽思浅词芜，未足铺张盛美，然述真纪实，庶以传示将来。伏乞圣慈俯垂睿览，臣无任鼓舞欣跃之至。谨具《大阅图说》一卷，随本恭进以闻。

给假治疾疏

臣自去秋患下部热病，仰荷圣慈垂悯，赐假调理，虽标症少减，而病根未除，缠绵至今，医药罔效。近访得一医人，自家乡来，自言能疗此疾，屡经试验，其术颇精；但须静养半月、二十日，乃得除根。臣伏自念，年迫衰迟，久婴疾患。比者恭侍讲读，皇上见臣肌体羸瘦，询问左右，察臣所苦，是犬马贱躯，盖未尝不仰厪圣念也。今幸得此医人，专意治疗，窃冀痊复有日，足以仰慰君父眷念之怀。故敢不避烦渎，仰祈圣慈，俯赐宽假二旬、一月，暂免朝参侍讲。至于阁中事务，票拟题奏等项，容臣于私寓办理，免其出入趋走之劳，庶几医药静专，奏效可觊。痊可之日，即趋走阙庭供事，不敢久旷也。臣诚怙恃恩眷，仰渎宸严，不胜惶悚战栗之至。

请乞优礼耆硕以光圣治疏

臣等伏睹先年恩诏一款：大臣二品以上，致仕在家，年及八十者，有司存问；九十以上者，遣官存问。此旧例也。至于辅弼重臣，齿德俱尊，劳绩茂著者，又与他官不同。如嘉靖年间，致仕大学士谢迁、王鏊皆七十以上，毛纪、贾咏皆八十，俱蒙特恩，遣官存问。是先朝优崇辅弼，尊礼耆旧，亦有不拘常例者。

臣等看得原任少师大学士徐阶，当世宗时，承严氏乱政之后，能矫枉以正，澄浊为清；惩贪墨以安民生，定经制以核边费；扶植公论，奖引才贤。一时朝政修明，官常振肃，海宇称为治平，皆其力也。是时先帝潜居藩邸，世庙一日忽有疑于先帝，命检成祖之于仁宗故事，阶为之从容譬解，其疑乃释。此一事，则惟居正一人知之，诸臣皆不得闻也。及先帝嗣登大宝，阶时为翼戴首臣。皇上正位东宫，又尝预册立大议。先后劳绩，皆不可泯。今致仕家居，年已八十，其年寿与毛纪等相同，而位望勋庸，抑又过之，所有存问一节，似应特从优厚，以彰盛典。如蒙皇上俯念阶为先朝元辅，当代旧人，特敕该部查照嘉靖年间事例，差行人一员，赍敕前去存问，仍量加赏赉，用示优崇，以昭皇上尊礼耆宿，褒叙忠贤之美，一以见岩居之下，有天寿平格之臣，皆太平之盛事也。

（奉圣旨：卿等说的是。徐阶辅佐皇祖，翼戴先帝，忠勤端亮，茂著勋劳。今年及八旬，足称荣寿。准卿等奏，写敕差官存问，仍赐银五十两，大红纻丝蟒衣一袭，彩段四表里，以示朕优礼耆硕之意。礼部知道。钦此。）

（皇帝敕谕：致仕少师、兼太子太师、吏部尚书、建极殿大学士徐阶，朕闻古者公孤在朝，则坐而论道；更老在学，则宪而乞言。惟尊贤尚齿之仪，实褒德劝功之典。卷言耆硕，著有勋庸，世咸仰为达尊，朕岂靳于殊数。卿才优王佐，学擅儒宗；早驰誉于清华，历试功于盘错。简知皇祖，晋陟台司。履忠顺以事一人，持廉靖而先百辟。当恺壬之既黜，更治化以维新；惩贪墨而仕路肃清，奖忠直而真才汇进。申明典制，多安边裕国之筹；默运枢机，有尊主庇民之略。定邦本于危疑之际，宣上德于弥留之中。翼我先皇，嗣基图而抚方夏；保予冲子，升储贰以奉宗祧。方倚重于黄扉，遂乞闲于绿野。后先多绩，朝廷资其典刑；终始完名，寰宇想其风采。自天纯佑，俾尔寿康；届年八旬，敛时五福。匪直先民之楷式，实惟盛世之祯祥。朕祗遹先猷，追惟旧德，粤稽功载，申锡宠章。兹特遣行人涂时相赍敕存问，仍赐银五十两，大红纻丝蟒衣一袭，彩币四表里，以示朕眷。于戏！卫武虽在耄年，箴儆不忘于国；晋公已解机务，安危犹系其身。惟我家臣，不殊前哲，其茂祉蕃绥，慎保修龄，尚谋黄发之询，用慰苍生之望。钦哉。）

给假谢恩疏

臣以患病，给假调治。今日伏蒙天恩，赐银一百两、蟒衣一袭、甜食二盒、干点心二盒、烧割一分，特遣司礼监太监张鲸临寓赐问。臣方用药，敷搽患处，不能行动，谨伏枕叩头。令男臣翰林院编修张嗣修、修撰张懋修、锦衣卫指挥佥事张简修，望阙叩头代领讫。

臣久婴疾病，仰荷圣慈赐假治疗。数日以来，试用医人，委觉有效。从此专意静摄，庶几痊可有期。但以狗马微躯，屡动圣怀注念，慰问缱绻，锡予骈蕃，感极涕零，不知所报。

恭谢赐问疏

今日伏蒙圣恩，特遣文书官吴忠，颁赐银八宝四十两、银叶二十两、甜食二盒、干点心二盒、烧割一分，临臣私寓，俯赐存问。臣以病尚不能起，谨伏枕望阙叩头祗领讫。

缘臣宿患虽除，而血气大损，数日以来，脾胃虚弱，不思饮食，四肢无力，寸步难移，须再假二十余日，息静休摄，庶可望痊，盖文书官所亲见，非敢托故也。

乞骸归里疏

臣自患病以来，静摄调治，日望平复，乃今三月，元气愈觉虚弱，卧起皆赖人扶，肌体羸疲，仅存皮骨。傍人见之，亦皆为臣悲悼。及今若不早求休退，必然不得生还。且古有灾异，则策免三公，今廷臣之中，无居三公之位者，独臣叨窃此官。顷者，苍彗出于西方，日食午阳之旦。伏思厥咎，惟在于臣，正宜罢免，以应天变。伏望慈圣垂悯，谅臣素无矫饰，知臣情非获已，早赐骸骨，生还乡里。倘不即填沟壑，犹可效用于将来，臣不胜哀鸣恳切，战栗陨越之至。

（奉圣旨：朕久不见卿，朝夕殊念，方计日待出，如何遽有此奏？朕览之，惕然不宁。仍准给假调理，卿宜安心静摄。痊可即出辅理，用慰朕怀。吏部知道。）

恭谢手敕疏

今日伏蒙圣恩，特降手敕："谕太师张太岳，朕自冲龄登极，赖先生启沃佐理，心无所不尽，迄今十载，四海升平，朕垂拱受成，先生真足以光先帝顾命。朕方切倚赖，先生乃屡以疾辞，忍离朕耶？朕知先生竭力国事，致此劳瘁，然不妨在京调理，阁务且总大纲，着次辅等办理，先生专养精神，省思虑，自然康复，庶慰朕朝夕惓惓之意。钦赐元辅银八宝四十两、甜食二盒、干点心二盒、烧割一分。"该司礼监太监魏朝，赍捧到臣私寓。臣谨伏枕叩头祗领讫。

臣病困之余，不能措辞，感谢之惊，言不能悉。

再恳生还疏

昨该臣具疏乞休，奉圣旨："朕久不见卿，朝夕殊念，方计日待出，如何遽有此奏？朕览之，惕然不宁。仍准给假调理，卿宜安心静摄。痊可即出辅理，用慰朕怀。吏部知道。钦此。"缕缕之衷，未回天听；忧愁抑郁，病势转增。窃谓人之欲有为于世，全赖精神鼓舞。今日精力已竭，强留于此，不过行尸走肉耳，将焉用之？有如一日溘先朝露，将使臣有客死之痛，而皇上亦亏保终之仁。此臣之所以踟蹰哀鸣，而不能已于言也。伏望皇上怜臣十年拮据尽瘁之苦，早赐骸骨，生还乡里。如不即死，将来效用，尚有日也。

（奉圣旨：卿受皇考顾命，夙夜勤劳，弼成治理。朕方虚己仰承，眷倚甚切。卿何忍遽欲舍朕而去？又有此奏，览之动心。宜遵前旨，专心静摄，以俟痊日辅理，慎勿再有所陈。吏部知道。）

送起居让大宝箴记事

万历四年二月二十九日，上于文华殿背诵《大宝箴》。先是，上以《大宝箴》为书字影格。臣因奏，此文甚切于君德治道，皇上勿徒书写，须熟记其词，又勿徒记诵，须通晓其义，乃为有益。上以为然。臣乃为注解一篇以进。至是日，上御文华殿，召臣至御座前。上起立，高举《大宝箴》一册而授臣，臣受册北面立，上高声背诵一遍，一字不差。又玉音清圆悠远，余响绕殿，诚万寿之征也。背毕，臣又进讲，一一陈说大义，上皆洞其微旨。所引琼宫瑶台、糟丘酒池、开罗启祝、援琴命诗等事，悉知其颠末。讲至"纵心乎湛然之域"一条，上曰："此不过言人当虚心处事耳。"臣因举手贺曰："只'虚心'二字，足以蔽此条之义矣。夫人心之所以不虚者，私意混杂故耳。如水本至清，以泥沙溷之则不清；镜本至明，以尘垢蔽之则不明。人主诚能涵养此心，除去私欲，如明镜止水，则好恶刑赏，无不公平，而万事理矣。"上曰："然"。是时左在侍臣听之，无不欣跃称庆者。次日，特赐臣银八宝二十两，以酬昨日讲读之劳。

送起居馆论边情记事

先是，蓟辽总督梁梦龙塘报，虏酋土蛮大举寇辽东。辅臣张居正以警报封奏。上遣文书官命居正等拟旨谕兵部，议驱剿之策。

居正等入奏，言：九月初间，有北虏俺答部下头目恰台吉差人于土蛮营中侦知，土蛮欲纠众向辽，讲求贡市。臣即驰语总督梁梦龙，令其再侦的实，多方设备；传示辽东总兵李成梁、巡抚周咏，虏若纠大众至，勿轻与战，但坚壁清野，使之野无所掠，虏气自挫。又使梁梦龙亲率师东行，发劲兵二枝，出山海关，为辽东声援。令蓟镇总兵戚继光选精锐，乘间出塞，或捣其巢，或邀其归以挠之。

今据报，各官具如臣指。梁梦龙已东驻山海，遣参将许汝继、杨栗出关截杀，戚继光移驻一片石，伺间邀击。辽东收保已毕。虏以十月初二日，至宁前向中所地方，此中地狭人稀，虏众无所掠，势不能久，旦夕必已退遁。今敕本兵，姑议驱剿，已后相机别议，且彼中戒备颇严，谅无疏失。伏惟皇上，少宽圣怀。

上曰："先生费心处置，朕知道了。"乃叩头出。

卷十二 奏疏十二

论时政疏

臣闻明主不恶危切之言以立名，志士不避犯颜之诛以直谏，是以事无遗策，功流万世。故嫠妇不恤其纬，而抱宗国之忧。臣虽卑陋，亦厕下庭之列。窃感当时之事，目击心怀，夙夜念之熟矣，敢披肝胆为陛下陈之。伏惟圣明少留意焉。

臣闻天下之势，譬如一身。人之所恃以生者，血气而已。血气流通而不息，则薰蒸灌溉乎百肢，耳目聪明，手足便利而无害。一或壅阏，则血气不能升降，而臃肿痿痹之患生矣。臣窃惟之事势，血气壅阏之病一，而臃肿痿痹之病五，失今不治，后虽疗之，恐不易为力矣。臣敢昧死以闻。

臣闻天地交，而其道通；上下交，而其志同为泰。泰者，通也。天地不交，其志不通为否。否者，塞也。故天地交，而后能成化育之功；上下交，而后能成和同之治。臣不敢以久远喻，直以近事言之：昔者，孝宗皇帝之急于求治也，早朝晏罢，亲信大臣。大臣奏事，辄屏左右近侍之人；或日昃不倦。台谏有言，皆虚己纳之，虽甚狂悖，不罪也。当此之时，百工奉职，官无留事，德泽旁洽，流于无穷。一时际会之盛，至今可想也。

今陛下即位以来，二十八年矣。自成祖以后，历年之久，未有过于陛下者。功化之美，固宜上追唐虞，而近配列祖。乃今阴阳不调，灾异数见，四夷未宾，边尘屡警，犹不能不勤宵旰之忧者，意奉职者未得其人与？抑上下之志犹有所未通耳？今群臣百寮，不得望陛下之清光已八九年，虽陛下神圣独运，万几之务无所留滞。然天道下济而光明，自古圣帝明王，未有不亲近文学侍从之臣而能独治者也。今陛下所与居者，独宦官宫妾耳。夫宦官宫妾，岂复有怀当时之忧，为宗社之虑者乎？今大小臣工，虽有怀当时之忧，为宗社之虑者，而远隔于尊严之下，悬想于於穆之中，逡巡嗫口，而不敢尽其愚。异日以台谏不言之故，常加谴责矣，是臣下不匡之刑也。而至今无一人举当时之急务以为言者，无已，则毛举数事以塞责。夫以刑罚驱之，而犹不敢言，若是者何？雷霆之威不可干，神明之尊不可测，陛下虚己好谏之诚，未尽暴著于臣下故也。是以大臣虽欲有所建明，而未易进；小臣虽欲有所献纳，而未敢言。由此观之，血气可谓壅阏而不通矣，是以臃肿痿痹之病，乘间而生。其大者：曰宗室骄恣、曰庶官瘝旷、曰吏治因循、曰边备不修、曰财用大匮，其他为圣明之累者不可以悉举，而五者乃其尤大较著者也。

臣闻今之宗室，古之侯王，其所好尚，皆百姓之观瞻，风俗之移易所系。臣伏睹祖训，观国朝之所以待宗室者，亲礼甚隆，而防范亦密。乃今一二宗藩，不思师法祖训，制节谨度，以承天休，而舍侯王之尊，竞求真人之号，招集方术、逋逃之人，惑民耳目。斯皆外求亲媚于主上，以张其势；而内实奸贪淫虐，陵轹有司，朘刻小民，以纵其欲。今河南抚臣，又见告矣。不早少创之，使屡得志，臣恐四方守臣，无复能行其志，而尾大之势成。臣愚以为非细故也。所谓宗室骄恣者，此也。

臣闻才者，材也。养之贵素，使之贵器。养之素则不乏，使之器则得宜。古者一官，必有数人堪此任者，是以代匮承乏，不旷天工。今国家于人才，素未尝留意以蓄养之，而使之又不当其器。一言议及，辄见逐去。及至缺乏，又不得已，轮资逐格而叙进之。所进或颇不逮所去。今朝廷济济，虽不可谓无人，然亦岂无抱异才而隐伏者乎？亦岂无罹微玷而永废者乎？臣愚以为诸非贪婪至无行者，尽可随才任使，效一节之用；况又有卓卓可录者，而皆使之槁项黄馘以终其身，甚可惜也！吏安得不乏？所谓庶官瘝旷者，此也。

守令者，亲民之吏也。守令之贤否，监司廉之；监司之取舍，铨衡参之。国朝之制，不可谓不周悉矣。迩来考课不严，名实不核。守令之于监司，奔走承顺而已。簿书期会为急务，承望风旨为精敏。监司以是课其贤否，上之铨衡；铨衡又不深察，惟监司之为据。至或举劾参差，毁誉不定，贿多者阶崇，巧宦者秩进。语曰："何以礼义为？才多而光荣；何以谨慎为？勇猛而临官。"以此成风，正直之道塞，势利之俗成，民之利病，俗之污隆，孰有留意者乎？所谓吏治因循者，此也。

夷狄之患，虽自古有之，然守备素具，外侮不能侵也。今虏骄日久，迩来尤甚，或当宣大，或入内地，小入则小利，大入则大利。边圉之臣，皆务一切幸而不为大害，则欣然而喜，无复有为万世之虑，建难胜之策者。顷者，陛下赫然发奋，激厉将士，云中之战，遂大克捷，此振作之效也。然法曰："无恃其不来，恃吾有以待之。"乘战胜之气，为预防之图，在此时矣；而迄于无闻。所谓边备未修者，此也。

天地生财，自有定数。取之有制，用之有节则裕；取之无制，用之无节则乏。今国赋所出，仰给东南。然民力有限，应办无穷，而王朝之费，又数十倍于国初之时。大官之供，岁累臣万；中贵征索，溪壑难盈。司农屡屡告乏。夫以天下奉一人之身，虽至过费，何遂空乏乎？则所以耗之者，非一端故也。语曰："三寸之管而无当，不可满也。"今天下非特三寸而已。所谓财用大匮者，此也。

五者之弊，非一日矣。然臣以为此特臃肿痿痹之病耳，非大患也。如使一身之中，血气升降而流通，则此数者，可以一治而愈。夫惟有所壅闭而不通，则虽有针石药物无所用。伏愿陛下览否泰之原，通上下之志，广开献纳之门，亲近辅弼之佐，使群臣百寮，皆得一望清光，而通其思虑，君臣之际，晓然无所关格。然后以此五者，分职而责成之，则人思效其所长，而积弊除矣。何五者之足患乎！

臣闻扁鹊见桓公曰："君有疾，不治将深。"桓公不悦也。再见又言之，三见望之而走矣。人病未深，固宜早治，不然，臣恐扁鹊望之而走也。狂瞽愚臣，辄触忌讳，惶悚无已。虽然，狂夫之言，而圣人择焉。伏惟圣明少留意于此，天下幸甚。

代谢赐御制答辅臣贺雪吟疏

嘉靖三十年十二月某日，恭遇皇上躬祈雪泽，应期降瑞。臣等谨已奉表称贺。某日，伏蒙圣恩遣某赍捧御制俯答贺雪吟七言诗一章颁赐，臣等者诚欢诚忭，稽首顿首上言：

伏以玄殿延禧，已沐祥霙之降泽；皇情兴豫，惊看睿藻之流光。湛恩随灵需以交流，奎翰与瑶华而继曜。非天人之协应，讵动宸欢；顾翊赞以何功，谬承眷奖。荣逾华衮，宝重琬琰，俯愧荒芜，仰瞻云汉。兹盖恭遇我皇上，德迈始初，功登三五。日跻圣敬，至道合乎重冥；天授神灵，多能乃其余事。

兹者，轸念穷民，躬祈明贶，勤诚潜运，渥泽随敷。臣等仰格天之洪化，自知雀跃难胜；而皇上鉴翼圣之微劳，遽有鸿慈遍及。爰勤睿思，宠以宸章。欣甲子之应辰，验化机之不爽。宝墨云缄，宛降从于天上；瑶编日丽，忽光动于人间。且事本为民，歌由发德。是宜拟君臣相说之乐，宁间黄竹之酣吟；允为被金石不朽之文，奚羡幽兰之丽曲？

顾臣等冒忝公孤，谬参密勿。龙光贲及，知寡和乎阳春；鳌负奚堪，赖受持于玄力。竞睹丝纶之焕，俱深犬马之情。敢不益励初心，祗承休命。事吾君如事天，忠敬敢忘于夙夜；捐微躯而徇国，涓涘期补于沧溟。

遵诏自陈不职疏

奏为遵诏自陈不职，乞赐罢斥，以光新政事。

臣伏睹诏书内一款："六部等衙门，四品以上官，并学士俱着自陈，去留取自上裁。钦此。"

伏念臣以一介草茅，叨尘法从，粤从潜邸，获侍讲筵。虽葵藿之忱，向倾为切；奈疲驽之质，驱策难前。闻见空疏，无以备询咨而裨圣学；文词蹇拙，无以参著作而藻皇猷。退自省循，蔑闻一善，虚縻廪禄，已逾廿年。兹圣明莅政之初，正人心愿治之日。所宜汰除冗旷，登进贤良。振兴励翼之风，大明黜陟之典。而臣猥以琐质，滥长词林，徒积罪戾之多，岂称清华之选。伏望皇上普离明而察众职，奋乾断以警官邪。如臣庸愚，特赐罢斥。庶品流有别，非才不得以苟容；观听一新，贤者无妨于登用。其于初政，实为有光。臣无任战栗陨越恳祈俟罪之至。

辞免恩命疏

奏为辞免恩命事。

隆庆元年二月初九日，准吏部咨：节奉敕谕："原讲官、今礼部右侍郎兼翰林院学士张居正，升吏部左侍郎兼东阁大学士，着入阁，同徐阶等办事。如敕奉行。钦此。"非常之命，特出宸衷；不次之恩，滥及庸品。臣不胜感激，不胜惶悚。

窃以内阁之职，几务是司，以代王言，以熙帝载。必有宏深奥衍之学，蕴经纶康济之才，然后足以协赞皇猷，弼成圣化。臣学不足以造古人之微，识不足以通当世之务。既无才望，又鲜旧劳。徒以东朝劝讲之微勤，幸逢圣主龙飞之景运。因缘际遇，骤被恩慈，擢贰铨衡，晋参密勿。力微于蚊蝱，任重于丘山，退自省循，若为堪受？昔唐李泌、陆贽，遇代、德二主于藩邸；先臣杨溥、刘健，事仁、孝两庙于青宫。咸以旧劳，遂跻台席。然当时不以为幸得，后世咸仰其休声者，盖以四臣闻望素隆，勋庸茂著故也。臣之谫劣，何足以远企前贤，近希先哲？而一旦以后进之士，厕迹于老成耆旧之间；以庸众之流，滥竽于俊乂英贤之列，将何以致物情之允协，昭天鉴之无私？即微人言，能不自愧？况圣明临御之始，正海内观听之时。倘举措不惬于公评，则激劝有亏于国典。陟颠之咎，宁独在臣！

伏愿皇上察臣悃诚，非由矫饰，特停成命，改授时贤，俾臣仍以旧官，勉图自效。庶程才量力，在微臣免悚覆之忧；为官择人，在国家有栋隆之吉。臣无任战栗陨越俟命之至。

贺瑞雪表

伏以璇霄延眺，九重鉴昭格之诚；玉宇飘霙，率土需沾濡之泽。先霢霂而洒润，消灾沴以回和。喜气春融，欢声雷动。

恭惟皇上道孚冥漠，功即康田。凝神而五气司辰，享帝而万灵受职。艰难乃逸，渊衷每切于闾阎；惕励无忘，精祷尤勤于夙夜。属以岁事告成，玄冥节届。虑食乃万民之命，雪为五谷之精。北风始励，六花讵曜于弥空；东作将殷，三白更期于盈尺。爰启殿坛而默叩，载瞻昊阙以虔祈。炉烟缭绕，飞为天外之同云；御气氤氲，散作寰中之瑞霭。始入空而漠漠，缤纷乎散絮飞琼；竟积野以皑皑，璀璨乎方珪圆璧。闾阖晓辟，月映彤墀；御苑春回，花飞绮树。瞻山则千岩俱白，疑驱溟勃之层波；望野则万顷同辉，宁羡瀛洲之九斛。根荄培润，知蟊贼之潜消；关塞凝寒，见狼烟之已熄。且玄律甫周乎三限，而皇穹已鉴于重冥。天且不违，时如有待。斯诚一德感应之征，万秭丰登之庆也。

臣等生逢盛世，职忝清班。歌奕奕于梁园，愧乏扸天之思；诵穰穰于《商颂》，愿扬治世之音。伏愿景福日新，宸禧云拥。握五帝之瑶图而凝命，调两间之玉烛以当天。求千斯箱，求万斯仓，朝野咸歌乎帝力；如海之增，如山之阜，富寿永迓乎天休。

代徐相公贺瑞雪表

伏以玄宫延觊，皇仁潜达于重冥；昊阙承禧，灵泽遍沾于率土。进百花而洒润，斡一气以回和。喜溢尧衢，欢腾禹甸。

恭惟皇上动合天心，功侔神宰。享帝而万灵受职，山川鬼神毕宁；握图而五气司辰，雨旸寒燠时若。属以阴气方凝，盛德在水。欲兆盈箱之积，躬祈三白之祥。祗奉明禋，肃承冥感。炉烟腾霭，同云将御气俱浮；纶旨传温，玉肩与瑶华并降。始自九重而漠漠；俄同万顷以皑皑。曜色天池，不夜恍璇霄之月；飘霙禁树，先春飞玉苑之花。且厚不封条，和能消沴。海宇春回，已迓寰中瑞霭；关山冻合，还清塞外烽烟。兹盖圣德潜孚，无高而不格，故天心顺应，有感而必通者。

臣等幸际熙朝，屡逢厘事。恩晖藉被，庆泽沾濡。拟兔园兴积雪之谣，敢谓抽毫能赋；续麟纪书有年之瑞，终期载笔以从。伏愿景福茂臻，宸禧流演。得天人之佑助，万年永迓乎玄庥；听朝野之讴歌，四国咸忘乎帝力。

紫极殿成贺表

紫宫肇建，一人居北极之尊；玄觊申绥，万寿叶南山之祝。保定孔固，式廓弥增。百辟云从，万方星拱。

钦惟皇上居德广渊，宅心恭穆。缵六七作贤圣之绪，若筑室既肯构堂；培亿万年高厚之基，迨未雨预绸牖户。缉熙至道，聿严轩后之宫；恢廓弘图，载考宣王之室。爰涓谷旦，特命共工。揆景属定之方中，辟地据乾之正位。使民以悦，役未逾时。荷神之休，成于不日。兰橑桂栋，凌霄汉以高骞；绣拱朱栏，与烟霞而竞丽。卓哉伟构，揭以鸿名。紫极巍崇，琼榜焕微垣之象；寿清严邃，璇题快景曜之辉。际朱鸟之拱宸，抚翠华而时御。葆颐百禄，绥纯嘏于燕闲；宾礼万灵，荐馨香于夙夜。栋隆斯吉，寝成孔安。离丽当阳，天德弥光乎日月；鼎新凝命，帝居益壮于山河。

臣等幸际清时，叨尘法从。骈礀大厦，莫酬怙冒之恩；黼黻洪猷，敢上奂轮之颂。伏愿宸厘丕炽、昊眷郅隆。作君作师而宠绥四方，保金瓯以有永；曰寿曰康而敛时五福，绵宝祚于无疆。

紫宸宫贺表

伏以宸居鼎建，万方拱帝座之尊；天跸贲临，亿载巩皇图之固。培隆基而益永，膺笃眷以维新。庆洽寰区，欢腾朝野。

恭惟皇上心涵渊穆，道贯清宁。缔造惟艰，光启中兴之业；构堂是肯，懋昭大有之功。奄四海以为家，恒念绸缪于牖户；控八荒而在闼，益坚壮丽之山河。兹承与宅之弘恩，载饬常居之伟制。使民以悦，役匪俟于淹时；荷神之麻，功遂成于不日。耸千栌而赫奕，叠万拱以峻嶒。穹栋云连，阊阖洞开于黄道；周庐星列，钩陈环卫乎紫垣。帝枢临北斗之高城，仙馆辟西清之胜境。既以颐圣躬而绥岂乐，因之披玄览以发道真。法驾时乘，翠华至止。万灵诃护，庆爱居爱处之宜；五位尊安，介俾炽俾昌之祉。迓琼麻于有羡，凝宝命以无疆。

臣等幸际熙明，凫叨怙冒。倾心黼座，不胜就望之忱；稽首瑶阶，敢上奂轮之颂。伏愿紫禧繁锡，宸觌茂增。玉烛均调，坐轩后之合宫而延和纳佑；金瓯永保，受天皇之秘箓而久视长生。

贺瑞谷表一

嘉靖四十五年八月初七日，该苑田督职，上瑞谷三穗者四本，二穗者九十九本。仰惟仙诞届期，玄祯叠现。而瑞谷之登，尤为万国和一之象，九重福寿之征。臣等诚欢诚忭，谨稽首顿首称贺者。

伏以瑶穹笃眷，一人膺戬谷之庥；宝稼敷祥，万宇洽丰登之庆。自天田而挺秀，先虹旦以申禧。舜庙欢腾，尧衢喜溢。恭惟皇上道参惟大，德并日生。艰难每切乎人依，所其无逸；吁祷素孚乎帝鉴，享于克诚。风雨节而寒暑时，默顺玑衡之运；府事修而民物阜永，培邦国之基。协气交融，休声旁达。惟玄化均调于玉烛，致岁功叠奏于金穰。睹此嘉生，允为仁卉。储精毓萃，凤含渥泽于仙畴；合颖连茎，特表殊祯于圣世。际五百载贞元之会，介亿万年富寿之祺。应时既叶于几先，取义尤彰于妙合。穗则只岐而三秀，昭参天两地之功。乾则四偶而九奇，符易象箕畴之数。盖圣人得其位斯得其禄，将享玉食于无穷；肆上帝降年永而降年康，丕显珍图于有赫。休哉灵贶，邈矣希闻。

臣等幸际熙明，叨尘侍从。质同稊稗，栽培凤荷乎天工；心切芹葵，歌颂敢忘乎帝力。伏愿宸厘茂集，睿算崇增。时常和而岁常丰，光抚盈成之宝祚；日之升而川之至，益绵巩固之瑶龄。

贺瑞谷表二

嘉靖年八月，该郑府庐江王，奏进瑞谷：一茎五穗者一本，一茎三穗者三本，一茎二穗者六十本。仰惟圣德格天，上玄敷祐。爰睹殊祥之应，适当圣诞之期。此诚万寿无疆之征，海宇大和、国家康庶之象也。臣等诚欢诚忭，谨稽首顿首称贺者。

伏以万宝告成，四海协嘉生之瑞；五歧擢秀，九重征明德之馨。二气交和，实昭灵贶。臣等窃惟：种之美者曰谷，蒸民之富庶由此而臻；国之重者曰祀，上帝之粢盛于是乎出。故有年称庆，振古如兹；而聚人曰财，莫斯为切。苟顺成于岁事，即允协于休征。况乎质本一茎，歧分数穗，均沾土脉，独合干而芃芃；共饫天倪，乃萃精而蕤蕤。玉粒表匀圆之美，金穰获坚好之繁。瑞岂虚生，时因吉会。兹盖伏遇皇上道合重玄，仁涵庶类。迪知王业，念稼穑之艰难；参赞化功，致雨旸之时若。明德上通于穹昊，洪恩诞布于多方。乃兹嘉瑞之生，正直昌熙之运。验天麻之滋至，期地宝之聿呈。远从河洛之墟，爰献阙庭之上。庙宫荐享，馨香格祖考之灵；臣庶同观，普率荷神明之贶。彼金芝竞丽，未同合颖之嘉；虽朱草抽华，奚补盈箱之富。丰年为瑞，有秋书太史之篇；和气致祥，久道臻圣人之化。

臣等叨承殊渥，燮调无补于天工；快睹奇祯，忻颂倍加于恒品。太平有象，岂徒见物阜民康；圣寿无疆，咸共祝天长地久。

贺瑞鹿表

兹者，永和王以白鹿上进。臣等仰惟天垂洪眷，帝介长生。昭厥有赫之纯厘，锡此非常之上瑞。诚圣寿万万年无疆之显兆也。臣等诚欢诚忭，稽首顿首称贺者。

伏以玉诞迎祥，际千载良元之会；瑶光挺瑞，兆万年寿禄之征。鸿祯特应乎昌辰，骏德永绥乎渥眷。一人纳祐，八表腾欢。仰惟皇上渊穆凝神，溥将受命。敛时五福，用敷锡于庶民；祇奉三无，以发育乎群品。大顺洽雍熙之化，至诚收悠久之功。协气光盈，殊麻丛委。睹兹玉麚，载表琼禧。曩叠见于名区，已荷骈蕃之贶；兹适逢于景旦，尤彰会合之奇。矧当金箓之祝厘，爰自庚方而荐祉。天惟纯祐，将扶上寿以弥坚；物乃先知，丕显贞符于有象。向仙阶而腾倚，何殊虞兽之跄跄；托御苑以栖游，长伴周禽之嚣嚣。素影分辉于南极，霜姿焕彩于西清，惟昔轩后乘图，一衔环而献寿；迨至玄君降李，再托驾以通灵。邃古为希，于今特盛。具晓帝命申庥之意，必非人力可致之符。

臣等幸列迩联，荐逢厘事。才惭善颂，言词莫罄于揄扬；喜切微衷，手足不知其舞蹈。伏愿萝图永御，芝历洪延。如川至，如日升，如天长而地久，万方拱辰极之尊；来凤仪，来兽舞，来龙负与龟呈，亿载巩山河之固。

贺瑞兔表

兹者，玉诞届节，宝度迎禧，乃有太医院官献上瑞兔，体备五色，迥异恒品。此我皇上万万年长生久视之征。臣等诚欢诚忭、稽首顿首称贺者。

伏以景曜腾辉，三祝初临于宝度；衡精炳瑞，一人永介乎瑶龄。信圣德之丕昭，致玄禧之荐锡。欢均万宇，庆集九重。恭惟皇上太素凝真，玄元合妙。致中和而育物，四海归仁；秉精白以格天，万灵绥祐。在宥溥淳庞之化，既得道而忘蹄；汇征登俊乂之才，竞乘时而擢颖。休声旁达，协气交流。凡诸希世之祯，咸萃一朝之盛。睠兹神毚，产自王畿。昔遇昌期，曾与四灵而并至；今逢大庆，复偕百兽以来仪。愈出愈奇，载驯载扰。饮玉池而餐瑶草，养就仙姿；荫月宇而息天庭，捣成圣药。将证功于轩室，乃托迹于周宣；应景旦以呈祥，先虹辰而荐祉。来从万寿，昭万年鹤算之绵；色备五行，表五福龟畴之敛。非时不见，吉有叶于开先；厥类惟彰，机独神于默应。盖圣人大德得寿，必膺昌炽之祺；肆上帝申命用庥，特显骈蕃之眷。休哉盛事，邈矣希闻！

臣等幸际熙明，叨尘侍从。尽中山之管，词莫整于揄扬；聆虞殿之韶，情惟深于忭舞。伏愿宸厘浩衍，帝眅崇增。握乾符而阐坤珍，国祚巩山河之固；抚龙图而操鸿宝，仙龄齐箕翼之长。

圣寿节贺表一

嘉靖四十五年八月初十日，恭遇皇上万寿圣节。臣等诚欢诚忭，谨稽首顿首称贺者。

伏以圣主握乾符，亿万载萝图永御；皇弯申鼎命，六十年花甲初轮。纯厘茂集于昌辰，繁祉聿新于景旦。赤虹紫电，弘开震夙之祥；玉检金绳，增受泰元之策。神人闾怿，裔夏腾欢。仰惟皇上纂大合华，执中布度。乘汉沔龙飞之运，膺历数而恢帝纮；按洛河龟负之畴，叙彝伦而建皇极。文经武纬，觐扬列圣之耿光；礼备乐和，兼总百王之述作。囿一世于陶钧之内，跻斯民于仁寿之乡。二仪圉而协气交流，岳贡川输，尽发无前之秘；一德孚而治馨上达，神绥祇觊，适昭有羡之麻。方椿龄浩衍于春秋，乃芝历甫周于甲子。璇杓转握，载符诞降之辰；宝衮开编，俶纪延长之算。帝座拱北辰而丽正，瑶光映南极以腾辉。百禄是宜，四方来贺。嘉禾灵毳，纷呈动植之珍；贯耳雕题，毕集梯航之贡。佳气蔼蓬莱之阙，欢声传阊阖之雷。凡在熙临，举同庆祝。仰帝德配天为大，其运靡穷；卜仙龄如日之升，自今伊始。

臣等班联清切，世际熙明。葵质有怀，竞倾心而就日；芹惊莫馨，惟拜手以呼嵩。伏愿多福骈臻，新祺茂介。仙甲自一轮而载衍，逾千盈万，常同箕翼之明；帝历由四纪以滋绵，咸五登三，永奠冈陵之固。

圣寿节贺表二

千龄诞圣，鸿图卜有道之；万寿齐天，泰运衍无疆之庆。玉帛纷陈乎禹服，箫韶协奏于虞廷。瑞霭烟浮，欢声雷动。

恭惟皇上功参大始，道契重玄。丕显应图，备聪明睿智之德；严恭凝命，得名位禄寿之全。圣人之化成，以久于其道；王者之定命，既世而后仁。山川鬼神毕宁，风雨燠旸时若。宏开寿域，纳兆庶以同跻；独运庙谟，慑毡裘而远遁。惟至诚无息，象帝之先；肆申命用休，受天之祜。如几如式，俾炽俾昌。载当万宝之成，恭遇一人之庆。金茎玉露，委滋润以挹九霞；银汉冰轮，并清光而被四表。式昭默眷，永锡遐龄。自昔河清，已兆龙飞之运；伊今川至，益绵凤历之休。

臣等叨司雍教，幸际昌辰。偕百辟以祝尧年，悠久成物；率诸生而歌

《周雅》，寿考作人。伏愿茂膺纯嘏，益介洪祺。如日之升，如月之恒，长作神人之主；极天所覆，极地所载，溥垂四海之安。

圣寿节贺表三

圣神天授，诞膺五百载之昌期；寿福日臻，茂衍亿万年之景运。节逢大庆，瑞拥元辰。闾阖门开，焕龙光于南极；蓬莱云近，添鹤算于东瀛。华裔均欢，神人胥怿。

恭惟皇上道涵太始，德契重玄。受箓应图，登三皇而咸五帝；握符御历，绍二祖而溯七宗。百姓为心，万方在己。对时发育，至仁浃洽于群生；举世甄陶，大化滂流于庶类。文武并用，中外攸宁。礼乐孔修，述作兼备。允矣！超千古而独盛；巍乎！参四大以常尊。兹者属五德之在金，来万邦之执玉。祥光焜耀，征赤龙玄鸟之纷纷；协气充盈，俨枢电渚虹之赫赫。仙砌蓂开于十叶，瑶池桃熟于千年。届日月之纪周，迓乾坤之锡羡。大德必寿，式孚有道之长；申命用休，允协无疆之庆。

臣等叨依密勿，久荷宠恩。感激独深，奚啻群情之祝；班行同舞，敢先万岁之呼。

圣寿节贺表四

昊天有命，赐永寿于一人；圣德在秋，启昌辰于万寿。属电绕虹流之大庆，衍日升川至之蕃禧。三灵之眷祐允昭，九有之欢忻交畅。

恭惟皇上应期时出，抚运中兴。总览政几，体乾行而不息；周知民隐，运离照以无疆。作之君，作之师，兼百王化理之盛；丕哉文，丕哉武，扬累朝谟烈之光。夫惟至治之馨香上闻，是以大德之名寿胥得。兹者，风清玉宇，露湛金茎。瑞发尧蓂，应日初舒乎十叶；祥呈禹稼，书年普庆乎三登。矧中州之灵贶适来，而南极之星辉正现。冠裳造阙，混车书以来朝；璧马充庭，历梯航而入贡。诚圣寿之盛会，旷世之奇逢也。

臣等位列迩僚，身沾渥泽。莫酬恩遇，徒怀葵悃以凌兢；虔祝仙龄，谨效嵩呼而忭舞。伏愿圣寿与乾坤并久，皇图同山岳俱安。八千岁为秋，永受四方之贺；亿万年在位，茂膺五福之畴。

圣寿节贺表五

天开寿域，九重凝元会之精；命协贞符，万载仰长春之庆。臣工舞忭，中外讴歌。

恭惟皇上化洽华夷，道同元始。建中和之极，重玄格而雷雨应时；抚亨泰之期，瑞应昭而嘉禾呈秀。文章焕然可述，允卓冠于百王；功业巍乎有成，式增光于烈祖。笃生藩邸，已占虹流电绕之祥；入统舆图，爰致天保日中之治。兹逢初诞，幸际昌辰。璇衡随宝历以维新，玉律得金飙而荐爽。九秋湛露，澄敷骏朗之霄；五色卿云，环拥光华之月。四译效梯航而向阙，万水朝宗；诸藩陈璧马以充庭，众星拱极。仙菶十叶，浮佳气于彤墀；韶乐九成，奏欢声于紫禁。嵩呼竞祝，虎拜交罗。岂止五百年而王者兴，殆将亿万岁为天子寿也。

臣等清光伊迩，弱翰无能。捧蓬岛之瑶觞，冀少酬乎帝力；进刍荛之金鉴，知莫补于天聪。伏愿保合太和，灵承贲赆。隆禧有秩，敛康宁富寿而备于躬；历数无疆，继虞夏殷周而迈其盛。

圣寿节贺表六

伏以圣人久道成化，会君师之治教以绥民；王者得一为贞，配天地之清宁而永寿。率土庆天长之景日，群生欣物睹之昌期。南极开云，灿祥光于紫清碧汉；东华授箓，标遐算于玉笈琅编。裔夏同欢，神人胥怿。

恭惟皇上道契先天，心涵妙有。绍二祖七宗之丕绪，绵景运以遐昌；含三元五德之玄精，延太和而保合。粤自贞符降邸，已占虹流电绕之祥；爰及大宝受图，益隆天保日中之治。玄武布昭而蟊夷尽殄，神机默运而大化旁敷。昭事靡遑，对冲灵于咫尺；精诚潜格，俨胕蠁于玄冥。惟至治之馨香上闻，故大德之名寿胥得。兹蓬初旦，适际昌辰。诸藩陈璧马以充庭，四译效梯航而向阙。露凝双掌，金茎霏五玉之膏；光灿九霞，璧月耀重轮之彩。佳气氤氲乎昊阙，众真翔集于高晨。九霄瑞鹤，锵锵焉偕凤钧鸾唱以和鸣；五岳仙芝，烨烨焉与瑶草琼枝而并耀。兹为大庆，况属熙朝。盖虽列圣之丕绍鸿基，曾未登乎三纪；而我皇上之诞膺宝历，乃独迈乎前休。斯盖天佑有明，欲永灵长之盛治；故日隆圣寿，用申定命之洪恩也。

臣等久荷宠荣，叨依密勿。玄麻仰庇，幸含生于寿域之中；帝德难名，徒忭舞于光天之下。伏愿景福茂臻，宸禧益衍。玉烛和调，亿兆赖一人之有庆；金汤巩固，雍熙永万载以无疆。

卷十三　奏疏十三

贺灵雨应祈表一

兹者，我皇上以夏令既深，雨泽未足，乃躬叩于雷坛，为民虔祷。圣诚肫至，天鉴孔昭。甘澍溥零，远近沾洽。臣等诚欢诚忭，稽首顿首称贺者。

伏以圣主念民依之重，无岁不祈；皇穹鉴帝德之馨，有求辄应。验感通之素妙，彰眷佑之弥申。喜溢尧衢，欢腾舜宙。恭惟皇上道参惟大，德并日生。镜玉斗以调元，握璇枢而运化。知艰乃逸，农功夙戒于三时；视民如伤，王政必先于四者。属当夏暮，伫俟秋登。虽灵泽屡颁，已兆丰穰之庆；乃宸情过轸，尚廑宵旰之忧。虑邪氛或鏊于休和，致鸿化有乖于发育。叩瞻昊极，虔修斋祓之仪；敕召风霆，赫布驱禳之令。果灵符应，立致嘉祥。决天汉之琼波，注流四野；泻玄池之玉液，沾溉群生。泽汪浤以旁通，气缊纲而交彲。在原在隰，欣观长亩之易禾；如京如坻，满拟大田之多稼。讵止增滋而溢润，尤能解劫以迎和。日月光华，乾坤清泰。即炎帝之曰雨则雨，未足称神；信大人之先天后天，罔不合德。益显参赞弥纶之用，永绥康宁富寿之祯。

臣等久荷生成，叨尘侍从。衍龟畴而省岁，备纪休征；续麟史以编年，特书大有。莫效滴涓之助，徒深抃跃之诚。伏愿纯嘏茂膺，洪禧丕衍。五风十雨，均调四序之和；亿载万龄，永介一人之庆。

贺灵雨表二

圣主勤民，虔举祷祈之典；皇穹眷德，丕昭康阜之符。景贶萃于一人，灵液覃于四表，欢腾禹甸，颂溢尧衢。

恭惟皇上道合冲虚，神凝渊穆。心之所向，先天而弗违；泽之所敷，与海而同润。顷者雨阳之未叙，深轸稼穑之多艰。躬启斋坛，虔祈玄渥。纶音甫下，雷声即应于重霄，法限方申，电景弘宣于三极。惟圣诚久而不替，肆甘澍渍而遂流。宫庙百神，共彰灵于为雨；山川群祀，咸效职于出云。初沾洒以霏微，继淋漓而汪沲。祁祁入夜，妙润物于无声，滴滴崇朝，显农时于有象。青回垄麦，开两歧汉代之祥；绿霭效禾，肇连颖周家之瑞。和气布而乾坤澄泰，霾氛涤而日月光华。盖至圣格天，保佑益隆于骏命，而惟皇敛福，丰穰茂衍于鸿禧。所谓参赞之极功，斡旋之妙用也。

臣等幸逢明盛，忻睹祯嘉。沐德龙池，夙戴涵濡之化；承恩凤沼，弥怀渐被之仁。伏愿庆祉天申，休征日集。洗兵紫塞，神功廓一统之谟；齐政玉衡，圣治永万年之业。

贺灵雨表三

圣主对时，因切民天之恤；帝宫肇祀，用昭方社之祈。惟天心助顺而弗违，故雨泽应期而捷降。公私沾足，遐迩欢呼。

恭惟皇上圣德作新，灵忱默运。顾惟邦本，恒致重于农时；对越昊穹，屡昭受于帝贶。兹值积阳少渗，仅旬月而虽不为灾，但当南敏载耘，恐曤焚而遂将成魃。时过不雨，民失有秋。斋涤秉心，致神祇之陟格；惕乎涣汗，勉臣庶以靖恭。方严宸跸于璇阶，情殷露祷；旋布湑云于宝坤，歌协雨公。膏液垂苏，旱氛清涤。始见飞甘洒润，祁祁偏浃于尧衢；继看沃槁回焦，浥浥均沾于舜亩。匪直寰中之瑞，亦清塞外之尘。盖一德格天，救时几以调化；斯百神受职，均福赐以佑民。可谓协位育之全功，参弥纶之妙用者也。

臣等叨联侍从，久荷洪施。均动植以濡恩，莫效涓流之助；需乾坤而受泽，徒承沐浴之光。伏愿雨旸时若，灾害弭消。大田多稼，而百谷用登，不独慰十千之望岁；蒸民乃粒，而万邦作乂，将并亿兆以乐年。

贺灵雨表四

甘霖应祷，神庥昭洽乎两间；勤念为民，圣德贯通乎三极。百灵效职，百姓腾欢。

恭惟皇上极建中和，旷古今而独盛；化隆参赞，合上下以同流。精诚默契于苍穹，膏泽久罩于黎庶。无思不服，有感必通。曩惟瑞雪冬盈，预启百昌之兆；迩者淊雷夏震，幸清九塞之尘。盖宵旰每轸乎忧防，而造化实归其掌握。兹当朱明届候，赤悃申祈。思稼穑之艰难，下民所赖；谓雨旸之时若，上帝攸司。秉一念以告虔，肃群工而省过。皇情肫至，帝鉴昭孚。月离毕以示期，山出云而布霭。风霆迅发，沟浍交流。顿回普化之元功，大慰有秋之渴望。忻忻草木，尽怀沾溉之荣；肮肮郊原，均沐涵濡之贶。

臣等瞻依鸿化，赞襄无补于天工；沐浴太和，歌颂敢忘于帝力。伏愿敛五福以锡庶民，致太平于有象；叙《九畴》而御皇极，绥景福于无疆。瀚海、龙城，实协洗兵之庆；泰山、梁甫，嗣修检玉之篇。

贺灵雨表五

皇穹眷德，昭感应于休征；圣主祈玄，妙斡旋于大造。滋百嘉而允遂，涤诸渗以咸清。庆洽家邦，欢均朝野。

恭惟皇上仁义立极，宣哲敷猷。轸念民生，治府事而九功叙；钦崇天道，在玑衡而七政齐。玄冥献瑞于瑶霙，太皞流和于玉澍。麰麦尽熟，既瞻率育之贻；秬秠并兴，复兆屡丰之祉。顾群吏不克修其职，致三霖亦间愆其期。以籽以耘，在畎亩犹未病农时之役；惟宵惟旰，乃朝廷则深忧稼事之艰。将旱而惕焉恐其为灾，既雨而欿然以为未足。斋坛肃启，叩法界以藏冲仪；御墨焕颁，戒祠曹而举旧典。宸衷所向，天用弗违；圣敬攸跻，神是具格。言甫出而雷电交作，限向终而雨泽遂盈。和气宣通，廓化机于长养；灵滋浃洽，普帝力于栽培。内以登稼舜田，外以洗兵汉塞。富强之业，自是以弥光；太平之基，由兹而益固。诚弥纶之妙用，而位育之极功也。

臣等滥叨禄秩，久荷生成。仰圣心之勤劳，无能赞助；睹玄恩之优渥，惟倍欢呼。伏愿旸雨常调，乾坤永泰。得天人之应，合万福以骈臻；纳川岳之珍，会千祥而毕集。大振皇威于有赫，茂延圣寿于无疆。

贺灵雨表六

天垂玄贶，鉴一人昭假之诚；民颂丰年，衍四海升平之治。仰休征之向应，信精意之潜孚。福溢尧封，欢均禹甸。

恭惟皇上刚健中正，濬哲文明。大德格天，至仁育物。政惟岁功之叙，时若雨旸；心存民食之依，知先稼穑。功侔元宰，抚运而五气司辰；道际贞符，握纪而百灵受职。顷因时暵，即轸渊衷。严所司以遍叩群神，肃斋坛而躬吁上帝。诚无幽而弗达，迈周宣《云汉》之诗；神有感而即通，过成汤桑林之祷。遂蒙赫鉴，允答虔忱。合西海以垂阴，浃三朝而流泽。润回枯槁，助两仪发育之功；滋洽根荄，若万类生成之性。山川增色，草木含辉。忻雨露之沾濡，识化工之斡运。矧上冬之瑞雪，已受明赐于来牟；即今日之甘霖，定获康年于黍稷。郊庙之粢盛备矣，烝黎之粒食盈焉。帝德难名，民生何幸！三农鼓舞，庆乐岁之有征；万姓讴歌，戴洪恩之丕冒。

臣等叨依禁从，快睹嘉祯。愧无涓滴之酬，喜有优渥之霈。伏愿功光旻帝，道贯重玄。敛五福以锡庶民，囿群生而跻寿域。日升川至，介遐福于无疆；雨施云行，保太和于有象。

贺瑞雪表一

玄穹锡祐，鉴一人昭格之诚；灵泽敷祥，启万宇丰登之庆。赞神明而阐秘，斡造化以成能。喜溢尧衢，欢腾舜庙。

恭惟皇上心涵太始，德合混元。兼覆帱持载之功，草木昆虫咸若；尽裁成辅相之道，雨旸寒燠维时。每惟稼穑之孔艰，无俾烝黎之失所。兹者，一冬已半，三白犹悭。虽玄工未至于愆违，乃宸虑预虞其旱暵。竭精衷而默吁上帝，有赫鉴观；涣纶命而申敕有司，无遗禋祀。纯诚所积，感若邮传；眷祐素隆，应如响答。二仪之炁，倏醞酿以回和；五谷之精，遂缤纷而荐祉。兆丰穰于嗣岁，启农扈于先春。写曜九重，漾瑶殿琼阶之素彩；霏华千里，荡玉关紫塞之尘氛。况节届乎履长，而灾消沴弭，功既妙于扶阳；且庆当夫首度，而迎址集禧，瑞允征于增算。益显参赞弥纶之用，永绥康宁富寿之麻。

臣等幸际熙朝，乐观厘事。衍龟畴而省岁，备纪休征；续麟纪以编年，特书大有。伏愿仙祺茂介，景福崇臻。先天弗违，后天不老，万年调玉烛之和；极地所载，应地无疆，四海巩金瓯之固。

贺瑞雪表二

诚格高穹，诞应九重之祷；功回造化，即占三白之祥。喜溢臣工，欢腾朝野。

恭惟皇上仁涵庶类，道契重玄。当制作之期，履丰亨之会。内安寰宇，蔼协气之旁流；外抚要荒，快妖氛之顿息。茂膺介福，永锡休征。维兹季冬，未沾雪泽，仰劳宸念，虔祷雩坛。惟昊天昭鉴于一人，肆同云遂布于四野。六花绚彩，俄惊上苑之回春；万户凝华，似睹崑冈之照夜。况积地则皆盈尺，虽委润而不封条。允为丰岁之征，用表太平之象。若彼禽鸟之瑞，徒饰耳目之观；至于草木之祥，何补衣食之用。试探往籍，莫盛今时。此皆皇心昭合乎天心，故玄泽同符于圣泽者也。

臣等叨司雍教，幸际熙朝。率多士以趋跄，岂胜雀跃；同万民而歌颂，莫馨豫鸣。伏愿帝眷昭垂，神庥滋至。十日雨，五日风，盛治长调玉烛；九年耕，三年积，洪图永固金瓯。

贺瑞雪表三

圣主惠民，夙致精禋之祷；皇天眷德，弘敷大有之征。泽溢尧封，欢腾禹甸。

恭惟皇上祈报达雍熙之妙，中和成位育之功。明德惟馨，典秩百神之祀；艰难乃逸，念切小民之依。顷以时泽之愆，上廑渊衷之虑。吉蠲对越，屡躬叩于皇穹；昭格感孚，遂仰承乎帝贶。一诚之潜通无间，百灵之祐相有征。八荒同云，千里一色。琼英皎洁，散五谷之精华；玉质雾霏，献六花之嘉瑞。消渗而已占盈尺，应时而不必封条。山岳增高，根荄倍润。三农鼓舞，歌帝力于康衢；万汇滋荣，益春和于化国。顾兹雨旸之时若，实为庥眷之骈臻。天泽偕圣泽以同施，人情与物情而交畅。

臣等叨居侍从，幸际昌时。仰帝德之昭明，荷天心之悦怿。殊深忻忭，莫罄揄扬。伏愿弥纶成天地之能，久大崇易简之德。休征备至，锡五福于庶民；道化益隆，衍万年之盛治。

贺瑞雪表四

洪化难名，腊瑞应九重之祷；太平有象，玄灵呈六出之奇。天虽高而听则卑，圣惟诚而祷必应。仰宸情而悦豫，溥臣庶以欢呼。

恭惟皇上德并两仪，治隆千古。留神宵旰，恒怀穑事之忧；加意闾阎，每切民天之重。兹者，玄冬迈序，皓雪愆期，特轸渊衷，虔修日祷。竭诚将事，明德上契乎天心；申命用休，渥泽允符于腊候。百神效职，三白呈祥。琪树缤纷，式现六花之瑞；琼田璀璨，实为五谷之精。绥绥不至于封条，仞见来牟之率育；皜皜渐成于盈尺，已知螟螣之深藏。是盖圣主敬天以保民，感孚有素；故穹昊应祈而锡贶，昭假孔神。诚天佑之无前，而真符之叠见也。

臣等叨参密勿，无补燮调。歌帝力于不识不知，与亿兆同其欢戴；荷神功于至广至大，感天地莫克形容。伏愿玄佑弥隆，休征茂集。卜万年而御历，益臻戬谷之祥；敛五福以锡民，永保丰年之治。

贺瑞雪表五

灵雪应祈，允兆升平之象；皇穹眷圣，式昭感格之诚。喜气春融，欢声雷动。

恭惟皇上尧仁丕冒，舜德好生。臻中和位育之功，极参赞财成之道。祁寒暑雨，洞悉小民之艰；黍稷稻粱，恒切有秋之望。属冬时之既届，偶雪泽之犹愆。爰轸宸衷，恐妨农务。斋心内殿，惟翼翼以钦承；躬祷雩坛，俨洋洋其陟降。至诚必飨，克敬惟亲。六合同云，遂作轻盈之絮；九天飞霰，旋开顷刻之花。冈原皓若堆琼，衢路纷如连璧。既沾既足，永无螟螣之虞；以耘以耕，豫卜茨梁之积。农歌于野，忻玄泽之兆丰；士庆于朝，仰圣心之允合。是皆皇上功侔造化，用能粒我蒸民者也。

臣等睹兹灵贶，曷既名言。欢呼敢效乎虫鸣，踊跃岂殊于兽舞。伏愿道超无外，德契重玄。敬记鲁年，奠万国于春台玉烛；肆歌周雅，祝一人如山阜冈陵。

贺瑞雪表六

天泽覃敷，大地晃琼瑶之积；皇诚感格，玄冬启稼穑之征。禹甸欢腾，尧封庆洽。

恭惟皇上道参太始，运抚中兴，昭事九玄，灵承列圣。升平有象，至仁已遍于寰区；惕励无忘，秘祷犹勤于宵夜。念食为万民所赖，而雪乃五谷之精。气和则岁斯丰，土润而农始利。仲冬小雪，六花已洒于弥空；季月大寒，三白未盈于竟野。庭坛斋祓，知圣躬之独劳；简策敬陈，荷天心之默鉴。是以宫谢再虔之日，帝降初驾之辰。同云布而微霰零，北风凄而密雪下，由寸盈尺，自旦及昏。栖阁累楼，疑崇台之衔璧；飘花落絮，似上苑之逢春。应水腹之坚，阴凝愈固；迎土脉之动，液渗潜通。岂惟使牟麦之青荣，奄观铸铚；且能令虏氛之灭没，塞寝戈矛。此诚至德之素孚，而灵贶之上瑞也。

臣等才非曾、史，叨联北阙之班；学谢邹、枚，敢献梁园之赋。惟深雀跃，益戴鸿施。伏愿弥纶成天地之能，久大昭易简之善。神禧云拥，帝祉日新。七政齐而泰阶平，永田功于九扈；三灵卫而多祜集，绵圣寿于亿龄。

贺瑞雪表七

伏以法嗣冲玄，灵贶应一人之祷；阳回霄壤，祥霙霏五谷之华。三时可卜其顺成，率土尽融于和畅。仰宸情之悦豫，喜溢龙颜；沐圣泽之沾濡，欢腾黎首。

恭惟皇上道孚冥漠，功即康田。裁成辅相以成能，参赞弥纶而建极。覃仁慈于宇内，民已安而轸念如伤；运造化于掌中，天不违而钦崇愈至。是以丰年屡庆，邦孚至治以无虞；协气嘉生，瑞应太平之有象。兹以玄冬临季，雪泽未均。日以煤之，天意殆相工倕而布暖；岁云暮矣，圣心欲启农扈于先春。乃涣纶音，爰虑露祷。惟至诚之昭格，斯冥感之潜通。内坛肇启，同云已布于璇空；斋馆才临，密霰遂敷于瑶甸。始缤纷乎散絮，俄皎洁以堆琼。霭霭浮浮，每即形而赋象；濛濛奕奕，爰润物之无声。忽惊鹤翥之翩翩，倏见花开于顷刻。自此而泽来莘，根荄倍润；从兹而消厉祲，关塞无尘。彼珍禽异卉，徒瑰奇于耳目，顾何裨衣食之源；即和璞隋珠，虽充溢于圆方，未必立烝黎之命。唯兹上瑞，实曰休祯。

臣等调燮无功，恩晖藉被。殿庐宵直，疑临不夜之仙城；宫阙晓瞻，惊入长春之福苑。庆倍寻常于万万，心同品汇以忻忻。伏愿景福茂臻，玄麻滋至。握五帝之瑶图而凝命，调两间之玉烛以当天。百礼告成，岁岁享周田之利；三农不害，人人赓尧壤之歌。

贺冬至表一

玉律迎阳，万国际天开之运；璇穹笃祜，一人凝日至之禧。乾元肇启于鸿钧，圣寿崇增于凤纪。庆绵宗社，喜溢寰区。

恭惟皇上体道冲和，颐神渊默。建中建极，动静合天地之心；飨帝飨亲，斋戒通神明之德。协虞玑而齐七政，叙箕《范》以备庶征。维兹极辨之熙朝，载值履长之令节。斗杓旋子，月当三统之先；昴宿殷宵，序属六阳之始。淑气渐滋于玄钥，玄声默应于黄钟。鲁史书占，睹云容之表瑞；周圭测景，喜日驭之延晖。两阶腾肆乐之欢，四海庆寝兵之候。缨緌毕集，玉帛交陈。肃五夜而叩露坛，祗荷重玄之鉴；逾十辰而逢景旦，预开首度之祥。涌祉流禧，沛若水泉之初动；益龄增算，晋如阳德之方亨。岁运维新，宸厘有羡。

臣等叨陪近列，幸际昌辰。才谢八能，莫叶钧天之奏；情深三祝，惟同嵩岳之呼。伏愿纯嘏缉熙，太和保合。立天地人之极，而垂衣五位，永绥皇极之洪图；培寿福禄之元，而御历万年，茂衍泰元之神策。

贺冬至表二

殷昴升辰，式协仲冬之候；履长迎福，载陈亚岁之仪。喜圣主之当阳，见天心之来复。纪贞元而应度，按时令以承禧。海宇交欢，臣工洽庆。

恭惟皇上道涵泰始，识洞玄微。谟烈冠乎百王，功德超乎千古。抚五辰而顺序，齐七政以明时。得天统之攸长，世数周而复始；荷神明之眷祐，国祚永而益昌。兹者，序属殷冬，时逢周正，黄钟启律，感缇室之旋和；玄钥生春，适融风之始畅。珠星璧月，灿穹极以呈晖；舜日尧年，迓天休而迪吉。望鲁台书云物之庆，测汉表识阴阳之和。休矣祥开，昭兹贶施。礼方严于大报，时允谓之昌辰。

臣等叨列清班，忻逢盛会。吹嘘有藉，幸同六琯飞灰；裨补无能，愧比五纹弱线。但深忭跃，倍切瞻依。伏愿圣历丕延，治运乘阳而并进；皇图孔赫，寿源与时而俱增。申锡无疆，肇亿万千年之鼎盛；恩皇多祜，迓三十一载之泰来。

贺冬至表三

黄钟协律，一元涵发育之仁；紫极迎长，万国仰亨嘉之会。淑气充盈于禹甸，欢声遍溢于尧衢。百禄是遒，四方来贺。

恭惟皇上道侔覆载，德冠古今。神圣登枢，大化孚而金瓯永固；中和建极，玄机运而玉烛均调。政顺璇衡，配岁时而成序；恩加寰宇，茂品物以偕春。兹当履至之辰，正值阳生之候。琯灰浮暖，识六气之潜萌；圭景延晖，知七日之来复。宫线初添乎弱缕，台云已验夫书祥。

臣等幸际昌期，叨尘近列。望龙光于咫尺，实切瞻依；罄雀跃以颺言，倍增忻忭。伏愿灵承帝贶，保合太和。天地位而上下鬼神以宁，臻荡荡巍巍之治；泰阶平而麟龙毕至，成熙熙皞皞之功。

贺冬至表四

天开于子，一阳肇资始之功；日至于南，五位纳履长之庆。仪陈亚岁，瑞集熙朝。

恭惟皇上明圣当天，大君御极。对时弘化，逾三纪而仁洽兆民；图治保邦，纂列圣而德超千古。颐神渊默，独观万化之原；体道冲和，忻复一元之会。抚五辰而凝绩，政在扶阳；开二仪以为功，恩昭育物。礼明乐备，成圣人制作之能；文治武功，见王者经纶之迹。四时合序，九域同风。兹载启乎昌辰，益茂承乎景贶。天宫磬动，声元已应乎黄钟；缇室灰飞，暑影渐舒于继线。睹尧星之正昴，物类昭苏；应周月之授时，神人阊怿。协气光盈于紫极，穷阴退谢于玄枵。穷塞寝兵，喜边氛之靖息；清台观象，书云物之新嘉。

臣等叨陪文石之班，敬效华封之祝。伏愿宸承帝贶，保合太和。一之日以体元，远过夏时之历数；万斯年而御运，长歌舜日之光华。一人膺祐命之纯，四海乐升平之盛。

贺冬至表五

六琯吹葭，缇室迓一阳之来复；三垣正斗，璇霄睹万象之维新。弘开发育之机，茂著裁成之绩。暖回寒谷，人乐熙台。

恭惟皇上大智先天，至仁遍物。刚健体乾行而不息，文明焕离照以无疆。尽制尽伦，兼千圣再王作述之盛；丕承丕显，增二祖七宗谟烈之光。礼序乐和，德化征于有象；民安物阜，惠泽浃于无垠。夏霖冬雪皆应祈，而岁功已就；北狄东夷俱效顺，而边警不闻。兹逢南至之辰，益进大来之吉。午中立表，圭日布影于初长；子半迎阳，璧月流辉于既望。推元纪历，数符月统之得天；观气书云，瑞协轩辕之获鼎。黄舆贡祉，元象昭麻，景运当三十年，周而复始；圣寿绵亿万载，久而弥昌。

臣等袜线才微，愧无裨于龙衮；涓埃念切，期仰答乎鸿钧。对时陈献履之衷，叩阙致呼嵩之祝。伏愿道同阳长，由临入泰以亨隆；治与日升，咸五登三而炳耀。乾坤高厚，永固奕世之金瓯；日月光华，恒映泰阶之玉烛。

贺元旦表一

律钟太簇，青阳布六合之和；斗正孟陬，黄道呈五云之瑞。两仪交泰，万国朝宗。庆洽神人，欢腾遐迩。

恭惟皇上握符凝命，应运绍基。敬一接群圣之传，中和建四方之极。神威一震，逆丑自芟；圣武方昭，夷氛悉荡。治功超乎前古，乾清坤宁；仁泽遍于寰区，民康物阜。兹届三阳之令节，实逢千载之昌期。尧历载颁，察玑衡于三百六旬之始；夏正允协，调玉烛于七十二候之初。迓淑气于鹏霄，垂宪章于象阙。紫殿纳万邦之图籍，彤庭会四海之衣冠。化日舒长，太平有象；玄麻昌炽，申锡无疆。

臣等久荷生成，并叨禄秩。际新元于端月，祝献南山；庆首节于清朝，心驰北极。伏愿抚三辰以凝绩，敛五福而锡民。独运乾刚，君德益亨于九五；灵承天眷，帝寿永绵于亿千。

贺元旦表二

端月纪辰，苍极布始和之象；王春司令，紫宸臻首祚之祥。丽晓色于金铺，动韶年于玉律。凤历越三旬而再启，龙图际九叶以益昌。邦国又宁，地天交泰。

恭惟皇上德象帝先，道同乾运。抚五辰而凝绩，与日偕新；齐七政以授时，体天行健。和气召四灵之瑞，玄威靖九塞之尘。是以上帝居歆，瑞雪应明禋之祷；天心助顺，神武收不战之功。忻至治之无虞，征太平之有象。兹者，当三阳开泰之候，正万物出震之时。气转鸿钧，共乐尧天之化日；春回邹峄，已消燕谷之阴寒。彤庭蔼瑞雪之缤纷，闾阎现卿云之灿烂。应条风而送暖，人与物皆在春台；献《椒颂》以迎祥，君育民同登寿域。玑衡正而黄道辟，玉烛调而泰阶平。普天仰阳德之方亨，率土贺乾元之正始。是诚天启维新之运，而神扶永命之基也。

臣等秩首班行，恩深眷遇。涵濡德泽，同万物以生辉；拜舞衣冠，仰九天而称贺。欢忻倍切，感激难名。伏愿茂介阳禧，诞膺玄祐。圣法天，天法道，圣寿齐天地以无疆；国保治，治保民，国祚巩山河而永固。

贺元旦表三

三阳启泰，乾坤昭化育之仁；万类回春，海宇际亨嘉之会。岁月更新于凤历，气机初转于鸿钧。遐迩腾欢，臣民胥悦。

恭惟皇上神功抚运，至德统天。正位居贞，仁义干阴阳之用；对时育物，弛张综阖辟之机。齐七政以勤民，抚五辰而凝绩。圣敬上孚于穹昊，皇风罩被于遐荒。外顺内安，九有戴尧天之浩荡；时丰岁美，兆民忻舜日之光华。圣人极裁成辅相之能，世道跻雍熙太和之盛。

兹者，元正首祚，上日发春。明堂宏启于青阳，阊阖焕开于黄道。农祥晨正，暖回万井之晖；娵訾日临，光映千门之曙。诞布始和之令，聿修献岁之仪。玉帛来同，仰一人之有庆；冠裳萃止，祝圣寿于无疆。彤庭凝祥霭之氤氲，紫禁迓玄麻之骈叠。嘉时伊始，景命益隆。即今之三十一年，茂膺宝箓；后此而千亿万岁，永握瑶图。协气薰蒸，囿群生于寿域；条风鼓舞，跻品汇于春台。

贺元旦表四

日启三阳，仰昌时之茂对；阳回六合，忻大运之维新。喜溢臣工，欢腾夷夏。

恭惟皇上心涵太始，德迈古初。钦若昊天，百神歆而受职；懋昭皇极，四海畅以同风。粲然礼备乐和，久矣治隆化洽。惟兹正旦，载启佳辰。诞陈元会之仪，茂衍履端之庆。天临紫极，瞻瑞霭之氤氲；气转洪钧，觉玄风之清穆。盖惟体元居正，是宜申命用休。庆集一人，祥开万物。肇宝历三十一年之首祚，绵瑶图亿千万载之丕基。

臣等职忝成均，躬逢明盛。菁莪乐育，咸仰赖于生成；柏叶称觞，庶少伸于颂祷。伏愿保泰以临天下，处丰而宜日中。新以又新，同戴尧天之浩荡；旦而复旦，永瞻舜日之光华。

贺元旦表五

四始履端，万宇启维新之运；三元首祚，两仪协交泰之期。青阳乘震以发生，紫极应菁莪而纳祜。神人胥庆，朝野腾欢。

恭惟皇上道迈羲轩，德隆尧舜。凝神清穆，玄同象帝之先；建极中和，敬授夏时之正。抚五辰而熙绩，齐七政以当天。雨旸燠寒，育物功昭于茂对；礼乐刑政，体元化备于裁成。国常泰，年屡丰，玄机默运；外威严，内顺治，神武丕扬。禄位名寿之兼全，信巍巍而莫及；功业文章之特盛，有荡荡而难名。

兹者，序正孟陬，仪陈元会。祥开凤历，届三十二载之元；欢动龙墀，祝亿万千年之永。仙翼十叶，拥瑞霭于穹阶；钧乐九成，度颂声于合殿。皇仁随阳泽而汪涉，韶光协和气以昭流。是诚天眷之益隆，大慰民心之仰戴。

臣等叨尘密勿，凤荷生成。念岁月之既多，感宠恩之愈厚。舞同鳌忭，颂益嵩呼。伏愿宝算天齐，瑶图地广。备箕畴之五福，永登万物于春台；正泰阶之六符，轻纳八荒于寿域。

贺元旦表六

乾坤交泰，睹圣治之维新；海宇同春，仰天休之滋至。臣工胥悦，遐迩交欢。

恭惟皇上受命溥将，凝神清穆。德合四时之运，学开千圣之传。礼乐兴，刑罚中，政教毕张；寒暑节，风雨时，阴阳无忒。纳庶民于皇极，升斯世于大猷。盖道久而化成，故风行而俗美。兹惟端月，三朔肇临；爰启昌辰，百祥萃至。礼陈元会，适当肆觐之期；庆洽寰区，咸切朝宗之念。瞻威颜于咫尺，肃环珮以趋跄。柏酒称觞，椒花献颂。氤氲五色，云光遥拥乎蓬莱；袅娜千枝，春意先传于御柳。忻和风之布暖，见化日之舒长。道与时亨，俨嬉游于舜旦；人同春育，惟敬祝乎尧年。

臣等幸际熙朝，恭逢令节。恩荷阳和之被，报怀葵藿之私。伏愿乾元发育，离照重明。国泰民安，宗社享万年之庆；内宁外谧，华夷同一统之春。

贺元旦表七

律宣太簇，阳回六合之春；星纪孟陬，气转三朝之旦。皇运与天行共泰，岁华偕帝载咸熙。庆洽含生，欢腾率土。

恭惟皇上道符冲漠，治迈古初。育物对时，四海普沾乎兑泽；体元居正，万几独断于乾刚。礼乐备而声教彰，府事治而咏歌作。风尘息警，神功允奠乎瑶图，雨雪应祈，圣政屡书于玉版。仁协唐尧之大，荡荡乎难名；德同周文之纯，亹亹焉不已。属化成于久道，适节届于履端。肇七十二候之庥征，衍亿千万年之景贶。推神笈而统天握纪，启象魏而布令宪和。紫殿炉烟，暖合条风之习习；彤庭燎火，光迎旭日之辉辉。洪禧茂介于维新，戬谷丕昭乎更始。衣冠万国，拱北极以来王；闾阖千官，称南山而上寿。昔华封之祝，事仅见于一方；而涂山之朝，时非值乎元会。乃今承九叶重熙之运，当二仪交泰之辰；得遐迩之欢心，蒇元正之盛典；诚考诸传纪，而未之前闻者也。

臣等恭趋丹禁，喜睹青阳。仰六龙之时乘，随百兽以率舞。伏愿玄灵笃贶，黄舆荐祥。纳宇宙于同仁，绥华夷于一统。三十年而又为世，永宏抚世之模；八千岁而始为春，益进长春之算。

卷十四　书牍一

答列卿毛介川

今之士大夫，冠缨相摩，踵足相接，一时号为交游者，盖不少矣。然而未必皆可与之言也；可与之言矣，犹未可与之微言也；可与之微言矣，犹未可与之不言也。若夫目击而道存，无心而冥解者，若仆与翁，盖庶几焉。仆每一相见，即颓然、嗒然，若游太虚而涉广漠者。不知翁之洗我以德耶？岂亦仆之鄙朴任率，有当于翁之心，相薰相忘，莫知所以然而然耶？旌麾渐远，怅望为劳。惟此一段精神，相期于形神之外者，则固非地所能限耳。

承翰教，瞻恋弥增。南中会楚侗丈，幸言仆与翁所以相与者如此。

答南中提学御史耿楚侗

去冬，贺道长至，得翰教。会有大行之事，哀惊卒卒，不及裁答。进香使至，伏承讯及感慰别谕云云，俱尽事理。其间有未及举行者，推公之意，次第行之。

仆以浅薄，骤冒非分，日夕惶惶，罔知攸措。思所以酬主恩而慰知己者，惟虚平此心，不敢向人间作好恶耳。至于转旋之机，未免有迹非心是之判。士大夫责望素深，或不能尽如其意，然亦不暇顾矣。高明以为何如？

答中丞洪芳洲

鄙人辱公之爱有年矣。顷者，因缘际会，骤陟崇阶。圣主念甘盘之旧，不弃簪履；元翁垂接引之慈，无遗菅蒯。深惟谫薄，任过其才。夙夜念之，若为称塞，惟当坚平生硁硁之节，竭一念缕缕之忠，期不愧于名教，不负于知己耳。然切劘之益，实在同心；将伯助予，幸毋遐弃。熊廉宪旋，草草附谢。厚惠概不敢当，谨用纳璧，知公素谅其狂直，不罪也。

答总督魏确庵

承示边图，既详且核，劻勷之略，于此亦微见其绪矣。敬服敬服。

近闻虏欲西犯，今士马之力，萃于蓟矣。如不得志，必将东逞，愿公严备之。

答宗伯董浔阳

仆以谫薄，获依日月之末光，猥从末阶，骤跻三事。束樀作柱，用荷为梁，庸愚之人犹将哂之，况高明者硕如翁者乎！乃辱不鄙，远赐问贺，奖借过情，重增其愧。至勉仆以作者之事，尤不敢当。古人以行谊文章兼悬于时者，世不多见。明兴二百余年，名世之辅，专门之彦，凡几作矣。而一代文章，犹未能追踪古昔，乃欲责之于椎鲁人，讵能耶？若使以其硁硁小人之守，惓惓纳诲之心，朝夕俟衮职有缺时，用一缕补之，以仰答隆遇，而免于罪戾，或庶几耳。

冉氏云："如其礼乐，以俟君子。"惟翁学综坟典，冠绝等伦，海内士孰不望之以为宗主，诵之以为轨范。今天子诚不欲兴礼乐则已，如欲稽古礼文之事，以润色鸿业，发挥典籍，则舍翁将何之焉？愿努力自爱，弓旌之贲，当有日也。

令郎奇才久屈，诚有遗珠之叹。兹旋，草草附谢。辱惠过腆，愧不敢当，谨领绫绢二事，余璧上。别具侑柬，统惟鉴原。

答云南巡抚陈见吾

沐国公者，素不相知。自去年以来，屡次寄书，俱有重礼。仆屡峻却之，并其书亦未敢拆，恐此等事皆其从人所为，其主不知也。丈会间语次，烦为道鄙意。其诸未受礼仪，亦宜稽查，毋为干没。

再惟世臣之道，但能守法安靖，自可长保爵禄；广交行赂，徒为诓骗者之资耳。况今朝廷清明，幸途断绝。如有违犯，虽亲不宥。天威赫赫，谁敢干之？以货求全，恐不能也。渠若有知，亦可以此警之，亦诱人为善之一端也。伏惟留意，余无言。

答两广督抚张元洲

广事不意披猖至此。诸将所领兵船，亦不甚少，乃见贼不一交锋，辄望风奔北。何耶？将不得人，军令不振，虽有兵食，成功亦难。故絷四败将于阙下，不重惩之，无以示警。诸凡调处兵食事宜，似宜少破常格，乃克有济。公若有高见，宜亟陈本兵，当为议处也。元老去，百务勋勤，冗不多及。

答少司马杨二山

比来士习人情，渐落晚宋窠臼。中有识者，虽心忧之，而不敢言。仆不揣浅陋，妄有所陈，猥辱高明特垂鉴奖。感谢，感谢！

贾生有言：使管子而愚人也则可，使管子而少知治体，则岂不为之寒心哉！今遇清明之朝，当改弦之会，而不相与励翼协力，共图实事，犹欲守故辙，骛虚词，则是天下之事，终无可为之时矣。来教谓自今只论事功以为黜陟，凡称清称高谈玄及议论无实者，一切斥之不顾。旨哉！旨哉言乎！

与中丞孙淮海

比者冒昧，妄有论建，辱奖誉过情，深以为愧。大厦之成，非一木之干。仆既已唱之矣，尚赖一时贤士，同心和之，庶克有济。奈何人心玩愒已久，溺于故常，蔽于私意，虽心知其当然，而终不能踊跃以趋赴也。今惟积此真意，渐次薰蒸，假以一二年，庶可少变。但仆以病躯久欲弃人间事，恐不能从容以需之耳。辱道谊知己，辄尽其愚。

与参议高廉泉

前有小柬，托赵太府人将致，谅登记室。
张文简公继夫人祭葬，已经该科参驳，仆恳之于礼曹，始得题覆如例。盖其中亦稍有未顺故耳。张使回，附此。诸惟鉴原。

答张中翰仰峰

感文至，始知有太夫人之变。凄感，凄感！恤典，该科以例欠合参驳，区区恳于部中，始得之使旋附复。厚惠概不敢领，辄用归璧。统惟亮原。

答司马杨二山

今秋边烽无警，亭障完固，公之功当为诸镇之冠矣。

徐君条议马政，凿凿可行。而公止据原议，辄与转闻，略无增损。视人之善如己之善，此尤见公之襟度恢阔，非世之沾沾有己者可比也。敬服，敬服！

答广西熊巡抚

辱翰教，知广事已有次第，山贼多所斩获，公之威望已著，荡定可预睹矣。但闻该省军储甚乏，昨与部议，量发帑银以济之。往年剿闽贼，发银二十万。今广中应解钱粮已奏留，而川、浙又可责偿原贷，今拟半闽中之数，似宜足用。期使炎荒之民，知朝廷轸念之殷，不以遐远而或遗也。顷科中建论，欲更置督府，代者尚未定，先此覆。

答中丞梁鸣泉

恭喜令望益隆，崇阶伊迩，欣慰之忱，良不可喻。近来士习人情，似觉稍异于昔。浮议渐省，实意渐孚。鄙人疏发其端，而太宰公力助之。太平之休，庶几可望。但不知后来何如耳。

答御史顾公曰唯

辱揭示，领悉。惟公端亮之节，冠于台表。比者，一二注措尤协舆情。太阿发硎，虚以运之，游刃有余地矣。近来士习人情，似觉稍异于昔。李石翁宽和沈静，斡握机衡。仆亦竭其驽钝，以共相疏附。《诗》所谓"伯氏吹埙，仲氏吹篪"者，或庶几焉。

答马总兵

今岁秋防无警，贵镇又有此奇功，足下赤心报国，功冠诸边，于仆亦有光矣。幸努力功名，朝廷自有大爵赏。一切事体，不必过虑。如有难处之事，一一说来，仆自有处。

答蓟抚刘北川

今岁秋防无警，虽国家之福，然亦督抚诸公先声之所震叠也。欣慰，欣慰！

承示易将、请兵数事，皆于边备有裨，容与本兵即为议处。

蓟镇有沉痼之疾，非旦夕可疗者。惟本之以实心，镇之以沉静，审处机宜，弛张并用，需以岁月，庶可成功。顾前此为浮议所眩，使当事者不得展其所长，私心每愤恨之。数月以来，觉士习人情稍异于昔，实意潜孚，浮言渐熄。来教所谓牵制讥谗者，自今可毋虑矣。望努力功名，以慰注想。

戚师才略，在今诸将中诚为希有，幸公以道眼观之。

答河道巡抚翁见海

仆不肖，窃抱敬贤之心，如公之高节宏猷，则尤私心所向慕者。理漕特藉以为简界之地，不久劳也。

辱示疏沁道卫，分渚上源，诚为急务。但渠初成，应难再举。俟休养生息二三年后，物力稍舒，当即计之。若此图获就，实国家万世之利也。

答广西熊巡抚

往者冒昧，妄有所陈，诚激于时弊，不得已也。公不以为狂且愚，而辱赏许之，感甚，感甚。《诗》不云乎："唱，予和汝。"仆既唱之矣，尚赖中外诸贤，同心共和，庶克有济。不然，将并鄙言亦属之议论矣。

海贼据闽中，报谓已荡尽，恐未必实。然要之其势已败，殄灭有期矣。

答南祭酒姜凤阿

闻公振铎南雍，教先行实。即大疏所陈，亦可见其梗概。而推毂处士，尤于风教有裨，已下部议覆矣。

与蓟辽总督谭二华

前闻道体小违和，无任悬念，今想勿药矣。

近日处分戚帅，诚出下策，然非得已也。顷会霍司马云，公本欲论郭琥，则属者之举，似亦与高见悬符。且事权归一，法令易行。兵不远索，浮议自省。假之以便宜，需之以岁月，蓟镇之事亦未必不可振也。但以总理体面，比之镇守为优。今既易衔，则上下承接，自有常分，用之虽重，而礼则少损矣。昨本兵题覆，虑不及此，不知公议疏中，亦可为一处否？如不可处，则于常礼之外，少加优藉以鼓舞之。

又本兵疏，以巡关御史监军，此言大误。盖戚帅之请监军，谓于本镇之外，别练兵五万也。今既为镇守，有地方之责，则巡关御史，何事不督察，又何必更为监军名色以挠之哉！公于议疏中，幸婉词以破其说。至于射打一事，极为虚文，其中情弊，可笑可恨。今但以训练之实，责之戚帅，如有不效，巡关御史得论劾之，固不必袭此故套虚文为也。

又鄙意谓南兵既不可取，镇兵或不足数，必须听其召募，庶可充伍。且训练若成，则老弱可以渐汰，援兵可以渐减，又不苦于供亿之繁矣。兵不贵多而贵精。李抱真在泽潞，以二万人雄视山东，岂在众哉！

又

戚帅以总理改总兵，诚为贬损。缘渠当仆以书相问之时，不急以此意告我，而本兵又仓卒题覆，故处之未尽其宜，然及今尚可为也。望公于议疏中委曲为方言，不但体面降抑，为下所轻；且督抚标兵，皆欲付之训练，若不兼总理，何以行便？乞特致一书于阁中二公及虞坡、思斋，仆得从中赞之，更易为力也。倘得如意，当于敕书中增之，其关防当改铸矣。

昨议增筑敌台，实设险守要之长策，本兵即拟覆行。但据大疏，谓一台须五十人守之，则千台当五万人矣。不知此五万人者，即以摆守者聚而守之乎？抑别有增益乎？聚则乘垣者无人，增则见兵止有此数，不知又当何处也。又四面周广，才一丈二尺，虽是收顶之式，度其根脚，当亦不过倍此数耳。以五十人周旋于内，一切守御之具，与士卒衣粮薪水之类，充牣其中，无乃太狭乎！便中仍望见教，万万。

山东民兵，徒有征戍之劳，而无战守之益。若折解工食银两，则一岁中即可得十余万。以此十余万之赀，召募土著精壮之人，便可得胜兵五六千，比之千里遣戍，功相万矣。仆久怀此意，未有以发。公熟计其便，再疏言之，何如？

凡仆所白，皆密要语，故不敢令人代书，极知草草。

答某巡抚

辱示大疏，俱于边屯切要，已下所司次第题覆。

公以正气直道，董正官邪，缘此见嫉，亦诚有之。幸太宰知公最深，三至不惑，万无足虑。

答闽中巡抚

广贼猖狂，蔓延闽地。当事者张皇奏捷，本兵据揭题覆，遽行赏赉，俱为大谬。辱示大疏，读之使人愤恨。顷该科亦以为言，向后当别有处分也。差人旋，草草附复。

外新刻《文苑英华》，有便幸惠寄一部。冗不多及。

答湖广李布政

远辱华翰，感荷厚情。大惠概不敢领，辄附差人璧上。

赵守自处慎抑，不敢遽抗礼于诸公。昨铨部访知其未履任而即缴凭，故行查耳。今闻两院已有定论，上下相安，实地方之幸也。承谕及，并以此复。余惟鉴原。

答奉常罗月岩

往令弟春元，及镇山公差人，兹因洞岩至，三辱华翰之及，感悉垂念至意。

近来士习人情、纪纲法度，似觉稍异于昔，实自小疏发之。然忌我者，亦自此始矣。念既已身荷重任，义当直道正言，期上不负天子，下不负所学，遑恤其他！执事久困流言，今公论稍定，赐环有期矣。

答宪长宋阳山

自丈从闽中解归，久不闻问，然此心实不能一日忘也。

比者，激于时弊，不得已妄有所陈。近来士习人情、纪纲法度，似觉有异于昔，实自小疏发之。然公以亮节弘才，久困流言，仆不能刷而振之，蔽贤之咎，必不能逭矣。别楮所云，往亦略闻其概，行当与李石老图解之。谱帙实已遗失，有便，再寄一通，当践宿诺也。

与蓟辽总督

蓟中事，公所指画，咸极精当，本兵一一题覆。初亦有一二异同之论，仆据事理譬解之，今皆帖然矣。

戚帅复总理，不载议中，谅公有难言者，已据部疏，拟特旨行之。即有言者，无足虑矣。但乞谕意戚帅，努力功名，以答群望，仆亦与有光焉。

与两广总督

贼起已有端，公不待其溃裂而早图之，策之得者也。此中是非甚明，无烦自白。今南方之事，一以托公，幸益殚忠猷，以慰舆望。乞身之举，非所敢闻。

与广西巡抚

惠州之变，传闻甚骇，广事猖披至此，日夕怀忧。带川至，幸与之熟计。积弊之余，非破格整顿，恐不能济。有当言者，宜即疏闻，仆当从中力赞之也。新任陈宪长名瑞者，颇练南中事，公试与筹之，何如？

寄太宰吴望湖

知贤而不能荐，去而不能留，孔子所谓窃位者也。公虽欲遂其高志，仆辈将何以逃窃位之讥哉？其恳留公者，不独以为国家，亦以自为也。

与蓟辽督抚

蓟事仗公雄略，有渐振之势，慰甚。入卫之师，疲于奔命，人人以为不便，然而终不可裁者，势诚不能也。大疏已明，无容复议。

戚帅不知近日举动何如？折节以下士夫，省文以期实效，坦怀以合暌贰，正己以振威棱，乃渠今日最切务也。相见幸一勉之。

与两广熊督抚

惠州之变，或言城已陷矣，游声噂沓，至不可闻。仆日夕以此为忧。顷得捷音，无任欣慰。至于不自为功，而归之虔镇，尤见无我至公，然公之功亦自不容掩也。陆寇既除，自此可专意海上。带川至，幸与之熟计。事有当言者，宜即疏闻，仆当从中力赞之也。新任陈宪长名瑞者，颇练南中事，试与筹之，何如？

答奉常刘小鲁

辱翰示，知道从已至留都，慰慰！公雅致高怀，仆所深谅。昨曾见台告归提督有缺，铨司欲拟公调补，仆再三力止之。盖知公之不乐骤徒，用成高致焉。有便，可致书于选君谢，且止焉可也。

区区浅薄，无补于时，欲去不能，欲留不可。又值老母南归，情怀愈恶。人旋附此。

答云南巡抚陈见吾

远辱翰贶，感荷厚情。滇事部覆具如尊指。但通道马湖，蜀中士大夫咸以为未便。俟其论定，当有处也。

与蓟辽督抚

承示，虏贼聚兵，及三路入犯，恐属未的。何者？虏若大举，必不止于八千一万。审欲大举，亦必匿形敛翼，岂肯以三路之说明告于人？且今天气渐热，虏马已弱，零骑往来，虽保必无，若欲深入，恐非其时。虽然，不可不过为之防也。已告于本兵，俟有的报，即行调遣。

仆近访得蓟镇军粮，有关支于一二百里之外者，士卒甚以为苦。夫以数口之家，仰给于一石之粟，支放不时，斗斛不足，而又使之候支于数百里之外。往返道路，顾倩负戴，费将谁出？是名虽一石，其实不过八九斗止矣。况近日又有"抚赏"、"采柴"等项名色，颇出其中。如是欲士皆饱食，折冲御侮，能乎？闻旧制，各区随在皆有仓口，该官守支。今各仓廒或颇圮坏，而其制犹有，其官犹在。独不可并廒修理，就近坐派乎？此事不必疏请，但与管粮郎中一计处可也。

与蓟辽督抚

向有人告仆云，戚帅求望太过，志意太侈，虽公亦甚苦之，故仆以为问。今奉来教，知昔之所怏怏者，徒以削其总理旧衔耳。今既力为光复，更将何求？近屡得渠禀帖，极为感奋，颇务收拾人心，渐图实事。仍望公时时教督之。虽然，仆何私于戚哉！独以此辈，国之爪牙，不少优假，无以得其死力。今西北诸将如赵、马辈，仆亦曲意厚抚之，凡皆以为国家耳。缕缕之忠，惟天可鉴。若此辈不为国家尽力，是负天矣。

郭琥之贤，诚如来教。即召至，面谕以公相知之意。嗟乎！人诚难知，知人亦未易也。

与应天庞巡抚

辱示条议，凿凿可行，敬服，敬服！国用出纳之数，计部每季具题，岁终又总报，虽未会计成录，而其数亦明，但朝廷未尝加之意耳。今边费日增，计每岁所入之数，尚少银百四十余万两。民力已竭，费出无由；日夜忧之，不知所出。奈何，奈何！

公峻节清望，冠冕一时。顷大察，虽有一二欲肆流言，而竟无间可入。精镠在冶，百炼愈光。愿公自信益坚，勿起疑障也。

与湖广巡抚

屡辱翰示，已一一具复。近闻施州兵备，决当裁革，乃李金宪亦自以为当裁，则舆论可知也。部中已停缺不补。幸早具议，以便题覆。

答湖广雷巡按

辱翰示，知道从已临楚地，无任欣慰。兹有一事请教。施州兵备，旧无此官，偶以邻境小寇，谩尔增设。今地方事宁，此为剩员矣。夫官多民扰，供亿费烦，姑未敢论。且分巡荆南道，原控制蜀之瞿塘，如得其人，何事不举。乃舍其专职而另设官，于事体便乎否也？今李金宪已升铨部，停缺未补。俟两院具题，即议省矣。惟裁之，幸甚。

与蓟镇督抚

西北边患，无大于板升者。朝廷宵旰西顾，屡厪谕问。仆辈谬膺重寄，主忧臣辱，不敢不以为虑。但审彼量己，图之甚艰。又前奉翰教，谓道远隔河，难于进取。妙算盖筹之已熟，即赵帅亦自谓难图，故不敢复言取之之计。

独招降一节，元年诏书，如李自馨等，明许其归顺。又本兵题准赏格，及近日见行事例，皆布之遐迩，传之房中，非所谓始祸而开衅也。昨偶因赵帅以李自馨手帖见寄，窃以为自馨等来归之意，其诚伪固未可知，但朝廷有诏招降，则又不可谩然不为之所，故面付赵帅，使密图之。且戒之曰："受降如受敌，不可轻忽。"盖正恐其轻举妄动，而堕奸人之计也。

　　兹奉来教，无任惶悚。阃外之事，书生不敢妄谈，亦不敢遥制，惟公熟计之。若果出于至诚，因其来归而抚之，惟命；审其不诚，而闭关以谢之，亦惟命。惟求以便于国家而已。

与司成胡剑西

　　别来不觉再稔，眼前世局，凡几变矣。平生胶漆，或化为戈矛；大道康庄，皆鞠为榛莽。其中情态，难以尽言。数月以来，委曲斡旋，乃得宁帖。然其为力也劳，而其心亦甚苦矣。知己辽邈，谁与晤言？怅怅！

　　丈远避流言，淹栖林壑。大察之后，公论昭然，谅非久必有处也，旋当为丈图之。

答欧少卿

　　辱翰示，领悉。时属休明，众贤励翼，方欲搜遗佚于岩穴，以共图治理。况高节雅望如公者，可使之淹留林壑耶？大疏部已案候，雅志终不能遂，幸惠然肯来，以慰鄙念。

答涂巡抚

　　闽中捷报，在蒋伯清失事之先，言者不察，道为訾诋。比来公议甚明，朝廷方精核名实，以劝有功。即谤书盈箧，终不为动也。愿公自信，毋虑。

答王巡按

辱翰示，领悉。纪功之差，鄙意甚不欲之。乃贵院堂公持之必行，而同事者主其说，又即以畀公。皆非事体，非公心也。待地方稍宁，生当独奏省之。

答凌参政

辱示条议，凿可底行，容与当事者酌处之。

戚之声名，虽著于南土，然观其才智，似亦非泥于一局而不知变者。且既已被镇守之命，有封疆之责，岂宜别有注画乎？今人方以此窥戚之衅，恐不知者又将以为口实也。公如爱戚，惟调适众情，消弭浮议，使之得少展布，即有裨于国家多矣。

答施兵宪

辱示江汉地图，公轸念民患，加惠荆人，甚厚甚厚。堤工告成，地方百世之利也。仆为邑子，谊当纪述。重以汝泉公之命，岂敢以不文辞！时下薄冗，稍俟从容，即勉成请教。

与蓟镇巡抚

近来，边臣人思奋励，而宣、大二镇督抚将领，尤为得人。仆以浅薄，谬膺重寄，其于该镇之事，苦心积虑，虽寝食未尝忘也。奈何人心不同，议论不一。如马、赵二帅去岁出塞之功，实数年仅见，即破格优赏，岂足为过？而人犹有议其功微赏厚者。本兵遂惴缩疑畏，而不敢为之主。其掩春防之功，抑王公之请，咸以是耳。

一二年来，言者率云"责实"、"责实"矣，而又不明赏罚以励之，则人孰肯冒死犯难，为国家用哉？辱教，容与本兵议之。督、抚宽洪持重，王公明达敏练，马之沉勇，赵之才气，皆仆素所敬信者。文武辑睦，事乃克济。不知云中事体，得如宣镇否也？

与魏巡抚

遏虏之功，大于斩获。往者本兵淆于群议，功赏不明，乃仆辈亦有过焉。惶愧，惶愧！兹者，斩馘至百数十级，近年以来所仅见者，文吏又可以法绳之耶？俟核勘至，当请旨优录，兹先行薄赉耳。

与两广督抚

惠州之战，非赣兵往援，则广事不知今作何状矣。自公镇黔之后，巢贼喙兑慑伏不敢动，乃邻封亦藉其威望，用成大功。嗟乎！图治之要，岂不在用人哉！闻捷，不胜喜慰。

答蓟抚朱龙冈

云中开府，近鲜其人，借公之重，移而镇之，实出于李石翁与仆之意。方欲为国家抡才，故未遑为交游择地也。愿益展宏猷，以副群望。赵帅才勇，公所素知。重镇大将关系不小，望公之垂盼也。

与荆州赵知府汝泉

前老母、舍弟回，及西石家人去，两启驰候，谅俱入览。顽奴不知已擒获追并否？望速为处分，翘俟，翘俟。

新任刘尹，志行甚佳，且高成有干局，必堪厥职。但县事废弛已久，厘振似当以渐。望公曲赐教掖，假以岁月，俾得从容料理，庶可责其治效也。

答朱巡抚

辱示条议，皆凿可底行。至于罪人就近发戍事，尤足兵良策。此不独贵治，即近边诸省，皆可行也。

与蓟辽督抚王鉴川

承谕，失事官军不必提问，径付军门处治。知公微意，欲借此以申军令也。即谕意本兵，必如所请。

近巡关访拿南兵，闻其事已往，且经戚帅重治，何又为苛求如此？闻该道误信一二属官之谮，多方罗织，务在挫辱之，使不得有为。果尔，蓟事终无可振之日矣。望公与抚台曲为一处，庶阃外之事，得少展布也。

答两广总督刘带川

伏读大疏，贼已在目中矣。但广中人情多变，将领利于养寇，奸民乐于从贼，此逋寇所以得游魂海上也。愿公留意焉。

所请已如命。借发南部银五万两。计先后奏留及内帑所发，各省所偿，不下四十余万。仗公雄略，似亦足以办此矣。如再不敷，又当措处。群情喁喁，伫闻凯捷，以舒宵旰之忧。

答浙抚谷近沧

两承翰示，领悉。武备弛而财用乏，文武将吏，虚文塞责，此不独浙中为然。朝廷方欲综核名实，以兴太平。奈何积习成风，因循难振，此在司风纪者，一加之意耳。

顷闽、粤驿骚，患将及浙。预防之策，兵饷为急。乃往者，抚台每一人至，即奏请蠲贷，徒为节省之名，不思干济之实，脱一旦有急，帑藏空匮，当其时能不征派于民乎？此务虚名而贻实祸者也。昨敝乡周道长至，亦曾以此告之。须两院同心筹画，事乃克济也。

答督学曾确庵

承示大阅事，诚为要论。今武备废弛如此，不及今图之，则衰宋之祸，殆将不远。仆于此事，颇殚心力。乃昨南科有疏，又以此非急务。今朝野喁喁，方谓朝廷举希旷之典，九边将士，亦莫不扼腕而思奋。而此君乃独持异议，人之识见，相去岂不远哉！

远贡事，不知各郡已遍试否？此与岁贡不同，但求得俊，不必取盈。近例甚严，昨楚中已黜四人矣。若诸郡尚有未起送者，幸严加甄别，合诸郡之士而试之，优劣乃见。惟其人不惟其地可也。

答陕抚王鉴川

关西三献捷音，斩馘逾百，实数年所仅见者。仗公雄略，分陕得人，朝廷无复西顾之忧。今诚欲兴文武之业，岂不在择任贤俊哉！功高而赏薄，尚当有待也。

与楚学宪胡庐山

敝省文宗，借重高贤。命下之日，舆情称允。惟公遵养已久，亦宜及时效用。幸早戒行，以慰群望。昔也倦翼知还，今也无心出岫。时行时止，无意必焉可也。

与宪使罗月岩

令舅翁转示华翰，雅爱至情，蔼然盈楮。仆以寡昧，谬膺重寄。一念惓惓许国之忧，实不敢上负明时，下负所学。昨者，疏陈万不得已。然知者以我为忠；不知者将为炫己而先人也。其苦心处，惟镇山公知之，难以尽言。

比者之议，虽为极枉，然宿嫌旧怨，亦借此而宣泄。比已借重东省，骅骝属路，从此皆康庄矣。愿早戒行，以慰鄙望。

答福建涂巡抚

顾监丞至，得所惠《文苑英华》一部，感悉厚情。

闽船闻已出洋，广中亦渐次第，计海丑不日荡定矣。夹剿虽事关两省，而公之劳勚为多。伫听捷音，以慰舆望。

答南太宰吴望湖

大疏简切温厚，深得大臣告君之体，而"召对"一节，尤为当今急务。此事仆辈亦屡次入告，未荷允行。若此关不启，治平未可望也。奈何，奈何！

答魏巡抚

往与李选郎谈当今人物，语及于公，漫有云云，诚望公之切，为虑之深，故不觉其言之过耳。乃公不以为罪，辱垂虚纳，惶愧，惶愧！

咸场之捷，本属奇功。本兵守文，复欲行勘。俟勘至，当另议优擢。往者薄赉，岂足酬哉！

答吴操江

比见浙中亦有警报，吴、越接壤，桑土之防不得不预。大疏，本兵已即具覆。又借重暂行抚院事，东南有赖矣。

答蓟辽刘督抚

辱示，麾下暂驻广宁，俟兵船俱集，而后乘之。所谓"始如处女，敌人开户"者也。贼虽未破，吾已见胜征矣。

选调浙兵，即具覆允行。但浙中议论苦于调发召募之扰，倘五千人足办此事，似不必复求更代也。兵难遥度，惟公裁之。

答司知县

两辱华翰，俱悉。但九江胡兵宪，原未入京。区区素不识其人，实亦未尝托之，不敢市德于执事，恐为人所诳也。近来外间盗窃名字者甚多，后有此等事，宜严加审核。

答荆州赵知府

顽奴犯法，致烦尊虑，惶愧不可言。据招承之词，似已明实。今欲正法，必申呈两院转达，乃事体也。但当时发觉此事，止令锦衣卫缉拿各棍，原未送法司问理。盖以所骗之人，乃一士夫之子，以愚被欺。若欲送问，则受财与请求之人，于例俱当发遣已。既不能禁戢其下，又因而连累他人父子前程，心有所不安耳。今止二棍监在锦衣卫，待此归结。窃意谓不必申呈两院，但求一印信揭帖，并招词、原赃，差人径送与仆。即将来文、赃发与该卫，立案归结，二棍亦就卫中处治，免送法司也。此既不伤潘氏父子前程，亦不经由许多官司，留此形迹也。

仆以浅薄，谬膺重任，日夕检点此身，思以率先百辟。而顽奴乃敢故犯宪条，孽本自作，死不为枉。幸为速除之，以警其余。揭帖中开明已监故可也。其赃银必解来者，盖以二棍见其口词、赃物，乃肯输服。且仆之心迹，亦俟此而后明。今各省抚、院两司，印信关防揭帖，论公事者甚多，固不拘于公移体式也。鄙事烦琐，屡渎尊严，愧悚无已。

与分宜尹

闻故相严公已葬，公阴德及于枯骨矣。使死而知也，当何如其为报哉！

与刘进士禹谟

别后一辱记问，感荷厚情。儿辈得奉教于门下，幸甚。比来颇知奋励，不敢废业。

谢君选期，当在八月。度其名次，当得内除。但既授职，则自有官守之责，不得专精于教督矣。窃思执事大事既襄，读《礼》有暇。且忆前别时，亦曾有接馆之约，不知终爱否？便中专恳，幸惟亮之。

答凌参政洋山

惟公宿望宏猷，久淹藩服，旦夕且当有大畀于左右，雅志高怀，决不能遂也。

辱示蓟事，咸中机宜。谭公、戚帅殚忠效实，人罕知者。赖公委曲调护，裨益宏多。节得西报，虏酋尚未回巢。东虏势孤，或亦不能大举。若隘要处墩台已就，秋防谅保无虞。需以一二年，守备渐修，士气稍振，即可议战矣。奈何人心不同，好生异议，阻坏成事，殊可恨耳。

答闽抚涂任斋

海贼挟倭奴为患，闽中之讯，欲牵我师。仗公雄略，咸就歼夷，从此并力海上，荡定之期，匪朝伊夕矣。慰甚，慰甚！懋赏酬功，朝廷自有异典，孰得而掩之哉！

答中丞孙淮海

辱惠佳刻，略读数种，皆入玄造奥，含菁咀华，且其议论不诡于圣人。向也吾见公之貌而已，今乃得窥其深矣。苏氏有言："千金之富，卿相之贵，苟非天之所与，求一言之几乎道，不可得也。"公以涉壮之年，早窥道域，天所与也。愿勉旃自爱。

归见令叔虑吾，证以山中所得何如，恐当远逊阿戎矣。

答中丞李沽渠

辱华翰，谂麾从已临节镇，慰慰。云中迫邻虏境，比年主将非人，边备久弛。近得赵帅，稍觉改观。公资其雄略，授以胜算，虏不足虑矣。

答漕河督抚

淮、徐困敝已极，岂堪重罹大灾！惟幸新渠安流，漕艘无恙。然吾元元之众，辛苦甚矣。赖公经画有方，劳来安集，得以少舒朝廷南顾之忧。慰甚，慰甚！大疏，一一覆行。

答中丞谷近沧

近来考课不精，吏治日敝，去岁曾一疏陈之。而人皆溺于故常，务为姑息以悦下。今实行者，惟见公之论先尹而已。方今干蛊之时，非加意综核，不足以振敝维风。公之此举，其有裨于治道不浅。敬服，敬服！

前所控者，不知其人已获否？便中附及。

答总督谭二华论任事筹边

筑台守险，可以远哨望，运矢石。势有建瓴之便，士无露宿之虞。以逸待劳，为不可胜，乃策之最得者。其利害长短，亦不待智者而后知。奈何世间一种幸灾乐祸之人，妒人有功，阻人成事，好为异说，以淆乱国是。又幸天下之有事，而欲以信其言。闻者不察，从而和之，数月纷纷盈耳。仆随事破妄，因机解惑，舌几欲敝，而唇几欲焦矣。近来稍稍宁帖。昨巡关出，亦曾与之极言其利害，又故以他事奖之，而使之知所向往。自此之后，异议者谅无以鼓其喙矣。

公之忠赤劳勚，人虽不尽知，我祖宗在天之灵，必阴鉴之。愿坚持此心，保无他虞。仆在此一日，必为国家肩一日之事。今人心不同，趋向靡定。百尔委曲调御，仅得少济，终无能大有建明，其苦心极力处，有不敢为公告者。亦惟仰祈我祖宗在天之灵，鉴此款款耳。

西边屡有侦报，虏酋未回，目前或可无事。再假一春宁谧，则紧要墩台，皆已竣役，即可议减客兵一枝。然此须自公发之为妙。且看明春事势何如，再作商量也。大疏所陈，计虑深远，规模闳阔，非争逐于刀锥者可望，已下部议覆。但人情玩愒已久，虽有良法美意，不肯着实举行，一切皆成故纸，殊可恨也。当此干蛊之时，不稍行综核之政，恶能之哉！

戚帅久不闻问，不知比来何如？辱翰示之及。谩尔具复，不悉欲言。

答两广总督熊近湖论广寇

数年剧贼，一旦就擒，仗公雄略，收此奇绩，斯朝廷付托得人之效也。功高赏懋，国家自有彝典。本兵方按故事奏凯论功，嗣容专贺。

窃以为灭贼固难，善后尤难。盖广之劻勷非一日矣，数年以来忧在曾贼耳，未遑他图也。今鲸丑虽已就戮，而奸民反侧者，尚怀观望；山寇陆梁者，伺我疲劳。海防久废，法纪未张；吏不恤民，驱而为盗：此皆酿祸之根，未可遂谓宁帖也。且张琏擒而吴平继之，吴平歼而曾一本继之。往事失策，可为炯鉴。

为今之计，似宜乘战胜之余威，藉兵饷之少裕，急将海防事宜，严加整饬。如林道乾辈，既为良民，便当遵吾约束，涣其群党，厘其宿弊。如怀疑贰，即可名之为贼，因而除之。仍当于沿海一带，分区设寨，修饬兵船，严申海禁。又广中原题，设六水寨，今宜选谙习舟师，分任责成。至于山寇，乃坐守虏耳。胜兵往加，势如破竹，亦宜歼其渠魁后，乃可议招抚。

区画已定，然后简汰有司，一意抚辑。所谓乘威之后以行惠，则惠尊而民悦，此数世之利。若狃于一胜，遂谓无事，而姑息以求安，窃恐乱本不除，余毒再作，终当复劳尊虑耳。

万里之外，事难遥度，第以管窥质之左右，公其采而行之，幸甚。

答杨兵宪

近边兵宪，待次抚台。比者借重，实遴选也。愿益展猷为，以需崇简。

蓟事不振久矣，顷虽加意整饬，蔑闻实效。弊在人心不一，论议烦多，将令不行，士气难作。此虽督抚将领之责，然司道实分任其事，幸公留意焉。

答蓟镇戚总兵

广事自区区力主夹剿之议，及请发帑银，先治海贼诸事，人皆未以为然。今偶得成功，幸也。但善后之图，全在督抚。烦所示者，悉中机宜，已即授之于熊巡抚矣。

与漕河督抚

敝省改折漕粮三万石，原因荆州左卫移调显陵，该卫运船洒派江西，无军无船，其势不得不改折，非暂因灾伤蠲免者比也。昨该部不查缘由，议复本色。

窃以为欲复本色，必先造船，又议拨军。今湖广一省军卫，除边方守御外，大抵皆为运卒矣。今欲增拨，将何所出？造船既费不赀，拨军重行劳扰，而所复本色，不过三万石。况京军月粮，近亦本折兼支，则改折事体，亦为两便，又何必拘拘以复本色为哉！今当下贵衙门查议，惟公留意熟计之，幸甚。

答两广总督熊近湖

前承关去，妄有所陈。管窥之见，聊以助公一筹耳。兹辱翰示，欲以贵恙引去，大失鄙望。炎荒勘勚，使公独劳，仆辈亦何尝不以为念！但善作贵于善成，克终乃为有始。万一代公者不得其人，致隳前功，则公之盛美，毋乃亦有缺乎？

大疏，部已案候。愿勉思国家大计，慎医药，厚自持，以副群望，幸甚。

答司空林退斋

近见南中骆掌科疏，始知公所以屡疏求去之意。虽然，世之所望于大人君子者，固以其弘济于艰难也。古人迂身善君，不洁其名。愿勉抑高怀，以副群望。

答闽中涂巡抚

广寇遇闽师而奔，势穷力惫。折腰之兔，虞者得而置之。论其功阀，自不可同日而语。但以两省事体，不得不均处耳。功高赏薄，即鄙心亦深歉焉。

答广中督抚

辱华翰，领悉。不用斗粟片甲，而使积年逋寇，皆束手归降，买犊卖刀之化，不足以媲美矣。慰甚，慰甚！

赣兵援广，聊以拯一时之急耳。向此中有欲议留蔡将者，仆力止之。今广寇渐平，不容再借矣。

答方巡抚金湖

惟丈雅望雄才，久困盐驷。兹者诸公之举，实出舆议之允。正人登显，国家之幸也。贼入应州，据报四万，实不过一二万。两镇之兵并力蹙之，谅不敢深入。但房居塞外者尚多，宣镇空虚，殊为可虑。丈宜与继津公熟计，严为之备。

答施兵宪

辱别教，领悉。往者，部拟推升，稍有一二间言。后访之郡中士民，咸切倾戴，其议即息。公更勿以此介意，但委心任理，仗大公，履至正。至于道之通塞，有命存焉，决非人所能为也。今人心叵测，时事艰难。遇事则委难以责人，事平则抑人以扬己，诚有如来谕者。至于居上位者，一有为国家任事之心，尤不免于人之相议。捧诵至此，再三兴慨。嗟乎！此正仆之茹苦而不以告人者也。然仆之所以自处，则亦惟委心任理，仗大公，履至正，而以通塞付之于命耳，将奈何哉！辱以仆为知己，故敢尽其区区。

答南司徒马钟阳

惟公昔在司农，仆忝胄监，以官曹之伊迩，幸得时时瞻仪范，奉清论，盖倾向者久矣。比者，主上留心国计，召公于留京，委以重任，舆情喁喁，方以得人为庆。乃公独眷恋慈闱，浩然长往，既违鄙愿，又孤众心。询知来使，言太夫人福履倍增，公亦静摄愈胜。不知承欢之暇，亦尝以主恩士望为念否乎？

仆因缘际会，谬参重寄，深惟寡昧，无补于时，惟有荐贤一念，庶可报塞于万一。而今海内名流，适于当世之用，实未有逾于公者。此惓惓之愚，所以结注于左右而不能已也。

李帅功名，著于闽中，既与地方相安，何必又为更置！辱谕，俱领悉矣。

答张庐山

往铨部问可为督学者，仆妄以己见，列足下及海内名士十余人以应之。今皆次第登叙，独足下尚滞簿书之任，然或又以足下之才器，即宜界以重且大者，不必更烦于文墨间也。幸努力自爱。

仆寡昧，窃抱敬贤之心。居常所推毂天下士甚众，然而皆不欲人知，敢以口惠市德于足下哉！致烦遣谢，深以为愧。人旋，草草附复。厚惠概不敢领，辄用归璧。统惟鉴原。

答督抚魏确庵

公之情悰苦切，西石已备言之。顾以疆事孔棘，不能从命耳。兹奉来教，即白之太宰，徐当为公处。

答督抚王鉴川

诸镇斩捕首虏几二百级，自来出塞之功，未有如是之奇者。宜破格录叙，以风诸将。而人之所见，乃有大不然者。其时仆偶以病出沐，不获与议，径从薄赉。然公论皆以为未允，俟勘疏至，尚当有处也。

答南司徒张华峰

仆以孤直，不能徇俗取容。谬当鼎轴，为众所忌。闻公以舍亲陈道长在南中，密为护持，感戢洞于心膂。然知公此心，非独私于仆，为世道虑也。今岁南北俱水，闾阎嗷嗷。此中隐忧伏祸，又有不可胜言者。

仆以寡昧，秋毫无补于时。而拙直之性，又不能浮沉和光，以保荣禄。惟当引去，庶可逭责耳。

答宪长杨晴川

辱示城守保甲事宜，皆地方切务，但患有司不能着实奉行耳。须屡省详核之，庶不徒为文具。近来蓟事，视昔何如？当事诸公，经略亦有次第否？今岁虽幸宁谧，来年尚有可虑，诸公为备果足恃否？便中，更望密示。

答蓟辽总督魏确庵

辽左重镇，正仗雄才，乃西石道公中款恳至，不得已勉从所请。然区区之愚，于交情虽笃，而为地方计则疏矣。行矣，强食自爱。墨子之突，恐不及黔也。

答中翰张后湖

辱揭示，领悉。疏当案候，春初戒行可也。令先翁之谥不称其行，公评咸以为歉。昨已致书雷院，求为具题请改矣。

兹有一事敬问掌记。先年张文简公曾得内阁所藏《册府元龟》一部，其后文简公卒于京邸，其仆即将此书于部前货卖。令先翁识其为阁本也，赎而藏之于家。尝语区区曰："吾欲将此书仍送内阁，以完先代之宝，何如？"仆时起贺曰："幸甚，此义举也！"无何，而令先翁亦逝，竟弗克践其言。今忆此书必无恙也，仆欲倍价奉赎，仍归阁中，以卒成先公之志。惟执事其幸许之。夫此一书也，文简得之，令先翁赎之，至仆而还之，三更张氏，皆楚人也，将以媲于古之左史倚相能读《坟》《典》《丘》《索》，不亦美乎！（按：文简公，石首张璧；中翰先公，茶陵张治也，初谥文隐。）

答辽东巡抚方金湖

辽左重镇，仰仗雄才。简命自天，允孚舆论。在仆私衷，尤为欢忭。云中赖公秉持公议，闻燕院近亦洞豁无苛责，皆公调停之力也。

答山西按院饶成山

远辱华翰，知旌节已临三晋，慰慰。虽谕云云，深感至爱。太宰为人所倾，殊可叹愤。喜高老起用，素在同心，世事尚可为也。

答湖广按院雷信庵

屡辱华翰，深荷远情。龙湖老先生改谥事，即辱允俞，存没衔感。闻荣满届期，代者拟是遵化陈君。此君沉毅敏达，可继公后。敝府太守，代赵者王君，亦佳士也。地方有赖矣。

答辽抚方金湖

辱教，知旌节已东，无任欣慰。辽左虏警，多在春间，防御之策，所宜预图。

二帅更换，原非鄙意，但议者以彼中镇巡颇不相能，欲借曲处之耳，议尚未定。辱示，俱见留念边镇至意。

又

适借东藩，又移西镇，诸老之意，仆不能违。所喜马帅素辱知遇，文武辑睦，边方之幸也。初春已闻有小警，愿遄发征旆，以慰将士之望。

答湖广抚院刘唐岩

承差至，辱华翰，领悉。监利贼首既已首服，自宜宣布威信，许其自新。土司仇杀，虽其恒态，但至于劫质卫官，则事体重大，必须会题。惟不宜轻调兵动众，俟从容以计取之。幸责成该道兵备，于军卫有司中，选有智略知兵机者，专任其事。或计诱相近土司，伺便图之可也。

去岁敝县逋欠漕粮甚多，荷台下曲处，其有德于地方甚厚。但借过藩司粮银，亦宜补还也。

答荆守徐太室

辱华翰，感戢厚情。惟公卓行宏才，久淹外服。属者，楚中学宪缺，拟借重。而铨曹以公资望既深，且夕将畀以重且大者，不欲更以文墨相烦。而不知公之标格蕴蓄，于此更为宜也。

老亲家居，深荷垂念，衔感无任。

施州土官事，前已其复。顷科中以为言，生瞽之金岗事情，与四川都蛮不同，故部覆亦其圆活。大抵需以岁月计，处之自定。

答闽抚熊北潭

比闻山海余孽，尚尔纵横，知公筹画为劳。乃其用兵次第，则宜以海寇为先。浙兵既到，宜及其锋而用之。若屯聚坐食，无他奇道以取胜，使山贼得乘吾之懈，非善计也。

答楚按院雷信庵

比者，旌节按行荆南，辱枉顾敝庐，兼承厚贶，感荷，感荷！

辱教，江堤经始，群盗解散，在仆得免乡里之忧，黎民咸获安恬之利，公之造福于楚人，所宜世世而俎豆之者也。差人旋，草草附谢。感仰之私，万不悉一，统惟亮存。

卷十五　书牍二

答应天巡抚海刚峰

三尺法不行于吴久矣，公骤而矫以绳墨，宜其不能堪也。讹言沸腾，听者惶惑。仆谬忝钧轴，得与参庙堂之末议，而不能为朝廷奖奉法之臣，摧浮淫之议，有深愧焉。

答蓟镇巡抚

虏马弱矣，乃敢蓦入塞内，游骑往来，乍进乍退，此必诱我也。马帅坚壁威、平，遏其东犯，甚为得策。致之平川，出其不意，以夜取之，必获志焉。但恐我力少备多，不敢轻动耳。计此时当已退遁，即无斩获，马帅之功，仍当优录。幸与察院一计之。

答蓟镇抚院王鉴川

辱翰示，知已得代，东征有日，无任欣慰。

虏马南牧，自春涉夏，诱我遄逃，扰我稽事。彼能多方以误我，而我竟不能出奇以制之，边将可谓无人矣。今秋之事，深为可虞。望早发征麾，豫缉雄策，以副明主倚重之意。

大疏所陈，事事据实，皆可旋至而有效者。即寄语西石公，经略既定，惟当遵行约束，守而勿失可也。

答藩伯施恒斋

声容盛而武备衰，议论多而成功少，宋之所以不竞也。不图今日复见此事。仆不度德量力，欲一起而振之。而力不从心，动见龃龉，茹荼怀冰，有难以言控者。唯当鞠躬尽瘁，以答主知而已。其济与否，诚不可逆睹也。

辱华翰，劳问勤渠，深荷道谊真爱。

答楚学道胡庐山论学

承教虚寂之说，大而无当，诚为可厌。然仆以为近时学者，皆不务实得于己，而独于言语名色中求之，故其说屡变而愈淆。

夫虚故能应，寂故能感。《易》曰："君子以虚受人。""寂然不动，感而遂通天下之故。"诚虚诚寂，何不可者？惟不务实得于己，不知事理之如一，同出之异名，而徒兀然嗒然，以求所谓虚寂者，宜其大而无当，窒而不通矣。审如此，岂惟虚寂之为病？苟不务实得于己，而独于言语名色中求之，则曰致曲，曰求仁，亦岂得为无弊哉！愿与同志共勖之也。

答蓟镇督抚计边镇台工

台工之议，始终以为可行、确然而不摇者，惟区区一人而已。辱示云云，近来会士大夫，未尝不一一为譬晓。但今人任事者少，识事者尤少。任事者，真见其事理之当为，而置是非毁誉于不顾。不识事者，未睹利害之所在，而喜为款言臆说以炫名。两者相与，宜其说之哓哓而不可止也。世事如此，可叹可虑。

昨部覆兵科疏，尚欲下督抚议。区区再三晓以顷总督疏，台工限已宽矣，赏已并矣，大工垂成，奈何终止？既不可止，又何议为？徒使任事者疑畏而自阻耳！部中因予言而止，覆词颇亦分晓。会军门可达此意，勿生退悔。

今年虏情可虞。闻镇中哨夜，亦有得至虏帐中者，想得其的耗，幸密以告我，当秘之不泄也。

答蓟镇抚院王鉴川论蓟边五患

辱华翰，知已建牙誓众矣，欣慰。临淮一至军，而旌旗服色皆为改观，岂独其法严哉？盖亦威望素著故也。但此中事情，与关西稍异。虏强，一也。云中北直虏庭，板升叛逆，倚虏为患，二也。士无斗志，惟务贿免，三也。卒惰而玩，将令不行，四也。密迩畿甸，畏避情深。小入，则大虏势以为解脱之地；小胜，则张虚声以邀势力遏之功：积习故套，牢不可破，五也。

夫世必有非常之人，然后有非常之事；有非常之事，然后有非常之功。公所谓非常之人也，五者之患，庶其有瘳乎！愿熟计而审图焉。

答北边抚院孟丰麓

往时总督，当秋防之时，即移驻怀来、云中三关，声援辽绝，议者每以为言。然南山一带，逼近陵京，今复旧制，令督抚仍驻阳和，居中调度，东西应援可也。乃欲尽撤入卫之兵，弃南山而不守，则失策矣。且防守数年，虏中亦知有此径路，一旦弃而弗守，假令虏乘吾之间，以一军缀上谷守将，而以劲卒掩吾不备，当其时，谁任其咎乎？善谋国者，必不如是之疏也。

大疏请兵，亦为得策，但以京师骄脆之卒，使之乘障远戍，恐不堪用耳。容与本兵计也。

答蓟镇总督谭二华言边事

即月三日，得大同密报，言把都儿于月中旬领三十骑来俺酋营，约抢京蓟。俺酋遂率众于二十等日，徙营威宁海之东，调集诸部，日渐东行云云。据此，与公所遣侦探相符，则虏之东犯必矣。闻虏中荒旱，饥疲马弱，诸部东西相牵，必不齐一，或未能深入，然不可不为之备。

今议者咸谓蓟人疲于工作，决不能战。公诚督励诸将，鼓率士气，并力一决，则呶呶之口，不攻自息。其南兵三千，宜置之前行当虏，即有损失，人能谅之。若令北卒居前，而己择利便，则愤怨愈不可解也。

年来困于蓟议，心焉如捣，苦庙堂不能担当，视听疑惑，奈何，奈何！京兵已促之赴镇。本兵懦弱，甚可虑也。

答蓟镇抚院刘北川言分将当虏

顷得谭公书，言各路措画已定，戒备甚严，谅保无虞。但闻虏欲分道入犯，则我之势力自分。曹、墙、古、石，谭公已自任之。马、大付之威帅。燕河以东，愿公当之。胡守仁南人，恐威力不足以制诸将，须公亲驻边隘，督励将士，乃能有功。拒之不入，此为上策。即不幸而入，亦望思为可战之具，因地合营，悬赏励士，乘间觑击，彼亦安能狂逞哉！蓟事经营数年，视此一举，望公留意。

辱示某生所著书，皆根极理奥，匆匆不暇细读，聊取其一二策观之，盖笃志好学君子也。惜其齿暮无以自见，得公为之表章，亦足以偿其平生矣。

与蓟镇巡抚

虏情叵测，无恃其不来，恃吾有以待之。昨已申告蓟人，务以整暇，毋劳扰，毋忘备，但得西警少缓，专意东防。虏虽入，吾据滦河以东，无足忧者。

观公措画，不俟遇敌，已见胜征矣。老酋若果不东，则上谷、云中恐不得安枕。公宜戒诸帅，严为之备。

板升大饥，闻日有南归者，亦可因其饥而招谕之。

与蓟辽总督谋俺答板升之始

贼聚而西，患在云中、晋阳矣。既有的耗，公自不得不西应之。但南山一带尚为可虑，幸留标下一二枝，以东事托之，赵帅乃可专意西防也。近闻土房亦未动，蓟中或可无虞。即有事，蓟人自足当之，无烦西援矣。

外板升一事，望公密切图之。去岁谋之，业已六七分就矣，而为大同守所坏，殊为可恨。今之视昔，则又不同。俺酋老矣，其子台吉，尝切齿此辈，欲尽屠之。乘其危惧之时，招之易耳，此一机也。彼中荒旱饥窘，人思南归，此又一机也。故愿留意熟计之。

今东患在属夷，西患在板升：二患不除，我终无安枕之日。然西事稍易，宜先图也。人旋，附此，以备采择。

答宣大巡抚刘白川

顷据东西报，虏谋皆已解散，过望后无警，则蓟、永之间，可以安枕矣。此虽朝廷有福，夷运将衰，然先声伐谋，屈兵不战，在督抚诸公之功，尤当与杀敌者同论也。

与蓟辽总督谭二华论遏虏争功

宣、大之说，妄诞狂肆，见者无不笑之。其意不过妒蓟人之戒备却虏，欲邀以为功。不知疆场宁谧，国家无事，人臣并受其福，奚必功之自已出耶？其疏不复下部，径批量赏，盖恐部覆又滋口说也。公于此，但宜付之不知，置之勿论。若与之辩析，则又一某矣。

事宁之后，可上一疏，言"今秋虏情，据宣、大初报，十分重大，边臣恐惧无措，躬履戎行，昼夜戒备。赖天威远詟，庙堂指画，西镇之强兵猛将，既有以振其先声；内地之足饷守要，又有以破其阴计。是以丑虏畏阻，自行解散。在我无亡矢遗镞之费，而在彼有奔走约会之劳。臣等待罪边疆，幸免愆戾"云云。不惟不与之争功，反推以与之，彼当嚼舌愧死矣。

恐公闻之，或不免动意，特以走告，统惟鉴裁。

答两广督抚

顷广中士人，力诋俞帅，科中亦以为言，该部议欲易之。仆闻此人老将知兵，第数年以来，志颇骄怠。意其功名已极，亦欲善刀而藏之。论者之言，适中其意。

前闻公以十月进剿，临敌易将，兵家所忌，代者恐未必胜之。且抚按俱未尝有所论劾，乃独用乡官之言而罢之，亦非事体，故止于戒饬。然不知其人毕竟何如？公与同事，必知之真。若果不可用，亦宜明示，以便易置也。

答两广李蟠峰

各处有司，当易者多，但甲科今已除尽，须俟新科。然仆以为良吏不专在甲科，甲科未必皆良吏。若廉其已试有效者，就近更调可，他途亦可也。容即与太宰公议之。

大抵论广中诸吏，宜以操守为先。廉且能，上也；即不能兼，且先取廉者。盖数年以来，广盗之起，始皆贪吏利其贿以致滋蔓。故唐人有送南海尉诗云："此乡多宝玉，慎勿厌清贫。"盖自古以为难也。俞大猷者，毕竟为人何如？便示。

与抚院王鉴川访俺答为后来入贡之始

昨有人自云中来，言虏酋有孙率十余骑来降，不知的否？俺答之子见存者，独黄台吉一人耳，其孙岂即黄台吉之子耶？彼何故率尔来降？公何不以闻？若果有此，于边事大有关系，公宜审处之。望即密示，以信所闻。

答鉴川策俺答之始

虏种来降，虽朝廷有道，能使远人向化，亦公威德所及也。庆幸，庆幸！

顾此事关系至重，制虏之机，实在于此。往年桃松寨事，庙堂处置失宜，人笑之，至今齿冷。今日之事，又非昔比，不宜草草。

顷据报，俺酋临边索要。仆正恐彼弃而不取，则我抱空质而结怨于虏，今其来索，我之利也。公第戒励将士坚壁清野，扼险守要以待之。使人以好语款之曰："吾非诱汝孙来降，彼自慕吾之化，丑彼之俗故来耳。中国之法，得虏酋若子孙首者，赏万金，爵通侯。吾非不能断汝孙之首以请赏，但以彼慕义而来，又汝亲孙也，不忍杀之，且给赐衣服饮食甚厚。汝欲得之，自当卑词效款，或斩吾叛逆赵全等之首，盟誓于天，约以数年骑不入吾塞，乃可奏闻天朝，以礼遣归。今乃肆其凶逆，称兵挟取，吾岂畏汝者！今宣、大人马，非复往年之比，汝来则来，吾有以待之。且闻汝子辛爱，怨汝之爱少妾，溺幼子，诱纳吾中国叛人，疏其种类，旦夕且将杀汝。汝肘腋之患不虞，而何以汝孙为哉！"彼闻此言，未必不动。

又闻那吉之来，皆其奶公主之。其人必有智计，可使人密诱之，曰："我太师知那吉之降，皆是汝意。汝诚识事体，知顺逆者。今太师已奏闻朝廷，大大与汝官职，以赏汝功。但今老酋临边索要，愿进羊、马数千，赎取汝等，得即寸斩汝矣。我太师念汝等慕义而来，不忍利贿而杀汝，任其索取，断不与之。然今有何计，可取老酋之首，除汝等之害者？杀得老酋，即封那吉为王，遣兵送汝等归故地，永为中国藩篱，长享富贵。"渠闻此言，亦未必不动。吾得因其计而图之，亦一策也。

虏之入犯，乃其常事。即其孙不降，彼亦必入，我亦必防。公宜坚持初意，审定计谋，毋为众言所淆。今冬节已深，塞外草枯，彼亦不能迟久。且虏中今岁饥荒，头畜多死；东犯不遂，西抢不成；力罢于奔命，计阻于多歧；众叛亲离，内难将作：此亦天亡之时也。

向者仆固谓世必有非常之人，然后有非常之事；有非常之事，然后有非常之功。此所谓非常之事，非公孰能了之！但那吉数人置之镇城，宜加防范，毋令与外人相通；厚其给赐，毋使复萌归念。续降之人，真虏分配将士，华人各与宁家。亦不宜聚于一处，恐生他虞。书生之见，聊备采择，统惟鉴裁。

再答王鉴川策俺答

降虏事，一如公所议。旨云："且与做去，候旨另用。"皆含蓄未尽。后来操纵，自有余地，在相机行之。

但闻老酋临边不抢，又不明言索取其孙。此必赵全等教之。诱吾边将而挑之为质，伺吾间隙而掩其所不备。愿公戒励诸将，但并堡坚守，勿轻与战。即彼示弱见短，亦勿乘之。多行间谍以疑其心。或遣精骑出他道，捣其巢穴，使之野无所掠。不出十日，势将自遁，固不必以斩获为功也。

蓟镇援兵，已有旨掣回西防。冗中草草，统为鉴裁。

与王鉴川言制俺酋款贡事

降虏事情，廷臣初意纷纷。然庙堂论定前，已独闻于上，然后拟旨处分。阃外之事，一切付之于公矣。乃昨承翰教，似与初指少异，闻者疑之，异议稍起。仆窃计公发书时，尚未见今日之旨也。

承教，谓宜乘老酋欲孙之急，因与为市，诚然；但朝廷纳降和戎，须自有体。今既与之以官，即为吾人。若谩然而纳之，率然而与之，事属挟取，迹同儿戏，损威伤重，取轻外夷，非计之得者也。据巡抚差人鲍崇德亲见老酋云云，回时又令自拣好焉。其言虽未必皆实，然老酋舐犊之情，似亦近真。其不以诸逆易其孙者，盖耻以轻博重，非不忍于诸逆也。乳犬驽驹，蓄之何用？但欲挟之为重，以规利于虏耳。今宜遣人先布朝廷厚待其孙之意，以安老酋之心。却令那吉衣其赐服绯袍金带，以夸示虏使。彼见吾之宠异之也，则欲得之心愈急，而左券在我。然后重与为市，而求吾所欲，必可得也。

仆料老酋此来，决不敢抢。东贼之入，非其本心。昨已密授方略于方公、赵帅，计此时想已出边。若诸将肯并力一挫之，则黄酋不敢复入，而老酋之势自孤。计利图便，阴阳开阖，在我自有胜算矣。或虑虏久住不退，兵连财费者，此不揣于利害者也。今日之事幸而成，即可以纾数年边患，其所省岂直数十百万而已哉？而又何惜于目前之少费哉！恐公为众议所格，措画少失，遂弃前功，故敢陈其愚。

又

顷有妄言者，已奉宸断黜之，此中更无异议。但此事关系重大，须处置得宜。操纵在我，上不失朝廷之体，下可获柔服之利，乃为胜算也。

来教有授使口词，及虏中来语，发缄无之，想忘付来使也。虏使以二十日发去，计今想已得其要领。必如初意，执送赵全等首恶数人，纳款效贡，索其番文信使，乃可奏闻朝廷，为之哀恳，仍加那吉一职衔，赍以衣币，礼而遣之。则老酋既感不杀之恩，小虏亦受中国之命，自可以销其恶毒，怀我好音，边境之利也。

处分有绪，望先期密示。或更有商量，乃可题请。虏酋赐衣，差人于内库拣鲜好者付去。使赍致，幸即命制予之。大疏已下部，当先行优赍，徐议升复耳。

与方金湖言制俺酋款贡事

间谍一行，虏即喙兑。赖天之灵，愚计幸而屡中，庆甚，庆甚。小酋定许其归，但须少留难之。务令执送诸逆，誓永不犯，乃可奏闻朝廷，礼而归之。小小结局，仆之始谋固不止此，然亦数年之利也。今录去寄鉴川前后二书奉览。鲍崇德返自虏中，倘有定议，幸星夜密以见教，以便措画。

鉴川谓马帅，贼在门庭，按兵不赴，意甚衔之。仆再三为之营解，谓老酋方驻在近边，渠岂敢轻身东援，乃得免于重参。公须为调护于中可也。

今秋边事，公功最多，须先行薄赍，徐当议处。

寄太史吴后庵

念昔与公投分非浅，中更离隔，可为惋叹。兹当圣明之隆，方欲招隐遗于蒿轴，贲束帛于丘园。而公以青年俊才，竟为例格，一蹶而不振，岂非命哉！然人能抑公之官职，而不能抑公之人品；能使其事业不显于当时，而不能使其文章不传于后世。其所能者，则既无可奈何矣；其所不能者，则愿公勉焉。

与王鉴川谋取板升制虏

降虏事，前已悉。若彼果能执送诸逆，则当以礼遣还那吉，厚其赏赍，以结其心。却责令奉表称臣，谢朝廷不杀之恩，赐赍之厚，因求讲和，纳款效贡。俟其诚心向化，誓永不犯，乃可议其封爵贡额耳。但仆犹有意外之防，不敢不告：

赵全诸人，背华即夷，为日久矣。彼其不预结于俺酋之左右？边墩之人，亦岂无为之耳目者？今我明以此要求，彼亦慨然允许，此辈岂得全不知觉？若知之，彼亦安肯坐而待缚如鸡狗乎？万一语泄，彼得而谋，或聊以胁从数人塞责。而朝廷明旨一出，不可复返，轻弃重质，但获其毛贼数人，则于国家威重岂不大损？此可虑者一也。

据鲍崇德所传，俺酋之言，虽若哀恳，然犹身驻近边，拥兵自强，平虏城外，游骑不绝，转饷哨探，俱属艰难。名虽哀求，事同强挟，未见其为诚款也。今必责令将有名逆犯，尽数先送入境，返其巢穴，掣回游骑，然后我差官以礼遣归其孙。则彼之诚款既伸，我之怀柔有体。若拥兵要质，两相交易，则夷狄无亲，事或中变。唐时吐蕃劫盟之事，取笑强胡。此其可虑者二也。

今之议者皆以小酋为祸媒，急欲遣之，图眼前无事耳。至于封爵、贡市二事，皆在可否之间。若鄙意则以为今边防利害，不在于那吉之与不与，而在彼求和之诚与不诚。若彼果出于至诚，假以封爵，许其贡市，我得以间修战守之具，兴屯田之利，边鄙不耸，稿人成功。彼若寻盟，则我示羁縻之义；彼若背盟，则兴问罪之师，胜算在我，数世之利也。但恐其孙一归，彼愿已遂，求和之意，必乖本图。或请乞多端，难于听许，明年当复来侵，虽获赵全等数人，恐于彼无大损益。此可虑者三也。

大疏早晚即复，其中委曲，难以一一指授，望公与金湖兢兢图之。公亦须移驻镇城，庶便指画。又阿力哥本导那吉来降，与之必至糜烂。今彼既留周元二人，则此人亦可质之以相当。统惟留意。

与王鉴川计送归那吉事

向者奉书，诚为过防。辱来教，事事有备，可坐而收功矣。慰甚，慰甚！

初拟老酋赏赉，那吉加官。后思今虏所急者，在于得其孙，且了此一事，待封贡事成，则其部下酋长，皆授官爵，而老酋例有蟒服之赐，向后给之，未为晚也。旨中不重执叛，而重输诚哀恳，盖朝廷怀柔外夷之体。币布已于内库索出，星夜赍上，到即行事，毋使虏久候心变。小酋既去，宜厚抚之。传与方金湖，凡那吉所用诸物，可悉与之，宴赍皆宜从厚。彼亦人也，能不怀感？他日有事，卒相遇于疆场，知军中有王太师，亦必避公三舍矣。此在公可以便宜行之，不必一一以闻也。

诸逆既入境，可即执送阙下，献俘正法，传首于边，使叛人知畏。先将那吉移驻近边，叛人先入，那吉后行。彼若劫质，即斩那吉首示之。闭城与战，彼曲我直，战无不克矣。阿力哥断不可与之。留得此人，将来大有用处，望公审图之。

姚子之言甚妄，恐金湖闻之，意或灰阻，愿公曲加慰勉。此事关系甚重，倘处置少失，虽离地方，责亦难逭，况未必得去乎？事机所在，间不容发。尊见既定，断而行之，勿自掣肘。彼虽有言，庙议已决，无足恤也。

答徐太室宪长

虔中之转，已乖舆论，至乃横被口语，形之论列，则是非倒置甚矣。疏中所云，绝无影响，即欲拟旨径留，又思众论不可违。盖公论未伸，将谓仆有私于公，则公之卓行贞操，终无以白于天下矣。故不得已而行勘。已曾达意代者，令其虚心体察，毋入先言。谅人心之公，自不容泯。近访之敝乡人云，公以志行高洁，为众所忌。似不宜独咎一人，以自树敌也。

答王鉴川

虏酋内附，逆贼伏诛，边境敉宁，神人胥庆，此不世之功也。加秩荫赍，未足以酬，尚当有待。

封贡事既与虏约，岂宜先背！奈本兵畏缩异常，庸夫尚多异议，将来若欲收功，未免复排众论。但仆昨于处降纳叛一事，心力已竭，今未知复能任此事否？时难得而易失，功难成而易坏，奈何，奈何！

与王鉴川议坚封贡之事

仆窃禄无补，滥被恩私，夙夜省循，颠踬是惧。乃辱华翰遣贺，益增其愧耳。感谢，感谢。

封贡事乃制虏安边大机大略，时人以媢嫉之心，持庸众之议，计目前之害，忘久远之利，遂欲摇乱而阻坏之。国家以高爵厚禄，畜养此辈，真犬马之不如也。仆受国厚恩，死无以报。况处降纳叛，既以身任之，今日之事，敢复他诿？待大疏至，仍当极力赞成。但许贡之事，当更有一番措画。金湖既去，代者恐未必相成，须借公威望，屈留数月，庶可免事后之虑耳。

答王鉴川计贡市利害

今之议者，皆谓讲和示弱，马市起衅。为此言者，不惟不忠，盖亦不智甚矣。

夫所谓和者，谓两敌相角，智丑力均，自度未足以胜之，故不得已而求和。如汉之和亲，宋之献纳，是制和者在夷狄而不在中国。故贾谊以为倒悬，寇公不肯主议。今则彼称臣纳款，效顺乞封，制和者在中国而不在夷狄。比之汉、宋之事，万万不侔。独可谓之通贡，而不可谓之讲和也。

至于昔年奏开马市，官给马价，市易胡马。彼拥兵压境，恃强求市。以款段驽罢，索我数倍之利。市易未终，遂行抢掠。故先帝禁不复行。今则因其入贡之便，官为开集市场，使与边民贸易有无。稍为之约束，毋得阑出中国财物及应禁者。其期或三日，或二日而止，如辽开原事例耳，又岂马市可同语乎！

且此事有五利焉：虏既通贡，逻骑自稀，边鄙不耸，穑人成功，一利也。防守有暇，可以修复屯田，蓄我士马之力。岁无调援，可省行粮数十百万，二利也。土蛮、吉能每借俺答以为声势。俺酋既服，则二虏不敢轻动，东可以制土蛮，西可以服吉能，三利也。赵全等既戮，板升众心已离。吾因与虏约，有愿还者，必勿阻之。彼既无勾引之利，而又知虏之不足恃，则数万之众，皆可渐次招来，曹州之地可虚矣，四利也。彼父子祖孙，情乖意阻，虏运将衰，其兆已见。老酋死，家族必分；不死，必有冒顿、呼韩之变。我得因其机而行吾之计，五利也。凡此五利，皆古之谋臣策士所为祷祀而求者也。而今之议者，独以边将不得捣巢，家丁不得赶马，计私家之害，忘公室之利，遂失此机会，不为国家审图。故仆以为为此言者，不惟不忠，盖亦不智甚矣。

至于桑土之防、戒备之虑，此自吾之常事，不容一日少懈者，岂以虏之贡不贡，而有加损乎？今吾中国，亲父子兄弟相约也，而犹不能保其不背，况夷狄乎？但在我制御之策，自合如是耳，岂能必虏之不吾背乎？数十年无岁不掠，无地不入，岂皆以背盟之故乎？即将来背盟之祸，又岂有加于此者乎？利害之归，较若黑白，而议者犹呶呶以此为言，故仆又以为不智甚矣。

刘院既知此事颠末，又与公同心，必能共襄大事。幸采取其议，乃镇守、兵备以下所呈，折以高见，并图上贡额、贡期、市易事宜，仆与玄老当备闻于上，请旨行之。浮议虽多，不足恤也。

答南御史张怀川

使至，辱华翰，深荷雅情。比来南中诸疏，皆惬舆论。台谏公议所出，朝廷耳目攸系，愿诸君勉旃，毋以言为讳也。

寄陈松谷相公

都门解袂，与玄老相对，哽咽者久之，不惟感德伤离，盖亦惜大贤之去国，嗟善类之无依也。

别后边声四起，羽檄交驰，幸内外粗备，虏亦旋遁。有间，即有虏孙来降之事，主上用愚计，幸而时中。板升贼首，累累生致于阙廷。诚宗社之福，边疆之幸。但外宁内忧，圣人所戒，未知向后何如耳。此必台念所切，敢以奉闻。余惟若时珍摄，以需宠召。

辱长公惠书，冗不及裁答。师翁既去，不宜复夺上左右簪笔之臣也。幸即命北发，以慰惓惓。

与王鉴川计四事四要

封贡议起，发言盈庭，类皆以媢嫉之心，而持其庸众之见。本兵错愕惶惑，莫展一筹。不得已，乃于文华殿面奏，请旨行之。又将成祖封鞑宁、太平、贤义三王故事，拣付本兵。然呶呶之喙，虽已暂息，而睊睊之谗，伺衅而动。彼既不能为，而妒人之有为，必且幸其人之无功，而求中其说。此仆所以日夜兢兢，不遑宁处者也。

昨旨乃仆所拟，其中盖有二意：一则欲公悉心经画，务极稳妥；一则欲公教督诸臣，比常倍加防守。今就二意之中，所当经画者有四：互市初开，边氓畏虑，不敢贸易。虏入不市，衅怨易生。今岁且宜官为处置，使边氓睹利，则人人乐从，一也。铁锅乃虏所急者，顷部议禁不与市，将来必求索无已。今闻广锅毁则不可复为兵，宜稍稍出官钱市之，来岁责令如数更换，二也。虏使既不许入朝，须安置得所。镇城之中，民物殷阜，易起戎心。昔年豪宗献城之事，可为殷鉴。顷者流议皆起于镇城之人。虏使一入，人人惴恐，宜严加防范，以杜奸萌。倘边堡可容，无令得入镇城，三也。马、赵久为边帅，赵虽喜事而近忠，可驯服也；马故多端，素与虏通，其部下多真虏，而又有内主，封贡之议，渠最不愿。闻公近日以法绳之，颇不能堪。以其含愤蓄愁之私，而行其幸灾乐祸之计，何所不至。云中人情，公所素知。今既不能去，亦宜以计用之，毋令积恨生变，四也。

其所当修备者，亦有四要：城堡及时修并，边境之险渐次可复，一也。募招沿边之氓，开垦荒屯，充实行伍，锻砺戈矛，演习火器，训练勇敢，常若敌来，二也。赵全等妻子党与，尚在虏中，宜于互市之时，阴察贼情，知其主名，可招则招之，不可则擒之，庶逆党可消，后患可弭，三也。捣巢赶马，在边士虽藉以邀功冒赏，而虏中亦颇畏之。今既禁不出塞，则虏人寡畏，而边士袖手，无所觊幸，他日渝盟之事，不在虏而在边人矣。此宜预处以杜衅端者，四也。

前四事不急图之，则贡市之事不成，必流谗妒之口；后四要不预画之，则贡市虽成无益，反贻他日之忧。仆与公委心为国，休戚相关，故敢缕缕罄其愚悃，惟公采而行之，幸甚，幸甚。

答荆关水部金省吾

远辱翰贶，深荷雅情。客有荆南来者，道公榷政清肃，诚近年罕觏。济时大业，大受根基，于此可窥其概矣。敬仰，敬仰！厚惠不敢当，附使归璧。外小录奉览，诸惟鉴存。

卷十六　书牍三

与蓟镇杨巡抚

虏已东行，不知辽左有备否？贵镇清查虚饷，万有余人，数十年宿蠹，一朝剔去，司国计者，方且啧啧称羡。乃闻近日又欲募卒补伍，是以弊易弊也。且南兵工食，在常额之外，方患无以给之，赖此补数，似不必更招浮淫，以滋冗滥也。

又闻百川公有示，令军士有能告言将官虚冒军饷者，赏银五十两。恐启陵上之渐，然其中必各有谓不如所闻，幸密以见教。

东事无日不在鄙怀，故喋喋如此，统惟原亮。

答三边总督郜文川

辱华翰，知已建牙视事矣，无任欣慰。北虏乞贡，顷于文华面奏，奉宸断行之。惟三边事体稍异，须两督抚会议耳。

响水极当虏冲，急宜修缮。昨何君请马价，原与督府会行，乃太仆遂加丑诋，过矣。神木兵备，查盘道长有疏，意欲照旧，似宜从之。其参守兵马，亦不必更兑矣。

答贵州抚院阮沙城

辱示，知安酋事，已有次第。别时所云，今一一具获实效，审尔，则差官可不必行矣。此事不烦一兵，不费斗粟，而凶狡服罪，地方敉宁。公建此大功，宜膺上赏，俟大疏至，当有以处之。

答督抚鉴川

封疆使者，本兵依违久之不能决，竟遣一参将行。其人年少轻率，恐不可使之见虏酋，第令捧敕至幕府，别选边吏充使可也。副之者，鸿胪署丞王勋，颇谙夷语，能辩番文，可备驱使，惟裁而用之。偶患泄泻，伏枕占授，不悉欲言。

答广西抚院李蟠峰

古田积寇荡平，地方宁敉，公威德所及远矣。顷本兵奏绩，薄行升赉。闻广左又以大捷，隆恩懋赏当有待也。圣德光被，南北寝兵，仆伴食无功，阴受其福。

答两广殷石汀论平古田事

积寇荡平，黎庶安堵，此不世之功也。乃呶呶者犹有事后之议，虽圣明远瞩，功罪不淆，然亦足乱人意。闻其说皆柳州士夫倡之，以此见丈之暂留数月，不独为地方计，亦所以为丈计也。

近来人心不古，好生异议。以其媢嫉之心，而持其庸众之见，惟欲偏徇己私，不顾国家便否。即如昨年虏孙之降，举朝骇惧，以为不可纳。仆曰："纳之而索吾叛人，可尽得也。"贵州之事，抚臣请兵请饷，众皆曰："可许。"仆曰："此渠叔侄间争杀耳，不足以烦朝廷。"古田密迩会省，蕞尔小丑，敢戮天子之命吏，不容不讨。众皆曰："剧贼据险，兵力所不能加，即欲除之，非集数省之兵，费五六十万不可。"仆曰："不然，吾知殷公必能办此，诸君但观其破之。"此三策者，皆大违群议，而仆独以身任其事，主上用仆之策，幸而时中矣。乃异议者，犹欲搜求破绽，阻毁成功，以快私指。嗟呼！人臣为国家忠计，可如是乎？若仆则诚愚矣。

前承教广盐议，凿凿可行，然必得丈处置有绪后，人乃可持循，恐终为异说所坏也。

南明，磊落伟奇之士。昨即欲引置部堂，以其凤蒙訾议，今初召起，声实未著，故暂借敝省抚台，旋当与丈先后登进耳。同年在仕籍可用者无几，他日为国家柱石，在丈与南明公。新安一郡，产此连璧，敬羡，敬羡。

先后领华翰，或不能尽复，大都具此，统惟鉴原。

答楚按院陈燕野

楚中连岁灾馑，人不聊生。公精核吏治，修举实政，百方省节，加意拊循，楚氓所宜世世而颂祝者也。去岁秋闻流言，倏起旋灭，今则惟闻颂声休誉而已。

徐宪副昔守敝郡，甚有政绩，而恃其才守，屡憎于人。雷院之论，盖误听人言，非有私恶也。襄汉士民，自有公论，愿公博访而审听之；如事有实迹，则亦非仆所能庇也。

答松谷陈相公

别后，枢衡之地，屡致跮踱。机辟盈野，凤翔九霄。以翁之出处，视今人之去就，岂得并日而谈哉？欣慕，欣慕。

芜录向欲呈览，以无便翼，兹抚台承差去，敬附二册。内学论二义论及策之一、二、三，实出拙构，知已传笑蜀中久矣。仓卒不敢修起居之敬，尚容专候，统冀台原。

答三边总督戴晋庵

顷五月二十一日，已封拜虏酋俺答为王，诸小酋俱授以官职。入贡互市，次第举行。独西虏未靖，两督府会议，部中迟疑。

近有人云：公谓仆以舍亲西石之言，变其初说，此传者非也。西石之意，原与鄙见相左，仆初未尝因其言，少有疑阻。但以西事与宣大微有不同，所虑者，抚赏之费，无从措处。故尔行两督府，虚心计议，务求停妥。今东事既已就绪，在西势不能独异，幸早决大计，以便题覆。

与楚抚院汪南明

辱惠，不敢例辞，登领感谢。承教云云，今日筹边第一计，仆已虑之久矣。但谭、戚二君，数年间大忤时宰意，几欲杀之，仆委曲保全，今始脱诸水火；一旦骤用之，恐不可成，徒益众忌。且以九边万里之远，驰驱经略，而责效于三载之间，即二君高才，亦未能办也。当取公策，秘之锦囊中，酌而行之。大疏封远，未敢宣泄，惟冀台原。

答两广殷石汀

前有小柬，言近事颇悉，不审彻记室否？纷纷之议，闻皆起于柳人。听者不察，率尔奏渎，其中自相牴牾，茫无的据。幸圣明远瞩，公论昭然。公亦不必以此疑阻。要令余毒尽销，士民安堵，则忌吻浮谈，不摧自破矣。人旋附此，诸惟鉴存。

答河道按院胡玉吾

新河之议，原为国计耳。今既灼见其不可，则亦何必罄有用之财，为无益之费，持固必之见，期难图之功哉！幸早以疏闻，亟从寝阁。始者建议之人，意盖甚美，其说虽不售，固亦无罪也。

又

始虑新河水泉难济，臆度之见，不意偶中。辱别揭所云，剀切洞达，深切事理。自胜国以来二百余年，纷纷之议，今日始决。非执事之卓见高识，不能剖此大疑，了此公案。后之好事者，可以息喙矣。

书至，即过玄翁，言其不可成之状，玄翁亦慨然请罢。盖其初意，但忧运道艰阻，为国家久远计耳。今既有不可，自离胶执成心。盖天下事，非一人一家之事，以为可行而行之，固所以利国家；以为不可行而止之，亦所以利国家也。此翁之高爽虚豁，可与同心共济，正在于此，诚社稷之福也。

海运一策，亦不得已而思其次者，尚须淮商直达天津，风洋无阻，乃可图之。仆犹虑海禁一弛，他日更有可忧者耳。大疏会同巡抚梁鸣泉，不必别疏。

答河南巡抚梁鸣泉

胶莱新河，始即测知其难成，然以其意出于玄翁，未敢遽行阻阁，故借胡掌科一勘。盖以胡固玄翁所亲信，又其人有识见，不随众以为是非；且躬履其地，又非臆料遥度者，取信尤易也。昨观胡掌科揭呈，明白洞切，玄翁见之，亦慨然请停，不必阻之而自罢。以是知执事向者之言，虽极痛切，未免预发其机也。区区今处天下事，大率类此。虽竭尽心力，不过小补而已，终无能有所建明，此《易》所谓"屯其膏，施未光"者也。

王敬所在齐中，政事何如？两司及诸郡长吏，孰为可用？统希见教，不悉。

答闽中宪使李义河

使至，辱教，知道从已入关，良慰鄙怀。以丈素所蕴蓄，岂欲专一丘一壑以终老者哉？古人云：得时无怠，裹粮跃马，犹恐失时。今主上虚己以任宰相，百执事师师济济，咸欲有所表见。周道宁夷，幸门堙塞，以时言之，似亦可矣。愿丈急乘之，毋怠。又喜荣转近关，旦夕且将有大畀焉。

答南宗伯秦华峰

惟公昔以无妄蒙议，私心尝为不平，会在位者有不悦于公，未敢昌言之也。兹幸玄翁掌铨，又雅敬重，故得以赞其区区。顾留曹清间，尚未足以展摅宏蓄耳。徐判屡有书来，道公相念厚情，感切，感切。

答蓟辽总督王鉴川

前得饶君书，虏王已愤怒北还，秋间纠众来市。计虏帐既归，岂能骤返？商民一散，难以复集。当秋高马肥之时，值新虏再至之锐，求索必多，衅端易起，故欲延至冬间，徐为措处耳。兹奉教，知虏尚未去，市期近在此月，则便当以速了为妙，何必又改期再约乎？饶疏已寝不上，一切惟公所裁。但至期仍望公提一旅，稍稍西行以弹压之。虏王闻公之来，必坚奉约束。且大军在近，三晋之文吏懦将，亦有所恃而无恐。知公为疆场撄虑，不惮一行也。

承教，谓虏酋动以封爵夸示其众，公亦使人屈礼以歆艳之，甚善，甚善。仆尝恐虏不慕官爵之荣，不贪中国之利，但以戎马与吾相角于疆场，则真无可奈何。今诚有慕于我，我因其机而制之，不过出吾什一之富，则数万之众，皆可折箠而使之。顾今时人皆不足以语此，反以为狂且悖耳。

昨上穀二市，甚得其利，黄酋弥耳帖伏，皆伏公威望远慑。但水泉事完，则大功克就矣。顷庆礼告成，中外胥悦，在仆私心，尤为欣忭。

答贵州抚院阮沙城

坐镇在云、贵土司，原有故事，但须择廉慎有谋者遣之，不然，反足以纳侮启衅。前见水西众头目有疏，言安国亨子幼，不能统众。此必安酋使之，但其中委曲，亦宜审处。贵竹土司与云南镇守不同，难以例论。或省谕安酋，令其安插阿傀停当，及各犯尽数执出，钱粮抵补俱完，许与乞恩，尽赦前罪，照旧管事，则坐镇亦不必遣矣。阿傀既出省城，祸根已绝，向后家事，亦岂尽卵翼而乳哺之乎？在公心知此意，审计之耳。然事机辽远，不能遥度，不敢中制，幸与郑道详计之。

答宪长施恒斋

雷道长误听人言，论劾徐君，徐君又妄自猜疑，谓公揭之，展转相疑，竟成蕉鹿。受病之根，必有所在，久当自知之。昨徐君亦有书言此事，仆已再三譬晓之，渠必开悟。其事已属之陈道长勘处，谅为昭雪。徐君平日心行，仆固未能深知，若在荆、襄，则诚未可议也。

答河南巡抚梁鸣泉

胶河罢议，不惟宽东土万姓财力，且使数百年谬计，一朝开豁，不致复误后人，诚一快也。胡掌科之勘议详明，玄翁之心无意必，皆足以为后来处事之法。区区何知焉，误辱奖借，深以为愧。别楮所云，一一领悉。

答郝巡抚

西事处置略备，部中方议覆行，但未贡先市，恐非事体。至于家丁增饷数款，乃调停抚驭之策，恐不宜与贡市同题，已属本兵酌处之。

戴公计惑于主断，气夺于严旨，故仓皇失措如此。人旋，草草附复。西镇辽远，事机不能悉知，望不时密示，以便措画。

答河南巡抚梁鸣泉

今岁徐、邳河患更剧，将来漕事，深有可虞，得通此一线，以备不然，诚预防至计。但中关海防，理须慎重。一应造舟设官，皆计虑周悉，庶可无虞。昨所遣商贩，须唤来面讯之。明岁，且姑少载试行，若果通利，逐渐加之可也。统惟审图，冗不多及。

答宗伯高南宇

辱教，知东山情切，高驾夷犹，殊失朝野之望。兹温纶再颁，敦劝愈笃，恐上命不可屡抗，物望不可终孤。区区鄙衷，曾与陆仪制略言其概，想亦以转达矣。如仆辈薄劣，不足以致天下贤者，然公平生自负，谓何可终老林壑乎？

答河道潘印川

顷报运舟漂覆近百，正粮亏失四万有余，数年损耗，未有如此之甚者。国计所关，日夕悬切。今海道既已报罢，河道又无宁时，不得已复寻泇口之议。顷已奉旨，烦公与张道长勘议。幸熟计其便，且将从事焉。

答关中宪使李义河述时政

伻至奉书，知道从已抵关，甚慰鄙怀。敕书为管文书内监所持，兹即查付，奉敕行事，可不须文凭也。

边事近稍次第。贾谊欲以三表五饵制单于，盖古之谋臣策士，所以劳心筹虑，敝口游谈，冀望而不可得者，正在于此。今我不烦一士，不役一兵，坐而得之，此天赞我也。奈何今人为宋儒之说，沁入心脾，与之语此，如唉鸟附，异议纷纷，几至颠踬。赖主上纳用愚计，幸而时中。然为国家谋则忠，自为谋则愚矣。计然三策，今始售一，向后未卜利钝何如。辱教云云，固知豪杰所见，自与凡人殊也。

试录小技，不足入目，且意丈久已见之，故未敢寄览，兹奉命付去二册。其中文字，大抵皆仆所削，若学论二义论及策之一、二、三，则全出拙笔也。麻姑掷豆，犹作狡狯变态，可笑，可笑。

丈琐闳宿望，久困藩服，鄙心未尝敢忘，有待，有待。相去伊迩，此中动静，想得俱闻。有可以助我者，望不时直教，幸勿以秦、越相视也。

答边镇巡抚

辱密示，言虏情边事，一一俱中肯綮。西事以总督持议不决，以致骄虏怨愤，及奉旨诘责，则又仓皇失措，未贡先市，殊非事体也。

威正恰者，不知前已授官否？渠既能制吉能，即可用此人以行吾之策。切尽黄台吉，通佛经，识议理，昨在宣、大，调伏俺答、老把都二酉，甚有功于中华，故特赐敕赏赉。此二人者，一宜以计用之，一宜以礼处之。俟延、宁贡市事完，疏中可略叙此二人，另行量赏。若疏已发行，不及叙录，公可自以已意阴厚之，以结其心。盖制驭机宜，自合如此。

延、宁势异，马价平给，委为失宜。昨喻意本兵，此后尚有剂量也。

答总督方金湖

边事近来处置，幸已就绪。今秋三陲晏然，一矢不惊，诚宗社生灵莫大之庆。但外宁内忧，圣人所戒，封疆之臣未可一旦而忘备也。昨具疏请敕，饬戒诸边，仰荷圣明允行。

世必有非常之人，然后有非常之事；有非常之事，然后有非常之功。今边政久弛，诚欲及时整理，兴建鸿业，非常人所能也。如虞坡、二华故事，借丈以墨绖临戎。使旋，辄附鄙意，外小疏寄览。

答蓟镇巡抚刘百川

调取南兵事，俱如高议，本兵已覆行矣。永东小警，虽声在辽左，然亦不可不多为之备。公但驻适中地方，以便调度，似未可便东行也。闻公与抚按诸君，方议调兵行粮事。蓟、永事势与他镇不同，若俟贼已见形，而后调兵支粮，则无及矣。事有权宜，不宜胶柱，惟公裁之。

答南学院周乾明

《书》称：敬敷五教在宽。所谓宽者，殆以人之才质，有昏明强弱之不同，须涵育薰陶，从容引接，使贤者俯而就焉，不肖者企而及焉，如是而已。今人不解宽义，一切务为姑息弛纵，贾誉于众。以致士习骄侈，风俗日坏。间有一二力欲挽之，则又崇饰虚谈，自开邪径，所谓以肉驱蝇，负薪救火也。本朝监规及卧碑所载，凛若冰霜；督学使者，俱用宪臣为之，皆有深意。南都首善之地，惟公留意焉。

答奉常陆五台

仆虽无似，夙抱敬贤之心。今幸备位台省，其所振举甄拔，不可胜数矣。乃平生敬慕如丈者，顾不能一引手焉？君相造命，岂其然哉？虽然，中心藏之，不敢忘也。令弟回，草草附候。

闻以《华严合论》梓行，此希有功德也。刻成，幸惠寄一部。别具潞绸二、端侑柬，统惟鉴存。

答石麓李相公

弟平生孤孑寡与，独受知于门下。及同居政府，一心协德，庶几有丙、魏同心之谊。中外士民，亦靡不欢悦和合，各适其意，不啻坐春风而饮醇醪也。岂意风云倏起，阴晴顿殊。昔为比目鱼，今作分飞鸟，人生聚散离合，可胜叹哉！怆然，怆然！绿野开尊，庭闱绚彩，且用慰心自娱而已，他何足谕。盛使回，草草附此，诸惟台亮，不宣。

答楚按院陈燕野辞表闾

辱示敝省钱粮，查刷已有次第，易知单册，正月可完。知公为楚民计虑深远，仰戴，仰戴。孙方伯前已言其仰承德意，悉心措画。此外如温大参、刘粮储，亦诚一时之选也。楚人何幸，何幸！

顷得家信，言公表闾之命，坚不可回，方切愧悚。乃又垂念先世，再辱嘉贶，是重仆之不德也。昔念先曾祖，平生急难振乏，尝愿以其身为蓐荐，而使人寝处其上。使其有知，决不忍困吾乡中父老，以自炫其闾里。且今岁楚中重苦垫溺，少省一分，则小民亦受一分之赐。在寒门少此，无损纤毫，而哀多益寡，在乡人则有大惠焉。万望俯谅鄙心，出于诚悃，折价之命，一切停寝。则信我之深，比之惠我之厚，又万万不侔矣。敢布腹心，惟公裁许焉。

答宣大巡抚吴环洲策黄酋

黄酋书，昨鉴川公亦曾钞寄本兵。此酋贪纵寡谋，终当归吾羁绁。观其书词，已非昔时之倔强，可用其几而制之。多行间牒以疑其心，时用利饵以中其欲，谅彼无能为也。其妻家在三卫者，即传与蓟人，量加优恤，亦制驭之一机也。

史大官去岁侵盗二酋马近千，故二酋恨之已甚，其欲寻杀，不独为其近边，盖亦思以报之矣。然此虽小僮，其技与虏同，且倚山为险，料二酋亦无如之何。宜抚而用之，以为宣镇外藩。时时戒谕，以各守分地，住牧为业，毋妄肆侵盗，使二酋得藉以为口实。但此辈抚赏之资，半出军士月粮，割肉充腹，乃自困之道，宜有以处。

吴兵宪道南，感公同心之契，思以自效。其志甚锐，不知毕竟能成否？

辱示，今所宜措画者，一一中的。但愿审度时宜，虑定而动。天下无不可为之事，况今时则易然耳。

答蓟镇总督王鉴川言边屯

日来屡辱翰教，差人皆不索报，坐是失候。

承示大疏八事，公图之皆已有绪，要在边吏着实奉行，期有成效可也。然八事之中，屯政为要。今之议者，皆患兵冗，一切务为清汰节缩，仆窃以为过矣。天生五材，民并用之，谁能去兵？孔子称"必不得已而去"，今之时非有甚不得已也。乃不务为足兵，而务为去兵，则唐之季世是矣。然足食乃足兵之本，如欲足食，则舍屯种莫由焉。诚使边政之地，万亩皆兴，三时不害，但令野无旷土，毋与小民争利，则远方失业之人，皆襁负而至，家自为战，人自为守，不求兵而兵足矣。此言似迂，然在往时诚不暇，今则其时矣，故愿公留意焉。

黄酋迩来闻渐就羁绁，观其书词可见。此酋虽狠戾无亲，然贪纵寡谋，翻为易制。第无使老把都与之合势，此孤虏无能为也。疆场小衅或不能无，在因其机而御之，期不害吾大计耳。

使旋，草草附候。屡失裁复，并此谢过，统惟鉴原。

答吴环洲策黄酋

辱手书及麻参将揭帖，具悉。黄酋沉迷酒色，惮于西抢，只欲近边谋生，故屡次需索，又威胁属夷为之纳进，其情不过如此，未敢即渝盟也。

史大官服属已久，昨又已严行约束，令其各守分区，无相侵盗足矣，乃必欲勒之亲赴虏帐，何为哉？鉴川之意，不过以今岁贡市甫完，恐以疆场小衅弃其大功。不知成祖封三虏王，使命方回，寇骑已至。许襄毅在大同，东边开市，西边抢掠。夷狄之性，岂有常哉！顾吾制御机宜何如耳。犬摇尾乞怜，固可投之以骨；如其狂噬，则大杖加焉。且渠战兵不满万人，其父叔诸部，俱已臣顺，独此孤虏。如其跋扈，以上谷全镇之兵，益以史大官之众，令云中以劲卒捣其巢穴，彼何能为？渠曾占卜，当死南朝。观其狂躁不常，殆天将亡之矣。

公幸与赵帅密计，如可柔服，以计给之；如不可处，即宜以大义责之，明与之绝，毋但姑息养虎，以自贻患也。闻已遣人好谕之，倘得其要领，幸即以寄示，万万，冗不多及。

答云南抚院阮沙城

得十月二日书，知公前后处置安酋事，已竭尽心力，功高赏薄，深以为歉。然公之勋名，著于此矣。

疏穷奏事人，即贵州承差，昨已擒获重治。向来土酋构衅，皆此辈为之。倘解回发遣，更加重处，毋令得脱，复为他日之害也。

答总宪凌洋山言边地种树设险

辱教种树事，边臣博美虚套，大率类此。仆起家畎亩，颇知树艺之理。昔谢病山居，手植榆、柳，今已郁然参天，若以官法为之，积岁累月，竟成虚谬矣。初时人建此议，仆即与同事者曰："种树设险，亦守边要务也，但只如议者之言，决无成效。"同事者颇不以为然。今已数年，迄未见有一株成者。即如台工一事，当时若非仆力排群议，以身任之，二华与公，殚力运思，躬亲督理，则今亦当为乌有矣。天下事岂有不从实干，而能有济者哉！昨阁中小疏，已曾恳切言之，自后积习，或当少变。

国家欲兴起事功，非有重赏必罚，终不可振。来岁拟遣大臣阅视，大行赏罚。如犹玩愒难振，则仆自请如先朝故事，杖钺巡边。人臣受国厚恩，坐享利禄，不思一报，非义也。何如，何如。

答棠川殷相公

使至，知台从已返仙里，深慰鄙念。

宋人有一联云："山中宰相无官府，天下神仙有子孙。"前一句，公已得之，后一句，愿公勉焉。使旋迫节，草草附复。别具侑柬，幸惟鉴存。

答宣大巡抚言虏求佛经

虏王求经求僧，此悔恶归善之一机也。南北数百万生灵之命，皆系于此。天佑中华，故使虎狼枭獍皆知净修善业，皈依三宝。我圣祖谓佛氏之教，阴翊全度，不虚哉。礼曹准公咨，即可题请，不必别疏。但今在京番僧，皆溷浊淫秽之流，不通释典，遣去恐为虏人所轻耳。所求佛经，须有我圣祖御制序文者，乃可与之。公可特作一书谕虏王，嘉其善念，曲为开导。示之以三途六道之苦，诱之以人天福果之说，及念珠坐具之类，亦可稍稍裁与，俾益坚向化之心，则亦调伏凶人一大机括也。圣人之道，苟可以利济生民，随俗因其教可也，何必先王之礼乐法度而后为哉！

答台长萧兑嵎

辱华翰，奖许过情，使人愧悚。猥以谫陋，谬膺重寄。顷又特奉纶音，勉以同心，望以来辅。日夕兢兢，惧无以仰承德意。所望海内道谊知契，匡助其所不及，幸公有以教我也。

近见督府察院论牧地事不相下，其言皆过激。天下事非一人一家之事，自宜虚心观理，务求其当，奈何忿争如此？窃意此事非公不能解之，顷已属意本兵议复。牧军骄悍，论久不决，或有他虞，非细故也。

答翰学张凤盘

别后得途中所寄二书，情款备至，慰谕谆切。触事感怀，不觉慨然兴叹，念知己之辽阔，晤话语之无从也。

丘园之贲，初拟秋期，既复思之，得时毋怠。况既奉特旨召用，自应以趋命为恭，可勿事夷犹矣。赍咨人去，草草附复。别怀万种，统俟面陈，幸惟鉴亮。

卷十七　书牍四

答总宪孙华山

仆数年图画边事，苦心积虑，冒险涉嫌，惟公知之，他人不能尽谅也。

兹赖祖宗之灵，主上威德所及，东师奏凯，西虏款关，区区一念报国赤忠，庶几得以少见矣，实未敢有一毫计功谋利之心。昨三疏辞赏，由中非矫，重违上意，暂且祗领，终当恳辞，以明愚志焉。

辱华翰厚贶，重增其愧，佳绸登受，余辄璧附使者，草草附谢，统惟鉴原。

答两广殷石汀计剿广寇

广事披猖已久，一旦乘其后，遂欲责效，虽管、葛犹难。昨电白报至，仆恐好事者不察事机，妄生哗议，故即拟旨，分剖其事，假公便宜，俾得以自展焉。

治乱国，用重典。广固乱国也，其势非用兵威以震荡之，奸宄不畏，良民无依。所虑者，费用不给，将帅乏才。公有何妙算，幸一一见教。仆无魏相坐测之能，然以愚忠不量，每事辄欲以身任之，或可为公一助焉。愿公安志审画，毋自退阻。

答荆州道府辞两院建坊

往者，察院建坊，仆屡书止之，竟不获命，仆窃以为未为知我者。今闻汪、凌二公，又有此举，使仆疾首蹙额，踽踽无措。

敝郡连年水患，民不聊生，乃又重之以工役，使万姓睅睅，口咀咒而心咨怨，将使仆为荣乎？辱乎？若欲给与折价，尤不敢当。家有薄田数亩，足为俯仰之资。仆又时时以其禄入，奉上老亲，击鲜为宾客费，家不患贫。而诸公所馈，铢两皆民膏也，仆何功以堪之；何德以享之？顷已有书，恳控二公，恐未见谅。愿公再以鄙意固请，必望停寝，乃见真爱。若不可止，如向者面渎云云，准作废府纳价，贮库作数，仆亦受惠多矣。仆虽无德于乡人，而亦惧丛怨以重吾过。诸公诚爱我者，宜视其所无者而与之，奈何益其所有以滋毒于仆。

恃公道谊骨肉之爱，故敢沥竭肝胆，直露其愚。若谓仆心或欲之，而姑饰辞以沽名，则所谓穿窬之徒，不可以列于君子之林矣。义激心违，语无伦次，统惟鉴原。

答楚抚院汪南明辞建坊

叠承厚贶，深荷雅情。辱教，欲为仆建坊表闾。往固知公必有此举，已预陈悃愊。不谓台符已下郡，且愧且感。敝郡连年水旱，民不聊生，仆方欲拯之而未能，而敢为大役以贾众怨？且仆前已有二坊，省此不为缺典，而益之乃足以重其过。《诗》云："人之好我，示我周行。"公诚爱我，则幸与以所无者。若公既不欲烦有司，而又私值以自利，是委公惠于草莽也。反覆思惟，二者俱未得，故敢再控诸台下。愚戆，不能顺承嘉命，以速大戾，幸惟鉴原。

答奉常陆五台论禅

沈吉士来，辱华翰，领谢。

向曾诵《华严》，只见莽宕寥廓，使人心泟神摇。后于友人处，见合论钞本，借读一过，始于此中稍有入处。佛所说法，随顺诸根，义无深浅。然广大含摄，解脱无碍，则是经为长，而论又入法之大导师也。仆以宿昔颇种善根，今得闻无上甚深妙义，欢喜无量。闻公将镂梓以行，大有利益。谨以俸金二铤少助工费，虽尘露之微，无裨山海，聊以表信心云耳。

若诸事世情，非高蹈者所乐闻，故不具论，统惟鉴原。

答南司寇谢泰东论荆狱

前得西石书，言丈不嫌岑寂，乐就西曹，敢尔推毂。若仆私衷，固有待也。

南中人情狡伪，诏狱繁兴，拟议失中，致伤和气，诚如尊教。丈留意于此，即泽流寰宇矣。处天下事，非至虚至平，不得其理。而诏狱，民之词命，所系尤重。顷见今之持法者，类以三尺行己意耳。嗟夫！天子犹不敢以己意生杀人，况人臣乎？

包子尚未到渠，初闻山东之转，即掉臂而归，还是旧时情态。今得此报，当欣然就道矣。

答宣大巡抚计处黄把二虏

辱示，虏所乞讨后六事之不可从，公已筹之熟矣；即前六者，亦宜再加审处而后可。

以愚计之，封爵于国体本尊，且可分虏之势，未为不可。但闻把都病已危笃，封之而死，其子必援例袭替，而黄酋、吉能辈，皆纷纷求王矣。今且以言款之，徐观其势而为之处。增加抚赏所费不多，但不可听其开报人数作为常例。此例一定，彼视为当得，与之不足为恩，减之彼即生怨。但可于经费之中少从宽假，以每年所积客饷，动支什一以充抚赏，随其所乞者裁酌与之，纵量给珍异亦不为过。如此，庶几操纵之权尝在于我，彼欲乞活，不得不仰给于我，而我亦得以制其死命矣。然亦须题请奉旨乃可。其贡使入朝，向已议定，恐难擅开；且彼虽暂时驯伏，终与三卫不同，待数年之后乃可议也。

大抵今日虏势，惟当外示羁縻，内修战守，使虏为我制，不可受制于虏。近日鉴川措画东事，颇觉窘迫曲徇，恐将来不可收拾，则为虏制之道也。车夷去留，何足为中国重轻！前曾奉告，谓："但可以此语责之，使屈尝在彼，不必苦苦索还。若索之太急，则彼又持左券而要我。"闻军门通事杨亮，乃遂许以五百人粮赏。而其二比妓，遂相随住牧于龙门教场。夫尽车夷之众，粮食不过数百人，乃无故额外又增五百之数，不知何以给之？且其妇既在此住，则黄酋又因而往来近地，二史皆将服属之矣。此所谓引贼入家，养虎贻患，是何等计策乎？且杨亮何人，安得擅许以五百人粮赏？先年也先入贡，亦只因通事诱虏，言中国欲与结婚。也称贡马纳聘，而朝廷实不知也。却其聘，遂生衅隙，致有"己巳之变"。此前事之可鉴者。豺狼虎豹，亦有豢养于苑囿之时，然毕竟笼槛之、锁系之，时给与肉食而已，非可效鸡豚犬马，可扰而狎也。今其妇既已至此，似宜厚其赏而勒其归；不尔，将来必为患。公当思余言。

且上谷事体，与云中不同，而公之所处，与鉴川亦异。仆请得悉言之。盖求贡之议，本起于俺答，而我之生还其孙，彼亦知感，故其臣服，独为诚恳。若黄、把二酋，原出牵复，非其本心，故每每设为难从之请，而肆其无厌之求。何者？彼其心非俺酋之心也。夫彼既非俺酋之心，而我乃以处俺酋者处之，不亦过乎！此二虏形势之不同也。鉴川自建此议，朝廷恩赉颇隆，渠亦自知非久于此，但欲及身无事，常恐少有破绽，亏损前功，故虽知其不可，亦每每曲徇之。公初开府，责望甚重。二虏为剥肤之灾，且非旦夕可脱者，若不及今定一规模，以为经久，将自绊其足，望实俱丧矣。此又鉴川与公所处之不同也。虽然，仆料此虏无能为也。二年之间，边鄙宁谧，首议之人，功效已见，即有小失，无损大计。向者，小疏亦已明言之矣。况今西鄙诸部，皆已帖伏，独此二丑，亦何能为？以上縠全镇之兵，益以二史之众，不能当狂丑乎？公试与有识者计之。

近得吴少参书，言闫守中事有主之者。其意似疑赵帅，不知渠与赵平日何如？若果有此，望公一一调处之。

答边道吴道南

辱华翰，具悉。贡市伊迩，诸凡惟留神审画之。切尽欲支俸，则顺义亦当给以王禄耶？人之无识，一至于此，可笑，可笑。督抚膺阃外重寄，操纵可否宜自有成算，奈何独窥庙堂，以为重轻乎？

答两广殷石汀

调募浙兵，俱如公所议。顷又疏请于上，特发马价银十万，以助军费。此二事近皆有建议停止，然以广中之事急，故不敢徇众议而误大计。许瑞若果倾心效用，则以贼攻贼，策之最妙者。万里之外，事难遥度，用兵之机，忌从中制，惟公熟计而审图之。

答松谷陈相公

长公至，拜领台翰嘉贶，深荷不遗。伏谂道履佳胜，尤切慰仰。希文"后乐"，翁诚独际其盛。然忠臣虽在畎亩，忧国之念，未能遂忘。

不肖谫劣，追陪元宰，赖朝廷之福，外内宁谧。目前景象，庶几小康，可以縻禄而守拙；但揣时度势，每抱隐忧，将来又不知孰为收拾耳。

盛使回，草草附候起居。外具不腆，少伸微悃，统惟鉴原。

答宫端吴泽峰

惟公昔在词林，素持高节，乃为缁尘所点，私心极为不平。方欲为公昭雪，致之亨衢，而大疏适至，故特破例为请于上。然公之心迹虽明，而车已悬矣。厚蓄宏猷，未得一展，安能不为世道惜哉！

辱华翰，使旋，草草附复，诸惟鉴原。

答宪长徐太室

知贤不敢蔽，是非不敢枉。公非有求于仆，仆非市德于公，行吾直道而已。乃辱道谢，深以为愧。

讯之来使，闻公北上无期，雅有终焉之意，仆窃以为过矣。方今周道宁夷，贤良汇进，以公素所蕴蓄，古人事业，岂足为哉！愿勉抑高怀，以副鄙望。

答应天抚院

安庆之事，其变虽不甚大，然朝廷纪纲所系，不容不尽法一处。往时振武之事，姑息太过，人敢效尤。今借此一振国威，亦弭乱之一机也。然府官始则措置乖方，致人怨忿；终则擅离职守，逃往留都，亦不得无罪。今当先正倡乱之法，后究致变之由，低昂轻重之间，贵得其当而已。

答河漕王敬所

辱示大疏，海运事宜处画周悉。今岁果利涉无虞，此后即可渐增其数，裨益国计，诚不浅也。

顷闻运船过淮甚早，横决之患，庶几可免。万公已至河上，河漕事体，如左右手，同心并力，乃克有济，惟公留意焉。

答楚按院陈燕野

承示《赋役提纲册》，已周览一过，井然有条。大抵财用经费，惟条贯精详，出纳明核，则节用之意，自寓其中。若代公者肯再加申饬，诸司长吏遵奉惟谨，则规格永定，虽有奸民猾吏，无所措手足矣。

监利大盗，久婴鄙怀，以有司不能任其事，不敢易言之。兹闻首恶已尽擒获，余党稍稍解放。数十年巨憝，一朝铲除，非公沉机定算，安能办此？喜跃之怀，良不可任。监利李尹，不费兵力，收此奇功，允宜破格优录；或暂加服俸，仍管县事，他日以兵备、金宪处之，何如？

郡中人来，言各处江堤俱已报完。诸吏仰承德意，惠洽闾阎，公造福楚民，诚有卑荆、衡而狭江、汉者。感德之私，不知当何用为报也。

答总督王鉴川计处黄酋

把酋死，上榖以东，可以安枕。黄酋孤孑，势将益弱。近报吉能亦于三月三日病故。俺答东哭其弟，西伤其子，志气萧索，恐亦不久。天将亡胡，于此可见矣，但在处之以恩信。其子但堪负荷，即令控告俺答，奏请袭职，管束其部落，不必择贤。抚赏之典，亦如其父，不可有减。头目中有少知礼义，能用其众者，亦宜阴厚之，使之归心中国。则盟好永坚，边尘息警矣。

把酋之子，不知何如？仆料黄酋必思东并，今当扶植青把都，使之力抗黄酋。黄酋若有东并之志，只可责之以大义，亦不必力禁之。待其两敝而归命于我。俺酋老矣，必不能东略，此皆中国之利，但在智者审图之耳。闻黄酋二妾，皆已返其故巢，幸甚，幸甚。仆常有狂志，谓黄酋可擒，今惟公可以语此。暇时与吴少参哲密计，若彼诚驯伏，则亦不必为此奇事矣。

赵帅吾抚之甚厚，乃其心恺狠如此，可恶，可恶！昨对其使，面加叱责，彼亦知惧。然少参素履端洁，谁不知之？公又为之疏闻，部中又已纪录，则彼不能揭之，适以益彰其贤耳。会少参，幸加慰藉。武人不足介意，今方欲任之，用其长而略其过可也。

答王鉴川论东运之衰

把都、吉能一时俱殒，黄酋亦且病发，天之亡胡于兹见矣。但在我处之，须以恩信。其子但能管束其部落，即令告于顺义，奏请袭职，不必择贤。要令其势分而衅构，则我可因其机而制之，数十年之利也。

辱示措画虏情及往来书谕，一一俱中机宜。所与言佛氏因果之说，妙甚，妙甚。虽然此虽一时应变之言，其实则佛氏所谓如实语也，不诳语也。大雄之教慈悲广大，岂不知哉？令甥既有此浮言，又当具一疏，得旨乃可戒行。

夏抚本无大过，玄翁以其经论，不可留之。蔡兵备引去，以刘调代，俱如尊谕。目下虏情，有何变态，俱望见教。

答奉常周少泉

叠辱翰教，深荷雅情。今同乡诸贤皆聚于留都冗散，虽仆之不肖，不能相引；而诸公之处心无竞，自甘沉寂，其贤益彰矣。

与王鉴川计虏情

虏酋之死，可喜也，亦可虑也。喜者，卜胡运之将衰；虑者，恐诸部之无主。今岁贡市愆期，是其明验。顷见公措画彼中事宜，极为得策。恤死不生，以永固盟约；迟速之间，惟公相机以行耳。

比探得虏情一纸，录似公览。今俺酋无恙，目前谅不至乖张，但在我备御之策，贵在急图。诚有其备，岂惟无患，即大功可成也。适有所感，怀抱欠佳，草草附复，诸惟亮存。

答台长萧兑嵎

辱洋，牧地议增马额，以事归之司马，则事权归一，而马政亦因是可举，甚善，甚善。但开垦之数，不止于五十万，而议征银，不过十万，似为太少。太抵察院之议，不欲以饷入督府，今若就与察院虚心议处，亦与渠职掌有裨也。

答宗伯潘水帘

辱别谕，一一领悉。白首相知犹按剑也，况他人乎？然义命之学，窃尝闻之矣。自检平生，不敢有一事负国家，不敢有一念负于天下贤士大夫。至于去就，有命存焉，惟静以俟之而已。猥辱至爱，中心藏之。

答两广郭华溪计剿广寇

两广寇盗，为患久矣。异时，居官者皆畏首事，莫敢发，故其患滋甚。今乘古田之余威，用足下之妙算，歼此狐鼠，谅不为难。但炎荒瘴疠之区，屯数万之众，役不宜淹久，贵在临机速断，沉谋遄发，先并力以破其一巢，则余贼自然破胆，次第可平。若以三万之饷，与之相持于崟岑之间，使贼跧伏溪洞，以逸待劳，非计之得者也。兵机不敢遥制，特献其瞽见如此，惟高明采择焉。

答藩伯陈罍山

昔从邺下，得望下风；继会舍亲王司马，称公辽左事，益喁喁向慕之，然实未尝有所推毂也。三十年科第，今犹淹在藩服，如仆安得谓之知人能荐士哉？而又敢以市德于公哉？猥辱遣谢，深以为愧。

三复华翰，文藻璀璨，叹羡弥襟。差人旋，草草附谢。厚惠概不敢领，辄附使者归璧，统惟鉴原。

答宣大巡抚吴环洲

节间，承蒲觞之寄，深荷雅情，谢谢。

酋妇素悍，右其少子，情似为真。彼若请封乞贡，宜令顺义为之代请。如其执迷不反，则宜姑置之度外，不必苦要之。量此孤虏，亦何能为？况其母子异心，亦终当归吾羁绁也。

答三边总督戴晋庵

吉酋既殁，其子得如三卫例，袭替请贡，大疏甚善。但鄙意谓宜令顺义为之代请。盖昔之乞封贡马，皆出俺答意，今以此委之，则西部有所约束，而中国之体益尊。且其子尚未回，亦未可不俟其求而遽传与之也。鄙见如斯，不知可否，惟公熟计其便。

答楚抚院汪南溟

十年之诺，至今未践；兹奉新命，再督前逋，无任悚仄。皆婴俗务，文事旷废，毛公楮氏，几成绝交矣。且属有公私之冗，愿少假旬月，稍理旧业，勉图报命。

答边镇督抚

辱示虏乞四事，本兵方行议处，谅在必从，亦未见有异议者，独该科有一疏耳。比奉公书，责让仆于宣帅有所私庇。仆不识其人也，第见前任督抚诸君，咸称其才勇可用，比之云中尤为近实。故时有奖借之词，要能感奋为国家用命。如其狡饰倚借，罔上行私，国典具存，孰敢庇之！近访知其诬玷司道事，即使人传语，深加叱责，此足以明仆之无所私庇于人也。

正功罪，明赏罚，惩奸核实，此督抚事也。仆辈何敢屈挠焉？区区一念奉公守法之诚，幸垂谅察。

答应天抚院张岷崃

安庆之事，朝廷欲借此以振举纪纲，折伏奸究，乃本意也。查守并逮，万不得已，其中委曲难以尽言。昨逮至之日，即令该卫姑缓其行，又径送司，不复考问究竟，不过送部调用耳。逆弁俱拟置之重辟，法司方奏当未上，决不少加姑息。黄判实始祸之人，法当重治。细观大疏，则其事之颠末，昭然可睹矣。

答王鉴川

主少国疑，艰难之会，正宜内积悃诚，调和宫壶，外事延接，收揽物情，乃可以扶危定倾。而玄老一切皆易其道，又昵比谗佞，弃绝石交，语之忠告，不惟不纳，反致疑怒，竟至于此，岂非天哉！

当其时，人情汹汹，祸且不测，仆犹冒死为之营诉，为之请驿，谨得解脱；然国体士气，所损多矣。嗟乎，自古谗人乱国，可胜痛哉！幸新皇聪颖异常，虽幼冲已具大有为之度，区区愚忠，幸蒙俯鉴。

方今宫府一体，上下一心，内外事情，幸已大定。但边事虏情，日夕在念，腹心虽安，四肢岂可忽哉？万望留神，以慰宵旰。

辱教云云，诚高见渊识，石画鸿谟，非公爱我之深，曷得闻此？三复三叹，敬佩良箴。

昨本兵虚席，公论咸归公与西石，乃太宰谓渠复铨之始，嫌于首用其亲；且贡市方殷，犹借重望以镇之，计非久当别有简命也。

答棠川殷相公

伏惟先帝恭己守文，泽被寰宇，临御六载，天下晏如。遽尔龙驭上宾，攀号莫及，此臣子之大痛也。所幸新皇天纵睿资，虽在冲年，已具大有为之度，此又宗社之大庆也。

独愧菲薄，谬膺重寄，方将敷求于贤哲，藉助同心。望公珍重，以需召命。

辱翰贶，使旋，草草附谢。别具薄币，统惟鉴原。

答宣大巡抚刘平川

辱翰示，领悉。西边贡市已报完，独宣、大事体尚在逡回。鄙意谓不必候齐，即有一二枝不在，且置之度外可也。

答蓟辽总督

辱教，抚镇相与，既外合中离，势自难久。但目前非易帅之时，俟秋防后图之耳。

西边贡市已报完，上毂、云中反觉乖阻。鄙意谓此事当以俺酋为主，永、把二枝且当置之度外耳。

答三边总督郜文川

西边贡市告完，榆镇事体，尤为宁妥，皆公经画之力也，欣慰，欣慰。

上穀虏情，少觉摇兀。然鄙意谓此一二枝，不足为轻重，来则勿拒，去则勿追，在我自有余力。而鉴川必欲羁致，以求完美，则去来之机在彼矣。

目前喜朝廷穆清，宫府宁谧，宗社之庆，遐迩惟均。

答郧阳巡抚凌洋山

屡辱翰教，深荷雅情。仆以寡昧谬当重寄，别无他长，但性耐烦耳。今喜朝政穆清，内外宁谧，可无烦尊虑。

敝乡水灾，特蒙轸念，诸所蠲恤，该部一如所拟。疲瘵之氓幸获苏生，公之德泽卑衡、巫而浅江、汉矣，感仰，感仰！

答两广殷总督

广事之坏，已非一日，今欲振之，必宽文法、假便宜乃可。近来议者纷纷，然朝廷既以阃外托公，任公自择便宜行之，期于地方安宁而已，虽弹章盈公车，终不为摇也。

汪南溟又挂南议，已拟旨留用。使去，冗甚，草草。

答司马刘清渠

惟公昔在计曹，以守正不悦于时宰，致忤于中贵，士论每为惋愤。兹当朝政更新，首蒙简用，从人望也。愿遄发征麾，以慰惓惓。

答司马戴育庵

屡承翰示，已具覆如别楮。闻套虏西掠失利，彼方构祸于番夷，则在我可因间益修守御，以备不虞。东虏骨肉乖离，俺酋衰老，偷欲求安，皆中国之利。但愿诸公努力勋名，毋失此机会。主上虽幼，实具大有为之资，亦不欲苟为旦夕之虑而已。贡市事，所司一一具覆。

答蓟镇巡抚杨晴川

顷报虏警虽在辽左，然彼垂涎滦东数年矣。于邻之震，所宜慎防山陵，不必西赴，但保疆场无虞，即所以效忠也。抚赏用马事，已下部看处。

答孙巡按

辱示虏情，具悉。黄酋素黠惊，必不肯乐附上蛮，骨肉乖离，天亡有日，但静以待之。俺酋闻已就得胜市，不知能坚守约束否？事后再望见教。

答孙兵备

虏声在辽左，实窥滦东，于邻之震，所宜慎防。今方有事山陵，务期疆场宁谧，烽燧不警，遮遒宵旰之虑，望诸君留意焉。

答蓟镇巡抚吴环洲

辱翰示，具悉。细察虏情，昆妇贡市，似无来期。永邵虽为所牵，然贪汉财物，可招而至。然皆无足为轻重，第常以不贡责之，时出小利一诱之，毋令东合上蛮，为蓟镇害耳。顺义表贡已封进。今岁所贡鞍辔弓矢，视旧为佳，亦足以验其无他也。

与王鉴川言虏王贡市

前后奉翰教，情款备至，不胜感念。

虏王表贡，该部已题请封进。今岁所贡，鞍辔弓矢视旧精美，亦足以验其诚悃无他也。昆妇愚悍，似无来期。永邵卜虽为所牵，终贪嗜关市财物，可招而致。然皆无足为轻重。第常以大义责之，时出小利诱之，毋令东合土蛮为蓟镇害，足矣。

辱示《抚赏册》，据三镇二岁之中，所费不过万余，而所省已百余万；若所全活边氓老稚，又不啻数十百万矣。唐代宗亲叩首于叶护马前，为百姓请命，父老观者，皆为流涕，曰："广平王真华夷主也。"今所与虏者，国家不啻若九牛一毛，而所获兹如此，若公与仆所为国谋者，忠乎否耶？而呶呶者犹以为言，是其识反出长安父老下矣。

幸主上虽在冲年，已具大有为之度。近又日御便殿讲读，因而商确政事，从容造膝，动息必咨；仆亦得以罄竭忠悃，知无不言，言无不信。拟于表贡后，当以边事虏情细细陈奏，且以明公任事之忠，塞呶呶之口。俟山陵毕后，乃得暇耳。公幸自信自坚，勿以浮言为介。令甥凤盘人去，草草附此。

答刘总督

剋粮充赏，边军困惫已极，蓟事之不振，则职此之由。今户、兵二部，已议为曲处。但此数一增，后来遂为岁例。帑藏之入有限，犬羊之欲无穷，岁复增加，曷有纪极！此其弊源，必有所在，不塞其源而徒徇其欲，将不知其所终矣！

蓟门事体与他镇不同，仆日夜念之，未尝少释。凡有所求，所司未尝不频蹙而语，屈意而从也。仆亦坐是往往见恶于人，若仆有所私庇于蓟者。然司农所藏，委为匮乏，固亦无怪其频蹙也。

幸仆今谬司国柄，俟边警少暇，望公与镇、巡诸君虚心商量，思一长策，着实整顿一番，庶为经久之计。若但拆东补西，支持目前，费日增而无已，兵复弱而莫支，将来必有以为口实者，恐仆与诸公，皆不能逭其咎也。

仆将有山陵之役，若滦东辍警，期至陵上一会，罄所欲言，有警则已。

答王鉴川

前启附令甥人转致，谅彻记室。

虏贡已进，赐赉有加。顺义诚款与公忠勋，主上皆已具悉。有书与顺义，为言天子生而神灵，十岁即能信任辅臣，亲决大政。渠当益坚忠悃，使华、夷尝享太平之福。如昆妇一枝，愚悍不顺天道者，天必绝之，将来自可见也。田世威回，草草附此。

答总宪李石塘

近来时事，想俱有邸报。公所具，不及一一奉闻。

数月以来，人心稍觉归正，士大夫始知有名节行检之可贵。自兹以往，日慎一日，庶几升平可致。但自愧绵薄，不堪重负耳。公正直清亮，人伦冠冕，淹处节镇，未允物情，且夕当别有处分。人旋，草草附此。

答荆守王古林

赍奏官来，辱华翰，具悉。刘江陵尚未至，至当以谏议处之。昨九月十一日，梓宫发引，十九日，掩玄宫，大事已毕，朝野清晏。主上日御便殿，讲学亲政，升平之效，庶几可睹矣。

答三边总督郜文川

套虏西掠失利，必思报复。彼之祸结于西，则边境可以安枕矣。年例及盐引银，已告计部给发。人旋，此复。

答杜晴江

惟公以直节见忤于时，经纶久卷。兹膺简擢，允协舆情。况属清明之朝，尤君子汇征之日，望益展弘猷，以副鄙愿。仆受国厚恩，死无以报，惟当旁求贤哲，共熙帝载而已。

与南荆部谢泰东

仆自当事以来，日夕兢业，惟恐蹈于矫枉之过。顾有不容不厘剔者，要亦顺人心之所共欲者，因而行之，不敢措一毫枉意于其间也。

顷案掌故，请主上御便殿，召见府部大臣。咨询之端于此已见。目前景象似为穆清，此后唯当恪循轨辙，按辔徐行耳。但人苦不自知，非得道谊知己时时提觉，不能济也。幸必有以教之。

答湖广巡抚赵汝泉

惟公去楚数年，楚人思公，不啻赤子之恋慈母也。兹得再借，万姓同欣，岂直仆一人之私庆哉！比来楚土凋瘵，视昔更甚，连年涝垫，民罔攸居。目前诸务，水利为亟，望公留意焉。

答参议吴道南

辱教满纸皆药石之言。但谓仆骄抗，轻弃天下士，则实未敢。然因此而益加警惕，无不可也。

吴尧山奉命阅视宣、大。仆数年以来，经营此地，颇费心力，今以托之，属望匪浅，不知肯为国家措一臂否也？

与南宗伯秦华峰

顷者浮议之起，实缘公入贺一行，然公论可终泯乎？悠悠之谈，或谓仆有不悦于公，此大误也。公之起用，仆与有力。援之于久郁之余，而薄之于向用之日，揆之情理，殆不其然。恐公意有所疑，故敢直披悃曲，惟公鉴而安焉。

答两广殷石汀

辱教满纸，谊同金石。至如放四海而渐进，纳百川以有容。许以同心，作其鼓舞踊跃之气；教思无替，销其跳号拂郁之私。尤见公沉机超识，中才以下所未易窥测者。仆虽浅薄，敢不夙夜以奉良箴。

所幸主上年虽冲幼，聪睿异常。又纯心见任，既专且笃，即成王之于周公，恐亦未能如是也。但自愧菲劣，不足以堪之。目前景象，似觉穆清。自今而往，惟当益积悃诚，恒存兢业，恪循轨辙，按辔徐行耳。

岭表之事一以托公，必无敢摇挠之者，愿懋建奇功，以副舆望。广右府江闻已举事，度郭君才力足以办此。不意怀远又尔虺虺。抚新附之众，不宜持法大急，此亦有司之过也。但古田反侧之人，将视此以为向背，幸留神速处之。

答河漕总督王敬所

今方内乂安，所可虑者，河漕为最。兹赖公之力经理什七，江、淮之粟方舟而至，来岁新运又已戒期，计三年之后，京师之粟将不可胜食矣。欣慰，欣慰。

大疏所陈，一一有裨国计，已下所司议行。敝省连年垫溺，近得乡人书，皆以打造海舟为苦，望公留神一酌处之，则疲氓更生之幸也。

与郭总宪

怀远之事，虽有司不善抚御有以激之，然至于戕天子之命使，则亦王法所必诛也。且新复诸邑，将视此以为向背，决当讨之。

闻两江已进兵，冬尽可得奏凯。知乘战胜之威，还师以袭之，固易易耳。但不可预露此机，恐闻风鼠窜，难以搜获；姑声言抚之，乃可成也。然此乃兵机，不敢遥度，惟高明裁之。

答巡漕张怀洲

"转漕以河道为正，海运备不虞。"此诚确论。昨已告之计部：每岁一十二万之外，升合不得有加。

王君锐意任事，而颇有好功之病。海运初开，小有失损，无害大计，何必讳言处补乎？然其才足倚，未可深责也。

与戚总兵

汪司马知足下素深，相待之礼必从优厚。顷已面嘱之，然渠亦自不俟嘱也。但足下自处，又且务崇谦抑，毋自启侮。昔李愬属橐鞬谒裴度于道，唐史美之，盖重命使所以尊朝廷也。司马此行，于蓟事甚有关系，幸留意焉。

答巡抚吴环洲

永邵卜今岁贡市，诚款颇坚，且其所领众盛，盖亦东部之雄也。昨升秩加赏事，一如鉴川所请。青把都为其母所制，既无别情，宽至来春亦可，原额马数不责补矣。

答孙巡按

辱示，一一具悉。青把都母子，既有款贡之渐，俟至来春入贡亦可。黄酋穷蹙无赖，构衅于属夷，抚台委曲调处，目前定无他虞，然不能保其终不变也。然此酋将来必不良死，公试观之。

答刘总督

合练之法不独勤兵习战，又可以预伐虏谋，守边之策无急于此矣。此中已预知之，幸勿为虑。昌饷水运，具如大议，已属计部覆行。

答王督漕

敝省造船扰民之说，果出于刘参议，前曾以禀揭寄览。而楚中士民，亦即有为此言者，大抵皆有司不善奉行之弊也。今业以将完，势难中止，但望调停善处之。

若河运，则事事亲理，明岁可期望全鄙怀，不胜欣慰。公以全力用于河漕，而以海道为不虞之备可也。

顷者南议，已即奏主上，言公任事忠勤，转输有托。悠悠之谈，于重望初无所损。

与河道万巡抚论河漕兼及时政

顷者，南议之起，有识者皆为不平。非仆私怀有所独厚，今则誉言日至，浮谈渐尽矣。夫人臣能具诚担任，国之宝也。使仆苟可以荐达之，保护之，即蒙嫌树怨，亦所不避。但愿天下士大夫，共体此怀，无负朝廷耳。

承教，务头年预为次年之计，甚善甚善。果若公言，岂惟目前赖之，虽万历千百年，亦无恙也。然公能使河渠安流，往来利涉，而不能使兑运之期，依限遄发，此责在漕臣矣。

近来朝政愈觉清泰，宫闱之内，蔼然如春，肃然如冬。主上锐意学问，隆寒不辍；造膝咨访，史不殚书。簪绅济济，各勤职业，庶几协和之风。自兹以往，唯当范我驰驱，按辔徐行耳。辱道谊知契，敢谩以闻。

答王鉴川

比者奉翰教，薄冗，未能随答。然诸所请者，一一具如尊指，属所司覆行矣。

尧山少司马行时，已屡嘱之云："宣、大事体与他镇不同，北门有寇公，诸无足虑者，归来但可告成事耳，无烦刻核，徒乱人意。"然此公爽朗阔大，必能成也。

辰下，闻边圉敉宁，内外咸庆。羽书稍暇，惟公强食自爱。

答总宪朱龙冈

仆以浅薄谬肩重任，日夕悚惕。辱华翰，奖誉过情，深以为愧。

西土宁谧，真慰朝廷宵旰之怀。昔人谓自古疆场之患，非尽由夷狄，亦多边吏扰而致之。仆尝以为名言。惟预修战守，常存儆备，则不容顷刻少忽耳。惟公留意焉。

答督抚王鉴川计处黄昆二虏

辱示昆都力、黄台吉二酋事情，先已有人言之。

黄酋骄悍，诚为难驯；然刚躁寡谋，部下多怨，且其子父不和，势难独逞。将来疆场小衅或不能无；然使处置有方，亦终当归吾羁绁也。昆都老而谲，数年以来，东纠土蛮，西合俺酋，皆此人为之。比之黄酋，反为难制。然俺答既已帖服，黄酋素不附之。昨已令蓟人散布流言于边外云："昆都与吾有约，将合兵以击上蛮。"虏性多疑，必相猜忌，则此酋亦孤立，无能为也。如再言封王事，可以好语款之云："俺答汝兄，伦序为长；且首发归顺之端，又执吾叛人，奉吾约束，朝廷嘉其悃诚，故厚赉而王之。汝频年为患，于中国未有尺寸功，何得遂与汝兄等？我皇上并包兼容，何惜一王号而不汝畀？但于事体有未顺耳。汝若能依汝兄之言，遵奉约束，坚守盟誓，二三年后，当与汝奏闻朝廷，一体封王加赉。若欲借此事以启衅，则我惟有一战耳。"渠闻此言，必不敢动。量此孤虏，以上穀一镇之兵当之东，连云朔，彼虽入亦不足畏也。

"文臣事虚文而无实用，武将狃小利而无远图。"此二语最中边吏之膏肓，今若不破此套，而徒为整理云云，终成画饼耳。

赵帅前有人来，甚感公礼遇，必为尽力。草草附此，诸惟鉴存。

卷十八　书牍五

答李中溪有道尊师

伻至，拜去年六月翰贶，万里遣使，逾年始通，感戴至情，非言可喻。

正少而学道，每怀出世之想，中为时所羁绁，遂料理人间事。前年冬，偶阅《华严》悲智偈，忽觉有省，即时发一弘愿：愿以深心奉尘刹，不于自身求利益。去年，当主少国疑之时，以藐然之躯，横当天下之变，比时唯知办此深心，不复计身为己有。幸而念成缘熟，上格下孚，宫府穆清，内外宁谧。而正以退食之余，犹得默坐澄心，寄意方外，如入火聚，得清凉门。以是知山寺幽栖，风尘寓迹，虽趋舍不同，静躁殊途，其致一也。

三塔古迹一诗，不足以纪胜，当为翁作一记，以垂永久。顾今冗甚，且未遑，有便，幸寄开山重造颠末。正二三年后，即欲乞身归政，尚当与翁期于太和、衡、湘之间，一尽平生。

使旋，草草附谢。外饭僧银二十两，禅衣一具，内色纻二端，少见远意，并近日奏对稿奉览，统惟鉴存。

答潘总宪笠翁

昔年奉教门下，辱翁于后辈中，独蒙鉴许，仆尝感其意，惧未有以当也。兹英君御极，百度维新，仆以浅薄，谬当重任。方将弋冥鸿于江海，拔硕人于莛轴。乃闻翁绝意风尘，厌弃人间事，白驹过隙，只用怅然。诸公子咸有济时之才，而明允笃诚，不忝龙图之子。深羡，深羡！

广事近以属之殷司马。此君才略，足以办此。又假以便宜兵食，期一二年，当得荡定。辱翁垂教，当奉周旋。

答赵汝泉

薄贺愧不成享，乃蒙厚酬，弥切惭歉。改折所请，已下部覆行。堤工须委任得人，乃可就功。若一处有瑕，则千丈之坚，俱属无用矣。

近来吏治颇为清肃，唯司牧者，不以民事为重，好为虚文相诳，计日待迁，此习竟不可易。惟公与监司留意焉。

答汪司马南溟

辱示饷议，精覈委悉，敷奏明切，文辞粹美，读之再过，叹挹弥襟。独计部谓支剩之数，与征发相牴，幸再加查核，乃可以闻也。

比来一夫作祟，几至燎原，幸主上明圣，而左右近习，亦皆素谅仆之悃诚，得以潜折祸萌，导迎善气。二三子以言乱政，实朝廷纪纲所系，所谓芝兰当路，不得不锄者。知我罪我，其在是乎？若仪诸仲山甫之德，则曷克举焉？猥辱鉴奖，弥以为惧。

答司马吴尧山

修边大疏，已下部议覆。乃督、抚二公之见，与公议相牴，而抚台尤为矛盾，何耶？设险守要，乃边政之大者，况此系修复颓废，非更有创建，但边长费巨，须渐次行之耳。马帅既被重劾，必当罢之。第苦代者之难，奈何！

与蜀抚曾确庵计剿都蛮之始

都蛮为害多年，不容不除。闻之谭司马云：蜀中兵饷，取之存留，尽可措办。俟兵食已足，方略已定，可一鼓平之。但用兵之道，全在将得其人。前承教，谓刘显足办此事。昨科中用闽事论之，鄙意以蜀征方始，不宜辄易大将，而司马又不敢独当，故咨之于公也。若其人果可用，不妨特疏留之，立功赎罪；如不可用，则当别授能者。公宜以此意明示刘显，俾鼓舞奋励。如玩寇无功，必将前罪并论诛之，不敢庇也。地方大事，唯公熟计之。

与广东按院唐公

府江荡平，怀远计当不日就戮，可逭九重南顾之忧矣。欣慰，欣慰！

主上以天纵英资，勤勤学问。比来一二大事，群情所汹惧而莫必其所止者，须臾之间，咸底敉定。自非明主信任勿贰，仆安得效其赤忠？诚宗社无疆之庆也。忝在知契，附此以慰悬念。

与楚中抚台辞建第助工

顷闻台从至荆，亲询民瘼，惓惓以江堤为虑，幸甚，幸甚。

新构蜗居，三院会计欲有所助。诸公厚意，岂不知感？但仆本心，原不敢以一椽一瓦劳费有司，故虽督造锦衣，亦止便差用借，诚恐惊扰地方也。今堤工方兴，疲民无措，公私嗷嗷，困敝至此，岂复有余羡为仆营私第乎？仆虽无德于乡人，实不敢贻累以贾怨。且去岁诸公所赐坊价，已即给付工匠，即有不足，以后逐年赐赍及俸入、田租，陆续凑办，需以二三年，可得苟完矣。若诸公创行此意，则官于楚者，必慕为之，是仆营私第以开贿门，其罪愈重。万望俯谅鄙衷，亟停前命，俾仆无恶于乡人，无累于清议，则百朋不为重，广厦不为安也。人旋附此，诸惟鉴原。

答保定巡抚孙立亭

公以鸿渐之翼困于燕雀，兹膺特简，允惬舆情。恒台外控三关，内制畿辅，安攘之略，惟公是赖。

近来吏治颇为清肃，惟司牧者不以民事为急，崇尚虚文，计日待迁，终鲜实效。夫均徭、赋役、里甲、驿递，乃有司第一议，余皆非其所急也。四事举，则百姓安；百姓安，则邦本固，外侮可无患矣。惟公留意焉。

答文宗谢道长

叠辱华翰，具悉雅情。近来俗尚浇漓，士鲜实学。南畿多士之区，首化之地，惟公加意一振之。

阳明先生从祀事，以宗伯病，不能会议，久稽题覆。好事者遂乘间而诋之，其言粗浅可哂，然何伤于日月乎！

答宣大孙巡按

黄酋车夷事，前吴环洲抚台疏甚善，即与本兵议，从其策矣。乃督抚之意，又与不同，而抚台这疏，亦为中止。今本兵姑先覆大疏，行督抚议处，要之抚台之策为长也。

答巡抚吴环洲

黄酋事，本兵候大疏未至，遽独先题；适督抚亦有疏至，并行咨议，幸熟计之。赵帅病果痊，若尚可驱策，宜明告本兵，今代者诚难其人也。华翰云云，具悉。

答阅视司马吴尧山

顷先后大疏，所司已先后覆行。阅视事竣，可归报主上矣。马帅褫职，国法已彰。

仆以浅薄，谬肩重任，虽不足以当天下事，然一念公虚平直，则可以告于天地祖宗之灵，不敢措一毫私意于其间也。乃昨吴少参有书，甚为公不平。其辞怨愤，使人难堪。今九边之事，宣、大为重，不以付之他人而托公者，以公为心知故也。又面请于上，特赐命服以宠其行。公视仆此心为何如哉？渠乃以仆为厚猎帅而薄故旧，岂不厚诬我哉？区区之心，惟公垂鉴焉。

与操江巡抚院言棍徒假借

近访得清江诓骗奸徒，乃夷陵州人，不知其的名，曾在敝乡冯午山公处代班坏事。隆庆四年，在仪真地方，附一油客船来京。沿途即诈称仆家人，差送酒米。船上擅挂内阁牌面，诈写仆拜帖，见翁见海。见海之明，亦为所诳，给与照身批文，一路免抽税打过关，直至张家湾。幸仆知之，差厂卫人，拿送法司，问发边卫充军。至戍所，又诈称仆家人，诳惑宣府总兵，纵令脱伍。不意今又发于清江，其言徐寅生、张寿童及买潞绸银递回原籍云云，悉妄也。

窃思仆素重名检，虽亲子弟，无敢以毫厘干于官府。三年前，曾有一家奴指称小儿名目，诓人银三两，当即送本府杖死。可恨此棍无故随处打网，污人名节。今幸台下觉其诈，所望为仆重治，以除祸本，奈何又轻纵之。渠之罪不止瞭哨，今得漏网，将来又不知作何状矣！若尚在配所，幸为仆尽法处之；如已逃脱，幸密与逻者，并逃奴朝吉，俱多方捕访，务令得获。忝公知己，必同其好恶，乃见真爱。冗中草草，余容续裁，不悉。

答阅视汪司马南溟

额饷议，本久与督抚会计，乃疏闻后，又有一二异同，不得不再行审核，亦以违众不可，盖事贵慎始故也。议定即断而行之，无所复疑。

辽警方殷，借公威重震慑，计已喙兑矣。增筑墩台，及别楮所云，俱如议次第行之。

答司马万两溪

昨会舍亲西石公言：顷者内狱之起，众情汹汹，独公以为朝有人焉，无足虑者。此足以见公知我之深也。今士大夫亲见仆行事，无一人知及于此者，而公乃在外得之，人之识见，相去岂不远哉！诸所议画，已下所司覆行。

答两广总督殷石汀

惠贼斩馘至万，诸贼当已破胆，可次第就戮矣。大功克就，岭表辑宁，朝士大夫始服公之雄略，而信仆知人之明。昔充国之策，惟魏相一人主之，仆虽不逮相，而公之功烈，则过充国远矣。欣慰。

诸邑令既更于民，何必更调？已告铨司，悉如尊议。

答保定巡抚孙立亭

兵宪之荐，今岁不妨暂已。三关事体，与蓟门稍异，以分阅为便，俱如尊教。

近来畿辅之地，盗贼横行，京师百里之内，一月而二三发，似非治平景象。今内当责之巡捕，外当责之兵备，惟公留意督察之，幸甚。

答河漕刘总督

水道业有成议，昨计曹因杨郎一人之言，遽欲改陆。仆使人廉得河道疏通，转运无阻，故请旨仍依原议。计曹又言牛栏山河道虽通，船只未造，请加诘责，仆亦未从。今不知已造船几何？并望留神速处，毋致以小事妨大计也。

答巡抚郭华溪

怀远之兵，既未得天时地利之便，暂宜解归，以俟大举。若有他巧可取之，尤妙矣。此事若非县令苛急，贼亦未必遽叛。事之未形，一夫制之有余；祸端已搆，数万人取之不克。至兵连祸结，师老财费。使朝廷厪南顾之忧，疆场有不讨之贼。彼激乱启衅者死，何足恤哉！以是知天下之事，惟知几识微者可与图成，而轻躁锋锐者适足以偾事阶乱而已。

答荆守王古林

奏最使至，辱翰贶，感戢。公在郡治理，实冠一时，为政不近名，故郡人来者，虽无毁辞，亦鲜扬誉。然仆之所以重公者，正在于此，非流俗人所知也。本图借寇，恐致久淹，昨已属铨部优叙矣。

答吴尧山言弘愿济世

吴子感公相知之素，故为公不平。然不思渠昔因仆而后见知于公，今若此，所谓食其粒而弃其本者矣。仆平生所厚士大夫甚多，见背者亦不少，然终不以是而易其好贤之心，即今日内狱之事，可以观矣。

二十年前，曾有一弘愿：愿以其身为蓐荐，使人寝处其上，溲弱之，垢秽之，吾无间焉。此亦吴子所知。有欲割取吾耳鼻，我亦欢喜施与，况诋毁而已乎？愿公勉慰之。相见非远，诸容面悉。

答吴参议道南

前承华翰，以冗不及答。顷有寄尧山公一书，会间，可索观也。

答总宪张崛峡言公用舍

自公在郎署时，仆已知公。频年引荐，实出鄙意。不知者乃谓仆因前宰之推用为介，误矣。天下之贤，与天下用之，何必出于己？且仆与前宰素厚，顷者不恤百口为之昭雪。区区用舍之间，又何足为嫌哉！蔡人即吾人，况前宰非蔡人，而公又吾人也，何嫌何疑之有？愿努力勋名，以副素望。

答督抚王鉴川

辱示番书，殆亦华人导之以要我，公谕阻之为当。大抵今日虏情，惟视公为向背。故仆前面奏主上，长城锁钥，专倚于公，一切操纵之机，谅公自有定算矣。

黄酋孤虏，必无能为，然顺义亦挟此以为重。属夷若还，其所求乞，可量许之。而示之以不得已，恐其常用此套，为求索之资也。屯田事，公若熟计其便，不妨再题。宣帅被劾，谅难复留，幸公自择可代者，咨部用之。顷闻虏中旱甚，京师亦少雨，尘霾累日不解。仆日夜惟边事为忧，愿公留意焉。令甥近日相闻否？

答刘总督

抚赏市马之事，前承教，属之计曹，本兵一一俱如尊指议处矣。闻近日司道，俱不肯着实奉行，仍蹈前辙，扣月粮以备阅视之费。又夷人闯关，有迁延数十日不去者，启衅胎祸，实在于此。公何不督责之？不从，则亦宜明告于上，裁之以法可也。

此闻房中甚旱，内地雨泽亦少，尘霾累日不解。仆日夜以边事为忧，而属意于蓟尤甚。望公督率文武诸大吏，及今加意经理，常若大敌在前，庶保无虞。昨已面奏皇上，言边将不得便宜，每中制于司道，他日脱有偾事，当与将吏同罪，决不少贷。

近来朝廷举动，非复昔比。仆受国厚恩，身肩重任，死且不避，何怨谤之足恤哉！敢布区区，惟公垂谅。

答蓟镇巡抚言优假将官

辱翰示，领悉。崔镛与赵奇仇隙甚深，昨调处善地，实两全之。乃因督抚之怒，而飞揭中伤以逞其毒，非良士也。昨部覆科疏，鄙意本欲留用之，恐督抚以仆为有所私庇于此辈，故拟罢之，然朝廷自此颇疑文臣矣。

仆与马、赵素不识面，异时当国者之家奴，率与边将结拜，鲜不受其啖者。自仆任事以来，内外隔绝，幸门尽堙。朝房接受公谒，门巷间可张罗，亦无敢有以间语谮言入于仆之耳者，又何所私庇于人？即此两人之狡猾无状，仆岂不知？第以其俱嗻喺宿将，部下又多犷少，代者未必能驭，即有瘢颣，犹可驱策而用之。贡市羁縻，本难久恃，猝有缓急，无可使者，故不得已曲为保全，徒以为国家耳。士大夫乃独不谅鄙心，奈之何哉！

公为观察，当自有公论，如以仆言为非者，幸直赐批驳，以为后来用人之鉴。

答河漕王敬所言漕运

四百万军储，江海并运，洪涛飞越，若涉平津，自仆有知以来，实未见有如是之盛者。一日侍上，语及今岁漕事，天颜喜悦，殿上侍臣咸呼万岁。仆因推言，此皆督臣之功也，宜加懋赏，重任之。上深以为然。

兹览图册，又以见公儆戒无虞，因事纳诲之忠也。敬服，敬服！

触瑟之逆，几成大狱，赖天地宗庙之灵，鉴仆赤悃，开发圣明，得以道善回和，雪诬正法，滔天之势，蓦然顿已。然贱质则因是致病，今颠毛种种，相见恐不相认矣。华翰谬及，敢陈其概。

潘君才猷宏达，意思深长，他日必不负公此举。然朝廷方有重托于公，举代恐未能也。

答吴环洲

顷吴司马复命，核三镇修守之功，以公为举首，诚为确论。二帅并逐，家丁四散，今岁边事殊可忧。当事者苟欲快意，不为后图，非便计也。主上既以锁钥付之诸公，一切更置，不从中挠，然任之愈重，望之愈殷矣。

答宗伯董幼海

南宫清峻，允属高流，以公居之，可谓置琼枝于玉案矣。当圣皇御极之时，正名俊汇登之日，区区何力之有焉！华翰归功，深以为愧。

答两广殷石汀

岭表盗薮，虽在可封之时，不无奸宄之警。顷仗公雄略，天戈所指，电扫风驱。凯声腾于遐陬，余威震乎殊俗。粤中缙绅，亦自谓有知以来，用兵制胜，未有如今日之盛者也。喜而为之折屐。功高赏薄，尚当有待。顷侍上燕间，从容语及岭表事，公之鸿猷峻烈，已简在帝心矣。愿益懋勋庸，以需大畀。

答崇王

先年，肃皇帝使仆捧册立殿下为王，得一望清光。后闻殿下止生长殿下一位，不得封，心窃虑主器者或乏，又以汝泉赵都宪之意，遂属意礼曹，为之题请。仆一念公心，非敢望报于左右，乃蒙遣使致谢，宠颁厚惠，非仆所以存国继世之心也。谨即付来使璧归，草草付谢，统惟亮原。

答冏卿李渐庵论用人才

辱翰示，具悉雅情。天生一世之才，自足一世之用。顾持衡者，每杂之以私意，持之以偏见，遂致品流混杂，措置违宜，乃委咎云乏才，误矣。仆之浅薄，虽不足以与知人，然一念为国之公，实无所怍。故自当事以来，谆谆以此意告于铨曹，无问是谁亲故乡党，无计从来所作眚过，但能办国家事，有礼于君者，即举而录之，用三驱以显比，悬一镜以虚照。故一时群才，咸有帝臣之愿。今部署已定，以后仍当综核名实，一一而吹之。第恐人乐混同，必有以为刻核者，然非是无以考成绩而亮天工也。

答藩参高谦泉亲家

伻至，辱华翰，深荷雅情。今运属休明，众贤汇进，淹抑幽圄，咸得耀乎阳春，可使驿骊久困枥下乎？顷荐书已上，弓旌之招，谅在不远矣。

冗中草复。厚惠概不敢当，辄以璧诸使者。《图说》奉览。外拙室所寄令爱薄仪，统希照存。

答河漕王敬所

《图说》之陈，实仆一念赤忠所发。因事纳诲，早辨防微，实有人不及知，而愚心所独苦者。非公之高识远见，不能得之于意表也。世所称为知己者，谓能知其心也。今知我者，非公其谁？倘以执事者之有间，缀之以琼玖，俾永其传，则覆瓿之诮，庶可免矣。非所敢望，聊布区区。

闸河浅涩，舰行甚艰，比来稍觉通利，谅亦不出夏杪，可尽抵湾矣。山泽之气，郁而未畅，皆仆奉职无状所致。惶恐，惶恐。

答刘总督

界岭之捷，诚足以伐虏谋，挫骄气，然贼从此怀愤，必当又出于他道，当事者未可以小胜狎视也。至于抚赏一事，幸公留神一处。蓟门边计，与他镇不同，若能就此一事处置得宜，俾各夷皆畏威怀惠，则制虏之策已得其半矣。况又日夜图吾战守之备，先立于不败以求胜，何事不可为乎！愿公与在事诸君熟计之。

答两广殷石汀

辱示，知林贼势孤，远遁求活，计当不日可擒。迅雷震控，妖魅自当褫魄矣。慰甚，慰甚！公为国家戡定大乱，功在旂常。仆以参与庙画，借被光宠，为幸多矣。筐币之及，非所敢当，辄付使者归璧，统惟亮原。

答总宪张崐崃

惟公俊才厚蓄，又富于春秋，不以此时取旂常，勒钟鼎，乃顾恋庭闱，忘在公之义，非所望也。兹属休明之会，方将招遗佚于莅轴，宁肯纵鸾鹤于云林？大疏已属部覆，而雅志必不得遂。愿勉奉简书，以徇国事。

答王鉴川

辱示先后二书，俱一一领悉。以公勋业，宜膺殊赏。然忠简帝心，丝纶贲宠，则其荣重又近时所仅见也。去年，仆力辞四恩，亦荷敕奖。仆于心感戴，窃谓九迁百朋，无以逾之。谅公感恩思报之忠，亦当与鄙衷悬符也。敕辞乃仆手撰，早晚当赍上。屯田事，已属计部改行。

答汪南溟

辱教，迫冗，不能一一详答，谨以原札逐款窃附数字于后。疏中亦僭省数句，统俟尊裁。此行惟公举动合宜，鉴裁精允。敬服，敬服！

答王敬所

今年闸河水涩，转饷甚艰，然终以发运之早，虽遭中梗，比之往岁，犹为驶利，皆公之功也。

海运今岁微有损失，议者遂纷纷言其不便。此众庶之见，固不足凭。但仆鄙意窃以为，今欲河海并运，则当着实料理，岁岁加增；若止欲尝之，则二年之间，道路已熟，何岁以十二万石尝险哉！近潘大参有复遮洋总议，似为稳便，不审高明以为何如？仆昨因群言稍有淆惑，但以国家大计，须虚心商量耳。

与蜀抚曾确庵计剿都蛮

凌霄既破，我师据险，此天亡小丑之时也。宜乘破竹之势，早收荡定之功。计蛮众不过数千，我师当数倍之，无不克者。攻险之道，必以奇胜。今可征兵积饷，为坐困之形，而募死士，从间道以捣其虚。先年破香炉，取洮、岷，皆用此道。若不奋死出奇，欲以岁月取胜，此自困之计。兵闻拙速，未睹巧之久也。惟公熟计之。

刘帅功名，著于西蜀，取功赎过，保全威名，在此一举。其一切攻围之计，宜听其自为便利，勿中制之。唯与之措处军前赏功、募士之费，计军中一月当费几何。与其旷日迟久，不若暂费速罢之为愈也。凡此皆书生之见，谩寄以备采择。

答荆南道施华江

辱翰教，深荷雅情。闻楚中水患，视往年稍平，而敝府诸堤俱无恙，皆抚台赵公之功也。《书》称六府养民之政，以水为首，水政举，然后五事可从而理。辱教，惓惓留意于此，楚民庶其有瘳乎！

与王敬所论大政

月中漕艘，已尽抵湾。万庾丰溢，繄谁之力欤？可庆，可庆。

《图说》，训蒙语耳，何足以辱大制！仆平生拙于文辞，颇与懒性相成，间有强作者，亦辄以不得意弃去，存录者甚尠。俟他日乞骸有暇，料检故囊中，或有一二呈教。

辱示岭表善后事宜，诚经世之讦猷，顾事涉更置，旦夕未可遽图。仆今事幼主，务兢兢守法，爱养小民，与天下休息。诸大擘画，必俟圣龄稍长，睿明益开，乃可从容敷奏，上请宸断行之。即如宗室禄粮，及西北边用书生为将，与处置属夷之策，皆国家大事，急宜经理者，目前亦未敢言；又未知他日可言之时，仆尚得立朝否耳。尝谓世庙以大有为之君，而当时诸臣不能佐下风，徒取仪文制度纷更一番，末以修玄结局；至经国远猷，太平鸿业，因置而不讲，至今令人怏怏也。辱教谨藏之箧中，以俟乘机入告。

答南学院谢虬峰

叠辱华翰，深荷雅情。阳明先生从祀礼，官方欲定议，而南疏复至，又极其丑诋，至欲并褫其封爵，则亦过矣。

答殷石汀剿海寇

林贼既失巢穴，飘泊海上必不能久，宜与闽中约会图之。闽抚刘君有智计，勇于任事，必能助公共擒此贼也。近有陈广事者，其措置颇大，不知于地方便利否？谩寄上一览，幸惟裁教。

前承厚惠，不敢当，即托使者归璧，更不烦差人于寒家问遗。盖仆近日曾将此事奏知主上，千万体谅，乃见至爱。

与河漕万两溪论协和克让

近有人言公与督漕不协，两家宾遂因而鼓煽其间，仆闻之深以为忧，甚于忧洪水也。夫河、漕皆朝廷所轸念者也，二公皆朝廷所委任者也。河政举，漕运乃通，漕运通，河功斯显，譬之左右手，皆以卫腹心者也。同舟而遇风，橹师见帆之将坠，释其橹而为之正帆。帆者不以为侵官，橹师亦未尝有德色，但欲舟行而已。二公今日之事，何以异此！

唐、虞人才，非独异于后世也，良由舜、禹以克让之道昌于上，合九官十二牧为一人，以共熙帝载，故治功独隆。禹之功，地平天成，万世永赖，乃将受摄，举天下之重而让之皋陶，丁宁反覆，惟恐皋陶之不己先也。然禹以是而益圣，而颂其功者，至今不衰。故曰：既以为人己愈有，既以与人己愈多。

近时士大夫，有才者不少，惜哉不讲于此道，故治亦不古若。夫大道之行也，与三代之英，仆未之逮也，而有志焉。仆愿二公之留意也。朋友之谊，所宜切磋，故敢献其愚，唯公垂鉴焉。

答郭华溪

怀远之事，初谓成于有激，故往者奉书云云，意或可以分北治之。不谓其怙终不悛，敢行称乱如此，则天讨所必加，虽费财动众，亦难中止矣。一切剿处事宜，公所画俱当，惟公自裁，便宜行之，不敢中制。

答张总宪

顷侍上于便殿，从容语及公所陈二疏，叹赏者久之，且谬以仆为荐拔得人。仆因说上以询事考言、综核名实之道，后蒙天语嘉纳。嗟乎！以孤特无侣之士，立志于边关万里之外，而能上彻九重，独蒙眷奖，非至诚而能若是乎！有君如此，何忍负之！此公报国之秋也。愿树勋庸，以酬知遇。

与王鉴川言兖业边事

顷侍上于便殿，以言及边事，上因问："宣、大重镇，王总督何故取回？"仆对言："朝廷用人，不宜竭其忠力。王在边久，且少休之，他日不妨再用。"上问："谁可代者？"仆遂以方金湖对。无何，而台谏之疏至，仆竟以对上语，拟旨行之。然公之出入，实系虏之向背、边镇重轻。

今东贡未完，金湖未至，仆于此兢兢，卧未能安枕也。古人去之日如始至，惟公留意焉。

答司马王继津

顷者处分，实出鄙意。窃以公资望，自可径长六曹，不必又出开府，乃所以相厚也。仆自当事以来，闭门却扫，士大夫公言之外，不交一谈，旧时谗谮之风，庶几丕变。兹以公之雄略，不获及时展布，则蔽贤之罪，当在于仆，未可归咎他人也。幸遵新命，共佐明时，勿复致疑，乃见高雅。

与王继津论君臣之义

盖闻君臣大义，分无所逃，时乎时乎，难以再得。孔子大圣，以时仕止，然犹七十说不遇而不止，岂好为是栖栖者与？诚达于君臣之分也。唐、虞之世，九官十二牧，师师济济，各效其能，岂必不为禹、稷，位皆百揆，而后惬于心哉？诚欣于时世之遇也。

方今尧、舜在上，属任忠贤，仆躬履贯鱼之行，瘝痒孜孜，用天下贤者，效之于上。士生于今，义无所逃，以其时则可矣。公乃独傲然远引，慨慕巢、由，嘲哂禹、契，欲自越乎不可逃之分，而背乎不易得之时，此愚蒙之所未譬也。虽然，人各有志，何可相强？聊为道其区区如此，惟高明裁之。

大疏部覆休致，旨允调理，仕已之途，尚未定决，惟公审图之。

与殷石汀论吏治

为国之法似理身，元气欲固，神气欲扬。广中患不在盗贼，而患吏治之不清，纪纲之不振，故元气日耗，神气日索。数年之前，论者谓朝廷已无广东矣。自公一振之，而倾者安，黠者戮，炎州以宁。岂易民哉？元气渐固，神气始畅耳。

今主上天纵英明，仆日斤斤焉，以振纪纲、察吏治、安民生为事。愿公持而行之，毋渝其初心，毋畏于群议，则元元之幸也。公先后三书俱至，冗中匆匆附复，诸惟鉴原。

答蜀抚曾确庵

十月十四日，闻九丝捷音，不觉展齿之折。殄此巨寇，不惟蜀民安枕，且国家神气藉此一振；四方有逆志干纪之人，亦将破胆而不敢恣睢矣。喜甚，喜甚！

此地险要，宜屯兵设官以镇之。其有功、有罪人员及一切善后事宜，当次第具奏区处。

与广东督抚

向者奉书言怀远云云，深有感于始事者处置之失宜，谓可不烦兵而服。念既怙终稔恶，又天讨之所必加，今已数月，未闻捷报，日夕悬悬。且古田余孽，亦将视此以为向背。南夷顽梗，德义所不能化，唯慑于威强耳。公其审图之。

与闽中巡抚刘凝斋

闽中数年无警，当事者务沽节省虚名，以致缓急无措，误事非小。公所请者，已属该部一一覆行。俞帅老奸，志意已隳，难以复用，非新壮将军，不能办此。胡君旧在闽中，颇著战功，锐于功名，惟公结以诚信，激以忠义，必能有所建立也。用兵机宜，难以遥度，瓯岭以东，一付于公。

答督抚吴环洲

顷者，柔服青把都一事，俱见公之雄略，慰甚。议者咸谓今日虏情，尚可数年无事。然朝廷建安攘长策，非苟图旦夕之安而已。此意惟公可语，亦惟公能办之。

答工部郎中刘公伯燮言用人毁誉

仆近来用人处事，一秉公心，谬持愚见，旁人无所关其说。士大夫公见之外，不延一客；公谈之外，不交一语。即有一二亲故，间一过从，不过相与道旧故，遣客怀而已，无一语及于时政。乃今蒙德者，谓有人誉之；失意者，辄谓人毁之，皆非知仆之心者也。戴公之举，实主上体念边臣至意，在仆犹不敢借此以市恩，况其他乎！义河云云，殆不其然。

答大司马万两溪

老父幸登七耋，辱书问；舍弟、小儿，又承扁额之赐，感荷厚情，言不能悉。但近来交际礼废，曾谓中外相知者，不烦遣使问遗。此意主上亦察知之。仆不敢自背其言，以欺朝廷。忝在心知，尤愿体谅可也。

答王鉴川

虏酋款服，边鄙辑宁，始终皆公之功。仆虽曾借前箸，少效区区，所谓文墨议论者耳。公乃让美推能，谬为引重。捧读大疏，背汗心惶，故不敢拟廷议之旨。诚以蒙恩而后辞，不若先自寝阁之为省事也。本兵方欲题覆，公之勋劳自宜首叙。若诸文武将吏因人成事者，已经屡录，恐难以尽优也。

答冏卿陆五台

愚子弟侥幸，凡在交知赐贺者，俱不敢领承，盛仪谨璧诸使者，幸惟原亮。

承别楮祗畏云云，深荷道谊同心之爱。仆自受事以来，日夕兢惕。凡事关宗社、生灵，必斋心默告于上帝、二祖而后行，不敢告者，不敢为也。诚以人臣之义，靖共匪懈，况仆今处多惧之地，当至重之任，敢不畏乎！再拜稽首，师公昌言。

与李太仆渐庵论治体

明兴二百余年矣。人乐于因循，事趋于苦窳。又近年以来，习尚尤靡。至使是非毁誉，纷纷无所归究。牛骥以并驾而俱疲，工拙以混吹而莫辨。议论蜂兴，实绩罔效。所谓"怠则张而相之"之时也。况仆以草茅孤介，拥十龄幼主，立于天下臣民之上，国威未振，人有侮心。若不稍加淬励，举祖宗故事，以觉寤迷蒙，针砭沉痼，则庶事日隳，奸宄窥间，后欲振之，不可得矣。

故自仆受事以来，一切付之于大公，虚心鉴物，正己肃下。法所宜加，贵近不宥；才有可用，孤远不遗。务在强公室，杜私门，省议论，核名实，以尊主庇民，率作兴事。亦知绳墨不便于曲木，明镜见憎于丑妇；然审时度势，政固宜尔。且受恩深重，义当死报，虽怨诽有所弗恤也。乃朝夕进说于上前，则又惓惓以恭俭仁厚，培植纯一未凿之良，即《帝鉴》所载，及近日何宫允云云，可见其梗概。期以数年之后，主德既成，治具毕张，乃收管钥、举纲维而归之于上，稽首明辟，乞骨还山，此区区之微志也。

而庸众喜于委徇，奸宄惮其精核。又有一种腐儒，动引末季事摇乱国是。不知本朝立国规模，与前代不同。本之威德并施，纲目兼举，无论唐、宋，即三代盛王，犹将远让焉。而宋时宰相卑主立名、违道干誉之事，直仆之所薄而不为者。

顷辱华翰，深合鄙心。至于举劾失实，及奖率科贡云云，俱于实政大有裨益。乃知庸众之人，虽与论寻常之外，识时务者谓之俊杰。今人旦夕见仆行事者，犹不相知，而公乃冥契于千里之外，人之识见相越，岂不远哉！人旋，敢布区区。

答吴环洲

大疏已上，铨部且议题覆。公此后但宜默付之公论而已。为国任事之臣，仆当与之同去就者，公第安心勿虑。

答吴道南

边屯俱兴，士得宿饱。公之功，独冠诸道。承以余粒见遗，即令家人炊之，为益一餐焉。

与殷石汀经略广贼

诸良宝必死之寇，而各官乃易视之，其败固宜。一撮许残贼不能克，则诸山海逃伏之盗，必将乘势再起，将来广事，不可便谓无虞。大抵南贼譬之蔓草，铲尽还生。从古以来经略南方者，皆未能以一举而收荡平之功，其势然也。今当申严将令，调益生兵，大事芟除，见贼即杀，勿复问其向背。诸文武将吏有不用命者，宜照敕书，悉以军法从事，斩首以徇。了此，则诸不逞之人，皆破胆而不敢旁睨矣。不惜一朝之费，而贻永世之安，惟公留意焉。

初拟将屯事责之陈奎，今广中士大夫皆云，渠败衄之余，气阻力挫，恐难展布，姑从降调，已属铨部另择能者代之。然此虽该道之事，而督率驱策，则惟仗于公，非该道所能办也。

答王敬所

《图说》，训蒙语耳，乃辱公涣发佳思，冠以雄文。驽马而先之以拱璧，鱼目而盛之以华椟，不乃为忝乎！若其文辞之粹嬿，意义之渊奥，则非浅陋所能揄扬也。仰感，仰感！

近报漕艘过淮已千余，则今岁粮运，又当速达矣。深慰，深慰！

与楚抚赵汝泉言严家范禁请托

小宅原拟赐金搆一书舍耳，不意锦衣庞君遂摹京师第宅，大事兴作，费至不赀。屡厪垂念，给与频蕃，既乖本图，复益罪过，赧怍之衷，口不能悉。此后更无烦存注，以重不肖之罪。

老父高年，素怀坦率。家人仆辈，颇闻有凭势凌烁乡里，溷扰有司者，皆不能制。藉公之威，明示尔司及敝处守令诸君，但有如前所云者，幸即为擒治。其所请嘱，无问于理可否，悉从停阁。有强梗不法者，解来仆面鞫之，欲得而甘心焉。

仆今待罪政府，兢兢自守，门户举动，皆诸差人所睹见。严之于官守而纵之于家乡，人其谓何？即诸君爱我，亦不宜用世俗相处也。仆平生耻为矫饰，其所云者，悉出赤悃，万惟垂亮。

与曾确庵计平都蛮善后事

都蛮自擅，不讨之日久矣，岂知王师动于九天，从衽席上攫而取之乎！自冲圣嗣位以来，方内乂安，四夷向风。旃裘之君，厥角稽首，献见恐后。海陬跋扈之侪，山徼陆梁之辈，天戈所向，奸殄无遗。此往籍所希闻，间代而一觏者也。

仆以谫劣，谬司鼎轴，际兹盛会，窃以为荣，可不谓大幸欤！功高赏薄，尚当有待。所示善后事宜，便属所司覆行，更无异议。

答蓟辽总督方金湖言任事

初，鉴川内转，主上曾面询谁可代者，仆即以公对。公之秉钺，上所简也。

明兴以来，国有艰巨之事，众所慑懦观望而不敢承者，率楚人当之，愿公勉旃。酬恩报国，蜚英腾茂，在此行矣。

答殷石汀

前赍奏人回，已具启复。顷巡按所奏林贼事情，与公所报不同，仆甚讶之。已即示意部科，言此事当一属之于公，不宜轻有指授。其抚剿便宜，愿公详计之。

兵机在呼吸之间，便有变态，安可预度？然大率盗贼奸宄，惟当慑吾之威，罕能怀吾之德。如机有可乘，一鼓而歼之，虽被虏坐镇之人，亦不足惜也。抚贼声不可传远，宜以密用。前喻岭贼如蔓草，难以尽拔，唯旋生旋除之耳。

答赵汝泉

辱华翰，知道从年余尚未回省。大禹勤劳民事，召伯周行阡陌，不是过矣。江汉之民，庶其有瘳乎！感仰，感仰！

仆自为童子时，见抚台、守、巡，巡行县邑，荒僻咸至，而供亿省约，民不告劳，故上无不究之泽，下无不达之情。今则不然，上官惮于巡行，而百姓苦于供费，失其职矣。君子为政，固在先劳，然先之而不从，则亦不免绳之以法，不然，徒以一身劳之，无益也。今天子轸念元元，精核吏治，诸守令回任，当别是一番作用，唯公加意振策之。水利次第修举，必有成效。

答总宪吴太恒

赵陵竖旗事，殆妖人以此惑众耳，但宜以静镇之，不必纷纷搜索。保甲之法行，则奸人自无所容，第须着实严行，乃为有益，毋徒取具文可也。

中州重镇，密迩畿辅，务农讲武，足食足兵，乃今日所最急者，余皆迂谈也。唯公留意焉。

答太常殷秋溟

仆少耽沉寂，每有出世之想，不意中道为时所羁绁，遂至于此。且欲暂了人间事，以酬俗缘，然于四方高流静侣，未尝不神交而冥契也。生平所闻士大夫称公之高韵，恨不得一披晤焉。兹者，暂借留寺，终期惬此素心。

答王敬所

近报漕艘过淮者多，计当不后于去岁，若中道更有阻滞，则责在河道矣。

答吴环洲

近事已有旨处分。朝廷用贤，三至而信之愈笃，公宜如何为报耶？顷督抚方公闻有南疏，急使人来留公，甚恳，公亦宜作一书谢之。吴、王二君，俱如所拟，加秩管事。

又

前以公大意，传与督抚方公。昨有书来，言事有宜厘正者，当亟处之；其未能骤变者，次第措画，要令毋失制房之初而已。当局之人，责任艰重，幸公委心维助之。

顷于蹇公处见来翰，谓功不必出于己。至哉斯言！非有道者孰能之？

答广西抚院郭华溪

闻怀远奏凯，无任浣慰。兵已深入，须尽歼之，毋使易种于斯土，又烦再举也。

答翰学余同麓

辱华翰，知文从已至留都，无任欣慰。小儿昔荷陶铸，叨举乡荐，终以寡陋点额龙门，唯垂念夙谊，时惠教督是望。

答宗伯董浔阳

仆昔在词林，随公之后，浅薄碌碌，公所知也。不自意蹈躐鼎铉，遂膺顾托之重，又不自量，强而肩之，日夕惴惴，惟虞颠仆。比辱翰示，奖许过情。譬彼孱夫，负千钧之重，上太行之阪，旁有力者，不怜而惜之，更为邪许奖借，将令孱者不至绝膑委顿不已也。惶愧，惶愧！

乃若主上之明圣，虚己纯心，能使宫府穆清，宦戚斤斤奉法，则诚书传所希闻，当与海内簪绅，同心庆戴者也。

与王敬所言关防棍徒假借

近来河路奸人，动称寒家赍送米物，诓骗骚扰，屡惩不止。仆今在旅寓，朝夕饔飧之费，悉以薄俸易之，旅易旅用，不能为终岁之计。况家素贫困，老父母在堂，尚须微禄寄养，岂复有余积给充宦资乎！凡言此者，悉妄也。顾不知者，难以户晓。今僭刻一信牌，给付各往过紧要官司收执，以便诘验。假公威重，照别纸所开诸处，分给禁约，取具收结缴查。如有犯者，仍望即置之重法，以全仆曲廉小节。恃爱琐琐，统惟垂亮。

卷十九　书牍六

答河漕王敬所

辱示知运艘已于三月十一日，尽数过淮，无任忻慰。闻渡江遇风，谅无大损。若前途通利，则额赋可以毕达，国储日裕矣。

今计太仓之粟，一千三百余万石，可支五六年。鄙意欲俟十年之上，当别有处分，今固未敢言也。

答蜀抚曾确庵

先后承翰示，俱一一具复。昨孙院有疏，言残蛮未靖，不知其意所出。大剿之后，窜伏林谷者，岂能尽歼，要在从容绥定之耳。譬之人积病虽除，余毒尚在，良医当此时，正宜消息。缓之则莽蘖复萌，急之则重伤元气，不可不慎也。

答藩伯吴小江

顷者，主上特发渊衷，举行旷典，而公以卓行清望，为天下举首。自此海内多良吏矣。幸甚！

今赖天地宗社之灵，中外颇称宁谧。惟是黎元穷困，赋重差繁，邦本之虞，日夕在念。顷蒙天语叮咛，亦以爱养百姓为急。愿公思所以奉宣德意，加意元元是望。

答铨部李石塘

惟公往在西台，屡闻谠论，此奉翰札，率多溢美之词。岂仆德衰于昔，不足以来天下之善耶？抑公欲卑论侪俗，以取通显耶？

考功之缺，已属铨曹调补，其人则太宰所自择者也。

答总宪廖春泉

别论三件领悉。靖州土兵，在广右甚无纪律。入楚境，震公之威，又处置得宜，故敛手屏迹耳。此辈如毒药猛虎，诚不宜轻用。

敝族家人，虽颇知奉法，然小小扰溷，未必尽无，衔勒钤制，不敢一日释也。公知我深者，幸惟留意。

考成一事，前奉明旨，督责甚严，幸一一如期完报。有势不能完者，不妨明奏改限。

答广西巡抚郭华溪

得报，知怀远已定，旁有干纪者，皆殄灭无遗。欣慰！但两广之人，好为议论，台谏无识者，往往误听之。讹言屡兴，赖圣明远瞩，三至不疑。若如昔时之政，则风波满海内矣。粤地所患，不在盗贼，而在人心不公，是非不定，纪纲不振，法度不行。可恨！人旋，草草。

答督抚刘百川

前有人言，公躬履河上，见沙浅难行，颇悔为张金宪所误，欲罢其役，而嫌于自改，故以为问。今计算久远，果便于人，则曹子之言，固可从也，已属计部覆行。

张齐贤云："自古疆场之患，非尽由夷狄，亦多边吏扰而致之。"顷墩军袭杀属吏，情甚可恶，宜即枭首，以泄属夷之忿，杜将来之患。今人口语啧啧，咸云：南兵无纪律，专肆贪纵。今有此，又好事者之资也。其同恶之人，亦宜以军法处之。烽火为军中耳目，最宜严谨。古之为将者，鼓一鸣，即前有汤火，不敢不赴；金一奏，即见利可趋，不敢不退。今平时自为出入，而管军者不知，临阵何以号令之乎！戚总理闻平日驭军甚严，今安得有此？

答保定巡抚孙立亭

导河事已下部议处。上意务在安静不扰，四方言利病者，非万不得已，率皆报罢，故拟旨云云。辱示小牌，俱已给发，深荷体谅厚意。

与荆南道府二公

承示三款，深于地方有裨。但近请榷税者，该部皆执不肯允，况先年议有废府州课银。近日两院又奏留存积禄粮银，目前尚可支措，俟明岁再议未晚。且仆于此，亦有小嫌，今方修建赐第，不知者得毋谓公欲借公费以助私营乎？若后二款，则皆利民急务，仆即明属所司行之，无不可者。

又昨王太常言府中有一淤洲，公欲寒家人领，极知公厚意。但利之所在，人争欲之，擅众所利，则怨必丛积。家有薄田数亩，可免饥寒。老亲高年，子弟驽劣，诚不愿广地积财，以益其过也。缕缕之诚，惟公亮之。

答两广殷石汀

顷得闽台刘凝斋书，言林贼遁出海洋，为西南风阻泊广中。向仆固患其出海难制，今若此，殆天亡之矣。闽帅既过境，计今想已成擒了。此则广中可望宁定，忌者亦无所容其喙矣。

答巡抚张公守约

前承翰贶，去人竟未索书，谨谢。贱日有惠，概不敢当，辄用归璧。极知公厚意，中心藏之，此后幸无烦差人于寒舍问遗，恐涉形迹。

石汀督广数年，劳苦而功高。然广中士夫，亦有不悦者。顷曾面奏主上，专任而责成之。闻公与之素雅，尤望同心共济，计安地方，以遗朝廷南顾之忧。

答蓟辽总督方金湖计处板升逆种

板升诸逆悉除，固为可喜。但公此时只宜付之不知，不必通意老酋，恐献以为功，又费一番滥赏。且使反侧者，益坚事虏之心矣。此辈正宜置之虏中，他日有用他处，不必招之来归，归亦无用。第时传谕："以销兵务农，为中国藩蔽，勿生歹心。若有歹心，即传语顺义，缚汝献功矣。"然对虏使，却又云："此辈背叛中华，我已置之度外，只着他耕田种谷，以供虏食。有犯法生歹心，任汝杀之，不必来告。"以示无足轻重之意。此中大有计策，公宜默喻之，不可令那吉知也。

答中溪李尊师论禅

正昔在童年，获奉教于门下，今不意遂已五旬，霜华飞满须鬓，比之贤嗣上年所见，又不侔矣。意生分段之身，刹那移易迁变，人乌得而知之。可慨，可慨！

正以浅薄，谬肩重任，目前幸得方内乂安，四夷向风，实赖主上圣哲，百官奉职所致。非正之寡昧，所能仰佐其万一。过承翰奖，弥以为愧。

向者奉书，有衡、湘、太和之约，非复空言。正昔有一宏愿，今所作未办，且受先皇顾托之重，忍弗能去。期以二三年后，必当果此，可得仰叩毗卢阁，究竟大事矣。《三塔图说》，披览一过，不觉神驰。冗甚未能作记，俟从容呈上。

答总宪李渐庵

方今言理财者，其说纷纷，皆未知设法以督完正供之为便也。马政大疏已下部议覆。诚如实行之，不惟便民，且大裨于国计也。

答殷石汀

辱示林贼分踪远遁，广兵西追，闽兵东扼，计当为釜鱼矣。乃近报闽师已收还西防，则夹剿之功，又恐难必。然贼觇知闽师退，必走闽。闽人见贼入境，势不容不急救，广兵因而尾之，亦成擒之势也。谅此时已荡定，姑缕缕及此。

答蓟辽督抚吴环洲言虏情

修边之议，旧督抚甚不以为然，谓边人连年修筑，劳瘁已甚，宜少体之；乃方公则又说意欲举。揆之二议，方为优焉，已下本兵议覆。

近日虏情，大略可见。彼之心离势涣，偷活苟安，我则政事修明，内外辑睦，盛衰之机，昭然可睹。故向者奉书，谓后不当议守，且当议战，良有为也。辱示云云，深慰鄙念。诚得敢战之士二万人，足办吾事矣。然不宜轻示机缄，令人窥测。

昨养廉地土事，已喻意陈道长，以古人不问市租之意。顷疏至，处之甚优。为将者，亦宜戴恩图报可也。

答殷石汀言宜终功名答知遇

先后奉手教，皆有钉封，捧读数回，不胜于邑。窃谓古人居官，有解组弃印，浩然求去，咸以不获知于主，志不得行；或其主虽知之，而为当时执政者所排忌；或有石画妙处，而当事者不为之主持，使其忠谋不售，则其去宜矣。

仆自去岁，曾面奏主上曰："今南北督抚诸臣，皆臣所选用，能为国家尽忠任事者，主上宜加信任，勿听浮言苛求，使不得展布。"主上深以为然，且奖谕云："先生公忠为国，用人岂有不当者！"故自公当事以来，一切许以便宜从事。虽毁言日至，而属任日坚。然仆所以敢冒嫌违众而不顾者，亦恃主上之见信耳。主上信仆，故亦信公，则公今之求去者，为不获于上乎？为不合于执政乎？二者无之，而独以浮忌之口，即欲引去，是忍于背君相之知，而重于犯庸众之口也。愿公勿复以为言。了此残寇，为地方计虑久远，悉力以图之。彼中人此时虽不能尽谐，他日必有尸祝之。此大丈夫不朽之鸿业也，他何足惜！俟广事大定，亦必移公他处，以休骥足，决不以岭表为公玉门也。

凤贼西遁不遂，又欲东奔，力屈智穷，情势已见。但云海茫茫，邀之何所，必须以计诱之，驱入罗纲，乃可成擒。万里指授，恐缓不及事，在公审图之耳。仆料此贼若不获，必走闽中，为闽人所得。若尔，公即宜归功闽人，使之趋利而协力，乃胜算也。林贼事若有确耗，幸惟密示，以慰悬悬。

抚民愿焚械归籍，此即古人卖剑买犊之化也。公威德远洽，敬仰敬仰！所示善后诸款，皆大着数，容与本兵计处行之。人旋，先此附复，余容续裁。

与操江宋阳山

南畿根本重地，江洋盗贼纵横，近来湖广、江西，已屡发矣。元末之事，可为殷鉴。比来处分，实不得已，惟公亮之。天下之事，以为无足虑，则必有大可虑者。故古人诘戎治兵，当太平之世，尤兢兢焉。公有经国远虑者，幸惟留意。

答方金湖

闻西市将完，欣慰欣慰！虏表宜与改定，合式乃可。其所请乞，亦酌量与之。大抵虏有求，在彼不必其尽从，而在我尚求为可继，操纵之机，在公审之而已。

剌麻僧来，曾备问彼中事。其板升诸逆，倡为流言，殊为可恶。公可因此机，省谕顺义，言此辈甚不乐贡市，利在抢掠，如有流言，宜以法处之，庶得永远和好。

丘昌原系叛贼，其子不可使为头目，恐致坏事。彼虽能即废之，然亦少设难从之请。使彼常曲，而我常直；彼或负约，而我常守信，则亦制驭之一机也。

山西抚台，病势如此，岂可久留？严君远在万里，未能卒至，已改推郑君洛代之，当令星驰起任。此君在上谷久，素谙边事，亦可为公同心之助也。

答宣府吴抚院

近督抚方公，亦报土蛮使人纠诱顺义，而顺义不从，具见其忠顺之坚。青把都之说，决出于蓟人之虚诳，盖因渠今结婚东虏，故属夷遂吠影虚传，以邀赏耳。然因此省谕一番，亦足以发东虏之谋而孤其势，蓟人阴受其利，咸公之功也。

今岁贡市，愈为安靖。所求铁锅，已属所司允之，但须官给为便。仍责令来岁，以所坏抵换，盖以塞书生之说，谓资寇兵也。

近方公有书，亟称公之忠猷，冠于三镇，诚为确论，鄙悰不胜幸甚。

答应天巡抚宋阳山论均粮足民

来翰谓苏、松田赋不均，侵欺拖欠云云，读之使人扼腕。公以大智大勇，诚心任事，当英主综核之始，不于此时剔刷宿弊，为国家建经久之策，更待何人！诸凡谤议，皆所不恤。

即仆近日举措，亦有议其操切者。然仆筹之审矣。孔子为政，先言足食；管子霸佐，亦言礼义生于富足。自嘉靖以来，当国者政以贿成，吏朘民膏以媚权门；而继秉国者又务一切姑息之政，为逋负渊薮，以成兼并之私。私家日富，公室日贫，国匮民穷，病实在此。

仆窃以为贿政之弊易治也，姑息之弊难治也。何也？政之贿，惟惩贪而已。至于姑息之政，倚法为私，割上肥己，即如公言"豪家田至七万顷，粮至二万，又不以时纳"。夫古者大国公田三万亩，而今且百倍于古大国之数，能几万顷，而国不贫？故仆今约己敦素，杜绝贿门，痛惩贪墨，所以救贿政之弊也。查刷宿弊，清理逋欠，严治侵渔揽纳之奸，所以砭姑息之政也。上损则下益，私门闭则公室强。故惩贪吏者，所以足民也；理逋负者，所以足国也。官民两足，上下俱益，所以壮根本之图，建安攘之策，倡节俭之风，兴礼义之教，明天子垂拱而御之。假令仲尼为相，由、求佐之，恐亦无以逾此矣。

今议者率曰："吹求太急，民且逃亡为乱。"凡此皆奸人鼓说以摇上，可以惑愚暗之人，不可以欺明达之士也。夫民之亡且乱者，咸以贪吏剥下，而上不加恤；豪强兼并，而民贫失所故也。今为侵欺隐占者，权豪也，非细民也；而吾法之所施者，奸人也，非良民也。清隐占，则小民免包赔之累，而得守其本业；惩贪墨，则闾阎无剥削之扰，而得以安其田里。如是，民且将尸而祝之，何以逃亡为？公博综载籍，究观古今治乱兴亡之故，曾有官清民安，田赋均平而致乱者乎？故凡为此言者，皆奸人鼓说以摇上者也。愿公坚持初意，毋惑流言。

异时，宰相不为国家忠虑，徇情容私，甚者辇千万金入其室，即为人穿鼻矣。今主上幼冲，仆以一身当天下之重，不难破家以利国，陨首以求济，岂区区浮议可得而摇夺者乎！公第任法行之。有敢挠公法，伤任事之臣者，国典具存，必不容贷。

所示江海条件，俱当事理。疏至，即属所司覆行。

答蓟镇吴环洲料虏虚报诳赏

蓟镇之报，竟成乌有，皆属夷诳赏之言。但彼中任事者，利害切身，一有所闻，辄行奏报，为他日免罪之地，固未暇审其诚伪也。此等事，但观庙堂处分何如？顷仆闻蓟报，即戒彼中，以镇静持重，务以整暇，勿致张皇。而托公传谕西虏，先事伐谋，乃是一冷着，果得其用。此不惟可以解目前之患，又有以销未然之变也。

因忆前隆庆庚午，宣大忽报西虏犯蓟，蓟人侦探者，因遂称见虏已西行，犯在旦夕。各路之兵，婴墙摆守，京师亦为之戒严。庙堂皇皇，即议守城之策。是时内江方幸虏之来，以信其言。兴化不能主持，举措纷纷，皆极可笑。而虏终无影响，防守一月见罢，费以数十万计。顷东报沓至，若如往日举动，则又成一笑柄矣。

答两广殷石汀

前奉手书，恳蕲解任，想未见近旨也。主上属托甚重，排众议而用公，此恩似不可忘。且广事十已八九，倘代者不能守公之策，致有龃龉，恐公之心亦有所不安也。俟求得代者，即为公处，决不久淹。

南滇曾转示公所寄林贼事一册，具悉贼情。今但当以治内为急，二贼相机徐徐图之，不可以二竖子息困。庙堂自有主张，非浮言所能淆也。

答总宪刘紫山

佳贶屡颁，岂敢终拒。况公今已解任，而犹惓惓不遗如此，厚爱真切，亦不忍违。但仆于交际之礼，久已旷废，往来公差，人所亲见。又严饬族人子弟，毋敢轻受馈遗。故虽相知亲旧有惠，亦概不敢当。非欲矫抗沽誉，实以当事任重，兢兢焉务矜小节以自完而已。用是辄以厚惠仍璧诸来使，然心领雅情，固不藉于物也。

答方金湖计服三卫属夷

辱示屯政云云，俱于整理至当，愿公坚定行之。屯政举，则士得饱食，可以议战矣。

比者辽左之功，固为奇特；朝廷赏功之典，亦极其隆厚。然仆于此，蓄意甚深，谨密以告公。

今九边之地，蓟门为重，以其为国之堂奥也。自嘉靖庚戌以来，虏祸日中于蓟，至罄九边之力以奉之，而内地亦且困敝。然所以酿此祸者，皆属夷为之也。国初弃大宁之地与之，冀其为吾藩屏，而今乃如此，故属夷不处，则边患无已时；然欲处之，非先加之以威，彼固未肯俯首而服从也。

今西虏为贡市所羁，必不敢动。独上蛮一枝，力弱寡援，制之为易。今拟于上谷练得战士二万，辽东二万，多备火器；却令蓟人平时将内地各城堡，修令坚固。视三镇士气已振，度其可用，则属夷求抚赏者，一切以正理处之；凡额外求讨，及捉军要赏者，悉正以军法。彼不遂所欲，必结虏来犯；我则据台以守，遏之边外，使之一骑不入。在我虽无所获，而在彼已为失利，亦策之上也。

如其贼众溃墙而入，则亦勿遽为仓皇。但令蓟将敛各路之兵四五万人，屯扼要害，令诸县邑村落，皆清野入保，勿与之战；而上谷、辽左不必俟命，即各出万人，遣骁将，从边外将诸属夷老小尽歼之；令大将领一万人入关，不必卫京师，径趋蓟地，伏于贼所出路。彼贼虽已入内地，见我不动，必不敢散抢，不过四五日，虏气衰矣。衰则必遁。然后令蓟人整阵以逐之，而宣、辽两军合而蹙击。彼既饥疲，又各护其获，败不相救，而吾以三镇全力击其惰归，破之必矣。一战而胜，则蓟镇士气既倍，土、苏诸酋不敢复窥，而属夷亦皆可胁而抚之以为我用。蓟事举，则西虏之贡市愈坚，而入援之兵可以渐减，九边安枕无事矣。

愚计如此，今先试之于辽左。盖辽人素称敢战，而李将军亦忠勇可用，故厚赏以劝之，悬利以待之，亦致士先从隗始之意也。公视愚计，如以为可用，则幸与雷帅密议，必得战士二万人，多备火器乃可。今各镇巡标下及近处守兵，可得二万否？雷帅胆略，可当此事否？闻白允中有才略，可用为奇兵之将否？此举虽在一二年后，然其工夫须及早图之。

书生狂谈，必为智者所笑。谩以奉闻，伫俟裁教。

与南台长言中贵不干外政

主上虽在冲年，天挺睿哲，宫府之事，无大无小，咸虚己而属之于仆，中贵人无敢以一毫干预，此公在北时所亲见也。仆虽不肖，而入养君德，出理庶务，咸独秉虚公以运之，中贵人无敢有一毫阻挠，此亦公在北时所亲见也。奈何南中台谏诸君，轻听风闻，好为激语。或曰某与中贵人相知，或曰某因中贵人得用，或曰某为新郑之党，不宜留之，或曰某为新郑所进，不宜用之，纷纷藉藉，日引月长，甚无谓也。

即如太宰之清贞简靖，非时辈人也。仆与主上面相商榷，亲奉御笔点用，仆即叩头贺曰："皇上圣明，不遗遐远如此，为人臣者，孰不思竭力以图报乎！"第以渠素未留心铨事，又值文选君迁暗而不达于事理，致有一二错误，然皆小事，于大节未有失也。而遂群起而攻之，使之不获一展。又如台长之古心卓行，处之总宪，最为宜矣，乃近南中，亦有物色之者。《书》曰："无侮老成人，皤皤良士，膂力既愆，我尚多有之。"宓子贱治单父，孔子使人觇之，见与老者二十余人议政，孔子喜曰："吾知不齐能办单父矣。"今以幼主当阳，而朝多长者，岂非盛事乎？而奈何务欲侮诋之也！

张进，本一火者耳，酒泼放肆，送内守备笞挞之，革其管事，法如是足矣。即下之于理，亦不过问拟不应止耳，而纷纷论列，何为者哉？且凡台谏交章，必相与争国家大事，关系理乱安危者，今以一酒醉内官，而南北台谏，哄然并论，又何为者哉？隋珠弹雀，群虎捕羊，殊可笑也。乃致主上生疑盛怒，而谕仆以人为欺己，严旨忽传，使仆措手不及。本欲争体面，反以致君疑，所争何有，智者固如是乎？然此非台谏诸君之过也。闻有一二大臣，觊铨台而不得者，播其说于南中，听者不察，轻事置喙，而不知仆之苦于调维也。

烦公幸明语诸君：今朝廷清宴，中外乂安，幸门堵塞，百官奉职，如是足矣。仆之浅薄，亦仅能办此耳。若更欲求过于数者之外，则仆不能。主上幼冲，本无差失，而政令之行，动见龃龉，或事已处分，争胜不已，甚至挑祸起衅，以结怨于中人。一旦上下相疑，南北冰炭，而后责仆以维持周全之，仆亦不能。辱在道谊素知，敢布腹心，幸惟裁鉴。

答延镇巡抚张太石

顷面奏主上，延镇所修边工与常不同，公仗履跋涉，身亲督工，故特遣兵部司属往勘，冀获实也。主上睿明，事事核实，振举边事之机，实在于此。

答甘肃巡抚侯掖川

西凉重镇，必仗雄才。辱华翰，知已履任视事，无任欣慰。

顷巡按所报宾兔事，据王鉴川公言，此俺酋之少子丙兔。寄居西海者，乃丙兔，非宾兔也。顷已传谕俺酋，令其严加戒饬。然制虏之道，惟当视吾备之修否。服则怀之，叛则御之，得其好言不足喜，得其恶言不足怒也。

开市一节，望公熟计而审处之。窃以为此地见与番人为市，何独不可与虏为市？前任廖君执泥而不达于事变，其言不可为市，不过推事避患耳，非能为国家忠虑者也。但彼既有不逊之方，在此时未可便许。且俟俺酋戒谕之后，果帖服无言，待其再乞，然后裁许。则绥怀之恩出于朝廷，而非由于要索矣。

巡按所云，不过据各将官传报，亦未可便以为实，且从旁议论，与当局者不同。朝廷以边镇之事，专任公等，其操纵机宜，公宜悉心经理，为国家审图。主上英明，断而行之，非浮言所能摇夺也。

答蓟辽方金湖

辱教边事虏情，诚为高见远识。今在廷之臣，能为此言者，指不一二屈，信吾党之有人也。敬服，敬服！

据鉴川言，甘肃求市者，乃俺酋之少子丙兔，寄居西海，非宾兔也。夫甘肃既可与番人为市，何独不可与虏为市？前任廖子执暗而不达于事，其言不可与市，不过推事避患耳，非能为国家忠虑者也。顷已示意侯君，令其审处。但彼既有不逊之言，此时未可便许，且令俺遵戒谕，令其悉心效款，待来岁再乞，然后许之。则绥怀出于朝廷，而非由于要胁矣。公亦可以此意密语顺义，使之知所从事。

又闻大同甚饥，来春不知何如。若果艰食，公亦宜为之请赈。今边仓颇有积谷，可以备赈，固不必索之帑储也。苟可支持，则已之。

答滇抚罗野亭

辱华翰，领悉。泰东客死无后，天之报施善人何如哉？仆忝同榜，为之经理后事，情理宜尔，何德之有？

与河道傅后川

近闻淮、扬士大夫言，海口益淤，以故河流横决四溢；今不治，则河且决而入于江，维扬之区皆为巨浸矣。又有言，前议筑遥堤为不便者。其说皆信否？从未行此道，不知利害所归，望公熟计其便裁教，幸甚。

答两广殷石汀计招海寇

辱示凤贼事，前闻闽人招之，已入彀矣。近又有出洋之报。仆窃料此贼，目前恐未可得。何者？闽、广之人，皆欲要以为己功。为闽人者，必将曰汝无归广，广中名为招抚，实欲杀汝也。为广人者，亦必曰汝无归闽，闽中名为招抚，实欲杀汝也。故贼疑而不决，归汉归楚莫知适从，反使狡贼得以其间，而纳吾接济之人，求其必用之物。久之，复开洋而去，何处觅踪。是我以招抚诱贼，而贼亦以招抚哄我，非计之得也。

仆愿广中俱勿以招抚为名，但严兵以备之，禁海上人，勿与接济。今公在广，料彼不敢辄肆。彼不得入广，必走闽，却令闽人招之，或可得也。闽、广皆在疆域之内，但欲得贼耳，何必功出于己乎！且掎之逐之，其功亦自有不容掩者。然仆所为必责之闽者，盖以此贼旧只于广中作贼，闽人未罹其毒。今使广人得之，不杀则无以泄地方之愤，杀之则广贼见听招者尚多，将令反侧者不安。若闽人得之，则杀之不为失信，赦之不为失刑。且料贼之心，亦颇信闽而不信广也。惟公与金大参密计之。此所谓以与为取者也。

梧州盐税事，公所处一一精当，已下所司议行。

又

西省通盐，不惟于军储有济，且府江一带，咸有兵船往来，亦可以弹压猺人，通苍梧之气脉，诚百世之利也。今虽不用军卫，舟中亦宜量贮火器，阴寓武备方可。大疏已下所司，一一覆允。

答蜀抚会确庵计都蛮善后事

都蛮未平之先，蜀中士大夫求免其毒害而不可得。今既克复，遂欲窥其土田有之。此私情之难徇者也。

众蛮残孽，当其降服之初，乘吾兵威，分北而散遣之，为力甚易。今已一年余矣，彼既恋其故土，又曾许以抚怀，乃一旦欲别处之，祸萌当自此生矣。仍宜怀之以恩义，久任刘显以弹压之。数年之后，人情定帖，畏威怀惠，皆吾赤子矣。

蜀人有倡为余党未尽之说者，皆欲利其土地耳。公宜熟计其便，毋徇人言，坐隳前功。

答方金湖

西事前已示意侯君，想当有处。观西镇诸君书云云，则顺义已经戒谕，谅无他虞。但诸君之告公固如此，而腾之章奏，寄诸部科者，往往不同。大抵皆预捏危言，以为他日避罪之地耳。人臣怀二心以事君，非忠也。所示诸书，留以为证。

答殷石汀

往府江之役，以未经勘覆，久稽论报。兹荣晋枢卿，薄言酬录，未足以当功也。

近报倭警，似非其时，且越惠、潮而犯岭西，亦非其地，恐别贼假托之也。向者钦川云云，适与此符，惟公熟筹之。

答傅后川议河道

辱示治河议，一一领悉。但据公所言，皆为未定之论。海口既不可开，遥堤又不必筑。开泇口，则恐工巨之难；疏草湾，又虑安东之贻患，然则必如何而后为便乎？愿闻至当归一之论，入告于上而行之。

答蓟镇王巡抚

长秃生擒，亦制长昂之一机，幸惟留意审处，务使之畏威怀德可也。蓟中羽翼未就，未可高飞，此辈不得不羁縻而用之，但须审察顺义之情，以为制驭之术耳。

答蓟镇吴环洲

闻俺酋病甚，有如不起，则疆场之事不免又费一番经理。黄酋近日穷居塞外，动静何如？将来局面，当作何状？今宜预思所以处之之术。

又属夷长昂，三贡不入，屡在边外捉人挟赏。昨蓟人捕得其叔长秃，即欲斩以报功。仆闻，即使人止之，令其借此以制伏长昂。若彼能伏罪补贡，誓不再扰，亦即赦而弗诛，照旧抚赏。但长昂与青把都为婚，幸公示意青酋，令其传意长昂，输诚效顺，勿复作歹，自取灭亡。

盖蓟镇近日抚赏，视昔不同，皆仆为之处画。其段布诸物，皆美好堪用者，到即给赏。而边吏只畏怯，贼情大小，必以上闻。得贼必杀，或启衅端。须得诸夷守约，彼此相安，则蓟患永纾，而西虏之贡市益坚矣。

答两广殷石汀

鲸鲵尽戮，地方敉宁，公之功可能也。驱见在之兵，当率然之变，在自战之地，御必死之贼，兵不别调，役不淹时，而全师奏捷，其功不可能也。荫赉之典，尚未足酬，简在帝心，大畀有日。

答吴环洲

辱示蓟镇虏情，渊哉其言之也。已即密语彼中当事诸公，俾知所从事。属夷处置适宜，则土虏之真情可得，而两镇之贡市愈坚。当今边务，莫要于此矣。公在上穀，内修战守，外探虏情，东制西怀，自有妙用，仆复何忧！

答少参吴道南

顷者乔转，仆虽不预知，然部意亦非薄也。愿执事且戢翼卑栖，翻飞固自有日也。

难将之说，数年以来实闻之，盖以马、赵宿将，一则屏弃灞亭，一则抑郁而死，咸谓意出于执事。区区窃以前用执事于上穀，固以二将奉托，岂谓反陷之耶！故虽言者屡至，终不信也。今事亦已矣，愿努力建立，以副鄙望。

卷二十 书牍七

答蓟镇总督方金湖

夷酋既已悔罪乞哀，宜开其自新之路，公处之极当机宜。又因而稽核抚赏一事，尤为边政实务。辱教，领悉。

答河道总督王敬所

开河之策，议在必行。但以事体重大，且此中有言其费度七八百万乃足者，岂其然乎？故请差科臣会勘，徒以息呶呶之口耳。此事先年诸臣亦知其便利，独以艰大之任，惮于承肩。今公赤忠，身任其责，更复何疑！愿坚持初意，勿夺群言。其中事体亦须详慎，期在万全无害可也。俟差官行，再当请教。

答两广总督殷石汀

别楮云云，其人亦素爱其才，故荐之于公。后乃知其狂躁险刻，矜己凌人，不可大用。故昨因其称疾，遂决去之。然公自此，更不必置之齿颊矣。

广右今已大定，闻西省自府江平复，道路开通，客旅无阻。梧州之盐，方舟而下，南交通贡，贸迁有无，桂林遂为乐土，此谁之功欤？盖粤人今日始知公之不可一日去也。

答少参吴道南

辱教《款虏录纪》，奖借过实，且感且愧。别楮二将事，鄙怀久已洞然，往事不足深论也。此后愿益务以善养人，为国惜才，以充其与物一体之量。则目前道路自然开通，虎狼夷狄无不可处，何至龊龊疑虑，若无地自容耶？

答应天巡抚宋阳山

辱华翰，一一领悉。里甲、经催、投靠、优免四者，正吴人受病处。然所以养成此病，至沉痼而不可疗者，实陈、周二子为之。今丈一旦砭之以精核之石，投之以经制之剂，宜其苦口刺肠而不能堪也。

然事极必变，势穷斯通。吴中事势已极，理必有变。今得丈稍稍振刷，使知朝廷法纪之不可干，上下分义之不可逾，汰其太甚，而无至于蹠盭横决，而不可收拾。则吴尚宜尸祝公以报德，而可以为怨乎？婴儿不剃头则肠痛，不搁痤则浸疾，然剃头、搁痤固不能止婴儿之啼也。

近来彼中人不独侧目于丈，且推本于仆，造为横议，欲以摇撼国是。如昨南余云云，意皆有近由来，故不得不一创之。今上意已定，正论不摇，丈宜自审画，无为山鬼所惑。陈乞云云，决不能遂，徒多一番举动耳。

史周文卷已解部，访知其中颇有造作，皆旧时胡、衷二子为之。顷者，邵君止据舒、王二道之查呈，而舒、王亦不知为赝也。然仆于此，亦不敢刻意深求。今但有楮笔可据，即可藉手以为解脱之地，况其人已死，比之见在盗公帑为富翁者有间，自宜从宽以处之也。

答甘肃巡抚侯掖川

西凉重地，番房杂居，措画稍差，便成乖阻。往嘉靖初年，赖建庵、晋溪二大老经略数年而后定。近廖公以节士之概，当边阃之任，非其宜矣。比荐公于上，或有言公好以智自免，不肯任事者。兹奉翰教，措画周详，音旨慷慨，用智者固如是乎！且今英主御极，名实之辨，较若黑白；阃外之议，悉假便宜，不从中制。智者不以此时取旂常钟鼎，更复何俟？以是知谈者之妄也。

寄石麓李相公

不奉瞻对，五易春秋，谅翁念我，亦如我之思翁也。别后无可奉闻者，唯平生所与共许委身致主之义，则不敢有一毫有负于久要，独此庶可少慰尊怀耳。但弟以菲薄，回翔廊庙；而翁以重望，独淹留林壑，揆之古人弹冠之谊，殊用歉然。

贤郎以庭闱念切，特假一差省觐，便中草草附候，别具侑柬，统惟鉴纳。

答河漕舒按院

顷者议开泇河，特为转漕计耳。其于河政，自有常规，民患何尝忘念？淮、扬士民乃遂谓朝廷欲置黄河于度外，而不为经理，岂其然乎？大疏已下部议覆。

答应天抚院王古林

巡抚一方，将盗是务除，而诱人为盗，盗焉可弭？公职专整饬戎备，为民除害，宜如鹰鹯之逐鸟雀，又何畏焉。况今朝廷大明当天，幽隐毕烛，流言浮谤，举不能行，亦自无可畏也。贱日厚礼，概不敢当，统维鉴亮。

答吴环洲

辱示虏情，宛若指掌，至谓"虏酋假虚声以要赏，边将信讹传以希功"，二语深中时弊。今人可与筹边事者，独公与金湖公而已。与他人言，颇似说梦，虽识或不逮，亦有呆衷撒奸者。昨奉严旨督责，当无所容矣。

答山西抚院郑范溪

前有贵戚自晋中来，言矿贼事，仆得因面奏寝一大役，公又因之解散其党，俾地方宁靖。事机祸福之变，安有常哉？辱华翰，知已履任，甚慰。

答浙抚谢松屏言防倭

浙无倭患久矣，一旦联舟突犯，必有勾引之奸。且地方安恬日久，骤寻干戈，恐无以待寇。幸激以忠义，鼓以赏罚，悉力一创之，庶将来不敢再窥。亟剿此寇，然后徐究其祸本而除之可也。浙人咸云："谢公非用武才，恐不能了此事。"仆曰："不然，谢公沉毅有远虑，贼不足患也。"愿公勉就勋庸，以副鄙望。

答应天抚院宋阳山言防倭

近年海寇息警，人心颇懈，仆窃以为忧，故昨年拟旨申饬。赖公伟略，起而振之，今果能一战而胜之。不俟登岸而遏之于外洋，功尤奇矣。天下事岂不贵豫哉！慰甚。彼前锋既折，必不敢窥吴，祸当中于浙矣。

黄副总乃仆武举所取士，其人才志，似亦可用；但负气不能下文吏，若少假借而用之，或亦可当一面也。

答吴环洲论边臣任事

适上谕，诘本兵虏情虚实之由，即日奉翰教读之，旨哉其言之也！上毅得公，隐然如长城，仆内奉宸扆，外忧边境，一日之内，神游九塞，盖不啻一再至而已。奈何边臣故套难改，鲜有为国家忠虑者。而无识言官，动即建白，及与之论边事，一似说梦。近有一科臣，闻辽虚报，遂欲防守京城，浚濠堑，掘战坑以御虏者。虏在何处，而张皇如是，使人闷闷。此疏若行，岂不远骇听闻，取笑夷虏！已奏上留中寝之，以泯其迹。孤孑一身，无可与计事者，故每得翰示，辄说怿竟日，非喜其说之同己也，喜其有助于昏昧也。然不敢举以告人，恐忌者遂侧目于公。乃知大舜隐恶而扬善，亦有不可行于今者矣。人臣不忠，人心不古，可叹。

自今东西虏情，的有所闻，仍望密以见示。其中情变无常，亦不必定以今日所言为是，所闻为的也。仆求助之意，真切恳至，幸惟亮之。揭稿一纸寄览，仍希掷还。近闻有瞽目愚术人，在边溷扰，访有指称假托者，幸即擒治之。仍有明示诸将士，仆从来不荐达此辈，勿为所诳也。

答陕西督抚石毅庵

沙麻之事，虽由于二将不和，军心不一，然自古未有千里袭人，越险无继而能成功者。今其事已结，似难中止，然亦须沉机审发，期于万全，固不必期效于旦夕也。今之时政，与先年异。公受分陕之寄，凡事当守便宜，谋定而后发，亦不必汲汲求解于群议也。

答三边总督论番情

石公前为宋御史所窘，急于图功，以解群议，遂轻用弗询之谋，邃为掩袭之计，致损威伤重，殊可恨惋。

大抵西之番族，广之猺、獞，事体略同。狐鼠鼪鼬，潜伏岰林，穴居险阻，非可以力胜者也。制御之法，惟当选任谋勇将士，修险阻，明烽燧，责成近边熟番，远为哨备，厚其赏给，约束沿边军人，无容勾引番人，交易图利。有警务先觉预备，奋勇追逐，必令挫折，则熟番皆畏威怀德，而生番自不敢犯。今不思以计胜之，而轻用不教之兵，深入险阻之地。虽微二将之隙，亦鲜有不败者。此事在军门为近，抚台隔远，难于调度。可语石公，前事已如此，今须慎重审发，不可以严旨责成，人言旁指，遂尔惶恐，复为轻动。目今天暑，草木蒙密，道路崎岖，恐难进兵。总兵人马，亦不须西驻，枉费粮饷，且只守险设伏，以待不虞。责成熟番，发其阴私，诱以厚赏，为我哨守。待秋冬水冻林疏，然后相机进取，或明出以示兵威，或掩袭以攻不备，必有奇道，乃可制胜。但一创之，以泄边人之愤，足矣。固不能草薙而兽芟之矣。

闻番人恃茶以为命，须严土人通番之禁，使私茶不得出，则我得制其死命。至于番功之赏，不过数金，诚为太薄。今宜比照倭功例，稍厚其赏，庶人肯用命也。凡此皆书生遥度之言，未知果当机宜否？漫附以备采择焉。

答按院陈公文衡覈事实

辱教，其人乃前院论劾，今但当察其事之实否，不必问其曾得罪于何人也。诸葛孔明云："吾心如称，不能为人作轻重。"仆以菲薄，谬膺重寄，事无大小，必默告于天地祖宗列圣而后行，岂敢以己意为轻重哉！

答少参吴道南

以善养人，与物一体，皆执事所习闻者。衣中系珠，不寻自获。富家乞子，忽复来归。满中七宝，受用无量，在执事自取之耳。盟诸我，不若自盟之为切也。

答督抚张崛嵝

往公以太君思归，奉舆西返，仆所以不阻者，亦欲因此息忌者之喙耳。今公论已定，以素所负蓄，属休明之会，不于此时取旂常钟鼎，更复何俟！且弃瑕雪垢，不避嫌忌而荐贤者，惟仆为然。后之人或不如是之愚也已。大疏部已报寝，幸即戒途，以需简畀。

答石麓李相公

伻来，辱翰贶，深荷雅情，及备询起居万福，复慰悬仰。弟自受事以来，于兹四稔，碌碌无以自效。所赖主德日明，宫府清肃，百司奉职，边垂少警。一二黜肆干纪者，咸就诛夷。仰惟宗社阐灵，孚佑圣主，而弟以浅薄，会逢其时，优游苟禄，窃余荣以自被，殆有天幸焉。顾值休明之会，俾耆德硕望，遗置在野，不能引荐，深用愧歉耳。

贤郎请告，谨遵命属所司覆行，别具侑柬，统惟鉴荐。

答闽抚刘凝斋

林贼既已入彀，果不出闽人得之之料，喜甚，喜甚。但当其时，即宜少出闽师以助之。夷情多变，死贼围久，或生他计，谅此时成败已决矣，倾耳以俟捷音。

答云南巡抚王毅庵

辱示，知旌节已入滇视事，欣慰。侬贼事既原无大故，自宜相机抚处。狉鼬狐狖之区，得其地不可耕，得其民不可使，因俗为制，使不为大害而已。为何轻动大众，以事无益邪？简静行事，协和总戎，此二言者，望公终纳之。前院举劾殊可笑，该科亦有劾疏，通俟事宁并处之。

答督抚吴尧山

往奉别时，记公有不薄南迁之语，故以借重，然亦暂处耳。忆昔悠悠之谈，若谓仆有所不足于君所者，今公视鄙心何如哉？大疏既不获请，简书有严，幸遄发仙舟，以副舆望。

答省中罗泾坡论士风

仆自受事以来，惓惓劝喻今士大夫，务以忠肝义胆事君，诚心直道相与。近虽稍变旧习，而余风未殄。执事谓外吏犹事趋谒，骛虚文。诚然。所示二县令，已即投之囊中矣。

读华翰，具见留心民事。《诗》曰："人之好我，示我周行。"执事有焉，敬拜以受。

答河漕刘百川言开胶河

胶河之可开，凡有心于国家者皆知之。独贵乡人以为不便，皆私己之言也。读大疏，具见忘私徇国之忠，已奉旨允行。

又承教，凤竹公肯身任之，尤为难得。今即以属之。渐庵亦曾有书云："开泇口，不若疏胶河。"故宜与之会同，且委用属吏，量派夫役，亦必借其力以共济也。至于一应疏凿事宜，及工费多寡，俱俟凤竹公亲履其地，次第条奏。其河道官属钱粮，俱不必与之干涉，以破其弃河不治之说，庶浮言不能兴，大事可就也。

答河道徐凤竹

胶河之可开，凡有心于国家者皆知之。乃竟为浮议所阻者，其端有二：一则山东之人畏兴大役，有科派之扰。又恐漕渠一开，官民船只乘便别行，则临清一带商贩自稀。此昔年之说。一则恐漕渠既开，粮运无阻，将轻视河患，而不为之理。此近年之说也。凡此皆私己之言，非公天下之虑也。今当决计行之，无事再勘。仆尝念此，惟以不得任事之人为虑。昨奉百川公书，公雅不辞劳，审尔，大事济矣。已即面奏于上，特以属公。前得山东抚台李公书，谓"开泇口，不如疏胶河"，意与公合，故宜会同。且委用属吏，量派夫役，亦必借其力以共济也。诸疏凿造船事宜，及工费多寡，俱俟公亲履其地，一一条奏。其河道官属钱粮等项，俱绝不与之干涉，以破其弃河不治之说，庶浮言不兴，大功可就也。

夫世必有非常之人，然后有非常之功；然又必遇非常之时，而后其功可成。故曰："非常之原，黎民惧焉。"今主上英明天启，志欲有为。而公以非常之才，适遭此时，可不努力以建非常之业乎！大功克成，当虚揆席以待。

答山东抚院李渐庵言吏治河漕

辱华翰，所示具尽事理，读之无厌。窃闻致理之要，在于安民。欲民之安，责在守令。今主上年虽冲幼，已知注心邦本。然而上泽未能下究，下隐未能上通者，则以吏治欠核，而欺权挠法之豪，诡御窃辔之奸，鲠乎其中故耳。《易》卦：颐中有物，必啮之而后合。故今振举纲维，精核吏治，章之以雷电，悬之以象魏，要在啮其物、去其鲠，使上泽得以下究，下隐得以上通而已。

二州佐既堪其任，何爱两知县，而不以劝天下之能者？且提调学校，特县令下事耳。当此罢邑，民救死不赡，奚暇治礼义哉！况上有府佐，下有学官，岁时考校，亦自不妨也。

鬻爵诚为弊政，昨计部稍去太甚者，然未能尽拔根株。俟一二年后，将盐法、屯田经理就绪，内外储蓄少充，当尽罢之。考成一事，行之数年，自可不加赋而上用足。今计开纳所入，岁不过四十万，稍加剂量，致此固无难也。

向承教胶河事，时方议凿泇口，未遑论也。今泇口既罢，刘、徐二司空复议及此，适与公议合，故特属之。望公协恭熟计，共济此事。

仆以浅薄，谬膺重寄，主上虚己而任之。自受事以来，昼作夜思，寝不寐，食不甘，以忧国家之事，三年于此矣。今朝廷大政，幸已略举。惟漕河、宗室，未得其理。宗室事巨，不敢轻动，尚当有待，漕河则宜及今图之。了此一二大事，仆即纳管钥，稽首归政，乞骸而去矣。千金之裘，非一狐之腋，所望海内英哲，共助不逮。

答蓟镇总督方金湖

顺义馈马，效顺弥坚，真朝廷之福也。书中言守边五年，欲乞赏赉，似亦可从。俟其贡市毕，可为一请。仆所酬一如去岁例。俟其至边，与之。

答滇抚王毅庵论夷情戒多事

滇中自嘉靖以来，屡婴多故，其初皆起于甚微，而其祸乃至于不可解。穷荒绝徼之外，得其地不可耕也，得其民不可使也。而空费财力，以事无益，使无辜之民，肝脑涂地，不仁哉，前人之所为乎！今仗大略抚定，造福于远人多矣。此后惟一务安静，严禁军卫有司，毋贪小利，逗小怨，以骚动夷情，则可以高枕卧治矣。

辱示，曲尽彼中事理，叹服！绵纸既可用以题奏，何不可为书柬乎？外云南岁贡金，旧皆一次解进。今分两次，似为烦费。此后若办足，仍作一次解进，何如？惟裁酌之。

答甘肃巡抚侯掖川

甘肃开市，已奉谕旨，悉如所议。其中有难遥度者，公自以便宜行之。务令事久，边境获安而已。市场似宜稍西，去西宁太近，则启宾兔垄断之心；去我边太远，则迂边民交易之路。春市虏马瘦弱，强为之市，终不便也。统惟裁酌。

答列卿杨本庵

向承以令先公隧铭见属，愧不能文，又冗甚，故迁延至今。芜创虽不足以发扬令先公之盛美，然道仆平生所与令先公同心许国之谊，则实无一字不出于肺腑也。百世之下，考古尚论者，必将有征于斯言。辱惠佳帐，祗领。余不敢当，辄璧诸使者。

答山东巡抚李渐庵

胶河之议，非一日矣。咸以谋多筑室，人鲜同心，故几成而罢。今幸刘、徐二公发端任事，公与商道长，协心为国，底绩之期可以预必，乃知就大图艰，固有时也。所示疏浚道里，宛在目前，若如陈君所呈，更为径易，不知按视何如，徐公有来期否？

答总督方金湖

顺义酬币，既不中格，谨领人。闻今岁各路贡市，比之昨年，尤为敛戢，足征虏效顺之坚，公筹略之远也。慰甚，慰甚。

陈子论张参议，详其语意，似非至公，而铨部不待巡抚之疏，辄与题覆，亦非事体。故昨旨以议拟不合为词，下巡抚再勘，实验之也。继得华翰及郑公疏，则多惜之语，乃知再勘之旨，于事理允当，如有枉诬，宜与昭雪。明主悬衡以运天下，如日之照临。是非赏罚，惟一付之至公，不宜依违两可之词也。

答河道徐凤竹

承华翰，知道从已临东土，无任欣慰。大疏下所司一一覆允。此事甚巨，费必不赀，今欲为国家建万年之利，宁敢惜费。但齐、鲁之人，甚不乐兴此役，以近旨严切，虽不敢明肆阻挠，乃其心则终不以为然。故凡言此事，必几万几十万而后可举者，未可遽信之也。公宜与有心计、诚心为国者熟图之。

近来朝廷之上，事事精核，凡有兴作，比之先年，率费半而功倍，则虚实不同故耳。愿公计虑审定，然后次第请旨行之。

答司马王西石

张主簿人来，辱翰教，深慰远怀。向者之处，惟欲曲遂高志，然于仆本愿终违，蔽贤之罪，终不可逭也。"学须到形不愧影"，此圣门教人慎独之功。此功夫最难，以公高明，自能径造直诣。如仆浅劣，因公之教，亦益加深省也。

阳山光明磊落，初时吴人甚不便之，近反感慕称颂，盖至诚未有不动者。

辽左顷复报大捷，虽斩馘止二百有余，然奔溺于河者甚众，河水为之不流，尽弃辎重而遁，所卤获驼马器物，不可胜计。足以纾边人之愤，而寒猃狁之胆，真大快也。谅公所欲闻者，谩以附及。讲章先刻完者附览。

答闽抚刘凝斋

屡辱翰示，及别楮所云，一一领悉。顷闻有贵恙，无任怀念，想勿药矣。近据闽、广所报贼形皆溃乱奔窜之状，凤贼似不在其中，毙于吕宋之说，恐不虚也。果尔，皆闽人之功。若非遣谍行间，彼番人安肯歼乎？今想已有的耗，倾耳以俟捷音之至。

答两广督抚凌洋山

辱华翰，知已荣代视事，无任欣慰。前闽中屡报凤贼为吕宋番人围困，何得突犯广中？据报贼形若溃乱奔归者，凤贼恐不在中，幸公细察之。若此贼果在，其众既散，必成擒矣。罗盘贼既已奏闻，势不能已，但须审计熟图之。

昨部核，又推原题未尽之事，似亦可行。大约广中武备，不可一日弛，与内不同。振军声，伐不服，以镇压蛮夷之心，有不能一付之安静者。惟公裁之。

寄赵大洲相公

贤郎谒选，辱华翰，深荷远念。仆以孱弱，谬膺重任，每怀将伯之助，莫挽东山之辙，侧身西望，惆怅而已。所幸主德日新，精勤问学，宫府清晏，方内乂安，此九域簪绅之侣，所共欣跃而称庆者也。翁素抱忠耿，知在林里，未忘朝廷，故谩以奉闻。贤郎图差归省，便此附候。

别具奏稿一部、《图说》一部，及薄币二端侑柬，统惟鉴原。

答刘虹川总宪

天下事有欲速而反迟，求得而顾失者，公是也。公昔在郧台，有惠政，无端被诬，世所共惜。荐言屡至，召用有期。公乃急于求进，若不能须臾少竢者，异时抚台有缺，仆即以公属之铨衡，乃当事者对言，此公才信可用。独无奈其竿牍频仍，本部以是引嫌，不敢用之。而仆自是亦默然惭阻，不敢复言公事矣。此非所谓欲速而反迟，求得而顾失者乎？

方今明主在上，方博搜贤俊，以兴太平之治。仆之求士，甚于士之求己。虽越在万里，沉于下僚，或身蒙訾垢，众所指嫉，其人果贤，亦皆剔涤而简拔之。其为贤者谋也，又工于自为谋，公闻之往来之人，岂不诚然乎哉？胡乃不以贤者自处，以待仆之求？而用市道相与，馈之厚仪，要之以必从，又欲委之于私家，陷之以难却，则不知仆亦甚矣。

古人言："非其义而与之，如置之壑中。"诚不意公之以仆为壑也！以公夙所抱负，又当盛年，同时所当用者，此后阖门养重，静以竢之，弓旌之召将不求而自至。若必欲如流俗所为，舍大道而由曲径，弃道谊而用货贿，仆不得已，必将言扬于廷，以明己之无私，则仆既陷于薄德，而公亦永无向用之路矣。是彼此俱损也。恃在夙昔至契，敢直露其愚，惟公亮而宥之，幸甚。

答督抚吴环洲言敬事后食之义

辱翰示，一一领悉。即属本兵，为之区处。但有功必叙，有劳必酬者，朝廷厚下之仁；敬事后食，先劳后禄者，人臣自靖之义。若铢铢两两，计功程劳，以责望于上，似非所谓怀仁义以事君者也。

仆以菲薄，待罪政府，每日戴星而入，朝不遑食，夕不遑息，形神俱瘁，心力并竭，于国家岂无尺寸效？然自受事以来，力辞四荫，独守旧官，每一蒙恩，辄夔夔慄慄，不能自宁。非矫也，诚以国恩难报，而臣子虽鞠躬尽瘁，不过自尽其所当为，本无功之可言也。公所欲为诸君处者，自是鼓舞用人之道。而区区所云，似亦为人臣之所当知也。冒昧吐沥，惟高明采之。

答两广凌洋山

闽中抚按有书至，甚以广议招抚为非。此固一隅之论，然亦宜审观贼势何如。据前所报，凤贼似未必在其中。若果系残党，入境又未肆杀掠，则招而分北之，事理当然，不为失策。若贼首尚在，敢行侵掠，则宜与闽师夹剿之。今不揣贼情强弱、向背，而执言抚剿，皆偏见也。今想已大定，人旋，附布区区。

答蓟镇巡抚

顷辽左之功固奇，然本之以公密报土酋东犯的耗，仆因而传示该镇，潜形而预待之，故有此捷。论其发踪之功，公宜首叙。顾仆于此，不敢冒窃，遂使大功不彰也。

答陇右大参李冀轩

辱华翰，得悉陇右事情，甚慰悬虑。番贼事，不专在用兵，贵于善处。古人有以一介之使，当十万之师者，审机故也。

兰州仓场积弊，不独寄贮民间，殆并民间所贮者，亦为虚数。官司积棍与奸商相通，冒领官银，并无籴易。每有调遣，则贿嘱将官，量以布米等物给军，随即销除。以一日为二三日者有之，以一千为二三千者有之，盖其弊久矣。兹既清查重处，乃振弊维新之会，凡有所当行者，计处已熟，可呈详督抚题奏，庶该部便于议覆也。

答傅谏议

往者别时，曾以"守己爱民"四字相规，故屡辱厚惠，俱不敢受。盖恐自背平日相规之言，有亏执事守己之节。而执事乃屡却不已，俞至俞厚，岂以区区为嫌少而加益耶？至于腰间之白，允为殊异，顾此宝物，何处得来，恐非县令所宜有也。谨乃璧诸使者。若假之他人，可令返赵。执事从此，亦宜思所以自励焉。

答河道徐凤竹

胶河已有成议，虽费亦不敢惜。其中疏浚事宜及调用有司等项，俱听便宜处画，一毫不从中制。乃闻近为群议所苦，颇悔昔者建言之为易，审尔，则此事难以望其有成矣。

仆闻疑事无功，疑行无名。明主方励精图治，询事考成，岂宜以未定之议，尝试朝廷哉？神禹大智，犹必亲乘四载，遍历九土，至于手足胼胝，而后能成功。方其凿龙门之时，民皆拾瓦砾以击之。盖众庶之情，莫不欲苟安于无事，而保身自便者，孰肯淹留辛苦于泥涂横潦之中。此众议之所以纷纷也。愿公主之以刚断，持之以必行，心乎为国，毕智竭忠，以成不朽之功。凡粘滞顾忌，调停人情之说，一切勿怀之于中。

又亲历工所，揆虑相度，分任责成。若惮劳不亲细事，徒寄耳目于人，则纷纷之议，将日闻于耳，虽勉强图之，亦具文而已，决不能济也。幸公熟图之，若果未能坚持初意，恐拂众心，则亦宜明告于上，以谢昔建议之为非，而后重负可释耳。此国之大事，不敢不尽其愚，幸惟鉴宥。

卷二十一　书牍八

答应天巡抚宋阳山

去岁海洋之捷，诚为奇勋，荣晋一秩，未足为酬，尚当有崇擢焉。

辱示诸款，手读数过，俱见鸿猷。驿递一事，近例颇严，人似无敢犯者。大抵为政必贵身先。顷小儿回籍应举，自行顾倩。昨冬遣仆归寿老亲，身负仪物，策蹇而行，盖不敢身自犯之也。

目前民困，已觉少苏，数年之间，积余必多，用以籴谷备赈，诚善政也。织造事，值浙中亦有疏陈乞，故司空不敢减此益彼。姑以料价抵补，然此既分四运，则目前已自足办。一二年后，公私稍舒，了此似亦无难也。

细观别册，向来夙弊，厘革殆尽，估价亦与近日言者迥异，足以见丈于诸事，靡不罄竭心力矣。优免核，则投靠自减；投靠减，则赋役自均。数言已尽，查完停妥，宜即具题施行。水利之责御史，昨凌洋山始建此议，仆固以为未便，乃渠则坚求必遂，故黾勉从之。今奉教，信为冗设也。巡盐之理漕，徒增文移烦扰，俟差官时，酌损之。

答总兵戚南塘

适会本兵谭公，问足下与阅视大臣相见之礼，云：宜如总理之见督府可也。

窃意今日，当以钦命为重，不在兵衔之有无。谦以自处，见者自然悦而敬之。其差去郜公，当预为足下先容，必加优礼，决不以庸众相待也。

答闽抚刘凝斋

闽师千里赴难，虽无所获，犹当论功，况斩馘黎丹，灼然耳目者乎！广人欲来招抚之议，忘大德而逞小忿，曲有所归矣。圣明远见万里，功罪赏罚，不爽秋毫。本兵已覆勘议，幸公勿以为介。但凤贼存亡，尚无的耗，仍望公之留意也。

答松谷陈相公

伏承台翰腆贶，捧读再四，如坐春风，不知燕、蜀辽阔也。备谂起居清胜，身处云林，望隆朝野，慰仰，慰仰。

不肖猥以浅劣，谬膺重任，颛蒙之见，窃以为既受国重托，宜以死报。故二三年间，诸所措画，惟以振纪纲、剔瑕蠹为务，以是见怪于流俗。本之德薄位尊、力小任重，其见诋诬，非不幸也。即欲引决乞骸，以主恩深重，昔所许于先帝者，尚未克酬，故复腼颜就列。屯难之际，思我同心，恨不即弋冥鸿，招翔凤，而致之廊庙也。

答奉常陆五台论治体用刚

往丈起山中，不一岁而跻九列。仆日夜引领，望丈之一至者，以丈素有超世之识，知仆所以肩巨承艰之心，为能疏附后先，以共济艰危也。乃读前后手翰，所以教仆者，则亦未越于众人之见，而与仆之孤耿大谬也。丈前书谓仆处余懋学、傅应祯为太过，恐失士心；后书谓救刘台为盛德，至引文潞公之事以相比。今海内簪绅之侣，投柬于仆者，十九为此言也，然皆众人也，岂意有超世之识，又知仆所以肩巨承艰之心，而所见乃亦止此乎！

古之贤圣，所遇之时不同，而处之之道亦异。《易·大过》："栋挠"。象曰："刚过乎中。"当大过之时，为大过之事，未免有刚过之病，然不如是，不足以定倾而安国，栋挠而本末弱矣。伊、周当大过之时，为大过之事，而商、周之业赖之以存，虽刚而不失为中也。仆以一竖儒，拥十余龄幼主，而立于天下臣民之上，威德未建，人有玩心。况自隆庆以来，议论滋多，国是靡定，纪纲倒植，名实混淆。自仆当事，始布大公，彰大信，修明祖宗法度，开众正之路，杜群枉之门，一切以尊主庇民、振举颓废为务，天下始知有君也。而疾之者乃倡为异说，欲以抑损主威，摇乱朝政，故不得不重处一二人，以定国是，以一人心。盖所谓刚过乎中，处大过之时者也。而丈乃以为失士心，误矣！吾但欲安国家、定社稷耳，怨仇何足恤乎？

至于潞公之事，亦复不伦。盖潞公所事者长君，而其出处去就，未必系宋室之安危。子方狂妄后生，独持馈锦一事以议论前辈，此其失在于不知贤耳，故潞公得以包容之。仆今所处何时也？主上举艰巨之任，付之于眇然之身。今权珰贵戚，奉法遵令，俯首贴耳不敢肆；狡夷强虏，献琛修贡，厥角稽首而惟恐后者：独以仆摄持之耳。其出处去就，所系岂浅浅哉！彼谗人者，不畏不愧，职为乱阶。且其蓄意甚深，为谋甚狡，上不及主上，旁不及中贵，而独剚刃于仆之身；又无所污蔑，而独曰"专擅""专擅"云云，欲以竦动幼主，阴间左右，而疑我于上耳。赖天地宗庙之灵，默启宸衷，益坚信任；不然，天下之事岂不为之寒心哉！自有此事，主上食不甘味，寝不安席，以痛恨于忌者，盖大舜疾谗说之殄行，孔子恶利口之覆邦，故去此人以安仆也，以安社稷也。离明允断，诚理法之正，而仆所以恳恳救之者，盖以仰答圣恩，下明臣节耳，非欲为沽名之事也。而丈乃以潞公见风，误矣。

仆一念为国家，为士大夫之心，自省肫诚专。其作用处，或有不合于流俗者，要之欲成吾为国家，为士大夫之心耳。仆尝有言："使吾为刽子手，吾亦不离法场而证菩提。"又一偈云："高岗虎方怒，深林蟒正嗔。世无迷路客，终是不伤人。"丈深于佛学者，岂不知此机乎？

夫士屈于不知己，而伸于知己。今海内缙绅之侣，为此言者甚众，仆皆逊而谢之；乃于丈哓哓不已者，以丈有超世之见，知仆所以肩巨承艰之心者也。读礼有暇，试一思之。倘再会有缘，尚当刮目相待。

答河道吴自湖

惟公遵养林泉，望悬朝野，仆所欲推毂者屡矣，咸为忌者所阻。今乃得遂初心，然犹恨其不早也。

淮、扬之民，岁苦昏垫，朝廷未尝一日忘，顾莫有任其事者。兹读大疏，明白洞彻，底绩可期。夫治水之道，未有不先下流者。年来但讲治水，不求治海，虽费何益？但海口之淤，当必有因，似宜视水必趋之路，决其淤，疏其窒，虽弃地勿惜，碍众勿顾，庶几有成也。设官及留饷诸事，一一如教，属所司覆允，惟公坚定而审图之。

答两广凌洋山计剿罗盘寇

罗盘、渌水之事，石汀公在任不能处，乃诿难于后人，诚为不恕。然此地不沾王化数十百年，义所当讨，在公诚不容使之跳梁于卧榻之前也。但须审图而后动，动而必胜，胜而无损，乃为万全。不然，又不如姑置之之为便也。

答河漕王敬所

人有自边来者，言公按行部中，简静清肃，边人咸不知有命使之至。《诗》不云乎："萧萧马鸣，悠悠旆旌。""之子于征，有闻无声。"公之谓矣。慰仰，慰仰。

淮、扬水患之旨，盖欲激发吴公，使之殚力以从事也。朝廷方有事东方，而江淮之人咸谓仆止以运道为急，将视河害而不救，故以此默解之。自公振新漕政，万艘飞渡，京庾充盈，卓哉伟绩，孰得而掩之，岂以此一事未了为恨哉？且不必出于己，公所未就，而吴公成之，则亦公之功也已。辱教，似未达仆所以作励时贤，共熙帝载之意，故略述其概以复，惟公裁亮焉。

答两广督抚计剿海贼

往者，潮州主抚贼之议，闽人深有憾于金大参，科中遂加抨劾。仆窃以广中之处，不为失策，乃告铨部本兵，言金君必不可动，动则后来任事者，皆恫疑首鼠而不敢为矣。然林凤之见创于吕宋，实闽人之谋。彼以大兵，逐此败残余党，欲尽歼之海中以为功，而广中乃一举而收之，其致憾固宜。今惟行广人之策，收闽人之功，则处置适宜，彼此俱得矣。铨部本兵以仆之言为然，遂用此意题覆。

今读大疏，详观前后事理，果如仆言，其中措置，皆极允当。盖昔年抚贼，率要求善地安插蜂屯蚁聚，列兵自卫，在我常有肘腋之虞，在贼常怀反侧之意，养痈待决，诚非计也。今则随地分北，解甲卖刀，因其求生之诚，解此三面之网，将使贼党闻之，孰不怀我好音，变其佚志，故广中之策是也。

然观金君所与闽人往来文移，颇觉动气。楚固失之，而齐亦未可为得，此气质之小疵也。即欲取此新绩，复其旧官。但闽中勘功疏尚未至，若先处之，重激闽人之忿，故行并勘，幸促勘者速报，庶便处分也。

罗旁事宜审定而后动，期于万全乃可。贵属司道有司贤否，访据的实者，幸另开手书密示。

与云南巡抚王凝庵

高金宸先已题奉钦依准袭矣。外嘉靖间，曾闻云南有积贮银百万两，世宗欲取用，而方砺庵执言，该省常有用兵事宜以待用。不知此项银，何年存剩，今尚有否，即查核见示，余不悉。

答应天巡抚论大政大典

辱别楮所云，一一领悉。安庆军饷及三府粮疏，俱下部覆允。冯、蹇二君，属部优处。政府入人言，恶吴中士夫赖粮之说，似别有所指，不为丈也。异时每闻存翁言，其乡人最无天理。及近时，前后官于此土者，每呼为"鬼国"。云："他日天下有事，必此中倡之。"盖谓朝廷之政令，不能行于此地，而人情狡诈，能忍人之所不能忍，为人之所不敢为故也。此等言语，岂亦丈告之政府耶？愿秉道自信，毋惑流言，以终令闻。

丈向移驻句容，议者咸以为多事，近更喜其安静。盖用度节，则里甲无征索之扰；趋谒省，则驿递无供亿之繁。故上下自相安耳。喜甚。

今驿递一事，在东南不知何如？畿辅诸郡，十减六七，行旅初觉不便，近来亦颇相安，若小民欢呼歌诵，则不啻管弦之沸溢矣。且此项钱粮，贮积甚多，将来裕国足民，更不外索，即此一事，余可类推。以今全盛之天下，为国者肯一留意于此，时时修明祖宗法度，精核吏治能否，由此富国富民，兴礼义，明教化，和抚四夷，以建万世太平之业，诚反手耳。大抵仆今所为，暂时虽若不便于流俗，而他日去位之后，必有思我者。盖仆之愚，无有一毫为己之心故耳。

祖坟事，嘉靖间王户侍亦曾疏请，后竟以无据报罢。窃思此事，在圣祖时已属茫昧。夫以圣祖之永孝，岂遽忘其先世，殆必有不得于心者耳。今去二百余年，复何所凭而修复之？此事不在疑似之间，如以为真，则非有司少牢之礼所能享之，又岂可以社属待之？如其非真，则此累累荒冢，祀之何为？仆尝以我圣祖之不冒世族，不深求先世窈冥之迹，不讳言身世艰窘之状，皆神智达观，度越前代帝王远甚。今日之事，似只传疑可也。鄙见如此，惟高明裁之。

答河道吴自湖

混江龙之制，昔曾闻之，近以河政废弛，人不知用耳。顷属所司题覆，通行河道衙门，一体制造。

答楚抚陈文峰

辱示，公安诸邑，连岁昏垫，生理萧疏。昨蒙加意赈恤，顿回春意；今民力虽困，犹赖父母孔迩，横恩溢泽，亦不过徼于台下也。

郡侯才守俱优，向以初任，锐于有为，颇失上官之意。今则久而愈孚，令闻休洽，昨已特恳之向院，谅在彀中矣。荆州二卫班军分番往戍，诚于守御有裨，已下部覆允矣。

昨曾确庵来，言公旧僚意颇相左，大非所望，或意见不同耳，愿公且恢涵之。

答王敬所

辱示边务诸款，皆切中机宜，事竣，亦不妨条议上闻也。又承别谕云云，谨逐条手复，纳还记室，不另具复，以示不敢泄。此后有要务，请手翰密示，口授非宜。

答河道潘印川

惟公雅望宏猷，久切倾向。昔者河上之事，鄙心独知其枉，每与太宰公评骘海内佚遗之贤，未尝不以公为举首也。时属休明之会，正宜及时建立，用展素蓄。乃犹盘桓引却，殊乖所望。大疏已下铨部议覆，雅志恐不得遂，幸遄发征麾，以慰舆望。厚仪概不敢当，谨以璧诸使者。

答操江王少方

江洋获盗，事关王印，自合上闻。鄙意以为盗赃已获，可从宽处。不意主上览疏中缚王劫印语，赫然震怒，面谕重处。区区从容解譬，下部议覆。上意以部覆抚按罚治为轻。区区又委曲议拟，乃得薄谴。盖主上恒以冲年，恶人之欺己，故以失事为可逭，而以隐匿为深罪也。人旋，草草附复。其详，容另悉。

答河道吴公桂芳

淮、扬之民，方苦昏垫，披发缨冠而救之，犹恐不及，岂能豫忧运道之难处耶？今且拯此一方之民，从容讲求平江遗迹，为国家经久之图。今内外储积，幸已渐裕，法纪渐张，根本渐固，此等事，他日自有贤者任之，公毋虑也。

答总宪吴公

盗劫官银于会城之外，本非细故，但人赃已获大半，公亦参论无隐，自当请旨从宽。然诸未获者，犹宜速为诘捕。盗者必获，获而必诛，则人自不敢为矣。

答廉宪胡公邦奇

辱别教云云，深荷至爱。前王操江亦曾以尊意告仆，而仆不以为虑。盖仆素以至诚待人，绝不虞人之伤己。至于近日之事，则反噬出于门墙，怨敌发于知厚，又适出常理之外，无所容于防也。古云："宁人负我，无我负人。"况冤亲平等，悉归幻妄。今转盼之间，已成陈迹矣，何足挂之怀抱乎！然感念厚意，中心藏之。

答操江王少方

四月二十六日、五月二日二书，先后俱至，一一心会，不能悉答。滁州、镇江二事，部覆悉如疏议。近来江防外虽铺设可观，内却空疏无实。此言切中时弊，盖不独江防为尔。然昨江西、浙江二事，明旨森然，此后即欲推诿粉饰，恐亦难矣。

安庆军饷，部议执前已覆定，不肯再更，然陈君之意为长也。陈君昨考察疏亦佳。区区素知君，后当优处。闻有马惊，顷想全愈。曾司马近亦小恙已痊。小鲁乃翁讣音至矣。允儿顷归，一役一马皆自行顾倩，并未敢令有司知之。

答巡抚郑范溪

辱示虏情，具得其真。今计惟当急图自治，以观其衅耳。

张宪副之被论，人皆以为枉，当时言者，殆有所承望。彼时，公似不宜与之会同，盖是非之在人心，自有不容枉者，岂可徇人以为毁誉哉？顷科中复有言者，要当请圣断行之。

答应天按院舒念庭

辱示，内廖守备事，已即达之于内。言公治其违法之人，乃所以相成，而非所以相病也，其意良解。然以仆虚心论之，此辈在今日，比之先年，已为敛戢。苟不至于太甚，似宜放宽一着，以养其为善之意可也。惟高明裁之。

答蓟辽总督方金湖

辱教，领悉。近来东房垂涎于贡市之利，阴与青酋交通，携市于宣府，而明扰辽左，以求为市。故宣府之马岁增，而辽左之患日甚，职此故也。辽人素称忠义可用，然近亦罷敝，非用蓟人助之，不能支也。顾蓟镇隔阂三卫，出塞不便，又迫近陵京，防御为急，必斥堠严明，侦探的实，知贼向往，乃可出他道，用奇以制之耳。此意前已屡语蓟人，尚未得策，承教，当再申儆之。

闻那吉、恰台吉俱亲至边，此来想彼亦有意，宜厚遇之。俺酋老矣，黄酋穷蹙无赖，房中之势在此两人，须常与之气脉相通乃可。大约房情，只要涣之，无令得合而已。

答郑范溪

张少参之事，言者明系承望搜求，公为之昭雪，乃是非之公，在人心不容泯者。奈铨部固执前说，又追论其平生，此其意不可知矣。仆欲请旨驳议，又思于该部体面大有所损，不得已，黾勉从之。然仆心知张君之枉，今虽暂屈，后犹可伸也。公前虽与按院会论，而其语亦自不同。今奉旨再勘，岂得不据实具奏，但求是非之不枉，何嫌前后之异词哉？

今朝廷之上，功罪赏罚，如鉴之虚，如衡之平。公但自信此心，秉公任直，纷纷之言不足为意，况朝廷又自有公论哉！

答辽东巡按沈鹤石

辱示，领悉。顺义所求，督府已传鄙意止之矣。房情不常，宜随机应之。要当待以至诚，要以盟约，则贡市必可久而不变，安边制御之策无逾于此。书生不达时务，难与言也。

外贵院带管学校，近给有新敕，宜令人领去，以便行事。

答蓟辽总督杨晴川

庸将轻率寡谋，损威辱国，死不足惜。但古北口要地，素称险峻，乃贼至数十人，逾垣而入，肆其侵掠，而守者不知，则置兵设险，俱属无用矣。且贼初意，止于侵盗，原非设伏诱我者。宗儒之出，从者百余人，使人人致死，未必便尔覆败；乃从者见贼先奔，遂致主帅陷没。观此举措，将来之事，深属可忧。转盼秋防，仆寝不安席矣！

今且先绝贼酋抚赏，谕令缚献首恶。如处王杲事，从容相机而行，急则恐生他患。其守台守口及弃将先奔军人，宜以军法重治，察其尤重者，戮数人以申军令。蓟门数年安静，人心已懈，天其或者借此以示儆乎？若诸公当事者狃于治安，不加戒备，则其患有不可胜言者矣。且南兵素称敢战，今未效一矢之力，见贼先奔，何以解于纷纷之议？惟公熟计之。

答南总宪吴尧山言法律章奏

南台试职，奉教即属铨部覆允，但御史以原官试职理刑，盖使之习于事以待用也。近来居是官者，不知本职所在，舍其当务，而漫求他事以塞责，居数月而考选实授，只具文耳。一旦奉使观风，乃不知法律为何物，而反以吏为师。祖宗命官责任之意，几于沦失矣。

近奉明旨，修复故事，而御史大夫陈公，即以实举行，甚称上旨。试之日，坐于堂上，面加校阅，旧日易卷代书之弊，悉行厘革。仆取其试卷观之，一一亲批，其所殿最，咸以招拟为准，不论章奏之通否。盖章奏议论，人人能之，若招拟刑名，贤哉大夫，可谓霜空之矫翰矣。南北台谏，原无轻重，今既新奉明例，似宜一体举行。且以公之高明峻整，视陈大夫，又奚让焉！

答阅边郜文川言战守攻阀

承别楮所评骘，一一精当。比者，古北口之事，特欲借此以儆惕人心。其实蓟镇属夷捉人要赏、乘间为盗，自昔已然。昨日竖子若不轻身，出塞浪追，则亦无此丧败矣。今四方所报，杀官劫库之事，无岁无之。中土且然，况边境乎！蓟帅昨蒙严旨切责，足以示惩。若举全镇防守之功，委无所损，数年以来，一矢不惊，内外安堵，此其功宁可诬乎？猫以辟鼠为上品。山有虎豹，藜藿不采，又不以搏噬为能也。似当以公初拟为当。若欲为之委曲除豁，则可云："据近日鸦鹊属夷之事，虽若防御少疏，然举一镇修守却虏之劳，实于功名未损。"以此意措词，不知可否，惟高明裁之。

大抵蓟镇之势，与他镇不同，其论功伐，亦当有异。盖此地原非边镇，切近陵寝，故在他镇以战为守，此地以守为守；在他镇以能杀贼为功，而此地以贼不入为功，其势居然也。至于调用南兵一节，实出于万不得已。盖因往时议者，咸极言延、宁边兵入卫之苦，为之罢减四枝。蓟镇分区而守，罢一枝，则一区失守。又不可弃地与贼，于是谭总督、戚总兵乃建言：昔在浙中部曲，尚多素所练习者，可顶所罢之数。因以教练火器、整理车营，故不得已而用之。今若以为虚费而无用，即当罢之，则宜思戍守不可缺人，或仍复入卫边兵，或与本镇地方抽换。不然，陵京重地，宁敢忽视之乎！此中事体，其说甚长，统俟面悉。

答总督杨晴川计处属夷

辱示，失守诸官军，俱法当其罪，从此人心庶其有儆乎！

属夷原谋，止欲为盗，庸将丧败，实其自取。今彼既有畏诛之意，宜自从容处之。但嬖只之说，未可尽信，乃自解之词耳。今仍宜厚结嬖只，以绝其援；尽革诸夷之赏，以孤其党。虏贪而无亲，他日必自相夷灭，炒蛮亦可缚而致也。若归罪嬖只，是使之合其党以抗我，且启西虏之衅矣。

答总督张心斋计战守边将

辱示虏情，俱悉。公所以应之者，诚为得策矣。

今全虏之祸，咸中于辽。连岁彼虽被创，我之士马，物故亦不少矣。彼既愤耻，必欲一逞，今秋之事，殊为可虞。昨已属意本兵，于贵镇兵食，比他镇尤当加意，临期若的知虏贼所向，当令蓟人助守宁前，使公等得专备东方。如犯宁前，则东西夹击，再一创之，则彼破胆而不敢东窥矣。公幸时时谕意李帅，大将贵能勇能怯，见可知难，乃可以建大功。勉之，慎之。

为国任事之臣，仆视之如子弟，既奖率之，又宝爱之，惟恐伤也。惟公垂亮焉。

答山西崔巡抚计纳叛招降之策

叛人背华向夷，法当显戮，以绝祸本。但所示二策，似俱未善。盖今之虏情，与昔不同。昔未臣服，故可用计处。今既为一家，凡事又当待之以信，谕之以理。向者款贡，曾与之约云：除板升徒众既多，在虏已久，许令照旧耕牧外，自纳贡以后，我不受彼之降虏，彼勿纳我之叛人。今彼纳叛，非约也。宜令晓事通役，明言索取之，云往年所与王约誓者云何。

今闻有某人在彼，其言云云，凡此等人，皆吾中国犯罪当死及贫困不能自活者，乃逃往彼中，以脱罪乞生耳。其云云者，皆妖言不足听也。往嘉靖年间，有萧芹者，叛入虏中，自言有神术咒人，人辄死；喝城，城既崩。俺答信之，令人押之于边城，试令喝之，而其术无验。当是时，俺答方就大同乞贡，中朝业已许之。会边臣以此事闻，世庙恶之，遂不许贡。后萧芹竟为逻者所得，枭首边关。此往事可鉴者也。

今彼既与我一家，好恶同之。我之叛人，亦彼所恶，万一此事闻之朝廷，必以彼王为背盟约、纳叛人，王虽欲输诚款，朝廷亦将不信，则两家大事，从此坏矣。王如晓事，宜将此人及其党与，执送军门，朝廷必鉴王之诚款，和好益坚，赐赍愈厚。何为纳此无用之人，听其妖妄之说，而坏已成之功，失永久之利哉！彼闻此言，势必听从；即彼不从，我当持此以责让之，使曲在彼，则我之威信，亦无所失。量此幺么，干得甚事。今板升之人，如此辈者，何啻千万，即索之而不得，亦恶足为轻重乎？彼虽犬羊，亦不可欺，用术以求之，或未必得，而彼反持此以诳我矣。惟高明裁之。

大抵虏情不能保其无变。今中国之人，亲父子兄弟相约也，犹不能保其不负，况夷狄乎？在我兢兢自治，常若待敌，小小变动，勿遂惊惶劳攘。但当耐烦处之，随几应之，期令无大失而已。若欲事事完全，人人守法，则是以中国之所不能者，而责之夷狄也，有是理哉？此事似宜与军门熟计而行，万惟留意。

与总督方金湖以奕谕处置边事

近见山西巡按疏中，言边人叛入虏中者甚众。宣、大巡按有书，言摆腰勿入市时，伏甲于边外，及黄酋迟延不肯就市，其意盖谓虏情有变也。不知其中情状何如？其云云者皆实否？幸惟明示。又得崔巡抚书云，索叛事似为未善，仆已复书，令其改图，不知可否？亦曾闻此事否？今录回书，并崔原书奉览，以便从事。然会崔毋言得见其全，况经一番变动，得一番处置，而其事愈固。

往时庙堂无定见，一闻浪语，即为动摇，譬之低棋，随敌向往，应手即下。今则不然，吾审势已定，窥敌观变，或无事而自补，或弃子以求先。此今日之局面也。诸公当事者，宜审计焉。

答云南抚院王毅庵

辱华翰，领悉。前奉询滇中积贮，以曾闻之砺庵云云，将谓彼中尚有此数，不意年来遂以解进。今所余但令所司谨守之，以备缓急。一二年间，调停酌量，内帑渐充，加以北虏纳款，边费少省。仆朝夕所告于上者，谆谆惟以节用爱民为急，此后搜括之令，或可免下。所以琐琐奉问者，惟欲知郡国财赋虚实之数耳。

矿金之害，往大理李中溪先生亦曾言之，第以此项专供御用，宫中视为额办，未敢轻议停寝，稍俟机会，当有处也。续刻小疏一通，奉览。

答南台谏

承谕欲以拙稿付梓，昨已致书王少方力止之，盖此帙虽无造膝密勿之语，而其中亦多未发科钞布者。若梓传四方，未免掩主德而炫己长，非入告出顺之义也。至于求存翁序首云云，犹不敢当。存翁，吾师也。翁昔以家国见托，今思昔所许者，尚未能力践其一二，何敢以案牍糟粕之词，致辱名笔哉！惟丈俯鉴愚悃，早为停寝。仆此意发自丹愫，绝无矫伪，若舍曰欲之而为之词，则穿窬之行，丈谅仆必不为也。

答南列卿张岷崃

惟公雅望厚蓄，昔被浮诬，今始昭雪，故暂借南寺，以回翔遵养焉。辱华翰遣谢，深以为愧。前贱日蒙惠，概未敢领，仍宜查之主藏者。

答督府吴环洲

辱翰教，领悉。炒蛮者，与西虏嬖只为婚，昨遂嫁言为盗者嬖只也，此蓟人欲为解罪之言，昨已责之。彼中当事者言，初报为盗者属夷也，与西虏无与。朝廷所欲诛者炒蛮耳，此后勿得嫁祸于邻。然仆料此事，必借公力而后能之。公幸使人密说青、黄诸酋，勿与恶人为党。啖之以厚利，侦知炒酋所在，或诱之使复归旧巢，则罪人或得也。已令蓟人缓图，公幸留意。

答山西崔巡抚

水泉之市，不知在何时？闻宣、大互市，两抚院皆亲临弹压，故得无哗。水泉市日，亦欲烦公一临，庶无他虞。

又京师近缉获一虏人，初称黄台吉部下所使为细者，后审是公昔年所遣为廖举人仆者，及呼廖举人面认之，良是。但不知公昔年何自得之也，幸具道其实，以便处分。当解送台下，随宜安插。若以为奸细，恐因此遂生衅端也。

答楚按院向明台

顷以二三大事，借留数月，故未题代，差期当在初冬矣。辱示，江陵尹朱正色均差之议，其中综理精当详密。此君初任，人皆以为刻核，仆独爱其明作。今观其所建立，必为良吏无疑矣。慰甚，慰甚！

一条编之法，近亦有称其不便者，然仆以为行法在人，又贵因地。此法在南方颇便，既与民宜，因之可也。但须得良有司行之耳。

向所言棍徒艾姓者，后竟不知何以处之？宝庆生员殴死职官事，似宜正法，以警刁顽。

答南台长陈莱峰

海洋失事，非公言，朝廷岂得闻之？人臣之义，以不欺为本。事有失误，当具实以闻。至于恩威轻重，则主上明圣，自有裁处，必不有乖于情法之中也。

答总督方金湖

贡市三年论叙，与昨阅视举劾，并于一时，虽若有防，然阅视以八事为殿最，贡市以款房为勤劳；阅视优于要职，贡市逮于卑官，固自并行而不悖。本兵前已题定，自宜循例举行，但已加恩者，或不能过优耳。

白帅贿李之说，前敬所已曾告之于仆。但追思当刘国被劾时，仆即面问本兵谭公："此人若动，孰可以代之？"谭即应曰："白可。"又云："若论才力，则麻锦为宜，独恨其多方营求为可恶耳。"渠仓卒之间，即以名应，似非有夙诺者；况既恶麻之营求，又岂肯曲徇于白乎？云云之议，未必非刘、麻构之。近来将官，彼此相倾，甚于文职。此中隐情，亦宜徐察之也。

奸细之事，诚如尊教，近所获者，皆未必真，已随宜处之矣。

答潘巡抚

宁州之贼，从来已久。事关两省，宜约会夹剿之，庶可收功，固难以旦夕定也。新除兵宪，恐不足以办此。铨部谩尔升授，仆知而使改之，则无及矣。公试观之，若果不相应，当速奏调改。

又公退居既久，近来政令，或未尽知，宜查近年旨意，并题准事例，有与抚按相关者，籍记而时阅之，则自无废格错谬之虞矣。

答河道吴自湖言濬积潴疏海口

顷濬豁旧潴，乃发自圣心，仆不过仰承之耳。然须得良有司，悉心综理，庶几主泽得以下究，惟公留神。

海口疏通，淮、扬之间，欢声雷动，从此人得平土而居，繄谁之力与？以此知天下无不可为之事。"人存政举"，非虚语也。比者，晢行薄赉，俟玄圭既告之日，仍当有殊锡焉。

派砖事，江南抚按诸公，咸以为难措，而司空又以近日工作浩繁，不肯为之一处，惟公裁之。

答应天巡抚宋阳山

盐徒执捕，海风覆舟，在往时诚为常事，若一一责之该道将领，人将何所措其手足？宜丈有不平之鸣也。但按操使者，见近日屡有严旨，恶人欺隐，故一有所闻，既仓皇奏报，以为他日脱罪之地。顷王少方有书来，亦言屡劝止之，不从。盖自为之心重，故不暇为人谋耳。要之主上睿明，揆度事理，衡鉴明允，其轻重予夺，必不有乖于情法之中。王大参，仆欲大用之，何乃以小忿决不就？幸谕安之。

答总督杨晴川

贼夷犯顺，仗义执言以讨之，馘其渠魁，赦其胁从，理之正也。但贼既畏威远遁，兽骇鸟举，难蹑其踪，而扬兵出塞之举，窃恐蓟人亦未能办也。若贼酋果真心悔罪，执送为逆头目一二人，散夷数十人，归其所掠，则姑宜宥之。徐为后图，吴环洲示强示弱之言是也。辱问草草。

答方金湖

六贡告成，边圉宁谧，虽朝廷有道，守在四夷，而公经纶之略，安攘之勋，庸可掩乎？敬仰。

近闻虏酋与察罕构隙日深，此正吾用奇之日，使之祸结而不可解，则蓟、辽之间可以安枕，而西镇之贡市愈坚矣。宜多方以间之，他日奇功伟绩，必为公所收矣。

答闽抚刘凝斋

凤贼之败溃，本之皆公谋也。顷部议，但据报功之有迹者，覆请行赏，实未足以酬其什一也。然人臣事君，宁使功浮于食。况主上圣明，有功者虽微必录，虽久不忘，尚当有大畀焉。

答辽东巡抚张心斋

连日不闻虏报，彼既得利于海西，必且归其所掠，未能复逞。但辽左之事多在深冬，宜加意防之。虏性惟论强弱，衅隙一构，报复不已。王台既被袭，虏衅恨必深。彼素效顺中国，父子俱蒙恩赉，其德我也亦厚，宜急以计结之，俾为外援。则北虏之真情可得，而我之藩篱益固矣。惟公熟计而审图焉。

答吴环洲

前辱示边事，公高见远识，甚合鄙意。缮房堡事，仆正恐观风者辄行奏论，致骇听闻，拟作书止之。不意大疏随至，而沈君亦遂匆匆参劾将官。盖渠惟惧以隐匿获罪，势难中止，又连及别事则过矣。

夫疆场之间，小小破绽，未能全无，要之于大计未损。若遇有事，即行处置一番，于大计反为无益，顾君不察耳。今都邑之间犹有白昼剽窃劫库杀官者，况夷狄乎？蓟门三卫，服属二百余年矣，捉人挟赏，犹不能一一尽诘，乃可责之骄悍新附之虏乎？要在当事者随宜处置，譬之于犬，摇尾则投之骨，狂吠则击之以箠。既箠而复服则复投之，投而复吠则复击之，而可与之较曲直论法守乎？前有书与方公，方答书云："耐烦二字，边臣宜书诸绅。"诚然。昨部覆已明，只如公前议行之。然仆料虏已中饵，决不舍贡市之利，以理责问，必无不从者。

答云南巡抚何莱山论夷情

道从已抵贵竹，慰甚。所示安酋事，具见高识远猷，朝廷可谊南顾之忧矣。

追念安酋庚午之事，本守臣处置失宜所致，及衅端已构，遂欲调三省之兵，捐数十万之费以剿之。仆窃以为非计，乃选用阮沙城巡抚，授以五章之约。阮公幸用吾策，不用一卒，不费斗粮而黠酋稽颡系组，纳质请罪。此已事之明效也。夫土夷杂种，譬之狐鼠鼪鼬，据险为固，得其地不可耕也，得其人不可使也。以国初兵力之强，高皇帝之威，岂不能画野而郡县之，势不可也。其种类忿争相杀，固其性然，又非可尽以汉法绳也。

究观近年之事，皆起于不才武职，贪黩有司，及四方无籍奸徒窜入其中者，激而构煽之。星星之火，遂成燎原。守土者又不深为地方久长之计，轻信偏辞，遽为腾奏。小则构讼，大则用兵，驱无辜之民，置之锋镝，以为夷狄报仇。幸而胜，兵罢财费，将吏冒赏，于国家无秋毫之益；不幸而败，三军暴骨，损威伤重，其祸又有不可胜言者。此已事可鉴也。

故仆以为制御土夷之道，惟在谨修内治，廉察边吏，毋令贪吏需索，结怨起衅；禁戢四方奸徒，毋令教唆播弄，致生嫌隙。镇之以威，示之以信，毋以小术欺诱之。但令遵奉约束，不废贡职而已。此外不必过求，其中或有争忿相讼者，两是而俱存之。概行会勘，亦毋轻为奏请。待其彼此相戕，胜负已决，吾视其理直而为众所服者，因而抚之；理曲而为众所不悦者，因而除之，即疆场定矣，何致纷纷劳民动众，敝内以事外乎？南北夷虏之势不同，其处之之道亦异。管见如此，惟高明择之。

答陕西学道李翼轩

近见关中录文甚佳，多超旷之见，知必出于执事之手，为之击节者久之。所示西略，一一领悉。春首之事，已成梦幻，不足复论。不榖于执事相与深浅，执事心知之。

答吴道南

承示，辩揭殊足发笑，是非混淆，一致于此。南疏必有嗾之，言者不察耳。先是部院访单，其说尤多，大抵皆忌者之言，故铨部议欲从重。仆再三为理，乃得量移，然被诬已厚矣。世味人情不过如此。

区区昔与执事，有世缘、出世缘。今天下幸而无事，区区且欲解簪绂从赤松子游矣。觉与执事世缘已尽，再结出世缘耳，执事肯从我乎？

卷二十二　书牍九

答两广凌洋山

罗旁之役，闻已获功万余，计所卤获，又当称是，即有逸伏，谅亦无多。宜乘此势，多方招徕，开其生路，随宜处置，务绝后患，则一劳永逸之策也。事定后，稍用狼兵，更番屯守，诸善后事宜，次第以闻。

答总宪李渐庵言驿递条编任怨

近来驿递困敝至极，主上赫然思以厘振之，明旨屡饬，不啻三令五申矣，然犹不信。承教，谓外而方面，内而部属以上，凡得遣牌行者，有司不敢不一二应付。若如近旨，但无勘合者，皆不应付，则可尽复祖宗之旧，苏罴困之民。夫有司官卑，岂敢与大官相抗？所赖以行法振弊者，全在抚按耳。抚按官狃于故常，牵于私意，而责有司以奉法令、抗大官，势不能也。朝廷欲法之行，惟责之抚按，不责之有司。异日倘有犯者，或别有所闻，则抗命之罪，必当有归。昨决囚之事可鉴也。

条编之法，近旨已尽事理，其中言不便，十之一二耳。法当宜民，政以人举，民苟宜之，何分南北？

白令，访其在官素有善政，故特旨留之。大疏为之辩雪，殊惬公论。惜公不倡言于朝廷，而独以私示于仆也。天下至大，非一手一足之力所能成。唐、虞内有百揆、四岳，外有十二牧。十乱同心，周业乃昌。仆今不难破家沈族，以徇公家之务；而一时士大夫，乃不为之分谤任怨，以图共济，亦将奈之何哉！计独有力竭而死已矣。以公知己，敢布区区。

答河道吴自湖计河漕

高邮湖堤，闻甚坚致。一年之间，淮、泗安流，土可作乂，公虽不自以为功，孰得而掩之哉！宝应堤工，便可次第修举。玄圭告成，当有殊典矣。顷丹阳浅阻，当事诸公毕智竭力，仅克有济，惩前虑后，预为先事之图可也。昨见攒运陈道长建白，俱切事理。其言黄河故道不知可复否？望公虚心一商之。如有定策，幸先以见教。今穿内之事，渐已修饬，庶几小康，惟河漕恒往来于怀。而今之时，肯为国家任事者绝少，不能不厚望于公也。

答河道潘巡抚

辱示，江右金花银亦系已征在官之数，不准抵补。伏奉圣慈特允免追，盖上之至仁也。

答总宪李渐庵言人臣节俭之义

往者奉书，妄有所献，诚有激于衷也。比辱华翰，不责其愚，深自引咎，其锐然有为，确然不回之意，溢于词表。读之再三，无任慰仰。夫人不激，乌能有所树乎？古之以道义相磨切者，义盖如此。

至谓今之财赋，不窘于国用之繁，而亏于士大夫之侈纵，诚膏肓之药石也。即使国用果繁，为士大夫亦当分任其咎。盖以下奉上，臣民之分，而士大夫者又朝廷所用以治民者也。今乃克上剥下，以厚自奉，可胜叹乎！顾积习沉痼已久，非痛惩之，不能挽也。语曰："得时无怠，裹粮跃马，犹恐失时。"今欲为国家振久颓之习，建百世之利，兹其时矣。惟高明留意焉。

答闽抚庞惺庵

　　仆之倾向于左右，自公在台时已然。此亦公所自知也。中更多故，不获引置于云霄，然鄙心未尝忘。顷以闽台虚席，乃得遂其夙心。

　　然公困踬久矣，今不引之康庄，而复顿之畏途者，良以此中人情多变，借公威望弹而治之。公因此亦大有所树植，以塞忌者之口，则由此升亨衢，执鼎铉，其势为易。则仆之所以忠于为国，而笃于荐贤者之赤心也。

　　至于主持公是，摧抑浮枉，则年来庙堂之举动，公既闻之矣，又何虑焉？如有地方事宜，不妨一一垂示。

答织造许枢使

　　辱翰教，深荷雅情。顷见发下解进段匹等件，俱厚熟密致，与近年所织，不啻霄壤；而价值乃与市估无异，且官无私弊，民不苦劳。嗟乎！使今之奉使者俱如执事，则何事不可办，何事不可成乎！敬仰敬仰。顷得皇上面加奖赏，生亦极力称荐，执事将来大受之基，已培于此矣。愿益坚雅操，以永终誉。

答总宪张崛崃言用人

　　顷借公于上毂也，将有艰巨之托也。乃竟不得如愿，令人怅恨久之。干霄之材，何患不登明堂？但仆谢事有期，不得托附于梓人，殊可恨耳。太君恤典，已属所司如例请允。别楮所荐诸贤，皆一时之俊，处吾夹袋中，宁止朝夕。虽未免各有所短，然尧、舜在上，翕受敷施，取其所长，皆为国器。若诸公能不恃其所长，刮磨微纇，致其莹美，则希世之宝矣。辱示，敢并及之。薄奠，敬因使者布之太君仙几。

答总宪葛与川论友道

今之隐退者，皆以通书政府为嫌，仆窃所不取。

夫古之君子，以道相与，出处语默，曾何间焉？况大臣虽在畎亩，犹怀廊庙之虑，所为居政府者，非其僚友，则其素相知也。其人贤耶，固当告之以四方幽隐，以赞其庙堂之虑；不贤耶，亦当匡救其阙，而教督其所不逮，俾无致疾于国、于民。斯古之君子所以笃交谊而不忘国家也。

自翁归政府，三奉教言，辄三叹之，夫翁亦犹行古之道也。但所奉书词，徒闻溢美，未领切磨，将行古之道而未尽耶？毋其人之不足以庄语耶？

答翰林王弘斋

往事仆所深知，恨当时未陪国议之末，徒旁睨私愤，为公窃置一喙。若如今日，则固已涤濯而致之青云久矣，岂令公抱沈痛于衡门哉？

辱华翰，感今追往，益用惋惜。尧、舜在上，翕受敷施，期不使邓林有一材之断，愿公静以需会焉。

答滇抚王凝庵

前承厚贶，即璧付令弟。以不穀之辱爱于公，诚不宜例拒，但近年交际久废，欲借告知厚者，以解于众人耳。万惟亮恕。

诸所举行，略览一过，凿凿皆有益于地方，造福于滇人不浅。恤刑者，乃剿其说以市恩，浅之为夫也。

《宪纲》一书，虽屡经申饬，而台中竟不遵行，盖恶其不便于己，几欲去其籍。公之此刻亦取忌之一端也。前抚、镇不和之说，盖彼有惩于山右之事，故为此先发制人之举。自彼疏来后，抚、镇并无一言，安在其为不和耶？此足以知其说之谬悠也。相处无几，宜善遇之。

答宣大王巡抚言蓟边要务

宣、蓟唇齿之势。异时两镇，视如秦、越，虏祸中于蓟，则宣人安枕，虽得虏情，不以实告。今移公于宣者，所以为蓟也。抚、镇协和，文武辑睦，边境之利也。而好事者反以此为忌，往者南中之谤，未必不自此中启之。去岁微闻阅视君亦有此言。今去公于蓟者，所以全公也。近日蓟台有缺，每从司道中进，以其习于蓟事也。而好事者亦用此为忌，每言蓟中之任，皆取总兵所欲者而用之。昨见公移镇，辄私语曰：代者必某人也，是总兵所喜者也。斯言也，不惟不利于总兵，且不利于司道也，故出其不意，而远求于林下之人。乃陈公又仆素所援用者，其人达于事理，不吐不茹，萧规曹随，必获同心之济，故用陈公。则公虽去，犹未去也。仆十余年来，经营蓟事，心力俱竭，今一更置间，而其用意之深如此，他人安得知之？恃公至厚，故敢略陈具概。

新本兵虽颇不悦于蓟人，然亦非故作异同者。况今大事，皆仆面奉宸断而行，渠安能逞其私意，辄有所更张乎？顷闻外间云云，仆即以晓之，渠亦深省。恐彼中将吏，未达此意，或怀疑惧，愿公譬论之也。

近日俺答报土虏东犯，其言不虚。然此时尚热，或就边住牧，窥吾之隙，宜慎防之。人尝笑南兵无用，徒縻厚饷。今若乘其入犯，一战而胜，则群喙自息，而虏亦寝谋。去岁曾属戚总理以援辽之策，乃渠所以复于我者，其计甚迂，殊失鄙望。今虏若窥蓟，则患在头目，又非若于邻之震矣。愿公以义激之，使仆藉手以告于上，且以杜谗谤之口。此机不可失也。

答徐太室言释怨为公

别楮领悉，但旧僚之疑似犹未释，仆非姑与解脱也。今春南说之兴，其所由来，实与旧僚无干。仆平生游于宦途，但愿人解怨，不愿人结怨，况本无怨之可释乎？愿公之自信，而薄责于人也。

沙市城议，恐劳费难成，幸姑已之。

答蓟辽总督

贼至数万，则其患不在辽而在蓟，盖虏每入寇，亦必费本。辽左荒卤，人畜萧疏，群数万之众，驻荒陋之墟，掠野则得不偿失，攻城则非其所长。况当暑雨之辰，马疲弓解，驰骋复难。虏之入犯，求卤获耳，以若所为，求若所欲，虽至愚，其必不出于此矣。近来每于暑月，辄报十万、二十万，旬日之间，复言出境。辽之守兵不过万，贼若至二十万，则各处墩堡皆可踏平，彼复何畏而敛众以退乎？凡此不达事理之言，仆所未解也。

辽左数年，虽颇有获，损失亦多。蓟门十年以来，一矢不惊，军民安堵，较其绩效，孰少孰多？而论者于此则百计摧抑之，于彼则多方掩护之。昨该镇巡按遇虏，仅以身免，若令蓟门有此事，则内外不知有多少劾疏矣。而彼中方盛张功伐以掩其事，巡按亦破胆结舌而不一言。如此，尚为有公道乎？昨令本兵从公议行赏罚，以服人心之旨，盖为此也。辽、蓟皆公所辖，何亲何疏？朝廷视之，亦何轻何重？但赏罚功罪，须至公至平，人心乃服。人心服，而后可责其用命也。辱公至厚，故敢直披其愚，亦勿令蓟门将士知之，恐生骄悍也。

本兵新任，颇惑于昔年南兵坐食之言，传闻汹汹，遂谓将有所更置。仆知而譬晓之，彼乃深省，近来帖然无异。

公与蓟门将帅，但一一务实，修守以为战备，一切浮费繁文，悉从简革。台上戍卒，无事不许擅离尺寸，但能拒贼不入，即为大功，不必有所斩获。纷纷之议，仆自为之主持，无事疑虑。若空言无实，一旦偾事，则国法森严，区区亦不能终庇之。

岳君已属之铨部，如拟升用。

答甘肃巡抚侯掖川计套虏

套虏当未纳款时，不知曾往来内地否？若先曾往来，而今款顺反禁其往来，恐彼未肯服也。夷虏彼此侵盗，乃其常态。今彼虽款顺，亦但能约其无为边患而已，若令缚其手足，不令西抢，恐彼亦未肯服也。顺则抚之，逆则绝之，在各镇自有机宜，不相牵制。

昨宣府小酋作孽，已即绝其贡赏，欲出师问罪，彼酋惧而罚治请赎，然后赏之，照旧许贡。此在宣大且然，况他镇乎？今后彼若往来经由，边臣即宜收敛城守，使人问故。彼若以西抢为词，则与之约令速行，毋得恋住。恐传闻不的，朝廷知之，以为汝有他意，致坏贡市大事。彼若顺从，则少加犒赏以怀之；若不听约束，故行恋住，则申明盟约以驱之。驱之不从，或又侵犯，则调兵以捣之。谅彼往来不过一二枝，众亦不过数千，未必各部皆如是也。顺者抚，逆者剿；逆而又顺，则又抚之；顺而又逆，则又剿之。临机观变，何常之有？至于虏众经过，或小有侵扰，此虽内地官军，犹不能一一遵守纪律，况夷性乎？且前已赔偿，不必过求矣。

本兵前覆邢道长疏，言之已尽，顷大疏不过以邢有疏，恐他日责以不言耳，然部覆备矣。辱垂问，敢布区区。

答滇抚何莱山

安氏事，如公所措画，彼必遵奉安插，未了之案，可完结矣。

得先后华翰，所论夷情，每与曾司马深加叹服。公之忠于任事，敏于剸割，仆所素知，然不谓其详重停妥如此也。虽有吴干，必试而后知其利，信哉！望益懋勋庸，以需大受。

答少宰杨二山言条编

条编之法，有极言其便者，有极言其不便者，有言利害半者。仆思政以人举，法贵宜民，执此例彼，俱非通论。故近拟旨云："果宜于此，任从其便；如有不便，不必强行。"朝廷之意，但欲爱养元元，使之省便耳，未尝为一切之政以困民也。若如公言，"徒利士大夫，而害于小民"。是岂上所以恤下厚民者乎？公既灼知其小便，自宜告于抚按当事者，遵奉近旨罢之。若仆之于天下事，则不敢有一毫成心，可否兴革，顺天下之公而已。

答河道吴自湖

高邮堤工，闻以告成，乃久未完报者，想以大工甫就，新水暴涨，虑有变态，欲俟其坚定，乃完报耳。但闻兴、泰之间河塘溃决，复成巨浸，未审何以拯之？河流既自复故道，当无俟开浚。承教挽淮入河之策，甚善。考其汛地，虽多属河道衙门，然公欲为国家万年之计，救淮、扬目前之急，想当视为一家，同心共济也。议定，幸即疏闻。此既关系来岁漕计，自不容不预图也。

年来方内乂安，庶几小康，独河漕一事，时往来于怀。而当事诸公亦既殚厥心力矣，乃竟不获底于平成，岂所谓可能者人，不可能者天耶？奈何！宝应湖工，亦宜次第修举。

又

他人一闻行取之报，恨不能即日释去重负，而李君乃自愿留任，以就湖工，其志量忠虑，不啻加人一等矣。即如教，属铨部暂留在任，不妨他日续选。且前题奉钦依，贤能有司在任年久，遇行取之日超等选授，科即授左右给事中，道即免其试职，径与实授。此子果著有成绩，当破格处之，以酬其劳。便中或可谕以此意，俾得安意供事也。

答石麓李相公

去岁或传云，老伯已捐馆舍，然久之不见有请恩疏，心窃疑之，坐是久缺吊唁，歉甚。兹辱大疏，即属所司覆允，视彝典有加焉。盖上之笃念旧老，而推本所自如此。弟于是乃敢以生刍薄奠，因归使而布之仙几。承以老伯隧碑见委，弟虽不文，素辱同气之爱，敢不敬承？但嘉贶非所敢当，辄以璧诸使者，拙作俟秋冬间呈上也。

近闻中玄疾甚，已成痿痹，可叹。明年主上大婚，弟将告老矣，而翁又抱此大戚，宇宙茫茫，相见无日，感今悲昔，怆然为怀。奈何！奈何！

答总督张心斋

辽东素被虏患，公在兵间，劳苦久矣，仆无一日不往来于怀，欲少休骥足，顾未有间也。不敢忘，不敢忘！

虏之欣艳贡市，其情近真，但为国家长虑，未可许之。公所以应之者，甚为得策。然今虏祸方中于辽，辽以一镇当全虏之势，兵疲力寡，不可不亟为之虑也。公有良策，不妨披吐以闻，当别有指挥。

与张心斋计不许东虏款贡

西虏俺答之求贡，自嘉靖十六七年始矣，我畏之而不敢许。然当其时庙堂失策，制御乖方，虽许之，固未如今日之款顺也。比以那吉来降，归之以礼，彼遂感恩慕义，执我叛人，复申前款，我因而许之。盖机缘凑合，名义正大。故当时纷纷之义，皆以为不可许，仆独以为可；皆以盟约为不久，仆独保其无他。盖度彼既感吾放麑之恩，而又适惬其平生之愿，芳饵入口，不能自脱。

夫事美成在久，恶成不及改。今东虏于我，非有平生恩款之素也，非有那吉纳降之事也，非有执叛谢过之诚也；侵盗我内地，虏刘我人民，其迫胁无理如此，堂堂天朝，何畏于彼而曲徇之乎！且西虏以求之恳而后得之，故每内挟以为重；今若轻许于东，则彼亦将忽而狎视之，他日且别有请乞以厚要于我，启衅渝盟，必自此始。是威亵于东，而惠竭于西也。故在今日，宜且故难之，以深钩其欲，而益坚西虏之心。异日者，东虏之敢大举深入，以西虏为之助也。今东虏有求而不获，则西虏以我之重之也，亦挟厚赏以自重，必不从东虏矣。虏不得西虏之助，则嫌隙愈构，而其势愈孤，而吾以全力制之，纵彼侵盗，必不能为大患。是我一举而树德于西，耀威于东，计无便于此者矣。

昔人云："自非圣人，外宁必有内忧。"今主上冲年，国家幸而无事。宴安鸩毒，将发于不虞，盍姑释此以为外惧乎？仆怀此意，未敢语人，兹因询及，敢略陈其概。虽然，辽人病矣。语曰："头痛治头，足痛治足。"今虏祸方中于辽，辽以一镇当全虏之势，病在足之时矣。不急治之，且将为一身忧。辽人素称忠勇，但苦兵寡耳。然欲足兵，必先足食。兵食既足，乃可言战。一战而胜，则东虏之气挫，而西虏之好益坚，此数世之利也。愿公熟虑之。

答总宪董嵩河

仆生平所推毂保护天下贤士甚众，然皆不令人知。昨所闻于左右者，非市德也，盖欲公知天下公论未尝尽泯，而益坚任事之心也。乃辱华翰，深用为愧。

关山议设专官事，已属有司覆行矣。

答河道吴自湖计分淮导河策

前奉华翰，报高邮工完时，已微闻维扬水患不减上岁矣，夏已如此，秋当何如？今但保高邮堤工不坏，犹足捍御。灰石初合，即经冲啮，岂得无损？惟随宜补葺，九坚一瑕，固不害为成功也。

闻缙绅之言，河既从故道入海，淮又合于江，淮、河分背而行，于地方亦甚便利。所可虑者，天妃以北，中间五六里之浅涸，有防于运道，且鄙意调挽淮逆上，且势为难。而上阳、高、宝之间，所不足者非水也，若就浅处别疏一道，或引水建闸，以为运艘由淮达河之路，而纵淮入江，以复乎孟氏之言，比之挽淮，为力似易。其河流自由故道入海，宜因其势而益导之，使河、淮永不相合，则淮安从此可免昏垫，而于运道亦无所妨。但仆自来未经此地，不悉其曲折，独以意度如此，漫呈以备采择。

黄金宪告病，以杨二守代之，俱如尊谕，属所司覆行。但黄昔以才望荐用，今未兑成绩辄以病去，不能无托避之嫌。今既以杨代，须委任责成，毋使后人效之也。人臣既已委职受寄，宜思分义所当尽者，若见可而进，知难而退，国家何赖焉？

答宪长周友山言弭盗非全在不欲

辱华翰，佳布之惠，深荷雅情。且谂宪从即驻宁州，因以弹压奸宄，拊绥善良，甚休，甚休！

盖闻圣王杀以止杀，刑期无刑；不闻纵释有罪以为仁也。"苟子之不欲，虽赏之不窃。"此孔子箴病之言。是时鲁失政，宠赂滋彰，故言此以警之。若谓徒不欲可以弭之，无是理也。夫人之可以纵情恣意，有所欲而无不得者，莫逾于为盗；而秉耒持锄，力田疾作，束缚以礼法，世之所至苦也。安于其所至苦无所惧，而自不为非者，惟夷、由、曾、史为然。今不曰吾严刑明法之可以制欲禁奸也，而徒以不欲率之，使民皆释其所乐而从其所至苦，是天下皆由、夷、曾、史而后可也。舜，不欲之君也；皋陶，不欲之相也。蛮夷猾夏，寇贼奸宄，犹不能无明刑作士以威之，况其余乎？

异日者有司之不敢捕盗也，以盗获而未必诛也，不诛则彼且削刃于上，以毒其雠而合其党，故盗贼愈多，犯者愈众。今则不然，明天子振提纲维于上，而执政者持直墨而弹之，法在必行，奸无所赦。论者乃不惟舜、皋之所以致理者，而独用懦者姑息之说，衰季苟且之政以挠之，其无乃违明诏而诡国法乎？执事当弭盗之任，而华翰所云，又似不徇俗以为是非者，故敢略陈区区，惟高明裁择焉。

与藩伯曾阳柏

不穀猥以菲薄，谬膺重任，日夕惴惴焉，惟颠陨是虞。今赖天之灵，祖宗之祐，目前景象庶几小康，实主上圣明，国家之福也。不穀何功之有焉？顷辱华翰，奖许过情，援引经义，证以古哲，皆非谫劣所能当也。愧谢。

确庵高明沈毅，秀雅而文，他日必为国家柱石。不穀于国无所裨补，惟思推毂英俊，以共襄王事。然追念生平所拔举，可托之久要如确庵者，一人而已。既以自庆，亦以为公庆。

豚儿寡学，滥窃科名，远辱遣贺，兼拜珍贶，感戢莫喻。兹因鳞便，用伸积怀，别具侑柬，统惟鉴存。

答枢使张容斋

别后，各抚按诸君咸有书来，言台从所经，禁止馈遗，节省供应，虽交际常礼，一切谢却。盖缙绅大夫仰翁之贤，固非一日，乃今所见又过于所闻，宜其称扬颂说之不已也。慰仰，慰仰！

二南素被王化，而翁又悉心简求，他日必有膺椒涂之选者。大疏至，即属所司整备奉迓矣。人去，草草附候。

答蓟镇巡抚杨晴川

辱示援辽之意，前说为长，幸留意审画，以俟一举。但闻大议，亦已质之本兵，本兵遂列之防秋疏中，以未定之说，为庙授之算，殊可笑也。且此举本欲出奇制胜，以图非常之功，非可岁岁征调，以自疲其力也。用奇之道，疾如脱兔，若岁以为常，又举一镇之人趱前那后，接踵而移，此漕舟挨帮之规，非兵家握奇之算也。

答福建巡按商燕阳

刘凝斋以任事致谤，公论不平，非执事秉虚，公行直道，孰肯为之极力昭雪乎？非独刘一人之感，将以持是非之衡，而作任事之气，其有裨于世道不浅也。慰仰，慰仰。

答河漕傅后川

河、漕意见不同，此中亦闻之。窃谓河、漕如左右手，当同心协力，以期共济。如所见必不能合，亦宜各陈，以俟宸断，不宜默默而已。国之大事，不妨公议。事君无隐，岂为失忠厚之道耶？

答总宪陈我度

昔借公于苏、松，实出鄙意，乃执政者，谓公有私于云间也，遂有按剑之疑。是时谗慝盈朝，仆虽深知其枉，弗能救也，然于是恒以为歉。

兹幸英主御极，大明当空，振幽启顺，以兴太平之治，仆乃敢以公进。然不径登之廊庙，而置之节镇者，则以蓟门要地，暂借重望以辑睦文武，谧宁边圉，共襄安攘之业耳。简命涣颁，舆情胥庆，比闻旌节已至，尤慰鄙怀。

答应天巡抚胡雅斋言严治为善爱

辱华翰及别楮，捧读数过，不胜浣慰，不胜敬仰。

盖吴中财赋之区，一向苦于赋役不均，豪右挠法，致使官民两困，仆甚患之。往属阳山公稍为经理，而人心玩愒日久，一旦骤绳以法，人遂不堪，谤议四起，然仆终不为动，任之愈力。今观公所措画，不吐不茹，式和厥中，积岁恃顽强梗，咸俯首祗奉约束，盖至是吴人始知有法，而阳山公之经理于始者，赖卒成之矣。虽然，此吴人之福，而彼不知也。

夫富者，怨之府；利者，祸之胎。而人所以能守其富而众莫之敢攘者，恃有朝廷之法故耳。彼不以法自检，乃怙其富势而放利以敛怨，则人亦将不畏公法而挟怨以逞忿。是人也，在治世则王法之所不宥，在乱世则大盗之所先窥，乌能长有其富乎？今能奉公守法，出其百一之蓄，以完积年之逋，使追呼之吏绝迹于门巷，驯良之称见旌于官府。由是秉礼以持其势，循法以守其富，虽有金粟如山，莫之敢窥。终身乘坚策肥，泽流苗裔，其为利也，不亦厚乎？故仆以为此吴人之福，而彼不知也。夫婴儿不剃首则腹痛，不揃痤则寝疾。而慈母之于爱子，必剃且揃之者，忍于其所小苦而成其所大快也。仆窃以彼中于执法之吏，当尸而祝之，而又何谤议为哉？况今明主在上，是非审核，即有流谤，适足以速祸而自毙耳，何能为，何能为？愿公益坚初志，以永肤功。

答向台长

近得家信，言执事有馈于寒舍甚厚。舍弟辈以夙有省戒，不敢承领，已即返诸来使。窃计执事荣代，不审赵璧之果完否也？唯幸查照。前屡承嘉惠，俱未敢当，不图执事之终不见谅也。

答河道巡抚

孟渎既开，练湖亦有次第，甚慰悬切。但闻下图田庄，俱已查革，而道墩一区岿然独存，人以为法未尽行也。

吴、歙相哄，本部议欠妥当。时仆曾喻司徒，以此事经二百年，虽少偏累，而相沿已久，无可奈何，一旦更之，恐众不服。而渠固求允议，今果有此，实自贻之戚。然关系地方大故，或至猖披，后难收拾。幸公责该道有司，委曲善处，消患于未萌可也。

奏对拙稿，随时私刻，留传后人耳。偶以一册寄之阳山，不意渠遂镂梓。今望公勿多传，盖其中密勿造膝之语，虽不尽载，而诸所论建，亦有留中不发者，显以示人，非入告出顺之义也。幸惟裁亮。

答宋阳山

徽州丝绢事，明旨处分已尽，抚按诸君奉而行之可也。此事虽由殷石汀议处欠当，然既奉钦依，则令由上出，乃不行申诉，辄纠众鼓譟，是抗王法也。此而不惩，则天下效尤，渐不可长。

当事者动以激变为言，挟众以胁朝廷，非所以佐天子振纪纲而齐海内也。且以北虏之强，南夷之犷，朝廷折箠而制之，皆反手絷颈縻致阙下。彼素称衣冠文物之区，渠敢反乎？有以待之，不足畏也。

答吴总宪

李总戎以死勤事，殊为可悯。代者王君，以其久于粤西，故用之。

顷得家信，言公有馈于寒舍甚厚。舍弟辈以夙有省戒，不敢领，即以璧诸来使，谨以原帖纳上，幸惟查照。往者，屡辞嘉命，未蒙见谅，后若再及，不敢不以上闻，恐彼此俱弗便也。

答楚学道金省吾论学政

辱翰示，知道从已入楚，欣慰。

楚中士习久敝，顷公一振之，士稍稍向方，然其志未定也。仗公之重，再加振饬，庶几丕变，至注厝所宜，不外乎华翰"遵敕谕"三字而已。

夫以孔子之圣，平生所志，惟在东周，生今反古，深用为戒。老不得行其道，犹修《春秋》以存周典，此岂以周之法独善于前代哉？盖为天下之礼宜尔也。今世俗皆曰"愿学孔子"，乃不务遵祖宗之典，以服官寡过；而好言上古久远之事，以异趋为高；动循衰世苟且之政，以徇情贾誉。此岂圣人所谓"为下不倍"哉，恶在其为遵孔氏也！

不穀素无学术，谬膺重任，思所以鼓弩钝，佐明主者，惟日取我祖宗之法度修明之，然十犹未二三也。窃以为今之教士，与士之为学，皆如不穀之所以事上致理者，而后有得于遵孔之义。不识高明以为何如？

答闽抚庞惺庵

辱华翰，领悉。大疏俱属所司一一议覆。

军饷既有剩余，如拟蠲负，以宽民力，然非前人任怨催并，则公庾安得赢余？旧逋安得蠲免？诸葛孔明云："法行而后知恩。"正此之谓。今人不达于治理，动以姑息疏纵为德，及罹于辟，然后从而罪之。是罔民也。仆秉政之初，人亦有以为严急少恩者。然今数年之间，吏斤斤奉法循职，庶务修举，贤者得以效其功能，不肖者亦免于罪戾，不蹈刑辟。其所成就者几何？安全者几何？故曰："小仁，大仁之贼也。"子产铸刑书，制田里，政尚威猛，而孔子称之曰："惠人也。"然则圣贤之意断可识矣。以公之高明深识治体者，敢质此请教。

钱法原以是民，非为兴利，然足国之道，亦不外此。盖世间银少铜多，公私之费皆取足于银，故常患不足。今化铜为宝则民用益饶，民用既饶则上供易办，故足民亦所以足国也。闽中钱法通利，此地方阜安之兆，可喜！幸公因其势而导之。

答户部王疏庵

仆平生无他行能，独好推毂天下贤者，自在词林迨入政府，其所保护引拔，宁止数十百人？然以为国，非为私也。乃仆以诚心求贤，而人不以诚心相与，若乃披肝胆、见情愫、一心为公，不引嫌、不避怨、与吾共图国家之事者，如公亦不多见。向以求归恳切，不得已暂遂高怀，别后惘然如有所失。比闻太君康寿，道体安和，宿恙全愈。当此清明之会，忍遂忘情于斯世乎？倘翻然回辙，当虚一席以俟。

豚犬寡学，滥窃科名，猥辱遣贺，弥用为愧。厚贶概不敢当，辄附使归璧。草草附谢。

答守备太监王函斋

辱华翰，知道从已入郢，欣慰。

书中谓莅事之初，未遑施措，惟有兢业。只此"兢业"二字，便是施为之本。尧、舜之所为圣者，亦不外此，幸勉图力践。他日入管内枢，植骏业，垂名青史，可预卜矣。敬仰，敬仰！

门下未及下车，辄烦遣使存问老亲，念此雅情，惟有铭感。此后但俯垂存念，即是惠及蓬庐，不烦惠礼，致累清德也。

答蓟辽总督方金湖言俺酋西行不利

北虏贡议，公实始之，盖八年于兹，而夷情愈顺，边鄙用宁，公今入朝，又克终其事矣。凡此大功，固宜铭之太常，垂之青史，岂特一时赖之而已乎？

虏酋西行既决，难以挽留，边人咸恐此酋既去，来年贡市或不如初。不知虏人嗜利，观其会三镇之人，与之盟誓而去，彼盖犹恐吾之有变，肯自渝负以失大利乎？要在边臣善加抚驭，毋自失信以起衅可也。但仆料老酋此去必不利。渠本无去意，但为切尽所迫，黾勉从之，诸部亦不乐行，众心不齐，战必不力，一也；自款贡以来，豢縻于中国之服食，心骄气惰，不足以当瓦剌新锐之虏，二也；南畏中国，东畏土蛮，牵制内顾，势力自分，三也。三者皆兵家所忌，故曰必败之道也。公试观之。

答河道吴自湖

辱翰示，知淮已归流，水势渐退，慰甚。

河患自古记之，有非人力所能胜者。但仆今谬当大任，一闻愁叹哀号之声，痛心疾首；虽智力短浅，济时无策，然不忍坐视民之失所而不思以振救之也。淮水既已会河，则导江之说无烦再议。高邮堤加以木城，真万全之策。宝堤既难举，李尹留之，无所事事，咨部赴选可也。

答巡抚高凤翥

两辱翰示，具悉同心之雅，感谢。

前奉书，谓宜止虏酋之西伐，犹未知彼有约三镇订盟之举也。后见金湖疏，谓彼西行已决，仆亦以为不可止矣。今观答公书，则其意尚狐疑，仆前书所料，固不谬也。然此酋不去则已，去则必败。彼既年老志偷，而其众不欲行，又豢縻于我之服食已久，无复曩时之飙疾。以骄惰不习之兵，当瓦剌新锐之虏，其势固不敌也。且南畏中国，东畏察罕，力分而势涣，强行而众疑，故曰必败也。今既以书劝止之，以见公相为之意。此后但宜任其去留，不必固止。彼去，吾亦利；不去，吾亦利也。

答四川总兵刘草塘

辱华翰，深荷雅情，厚惠概不敢当，辄璧诸使者。

不穀素以荐贤为心，又见近日武气不振，故每每曲为保护奖率，然以为国，非以市德于左右也。顷向确庵公一言之，渠必以告，统惟鉴存。

答两广凌洋山计罗旁善后

罗旁之役，初意但恐宿寇初除，根株未尽，姑少迟建设，以俟人心之定，会新司马亦以此为言，遂从再议。近来彼中人来，皆言此地在四府之中，素称沃壤，与广右边徼不同，且远近之民，愿受廛者众，不设官建治，何以统之？是以知再议之为迂谬也。今既经理有绪，竚竢大疏至，即属铨部选除矣。

但闻愿附籍者，多系远县之民。其中或有来历不明，流浪无根；或贼党诡名伪姓。若但务招徕，不加审别，兰棘并植，狼羊同饲，将复为昔日之罗旁矣。窃以四府邻近之人，亦自有就招者，彼风土既习，板籍有据，环数百里之内，封壤相接，迁徙无难。且彼素被贼患，茹苦日久，今畀之以沃土，与之以安乐，亦所以偿之也。其中徭赋务从轻省，法令不宜烦苛。使人怀定居，远迩争赴，数年之后，可尽化为乐国矣。

夫戡乱非难，已乱为难。当此重开再关之时，即宜为长治久安之计，惟高明择焉。

答滇抚王凝斋

向奉书云云，恃在世讲至爱，故敢直献其愚，猥辱采纳，地方之幸也。

莽酋事，昨罗大参来，问之，皆如察院言。且谓此酋有兵百万，战象万余，西南诸夷，尽为所并，交阯亦半属之，将来必为滇人忧。具言不知何所据也。大抵修内治，饬武备，虽边围无虞，亦不可懈，岂视外夷强弱以为缓急乎？自今该道兵宪及州县正官，宜慎选其人，俾如意整饬，使远至迩安，则有备无患之道也。

答司寇王西石

张尹至，辱翰贶，深荷雅情。

豚儿寡学，谬窃科名，其躐登上第，则出主上亲拔，非仆庶几所敢望也。兹辱奖谕，弥增其愧。老父顷患甚剧，今虽暂愈，然闻动履尚属艰难，桑榆暮景，风烛可虞。颙拟主上大婚后，乃敢乞身。今定婚期于来岁三月，则陈情之举，当在夏初矣。遥望此期，以日为岁，奈何！

太君之寿祉茂臻，我公朝夕欢养，诚人间希觏之事。其视仆等，愧歉无地矣。

简儿叨授一职，遣归完娶。贤郎归，已托致鄙悰。老母高年，内人又不知礼节，倘有不备，惟冀垂念夙雅，俯赐矜涵。非所望也，敢布腹心！

答藩伯张周田

惟公雅度宏才，昔在铨部，仆已切倾向。中罹排陷，至于垂翼，又窃为惋惜。今当清明之会，群才毕集，暗召昭苏，骈骕属路，从此皆康庄矣。愿懋建鸿巨，以副所期。

答南司成屠平石论为学

成均任重，宜借高贤，简命涣颁，舆情胥庆，在仆素心，喜可知矣。虽然，亦有区区之愚，不敢不以告也。往闻公好谭理学，雅称同志意，必实有所得，非空言者。顾仆奉教之日浅，未能仰窥精蕴。独见公之督学浙中，秉公执宪，屹然不摇，则诚务躬行，不事空谈者。故今日之举，亦愿公以渐事行之也。

夫昔之为同志者，仆亦尝周旋其间，听其议论矣。然窥其微处，则皆以聚党贾誉，行径捷举。所称道德之说，虚而无当，庄子所谓"其嗌言者若哇"，佛氏所谓"虾蟆禅"耳。而其徒侣众盛，异趋为事。大者摇撼朝廷，爽乱名实；小者匿蔽丑秽，趋利逃名。嘉、隆之间，深被其祸，今犹未殄。此主持世教者所深忧也。《记》曰："凡学，官先事，士先志。"士君子未遇时，则相与讲明所以修己治人者，以需他日之用。及其服官有事，即以其事为学，兢兢然求所以称职免咎者，以共上之命。未有舍其本事，而别开一门以为学者也。孔子周行不遇，不得所谓事与职者而行之，故与七十子之徒切磋讲究。其持论立言，亦各随根器，循循善诱，固未尝专揭一语，如近时所谓话头者概施之也。告鲁哀公曰"政在节财"，齐景公曰"君臣父子"，在卫曰"正名"，在楚曰"近悦远来"，亦未尝独揭一语，不度其势之所宜者而强聒之也。究观其经纶大略，则惟宪章文、武，志服东周，以生今反古为戒，以为下不倍为准。老不行其道，犹取《鲁史》以存周礼，故曰："吾志在《春秋》。"其志何志也？志在从周而已。《春秋》所载，皆周官之典也。夫孔子殷人也，岂不欲行殷礼哉？周官之法，岂尽度越前代而不可易者哉？生周之世，为周之臣，不敢倍也。假令孔子生今之时为国子司成，则必遵奉我圣祖学规以教胄，而不敢失坠；为提举宪臣，则必遵奉皇上敕谕以造士，而不敢失坠。必不舍其本业而别开一门，以自蹈于反古之罪也。今世谈学者，皆言遵孔氏，乃不务孔氏之所以治世立教者，而甘蹈于反古之罪，是尚谓能学孔矣乎？

明兴二百余年，名卿硕辅、勋业烜赫者，大抵皆直躬劲节、寡言慎行、奉公守法之人。而讲学者每诋之，曰："彼虽有所建立，然不知学，皆气质用事耳。"而近时所谓知学，为世所宗仰者，考其所树立，又远出于所诋之下，将令后生小子何所师法耶？此仆所未解也。仆愿今之学者，以足踏实地为功，以崇尚本质为行，以遵守成宪为准，以诚心顺上为忠。兔鱼未获，无舍筌蹄；家当未完，毋撤藩卫。毋以前辈为不足学而轻事诋毁，毋相与造为虚谈、逞其胸臆，以挠上之法也。嗟乎！斯言也，使出于他人则以为谤，而仆固素有志于学者也，其所以言此，必有慨于中者。惟高明裁之。

答边镇巡抚

虏众既败于西，复挫于东，自此以后，奉约束当益谨，边患可少纾矣。

但在我犹当坚守恩信，益务以德怀之。盖此虏虽弱，既已附属，犹足为我外藩，若使瓦剌生虏得志，非中国之利也。其所定约法，至为简当，彼即不果西行，亦可循而勿改。

今边镇所急，惟在广积贮，兴屯利，畜壮勇，休士力，以待他日之变，其他皆空文耳。惟公加意焉。

答总宪高凤翥

不孝积愆累衅，遭此闵凶，叠辱吊唁，不胜哀感。比者屡沥血诚，恳乞终制，不蒙俞允，更荷逾分之恩。在主上虽自为国家计，而于孤之微情，则有歉矣。婴兹穷苦，无可奈何，乃有辞俸守制，预定归葬之请，诚不得已也。乃二三少年，不达皇上恳切勉留之意，又不白孤所以委曲顺命之心，妄行渎扰，遂致上干天怒，赫然震撼，伤动圣心，亏损国体，此又孤不幸中之大不幸也。伤痛之余，加以震惧，形神俱瘁，病势转增，奈何，奈何！

辱示钱法并边务诸款，虽未得细读，然略观其措画，皆经纶大著数也。幸即疏闻，实时整理，乃为有济。

答太宰王疏庵

前兵部差人去，孤方在苦块间，荒迷未及奉书，想垂原亮。

铨衡重任，非公不足以当之。比时孤方乞归，然不敢以去国之故而忘谋国之心，故敢以公进。然公之忠亮，实素简于上心，故疏上即荷俞允，非俟孤言以为用舍也。简命涣颁，舆情胥服，方翘首跂足以望公之至。愿遄发征鞜，以慰鄙望。

答藩伯杨魏村

辱垂念年谊，吊唁勤惓，无任哀感。承诸年丈欲俯临赗奠，极荷至情。但孤自召见视事之后，即闭门守制，更不敢于私宅接宾受吊，四方相知奠仪，一切谢却。虽诸年丈辱在世谊，与众不同，然亦不敢当也。谨录奠章佳稿，先寄回，宣之先人柩侧，冥漠有知，必深衔感。厚奠则不烦赗及，便中草草附谢。仍希叱名于诸年丈，统容来岁南归，一一踵谢，唯鉴原。

答河道吴自湖

孤自遭闵凶，两辱慰唁，无任哀感。厚奠概不敢当，辄璧诸使者，谢谢。

维扬蠲赈事，大疏未至，已属计曹题请。兹又取疏中未尽者，属之再题矣。

夫天道玄远，灾祥之应皆未可知。孤尝学此于天官氏矣，考其占验，咸属茫昧。民之饥溺，自当拯援，虽微星变，宁忍坐视！古之圣王，遇灾而警，惟修人事，镇静以处之；不宜牵合事应，过为惊惶，以致摇众也。

答甘肃巡抚侯掖川

惟公任西陲，劳积茂著，顷者循例晋秩，未足为酬。

俺答已报西行，渠近奉约甚谨，虽经贵镇，谅无劳扰。望公戒约边吏，谨守汛地，以礼处之。如遇有溷索，即以孤意喻之，令其安静守约，无坏大事。盖彼数年在宣大，凡孤使人传示，渠未尝不服从也。

答吴环洲

承示，虏王竟已西行，即传示西镇以礼处之，谅无骚扰。但此虏以迟暮之龄，当豢饱之后，不宜远事忿争。若徒扬虚声，中道而反，犹足以蓄锐示威。倘不量彼己，逞于一决，乃必败之道也。在我乘此休暇，益修守备，以待彼之变。

答蓟镇巡抚陈我度言辞俸守制

唔觌再临，又辱别谕云云，敢不敬承雅意。但孤暂留在此，实守制以备顾问耳，与夺情起复者不同。故上不食公家之禄，下不通四方交遗，惟赤条条一身，光净净一心，以理国家之务，终顾命之托，而不敢有一毫自利之心。所谓或远或近，或去或不去，归洁其身而已。此孤之微志也。况昨承恩眷，特使廪人继粟，庖人继肉，数口之家，不啻足矣。若独辞上禄以沽名，又受私馈以自润，内欺其心，外欺其主，孤不敢也。

至于公比者之起，虽出孤意，然非敢市德于左右也。徒念蓟门重镇，抚台要职，辱与公为知己，故以仰托，冀有疏附后先之助耳。公第绥和将士，保固疆圉，即所以酬圣恩、答相知，外此，秋毫非所敢望也。再违宠命，恐公不达鄙意，而以孤为疏外于左右，故敢吐衷悃如此。语率无次，万望矜原。其节间所惠，亦俱附璧来使，统希查照。

答陕西巡抚宋礼斋

近日，曾有人言，榆中筑台工急，军人嗟怨者。孤窃以劳民动众之事，谁肯乐从？惟谋国者主持不惑，当事者措画有方，乃可望其底绩耳。昔谭司马在蓟建议筑台，其时人情汹汹，流言四起。忌者欲因此中以奇祸；政府诸公亦皆惧而求罢；独孤一人力持不顾，乃克有成。数年以来，虏不敢窥蓟者，实赖守险之力。若如当时之议，岂得有今日乎！

今虏方款贡，正宜及时为备，诸言练兵除戎云者，悉虚文耳。惟修守一事，庶为切实。且边卒无荷戈死敌之苦，徒用其力，未足为劳。但需宽其程限，示以勿亟。时一亲阅，鼓以赏犒，则自乐于趋事矣。

答李石麓相公

不孝积愆累衅，遘兹闵凶，远辱慰唁，兼拜厚奠，无任哀感。

念先人昔得侍于年伯翁，投分不浅。翁之爱弟，有逾同气。今年伯翁与先人相继永逝，而翁与弟，同抱惛忧，以此言哀，哀可知矣。顾翁谢政，归侍数年，养生送终，两俱无憾。弟一别先人，十有九年，生不得侍养焉，没不得视含焉，乃又为时所羁绁，不得一申凭棺之情，抱恨终天，死不能赎。此则弟所遇之尤舛，情事之独苦，而翁之所不知者也。天乎痛哉！谁则怜之？

顷已面恳圣慈，俟大礼成后，当复申归葬之请。想翁所垂念者，辄以奉闻。使旋，草草附谢，嗣容颛裁。统希鉴亮。

卷二十三 书牍十

答河道司空吴自湖言任人任事

治河之役，朝廷以付托于公者甚重。大疏所荐，一一俞允。且章、刘诸君，孤皆素知其才，必有底绩之效也。

承示，恐流言之摇惑，虑任事之致怨。古人临事而惧，公今肩巨任事，安得不为兢兢？若夫流议怨谤，则愿公勿虑焉。孤浅劣无他肠，唯一念任贤保善之心，则有植诸性而不可渝者。若诚贤者也，诚志于国家者也，必多方引荐，始终保全，虽因此冒嫌蒙谤，亦无闷焉。顾近一二当事者，其始未尝不锐，至中路反为人所摇，自乖其说，或草率以塞责，或自隳于垂成。此岂庙堂不为主持，而流谤之果足为害耶？

子产曰："政如农功，日夜以思之，思其始而图其终。行无越思，如农人之有畔。"愿公审固熟虑，集思广益，计定而后发，发必期成。至于力排众议，居中握算，则孤之责也。使孤得请而归，后来之事，诚不可知；若犹未也，则公可无虑矣。

答河漕按院林云源言为事任怨

辱示，练湖开复，奔牛建闸，及清查滩占，俱修举水利实政。向来未有如执事之留心审处者也。仰甚，慰甚。

利于公者，必不利于私。怨讟之兴，理所必有。顾明主在上，悬衡以运天下，功罪赏罚，奉天而行，虽有谤言，亦何足畏耶？孤数年以来，所结怨于天下者不少矣。恹夫恶党，显排阴嗾，何尝一日忘于孤哉？念己既忘家徇国，遑恤其他。虽机穽满前，众镞攒体，孤不畏也。以是能少有建立。愿执事勉之。

执事前所建论，皆已次第覆允，东南之民，受福不浅。明主何尝不纳忠言哉！诚有裨于实用，虽累千万言，不为多也。

答蓟辽总督张心斋言东师报捷

得报，知东师告捷。当嘉礼告成之日，有此奇功，真不觉屐齿之折也。捷奏须言：辽左将士，节荷圣恩破格鼓舞，增兵增饷，故人心思奋。盖此数事，皆孤面承天语处分者，所谓战胜于朝廷也。至于阁臣，前已奉旨，不得叙功，幸免齿及。

答凌洋山辞馈助

承教，以孤辞禄守制，特捐俸以助不给，深荷厚情。但孤自念受事以来，四方馈遗，虽已概却，然于一二相知，间有量受者。今则虽至相知者，亦不敢领，非以自绝于长者也。念孤今日暂留，但以被君父非常之恩，艰巨之托，不得不弃家捐躯以图报称，非有利于天下也。故上不受公家之禄，下不受朋友之馈。惟赤条条一身，光净净一心，以图国家之事，而不敢一毫有所希冀，庶于鄙心乃安耳。

盖圣人之行，或远或近，或去或不去，归洁其身而已矣。伊尹一介不取，故身犯天下之大不韪，而人不以为非。诸葛孔明言："臣死之日，不使家有余财，廪有余粟，以负陛下。"孤虽不肖，窃愿为之执鞭焉。若独辞公禄以沽名，而又受私馈以自润，上欺其主，内欺其心，孤不敢为也。辱在心知，故直吐其愚，万惟垂谅。

答宜都知县许印峰

近访知执事前在闽中为群党构陷，诚为诬枉。昨已致书两院，为执事昭雪。今尹宜都之政，宜从荐录，以雪沈诬。幸益坚雅操，以需大用，未可以暂蹶自阻也。

远祖孤茔，辱垂青扫拂，存没不敢忘。便此附谢。

答翰学张阳和

不孝积愆累衅，遘兹闵凶，远辱慰言勤惓，无任哀感。又承遣奠敝庐，尤切衔戢。但四方相知往吊者，俱已辞却。虽诸公于孤有相知之雅，亦不敢当，谅小儿在家必已具书辞谢矣。人旋，情事卒卒，不悉欲言。

答织造太监孙东瀛

近有旨停罢织造，实出圣母、皇上轸念小民至恩，孤面奉圣谕行之者也。承示，在今年已派，上紧完解，则上供不致匮乏，民困亦可少苏。慰甚。

先君葬期在四月十六，孤拟候大礼告成，即疏请归葬矣。顷承翰贶，深荷雅情，人旋，草草附谢。别具奏稿一册，有近奉圣谕，谨附一览。

答蓟镇总兵戚南塘计边事

孤之此行，甚非获已，君恩深重，宁敢亢违？到家事完，即星言赴阙矣。

蓟事已悉托之鸣泉公。渠乃孤之门生最厚，谅不相负。自被总督新命，听其议论，观其意向，便视蓟如家。士大夫有短足下者，即力为辩释，可以知其用意之厚矣。

愿足下自处，务从谦抑。凡事关利害，宜直披情愫，虚心商榷而行。勿定执己见，勿心口异同，与人争体面，讲闲气。南北军情，务须调适，法行一概，勿得偏重。凡浮蠹冗食之人，悉宜除汰，畜之无用，徒招物议。其处置属夷一节，不可视为细事。务宜恩威互用，使之知畏且怀，为我外藩可也。边疆事重，孤虽去，不敢须臾少忘。顷奉上谕，凡机密重务，许以不时奏闻。阃外之事，部署已定，幸足下倍加审慎，勿以孤之暂去，而遂易虑也。

途中仍行奔丧礼，不见宾客，不敢烦劳旌节。鸟铳、箭手，矫健者用五六人，键佩不必相随矣。往回途中，亦不差人迎送。幸惟体谅。

答司空李义河

别后，十九日至邯郸，七日之间，行千有余里。虽星言夙驾，驰骛风尘，然心以得归为快，殊不知劳。唯犬马瞻恋阙庭之念，则不能顷刻忘耳。

即日会会湖亲家于官舍，款语移时，殊惬阔怀。但匆匆遂别，终未罄所欲言也。计来月初间，可抵敝庐。盛使回，草草附此，以报向往。

答周王

孤窃慕休声久矣，兹以得请归葬，道出淇澳，遥望清光，益深悬仰。荷辱睿情，差官远迓，兼赐珍贶，感戢之衷，言不能悉。

念孤此行，衔哀奔赴，一切奠馈，毫不敢受。以睿情深重，又不敢例辞，谨拜珍食嘉菓，余辄璧诸使者。匆匆附叩，容还朝之日专启修谢也。

答本兵方金湖言边功宜详核

辽左之功，信为奇特。伏奉圣谕俯询，谨具奏如别揭。

但细观塘报，前项虏人有得罪土蛮，欲过河东住牧等语。虽其言未可尽信，然据报，彼既拥七八百骑，诈谋入犯，必有准备；我偏师一出，即望风奔溃，骈首就戮，曾未见有抗螳臂以当车辙者。其所获牛羊等项，殆类住牧家当，与入犯形势不同。此中情状，大有可疑。或实投奔之虏，边将疑其有诈，不加详审，遂从而歼之耳。今奉圣谕特奖，势固难已。但功罪赏罚，劝惩所系，万所获非入犯之人，而冒得厚赏，将开边将要功之隙，阻外夷向化之心。其所关系，非细故也。

且李成梁节被宠赉，已不为薄。异时边将以功荫子未有世袭者，而渠每荫必世，又皆三品以上大官，今再欲加厚，惟有封爵耳。祖宗旧例，武臣必身临行阵，斩将搴旗，以功中率乃得封。今据所报，彼固未尝领兵当敌，如往者战平虏、擒王杲也。昔唯赏荫，今乃加封，厚薄亦非其伦也。

孤待罪政府，十年之间，措画该镇颇殚心力。今奉温纶谬奖，亦岂不欲掠此勋阀以为光宠？但其中实有未安于心者，故不敢不披其愚。望公虚心再审，务求至当，以服人心。若果无可疑，则功懋懋赏，国家自有彝典，孤何敢强置一喙哉！统维鉴裁。

居庐答豫所凤盘乾庵瑶泉四相公

比者，蒙恩赐假，蚤夜遄征，以月之四日抵舍。十六日，幸克襄事，乌鸟微情于是少遂。仰荷鼎力维持，获如初愿。行时辱厚情种种，顷兵部差官至，又承遣奠优渥，存殁均被，衔结未伸，中心藏之而已。

老母入春多病，忽见游子归来，郁怀顿解，强起加餐。然欲如严旨，以五月中旬扶舆趋命，则未能也。不得已，再乞宽限，语具别揭中。更烦台重，于面对时曲为一请，庶获鄙愿，惟公垂念焉。情事卒卒，不悉欲陈，统惟鉴亮。

答枢辅张容斋

比者，蒙恩赐假归葬，蚤夜遄征，以月之四日抵敝里。十六日，奉先人柩归窆，幸克襄事。仰赖鼎力维持，获遂初愿。行时又承远送，厚情种种，言不能谢，中心藏之而已。

老母入春多病，忽见孤归，郁怀顿解，强起加餐。即欲遵旨，力疾就道，长途暑月，远涉未能。不得已，再乞宽假，俟秋凉同发，仰赖台重，于圣母、皇上前一达微情。倘蒙俞允，俾得遂迎养之愿。孤一心奉公，死无憾矣。赍奏人去，草草附谢，不悉欲言。

答松谷陈相公

去岁长公至，辱翰贶，时正闻先人之讣，痛苦拂郁，未能修谢。比得请归葬，抵舍，又辱遣奠赐慰，哀感之衷，匪言所悉，中心藏之而已。

不肖自罹大故，求归未得，含荼茹毒，蒙垢忍辱，须发皤然，已具足老状矣。兹幸圣慈见怜，特允归葬，终天之恨始得少逞焉。前于文华辞别主上，洒泣哽噎，再三谕嘱将母速来，今亦不敢再乞终制。独以老母多病，暑月未能远涉，不得已，复请宽限。如小获允，则不肖当先行趋命，留老母俟秋凉徐行耳。

承垂念惓惓，使旋，草草附谢，并告向往。别具粗帛，从俗礼也。余容专启。

答宪长周友山

孤之此行，本属初意。今荷圣慈特允，获遂夙心，所谓求仁而得仁也，他何知焉。

兹奉翰示，"恋之一字，纯臣所不辞。今世人臣，名位一极，便各自好自保，以固享用"。至哉斯言！学者于此，能确然自信，服行勿失，便可为天地立心，为生民立命，为万世开太平，非谫见谫闻所可窥也。佛氏立位圣果，以十信为初地，直至超登果位，不过圆满起初一信字。愿执事于此，自信而已。

答甘肃巡抚董石坡

不肖孤得旨南归，以四月四日抵舍，十六日幸克襄事。

先后奉华翰四函，公所经略，咸尽事理。但俺酋此行，非其本意。前在宣大，奉约束甚谨，不肖每有戒谕，未尝不斤斤听从，即今西行，亦必无扰。若其部众或有不戢者，但以鄙意传示之，无足虞也。

答应天巡抚胡雅斋言内府清汰铺垫

不肖以六月望日抵阙下，仰荷主上隆礼殊恩，捐糜不足言报。忝在知己，辄以奉闻。

辱示三府解布事，具悉。布之精粗，不在斤两轻重，何必取足于三斤耶？先呈样布，具题请印，事理极当。但起解时须官为亲验，毋容奸徒揽解侵渔，则弊孔自除。况近日内库诸阇，皆已清汰；库夫积猾，皆已枷毙。诸铺垫等费，率省十三，奸人亦难尽以借口矣。

答河道巡抚潘印川计淮黄开塞策

前在途中，得治河大议。比至都，司空言此大事宜速请旨，以便举事。此时初至，酬应匆匆，未及广询；且意公议已审，不宜更作异同，以挠大计，遂一一覆允。乃近日得一相知书，论河上事，如高家堰之当筑，河、淮之当合，皆略与大疏同。惟言崔镇口不宜塞，遥堤未易成，则不肖亦不能无疑焉。

夫避下而趋虚者，水之性也。闻河身已高，势若建瓴。今欲以数丈之堤束之，万一有蚁穴之漏，数寸之瑕，一处溃决，则数百里之堤皆属无用，所谓攻瑕则坚者瑕矣，此其可虑者一也。异时河强淮弱，故淮避而溢于高、宝，决于黄浦。自崔镇决后，河势少杀，淮乃得以安流，高家堰乃可修筑。今老河之议既寝，崔镇又欲议塞，将恐河势复强，直冲淮口，天妃闸以南，复有横决之患，而高堰亦终不可保，此其可虑者二也。

前傅后川在河上与吴自湖议，大相矛盾。今在事诸君，多主傅议而非吴言。然天下之事，唯其当而已矣，必此之是而彼之非乎？不肖有此二端，不得于心，谨此奉闻，幸虚心详议见教。果皆无足虑，言者云云，皆无足采，则坚执前议可也。若将来之患未可逆睹，捐此八十万之费而无益于利害之数，则及今亦宜慎图之。如嫌于自变其说，但密以见教，俟台谏建言可也。遄望留神，以便措画。

答宪长林碧潭

辱华翰，深荷雅情。承教河上事宜，捧读再四，敬服经济宏猷。崔镇骤塞，他日必有二水交斗之患，即高堰虽筑，恐亦不久。昨已密书印川公，令其再加详议，图唯永终。然不敢谓其言出于公也。

答宪使张周田

苏、松要地，特借重望，非以资进者也。荣代后，幸即赴任，过家不必淹留。际此清时，惟懋树勋庸，以需大畀，实所望也。

答潘印川

前奉书，以河事请问。辱翰示，条析事理，明白洞悉，鄙心乃无所惑。然筹划固贵预定，兴作当有次第。今竢潦落之时，且急筑高堰，以拯淮、扬之溺。徐观淮流入海之势，乃议塞崔镇。至于萧县以北，上流之工，又当竢河、淮安流，乃可举事。盖此大役，不独措理经费之难，且兴动大众，频年不解，其中亦有隐忧。元季之事，可为大鉴。

今之进言者，喜生事而无远图，又每持此以归咎庙堂，坐视民患，不为拯救，不知当轴者之苦心深虑也。百凡幸惟慎重审处，以副鄙愿。

答宪长张敬斋

春间，保安贼杀人于道，据差人亲见，横尸路隅，此时据报有两处。今该道再三查审，止称一处。或差人妄报未的耶？御人于货，与库藏被劫有间。但隐匿不报，则违近日明旨，其罪有难辞者。

安大参刚毅廉正，昨孤已开送铨部，可备巡抚之选，此一事岂足累之。但系该道信地，恐难逭责，唯参语宜从轻耳。承询及，敢尽区区，幸惟裁择。

答宣大巡抚吴环洲

辱华翰，领悉。近日蓟镇报，长昂、董忽力阻截各部贡马，要求增赏。此必混同西虏，易马上穀，已获重利，故不乐就喜峰之贡也。如此，宣府市马，安得不多？将来东虏，既不许贡，则宣府市马，必当有处。不然，恐难独支也。

又报，青酋与土蛮结谋入犯，亦属虚妄。月初，青酋尚在宣府为市，何尝东行？比得大疏，言此酋市毕，将西赴俺答，众疑始释。方金湖公于东偏事，不甚谙习。昨闻蓟众，即欲称兵讨罪，孤亟止之，言此事不足烦大兵，可以计取也。故拟旨付彼中督抚处置。盖此等事，大有关系，着数须是宽松，乃有转身地，太紧则难于收拾矣。

青酋若有西行的信，望即示知。俺答部中，近有人回否？

答蓟辽总督梁鸣泉计处市马

辱华翰，并别楮云云，俱悉。长昂事，前奉书未至，适蒙翰示，不知近已得要领否？

二酋作祟非一日，然其诸部仰给于我久矣，岂肯舍其厚利而从彼为逆乎？顷所以能惑之者，以彼近于宣府，杂在青酋部中，市马获厚利，颇为餍饱。必诳其众曰："贡马一也，何为东西市价悬殊？我等今年且不贡，求加添赏赐。若不加赏，待土蛮、青酋纠众入犯，我等为之向导。纵是蓟镇绝了抚赏，我等自去宣府卖马，何赖于蓟耶？"犬羊愚计必出于此，以为朝廷畏之，当曲从其请耳。然彼诸部，久縻豢养，今虽暂为所劫，终亦不能背。

为公计者，当先之以文告，晓谕诸部，言："为逆者独彼二人，汝等素受国恩，岂可一旦从彼作歹，自失厚利？今朝廷闻汝等不贡，将绝其抚赏，举兵加诛。"又行文宣府："此后西虏入市，须一一盘诘，不许夹带土蛮及属夷人。若访有长昂、董忽力在彼，即便缚来。蓟镇连年筑台练兵，正无试处。辽东人马，不过十余万，犹能将土蛮杀得七残八败；况我蓟镇，雄兵有三十万，车骑连云，火器如山，土蛮入犯，却是送死。我先将土蛮杀败了，然后将汝等属夷头目尽行诛戮；追了敕书，尽行驱逐出塞，那时汝等悔之无及。"彼中闻此言，未有不惧者。然后计图二酋，或潜兵掩取，或重赏以购致之，无难也。若二酋能悔祸服罪，自致塞下，亦可待以不死，不必深治矣。

昨本兵覆奏，颇涉张皇，故拟旨从公等处置。此在公与戚帅密图之而已。

答棘卿刘小鲁言止创山胜事

不肖孤还朝后，三奉翰教，厚情缱绻，中心藏之。老母舟行，仗庇粗安，已过洪入闸，计九月初可到矣。辱垂念，感谢。

承示买田玉泉事，初发此念，为他日归来，往来寻胜驻足地耳。今身羁尘鞅，归期未卜。即便得归，亦不过芒鞋竹杖，与闲云野鹤徜徉于烟霞水石间，何至买山结庐，为深公所笑耶？当阳厚意，愧不敢当。据其图样，结构不小，费当不下千金，一县岂能办？渠必申请上司。按抚诸公闻之，亦必动支公帑，纷纷多事，徒增烦扰。且孤近日严禁各处创造书院，聚徒冗食。乃身犯之，何以率人？烦为谢胡令，亟为停止，庶于鄙心为安也。承教，直吐其愚，幸惟垂谅。

答总兵戚南塘

承令弟厚意，所寄锦帐，祗领用为母寿，余辄璧诸来使，再此申谢。外寄督府梁公书稿奉览，以便审画。

答吴道南

自去岁罹先人之变，海内相知无不为孤痛恻者。自于门下投分不浅，乃竟无一字，以为必相忘矣。兹奉手书，乃知其故，复以自解。

往公在边，晋人结恨甚深。而蒲州相公乃独鉴奖，谓公临别时曾投书与之，具有经济之略，深加叹服。此亦公论之不能泯也。倘未即忘世，宜乘时鹊起，以懋建勋庸。《奏对稿》略载近事，便附一览，诸惟鉴存。

答应天巡抚

毛二守被劾甚重，上览之，发下重拟。孤即对言："若所劾果实，诚宜重处，但恐有枉耳。"及出见太宰云："所劾虚实，固未可知。然其人素亦不满于公论，遂从提究。"

顷奉华翰，不胜恨恨。会崔道长人去，即为之申理。渠若肯虚心，不执初见，自为昭雪，甚善。不然，姑且置之，以俟后人可也。今后凡任事任怨之人，宜预将护，俾得展布。待其被劾而后拯之，则无及矣。

答陕西学道李翼轩

前承疏揭，已属之礼曹覆行。会宗伯与仪司俱初任，部务丛集，未能排擘，遂淹至冬初，乃得题覆。

顷亦闻关中人以执事为太严者，然不如是，不足以见执事之能以师道自任也。幸益坚雅志，以副所期。

答两广刘凝斋

顷林贼复回广东，彼中无素备，其文武将吏又皆庸驽，竟令纵洋而去，殊可恨也。以公昔在闽中，当留意于此。而闽人又皆乐为公用，故特借重一行。且广中吏治偷窳，近稍稍振刷，而积习未瘳，望公之留意也。然以公重望，乃不引置于廊庙，而复令徊翔于远徼，区区又有蔽贤之咎矣。

答三边总督郜文川

承华翰，知已入关视事，欣慰。虏酋西行，坚守约束。西镇所以抚处之者，亦中机宜，此边围之福也。

顷已托宣大军门，谕彼早回。渠方窘困，闻孤之言，欣然奉命。此酋归后，西镇安枕无事矣。

答宪长周友山明讲学

承华翰，及公移一通，俱见公学问得力处，所谓实际也。敬服！

今人妄谓孤不喜讲学者，实为大诬。孤今所以上佐明主者，何有一语一事背于尧、舜、周、孔之道？但孤所为，皆欲身体力行，以是虚谈者无容耳。

顷借楚侗开府闽中，亦欲验其学之分际，不知能副所期否？

答甘肃巡抚侯掖川

庽王乞番僧追贡事，已属本兵议处。渠既系乌思藏一种，自难却谢，但止可照西番阐化诸王例，若欲如北庽贡马，则不可许也。

顺义前在宣大，亦曾馈孤以马匹弓矢，彼时止托督抚诸公以书谢之，量与回答。盖孤职在密迩，义不得与外夷相通。今承寄渠书，亦如宣大例，烦公为孤作一书答之。中间略说渠西行劳苦，既得见佛，宜遵守其训，学好戒杀，竭忠尽力，为朝廷谨守疆场，享寿考太平之福；不宜听后生妄为，自生苦恼。

所言番人追贡事，此种僧人，久失朝贡，本当绝之。兹因渠之请乞，特为允许，但止可照西番例，从陕西入贡。若欲如庽王诸部落贡马等项，则不可也。明春可即回巢住牧。自渠行后，西边部落俱兢兢奉法。惟青把都一种稍觉参差，以是渠宜早回，约束诸部，坚守约束，以终前功，亦不辜区区数年怀柔抚绥之意也。

渠每年赏赐缎匹等物，内库俱一一送与孤看过，然后发行，渠安得知之？书中亦可略及此意外，仍希处蟒衣二匹，纻丝二匹，茶百斤，米面下程一分，以犒劳之，见渠书已到也。有便，乞将寄去书稿，并索渠收过礼物回文见教。余匆匆不悉。

答司空雷古和叙知己

不肖昔于门下，有忘年之契。今遇英主御极，正宜简求耆硕，共佐升平。而翁乃顿迹烟霞，高谢轩冕，俾经纶终卷，膏泽自腴，皆不肖蔽贤之咎也。惶愧，惶愧！

不肖猥以浅薄，谬膺重任。窃见嘉、隆以来，纪纲颓坠，法度陵夷，骎骎宋、元之弊。辄自以亲承顾命之重，幸逢英明之主，不揣绵力，欲一举而振之。乃以此致恨于群小，流言不啻于三至矣。然礼义之不愆，何恤于人言？圣贤之学，有举世不见知而无悔者，况高明超旷如翁者犹有取焉。则虽不见知于世，同无闷也。

两承翰教，深荷雅情。贤郎端雅有志，器堪大受，当为翁有子贺。人便，草草附谢，并布腹心。

答南司成许海岳

南中士习，偷窳久矣。往屠公锐意振刷，虽若少骤，然其意未为不善。公承其后，补苴润色，加以素望先声，自有不动而变者。事干典制，或须题请，其余则皆司成所得专者。惟在饬躬端范，积久以格之耳。

辱华翰垂问，深荷雅情，别楮云云，深合鄙意。盖忠臣虽在遐远，不忘惓惓之义也。敬服，敬服。

答宣大巡抚吴环洲

辱示边情，一一领悉。虏酋自诸部而西，此其意诚不可测。但土蛮与之睽离已久，一旦举十万之众与之同往，彼以何道而能驱使之耶？若果有此，必青酋所为，然亦未必能办十万也。此酋近日情状可恶，仍宜严切谕之。孤窃料顺义此行，纵有诸部之助，亦必取败。夷狄相攻，在我为利；但不如劝彼回巢，维持贡市，更为完善也。

长昂事，尊谕谓处之不可苛责太过以激变，尤不宜招来太早以起玩，公策之甚善。前嘱示意彼中督、抚，但广布文告以携其党，而勿遽尔称兵，以致不可收拾。严为之备，徐观其势而处之。犬羊嗜利畏威，终当入笠。鸣泉公亦有方略者，谅不致损威起侮也。承教，当再为嘱之。

答王鉴川

别来一岁中，奔命驱驰，忧瘁万状。重蒙圣主垂念乌鸟私情。老母入京，又荷两宫圣母慰问勤倦，赐赉优渥。夫士感知己之分，一饭之恩，犹欲以死酬报，况如不肖者，将何以仰答圣恩于万一乎！自是当永肩一心，矢死靡他。虽举世非我，亦有所不暇顾矣。

辱华翰，深荷垂念。厚惠概不敢领，辄璧诸使者，草草附谢。别具《奏对稿》一部，颇具近事本末，附尘览。

答边镇督抚

向者南归，奉圣谕，辽东大捷，命孤议拟恩赏。比时心切疑之，曾以请教，随具一密疏入告。及孤入朝，则业已处分矣。近得安道长一书，据其所访，则与小疏一一符合，何当事诸公之不审处，一至于此也！今大赉已行，固难追论，但赏罚劝惩所系，乖谬如此，殊为可恨。谨录疏稿及安君书奉览，幸惟秘存。

答少宰杨二山

远辱华翰，奖许过情，无任感荷。夫圣人之行，或远或近，或去或不去，归洁其身而已。不肖身当重任，谊不得不弃家以为国，忘身而徇主。悠悠之谈，岂遑顾恤！但所自信者，耿耿丹衷，实无一毫自利之心也。恃在知己，敢一吐其愚。

答三边总督郜文川

顷者三承华翰，深荷雅情。外甘肃陈总兵忽馈我以厚礼，无因至前，殊为可讶。但彼以问遗老母为辞，不忍麾拒，但婉辞以却之，未与回答，然恐鳞翼或有差池也。且闻彼于他处，皆有厚馈，往年钻刺之风，殆将复作，借重一戒谕之。今朝廷圣明，功罪赏罚，一秉至公，营求打点，皆为无用。惟竭忠尽力，以图报称可也。

人旋，草草附此。谨将原帖奉览，幸惟鉴存。

答辽东周巡抚

李帅用奇出捣，使贼狼狈而返，乃孙膑走大梁之计。比前长定之捷，杀降以要功者不侔矣。功懋懋赏，国家自有彝典。诸公运筹决胜，功岂容泯？少选，当请旨加恩，不敢蔽也。

但李帅去年曾馈我以厚礼，虽当即谢却，然恐鳞翼或有差池。且不肖于渠，奖提爱护，意固不为不厚，然以为国家，非敢有所一毫市德望报之心也。渠诚以国士自待，唯当殚忠竭力以报国家，即所以酬知己，不在礼文交际之间也。渠不知鄙意，以为有所疏外。会间，幸一譬晓之，以安其心，坚其志。便中草草。

答滇中王巡抚

比叠奉翰贶，皆已具复，兹不敢赘。外沐总兵前屡次书来，俱有厚馈。其人见孤门巷阒寂，竟不敢投入，然亦不索报书。窃恐为差人所没，会间，借重一谢之，并道所以。万万。

答两广刘凝斋

窃闻志士不违时而赴功，忠臣不择地而求效。顷者，借重粤中，实以远地为歉。兹奉华翰，欣然以王忠肃诸公自期待，此忠臣智士所以乘时而自奋者也。以公宏抱，其所建立，王、马诸公岂足方驾哉？浣慰，浣慰。

辱示诸疏，尤极仰服。夫捕盗之令，布之天下，非不申熟也，而惟江右奉行之不后。江右司道奉公之令，非不申熟也，而惟二道举行之有效。以此见，法无常良，行之在人耳。公今治粤，亦岂有异道哉？任人责实，信赏必罚而已。

答辽东安巡按

去岁承示长定事，鄙意以其事已成，可置勿论矣。不意该科又有此疏，已奉旨并勘。今惟当据实分别真伪，以俟宸断。量其虚实大小，以为予夺厚薄。明主悬衡鉴以裁照，决不致有枉抑也。辱示事情，一一领悉。去岁之事，不榖到京闻人言啧啧，不独执事言之。今虽欲曲隐，而人之耳目可尽涂乎？

近日彼中督、抚书来，又言执事云，见不榖《奏对稿》中有投降等语，不敢具核册，须使人密探而后行者。此必执事畏诸人之怨恨而托之不榖以自解也。然执事有纠察之责，为朝廷明功罪，慎赏罚，何嫌何畏！惟当核实，作速勘明，则公论自昭，人心自定矣。究竟此事，养善之捷。李帅之功，揭诸日月，懋赏重赉，不待言矣。长定即全属虚妄，朝廷亦必以功疑宥之，不加深治，诸公胡为哓哓如是耶？此后密帖，手书为便，字之工拙不计也。

答两广刘凝斋条经略海寇四事

伻来，知已荣代，入粤有期，欣慰。别具广事数件，以公雄略，固所优为，然不肖有四方之虑，不敢不丁宁于下执事也。仰惟鉴存。

一、广中防御山盗，闻已略备，惟海防甚疏。昨林道乾以丧败群寇，倏泊河渡，使该道有人，武备稍预，缚而致之易耳。乃竟无一兵一船，使之从容扬帆而去，可恨，可恨！今亡羊而补牢亦未晚也。

一、林贼前已入彀，以闽、广两处购之，彼此争功，遂致败谋。而闽人去者皆被荼毒，殊为可恨。顷已将此事密付之呼帅。公旧在闽中，首事呼帅，又意所推彀者，必为效死。今仍宜付之密图，在广人唯当多方设备，张罗以待鸟而已。

一、南澳设将，本公昔所建白，乃近多言不便者。此必广人惮于远戍，又苦闽中牵制耳。然论事势，守堂奥者必于门外，据险扼要，乃为得策。此地实海中要害，昨林道乾一来，径泊海岸，使此地兵将有备，渠敢越乎？公虚心审计，果于防守有益，幸为之规画久远，措处兵食，使人有乐居之意，则不强之而自从。倘无大关系，则亦不嫌于前后异议也。

一、广中数年多盗，非民之好乱，本于吏治不清，贪官为害耳。夫官贪，则良民不怀，奸民不畏，而盗贼利足以啖之，威足以慑之，何惮而不为盗！今朝廷法纪稍振，贪风稍戢，盗亦渐少，然习未尽变也。最可患者，与闽接壤，彼中人洁廉者少，又党与众盛，朋比为奸，法令难行，不得不借惠文冠弹治。故今日治广，武备固当振饬，然节财用，察吏治，安民生，乃其要者也。幸惟留神。

答郑藩伯

孤之推彀执事，非有平生之素、左右之容也。实本一念好贤之真，有不自知其所以然者。不意别后，执事遂横罹口语，铩羽卑栖，使孤爱护虽殷，力无所及。歉甚，歉甚。虽然，此损益进退之关，不可忽也。

辱华翰，谓勉修三事，除其近名近利之心，此语最为切实。孤窃窥执事近利之心，固知必无；近名之念，似未尽克。然此念不除，虽苦心白首，毕竟但成一闻人，不能为圣贤。佛氏所谓到老只得一把茅盖头。若今之谈学者则利而已矣，乌足道哉！

卷二十四　书牍十一

答南列卿陈我度

比闻公不乐南行，谓孤听谮言，有所疏外于执事者，此过疑也。孤虽不肖，其于人之贤否，略窥一斑。内不敢任爱憎之私，外不轻信毁誉之说。自当事以来，鉴前人之失，首陈皇极之论，以开悟上心，消弭偏党。与士大夫相接，公言之外，不交一语。虽有谮言，何自而入？

且昔者起公于林下，诚独任鄙见，非有左右之容也。向不因人誉而推毂于岑寂之时，今乃因人毁而阻抑于显拔之后，揆之事理，殆不其然。敢布腹心，幸惟俯谅。天衢广阔，鸿渐之仪，岂有量哉！

答操江胡玉吾

承示任犯之狱，不胜骇异！诈传诏旨，律有明条。彼自罹于辟，谁得而贷之！但详其伪疏之意，不过以海君为世望人，故托之以阴鼓异类，窥窃虚名，而不自知先陷于大辟之罪。所谓喷血以自污，求名而不得，可恶也，亦可哀也。

近年以来，人心不正，邪说横行。包藏祸心，欲伤善害正者何限，特斯人不幸而败露耳。大疏一上，主上必且震怒，根求党与，其所芟除，将恐不止斯人。虽群小自作之孽，无所归咎，然于宇宙太和之气，得无少损乎！

吾闻国君不仇匹夫，虮虱之流，杀之不武。公若不以告我，死生惟命，不敢与闻。今既已知之，则愿以解网之仁，乞之于左右。大疏特令差人停进，唯高明裁之。

答贵州巡抚何莱山

藏僧求贡事，诚制驭虏酋之一机。承示，即入告主上，已荷俞允。其回赐诸物，皆命内库送不榖阅过乃发。圣德柔远之仁，可谓并包无外矣。

阐化求封一节，礼部谓彼中见有阐化王，嘉、隆间皆曾入贡，与复封之说相左。恐有诈冒，不得不一行查。可遣使同顺义一人至藏中一查之，当得其要领也。其所遗不榖者，虽不可峻拒，宜奏知圣主而后受之。托掖川公量为酬答，以慰其意。仍希以鄙意传喻顺义，促之早归。建寺一节，似亦可从，俟宣大军门有疏，即为请行。此酋归，则贡市愈坚，而西镇可安枕矣。若将宾兔一枝携之来归尤妙，不知彼肯从否？

又

俟掖川公处置番虏，咸中机宜，边方重赖。况今俺酋在西，一切抚慰经略，非此公不可。但昨以子驰驿事，被累革荫。主上方留心驿传，法在必行，谴罚不贷。恐渠自怀疑畏，或于展布有妨，望公以善慰之。小眚不足病大美。俟有机会时，仍当复其录荫，决不令久抑也。敢布腹心。

答甘肃巡抚侯掖川

答藏僧锁南坚参遍金纻丝二端、云纻丝二端，此外仍加茶百斤及细布等物。或再欲从厚，则加一数念珠子。去人不便多赉，烦即于抚赏银内处给，可入查盘也。仍乞代为传示，谢其远意。

通贡一节，已奏知主上俞允。今且先授禅师之号，后若化虏有功，次第加进，决不吝惜。此后中华番虏合为一家，永享太平，垂名万世矣。其顺义先已传谕，今不审当再谕否？望公以便宜行之。如欲遗以食物，亦即抚赏内处给亦可。

又

叠辱翰示，处置番虏机宜，具见雄略。重镇得人，朝廷可谊西顾之忧也，在鄙心允切敬仰。

比者，主上方加意驿传，而怪有司之不奉法。适会有纠举之疏，遂触上怒。不肖虽极力调停，犹不免有近日处分。然此乃公差遣不得人，非贤郎之过。且公在镇功劳，自当勒之旂常，一眚不足相掩也。俟后有机会，仍当为公光复荫典。恐执事者不达朝廷所以重令之意，而过为疑畏，或于展布有妨，故道其本末如此。肝胆之要，唯公谅原。

答宣大巡抚吴环洲

虏酋既失利于西，势必归巢。今欲建寺迎藏僧来，盖藉此以掩其败也。归之迟速，亦任彼意，不必加意促之，使得借以为重。

答豫所吕相公

伏承华翰，知台从已返仙里。仕宦而至将相，衣锦而归故乡，古人所羡，岂易觏哉！

数年共事政府，荷道谊同心之雅。以不肖之浅薄，所以能竭驽策蹇效忠于国家者，非公其孰能成之？功在天下，而人不知，斯可谓至德也已矣。

别来倏忽改岁。遐想高踪，既深叹挹；追惟夙谊，复怆离襟。使旋，附候。厚惠不敢当，辄以璧诸使者，统惟鉴原。

答南司成许海岳

辱华翰，领悉。方今急务，惟在正人心，明学术，使人知尊君亲上之义。若其科条规画，可因者因之，不必屑屑苛扰也。胄监钱粮，原不入查盘，此中亦未有疏，似在可已。

答河道潘印川

去岁积雪凝寒，发春未改，窃以为忧。高堰、黄浦，工恐难就。兹奉教，知大患已除，两工底绩；遥堤、湖堤，次第将竣，真为之喜而不寐。公平成之绩，宁独一时赖之乎！仰甚。

流移初复，理宜优恤，大疏即属所司议覆。旧逋悉行蠲免，但七年以后，须再加查勘，乃可定议。据所开被患州县，未必皆同，施恩自当有等。即一县之中，恐亦难以例论也。被患甚者，虽蠲三年不为多；否则，即一二年不为少。若地处高阜，水患未及者，又当照旧征输，难以概从蠲免。高明酌之。今且宜大播告言，宣示德意。俾复粪之人，知朝廷保民，真如赤子，坚其旋定安集之心也。

答楚按院郭龙渠

承示鼓铸事，仰见导利足民之意。铸行新钱，有碍旧钱，此在原行钱地方有之。若敝府则事在创始，民间惟以得钱为便，无择于新旧也。

缉获妖犯，解赴贵州审质，诚便。但彼中渠魁已决，无与质证，独卷案存耳，恐亦无以明正其罪也。

杨仲魁即曾光之说，似未必然。且彼既认传书一事，则亦知情藏隐之人，不必论其妖书之有无也。若今日即以为曾光而诛之，万一后获真犯，何以归罪？惟公慎之。

答福建巡抚耿楚侗言治术

道从入闽，两奉翰教，深悉远情。闽素称难治，赖刘、庞二公先后经理，其俗稍易，然犹未能翕然丕变也。殷之顽民，更三后而后理。闽俗之变，惟凝斋克慎厥始，惺庵克和厥中。来谕，求二公行之已试而尽美者修饰之，其行之虽善而未尽美者调润之。斯公之所以克成厥终也。

人物品流，亦无定论，惟在试之而责其成功。毋徇虚名，毋求高调，则行能别矣。韩信驱市人而用之，卒以成功。赏罚明，信任当其才也。猥辱俯询，敢献狂瞽，唯高明采焉。

答楚学道金省吾

承华翰，领悉。分道带管，原以道里辽远，难于岁历，故采言官之议。比照陕西、宣、大事例，分管责成。且近来干进者，往往借口督学不岁考，以致儒童上进无阶。今割远方十一，以省涉历之劳，得以从容校阅，干进者无以借口。所割郡县，又皆人才稀少之地。窃谓于贵道事权，原未损也。

承示兼管事宜，有部议未悉者，呈详两院题请议行。公若自奏，恐生彼此之嫌。

答棘卿刘小鲁

徂冬及春，两奉翰教，极荷不忘。承以太翁太君隧铭见委。自遭先人之变，公私偬卒，苦情郁抱，公所深悯。坐是久稽严命，谅不重谴也。兹者小间，且渐近禫除，将寻楮公管子而从事焉。使者先归，期以夏间呈览。

老母去冬小苦，旋仗平复。入春眠食比旧差健。辱垂问，兼承尊夫人厚贶，深荷雅情。唯惠不肖者则不敢当，辄以璧诸使者，统惟鉴原。

答甘肃巡抚侯掖川

藏僧通贡、授官、给赏事，前启已悉。僧衣、图书等项，俱付差人赍上矣。

俺酋折北于西伐，从此能卷锐以俟再举，策之上也。乃逞忿报复，以致部众离心，势穷力蹙，必致一败涂地而后已，此天将亡虏之征也。

请和西番，断不可许。回巢建寺一节，亦止可量助物料，工完，赐以名额。岂有堂堂天朝，特为建寺而劝之回巢者乎？凡此皆挟中国以为重，而示威于瓦剌，不可从也。自今劝令回巢之言，亦不必太急。彼既丧败，势不得归，然亦必归。今在西海，不免为贵镇扰，公且耐烦处之。抚赏费用，已属本兵议处，谅彼亦自不能久也。

答浙江巡抚言驭将

前有人言执事日饮不事事者，故急以奉闻。其书乃不縠手笔，何久不至耶？将鳞翼或有差池耶？幸惟查照。

朝廷体统纪纲，文武共守。浙中总兵，不以主将自居，参将不执偏裨之礼。如此而谓之沿习旧套，不縠不敢以为然也。假令两司官于抚按不以为统率，抚按肯相安耶？近来将官卑靡已甚，祖宗之制，恐不如此。当事者但乐其柔和，为将者亦竞为趋承。一有风尘之警，谁则当之？此国家之忧也！执事高明，当有味于愚言。

答宣大王巡抚

前承教，用过马价，已厉所司如数开除。

两辱翰示，虏势披离如此，诚中国之利。但犬羊之性，不羞困辱，强则枭然，弱则屈服，虽身为奴隶而不耻。顺义既失利于西，部众散叛。青酋失恃，不足以支土蛮之强。今虽遭衅，终当为之臣虏。土蛮若以势驱之，胁以夹带马，彼必不能违也。

鄙意谓今岁市，在我仍宜示之以强，不可曲徇其情。旧额之外，一马不增。如违即闭关谢之，走告俺酋，责以违约。彼既败衄，方归命于我，必能约属青酋，受吾羁络。如此而后贡市可久。不然东虏方强，青酋不支，他日之祸，且中于上谷矣。唯高明裁之。

答河道潘印川论河道就功

比闻黄浦已塞，堤工渐竣。自南来者，皆极称工坚费省。数年沮洳，一旦膏壤，公之功不在禹下矣。仰睇南云，曷胜欣跃。

追忆庀事之初，言者蜂起。妒功幸败者，旁摇阴煽，盖不啻筑室道谋而已。仰赖圣明英断，俯纳瞽言。一举而裁河道，使事权不分；再举而逮王、扬，使冥顽褫魄；三举而诎林道之妄言，仆异议之赤帜，使无稽之徒，无所关其说。然后公得以展其宏猷，底于成绩，皆主上明断、属任忠贤之所致也。公乃举而归之不穀之功，惶愧。

河道举劾疏，例不可少，已下部覆行。

答吴环洲

前上谷王公侦报虏情，言青酋为土蛮所掠，势益衰弱。今岁市马，必不逾额。不穀即复书言：犬羊之性，惟论强弱，不羞卑辱。强则枭然，弱则屈服，虽身为奴隶而不耻。今顺义既失利于西，青酋失势，土蛮以力驱之，彼必不敢不从。则上榖之忧方始，未可遂为安枕也。

今闻青酋果卑词厚礼，以求解于土蛮。此辈庸驽，安能自立？将来反覆，其情叵测，须顺义归而约束之。故今日之势，仍当怀来顺义以制土酋，未可因其丧败而遂弃之也。

答总宪吴近溪

辱华翰，知台从已履任视事，欣慰。近来海上多妄报汛警，冒功要赏，将来或生他衅。不肖深以为虑，故前拟旨戒谕。兹奉来教，已洞见其弊矣。

赏罚明当，乃足劝惩，未有无功幸赏而可以鼓舞人心者。此皆将官欺罔之言，不足信也。近日辽左虚冒功级，虽督抚大将已降之恩，皆追夺，况此辈乎？

答边镇张巡抚

长昂近不得贡，必乘我撤防之时，踵其故习，诱执边人，要求所欲。据报近实。但谓其有精兵千余，此虚言也。辱示总理布置，已得胜算。然彼觇知有备，亦不敢入，谅已解散矣。

答辽东安巡按

勘疏至，部议殊相左。覆语仍为两可之词，又造为危言以相恐，请给军士半赏，不榖皆未之从。然旧恩方寝，新恩旋降。朝廷于督抚诸君，厚耶？薄耶？

前承手翰，以事未定，故久稽酬答。兹略谢区区，幸惟鉴亮。

答云南巡按刘九泽

所示条约，咸当事理、切时宜，非空言也。敬仰。

李中溪老先生书，祗领。八旬老翁，每书手笔细字，殆非尘寰中人也。

方藩伯清真孤介，平生不求人知，而人鲜有知者。惟不榖引荐之以至于今，诚宜量处，以励有位。近来交际之礼，旷然俱绝，故虽知厚如执事，亦不敢领，惟垂亮之。

答陕西学道李翼轩

顷有人以执事为太严者，然不如是，焉能振颓纲而正士习乎？世俗之所非议，不榖之所深喜也。愿益坚雅操，以副鄙望。

答甘肃侯巡抚

辱华翰，并所示虏情，一一领悉。

老酋丧败之余，不思知难而退，蓄威养锐以俟再举，乃为套虏所误，空国以逞，恣以动众，众心不齐，未有能胜者。此不一败涂地不已也。今惟有早归故巢，抚有东部，乃为上策。一切抚处事宜，知公心力俱竭矣！

答三边总督郜文川

辱示虏情，领悉。东西任彼攻杀，在我惟抚处不失，自治有备，长策无出于此矣。顺义老矣，丧败之余，部众离散，势必不久。此酋死，套虏必当有变。公计它日有当经略者，愿及今图之。

延镇主饷缺乏，实因先年奏报脱误。兹奉教，已属计曹议处。

答两广刘凝斋

承示罗旁善后水寨兵防事，捧读再四，深服宏略。

粤东海防疏懈，诚如尊谕。今宜以造船练兵为急，但行须以渐，多方鼓舞，使人人思奋可也。根本切要，在精察吏治，使百姓平日有乐生之心，则临变而作其敌忾之气。惟高明图之。

答福建巡抚耿楚侗谈王霸之辩

辱华翰，并所梓《纶简汇编》，惓惓以奉行德意、安民生、饬军政为急。仰见公之高明，深达治体，识时务者也。

忆昔仆初入政府，欲举行一二事。吴旺湖与人言曰："吾辈谓张公柄用，当行帝王之道。今观其议论，不过富国强兵而已。殊使人失望。"仆闻而笑曰："旺湖过誉我矣！吾安能使国富兵强哉？"孔子论政，开口便说"足食足兵"，舜命十二牧曰"食哉惟时"，周公《立政》"其克诘尔戎兵"，何尝不欲国之富且强哉？后世学术不明，高谈无实。剽窃仁义，谓之王道；才涉富强，便云霸术。不知王霸之辩、义利之间，在心不在迹，奚必仁义之为王、富强之为霸也？仆自秉政以来，除密勿敷陈、培养冲德外，其播之命令者，尽不外此二事。今已七八年矣，而闾里愁叹之声，尚犹未息；仓卒意外之变，尚或难支，焉在其为富且强哉？公今不以仆为卑陋，而留心于此，诚生民之福也。第须一一核实考成，乃可有效。若徒腾之文告而已，实意且化为虚文矣。何如？

议留入觐正官及澄汰县令二疏，俱属所司覆行。

丈田一事，揆之人情，必云不便。但此中未闻有阻议者；或有之，亦不敢闻于仆之耳。"苟利社稷，死生以之。"仆比来唯守此二言。虽以此蒙垢致怨，而于国家，寔为少裨。愿公之自信，而无畏于浮言也。

答进鲥鲜枢使言进奉骚扰

近年进鲜船只，沿途骚扰，每处索水钱二三十两，夫役至百余名。地方被其毒害，不敢声言，以进鲜事重也。今年有李进者，暴横尤甚，殴死贺御史之仆。此中台谏，皆为不平。有欲言者，生力止之。谨以告之门下。

窃意进鲜重事，固不敢减省，然亦宜裁其虚冒船只，革其附载私物，定以限期，治其违犯之罪。仍选差谨慎小心者，勿令多带积猾棍徒。庶奉使者知警，而地方官民亦戴公之德无穷矣。

近内府诸衙门积弊，赖双林冯公加意厘革，天下蒙福。公若肯留意于此，即冯公不得专美，且树芳名，需大受亦在于此。唯高明图之。

答边镇贾巡抚

近闻顺义已归，七八月可到。又将喇嘛僧尽行杀戮，必忿其败而逞怒于西僧也。老酋举动乃尔，不知的否？幸差人侦实，仍思抚驭之策。

答两广刘凝斋言贼情军情民情

罗旁自擅，不讨之日久矣。往大征之举，擒斩以数万计，不可谓之无功。但此中傜贼不能为害，为害者狼贼耳。傜山而蠢。狼流来无根，黠而好乱。大兵一临，傜先走于狼，即窜穴中，嚓木杪。官兵搜而歼之，无敢抗臂，故所杀者，皆傜贼也。山深菁密，逸刀漏网者，安得尽无？及大兵既退，下令招降，则狼贼又听招而来。或诈作流户，愿受一廛；或托言亡命，惧而归死。有司不察，概行容纳。彼乃啸其徒侣，缮其故巢。又知我防守单弱，大役难再，逞其故态，扰我新民。故今日之为乱者，盖狼贼，非傜贼也。此贼情之大较也。

至于浙、福之兵，皆浮募无籍之徒，利于征剿，惮于防守。征剿则有卤获之利，功成有升赏之荣。而贼众又弱而易攻，非南倭、北虏以血战而得之者。故官兵无不乐于用兵。贼平之后，株守穷荒，升斗之粟不足以糊口；一有失事，罪且不测。故防守之兵，无不利于人之为盗。甚者，身自为贼矣。鸟尽弓藏，兔死犬饥。故诸将士多张大贼势者，亦未可尽以为然也。此军情之大较也。

夫天下未有一举百当，绝无后艰者。譬如芟草，铚铟既过，根芽再萌，惟旋生旋除之耳。嘉、隆之间，广中处处皆盗，议者谓岭表非我版图矣。不榖违众而用殷司徒、凌司马，数年之间，稍觉宁定。然二公承大乱之后，辟除草莱，开通径路，急在除贼救民而已。其中宁无有缺而不备、粗而不精者，今日正赖补苴塞漏以终成其功尔。殷之顽民，以衣冠之旧族，处畿邑之近地，犹世历三纪，人更三哲，而后能变，况蛮荒榛菁之区，猿狄貔貅之类，可责之一旦服吾之教令哉！

甲胄之士喜言征讨，闾阎之间又苦调发。惟公熟计而审图之。五岭以南，尽以付公，不从中制。或以威服，或以德怀，在公必有胜算。敢献瞽言，惟高明择焉。

答南守备许枢使

士大夫宦南中者，称公之贤，如出一口。夫人有贾誉于一时，而渝节于后日者，不诚故也。惟公令闻旁达，久而愈孚，此岂可以声音笑貌伪为之者哉！惟益坚雅志，以副厥终是望。

答河漕姜按院

河工善后，大疏深中事理，即属所司覆行。

张国用，查系三月初间，已属顺天府差长解押发，乃至今尚未到，此必中途贿逃矣。顷已令该府捕长解家属监候。又行逐程挨查，于何处脱逃，务见下落。事系考成，期限已迫。若此时尚未到，执事亦宜上疏自白，请旨缉拿，务令得获正罪，庶足示惩。若已到，则照在京例，尽法处之，不可纵也。

答钱按院

胶莱之议，王宪副原未提请，但以己意经营，已什七成矣。王以忧去，不终其事。后来议者，以为奇功，张大其事，计费以百万。而东人又惮于劳费，故屡议屡阻。今不另设官，不大动众，惟责成巡抚、该道，以终王宪副之功，需以岁月，必可奏绩。但须为抚台者，肯以身任之，事乃可集。若按院不过建议而已，议者一人，行者一人，复为"道谋"耳。

答应天巡抚伸遗论收遗才

宋阳山倜傥高明之士，小节疏略有之，然不如言者所云也。不榖与之同年，最厚。今也蒙垢以殁，殊为怛然！承示欲为具题，此厚道也。公论难泯，谅无人言。

生徒告考遗才，昨部覆科疏，新奉钦依，恐难曲从。窃意诸生不过欲准考耳，如专属提学，容其续考，稍从宽取，勿使有遗，则士子之愿遂矣，何必按院收之而后为当哉！旧时经按院收考，首数名多中式者，故诸生之喧告，有以也，然亦私矣。唯高明裁之。

答云南巡抚

先后手札，示滇中东西夷情，惟因俗以治，斯一言蔽之矣。至谓率循旧抚之政，不必另颁条约，尤见虚襟雅量。此正流俗之所不及，安可谓之无能也。

安素仪过继安乐，今已五年，一旦欲逐之他求，其势必不能。且夷情惟论强弱，不循理法，其势不足以统驭，虽仇雠亦将甘心俯首而归戴焉。不然，虽以颜、闵之贤，彼不服也。安乐既为彼中所归，何必强夺？此系地方安危甚重，何嫌何疑而迁延不决耶？勘合终须完销，但以尊裁处之，勿复致疑。

答吴总宪

辱华翰，深荷雅情。大惠概不敢当，辄璧诸使者。若系取之属郡，仍望查归主藏，庶后来查盘，仆得以自雪也。

水灾疏，下计曹议覆。俟勘至，当请于主上，特加优恤。

答宣大巡抚吴环洲言虏构衅之机

九贡告成，国威远詟，咸公之功。阅视核实，必有懋赏矣。市事，谅亦不出此月可竣。昨语代者，姑缓其行，俾公得收全美。披对之期，当在冬初。今岁增赏数亦不多，已语该部，酌从其请。

辱示，问阻恰台吉绝婚土蛮，激劝青酋，阴为合从，俱为奇策。但得二虏构衅，则在我可以坐制。此等机括，不惟时辈不知，即本兵素娴边事者，亦未可深语也。

答应天巡抚胡雅斋

前报吴中水灾，大疏先至，已奉旨下部议覆。后见水利疏，有恶党聚众抢夺事。窃谓逆乱之萌，亟宜早折，故不及下部，径拟旨严禁。公徒见水利旨先发，谓赍疏人后期，实不然也。

天灾流行，国家代有，朝廷亦何尝坐视不为拯救？叵奈吴俗轻狡，动为捏造。家居者谓公督赋严急，见灾不报；宦京者谓不必行勘，径宜蠲免。而两都台谏遂有以此为言者。不榖惟镇之以静，纷纷之论，一切请罢不行。会少司马虚席即用公陪推，而群议始息。公坚定初心，无摇浮说。主上明圣，国是久定，期不令任事之臣，见铄于众口也。

答宪长周友山讲学

辱华翰，领悉。吾所恶者，恶紫之夺朱也，莠之乱苗也，郑声之乱雅也，作伪之乱学也。夫学，乃吾人本分内事，不可须臾离者。言喜道学者，妄也；言不喜者，亦妄也。于中横计去取，言不宜有不喜道学者之名，又妄之妄也。"以指喻指之非指，不若以非指喻指之非指也；以马喻马之非马，不若以非马喻马之非马也。"言不宜不喜道学之为学，不若离是非、绝取舍，而直认本真之为学也。孔子自言，人不如己之好学，三千之徒，日闻其论说，而独以好学归之颜子。今不榖亦妄自称曰："凡今之人，不如正之实好学者矣。"承教，敢直吐其愚，幸惟鉴亮。

答河道潘印川

贱恙，远辱垂问，深荷雅情。蒲柳之质，望秋先萎。入夏以来，眼患、口疮、牙痛缠绵。本既脆弱，加以百责攸萃，昼作夜思，救过不给，故未老先衰也。

年来所患，莫大于河。今仗公鸿猷，平成奏绩。不榖因得藉手以少效于万一，一年内，庶几可纳管钥谢去矣。谂伏秋已过，诸工无恙，秋杪冬初可告成事。第前行各抚台勘议上流堤工事，竟未闻奏报，何耶？

答宣大张巡抚

长昂黠虏，不臣久矣。朝廷本欲声罪致讨，但以禽兽畜之，故每事包容。今若悔罪真切，输诚效款，亦许自新。贡马不必勒令尽补旧逋。盖虏之所利者赏，我之所重者非贡也。若情在要挟，无悔惧之实，则闭关以绝之；严兵以伺其间，出奇以捣之。威行而后可用恩也。惟审图之。

答南兵部凌洋山言水灾

吴中水灾异常，皆执政非人，上干天和。惶愧！顷已三奉特旨优恤，俟勘至，当有处也。

进鲜内臣沿途生事，从来已久。棍徒倚势妄为，亦不尽内臣之咎。顷内守备乔诚斋自任处分，不榖遂奖而勖之。大疏一上，似攻其短，难以相处矣。不如勿上，庶不激而事济，乃为善也。

答福建巡抚耿楚侗

林贼前逃柬埔，曾嘱刘凝斋赂寨目苏姓者图之，业已就矣。会广人争功谋泄，贼逃，而寨目被髡，差人遇害。今苏姓者幸复用，而雠此贼甚深，图之必力，可再用前计擒也。所献牙蜡，宜受而厚赉之，以坚其意。

乔宪副顷为间人所陷，谤议盈箧，非不榖极力保全，则削籍久矣。今始脱出火坑，留之恐终不免。乃铨部又谓代沈植者，亦素有干局，必胜所任。故此二事，皆不能从命。然人之才具，亦不甚相远，唯赏罚明而信任笃，则人皆可使也。

答宣大巡抚

青酋今岁市马数减，诸部效顺，皆公制驭之功。敬服。

二酋伏罪，顺义与青酋之忠顺，诚宜奖赏。但数年以来，东镇每报青酋部众从土蛮犯辽，而环洲公坚谓无此事。不榖亦每以环洲公之言，报本兵、台谏，昭贡虏之无他。今若有此，则东镇数年所报皆实，而环洲之言，似为虏酋强解者，贡市从此衅端生矣。且二酋皆青把都部众，彼不能约束其众，亦与有罪焉。今者罚处，厪能自赎，未见有功也。幸与环洲公熟计之。或将所罚头畜，尽以给部众之良善者。青酋自以公意量给服物以犒之。顺义侯回日，另行赏劳可也。

犬羊之性，唯在获赏，必不问其所从来。且公专阃外，有利于疆场，便宜从事可也。原虏词二纸，纳还。

答张巡抚

武卢龙者，各巡按皆力荐其贤，惟铨宰谓其善趋承以躐虚誉，为驩虞以诳愚民。昔大平为宰，知之甚真，已欲劣处。不穀止之，以有近日之转，然不知此公之诚且伪也。大疏保留，于民心顺矣。奈与铨部意左，恐未必覆允。惟公裁之。

答陕西提学李翼轩

承示查改书院、并田粮事，一一明悉。必如是，而后为芟草除根，他日亦不得议复矣。但军屯难以招买，只宜募军佃种纳粮。幸惟裁之。

比审学政精明，风标峻整。旦夕部议公平，必当为举首矣。慰甚！令弟高掇，小儿得附榜末，通家世谊，益契深矣。何幸如之。

答应天巡抚胡雅斋

吴中蠲恤，部覆虽不能尽如所请，然比之嘉靖甲寅、辛酉，已为优矣。但逾格之恩，宜从上出。皇明祖制，凡优免税粮，当内定于心，临期便决，勿使人先知，要名于外，良亦为此。乃闻公以议蠲分数，遂传布于民间。彼中士民，方蒿目以望，而朝廷又不能尽从其请，则恩出于下，怨归于上矣。今宜如部议，宣布上德意，从实举行。

答藩伯徐公学古

别楮云云，诚有之。不榖不俟见教，月前已驰书南中台谏，为公营解。傅子乃不榖门生，谅不相违矣。平生所荐达，保全天下贤者甚众，矜不使人知。兹因示及，谩尔奉闻，亦以释公之疑也。

答河道巡抚

胶莱通渠，先年王宪副创之，工已强半，今但寻其遗迹，续其功。以通商为名，责之该道，假以岁月，可无大费而办。要之，商通而漕亦利矣。奈问近年议者，开张太过；东人惮于劳费，百方阻挠，以故旋议旋罢。承教，极尽事理。但欲动支钱粮，必经题请。而代公者，又未知能任其事否。俟公入京面议。

答大同巡抚贾春宇计辽蓟协为声援

辱示，老酋回巢，宜加赏犒，及准青酋续市，俱制虏要机。云中墩墙俱用砖包，诚一劳永逸之计。但六百里边墙取之于班军，口粮能办否？幸与新督抚计之。

先报土蛮大举犯边，即驰语该镇戎备，坚壁清野。李帅持重勿出，使戚帅选锐出关应援，而自以重兵驻一片石，伺间出奇邀击。近报贼犯宁前，见我兵云集，即望风而遁，然非大举贼也。承教，允合机宜。自此辽、蓟声援相通，二将协和，势若常蛇。不榖于此，颇殚心力，但时人未必知耳。

答两广刘凝斋

郁林获功，在公建牙之始。先声震叠，军威丕振矣。薄赉未足以酬，尚有待焉。但闻推官刘子麒先被贼执，今报病故，岂即殁于贼中耶？抑脱贼而后亡也？

广右议征八寨，此或不容已者，已属本兵从其请矣。广中军令素弛，募兵为贼。今一切以法绳之，须行之以渐，而又有以待其变乃可。唯审图之。

昨据闽中报，柬埔寨主言林贼虽投入暹罗，尚往来攻彼寨，寨中苏姓者，与之深仇，必欲擒之。此即公抚闽时用计购致者。昨已密属耿楚侗及呼帅良朋，仍循公前策，使苏姓图之。此贼若往柬埔，公不必再遣间，恐争功漏泄，如昔年之事。若在暹罗，则可用计亟图，以杜后患。

答保定巡抚张浒东

林知府被盗，此中一月前已知之。近京地方，仕宦遇盗，岂容掩乎？邑令之掩匿，盖亦愚矣。又九月初间，有人言保定地方，矿贼窃发，官军逐之，致伤十余人。久之，亦未见奏闻。不知其事实否？附此一问。

答南司马凌洋山

辱示，议处马快船疏，切中事理，已属兵部覆行。

前得龚道长手书，极称罗旁荡定之功，而深以刘凝斋之翻前案为失策。且言前误用司道之言，率尔题请征剿；后亲巡罗旁旧巢，始知不必用兵，惟当从容处画，以终前人之功。固未尝有一语搜求。承示谓蓄有机括，恐未然也。近日拟旨及覆凝斋书，咸用其意。谨录奉览。

答两广刘凝斋论严取与

八寨之征，在两镇似不容已，本兵已覆，从其请。

盐利事，自隆庆五年建议，今十年，所积宁止五万？已拟旨下部稽查。往日浪费之弊，虽不可返，庶可救于将来耳。

监司抚按取受不严，交际太多，费用太泛，皆嘉、隆以来积习之弊。各省大抵皆然，而广中为甚。自不榖戴罪政府，以至于今，所却两广诸公之馈，宁止万金？若只照常领纳，亦可作富家翁矣。若此类者，不取之民而孰办耶？夫以肉驱蝇，蝇愈至。何者？以致之之道驱之也。司道之取与不严，欲有司之从令，不可得矣。督府之取与不严，欲司道之从令，不可得矣。

尊示谓稽察吏治，贵清其本源，诚为要论。顾积习之弊，亦有难变者。一方之本在抚按，天下之本在政府。不榖当事以来，私宅不见一客，非公事不通私书。门巷阒然，殆如僧舍。虽亲戚故旧，交际常礼，一切屏绝。此四方之人所共见闻，非矫伪也。屡拟严旨，奖廉抑贪，欲庶几以身帅众，共成羔羊素丝之风，而终不可易。乃苞苴之使，未常绝也；钻刺之门，未尝瑾也。虽飧荼茹堇，徒自苦耳，何裨于治理耶？虽然，不榖固不敢以人之难化，而遂懈其师之之心也。早夜检点，惟以正己格物之道有所未尽是惧。亦望公俯同此心，坚持雅操，积诚以动之。有顽冥弗率，重惩勿贷。至于中伤毁排，则朝廷自有公论，可勿恤矣。

张帅已餍饱，难以驱策。代者似可用，幸少优假，以鼓励之。诸惟鉴亮。

答藩伯周友山论学

不榖生平于学未有闻，惟是信心任真，求本元一念，则诚自信而不疑者，将谓世莫我知矣。屡辱华翰，谬为许可，孰谓世无知己者乎？以代公虽去，犹未去也。君令臣恭，古今通义。如其不善，固不可强人以必从；如其善，而莫之违也，不亦善乎？今人乃务抗上令以为名，不知慢令方命，孔子以为恶德，尧、舜之所不容也。

近见江右二司入京者，语及常推事，犹是常而非公。乃南中台谏，亦遂有物色之者，不穀已极力晓示之矣。新直指出，仍当详语之。然公既有取于不穀之学，则世俗之横议，亦勿恤可也。

答三边总督郜文川

顺义东归，终始守约，款顺弥坚，皆公之鸿略也。至欲从宁夏内边经行一节，鄙意切谓当力阻之。然计其时，从违已定，故亦不及矣。宁、延二镇，已免扰费。又因以杜诸虏往来之衅，疆圉之利也。

张臣调用，以张杰代之，俱如教，属本兵议行。

甘肃侯公处虏功多，须请旨特与一荫。其前荫则不可复也。余领悉。

答陕西学道李翼轩

顷者，部议评执事卓然异等，望实愈茂，赐环有日矣。不穀爱贤一念，实出至诚。辱遣谢，弥以为愧。

答两广刘凝斋计处海贼

辱示，罗旁两山渐次平定，慰甚。龙川、河源抚贼，既冥顽不悛，法当芟除。且粤中安插各抚民，将视此为向背，除去此种，余即破胆矣。

闻林贼近已为暹罗招致，或可因而图之。顷已寄语闽中当事者，言此贼在柬埔则属之闽人，广中不必措意；在暹罗则属之广人，闽中不必为谋：恐两处争功，如昔年也。

答河道江心源言棍徒假借

近来各处，盗防稍弛，故借淮事以警之，非苛求于左右也。猥辱遣谢，深以为愧。承示管河诸君，俱宜责成久任，俟勘官奏至，悉如所拟留用也。

近访有棍徒，假名张梅，称为不穀家人，于江南北一带贸易。闻公亦为所诳，给与牌票，悉免关税；又擅乘驿船，有所求索。昨小儿嗣修已拿获，付之于理矣。小儿居家，闭门诵读，即敝郡有司，亦罕与接见。四方相知有惠，毫不敢领，岂复差人远事贸易乎？此后再有奸人假称不穀族姓家人者，不论真伪，即置之重法。如公不忍加刑，希差人拿解来京，愿得而甘心焉。仍乞通行贵属，严加缉访。有重令脱逃者，将官吏提究。庶奸人无所假借，地方亦免扰害。往王敬所督漕，曾有诈称寒舍子弟者，实时捶杀。不穀至今感之。谅公爱我，又当厚于敬所也，敢布腹心。又闻前如江令有令弟名一鲲者与焉。信否？法纪所在，恐不得以亲挠也。

答福建巡抚耿楚侗

贵属诸君才品，公评骘精当，俱贮之囊中，次第用之。沈二等昨以才望擢用，公论素许，刘岂能中之？丈地亩，清浮粮，为闽人立经久计，须详审精核，不宜草草。各经委正官，朝觐毕，即促之赴任。

林贼既入暹罗，已专令广人图之，闽中不必措意，恐语泄，复蹈前日之辙。若于柬埔仍有往来，则结江、黄以为声援，亦二策也。邓令弭盗之功，甚奇。虽不必奏绩，而其功宜纪录。

答蓟镇巡抚张崌崃

虏酋帅众掠史、车二酋，原因盗马索赏耳。夷虏彼此侵盗，乃其常态，谅无他虞。但史、车二酋，每每挑衅于各部，及其来攻，又急控我，谓其侵犯，且求庇援。不从则彼谓我不足恃，而有离心。从之则各部又谓我曲庇有罪，而窃为口实。要在辩其曲直，从公处之。顷直指仓惶来报，已详示以此中委曲，令听督抚处分也。

答南守备枢使乔诚斋言治差役骚扰

南中差遣，公所措画，已极严密。自今奉差者，恪守约束，必无事矣。驿递积猾，与各官跟随棍徒，通同为奸，侵欺破冒，而内臣为其蒙蔽，事发乃独任咎，弊诚有之。奉教，即示各衙门严加禁治。

答殷石汀

小儿嗣修、懋修，曾从汪南明公学古文词。昨懋修场中五策，似欲步趋其一二者。今附二册，烦为转寄呈览，以谢其指教厚意。然婴儿学语，殊未成音，聊以博笑云尔。

答两广巡盐

官运广盐，改复商贩，诚为省便。但殷石汀以古田初复，戍兵额饷取给于此。原议三运，后乃渐滞。殆转输造船之法，有未周悉，似难尽咎于官运也。今拟两路并行，似于官民俱便。人之趋利，如水就下，既开此窦，路近而利大，将来广右之运，必至尽废。古田军饷将安所出？不可不深思长虑也。更望熟计其便。

答陕西学道李翼轩

华翰领悉。谂荣满期迫，以执事风望，目下便宜乔转。今既有欲尽之情，当暂停，以俟奏最也。

卷二十五　书牍十二

答云南饶巡抚

别楮云云，前已具复，想道远，尚未彻记室也。

广右铸钱，议欲采铜滇中，乃场屋经生之谭，原未题请，宁可遂行？承示剖析，已悉。不穀得据此以谢妄议。

答边镇巡抚高凤翥

正月承翰示，未及具复。兹又示神、利二堡工完及阳方口边垣奏报疏，即下所司议覆矣。

盘道之工，一向以为难成，皆据道旁之言，即该道非亲履其地。故虽修筑，止具文耳。公一行亲历，而胶土、水泉，应时而出，岂鬼神所输耶？则今昔之虚实较然矣。

公开府一方，事有利于边防者，得以便宜行事。况二工原经奏请者，斟酌赢缩，一任尊裁。公虽不自言功，自有不容掩者。

答山西巡按赵用吾

矿盗事，即属所司议覆。此事初起原微，抚台仓皇奏报，致厪圣问。奉旨查参，又不作速具奏，此傅公之过也。大疏勘报已明，谅无回护。

答两广刘凝斋

承示，林贼入暹罗，在广中图之为易。时闽人亦有献结柬埔合从之策者，仆已止之。专属广中，以便从事。但暹罗既被其迫挟而受之，则此贼尚强，恐暹罗不能独制；林贼亦必深防我图之。闽使至彼，少泄其事，则谋败矣。此中须别有奇策，乃可奏功。公言此贼决了在今岁，仆固未敢以为然也。

罗定两山已定，幸责该道有司，加意抚绥，恩威并用。俟人心既定，法令得行，自可化浮移为土著，即编为排年可也。刘推亡，事已悉。

答司成张宏阳

承华翰，知公有卜夏之痛。得许司成书，极言公苦惊，殊为悬念。

顷方欲借重南院，既归志已切，不可强留，即属铨部覆允，用遂高致。然乘此遵养，大畀固有日也。

答刘凝斋

八寨兵已奏捷，谅此时竣事矣。武弁游民，私买贼级，乃广中沉锢之病。今得力祛此弊，则功赏皆实。但先年有旨，凡大举征剿，皆宪臣亲临纪功。今不知纪功是何司道官？纪功得人，积弊乃可革也。

黄总戎颇有志向，不安下流，但微负气。将官负气，正可驾驭而用之，固愈于颓靡懦熟剥削以事结纳者也。俟到任信至，如尊谕戒谕之。

旧例二司领敕行事，有地方责者，俱不进贺。近来往往有之，实非事体。至如进表官严限回任，又奉有明旨。而惠、潮二道，乃经年不行赴任，殊为违抗。俟有间，俱拟旨行查。此等事全在抚按综核，违者必据法处之，则人自知儆。万里之外，朝廷安得尽知？即部中，皆难一一查核也。

答宣大郑范溪言省扈跸惠程

承示，顺义贡物已进上，大疏属所司覆行。

兹有一事，预为告陈。先年圣驾谒陵，宣大军门移驻坌道，扈从阁臣皆馈送下陈，殊为烦扰。今次断不敢当。顷告之司礼诸君，诸君亦以为然。望公俯亮，概行停办。若备而不受，为费多矣。内阁、中贵既免，他处自可悉停，亦以少纾民力。由中之言，万惟鉴允。余俟另复，不一。

答甘肃巡抚侯掖川

承示，荫典以令孙承之，法之正也。第公爱子情深，辱在知契，亦宜仰体。但须恳疏乞恩，下部议覆，乃为稳便，不宜以咨行也。因忆徐存翁长郎官生名璠者，初亦以科场事革荫。后在阁考满，荫子中书舍人。例以次子及孙承荫。存翁具疏乞恩，蒙世庙特允，仍以璠荫。此系辅臣特恩，虽不可援以为例，然公久劳边镇，贤郎昔以幼冲为人所误，情亦有可原者。若引罪哀恳，圣慈或亦轸念也。敢布腹心，惟高明裁之。

答翰学黄葵阳

禫除，承俯念，兼之贶仪，深荷雅意。所惠概不敢当，辄以璧诸使者，谢谢。小儿敬修、懋修夙承教迪，兹并捷于南宫，敢忘所自。但不穀德薄享厚，弱息又俱点仕籍，殊为慄慄耳。

与浙江抚院

承示，拾遗郑袁州，物议甚重，不能存之。龙宗武、陈一鲂部拟罢斥，不穀违众议而薄谪之。龙出不穀门下，素知其有才。若陈则止怜其为新甲科，不忍遽弃，固未知节行之高如此也。调官后，曾至朝房一见，问其姓名，亦讷讷不能言，宜其不悦于流俗也。今既在降调之列，他日尚可澡涤擢用。承教，已处之囊中矣。

外小儿嗣修书来，言执事辱贶厚礼，概不敢当，已璧诸使者，未知得归主藏否？此后无烦再及。庶小儿得逭不恭之罪，在台下亦省差遣之烦也。便中附谢，并布区区，幸惟原谅。

答按院王公_蔚

镇江以数百恶少，攘背横行，非有潢池弄兵、闾左揭竿之变也。当时两御史亲临其地，衣绣持斧，兵卫森列。能擒治首恶数人，即众皆披靡鸟兽散矣。乃坐视其横肆，不为之所，反为之发官帑、弛栅栏，以苟幸无事。独归咎于府佐，将令稔恶者益无惮耳。如闻江北诸郡，皆有此风，故借此一警之。来教谓宜重治首恶，抚恤良善，严禁私钱，俱于事理切当，已属所司行之。

答云南巡抚言沐镇守安土司事

叠辱翰贶，深荷雅情。厚贶终不敢当，谨领眼掠及催生杯二事，用承远意；余璧诸使者。催生杯不知何物所造？何所用之？便中示之，以广异闻。

外沾益事情，既经所司摘参，理须完结。司道避嫌，深属浅见。今朝廷之上，公道昭然。是非可否，一以理法为断，何嫌之有。

即如沐氏事，自嘉靖以至万历，十有余年，人皆避嫌，莫为之处。朝受其贿，暮即参之。欲以灭其纳赂之迹，而事愈不可解。自仆当事，明目张胆，为之排解。十余年成案，一朝削除。于是沐氏始得有其爵禄，而朝廷纪法亦彰。使仆当时少有避嫌之心，则其事至今不结。昔也受贿之人，皆袖手卷舌，莫一言为之辩释；乃仆水米无交之人耳。故知凡避嫌者，皆内不足也。

如谓许其继嗣，恐安国亨与安继荣或生事端，则安乐者之入沾益四五年矣，不闻国亨与继荣有言，何至今乃生事端乎？继荣，小丑也，不能为害。国亨虽悍，近乃遵仆五章之约，奉职惟谨。贵州巡抚方欲为之题请，复其冠带，彼又安敢复启衅端，自取褫夺乎？今但当据沾益部众所推戴保立者，为之题请，了此勘合。他日若有变动，再处未晚。其王易世者，似不必早为辨皙。待此事处明，其罪自应末减，并莫州守，亦并申理。今即先释易世之罪，亦不能完销勘合也。疏已令来人赍之。

迤西事，诚如翰示。公移各件，俱见远略。诸惟鉴存。

答贾春宇

仆久握大柄，天道忌盈，理须退休，以明臣节。况当典礼告成之日，正息肩税驾之时。抗疏乞休，甚非得已。乃圣恩留论再三，未忍固求私便，辄复就列，徐俟再图。

辱华翰，勉以大义，具悉，为国至忠。儿辈寡学，并窃科名，猥辱华翰，尤深感切。

答宪长徐中台

不穀比者抗疏乞归，群情惊惑，不知鄙意固有在也。夫不得决去于宅忧之时，而乃乞骸于即吉之后，此岂寻常大臣所为进退者耶？顾此意不敢以告人，而世亦无知我者。

兹承华翰，深获我心。但奖借过情，殊用为愧耳。老母诞辰，猥辱记忆。小儿冒窃高第，实出御笔亲题。不穀德薄享厚，日夕兢兢。又辱华笺赐贺，不胜感戢。

答宗伯董浔阳

仆之菲陋僝弱，往厕词林，得随长者后，徒幸簪笔荷橐，可供文墨而已。不自意微时厚幸，致位台司，谬膺顾托之重。力轻于鸿毛，任重于泰山。受事以来，惴惴如临渊谷，恐一旦颠蹶，以贻知己羞。兹赖主上圣明，中外乂安。苟幸无事，乃敢抗疏乞归，冀得完躯以去。诚陈力就列，非敢贾誉于退恬也。虽奉谆谆恳留，暂尔复出，然惶惧之怀，终不能释。

顷贤郎至，辱华翰奖借，烂然盈楮。不匿其所不及，而假其所不能，读之使人汗流洽衣也。

儿曹寡学，幸附令孙骥尾，阶致青云。仆之奉教于门下有年矣，于贤郎谬有一日之雅，今儿曹又在世讲末，仆之于翁，相契岂有量哉！

辱惠厚仪，不宜抗拒。但比来交际久废，辄敢璧诸使者。草草附谢，并布区区。

寿陈松谷相公

恭维台师颐重丘园，望隆朝野。日者，长公太史乞恩归觐，仰感圣怀。念旧学之忠劳，嘉仙龄之增衍。特颁异数，用介寿筵。诚旷世之希逢，熙朝之盛典也。至于桥梓传经，继升讲幄，衔恩策驷，耀宠庭帏，又词林未见者。载之史册，以为侈谈。矧正夙荷甄陶，亲逢盛美，其为庆幸，万倍恒情也。

正猥以菲劣，谬膺重任，夙夜兢兢，若临渊谷。顷扈从山陵还，恳疏乞骸，冀以少休驽力，获免颠踬。乃不蒙俞允，致厪圣母慈谕，申命谆切。不得已，辄复视事，以俟徐图。然力竭而驰驱不止，将不知其所终矣！

辱在门墙，幸有以教。不腆薄币，阶长公而布之台座，少致冈陵之祝。惟鉴其诚悃，曲赐麾存。幸甚。

答藩伯贺澹庵言得国士

别楮，一一领悉。夫人才难知，知人固未易也。不毂平日无他长，惟不以毁誉为用舍。其所拔识，或出于杯酒谈笑；或望其丰神意态；或平生未识一面，徒察其行事而得之。皆虚心独鉴，匪借人言。故有已跻通显，而其人终身不知者。如公所言，咸冀援于众力，借誉于先容。若而人者，焉足以得国士？而士亦孰肯为之用哉！辱示，略陈所以，自是诚宜忘言矣。

寄有道李中溪言求归未遂

一岁中，两奉手翰。坐冗，且无南翼，久失裁谢。死罪！

正少无世韵，宿有道缘。不意为时羁绁，遭逢明主，备位台司。十余年间，负重剖繁，备极辛楚。然遵道之志，未敢少衰也。

顷者，赖天之灵，中外乂安，国家无事，乃稽首归政，恳疏乞骸，亦欲逊慕留侯，庶几得弃人间事矣。乃蒙圣谕谆切，朝议恳留，不得已辄复视事，以俟徐图。但恐世缠日锢，归宿无期。觖怅，觖怅！

刘道长九泽书至，具言道履康吉，仙龄增衍，欲建坊表间，以昭盛世人瑞，诚观风者之事也。

承差旋，肃此附候。《奏对》拙稿一部，中有乞归本末，谨寄呈一览。别有专启，付令嗣中书君处，想当觅便以达左右。万里缄书，不胜驰慕。

答两广刘凝斋料擒海贼

广中旧将，唯陈璘独存。罗旁余孽未靖，尚须经理。未奉教之先，已属本兵议覆，戴罪立功自赎。承教，盖先得我心之同矣。

林贼事，窃谓公既密图，不宜又腾之章奏，致有漏泄。方欲寝奏，而差人已投进矣。贼甚狡，而广人贪功寡谋，向以败亡余卒数十百人，直泊近澳，竟无有睥睨之者。公谓诸番之计不成，彼无所容，必复反于广；反则擒之。仆固未敢以为然也。

广西官盐事，领悉。

答周宗侯西亭言春秋辩疑

儿曹忝窃，猥辱遣贺，深荷雅情。厚惠概不敢当，谨领纱镜及佳刻三种，用承远意，余辄璧诸使者，幸惟原亮。

《春秋》本鲁史旧文，仲尼稍加笔削，盖据事直书，而美恶自见，非有意于褒贬也。自三《传》启穿凿之门，世儒袭见闻之陋，圣人记事之意，寖以弗存，所谓以小人之腹，度君子之心。仆尝欲论著其说而未暇。今读睿制《辩疑》，则多与鄙见相符，盖仆至是可无言已。敬服，敬服！

答河道潘印川

两奉翰教，领悉。河工效劳诸君，奉旨加恩，铨部以冗，遂忘题覆。兹面促之，始全据具题，请加级升补，一切从优。如五州同，三为贡行，二为吏员。部拟三司首领，仆皆特与府判，他俱类此。盖不如是，不足以劝有功，而厉任事之臣也。《书》言：人之有为有守，汝则念之。仆尝以此入告主上，言国家爵禄以待有功。有功之人，不但宜加以爵禄，还须时时在念，不可忘也。恃爱，具道所以。

游君即加衔，代陈大参督催，为大界地。运同缺，先已推补。曹锦俟两淮有缺，即用之。

答福建巡抚耿楚侗言致理安民

丈田、赈饥、驿传诸议，读之再三，心快然如有所获。盖治理之道，莫要于安民。究观前代，孰不以百姓安乐而阜康，间阎愁苦而危乱者？

当嘉靖中年，商贾在位，货财上流，百姓嗷嗷，莫必其命。比时景象，曾有异于汉、唐之末世乎？幸赖祖宗德泽深厚，民心爱戴已久，仅免危亡耳！隆庆间，仕路稍清，民始帖席。而纪纲不振，弊习尚存，虚文日繁，实惠益寡。天启圣明，虽在幼冲，留心治理。

仆每思本朝立国规模、章程法度，尽善尽美，远过汉、唐。至于宋之懦弱牵制，尤难并语。今不必复有纷更，惟仰法我高皇帝"怀保小民"一念，用以对越上帝，奠安国本耳。故自受事以来，凡朝夕之所入告，教令之所敷布，倦倦以是为务。锄强戮凶，剔奸厘弊，有不得已而用威者，惟欲以安民而已。奸人不便于己，猥言时政苛猛，以摇惑众听。而迂阔虚谈之士，动引晚宋衰乱之政，以抑损上德，矫扞文网。不知我祖宗神威圣德，元与宋不同。哺糟拾余，无裨实用，徒以惠奸宄，贼良民耳。世儒达治者尟，虽勉遵上令，而实未得于心，所以宣上达下者，苟以文具规免罪责而已。

比见公诸所条布，训辞虽若严整，而肫肫爱民之意，蔼然于言外。以是服公之高识宏抱，非世儒所能及也。愿益自信而坚持之。

监军道裁革为便。彭湖贼未必即是真倭，但严备以待之，不必勤于远也。人旋附复。拙稿末卷，有《归政本末》，谨附一览。

与楚布政冯修吾

儿曹忝窃，前已承厚惠，兹不敢重冒，谨用返璧，幸惟鉴原。

外黄州问革举人瞿九思，长小儿乡同年也。素以才高见忌乡曲，以致陷于文网，非其罪也。惟仁人酌宥之。余不悉及。

与楚抚院王见峰

黄州问革举人瞿九思，长小儿乡同年也。初以众殴父母官，为向道长劾奏，问发口外为民。比时行法之初，见其情重，遂从所拟。后廉知其为乡曲所忌嫉，坐以重罪，殊为诬枉。且其人乃瞿宪副之子，文学甚优。其子亦有奇童之称。母老子少，身当远涉，仆闻而怜之。渠有辩疏，闻宪司咸知其枉，欲为末减。按院朱君亦将允之。但事关两院会行，而公以其事奉旨，特难于翻案。窃谓法行而当，人心乃服。一夫不获，时予之辜。若果冤枉，宜从辩豁。仆亦不敢固执前旨，致令天下有冤民也。幸会按院审处之。余惟鉴亮。

答甘肃巡抚侯掖川

贤郎荫典事，铨部据例执奏，奉特旨允从，乃异恩也。夫上之注念于边臣如此，诸公抑何以仰答乎？

答两广刘凝斋

八寨奏捷，西镇将士不为无功，但其叙录稍泛。承教，谓近日邀功希旨者，宜渐约之，深合鄙意。科中，以奏报异同，疏请行查。议者遂谓公衔巡抚之不候会本，辄先入奏，故有隙，殆以私意相窥也。

暹罗夷使所呈林贼事三件，渠来中国数年，职为通事，非彼中要人，所言未必得其要领。但言其用事者姓名及甘波蔗云云，似有可采者。谩附以备幄算之万一，非以为奇也。

答保定巡抚张浒东

亡弟南归，辱给勘合，谨缴纳。禁例申严。顷有顽仆，擅行飞票，骑坐官马，即擒送锦衣，榜之至百。其同行者，俱发原籍官司重究矣。仰维皇上子惠穷民，加意驿传。前遣皇亲于武当祈嗣，亦不敢乘传，往来皆宿食旅舍。盖上之约己厚民如此。

　　仆忝在执政，欲为朝廷行法，不敢不以身先之。小儿去岁归试，一毫不敢惊扰有司，此台下所亲见。即亡弟归，亦皆厚给募资，不意又烦垂怜也。此后望俯谅鄙愚，家人往来，有妄意干泽者，即为擒治。仍乞示知，以便查处，勿曲徇其请，以重仆违法之罪也。

　　前奉旨查朝觐官遣牌驰驿者，久不闻奏报，辱在知厚，敢以直告。

答河道潘印川

　　辱示，进鲜船只，诚于筑坝有碍。惟早行则两不相妨，已属司空议覆。但事干内官，动以迟误进鲜为词，必不得已，先选舟数只，停泊坝外，以待盘拨可也。

　　武职升级事，已属本兵议处矣。

答台长邵梅墩

　　辱示，行取各官考语，具服精鉴。常君者，固金宪昔诚以讯盗事控之于我，方诋其短。复访常之所执为真，故征用不遗。今奉教，自当置之妙选也。

答承天守备枢使王涵斋

　　陵工告成，费省工坚，地方受福不浅。此虽在事诸公之功，然就中调停处画，公之功多矣。顷于皇极门阅视新工，司礼冯公、张公及工部诸公咸在，语及显陵事，不毂因举平日所言公与杨君节省忠勤，成此大事，费不当先年之什二者，对众昌言之。冯、张亦亟为叹服。且云，昨已奏之圣母、皇上矣。内外在事诸君，咸啧啧称之不已。惟公英声茂实，腾于朝著。敬服，敬服！

前奏陵府校尉，即属本兵议留。

答宣府总督郑范溪

辱示虏情，一一领悉。顺义病既狼狈，岂能复起？土蛮素无远略，且与西部不睦，岂肯为之勤兵报怨？切尽之请，亦必不能成，虏势穷蹙可见矣。顺义一故，变态百出，顾吾所以应之何如。此事当劳公经画。然拓土开疆，安边服远，亦在于此。今宜事事设备，预为之图，以待其变可也。

邓兵宪有才略，习边事，俟有缺即补，不别推也。

镇口堡开矿事，公所论咸中机宜。但利之所在，人争趋之。且虏人不知所谓矿，皆板升之徒导之；板升之人虽得矿，亦不知煎取之法。又内地之人导之，以中国法度之严，人犹以死犯禁，况边徼之外，犬羊之类乎？如此推之，虽能暂戢于今日，亦难厉禁于将来，尚烦公之筹虑。人旋，草草。番文三纸，仍附纳备查。统惟鉴存。

答江西巡抚王又池

逋盗就擒，足消地方隐祸。石金宪昔守宁州，屡获巨盗，故即界以该道之重。今其效乃尔，天下之事岂不在用人哉！泰和盗发于公未任之前，今愆期未获，似亦用非其任耳！

答石麓李相公

弟违远光仪，于兹十载矣。以绵力负戴之不暇，无能时时修问左右，以自罹于疏薄，无所逃罪。翁不加督过，已为厚幸。乃辱寻旧盟，怀之以好音，临之以重使。豚儿忝窃，又承厚情缱绻，珍贶骈蕃，益彰弟之不德也。愧感，愧感！

弟以谫劣，谬肩重任，恒恐中道颠蹶，有负夙昔期许之心。兹幸主德日新，国家无事，弟乃以其间乞身而归。未蒙俞允，付嘱愈重。早夜兢兢，诚不知死所矣！翁素怜我，何以策之，俾获全于末路乎？

使旋，草草附谢。鄙情薄敬，肃具别楮，统惟鉴存。

答楚抚院王见峰

顷者，陵工告竣，仰仗鸿猷。费省工坚，功高赏薄，尚当有待也。承教示，一一领悉。谨款复如别幅。统惟鉴存。

一、五开之事，实林维乔寡谋以激之。若使当刘应被刺时，佯为查处行刺之人，而徐徐抚定之，亦必无事矣。今该道既认能处，姑待之可也。

一、德安藩宫灾事，前偶有所闻，故直以奉告。今从宽尽法，在公自有鉴裁；但事已隔岁，久而不决，将来恐他人发之，今似宜速了。且主上睿圣，若其中有隙，亦难逃于日月之明也。

一、杨安诚既有华容例，具题相应。

一、屯田道事简，并之驿传，诚为省便。沈君有缺即补，必不久淹。若俸资已及，他转亦可。

一、留守司，即进表一员，可裁也。

答顺天张巡抚

两承翰示，一一领悉。前奉明旨，所查惟朝觐遣牌驰驿者，即所参苑寺、太原二人，亦足以应诏矣。若概及其他，恐干连人众，所伤者多。今姑为隐涵，后若再犯，即达官显贵，亦不能少贷矣。旧染颓俗，久难骤变。彼顽梗玩肆之人，以为法虽如是，未必行也。今量处数人，以示大信于天下，庶几有所惮而不敢犯乎？然惟在各抚按以实奉行，不致废格诏令可耳。

今台谏诸君，屡奉严旨诘责，常虑无以塞明诏。苟搜得一事，如获奇宝；一经指摘，声价颇损。故愿诸公之毋舍己以徇人也。至于三司官在本省地方，夫马廪饩，用之自不为过，惟出境则不可。若宣、大之于蓟、辽，则地隔两镇，各有军门统属，自难以相通。若奉敕者则不在此例矣。辱垂询，谨复。

答宣府张巡抚

辱手翰，贡马已入，虏情驯服。慰甚！

去年青酋亦未赴边；不来，亦省事，不必责其亲赴也。张刚留任，别选独石，俱属本兵议处。近得西消息，言顺义病已沉锢，部下酋长，各自为心。此酋死，虏中当大乱，恐土酋将乘其敝。诸制御方略，愿公预图之。务练兵积食，密于自治，以待其变耳。

答宪副吴道南

前承翰贶，已具复。所璧厚惠，仍希查存。兹手翰，一一领悉。

顺天抚按奉旨查核遣牌驰驿者十余人，而公与焉。不穀知之委曲，多所涵宥，惟量用数人，以应明诏。然公昔别时，谓自行雇募，不烦有司矣。乃又挂时议何耶？朝廷法在必行，后宜慎之。恃厚以告，幸惟鉴原。

答司寇王西石

儿曹寡学，冒窃非望。猥辱翰贶，深荷盛情。儿懋修前过贵县，得望见下风，即承鉴奖，以馆阁期之，今果冒忝至此。伯乐一顾，遂成骏品。感谢！

　　弟德薄享厚，日夕慄慄，惧颠跻之遄及耳。顷者乞归，实揣分虞危，万非得已。且欲因而启主上以新政，期君臣于有终，乃不克如愿。而委任愈笃，负戴愈重，孱弱之躯，终不知所税驾矣。奈何！

　　伻来，谂慈闱多庆，福祉日臻。翁聚顺承颜，起居休畅。慰甚。人旋，附谢。别楮侑柬薄物，统冀麾存。

答河道潘印川

　　两承翰教，领悉。比者，平成奏绩，公之肤功，固不待言；然亦藉督漕同心之助。况河、漕归并，已有成命。则今之代江者，亦即以代公，不可不慎也。反覆思之，莫如洋山公为宜。此公虚豁洞达，昔在广中，仆妄有指授，渠一一取其意而行之，动有成功。则今日必能因袭旧画，以终公之功。一善也。官尊权重，足以镇压。二善也。留京参赞重任也，朝廷加意河、漕，特遣重臣以行，则在事诸臣，谁不奋厉？三善也。南中道近，闻命即行，不烦候代，则漕事不致妨废。且得数月与公周旋，同心计处，何事不办？四善也。公即旦夕回京，亦不过添注管事；骈枝闰位，何所用之？不如即代洋山，是身不离南中，可以镇异议，属人心。此中八座虚席，一转移间，又无妨于他日之柄用，于公亦有利。五善也。有此五善，虑之已审，故违部议，而请上行之。恐公不达鄙意，敢布腹心。

答宣大巡抚郑范溪

　　承示，哈酋东行已止，深慰悬虑。

　　顷者奉书，谓欲止其行，须得真情，晓以利害，乃中机括。今其本情，乃顺义左右欲借事远之。故公一为点破，而彼心遂悟。所谓咫尺之书，贤于十万之师也。仰甚！然细查虏情，顺义部众已离边圉，自此日多事矣。愿公之留意而熟图之也。

答山西徐巡抚

太原守投揭部院，自辩驰驿非其本意，悉由相知者差人护送。都台即欲据揭并参，不榖喻之乃止。原揭奉览。

盖闻智者不先人而后己也，仁者不危身以邀恩也。夫各抚按司道之公背明旨，而以传驿徇人也，冀以避怨而施德也。今既不见德于人，而又有累于己，岂不两失之乎？仁智者不为也。公尝告我曰："今内之纪纲政事，已觉振肃；而外之吏治民风，尚未丕变，则诸大吏不以实奉行之故也。"不榖深韪其言。今若此，非可谓之奉法也。以公之高明强毅，而犹若此，况其他乎？已矣乎，吾无望于人已！恃在知厚，直献其愚。《诗》云："他山之石，可以攻玉。"幸惟原亮。

答太仆罗闻野

向承示牧地事，即一一拟旨举行。

赵卿已该督府疏留，铨部覆允矣。乃又以乘传被纠，不得已为请恩于上，薄谴留用。渠果能终其事而有功，自不妨于他日之显擢。不然，将来宁无议其后者乎？须示以朝廷之意，令其加意策励可也。

更置阃属疏，已属所司议覆。

答南兵兼河道凌洋山

向承教，粤中经理，不辞再劳，具见公忘身徇国，不胜敬仰。后思彼中事体，近已略定。好议喜事者，知鄙意有在，亦自敛戢，而不敢复兴事端。今若无故易置，反觉多事。且瘴疠之乡，亦不忍再烦也。

河漕虚席，因忆公鸿猷伟略，优游留省，无以骋才。而河漕重任，比之东粤，尤为紧要，先朝尝特遣重臣经理。且二三年间，仆力主印川公治河之策，幸有成功。今仍须素有威望者继之，庶可以行仆之意，而终潘之功。博求中外，无如公者，故暂借经理。他日此中八座或虚，一转移间，其势又甚易也。恐公不达所以借重之意，而有外于左右，故略布区区，万望鉴亮。

查减会用夫马疏，大有裨于民生，已属所司议覆矣。

答湖广巡按朱谨吾辞建亭

承示，欲为不穀作三诏亭，以彰天眷，垂有永，意甚厚。但数年以来，建坊营作，损上储，劳乡民，日夜念之，寝食弗宁。今幸诸务已就，庶几疲民少得休息。乃无端又兴此大役，是重困乡人，益吾不德也。且古之所称不朽者三，若夫恩宠之隆，阀阅之盛，乃流俗之所艳，非不朽之大业也。

吾平生学在师心，不蕲人知。不但一时之毁誉不关于虑，即万世之是非亦所弗计也。况欲侈恩席宠，以夸耀流俗乎？张文忠近时所称贤相，然其声施于后世者，亦不因三诏亭而后显也。不穀虽不德，然其自许，似不在文忠之列，使后世诚有知我者，则所为不朽，固自有在，岂藉建亭而后传乎？

露台百金之费，中人十家之产，汉帝犹且惜之，况千金百家之产乎？当此岁饥民贫之时，计一金可活一人，千金当活千人矣！何为举百家之产、千人之命，弃之道傍，为官使往来游憩之所乎？且盛衰荣瘁，理之常也。时异势殊，陵谷迁变，高台倾，曲池平。虽吾宅第，且不能守，何有于亭！数十年后，此不过十里铺前，一接官亭耳，乌睹所谓三诏者乎？此举比之建坊表宅，尤为无益。已寄书敬修儿，达意府官，即檄已行，工作已兴，亦必罢之。万望俯谅。

答两广刘凝斋

近得闽中信，林贼去年十二月十五日与暹罗相疑，掠其船五只，走八佛丑海屿，在彼造船。此时柬埔寨与暹罗合谋图之，欲擒此贼以献，不知的否？果尔，公但以静待之，不必又差人往图，致生得失也。

答福建巡抚耿楚侗

借重闽中，已及三载。拟将简置内台，觊以助仆之浅薄。忽闻令先公之讣，无任忉怛。且二三年间，仆将复有明农之请，不能为国家早进贤俊，置之周行，即死有余憾矣。惟公罹此大痛，不审体中何如？幸割怀以礼自遣。

人旋，草草附唁。并以薄奠布之令先公几前，统惟鉴亮。

答保定巡抚张浒东

辱翰示，领悉。闻堡茂等卫，有站马军，深为民害。今驿传既清，则此项事似在可省。幸查明疏请，亦可推之畿辅诸郡也。

答司空陆五台

前沈翰撰至，辱手翰，情款蔼然，令人遐想。

春间扈从山陵归，乞骸骨，乃不获如愿，而属任愈重。阁东老牸，策鞭不休，诚不知所终矣！

儿曹寡学，冒窃非望。伏承嘉问，弥切愧悚。厚惠概不敢当，并前沈君所将，俱璧诸使者。拙稿末，有乞归本末，谩附一览。

又

今岁传胪小儿，即少时妄对"隐士绝无才"者也。公当盛汉之隆，而龙蛰蠖屈，不一建立于时，得无为儿曹所诮乎？一笑。

（懋修谨按：隐士无才谑语，乃是懋修童子时，侍业师高士及五台年伯于坐，业师出对示懋修曰："书生宜立志。"乃即对曰："隐士绝无才。"业师不嗔也。但改"无"字为"多"字，故一坐尽大笑也。）

答宣大巡抚郑范溪

驯夷之道，譬之蓄狗。驯则饲之，骜则箠之；箠之而驯，则又饲之。上谷虏情，微与云中有间。向来每从优假，以致桀骜。若竟从姑息，则狂猘无知，便谓我畏之而益肆矣。今该镇此处，极为得策，足以折其乱萌，挫其狂逞，且有裨于贡市不小，皆受公之成算也。承示，不胜仰慰。人旋，草草附复。总戎原帖纳上。

答三边总督

辱示虏情，一一领悉。套虏与云中、上谷，微为有间。款贡之议，始于顺义，故事每优假。套虏初求贡甚急，我固未之许也。后以顺义为之恳乞，黾勉从之。然一切约束赐与，皆与顺义不同；而彼亦不敢厚望。盖方以得请为幸，而无复横觊于望外耳。乃自顺义西行，见我厚抚而优遇之，艳于求索之利，遂蒙觊望之心。昨延镇即欲比例，求升官加赏。其意望渐赊，端不可开也。

夫套虏之求贡，不独利赏赐、关市也。方其未贡时，延、宁之间捣巢赶马，无岁无之。彼牧畜不得蕃息，老弱不得安养。又北备瓦剌，南防中国，其苦甚矣。自款贡以来，内无捣巢之患，外有关市之利，得以其余力从事于瓦剌。则贡市事利于彼乎？利于我乎？即使请求不获，亦不敢释重利而结怨于我。况其精兵健马，消耗过半。东借助于顺义不获，西修怨于瓦剌不能，其衰弱无能为之状亦见矣。故在今日，西镇诸公惟当坚持初约，稍事羁縻，而厉兵秣马以待其变，不宜曲徇其额外之请以自敝也。惟高明裁之。

又前语薛宪副，乃牧地事，非屯田也。近仗公措画，俱已周悉。赵卿被论，破格贳之。凡以为此，惟公策励之，期有实效而已。外具别幅，统惟鉴存。

答总兵戚南塘授击土蛮之策

前顺义部下酋长，密报土蛮入犯消息，即驰语蓟、辽军门戒备。数日以来，警息沓至，西酋所报不虚矣。不穀料此贼必窥滦东。今日之事，但当以拒守为主，贼不得入，即为上功。蓟门无事，则足下之事已毕，援辽非其所急也。贼若得入，则合诸路之兵，坚壁以待之，毋轻与战。我兵不动，贼亦不敢开营散抢，待之数日，贼气衰堕，然后微示利以诱之，乘其乱而击之，庶万全而有功。足下经营蓟事十年，今乃得一当单于。勉之！勉之！

辱示以破虏为己任，具见许国之忠。但古之论战者，亦不全恃甲兵精锐，尤贵将士辑和。和则一可当百，不和虽有众弗能用也。窃闻北人积愤于南兵久矣，今见敌，则必推之使先，胜则欲分其功，败则必不相救。是足下之士，能战者无几耳。军情乖离，人自为心，鼓之而弗进，禁之而弗止，虽有严刑峻法，将安所施？羊羹之事，可为明戒，足下宜深思之！时时查军情向背，布大公，昭大信，毋信逸言，毋徇私情；毋以喜行赏，毋以怒用罚。部署诸将，宜令食多而养厚者当先，毋令失职怨望者当剧处。虚心受善，慎毋偏听。察军中如有隐郁，亟与宣达。平日号令，如有未妥，不妨改图。士卒毋分南北，一体煦育而抚循之，与最下者同甘苦。务使指臂相使，万众一心，知爱护主将如卫头目，则不待两军相遇，而决胜之机在我矣。如是，乃可以一战望成功也。惟足下预图之。

不穀平生料事，往往幸中。凡所与足下言者，须句句体认，不可忽也。

（懋修曾记破家时，有一部堂讯狱曰："汝先大夫与戚帅相结，凡有书问，虽夜中开门递进，意欲何为？莫非反状乎？"懋修答曰："边烽警急，宰相或不得坚卧不省。"部堂意阻。今观先公与戚书，留神若此，宜人之致疑也。然戚师废殁后，朝议犹以名将称之，录用其子。于是见公道非私比矣！）

答藩伯徐中台

承示，大监圣公横索驿递。今内官、勋臣小有违犯，动被绳治。而圣公所过，百姓如避虏贼，有司亦莫之谁何，以其为先圣之后也。夫圣人秉礼为教，志在从周。假令生今之时，亦必斤斤守朝廷之法，不可逾越，况其后裔乎？后若再行骚扰，亦宜一体参究，庶为持法之公也。

答南京守备枢使乔诚斋

辱华翰，深荷雅情。别揭所言驿传宿弊，可谓曲尽。大疏即属本兵议覆，必痛加厘革，而后积蠹可除，地方蒙利也。公事事留心，具见忠猷。不穀忝辱素爱，不胜欣仰。

答藩伯贺澹庵

辱示，领悉。六合之事，抚按俱有行，未必尽抚君意也。昨奉明旨，止用迎送一节，为邑令罪，并不深究所迎送驰驿之人，凡以为执事也。况领敕官，自合乘传，于例何违？承示，追寻往事，似属过疑。宦海茫茫，萍踪偶值，或顺而交合，或逆而相撞，亦适然耳，久之皆成乌有矣，何足为欣戚乎？君子履信思顺，平心率物而已。其于世有合与否，命也。若如执事追往虑来，冰炭满腹，宇宙虽大，何以自容？

向者晋中贡士，黜者已三人。不穀为执事虑，故急以奉告。此自出不穀相为之衷，亦绝无所闻也。楚中徯望已久，幸遄发征麾，以慰引领，无事盘桓。原勘合奉纳，诸惟鉴存。

答浙江吴巡抚

公起郡守，用治行异等，二三年即拜中丞，列于九卿，开府两浙，此主上之殊恩也。未有勋庸以报知遇，即纳履而去。忠义之士，固如是乎？古人有官守者，不得其职，则去。朝廷举数千里膏沃之地，畀之于公，言必行，计必用，何事不可为？何功不可就而必欲去之以为洁，岂朝廷有负于公耶？

或曰：公昔以举刺劳方伯事致隙，今见劳亦大用，内不自安故去者。此又非大人之弘度也。廉、蔺，寇、贾，亦居将相，势不兼容，犹先公后仇，以济国事。昔公与劳，徒争礼让微节，非有宿怨深雠，不可解之衅也。今公处浙，劳处闽，壤地悬隔，画疆而治，又非有同居并位不兼容之势也。萍浮江湖，一掩而去，即随风分泊矣。何嫌何疑，而必欲相避耶？明主在上，方翕受敷施，循名核实，以兴太平之治。望勉旃，毋自损，以孤舆望。

公之简用，仆所荐也。窃恐执事者不究于忠义之节，而湛于世俗之见，以扞当时之文罔，则仆亦将有连坐之累焉。书陈，惟执事图之。

答宗伯董浔阳

贤郎春元至，再辱台翰。词旨愈温，意义甚厚，执礼愈下，垂奖愈隆，甚非浅薄所能堪也。捧读再三，感怍兼抱。

儿曹徼时厚幸，并登仕版。而懋修又躐居文孙之首，簸扬糠粃，殊为惭汗。闻之申相公云：翁年逾七袠，鬓发如漆，精神步履，新锐少年弗逮也。何得天之厚如是哉？顾经纶之业掩于当年，则以付之贤郎令孙矣。

承惠，谨领白粲、佳绵，余辄归之主藏。推食饱德，挟纩怀恩，何所报！贤郎旋，附谢。别具侑柬，统惟鉴存。

答南学院李公言得失毁誉

陈道长差人至，辱华翰，领悉。

"秉公执法"，乃不穀所望于执事者。欲称厥职，但力行此四字足矣。至于浮言私议，人情必不能免。虽然不容，何病？不容，然后见君子。不穀弃家忘躯，以徇国家之事，而议者犹或非之。然不穀持之愈力，略不少回，故得少有建立。得失毁誉关头，若打不破，天下事无一可为者。愿吾贤勉之而已。

答台长陈楚石

差人至，辱手谕，一一领悉。

巡检官职虽卑，关系甚重。此官若得其职，则诘盗察奸，功居地方有司之半，非浅鲜也。况近奉旨清查路引，严谨关隘，则此官尤当加意者，亟宜题请修复。余具别楮，统惟鉴存。

答审决江南帅御史

承问新旧强犯，应决应辩者，遵旨从事，无容别议。惟中间人非善良，而赃属影响，事起株连者，诚难便决。宜再加详鞫，另作一疏，开其可生可死之迹，欲杀不忍之状，请旨裁夺。或照恤刑例，饶死充军；或姑照旧监候，以俟日久，或得真情云云。则积年重辟，可以开销，然亦不可多也。鄙见如此，幸惟裁亮。

答大同巡抚贾春宇

仆平生好推毂天下贤者。及待罪政府，有进贤之责，而势又易以引人，故所推毂尤众。有拔自沉沦小吏，登诸八座，比肩事主者，不可胜数。然皆不使人知，不望其报，何公之惓惓于仆也哉！夫士为知己者用，女为悦己者容。仆之于公，非敢僭谓知己也，而公以知己待仆。夫使公诚以仆为知己也，则古人之所以酬知己者，固必有道矣。

腆贶终不敢当，仍璧诸主藏，幸惟鉴原。

又

黄酋桀骜，殊为可恶。然闻此酋素狂躁无礼，倏喜忽怒。彼见其父病中与之修好，遂鱼然妄言，然非有谋画素定也。但安静以驭之，严备以待之；毋轻徇其请，毋激致其怒。彼计沮气衰，将自敛矣。近闻已就羁绁，入市有日，未知究竟何如？

答宣大巡抚郑范溪

两奉华翰：一言顺义求讨，一言黄酋桀惊。详观来文与公回谕，悉与鄙见悬合。敬服！

黄酋狂躁，反覆不常，乃其故态。其言作反，未必实有此谋，但虚吓耳。惟安静以处之，严备以待之。久之计沮气衰，伎俩已尽，自当入苙矣。彼不来市，我亦省费，不必责其来补；但移书顺义，责以负约，使屈在彼。彼敢来犯，即简锐击之；若不来犯，亦不必往讨也。

又闻王把总者，颇非忠信，阴阳其间，以规重利，其所言亦难尽信也。今想已就羁绁，得胜市，不知何时可竣。

答张巡抚濠滨言士称知己

仆生平好推毂天下贤者。及待罪政府，有进贤之责，而势又易以引人，故所推毂允众。有拔自沉沦小吏，登诸八座，比肩事主者矣。然皆不使人知，不望其报，盖荐贤本以为国，非欲市德于人也。乃今为仆所引拔者，往往用馈遗相报。却之，则自疑曰："何疏我也？"及不能殚乃心、任乃事。被谴责，则又曰："何不终庇我也！"凡此皆流俗之见，非大雅之材也。

夫士为知己者用，女为悦己者容。仆于天下贤者，非敢妄为知己也，而人谬以知己相待。嗟乎！使诚以仆为知己也，则古之义士所以酬知己者，盖必有道矣，岂在区区礼文之间哉？且圣贤论人，与其进而不与其退。萧相国以韩信为贤则追之，后见负汉则除之，凡以为公而已。岂一经荐拔，遂尽保其平生哉？

承华翰云云，类以仆为知己者。其所自期，皆古大贤烈士鸿抱，非流俗人所可望也。仆不胜欣服，故敢冒陈其区区，惟执事者览择焉。

答两广刘凝斋

承示，林贼复自暹罗逃去。据彼国报，虽已丧败，然犹能据岛造船，为入倭之计，则其势尚强也。琼山去彼不百里，踪迹易知，将坐待而擒之乎？抑出奇以致之乎？去岁承教，谓不出今年，必缚此贼。在公必有胜算，仆不敢遥度也。

答大同巡抚贾春宇

辱示顺义并恰酋番书，领悉。黄酋孤穷之虏，无马可市，但肆言恐吓，欲白骗耳。今既稍有所获，来市恐未有期。其市不市，亦无足为轻重，不必固要之，中彼要挟之计。然此虏轻躁寡谋，骄盈已极，若以计图之，亦可获也。

蓟中近来防御甚严，昨承教，又已申戒之。时已迫冬，尚无结聚之形，或不能大举，然儆备无时敢忘。辱教，谢谢。人旋附此。诸番文三件，纳还。

答蓟辽总督张崌崃

辱手翰，领悉。谂节钺临边，夷情安妥。慰甚！

黄酋近闻已赴西市，惟镇静以处之，彼之伎俩有尽，终当入彀也。差人回，渠有何说？若只寻常诳赏之言，惟付之不闻耳。

土酋已入辽左，蓟门亦甚戒严。西酋诸部皆有随行者。闻顺义宿疾又发，冬春之间，恐难起也。

答陈松谷相公

往者肃币奉祝，殊愧不虔。乃辱台翰远贻，深用为歉。

谢疏已如命封进，旋奉宸纶眷誉，书之史册，焜耀百祀矣。正猥以疏庸，谬肩艰巨，恒有颠仆之虞；又久握魁柄，日夕兢兢。向者乞骸之请，万非得已。今奉圣谕，暂尔羁留，明岁将复寻初志焉。辱在门墙，敢罄私曲。

答翰学陈玉垒

伻至，辱华翰，深荷雅情。诸所奖许，虽极为过情，读之愧汗；然于不穀惓惓许国之丹，则可谓独观其深矣。他年愿乞公言，铭吾墓焉。感谢！感谢！

询之来使，知我师翁福履茂绥，神理愈王，耄期之寿，勿问可知。

公昔者亲承天宠，奉尚方之朋锡，万里归欢，乃人间稀觏之盛事。宁亲之心，已无不罄矣。简书有严，尚当遄发征麾，还事讲幄，勿复依依久恋庭闱也。

答宣大巡抚郑范溪

辱华翰，领悉。近闻青把都、白洪大俱遣其心腹人于顺义处议事，不知所议何事也？幸差人密侦见教。余冗不悉。

答宣大蓟辽边镇传备边

正月初五日，上斋宿于文华殿。是日大风黄尘蔽天，上遣文书传谕云："今日风气不样，恐有边事。与先生说，可申饬边臣，加意儆备。钦此。"谨传示左右，幸钦遵施行。

答宣大巡抚郑范溪传备边

青酋等见顺义，本为己事，其言属夷盗马云云，仆前书奉启，固料其为托词也。公所以应之，极为得策，仰甚。

黄酋部众作贼，我所擒者，系彼至亲，谅所欲得者，且勿轻与之。待顺义罚处如约，另立誓词，将往年横索等项，一一改图，然后遣之。

前奉圣谕，方以边事为念。会华翰至，即封上御览，以见公筹边之功。此后如有重大虏情密示于仆者，宜具衔禀报，当即以原帖封奏也。若十分要紧事情，即手书无妨。惟鉴亮。

答蓟辽总督张崏崃

青酋见顺义，原为己事。乃索我通事，托言属夷，殊可恶也。如再来缠扰，只以礼拒之，毋曲循其情，致堕奸夷之计。

来谕谓战可恃而后和可坚，最为得策。惟公着实行之，不徒为目前支吾之计，边围幸甚。青酋东行祭神，亦往年常事，但载甲以行，委属可疑，已行该镇防备。

北路缺，未奉命之先，本兵已推董一元，此人亦可用也。

答宣大巡抚

前据蓟报，满五大等往属夷营祭神，到即入犯，其来甚速，盖掩我不备也。

青酋狡诈多端，与东房合从，情状已实；但其身未亲行，故往往用以自解。宜时时侦其向往，以便防御，未可遂信其无他也。

闻去年黄酋欲作贼，问于顺义。顺义亦答云："宣、大是贡市地方，不可轻动，他处我不管。"推此言之，则虽顺义亦不能尽缚诸酋手足也。

宣帅已属本兵留用。此君论才可用，若素行诚为欠端，贿求钻刺，皆有实迹，先后开府，未有不中其饵者，今但取其才耳。然今后亦须奋励自检，以保晚节。此时宣、大无警，为将者亦不专取勇敢；抚绥士卒，缮甲治兵，必廉而爱人者，乃能得士心，备缓急。若徒以其剥下媚人，谄谀钻刺，猥云有才，缓急宁足赖乎？恃公知厚，幸惟秘谅。

答蓟辽总督张崏崃

青酋既认二弟东犯，亦见畏顺。俟其回巢，罚处为当。然此酋与东房合从，不独今岁为然，今虽罚惩，恐亦不能终禁。此后但责令探得东房作贼的耗，即飞报我知，使我得预备，亦足以明彼心迹。即去秋土蛮入辽左，其中亦岂无贡市之夷。幸大同、山西于市场上侦得消息，密以告仆，即亟戒蓟、辽，整旅以待，故无大失。然亦未曾深究西虏也。番文奉返，诸惟鉴存。

答南科吴公琯

张真人事，委为过举。初时发自慈闱，不觳未敢骤谏。比因大疏至，乃从容为上言之，即荷俯从，追回差去内臣。然不欲以疏寝命，别拟旨行，其实盖从谏官之言也。此真盛德事，亦宜令宣之，以彰圣德。余惟鉴存。

答蓟辽总督张崌崃

辱示，青酋既有罚处二弟之意，宜就机告于顺义处之。

黄酋之不直东虏，岂是忠心？彼盖亦欲效东虏所为，顺义所制不得肆，见东虏东掠西市，两利并获，故不平于心耳。渠去秋在云中亦曾明告顺义，言欲作贼。顺义答之云："宣、大是我买卖地方，汝不可胡做，别处我亦不管。"观此，则其心岂不欲为东虏所为者耶？公所谕其来使，词严义正，足以尊朝廷之体，消逆乱之萌。须着落顺义处之，彼虽老，素为诸部所畏也。

鄙意初谓不必奏闻，后思其事关系颇重，似非诸公所能自了者。待计划已定，期于必遂，乃以上闻可也。然犬羊无信，惟利是趋。即经此处分，他日亦不能缚其手足。此后宜责令侦得东部约从消息，即飞报我知。在彼得阳明其心迹，在我得阴为之备。即今秋土蛮纠众犯辽，其中亦有西虏。幸贾大同、高山西于贡市时，得此消息，走报于我，即亟儆该镇，预为之备。故虏虽众，而在我无失。比者，宁前虏原不多，而在我反有损折，此其豫与不豫相远矣。近得郑公书，只云青酋部众东犯之事，未审虚的。此言过矣。夫虏，犬羊也，能保其不变乎？蓟镇属夷，岁岁入贡，亦岁岁作贼，辽人不能归咎于蓟镇，岂能责望于宣、大乎？夷情多变，惟在随宜审处之耳。

卷二十六　书牍十三

答藩伯金省吾

惟公雅望宏抱，正宜及时树立，以副凤昔期许。乃欲为高蹈，非所闻也。

答三边总督部文川

承示，三镇侵欺各犯，俱属计曹，一如所拟题覆，赃俱免追；内有应决数人，亦从末减。数十年痈疽，一朝溃决。惩奸之义，赦罪之仁，斯为两得。公之造福于西人，德泽深矣。

答司成姜凤阿

昔在词林，宿承休问；中见青蝇点璧，每切不平。虽曾属意台臣，力为雪涤，然不能招遗贤于蒿轴，致逸足于衢逵。斯孔子所谓"知柳下之贤而不与立"者与？愧歉。

儿曹寡学，幸与哲嗣同登，奕世之交，殆亦非偶。伏承翰贶，感今怀昔，益用怅然。迫冗，久稽裁谢。

兹公子锦旋，附致区区。厚意先已归璧，统此申谢，诸惟鉴原。

答翰长公东塘

比者，计吏忽闻浮议纷如，莫知其所由兴，不得已，有此处分。兹辱翰示，不胜歉恨。然词林前辈蹶而复振者，不可缕数。愿且戢翼卑栖，翻飞固有日也。

答宣大巡抚

两承翰示，一一领悉。青酋事，得顺义罚处，而中国之体自尊。古称虏之难制者，以其迁徙鸟举，居处饮食不与人同也。今乃服吾服，食吾食，城郭以居，是自敝之道也。夫、车决不可从，或量助以物料，以少慰其意可也。

公晓谕三书，皆中机宜，具服伟略。番文纳上，统惟鉴存。

答两广总督刘凝斋

有或言："罗旁东西三县垦田，原题三年起科，但连岁多事，耕牧尚鲜，承佃者又多隔郡之人，若必照原议，恐力不能办。昔蜀中九丝平后，亦未有三年即征税也。似宜调停少宽之，庶招来之民，得有定居。"其言似亦可采，惟尊裁之。

林贼近来消息何如？恐又成乌有也。

答大同巡抚贾春宇

辱示虏情，谨密示东镇，预为之备。

东西夷人，原是一家，犬羊之性，惟利是视，安能缚其手足，使不东行？惟知之速，备之严，使入而无利，则虽驱之，亦不肯从矣。

今三卫之夷，朝入贡而暮犯抢，朝廷未能一一诘治之也。而欲责之于新款之虏，能乎？顺义筑城，是自敝之道。其所求人夫、车辆，固决不可许。若物料，量助之，以慰其心可也。

凡公所密示札，皆藏之于心，一语不可泄也。

答蓟镇巡抚周乐轩

李帅出塞之功甚奇。又值大阅之时，戎车未逾于阃阈，皇威已震乎遐陬。慰甚。本兵方按故事论功，必有显陟矣。

近每侦得西镇虏情，即驰报督府，冀有戒备，远不及一一奉达。昨议处兵饷等事，部中犹执成说，吝于出纳，特奉俞旨，两河官军感恩图报，当有激于衷矣。

承示大察，无根之谈，不知所自，随已消灭，不足芥蒂也。前与督府书，偶因他事言及，不意遂闻于左右。仆所推毂保令天下士其众，安能一一使知之乎？

答应天张按院

辱示运官被劫事。顷苏、松按院，已直将本官论劾。若不得大疏存此说，则覆盆之冤，谁与雪之？该府素善隐匿盗情，陷人于死，而规脱己责，有人心者不为也。抚按地方，凡事当一秉虚心，不宜有所偏私，致乖理法。

近日顺德府唐山盗情，与德安王宫失火，皆以地方官欲避罪责，致使数十人破家亡躯。皆不毂知之，力与申雪，始获生全，大略与此事相同。今当并行漕运衙门，虚心勘问，庶无枉纵也。

答应天巡抚孙小溪

辱手翰，领悉。伏谂令望日隆，群情帖服，慰甚。

闻丹阳运官被劫，访之舆论，咸以为实。而地方官避失事之罪，径坐运官以侵欺。原该府素善隐匿盗情，仆已久闻之。然规脱己罪，而陷人于死，仁者弗为也。愿公虚心秉公，密加体访，毋使覆盆之下，致有遗照。

答宣大巡抚郑范溪

辱示，恰酉东行已止，黄酋病革，皆边疆之利。公所处画，悉中机宜。人旋，草附。

答巡抚刘公国光

前大疏，首列窃盗三犯六名，比附律条四名，后开窃盗总数云一十名，是并比附者为十也。及开撒数，有连招二名，适符疏首六名之数，而止云四名。故旨云："总、撒参错不明者。"以此，非谓少"四起"二字也。

圣明在上，庶事精核，故仆不敢隐蔽。然公本欲了积年成案，励精职业，此不过文移小失，所谓"观过，斯知仁矣"。即如蓟州武职，以抚赏官银事，被诬永戍，既以辨雪，乃沉埋七八年，不与题奏，亦至公始与完结。此仆所深敬也。恐公不详所以，或生疑虑，敢布腹心。

答周府宗侯西亭

叠辱翰贶，深荷雅情，谢谢。

《高庙圣典》，纪录详备，便非宋二氏所及，即付史馆采录。顾不毂原题，止据《训》《录》所载，方敢进览。他书虽传信者，亦不敢入。则门下此书，固无妨于独行也。

承惠《李氏易解》旧本，谨珍藏之。余辄附使归璧。

答翰长张公程

昔三小儿书来，深念执事谪迁屈辱，亟属铨部，引实留曹。不意再罹宿谤，恨隔远，无能预为消弭。兹承翰示，不胜悒快。愿且顺时自遣，翻飞固有日也。

答庐凤按院陈公用宾

凤阳火事，已从宽宥。官银被盗，诬指厂官侵匿，坐令赔偿；若非真盗擒获，则覆盆之下，岂无遗照乎？宋伯华之罪，不可宥也。

近闻江淮多盗，有司隐情积习，牢不可破。如运官李焜被劫事，人皆以为实，而诬以侵欺，实之重典。规脱己罪，陷人于死，忍亦甚矣！抚按以精核吏治，摘发隐伏为职。朝廷明见万里，傥于他处发之，则当事者无所逃咎矣。

辱在知己，辄尔直陈，统惟鉴亮。

答按院张公简

手教领悉。近闻大江南北，盗贼纵横，有司皆匿不以闻。镇江之事，远近皆知。且闻南都已获真贼，而抚按官亦竟置之不问。丹阳运官被劫，而以侵欺之罪，坐于运官，实之重典。此习不祛，将来盗贼愈滋，官司莫之敢诘，必酿成元末大患。此区区所深忧也。

又近来江防稍觉废弛，盗贼之多，盖有由矣。

答郑范溪

辱示，老酋既有悔改之意，宜相机抚处。渠有妻丧，亦当吊慰。一操一纵，在公自有胜算矣。

番僧失给钦命、图书差误，皆须奏改。夷情不得承讹袭误，致失绥怀之道。

答宣府张巡抚

辱示夷情，具悉。青酋既自认罚处，因而收之，甚善。但顺义亦须与之会议，盖彼为诸部之长，虽老，而众心归之。若一属之青酋，则彼以我为外之，从而阴阳其间，或至差池。但密许青酋以收其心，而仍令归结，则两得之矣。

承示马价，谨悉。前所开三君，他日皆可用。昌州未谙边事，仆初无意用之，公何所闻？人旋，草复。

答抚院辛公应乾

承示赝书，不胜骇异。仆从来不以私干人，内亲中亦无所谓李应龙者。此必京师棍徒局骗木商者也。乞将投书人，重箠枷号，仍严提木商人等，鞫审来历，照例问拟，具招见教，庶便寻究除根也。

近来奸徒，诈冒愚父子者甚多。相知诸公，虽谂知其伪，竟从宽宥，又不以告我，致使奸伪纵横，白受污玷，鄙心深以为恨。兹承照察垂示，此公相信之深也，感戢。但此书文理乖谬，图书字迹，迥不如式，乃奸人之最拙者，辨之犹易耳。尚有巧诈乱真，疑似而难辨者，更望审察。惟谅仆平生硁硁之节，于人绝无私语，绝无干托，则奸人自无所售其诈矣。

原书纳上，草草附谢。

答蓟辽总督郑范溪

两奉翰示，知老酋深悔前非，其意甚善。彼既有迁改之诚，自不必深求矣。

虏性贪利，一时乞求不遂，顿发恶言。然彼岂能弃重饵而食前言乎？况衰病侵寻，意在偷安旦夕耳，亦何能为？公驭之，操纵张弛，极为得策。

答应天巡抚孙小溪

辱手翰，以忠耿自誓，无任竦服。先朝名臣，所以铭旌常、垂竹素者，不过奉公守法，洁己爱民而已。愿公懋之。

镇江贼情，乃去秋事。九月间，南都获巨盗蔡朋等，供系劫贺氏贼，已发苏州府审认。仆从去年即知之，而云发于十月，此该府欺公也。前屡奉明旨，宽捕盗之限，又许以别起抵数，立法未尝不宽。惟是隐匿者，必从重治，恶人臣之欺也。奈何此习牢不可破，而该府为甚！似欲规避罪责，遂纵贼不捕，故至今不获一贼，殊可恨也。如此不禁，将使盗贼益无所惮，被盗者不敢声言，以致酿成元末大患，皆有司避罪一念为之也，奈何视为细故哉？

又闻句容亦有越狱事，逸囚已获否？统惟查示。

答南台长郭熙宇

辱示。大疏所刺，殊快公论，即属所司议覆矣。

答翰长公东塘

辱华翰，领悉。今虽暂抑，翻飞固自有时。词林前辈，蹶而复振者，不可胜数。即宜诣阙听补，无事徘徊也。人旋草附。

答山东巡抚何来山

清丈之议，在小民实被其惠；而于官豪之家，殊为未便。况齐俗最称顽梗，今仗公威重，业已就绪。但恐代者，或意见不同，摇于众论，则良法终不可行，有初鲜终，殊可惜也。今虽借重冬曹，愿公少需，以毕此举，慰主上子惠元元之心。

答河漕凌洋山

近闻淮、凤民饥，主上览南科疏，恻然兴念，急发南储以赈之，并及江南，以广布上德也。行后，闻南中二麦有收，岁以无祲，慰甚。安东仍旧，未为不可。大疏，即属所司覆议。

顷得河南抚台揭帖，言宿州贼情，谨封附一览。此地古来多盗，若如来揭所称，殊为可骇，宜及早扑灭，勿致滋蔓。

李焜事，彼中抚按皆坚执以为乌有，必不拿贼，殊可笑也。虚心体访，久当自明，惟公留意焉。

答河道巡抚褚爱所

承示所刺属吏，大抵皆房河东论劾者。想感于陕西牛希尹之事，虑人以为隐蔽也。

窃以为事理不同，难以概论。前牛希尹与督抚同居一城，敢行贪肆，陕西二司乃不以其赃迹，开之本管督抚，而远开之于隔省巡盐，故旨中一诘问之。今房河东差满，例行举劾，与前特疏论列者不同；又无河南二司开揭之迹，何嫌于不发乎？以理揆之，本省抚按于属吏为亲，其贤否知之为确；巡盐等差兼辖者，访之未必实。如有亏枉，在本管抚按，犹宜为之申雪。若彼此约会，务为雷同，则特立独行之士，宁不为众毁所铄乎？

又近旨："申明先审后劾之例，望着实奉行。"此后吏治，当益精核矣。

大疏以中州逋赋，请恩蠲贷，计曹题覆，未能尽从。顷面奏主，恻然兴念，涣发德音，悉行豁免；并大疏所不敢请者，亦破例蠲恤。此主上浩荡之恩也。

永城贼情事，殊为可骇。顷即移书淮扬抚按，亟为协捕。此地古来多盗，不早扑灭，将至滋蔓，不可不虑也。

答宣大巡抚贾春宇

前参宗室出城疏，即属都台议处，会科中亦有疏论拟，俟其入京，当尽法重治之。然料其故作声势，为挟诈之计，无意越奏也。今果中道而返。窃思彼既已喙兑，难尽从越关之例，止可将为首者重惩，余姑末减；而行查教唆主使之人，以伐其隐奸。斯亦足以示儆矣。

凡今朝廷旨意，一字一言，皆有含蓄、有关系，非谩言者。抚按诸公肯细玩而力行之，何事不办哉！

徭役册，谨领。

答郧阳巡抚杨本庵

承示，欲为仆建坊表宅，深荷雅情。但数年以来，愚父子表坊，已六七座。仆无德于乡人，而损公储、劳民力，日夜念之，寝食靡宁。今诸役已就，冀少宽民力，若又兴此役，是重仆不德也。况诸所应有者，已横溢无少欠缺，何事滥予以病民乎？万望俯量愚衷，亟行停寝，得遂所辞，逾于百朋之惠矣。已寄示敬儿，即台檄已行，大功已举，亦恳请已之。

使旋，附此陈控，并谢盛爱，统冀亮原。

答总督张崏崃计虏酋钤束其支属

贱眷小儿至京，猥辱垂问，深荷雅情。

马王大二酋横索事，前偶有闻，即以奉询；兹承示，始知其详。中言"自甘罚处"云云，此不服顺义、青酋钤束也。然青酋乃一枝之长，顺义又诸部之长。青酋则兄弟，顺义亲则叔也，尊则王也，可不受命乎？朝廷驭下，以大制小，以尊临卑。若与其卑小者交关行事，则尊大者无权，不能领众，天下日益多事，而朝廷体统亦甚褻矣。华、夷一体，宁可乱乎？愿公熟计之。

麻帅素称智勇，若能擒此虏，当以斩馘之功赏之。但须秘图，不可轻动也。

答河漕凌洋山言赈济捕盗

前主上偶闻南科疏，恻然悯念，遂下赈济之令。如户曹所拟，南部所发，惠岂能周？承示，惟查灾重而麦又无收者，方与赈恤，则仁有所先，而全活者众。幸甚！

李宪副笃实君子，但以久病乏嗣，每怀归念，故假金紫以荣之。幸公为之题请，获遂所愿。

外新升徐州同知丁景芳，虽出身刀笔而有异才，极善捕盗。前在江西，擒花园巨盗；升宁州判官，又有功。昨起复赴部，会宿州地方多盗，仆属铨部，即升补宿州。乃太宰误听，以宿州为徐州，遂升徐州同知，用违其才矣。公视其果可用，不妨改处也。

答应天巡抚孙小溪言捕盗

承俯询奏报贼情事，谓别处不报，而独责之江南，似以朝廷为多事烦苛者，是未细绎前旨也。

夫奏之与报，事体不同：奏谓奏闻朝廷，报谓申报上司。详前旨云："抚按严督兵备等官，整饬武备，时尝体访。如有盗贼生发，务要实时从实申报；重大者奏闻，宽限设法缉捕。"夫谓如存盗发，实时申报，则不问城内外，皆当申报上司矣。谓重大者奏闻，则非重大者，虽城内亦不奏必闻矣。然盗发虽有远近，贼情虽有大小，抚按皆当一体严督有司，设法缉捕者，此旨意也。

昨镇江之事，朝廷原未责其不奏，但恶其不报，及报不以实耳。贺氏之贼，发于去秋，而今岁三月间，抚按始知之，是曾申报否乎？南都已获蔡朋，行该府缉捕伙盗，而该府不认，以为乌有，是曾失事否乎？范良吕、袁漳等家被盗，皆以未尝失财为解，乃其赃固获于浙中也，其所报实乎否也？江南以隐匿盗情为常事，数年之间，一发于扬州，再发于太平，今三发于镇江。至使失主被伤而不敢承，大盗公行而莫之问，则法纪荡然矣，别处曾有是乎？朝廷以四方之耳目为耳目。今地方官挟同欺罔，抚按耳目已尽为所涂。乃朝廷别存所闻，一行诘究，遂以为多事，为烦苛，是欲使欺隐之弊，驯至如秦、元之末季而后已也。

承问，敢直陈其愚，幸惟鉴原。

答蓟辽吴环洲

辱示虏情，一一领悉。辽左黠夷横索，法不可纵，须熟计而审图之。昔年王杲事，动出万全，故至今虏众帖服。昨得周巡抚书，其言迂缓而无当，幸密授李帅计处。前辽阳事，损吾士马甚众。今亟宜措画，以备秋防。

若曹箪之轻躁寡谋，免死为幸，亦宜重惩，勿事姑息也。

答两广刘凝斋

承示罗旁新县税粮事，始知其中委悉。当时措画草率，惟务垦地起科之名，不为经久之虑。那借凑补，徒支吾日前，何以善其后耶？似宜明言其弊，定为长计也。

答宣大巡抚贾春宇言边事

承示，顺义诸酋，表贡已入。夷情益加恭顺，慰甚。早市因惩于昨年之失利，但恐别有隐情，亦望密侦见教。五月末旬，京师连朝甘雨，塞下不知何如？

前承教，梅宪副别转，欲以王即代之，甚善。奈铨部已别有推用，难以再更。王君当处之囊中，俟从容简拔也。边缺不能停久，此后公有欲推毂者，宜预期见教；俟有缺而后图之，晚矣。

萧上毂邀，过贵镇面订边事，甚善。事有当密议者，不妨先以见示。然仆凡处事，初无一毫成心，理之所在，舍己从人，亦无一毫系吝。况边事关系甚重，须彼此虚心商量；又不可谓事出鄙见，黾勉相从，不复质论也。

答四川巡抚张濂滨

承华翰及颁布条约，一一领悉。但导民以行不以言。孙子云：约束不明，申令不熟，将之过也。约束已明，申令已熟，而士不用命，则士之过也，杀之无赦。故能使妇人女子皆赴汤火，冒白刃而不避。今治吏亦然。科条既布，以身先之，有不如令者，姑令之、申之；申令已熟，则不问官职崇卑，出身资格，一体惩之，必罪无赦。如是，即欲今之为吏者，皆龚、黄、卓、鲁可也。若徒以言语教诏之，虽门破唇焦，毕竟何益？

且昔之治蜀者，皆以严效，远则诸葛孔明、张乖崖，近则王浚川。

语曰："不习为吏，视已成事。"狂瞽之见，惟高明择见焉。

答巡抚辛慎轩

辱示，知畿辅饥民，已蒙赈恤，慰甚。顷甘泽已沛，未知沾足否？

矿洞事，前偶以参将所控，附闻以俟鉴访，非敢有所庇。如其事果实，自当追论，但免其提究足矣。且杀伤官军，声势不细，亦宜奏闻，不可隐也。

答王西石

贱日，猥辱垂念，贶以厚仪，不敢例辞，辄用登领，谢谢。

年来贱体日就衰惫，望六之龄，理固宜尔。兼之力微任重，求释不得，譬马力已竭，强策鞭于修途，诚不知其所终矣。缅怀高蹈逸踪，岂胜叹羡！老母仗庇粗安，虽时有小疾，疗摄旋愈，但日夜思归。每谈及太老夫人福履遐龄，庭闱乐聚，啧啧欣慕，恨仆不如公之孝养深笃也。贱眷、小儿四月抵都。小孙重润，近觉稍壮，旧患渐除，但力弱，尚未能行立耳。

远辱垂念，深荷雅情，使旋，附谢。别楮侑柬，殊愧菲亵，统惟鉴存。

答宣大巡抚郑范溪

顷两奉翰示虏情，一一领悉。此事顺义既认罚处，庶可结局。但青、满二酋，终非驯物，在上谷须时加儆备。寻常抚赏，无失恩信，但来作贼，即执而戮之。彼款顺得利，而作贼有害，自然帖服矣。

五台布施之请，自方金湖在镇时已言之，仆皆不允，恐虏入内地，启衅端也。今闻彼不差头目，但差喇麻僧二人来此，亦或可勉从，但须不带一虏乃可。然且未可轻许，若已阻之则已。如再以为恳，可婉谕之：
"此事我边臣不敢擅专，当启闻政府某公，面奏圣上，奉有俞旨，乃可如
议差人来也。"

答山东巡抚何来山

辱华翰，知东土岁丰民安，无任欣慰。

清丈事，实百年旷举，宜及仆在位，务为一了百当。若但草草了事，
可惜此时，徒为虚文耳。已属该部、科，有违限者，俱不查参，使诸公得
便宜从事。昨杨二山公书，谓此事只宜论当否，不必论迟速，诚格言也。

大蠲之举，仆日夜以为念。俟各处清丈俱完，或另有一正大题目，
然后请旨行之。

差役文册，略览一过，具见经理之密。中间处分孔氏朝贡一节，极
为得中。然仆窃以为今亲王俱不朝贺，孔氏何必亲行？朝廷亦不必借此以
为重。渠每岁一行，族人佃户，科派骚扰，不胜劳苦。沿途生事百端，军
民避之，无异夷虏。及至京师，淹留数月，待私货卖尽，然后启行，此岂
为观光修贡者耶？窃以为宜如王府例，每岁只差人进马入贺，不必亲行。
或当朝觐之年，预期奏请，得旨而后行，亦为简便。公如以为可，疏请
之。若今岁，则彼听勘未结，自不宜来矣。

答宣大巡抚郑范溪

承询各酋贡马，既陆续俱至，即宜照节年事例进贡。

满酋一枝，须候顺义罚处明白，请旨赦宥，然后许其补贡，庶不失
中国之体。番僧原无贡马事例，贡市既完，量行赏赍，以示羁縻，出自特
恩，未可遂为年例也。哈酋另敕，事理亦可从者。上谷夷情，与云中稍
异。盖虏款之初，西部求贡甚恳，惟老把都阴持两端。把都既死，其妻哈
屯主事，其子青把都为长，当事者不免委曲迁就，以成贡事，偏手之说，

信有之也。时满酋尚幼，不与其事；今见其兄独专厚利，故比例横索耳。然今昔异时，我所以应之，亦当随机观变。昔贡市未定，虏情叵测，用间投饵，有不得不然者。今势已大定，又当谨守韬钤，为长久计，不宜苟幸目前而已。

承示，谓训练镇兵，振扬声势，最为自治长策。当环洲在镇时，仆即以此告之，不意至今尚未成军也。愿公乘暇留神，疆场幸甚。

答苏松巡按曾公士楚言抚按职掌不同

手翰领悉。吴素称难治，比来直指使者，能举其职者鲜矣。执事以望选，宜勉旃。

窃谓抚、按职掌不同，政体亦异。振举纲维，察举奸弊，摘发幽隐，绳纠贪残，如疾风迅雷，一过而不留者，巡按之职也。措处钱粮，调停赋役，整饬武备，抚安军民，如高山大河，奠润一方而无壅者，巡抚之职也。

近来抚、按诸君，不思各举其职，每致混杂。下司观望，不知所守，以故实惠不流。至于直指使者，往往舍其本职，而侵越巡抚之事，违道以干誉，徇情以养交。此大谬也。

因忆嘉靖间，有周如斗者，巡按苏松。信豪宦之言，博流俗之誉，将应征钱粮，概请停免。士民悦之，为建生祠奏留再历，遂超陟苏松巡抚。及为巡抚，则钱粮征发，百责攸萃，不复能行其宽贷之政，将以前免停逋赋，复行征派。于是士民怨之，毁其生祠，刊布谤书。向之称颂德美者，转而为怨恕忿恨矣。何则？骊虞之术易穷，众庶之欲难厌也。况此中人情叵测，众庶难调，惟一以大公至正行之，庶得无咎无誉耳。

辱俯询，敢以职掌为告，幸裁择焉。

答宣府巡抚张崌崃言虏情

中路夷情疏，已下部议覆。北路想亦完结矣。

顷又思夷情变态不常，在我处之，亦不宜定为一例，贵随机应变，操纵适宜可也。先年打喇明安事，顺义不候督责，即尽法罚处。朝廷嘉其忠顺，故以所罚头畜，尽数给之，而作歹夷人，亦纵释弗诛。此后遂以为例。昨西镇丙兔事，亦即仿此。

窃以为善奕者，局面屡变。朝廷恩威，当使人不测，乃为胜算。今北路事，不知作何处分？聊献瞽言，以备采择，惟高明裁之。

答巡按龚公懋贤

手教，一一领悉。

李公博大宽简，闻望素著，从两司授分陕之任，当时以为得人。乃去岁无端为人所指，今春台谏论拾烦言益滋。或云：议始于旧茶马之不协。果尔，却非公论也。顷科疏下部，鄙意径欲留用。乃铨部谓："疏中既有未明钱粮，宜与一勘，待其心迹昭雪，用之未晚。"故黾勉从之。公今既灼知其诬，幸速与勘明，旋即推用。不然，窃铢之疑，终身为累，后人将复用为口实矣。往时刘凝斋在福建，为南科指摘，亦解任听勘。赖商道长为之勘明，随即起用，今为两广总督，而于言者亦无所伤。近二司以至州县长佐、乡贡杂流，勘明复用者，不可缕数，况九卿大僚乎？牛希尹，幸一体勘雪。宜君华州疏，俱属所司议覆。

人旋，病不能手书，口授不悉，统惟鉴存。

答宣府张岷崃

中路罚处事，部覆已上，前因圣寿，故少迟耳。北路事，必从顺义处分，乃为妥当。各酋久处塞外，不得入市，彼亦自累。我但严备以俟之，终当入彀也。东犯消息，出于哈酋之口，必为真的，已密报该镇，夙为戒备矣。若有紧切的耗，幸一面见教，一面即报环洲公知之。

答蓟辽总督吴环洲

前得上谷虏情，即属本兵奏报矣。近得张崆崃书，通官自哈不慎营回，称东虏果差人来会话。哈不慎言：今年占卜，东行不利本酋。或不亲去，其众必有去者。滦以东，并须戒备也。

矿徒今已擒获，即宜具奏。

答山东巡抚何来山言均田粮核吏治

先后得华翰，并手札二函，一一领悉。

清丈事，极其妥当。粮不增加，而轻重适均，将来国赋，既易办纳，小民如获更生。公为东人造福不浅。即有豪右小称不便，乃其良心，亦自有不容泯者。事定之后，群喙自息矣。诸有劳长吏，即属铨部纪录，皆作正荐，后必有以偿之也。

岳君清介而性褊，不谐于众，荐之允宜。但系听调人数，不知各省亦曾荐有此类否？青州二守，昔钱道长亦亟称其贤，处吾囊中矣。胶守昔宰卢韶，声望烜赫，去岁铨部品题各长吏，仆已批定行取矣；乃铨部又诋其矫饰不实，遂止拟升。想其人露才扬己，故所如见忌。据单开秽迹，宁止褫官？非公预行访勘，则覆盆之诬，谁与伸之？以此知前旨"先勘问而后论劾"，最甄别纠绳之要。但抚、按诸君，不能着实遵行耳。然此官虽蒙昭雪，而诬善之人，亦宜究处。若托人廉访，亦当追究开单之人，庶顽谗知警，善类获全也。

整饬武备疏，人名差错，已令差人于通政司取出，改正封进矣。

人旋，附此。良晤伊迩，诸不具陈，统惟鉴亮。

答宣府张崆崃

青、满诸酋，狡诈异常，罚处一节，必不能尽奉顺义约束。故欲俟哈酋回，而混赖了事耳。待旨而后许市，诚为后时；但恐彼之罚处，未能如约，则我亦不可遽尔许之。

窃料夷情久或致变，公宜亟整搠士马，为虚声以伐其谋。如彼果有不测，则我亦有待之。此所谓先声而后实者也。

答江西巡抚王又池

辱翰示，并掷还原启，俱领悉。

临川丈田事，偶有闻，即以告，今事已竣，法无阻滞，则其人亦不必深究矣。此举实均天下大政，然积弊丛蠹之余，非情核详审，未能妥当。诸公宜及仆在位，做个一了百当，不宜草草速完也。前已属该科老成查参，将此件不必入参，正欲其从容求精耳。江右事已就理，独五县未完，谅数月之内，即可了结；俟通完之后，具奏未晚。

人旋，贱恙尚未全愈，力此草草，统惟鉴存。

答宣府张崛崃

承示虏情入犯消息，出于虏妇之口，必为真确，已驰报该镇严备矣。

满酋罚处事迁延不了，哈酋岂能久待耶？近闻俺答婿宰生，与东部构隙，其事竟何如？幸差人侦实见示，余不具悉。

答司马王鉴川言抱恙勉留

令甥张参军来，辱华翰，深荷不忘。

贱体入夏即病，荏苒数月，殊觉委顿。今虽眠食稍复，然病根未除。缘弱质谫才，久肩重任，筋力既竭，而鞭策不已，遂致颠蹶耳。顷欲藉此乞骸，乃主上先觉此意，频遣中使荐赐宠问；又促令早出视事，使仆无所启齿，不得已，黾从趋朝。拟俟来年皇储诞庆，当果此愿耳。

闻翁夏间亦小违和，计今已勿药矣。贤郎南行之便，草草附候。

答蓟镇郑范溪

承示，得胜市已竣，上谷罚处满酋，亦就绪，则三镇岁事毕举矣。慰甚。

顺义使恰酋处置上谷，罚处甚力，此顺义之忠也。乃满酋兄弟不听其令，而骂恰台吉，亦顺义之辱也。便中宜遣使一谢之，一激之，以为后来张本。

答宣府张崛嵀

辱示，满酋既甘罚处，宜从宽宥。此番操纵悉中机宜，虏伎俩已尽见。以后恩威互用，予夺迭施，在我自有胜算矣。

麻帅力量担当，足称专阃之寄，会间宜一奖之，俾益感奋。

刘守道久处吾囊中者，市毕宜转叙也。疏属本兵速覆，以便从事。

答蓟辽总督吴环洲

辱手翰，并掷还原札，一一领悉。

属夷作歹，不止一次。当事者预为弥缝，私自赎取，以致黠夷得计，愈肆狼狂。此蓟镇从来沈痼之疾。

辱示石塘赶兔事，公处之极为得策。目下不必具题，且只咨部，尽革此酋之赏，待其送还守口官，认罪罚处事定，候年终类题可也。

答耿楚侗

辱翰示，知恤典已举，即吉有日，无任欣慰。承嘉贶，深切感怀。别示云云，一一领悉。

贱体以劳致病，入夏至今，尚未全愈，乞归不得，益觉委顿。拟来岁皇储诞后，当决计乞骸，或得与公相从于衡湘烟水间也。

答翰长公东塘

辱示，知车从已至近关，不得一披晤，深用为歉。在外闻命，不必入城，速宜赴任，非久当有处也。

答山东巡抚杨本庵

承询阳武优免事。查律：功臣家除拨赐公田外，但有田土，尽数报官，纳粮当差。是功臣田土系钦赐者，粮且不纳，而况于差。锡之土田，恩数已渥，岂文武官论品优免者可比？若自置田土，自当与齐民一体，办纳粮差，不在优免之数也。近据南直隶册开：诸勋臣地土，除赐田外，其余尽数查出，不准优免。似与律意相合，幸惟尊裁。

答广西宪副吴道南

伻至，辱华翰。佳葛之惠，深荷雅情。

登衡拙稿，一时漫兴耳，何足灾梓？若北虏通贡本末，则关系边事，不可无纪。往曾托相知者为一纪载，殊不称意。今公所录，事核词畅，虽其中隐谋秘计，有未尽述者，而首尾措画，大都悉备。缘公当时亲睹不榖经画此事，故记述精详如此。至于大制序传，于不榖平生心事，发摅殆尽，但以谫劣比拟古哲，殊为愧耳。已令儿辈各藏一帙，用备家乘，感谢。

贱体近日始觉渐愈。十年之间，昼作夜思，从少至今，所为翕聚贮积者，日张施于外，遂成贫子。要欲及今齿发尚健，早弃人间事，从吾初服，非自爱幻躯，盖盈虚消息，天道固宜尔也。

答四川巡抚张濂滨

承示乌蒙事，谨悉。大都土夷挟仇讦奏，乃其常态，其中隐情亦多难察。久之，彼当自定，不必一一审核也。

前言情可贞者，偶有所闻，即以奉告，求得是非之实耳。不意科中即有言者，所言亦即前揭中语，似皆得之于蜀宦也。今公不必置辩，但付之按君，虚心核实。如贪迹果实，秉公斥之；如有枉抑，亦宜明白声言，勿以成心处之也。

答应天巡抚孙小溪

蠲除宿逋，责完新赋，仆久有此意。拟俟皇储大庆，覃恩海内；今皇女生，则事不果矣。大疏即属所司议处，亦可推之各省也。

清丈事，闻已有次第。顷朱苏州以查过优免，开揭见教。其中似有查革总数，而无革过户名，安知其不详核于卑官杂流，而曲庇于宦族豪右乎？其视曹京兆所开，不逮远矣。

答三边总督郑范溪

承示，虏王病笃，今番恐不能起矣。顷报套虏西抢者，知虏王病，亦皆汹汹。况板升之人，素依老酋为主，老酋死，那吉弱，不能拊其众，加以荒旱，诸夷思乱，虏中自此多事矣。那吉忿老酋之分其众，即欲西牧，其智略可知矣。此虏初降，吾抚之甚厚，今当急收之，使与哈酋同心协力，以为外藩。应贡市事宜，悉如老酋在时行。黄酋病不死，必且诱张为患，公宜乘时厉兵秣马，厚抚战士，为自固之计。老酋若死，虏中有变，随机应策，在我自有余力矣。

尊札亦即封呈上览。

答巡抚吴公定

近报顺义已故，虏中无主，西掠之众恐不能悉遵约束，宜谨备之。

栗已允其养病，代者王君，必堪其职。李峑素有清操，果于任事，但性气欠平，多怒少容，故所至僚友属吏无不怨恨之，如云贪酷，恐未然也。幸虚心加察。

答大同巡抚贾春宇计俺酋死言边事

奉翰示，料度虏情，一一中的，敬服。

今日之事，惟当镇静处之，随机应之，勿过为张皇，轻意举动，致令众情惶惑，兴起事端也。昨督抚欲条议，仆即力止之。俺酋未死数年之前，仆已逆虑及此。诸公但审侦虏情，有当处者，亟以见教，圣明在上，自有主断也。虏中无主，方畏我之闭关拒绝，而敢有他变？但争王争印，必有一番扰乱，在我惟当沉机处静，以俟其自定。有来控者，悉抚以好语，使人人皆以孟尝君为亲己，然后视其胜者，因而与之，不宜强为主持，致滋仇怨也。

前示丈地均粮、查革冒免二事，极其精核。至于处豁应州民田，允为妥当。已属所司，议覆优奖矣。

答大同巡抚贾春宇

两奉翰，知虏情宁帖，甚慰悬念。

板升投降之人，此时断不可纳。顺义恤典，已致书郑公，属其据番文题请。至于加封一节，中国郡爵无之，此不可从也。诸凡抚驭之术，不出前书所云矣。

人旋，草草附复。番书二件纳上。

寿司寇王西石

传称老莱子身年七十余，以事耄耋之亲，日戏彩于庭前，为婴儿匍匐之状，其亲悦之。翁今寿登七袠，太夫人垂及百龄。而以八座之尊，承欢膝下；三锡之服，绚烂庭前。又荣备尊养之隆，身系朝野之望。其所以自寿寿亲者至矣。彼田夫逸老之乐，又乌足道哉？

仆忝在葭莩，欣逢盛事。不获厕列末宾，奉觞称庆，谨使布币而献诸左右，惟下执事麾存之。

答谏议萧公廪

承示，带征逋赋，苦累有司，仆亦久知之，目下方欲面奏，请恩蠲豁，不必具疏矣。

龚道长书来，言其病状甚苦，暂准请告，大用尚有日也。

牧地事，公既身在地方，但宜从公议处；即先后意见不同，固亦无妨，何嫌可避，而又欲属之他人乎？

答大同巡抚贾春宇

节奉翰示，冗未及答，罪歉。所侦虏情，领悉。阅视科臣尚未具题，临行当别有委嘱也。

哈酋与诸部议论不合，虏中亦须有此情状，乃可施吾操纵之术，今且不可合解之。至于虏妇守孝三年之说，此必不能行者。俟诸酋既集，议论已定，彼一妇人，终当为强者所得耳，何能为乎？

顺义恤典，下部议覆，仍当从旨中加厚，以示天恩。

答三边总督郑范溪计顺义袭封事

辱示虏情及谕扯力艮夷使云云，悉中机宜，具服雄略。

袭王之事，大都属之黄酋。但须将今年贡市事，早早料理，以见表诚悃，而后可为之请封。谚云："若将容易得，便作等闲看。"务令太柄在我，使之觊望恳切，而后得之，乃可经久。然虏情多变，亦难预设。闻近日恰酋与虏妇及诸酋议论不合，颇为失欢。若果有此，且任其参差变态，乃可施吾操纵之术也。

顺义恤典，属部议覆，仍当于旨中从厚，以示天恩。

答宗伯何震川

不穀久司政柄，无补国家，叨冒殊恩，日夕兢兢，重辱翰奖，弥切悚惭。别后又闻令弟之变。公罹此痛割，当何为怀？惟望抑情，以理自遣。

数年以来，共事讲筵。所欲推毂于公者，公自知之，不图遂有数年之别。而贱体年来病甚，早晚且欲乞骸。比公即吉之时，未知得果前愿否矣？

答巡抚萧云峰

辱示，市本缺乏，欲动客饷，亦事势之不容已者，即属计部议处。

安兔吉无知，戕我旗牌，掠我头畜。此等事往亦常有，但此虏王新殁者，在我当申严旧约之时，而彼酋乃敢咆哮如此，不一惩之，衅端起矣。既黄酋之子，宜即责黄酋处之。彼方觊承封爵，若其子不能制，他日安能统大众乎？此亦制驭之一机也，幸惟审图之。

答辽东巡抚周乐轩

承示，土酋求贡，谅无诈伪。彼盖艳于西房贡市之利，乘俺酋死，故申前请耳。但辽左地形、事势、钱粮、虏情，俱与宣、大不同。且俺酋自嘉靖中季，连年求贡，彼时庙谟靡定，迄未之许。至隆庆间，会有那吉来降之事，而彼又执我叛人，遵我约束，因而许之。彼既惬其素志，又啖吾厚利，故奉令惟谨。今以土酋之事揆之，其情异矣。遽尔许之，和必不久，徒弛我边备。俟一二年后，观其事机何如，乃可处之。

马价俟疏至，当为曲处。

寄山东巡抚杨本庵

贱恙一向不以痔治，迁延十有余年，故病日深。近访得一明医，仰蒙圣恩赐假治疗，乃得拔去病根。今病虽除，而血气亏损已甚，脾胃虚弱，不思饮食，四肢无力，寸步难移，揆之生理，尚属艰难。

前梦皇上使仆持双节，往祀一女神，盖欲吁神以祈祐云。窃思女神之贵者，莫如泰安之仙妃，今遣小儿赍香帛往祀焉。恐执事不知其由，敢敬以闻。

卷二十七　书牍十四

答上师相徐存斋并附与诸公书

一

不肖受知于老师也，天下莫不闻；老师以家国之事托之于不肖也，天下亦莫不闻。丙寅之事，老师手扶日月，照临寰宇，沈几密谋，相与图议于帷幄者，不肖一人而已。既而获被末光，滥蒙援拔，不肖亦自以为不世之遇，日夜思所以报主恩，酬知己者。

后悟人事不齐，世局屡变，使老师经纶匡济之业，未获尽纾；不肖感激图报之心，竟成隔阂。故昨都门一别，泪簌簌而不能止，非为别也，叹始图之弗就，慨鄙意之未伸也。天实为之，谓之何哉！

大丈夫既以身许国家，许知己，惟鞠躬尽瘁而已，他复何言！

二

客有自江南来者，尝恭询起居，云："比之在朝，倍增康胜。"无任欣慰。

顾绿野之居虽适，而苍生之望方殷，清泉白石，恐不能终恋耳。今岁秋防无警，朝野宁谧，皆老师之所遗也。窃禄优优，敢忘所自？

班吏刘果送父之任，便此申候。外具不腆侑缄，统惟台亮。

又

近来世局几更易矣。流俗之见，睹朝野无虞，便谓太平景象，不知隐机伏祸，深有可虑。

不肖揣时度力，屡欲乞归，徒以身荷国恩，未能报塞。惓惓之愚，每欲候一旦之会，开寤明主，迎姬旦于周郊，起潞公于洛下，俾国事有托，康济有人，然后可以旋返初服，长往无虑耳。旦夕念之，力未从心，徒切耿耿。

别来不觉改岁，薄劣动定，想亦老师所欲闻者。故敢缕缕及此，仰惟鉴存。

三

正月间，班吏刘果送其父盐大使赴任，曾肃启，并别柬二通驰候。兹奉台翰，前启似未彻览，刘吏亦未回京，此书不知竟落何处矣！继斋兄至，备谂起居万福，神理胜常，殆天相吾师，以重国家也。

比来时事，想所悉闻。古人在江湖，则忧其君，况我师以身系天下安危，知必不能忘情于宗社矣。

正望轻德薄，碌碌伴食，秋毫无能裨补。既违鄙愿，深负夙心，惭恨而已。

四

仰惟老师道侔姬、吕，望重华夷。身虽暂闲于林壑，而薄海内外，罔不询其起居安否，以卜安危。

兹者，岳旦载逢，仙龄茂衍。恭闻台动万福，繁祉倍绥，诚宗社之洪庥，苍生之厚幸也。正忝在门墙，限以修阻，不获奉一觞为寿，谨肃使敬将薄币奏献，少伸微悃。伏冀俯鉴下忱，特赐麾纳，不胜瞻仰庆祝之至。

又

乔中书人至，承谕诲勤勤，上为社稷忧，下为不肖虑，盖忠臣虽在畎亩，不忘君之盛心也。感戢之私，洞于心膂。便此附谢，统惟台黎。

与符卿徐仰斋

乔中翰使至，辱翰贶，深荷远情。

近来人情风俗，诚为可愕，俟海公人至，当作一书善譬之。太翁老师年高，恐不能堪此，望公朝夕保护。事有可了者，宜即自了之，勿致贻戚可也。

恃在通家，敢尔妄及。诸容续裁，不悉。

五

伏承翰教谆切，嘉贶骈蕃，感镂肺腑。

此中势情，前启已备。当艰难之会，不自度德量力，欲以藐然之躯，负天下之重，诚为至愚。但以君父恩深，知己义重，故不敢为自全之计。拊心自誓，糜竭为期。若其济否，则有命矣。

答奉常徐云岩

叠辱翰贶，深荷雅情。

此中事势，前已备具。仆在此，君家之事，万无虑者。但多病之躯，其去留亦不能自必耳。

太翁尊师高年，宜朝夕奉进甘毳，娱悦其意，毋以世虑婴怀。

答应天巡抚朱东园

存斋老先生以故相家居，近闻中翁再相，意颇不安，愿公一慰藉之。

至于海刚峰之在吴，其施为虽若过当，而心则出于为民。霜雪之后，少加和煦，人即怀春，亦不必尽变其法以徇人也。惟公虚心剂量之，地方幸甚。

答冏卿徐敬吾

舍亲刘太常使至，传华翰，俱悉见念至情。

中玄再相，未及下车，区区即以忘怨布公之说告之。幸此翁雅相敬信，近来举动，甚惬舆情。区区在位一日，当为善类保全一日，但其中人心不同，而区区去留，亦不能自必也。

公遵养已久，宜夙戒征期，以副鄙望。

六

恭喜岳旦载临，仙龄茂衍。忝在门墙，倍深欣忭。顾以道远，不得伸其庆颂之忱，惟东望海门，瞻礼台光，九顿三祝而已。

伏惟尊师身处林泉，望悬朝野；为两朝之柱石，系四海之安危。愿颐啬天和，以绥繁祉。

不腆之币，敬因便布之台下，仰冀麈存，不胜庆忭。

七

捧读台翰，涕泗交零。以不肖之浅薄，猥辱老师甄陶引拔，致有今日。恩重于丘山，报微于毫末。

元年之事，选懦中立，不能昌言以树正帜，一罪也。及谗言外閧，中人内构，不能剖心以明老师之诚节，二罪也。公旦远避流言，于今三年，不能以一语寤主，使金滕久闭，郊礼不行，三罪也。今日之事，惟以诣积愫而释大惭耳，其视古人所以报知己何如哉？翰教远贻，弥以为愧。计自今以往，世局又当一新矣。

冥鸿迹远，缯缴安施？惟强饭自持，以慰耿耿。

答奉常徐仰斋

叠辱翰贶，深荷雅情。仆受太翁老师厚恩，未有以报，凡力所能为者，自不待嘱矣。

使旋，草草附谢。冗甚，不及再悉。

答符卿徐继斋

别后时事种种，可骇！仆不量浅薄，委曲斡旋其间，幸俱消弭。仆受太翁老师厚恩，未有以报，乃辱遣谢，弥切惭惶。

使旋，附此。冗甚，不悉，统惟鉴原。

八

犬马齿今四十有七矣。苟生窃禄，无所建明，触事感时，忾然自失。乃荷老师记忆，岁领嘉贶，愈久愈亲，寝隆寝重，非浅薄所能当也。深惟浅薄无可云报，惟当以向后余生，矢竭丹诚，求无负于老师家国之托云尔。

余具别楮，统冀台原。

答符卿徐继斋

贱日远辱记存，深荷雅念。所惠至腆，愧不敢当，谨领茶瓯一事，用承远意，余辄璧诸使者。

别谕一一领悉。仆在此，诸可无虑也。

九

元年之秋，九月二十日，幸从诸公奉寿觞于左右，今忽忽已历四秋。每当此日，但东望斗台所烛，一翘首以寄其庆祝之诚而已。感今怀往，可任依依！不敢走介，畏行多露。敬因朱使之便，百拜奉币门下，少将微忱，伏冀鉴纳。

鄙怀种种，亦嗫不敢言，临楮惘怅而已，统惟台原。

答松江兵宪蔡春台讳国熙

惟公昔在姑苏有惠政，士民所仰，故再借宪节以临之。乃近闻之道路云：存翁相公家居，三子皆被重逮。且云吴中上司揣知中玄相公有憾于徐，故为之甘心焉。此非义所宜出也。夫古人敌惠、敌怨，不及其子。中玄公光明正大，宅心平恕，仆素所深谅；即有怨于人，可一言立解。且中玄公曾有手书奉公，乃其由中之语，必不藏怒蓄根而过为已甚之事者也。且存翁以故相终老，未有显过闻于天下，而使其子皆骈首就逮，脱不幸有伤雾露之疾，至于颠陨，其无乃亏朝廷所以优礼旧臣之意乎！亦非中玄公所乐闻也。

仆上惜国家体面，下欲为朋友消怨业，知公有道君子也，故敢以闻，惟执事其审图之。

答河南巡抚梁鸣泉

松江事，高老先生业已寝之，似不必深究。仲尼不为已甚，报怨亦自有当。牵牛以蹊人之田，而夺之牛。蹊者固有罪矣，而夺之牛，无乃过乎？今全吴亦所以爱郑也。公有道者，故敢以此言告，幸惟裁之。

答应天抚院

往者奉书云云，盖推玄翁之意以告公也。辱回示，业已施行，自难停寝。但望明示宽假，使问官不敢深求，早与归结，则讼端从此可绝，而存老之体面、玄翁之美意，两得之矣。仆于此，亦有微嫌，然而不敢避者，所谓老婆心切也。望公亮之。

辱教，有欲告我者，此所乐闻也，倾耳以承，幸勿终斳。

十

恭惟老师寿登七袠，朝野士民，孰不矫首顿足，遥祝称庆！不肖鄙朴不文，亦宜歌扶来、颂盛德，以为觞侑。奈新肩重任，日无宁刻，欲构一言不能也。谨百拜肃下走布币于台下，用致千秋之祝。

今天子尊贤敬老，方当举乞言之旷典，贲束帛于丘园。惟老师崇啬天和，以需宠命。

答符卿徐继斋

伻至，辱华翰。具悉勘合事，谅不久便当归结，容促当事者速了之。

今公家惠怨，玄黄已判，风浪渐平，惟益加敛戢，以绥遐祉。忝在通家，敢献狂瞽，惟高明采择。

十一

王别驾、令甥乔生及班吏刘果至，三奉教言。谂台候万福，鹰犬潜形，无任欣慰。前所奉良训，谨当一一奉以周旋。

王子回任，附复。惟益加珍摄，以需笃祉。

答陈节推

王别驾至，辱华翰，深悉雅情。

今周道宁夷，是非明核，执事宜勉自树立，勿有它虑。存翁相公数年为群小窘辱，执事幸加意焉。冗不多及。

十二

令孙及洪生至，叠承翰教，一一感悉。二兄、三兄光复未久，暂乞休沐，得自处之道。但三兄已曾告展一次，难以再请。顷属所司覆奏，促其复任，雅志恐难终遂也。

盛使持部檄回，先此具复。

十三

先后拜台翰、珍贶，俯忆贱辰。此乃卑幼之所以事尊长，怀德者之所以报有恩也。而老师一切倒施之，将使不肖何所用其酬报耶？感愧！

时下喜圣学日进，朝政颇清。不肖亦惟奉老师所以教督者，兢兢不敢失坠。但力微任重，未知终能胜之否耳。

远惟台履迪吉，寿祉益绥，海内相知，所共欣仰。秋间当听令孙泥金之报，实人间盛事也。预庆。

使旋，冗甚，犬马之私，嗣容专上。

十四

恭惟老师台寿，今年始逾七十，比张苍佐汉之年，甫为强半，视尚父兴周之岁，未逮九龄。侧闻台候聪明，步履强健。盖天佑国家，留柱石之佐，永奠乾坤，故逸之于烟霞泉石之间，以绥福祉而候天和也。

顷不肖以所辑《帝鉴图说》进讲，至汉明帝幸学养老事，上意欣然慕之。第令今日欲举行盛朝旷典，宪大老以乞言，则舍吾师将奚之焉？不肖诚不胜庆忭。

兹以寿筵宏启，不得偕诸兄辈称觞左右，恪具不腆，少将微忱，惟宥其亵渎而垂纳焉。幸甚！

十五

恭惟老师功存社稷，泽洽黎元；诞发祥于文孙，早克绳乎祖武；信龙图昌后之有验，征天道福善之不诬。凡在簪绅，举同欣庆。况不肖夙蒙陶铸，谊忝通家，喜跃之忱，实万恒品。所恨愚子弟以寡学见黜，不得附致青云，托于世讲之末耳。

兹因去使，敬展贺私，拜申微悃。伏望崇颐台履，益迓鸿庥。不宣。

十六

古之待国老者，或养之学宫而乞言焉，或征之而问道焉，或就之而询筹策焉。老师今年七十有二矣，道德愈高，聪明愈胜，殆天佑国家而遗之以大老也。天子方欲修盛王故事，如前三物者，博睹海内，惟老师足以当之，正将拭目而观礼焉。

兹佩黄之候，安枣启筵，敬献一觞，用伸遥祝。深惧不腆，仰冀麾存。

十七

比以冗沓，束修之敬，不供于函丈久矣。诚知薄恶，无所逃罪。

受事于今四年，碌碌无以自效。所赖主德日明，宫府清穆，百司蒸蒸奉职。西虏北陲少警，一二黠肆不逞之夷，咸就诛僇。仰惟宗社阐灵，孚佑圣主。而正以浅薄，会逢其适，优游苟窃余荣，殆有天幸焉。顾值不世出之主，俾耆德遗逸在野，而以庸驽司鼎铉，深以自惭耳。

寿曜躔秋，牛斗之间，煜煜有瑞气。敬以便鸿，修其常献。南望台垣，百拜致祝。

十八 论大政

比者，两奉台教：一为陆氏事；一蒙俯怜正为国任怨任劳，而慨今之人不能相体。意蔼情深，读之使人激衷次骨，感怅无已。

陆氏之事，原当事者之意，实欲缘此中祸于师翁。其徒每倡言曰："陆氏家累巨万，死之日，数姻家欺其子之幼，遂分而有之。今惟刑并其子，使之取偿于所亲，则可不加赋而国用足。"其言如此。藉令当事者至今犹在，则祸诚不知所终矣。顷幸天启圣衷，俯纳愚言，开汤网以释淹禁，俾陆武惠之功得明，而师翁见陵之耻亦因以雪。此主上之明也，正宁有秋毫得效于左右乎？猥蒙遣谢，弥以为愧。

正以浅薄，谬膺重寄。自受事以来，旦作夜思，食不甘，寝不寐，以忧公家之事，四年于兹矣。中所措画，要以尊主威、定国是、振纪纲、剔瑕蠹为务，有力排群议、明犯众忌而不顾者。岂诚不知自爱，而故以其身为怨府哉？窃伏思之：语曰："挈瓶之智，守不失器。"主上冲年，举天下之重而委之于孱弱之身，今不务为秉公灭私，振废起坠，而避流俗之非议，以取悦一时；有如异日者，主上明习国事，亲揽庶政，或有所废缺而不修、陵替而不振者，必将曰："吾以天下事付若，而今乃至此！"则正虽伏陇亩，填沟壑，有余僇矣。故违众之罪小，负国之罪大；一时之谤轻，异日之谴重也。台谕谓人犹有不相体者，正亦且奈之何哉，惟自殚厥心而已。

昔辱师翁引手，固谓："家国之事，一以相属。"正奉以周旋，死不敢负。因谕及，敢布腹心，惟师翁裁教焉。

十九

语曰："愚者暗于成事，明者睹于未然。"岂不信哉！往奉台翰，怜不肖之愚忠，教以防微杜衅，慎自持爱。窃以为事惟任理，似不为过；曲为之防，有所未暇。今果有辽左之事，中外骇异，以为事出理外，而不知老师已预睹于数月之前。

颛蒙之见，果于自信。但知竭忠捐躯，可以报国；更不思身虽不肖，谬肩重任，其进死退生，关系非小。乃议不返顾，计不旋踵，虞罗在前，冥行直蹈。犹赖主上明圣，左右素相敬信，故三至不疑，眷倚转笃。不然，天下事岂不可为寒心哉！以是不惟感老师爱念之深，又自愧知量尚未足以窥宫墙之万一也。谨当服膺台训，益竭孤忠。博求同德，以固君子之交；慎察众情，以涣阴邪之党。一二年后，主上圣志大定，嘉礼告成，乃乞骸明农，纳管钥而去，庶可以终受托之事耳，未知有此福分否？

二兄差归，肃启上谢，并告不敏。

二十

不肖谬以菲薄，滥竽台司。近年以来，诸所措画，悉奉老师夙昔之教，不敢逾越。幸际圣明之主，中外宁义，庶几小康，皆教庇所及也。

伏惟老师昔以道匡扶世庙，翊戴穆皇，瑰玮光明之业，既已震赫寰区，炳耀史册矣。晚偕赤松，寻黄石，以其余绪付之居正，用以佐明主，兴太平。昔人谓"其精以治身，土苴以治天下"，殆谓是乎？以是知老师之寿，埒嵩等华，不可算数。今天下阴受其赐而溯功于老师者，又不独不肖一人而已。

南极宵晖，西池使至。谨献一觞，南望九顿，肃章布币，恭上寿筵。正不胜忭祝之至。

二十一

前以台寿之辰，肃启附曹雪山，投诸记室。闻去人行缓，度已后期，惶恐！

三兄来，奉台翰，奖许过情，保虑周至，捧读再三，感深以涕。古云："存我以厚苍生。"老师保爱不肖者，厚天下也。顾不肖知昧于知人，机暗于自卫，信心任理，直道而行，机辟在前，曾莫之避。望吾师父母，时加提迪，俾得保终。至于在野同心之招，尤不肖所乐闻者，愿老师之明诏之也。

豚儿寡学，谬点贤书，猥承遣贺，弥以为愧。

二十二

三兄面送到台翰，开缄捧读，不胜感涕。已复恭置书案，暇即取读，三复三叹。何老师为不肖虑周计审如此！然老师虽以爱不肖，实以厚国家也。大人君子之有益于世道也，岂必当位亲为之哉！顾愚昧不足以寄忠恳，当厚爱。谨百拜肃启以谢。

缕缕之愚，具在另幅，统惟台原。

二十三

恭惟师翁颐神清净，脱屣尘凡，心与造物者游，道通有形之外，故能茂绥景福，并衍仙龄。兹当九华注算之辰，正值万宝告成之候。夏夷之望逾重，朝野之庆攸同。正夙荷栽培，倍深欣跃。奉觞膝下，不获随子姓之行；翘首天南，宁敢后封人之祝。

敬修尺素，用抒微丹，伏冀鉴存，不胜幸愿。

二十四

不肖孤积愆累衅，遘兹闵凶。闻讣后，即荷师翁手书垂慰。兹乃远辱奠章，跪而读之，涕泗横流。谨寄宣先人几侧，冥漠有知，衔结为报也。

夫人大事，莫甚于亲丧。不肖孤不睹先人之面十九年矣，一旦见背，抱恨终天，已不胜痛割矣。乃乞归未允，反被恶言。进不成报国之忠，退莫展奔丧之礼，内忧外患，交集于身。今虽勉强应召而出，然精神困惫，形容摧朽，宇宙间悲苦蕴结至极而难堪者，无如不肖孤矣。自非生成培植，恩深义重，谁则怜之？今拟大婚礼成，即申前请。竢将发之日，驰使以报，祈有指诲也。

不肖感戢恩慈，言不能喻，惟对来使匍匐稽颡，奉书以谢。情悰苦郁，语无伦次，统惟台亮。

二十五

恭惟弧辰届节，寿釐增辉。天上神仙，身久留于寰世；山中宰相，望益重于华夷。实品类所共欣，在愚生而更切。缘羁职务，不获趋承，谨荐微仪，庸申虔祝。

不肖自还朝之后，荐被隆恩，视昔更倍，捐躯碎首，难报圣恩也。伏承台教，敢不益竭驽钝，以副宿昔期许之盛心。

仲公请告，铨部不允题覆，明春便可复任矣。使旋，敬候台居。

二十六

比者，赖天地之灵，国家无事，主德日明，内外清晏。正猥以菲庸，谬膺重任，得免愆尤，实老师教庇所及。酌水知源，敢忘衔结？

老母暮龄，暂承上意，迎养京师，然北土苦寒，终非老人所宜。一二年间，国事少间，尚当乞骸归侍，并得伸补先人庐次之日也。

令孙长公，差回敬候。闻令孙大兄锦旋，有娶妇之喜，计一二年后，老师又见玄孙矣。古来名相福泽深长如我师者，宁多见哉？不肖昨夏至今，亦连得三孙，目下尚有就娩者。老母高年，粗足自慰。谅台念所注，敢以奉闻。

承教，许道长忠信端雅，不肖心尝器之，兹老师奖鉴，倍增光价矣。偶病不能书，口占达上。

重阳届节，为师翁岳降之辰。不肖门生，不得与于诸兄献觞之末，谨修岁事，寄献寿筵，不腆之仪，附令孙致上。天增岁，人增寿，益添海屋之筹；年弥高，德弥劭，茂锡天申之福。

二十七

恒雨为灾，下民垫溺，皆执政非人，积怨干和所致也。明主循汉家故事，策免大臣，以消灾沴，则不肖必首当汰黜矣。捧诵台翰，不胜愧怍。

先是，抚按疏至，上览之痛恻，已两奉特旨议处。乃蠲恤之令，犹屯膏未沛者，以故事必勘明而后可定分数耳。兹奉台教，会地曹覆顾掌科疏上，谨再拟旨，申仁主子惠之意，慰黎民仰望之心。竢勘至，即按嘉靖三十四年及四十年例，破格蠲贷。兹不敢徒用蠲免存留虚文塞责，以重得罪于元元也。

谨谢台教，并陈不职之罪，唯师翁怜而宥之。

二十八

去秋及今，四奉台教，以公私多故，久稽裁候。中间以典成乞休，关出处大节，且妄心诐陋，师心独任，不预请先生长者之明训，率尔行之，罪死罪死。

正膺重任，九年于兹，恒恐不保首领，以辱国家。兹幸主德日清，内外宁谧，诸大典礼，皆已竣事，乃以其间，乞不肖之身，归伏陇亩，以明进退之节，不得已也。重蒙主上暨圣母诲谕谆谆，恩礼申笃。正诚迫于大义，不敢自爱其死，复黾勉就列。然自是羁绁愈坚，忧危愈重矣。吾师何以教之？

二长兄锦旋，肃此上复。

仰惟椿灵之算，始七十有八。闻侍御者言，聪明步履，视昔益健，新壮少年不及也。逖观载籍，当国家全盛、宇宙太和，必有纯德平格之老，躬膺寿祺，以为世瑞，故居正不独为师翁庆，为国家庆也。南极星辉，西池会集。谨修岁事，因二长兄，肃薄币，预祝于门下，仰冀麾纳，幸甚。

二十九

入秋至今，三奉台翰。冗沓，未图鳞翼以复，罪矣。

吴中连岁水灾，宜破格优恤。乃抚按勘报分数有限，而令孙长公于部覆之后，始以老师台翰来，不及预为之图，蠲贷恐犹未遍也。执政非人，上干天和，灾沴荐臻，民陷饥溺，死有余责矣。

令侄参军图南，敬此上复。

三十

正久司政柄，无补秋毫。顷当四考之期，自知无绩可纪，逡巡不敢以例请。或云国家常宪不可废，且有幽当黜，亦不宜避。遂腼颜从事，果致厪圣心，载加殊眷。牢辞不获，方切悚惧；乃蒙台慈奖藉，愈深兢惕。

凡正今日之所蒙被，孰匪师翁教育所及？饮水知源，敢忘所自？愧薄劣不能仰酬于万一也。

三十一

恭惟老师寿登八袠，福兆千龄。身居泉石，而台鼎重望远震乎华夷；年涉期颐，而龙马精神有逾于少壮。乃天佑国家，寿兹平格之老也。

正忝在门墙，不胜庆忭，谨肃币布之左右，仰乞麈存。外副启二摺，存问题稿一件。

贱恙实痔也，一向不以痔治之，蹉跎至今。近得贵府医官赵裕治之，果拔其根。但衰老之人，痔根虽去，元气大损。脾胃虚弱不能饮食，几于不起。日来渐次平复，今秋定为乞骸计矣。门墙夙爱，敢告向往。

遣官礼问，主上特恩也。差官到后，即宜具疏驰谢。伏惟台裁。

答高中玄相公 先附与诸公书，以存交谊始末

答司空曹傅川

叠辱华翰，具悉雅情。诰命乃例所当得，部中已题允矣。

中翁再相，诸凡举措，甚惬舆情。仆素忝知心，尤切庆忭。谅尊怀所注，辄用附闻。

答司马王鉴川

比者，屡奉翰教，一一领悉。属有玄翁之事，既恼鄙怀，又费措画，故未及裁答。言者谬妄，至波及令甥凤磐，尤为可恶。方事起时，仆即具揭入告于主上，为玄翁伸理。幸圣明过听仆言，信之愈笃，而言者被遣不恤。此主上之明也。

翰教"益谦实容"云云，诚为药石之言。玄老若肯留意，岂惟缙绅赖之？将宗社生灵实受其福也。

答少司马曹傅川

两奉华翰，具悉边境辑宁，华夷阒怿，诚国家之庆。公更镇之以静，绥之以恩，内愈固，外愈安矣。

比两得玄翁手书，颇以往事为悔。此中近益帖然，无足虑也。

冗甚，草草奉答，诸惟鉴存。

答张操江

辱教"远嫌防伺"之说，深荷道谊知己。今国家之事，无巨无细，皆必面奉意旨而行。缘主上日御便殿，得以造膝，从容尽其诚款。专擅之嫌，庶几可免。但仆以绵薄，受顾托之重，今内外所倚，惟仆一人，谊当以死报国，远嫌避怨，心有不忍，惟不敢以一毫己私与焉尔。

顷奸人挟刃入内，诬指新郑所使。上自两宫主上，下至闾阎细民，一闻此语，咸以为信；而抵隙者，遂欲甘心焉。中外汹汹，几成大狱。仆窃心知其不然，未有以明也。乃面奏主上，斯事关系重大，窃恐滥及无辜。又委曲开导，以国法甚严，人臣不敢萌此念，请得姑缓其狱，务求真的，乃可正法。荷主上面允。而左右中贵人，亦皆雅相尊信，深谅鄙心，不敢肆其钩距之巧。伏念六七日，至于旬时，果得真情。新郑之诬，始从辩释，国家元气，乃得无损。不然，此公之祸，固不待言，而株连蔓引，流毒缙绅，今不知作何状矣。

嗟乎！如仆苦心，谁则知之？日来为此，形神俱瘁，须发顿白，啖茶茹蘖，又谁与怜之？耿耿丹心，只自怜耳。

丈初闻此，必重惊骇。恐远，不详其颠末，特以奉闻。南中士大夫有欲知者，亦可略示其概，俾得安意无恐。外奏对近稿，奉览。

答中玄高相公

春间承翰教，以舍弟、小儿叨领乡荐，重辱遣贺。仰荷厚情，拟附入觐令弟修谢。比令弟行，以冗沓忽忘之，至今为歉。兹令亲张尚宝人便，专此启谢。薄物不足为酬，幸为麾纳。

仆以浅薄，谬肩重任，孤立无助，日夕惶惶。今当始衰之龄，老态尽出，霜华满鬓，此后相见，恐不相识也。冗中，鄙怀不能尽陈，统容专启。

二

不孝积愆累衅，构兹闵凶。前小儿南归，方伏在苦块，情绪荒迷，不遑启报。比辱遣吊勤惓，又承厚奠，不胜哀感。小儿途中书来，言翁推夙爱，引入内舍，款语移时，垂泣而别。孤方在哀苦之中，感念厚谊，涕泗横流，所谓悲者不可参呼也。

贵恙想已勿药。孤近遵谕旨，勉强稽留，待经理大婚事，计来岁春夏间，乃得乞归。拟过梓里，当作一日淹留。今预盼此期，真以日为岁也。

三

相违六载，只于梦中相见，比得良晤，已复又若梦中也。别后归奔，于初四日抵舍。重辱遣奠，深荷至情，存殁衔感，言不能喻。

使旋，草草附谢。苦悰怆切，不悉欲言，还朝再图一披对也。

四

比过仙里，两奉晤言，殊慰夙昔，但积怀未能尽吐耳。承教二事，谨俱祗领。翁第专精神，厚自持，身外之事，不足萦怀抱也。

初抵京，酬应匆匆，未悉鄙悰，统容专致。

答参军高梅庵

三十年生死之交，一旦遂成永隔，刺心裂肝，痛何可言！犹幸比者天假其便，再奉晤言，使孤契阔之悰，得以少布，而令兄翁亦遂疫逝而无憾也。

今嗣继既定，吾契且忍痛抑哀，料理家事。至于恤典诸事，须稍从容，俟孤于内廷多方调处，俾上意解释，孤乃具疏以请。旦夕有便，当告之贵省抚按，托其具奏报也。后有陈，乞令盛使高第来。

人旋，草复。

与参军高梅庵

薄奠，敬烦从者布之灵几，表生刍之意耳。

前闻讣后，竟不见使至。比已调解于内，似有可挽之机。须令嫂夫人自上一疏乞恩，孤当为面陈请也。

舍弟去，匆匆附此。

答司寇曹傅川

前过中州，东望仙庐，不胜驰想。比远辱华翰，奖许过情，感怍兼抱。

玄老长逝，可甚悼痛。前过新郑，再奉晤言。比时病甚，语不可了，但相与痛哭而已。追惟平昔期许萧、曹、丙、魏，今一旦遂成永诀，每一念之，涕泗盈襟。恤典一节，前已心许，今虽启齿大难，然不敢背，已为之调解于内，俟渠夫人有疏，当为面奏代恳也。

厚惠概不敢当，谨璧诸使者。

答参军高梅庵

顷舍弟回，曾附薄奠，布之玄老灵几。并言恤典事，须令嫂夫人具名奏乞，孤当为之斡旋于内。

公限假已满，然玄老初捐馆，家事匆匆，恐公未能便舍而从仕也。转假既有定例，不妨再奏。

答参军高梅庵

辱华翰，领悉。玄翁恤典，甚费心力，仅乃得之。然赠谥尚未敢渎请，俟再图之。过此一番应得之例，则后来续请根基定于此矣。

揭稿二通，付览。

又

请告大疏，已属铨部覆请。太宰公云："前徐氏只以札行，不必覆也。"

仆与玄老交深，平生行履，知之甚真，固愿为之创传，以垂来世。墓铭一事，虽微委命，亦所不辞，谨操笔以竢。行状当属之曹傅川可也。请文佳惠，祇领。余不敢当，辄附使归璧。

外荆室有薄物，奉令嫂夫人，幸为转致。

答参军高梅庵

古语云："死者复生，生者不愧。"比者，但求不愧于此心耳，非欲市德于公家也。猥辱遣谢，深以为愧。

薄具致尊嫂夫人，幸为转纳。

答司马曹傅川

辱教。玄老行状，事核词工，足垂不朽。不榖不过诠次其语，附以铭词耳。高六回，草草附复，余具别楮。

又

不榖与玄老为生死交，所以疏附后先，虽子弟父兄，未能过也。巨奈中遭憸人交构其间，使之致疑于我，又波及于丈。悠悠之谈，诚难户晓，惟借重一出，则群喙自息。况此乃区区推毂素心，敬闻命矣。

冗甚，不悉鄙怀，统惟鉴亮。

答河南周巡抚

故相中玄公，今尚未葬。闻恩恤葬价，有司未能时给，此仁人之所隐也。不揣溷冒，敢徼惠于下执事，惟公哀怜之。

冗不及悉，统惟鉴存。

卷二十八　书牍十五

报知己顾东桥李良白与诸公书

与南学院吴初泉

弟以浅薄，叨附榜末，夙于门下投分至深。数年多病乞归，踪迹靡定，自外于贤者，然所向慕天下长者，未有先公者也。伏审振铎南郡，多士响应。公输操墨，则楠梓呈材；良、乐控衔，则骅骝骋足。才品士风系于公之身者，岂其微哉？欣仰，欣仰！

兹有冒渎。弟家世寒贱，为童子时，遇先刑部尚书东桥顾公。其抚楚时，拔正于毁齿之时，称为神童，其实正靡有异才如古融、粲、勃、泌足以惊人者。而顾公又当代名流，文章宗匠，乃一见即呼为小友，解束带赠之；临别，又出其幼子见嘱曰："他日以吾子孙相托。"乃正微时厚幸，以有今日，皆顾公赐也。深惟古人一饭之谊，窃慕豫让国士之报，而力不副心。

又顾公殁后，颇罹横议，家世遂微。有孙二人，今隶应天府学，其志行固有家风。追惟畴昔期许之言，而二子又幸厕门弟子之数。弟不于此时借公垂盼优录，以少效犬马，恐一旦溘先朝露，即弟终已有负德之恨，无以见东桥公于冥漠矣。知门下肃教端范，绝迹请托，而弟抱此区区，干冒清严。观过知仁，谅不深罪。孤女窃照于邻姬，孱夫贾勇于乌获。倘蒙垂念，则弟犬马之诚，实借公以报顾，又感顾以报公矣。仰俟尊裁，惶恐，惶恐。

与文选李石塘

张甑山来，奉翰教。以崀驾山陵，未及裁答，甚歉。昔公养重丘围，望隆朝野。今清明之会，褒然汇征，展布平生，以答群望，在此时矣。

辄有奉渎。仆自童稚时，受知于东桥顾公，以子孙见托，公所知也。其惠政湖湘，宣劳陵寝，清节伟绩，亦公所知也。今圣皇御极，恩被幽隐。若此公者，虽不与大礼、大狱同科，然其行谊端方，文学醞藉，固江左伟人，先朝耆硕也。而历岁久远，人罕知者，故恤典未及，公评惜焉。幸该科有再举之议，仆冒昧作一书，托之少鲁提学为之表扬，附于公举之末，烦公转致之。倘面会少鲁，致详鄙意，又大快也。

与南学院周少鲁

自公简臬学使，清誉藉甚。楚侗先驱，公为后继，可称二美。浣慰。

鄙情奉渎。顾东桥先生璘者，抚楚人有惠政，陵寝又效勤劳。仆昔在童稚，辱此公"国士"之知，别时以子孙见托。仆驽碌至今，未有报也。圣皇御极，惠及幽隐。如此公虽不可与大礼、大狱同科，而人品文章，昭代伟人也。后裔式微，不能自列，而恤典缺焉，公评甚惜。幸该科有再录之疏，望公俯赐表扬，入公举之末，使得沾旷荡之恩。是在公义举，足以树风；在仆酬知，亦明雅道矣。

恃作桑梓，敢冒掠美。其抚台念堂公、察院冯公，均借鼎力，尤所恳也。

答姜巡抚言李公恤典事

屡承揭示，差人竟不索报，遂失裁答，为歉。

兹有冒渎。李长白公讳士翱者，昔守荆南，甚有政绩，至今荆人俎豆之。历扬中外，咸著嘉声；清德令名，终身无玷。独以后裔式微，人鲜知者，恤典缺焉。今该科有再录之议，倘荷垂慈，特加表荐，不惟李公结效于冥壤，而区区亦得借报于乞邻矣。草率冒干，统惟鉴亮。

（右李公，即初守别，试先父为神童者，后至户部尚书。）

答应天巡抚

前冒渎东桥老先生恤议，料已无及矣。乃荷垂念，特为疏请，不惟桥翁感德于泉壤，而仆亦借报于乞邻矣。衔戢之私，非言可既。

与南列卿王公

东桥顾老先生，昔以其少子名峻者见托。今欲为之求一功名，久之未有因也，且令归以候时。其家贫甚，幸念薄分，一垂盼焉。余不敢及。

与南掌院赵麟阳

仆昔年十三，大司寇东桥顾公，时为敝省巡抚，一见即许以国士，呼为小友。每与藩、臬诸君言"此子，将相才也。昔张燕公识李邺侯于童稚，吾庶几"云云。又解束带以相赠曰："子他日不束此，聊以表吕虔意耳。"一日，留仆共饭，出其少子，今名峻者，指示之曰："此荆州张秀才也。他年当枢要，汝可往见之，必念其为故人子也。"（懋修曰：东桥先生，不惟知先父，又知其幼子峻，不自致青云，必待见故人，乃得功名。此等神识，若有前定数以主乎其间。前辈神识，殆不可及。）仆自以童幼，岂敢妄意今日？然心感公之知，思以死报，中心藏之，未尝敢忘。

前年顾峻来见，仆因追忆公言，不觉嘘唏流涕。念无以厚之，欲以鄙衷控之皇上，辞免当得荫子，移之于顾，以报知己。会杨虞坡太宰知之，为仆谋曰："东桥昔督工显陵，有劳宜荫，为当路所阻。当时先后在工者皆荫，而公独无，此可援例陈乞。且公海内名流，补与一荫，岂得为过？"后于工部查公果未沾恩。遂令峻生具疏自乞，蒙恩俞允。此朝廷录旧之恩，而仆报知己赞成之义也。

今闻其侄辈咸起妒争，言峻是三房，伦序不宜，投揭留都法司，欲行率夺。彼盖不知乃祖见托之言，仆报知己之意，但知录荫常例相竞耳。

且已奉明旨，孰得而易之！乞公明示以大义，给峻生一执照，庶不为强圉所陵，而仆区区之义，亦可报东桥公于冥漠矣。缕缕聒听，统惟鉴原。

与操江王少方

顷辱华翰，舍人回，已具复。

兹顾东桥老先生乃郎，赴京谒选。其期尚远，告回搬取家眷，欲邀惠于执事，求一站船载行。其中夫役，不榖已捐俸助之。一舟之外，更无所觊，亦不敢求大舟，但少异于民船可也。此子之得荫，执事所知。昨小儿往来途中，皆不敢乘官马，乃独厚于故人之子，情不得已也。然执事但如不榖所求者与之，一毫勿有加，加则伤惠也，又紊事体。统惟裁鉴。

（懋修曰：余编次先公书至此，不觉涕泪沾襟。盖其感激高义，不昧心期，咸在殁身之后图之，不一而足，愈久愈殷，是以可痛也。先公厕在仕途，推毂海内名贤众矣。而殁身之后，三纪于兹，未闻有温言美意一及后人者。马伏波之薏苡，朱勃焉逢？任西华之葛衣，孝标谁作？虽其特义，不敢比迹顾公，亦良由德薄名湮，渐渍嫌疑，由来有基矣。为之三叹。）

答廉宪王凤洲

叠辱华翰，深荷雅情。惟丈俊才卓行，冠冕人伦，沈抑数年，舆情共惜，然不困厄，乌能有激乎？清明之世，与天下贤士，褒然汇征，纾先世之积愤，展平生之所怀，在此时矣。幸努力自爱。

辱惠佳书，宝若彝鼎，兼之珍币，岂所敢当。重违尊意，谨领佳绢二端，余附使归璧。匆匆附谢。另具侑柬，统惟鉴存。

二

才人见忌，自古已然。春首浮议之兴，良亦由此。公论在人，其可泯乎？

仆虽不肖，窃敢自附于祁奚之谊。乃汪伯玉遂以告公，若将有移德于人者，非仆本指也。吴干、越钩，轻用必折；匣而韬之，其精乃全。公读礼之余，阖扉养重，亦天所以韬其光而厚其蓄也。愿公自重，毋忽。

雅惠不敢例辞，辄用登领，附谢。别具侑柬，统惟览存。

三

今岁当宾兴，楚人闻见甚陋，诚愿得公大雅之作，以为程序。幸遄发征麾，趣赴盛会。

惟公以鸿渐之仪，困于燕雀。兹当圣作之隆，众贤汇进。铭太常、勒燕然，皆所优为者。外台执宪，直暂借耳。

使旋，草草附复。

附答楚按舒念庭

重承华翰，深荷雅情，铭心之感，言不能悉。

新任王廉宪凤洲，娴于文词，委以程试之作，必能代劳，有裨盛典。

差旋，敢谩附此，诸惟鉴存。

四 为楚宪长时

缴凭人至，知道从已至楚。入锁院，主文衡，今岁程序，必将为海内冠矣。以下国之荒陋，何幸得闻云和之声，睹瑰玮之宝哉？

宪长例当入觐。汪伯玉言，公雅不乐行。且循资、量移、晋右辖，旦夕便可为内转之阶。仓卒不及为公择地，但借资耳。诸惟原亮。

五_{自太仆卿转郧院时}

前令弟送公河上书，其中所言，具见经济宏猷，一一领悉。承差至，知道从已入楚视事，无任欣慰。人旋，草草附复。

六_{郧院时}

前老父诞辰，已承伟制；兹老母七袠，复拜雄篇。天孙之锦，后先相映；昭华之宝，璀璨盈庭。珍重感切，诚不能喻之于言也。

七_{郧院时}

辱示数议，俟大疏至，当属所司覆行。

前岁遣三司马阅边，惟汪伯玉所注措，强人意耳。乃忌者反用此诬诋之，殊为可讶。今已息喙矣。

奉别札云云，昨大察时，并未闻有议者，似不必自生疑虑也。

八_{大理卿时}

郧台僻处，非展骥之地，而岩廊又无虚席，故暂移留棘，以需次焉。

仆先世单寒，非阀阅衣冠之旧。老父不揣，妄干名笔，是何等人地，而辱王、谢大家之垂盼乎？高文尚未拜观。

九

自借郧台，而忌者日以伺公之衅。重之以先朝之事，而令弟解近侍矣。操之以举刺之例，而科疏纠冒滥矣。或云仆有不足于君所，或云公有所怨滞于周南。众口之铄，有自来矣，故横发于南疏。盖亦积渍渐润使然，非独言者之过也。如闻舆人之言，此举不中，且复有继者。不得已，暂解见任，以息群喙。旋当复公旧毡，涤雪以需大畀焉。然蔽贤之罪，首当在仆，无所归咎。

伏承翰教，深以为愧。余具别楮，统惟鉴存。

十

孤自遭先人之变，即荷厚情，远垂唁慰，兹又辱奠赙。今同年中，有孤所引援，见居要路，漠然不一赐问者。乃公独用情优渥至此，令人哀感，愧死无地矣。

厚赙概不敢当，谨领尊章，先寄宣先人柩侧，用承公兄弟通家至情。冥漠有知，必效衔结。余辄璧诸使者。

十一

孤之此行，本属初意，兹蒙俞允，获遂夙心，所谓求仁而得仁也，他何知焉。月之四日抵舍，十六日，幸克襄事，即欲奉老母，匍匐就道。奈天暑不能远涉，不得已，再乞展限。如不获命，则孤星驰先发矣。

叠辱慰奠，深荷至情。但厚惠概不敢当，仍璧诸使者。草草附谢，不悉。

十二

南归，叠承华翰，吊慰勤惓。感戢雅情，言不能悉，中心藏之而已。还朝后，又奉华札，并初夏所寄俱至，益深怀感。

家君在时，曾以祠碑渎求名笔。荷蒙不弃，赐以鸿篇，此时不肖未得见也。昨归，于家弟处取而读之，其文词之粹嫩固不待言。乃其意义渊奥，寄托宏远，直逼古匠。公平生之文，可传于后者，固难悉数，然而如此作，恐亦不多得也。即以勒植祠中，永为家宝。

兹因使者，一伸感仰之私，并具不腆，少伸谢悃。鄙怀固非楮笔所能尽也。

答藩伯王麟洲

不肖以六月望日抵都。仰荷宸情忻豫，殊锡骈蕃，诚非捐糜所能报称也。

远辱翰贶，并初夏所寄俱至。贤昆仲敦念宿谊，垂询不遗，曷胜感戢！

今大道既夷，公论昭揭，自此已往，皆骅骝骋足之日矣。愿益坚雅操，以需崇畀。

十三起京兆时

向者推毂不遂，反增多口，致公再辱，歉恨殊深。比承华翰，益增其怏怏也。

不穀徼时厚幸，久玷机衡。幸主德日明，百司奉职，颓纲坠纪，渐次振兴，内外之治，庶几小康。一二年后，可以纳管钥谢事矣。独念海内遗贤，未尽登庸，多在蒭轴不可招者，此不穀所以死不忘惓惓也。

远辱华翰，深荷雅情。使旋，谨此谢复。

十四

令弟至，拜翰贶，极感注存。

儿曹寡学，并捷南宫；老母高年，足慰朝夕。但德薄而享厚，可惧耳！

令弟旋，附复。别具侑缄、另楮，统惟鉴存。

别论，领悉。

令弟入觐，亦辄引疾，再三强之，乃复出。借重齐鲁督学，又辞不拜。人情世路，诚为崄峨；而昆仲之畏惧，亦已甚矣。闲云出岫，倦翼投林，何容心于意必乎？不穀羁绁一身，惟有因之羡慨而已。惠子知我，固不悉言，统维鉴存。

答陕西学道王麟洲

儿曹寡学，冒窃非望；远辱遣贺，弥切兢惭。厚惠概不敢当，辄附使者归璧，幸惟原亮。

近已借重督学关西，念资俸已越，不宜仍淹外服。而三秦重地，学宪要秩，非假重望，不足以当之。竢阅历愈深，不次当有崇叙耳。

十五

曾见藏真绢本《千文》，或云楮本者更佳，于邺架借观之，辱不吝专遣寄示。骊珠颗颗，璀灿夺目。绢本虽晚笔，神彩要不逮也。天球、琬琰，小有空缺，何妨代宝。文君用时笔补之，更为续貂。公谓是虎贲之似，似为溢美也。

寓目自足，何必夺为己有？展玩毕，即以归之，烦好为将护，以嘱来使矣。而使信至三，坚以见遗。因思神物，恐为风雨所妒，什袭而藏之，即不佞亦暂为秃师主此物耳。

示季子懋修

汝幼而颖异，初学作文，便知门路，吾尝以汝为千里驹。即相知诸公见者，亦皆动色相贺曰："公之诸郎，此最先鸣承者也。"乃自癸酉科举之后，忽染一种狂气，不量力而慕古，好矜己而自足。顿失邯郸之步，遂至匍匐而归。丙子之春，吾本不欲求试，乃汝诸兄咸来劝我，谓不宜挫汝锐气，不得已黾勉从之，竟致颠蹶。

艺本不佳，于人何尤？然吾窃自幸曰：天其或者欲厚积而巨发之也。又意汝必惩再败之耻，而俯首以就桀獭也。岂知一年之中，愈作愈退，愈激愈颓。以汝为质不敏耶？固未有少而了了，长乃惛惛者。以汝行不力耶？固闻汝终日闭门，手不释卷。乃其所造尔尔，是必志骛于高远，而力疲于兼涉，所谓之楚而北行也。欲图进取，岂不难哉？

夫欲求占匠之芳躅，又合当世之轨辙，惟有绝世之才者能之，明兴以来，亦不多见。吾昔童稚登科，冒窃盛名，妄谓屈、宋、班、马，了不异人，区区一第，唾手可得。乃弃其本业，而驰骛古典。比及三年，新功未完，旧业已芜。今追忆当时所为，适足以发笑而自点耳。甲辰下第，然后揣己量力，复寻前辙。昼作夜思，殚精毕力，幸而艺成。然亦仅得一第止耳，犹未能掉鞅文场，夺标艺院也。今汝之才，未能胜余，乃不俯寻吾之所得，而复蹈吾之所失，岂不谬哉！

吾家以《诗》《书》发迹，平生苦志励行，所以贻则于后人者，自谓不敢后于古之世家名德。固望汝等继志绳武，益加光大，与伊、巫之俦，并垂史册耳。岂欲但窃一第，以大吾宗哉？吾诚爱汝之深，望汝之切。不意汝妄自菲薄，而甘为辕下驹也。今汝既欲我置汝不问，吾自是亦不敢厚责于汝矣。但汝宜加深思，毋甘自弃。假令才质驽下，分不可强；乃才可为而不为，谁之咎与？己则乖谬，而徒诿之命耶？惑之甚矣！且如写字一节，吾呶呶谆谆者几年矣，而潦倒差讹，略不少变，斯亦命为之耶？区区小艺，岂磨以岁乃能工耶？吾言止此矣，汝其思之。

附录翰林时书牍

谢病别徐存斋相公

居正惶恐、顿首再拜，上书师相阁下。

居正少不自慎，被狗马病，伏蒙台慈，得谅其愚。即日南发，远隔门墙，未一奉音徽，徘徊瞻望。

窃念正起自寒士，非阀阅衣冠之族，乏金、张左右之容。弱冠登朝，赖相公甄拔，厕在下弟子，深蒙鉴奖。虽仲举知深于徐孺，中郎倒屣于仲宣，未为过也。知己之恩，每怀国士之报。假令相公兴周、召之业，使如正者束带立朝，参制作之任，或拾遗左右，备九九之数；虽不能使恶言不至，门人加亲；然进奋短翮飞翔之用，退效杞梁一介之死，正虽至愚，敢不勉乎！小人命薄，分过灾生。蒲柳之质，一旦溘先朝露，则终身无以报知奖之恩，死有余恨。窃不自谅，有惓惓之愚，秋毫少效于万一，惟相公裁察焉。

相公雅量古心，自在词林，即负重望三十余年。及登揆席，益允物情。内无琐琐姻娅之私，门无交关请谒之衅。此天下士倾心而延伫也。然自爱立以来，今且二稔，中间渊谋默运，固非谫识可窥。然纲纪风俗、宏谟巨典，犹未见使天下改观而易听者，相公岂欲委顺以俟时乎？语曰："日中必彗，操刀必割。"窃见向者张文隐公刚直之气，毅然以天下为己任，然不逾年，遽以病殁。近欧阳公人伦冠冕，向用方殷，亦奄然长逝。二公者，皆自以神智妙用，和光遵养，然二三年间，相继凋谢。何则？方圆之施异用，愠结之怀难堪也。相公于两贤，意气久要，何图一旦奄丧，谁当与相公共功名者？况今荣进之路，险于榛棘；恶直丑正，实繁有徒。相公内抱不群，外欲浑迹，将以竢时，不亦难乎！盍若披腹心，见情素，伸独断之明计，捐流俗之顾虑，慨然一决其平生。若天启其衷，忠能悟主，即竹帛之名可期也。吾道竟阻，休泰无期，即抗浮云之志，遗世独往，亦一快也。孰与郁郁颙颔而窃叹也。

夫宰相者，天子所重也，身不重则言不行。近年以来，主臣之情日隔。朝廷大政，有古匹夫可高论于天子之前者，而今之宰相不敢出一言。何则？顾忌之情胜也。然其失在豢縻人主之爵禄，不能以道自重，而求言之动人主，必不可几矣。愿相公高视玄览，抗志尘埃之外。其于爵禄也，量而后受，宠至不惊。皎然不利之心，上信乎主，下孚于众。则身重于太山，言信于蓍龟。进则为龙为光，退则为鸿为冥，岂不绰有余裕哉！

公孙弘有言："人主病不广大，人臣病不节俭。"身为汉相，脱粟布被，良史称之。夫京师，四方之极；大臣，庶民之表也。自顷内外用竭，习尚侈靡。贫者裋褐不完，而在位者或婢妾衣纨绮；百姓藜藿不饱，而在位者或厮养厌粱肉。此损下益上之尤者也。诚宜倡之以俭，视之以礼。宏晏子狐裘之节，览诗人《羔羊》之咏，庶仪刑百辟，易移侈俗也。夫天子有诤臣，士有诤友，故能动不失则。故"石犹生我，美疢滋毒"也。端人直士，药石也；令色孔壬，美疢也。然端直劲而难亲，令壬柔而易狎。倾佞之人，未语而唯唯，未言而诺诺。较德则拟于皋、伊，论功则卑乎管、晏。足使人志满情逸，受其面谩。此高允所以深疾闵湛，谓其"所营尺寸之间，而贻崔浩无穷之害者"也。愿相公择士之端谅者，使在左右，资其匡辅，闻其谠言，亦鸿业之一助也。

夫士习者，人才之关也。自顷士气颓靡，廉耻道丧。苟且显于赞雄，幸孔多于亡羊。乞温逐臭，相煽成风。岂可令明主在上，相公在位，而习弊至此？夫爵禄赏鉴，所以磨世也；廉耻节义，所以建标也。爵禄赏鉴，不足以激上才，止可以劝中人耳。然上才百一，中才者多。令爵禄赏鉴常归之廉耻节义，则中才者，望标而趋矣。迨夫清议已行，士气已振，然后相公振之以无名之朴，酝之以醇和之气，即大化熏蒸，风俗长厚矣。此相公今日所得为者。若夫格天之业，致王之功，固非末士所与。且愚蒙未谙，故不敢言也。夫翳荟之翔，讵以论九苍之高；蹄涔之游，无以测四溟之深。相公德冠宇宙，知兼众哲，而下走欲以管窥之见，仰裨高深，不狂则愚。且以下贱干非其分，不知者，以为预结于左右也。然自惟受恩深重，苟有效于涓埃，即剖肝裂肤，在所不辞，况恤其他乎！

古人之言曰："近而不言为谄，远而不言为怨。"今将远矣，不胜感激瞻望之怀，临发潸然，词不宣心。仰惟相公清闲之燕，垂察狂狷之言，幸甚云云。

启聂司马双江

近时论学者，或言行颇不相覆。仆便谓其言尽不足信，是以孤孑迄于无闻。窃谓学欲信心冥解，若但从人歌哭，直释氏所谓阅尽他宝，终非己分耳。昨者，伏承高明指未发之中，退而思之，此心有跃如者。往时薛君采先生，亦有此段议论，先生复推明之。乃知人心有妙万物者，为天下之大本，无事安排。此先天无极之旨也。

夫虚者，道之所居也。涵养于不睹不闻，所以致此虚也。心虚则寂，感而遂通。故明镜不惮于屡照，其体寂也。虚谷不疲于传响，其中窾也。今不于其居无事者求之，而欲事事物物求其当然之，则愈劳愈敝也矣。瞽见如此，惟高明指示焉。

答中丞孙槐溪

得仪真书，已报。得九月七日书，知洞兵遂大破贼，可喜。

大丈夫遭艰难之运，弃家忘身，以殉国家之急，固已难矣。又以数千之兵，抗盈万之众，策羁旅之师，当积年之寇。片帆一指，楼橹星驰，长戟才交，鲸鲵电扫。自非忠勇所激，天人助顺，孰得胜算奇功，若斯之盛乎！

然古人云："成功非难，处成功尤难。"今兹度彼中事，犹有五虑，为台下献焉。我兵新胜，贼已破胆，宜乘破竹之势，捣其巢穴，殄其丑类。而当事者，或不能同心趋便，但多张首虏，以幸功级，令残夷得便，以成反覆，可虑者一也。狃于一胜，防御必疏。猾贼尽力以窥伺我，若遗烬复然，贻祸未已，虑者二也。东南招募，已及数年，师老财匮，效无尺寸。今公以数千士兵，决胜一旦，功名之际，谁肯推助，可虑者三也。狼、处、吴等兵，斩首虏虽多，而摧锋陷坚，则永顺似宜首论。若但较捕斩之功，不揣难易先后之势，则夷人怨愤，必不用命，责以后效，恐难收功，可虑者四也。克敌之后，议论必烦。若功赏不明，事体乖戾，则人心不劝，或致他虞，可虑者五也。

夫锐始者必图其终，成功者先计于始。杞人过计，聊复觊缕，惟知己采焉。荆人望公，如霖雨之思公旦。冀早旋征旆，以慰氓黎。

答刘白川

扬州二守、日者冯生，先后奉小启驰候。弟数年之中，沉疴未解，引退者再，去就无恒。然怀知恋侣，未一日去左右也。

辱谕。罗旁之故，基自怨家，蔓于众口，即年兄不言，人固已喻之者矣。自弟通籍已来，窃见宦途通塞，咸有嘿嘿者以尸之。或抾而反遂，或引而更颓，或理宜邕遂，或运属乖违。揆之人事，自有相反者。飘风能赍叶于将脱，而不能使劲干立枯；咒师能乘算于宜纪，而不能使修龄转促。向之议兄者，猋至蜂起，簧鼓噂沓。或割刃而狙击，或挺戈而当先，卒不能动兄一毛，而望实愈茂。则倚伏之机，昭然可睹矣。夫士有一定之论，女有不易之行。自信于己，任运推移，惟吾道之兴废，又何计于怨雠乎！必行有所召，斯臧仓之诉得行；倘德在予矣，即向魋之难何惧？若乃齐冤亲于平等，并恩怨于两忘。海马先机，虚舟随泛，斯又上士玄同之轨也。

今天下之势，莫亟于东南。海波未靖，内奸伺隙，庙堂宵旰以忧之。所赖一二巨公，毕虑纾忧，弭此大患。所愿勉就功名，以答群望。诗云："靖共尔位，正直是与。神之听之，式谷予女。"纷纷之谈，未足为懲葯也。

千里缄问，不当用常语相聒，故敢献其区区，高明裁纳焉。

与司成马孟河

振铎南雍，士方向往，不谓东山泉石，更挂冲襟。夫遗世拔俗者，逸民之所操；明道济物者，人贤之弘量也。公遗情缨绂，结意烟霞；蝉脱于秽，素心独往，得已。然律以至人玄同之轨，揆以孔门兼善之抱，无乃得其一，未得其二乎！

弟以浅陋，幸附骥尾；日夕循省，尸素是虞。昔匡鼎说《诗》，都讲为之避席；南能卓锡，印宗退而北面。以弟之愚，诚得高宿如公者而逊之，所谓羼夫负千钧，上太行，得乌获而畀之，有余力矣。

愿公幡然易虑，回肥遯之辙，跻同人之轨。毋使青衿之子，徒有白驹之叹。幸甚。

与边镇巡抚王西石

辱翰教，具悉。丈体国之忠、任事之勇、经理之略，东北一面，可无虞矣。昔李抱真初在泽、潞，胜兵不满万，抱真励以忠义，省财用，阅军实，数年遂为强镇。河北诸藩慑慑，不敢越河为寇，抱真力也。以此见天下无不可为之事，艰难困惫，忠智实由以表见也。

顾近来疆场之臣，大抵选懦观望，饰虚言，张首虏，为旦夕计，非有长虑却顾，为地方至计也。因仍成风，边事大坏。夫仕宦至于巡抚，受国恩不为不厚，功名不为不显矣。事有关系，宜以死生去就决之，乃诿诿然求便其身图，此亦不忠不智甚矣。今者，庙堂颇亦厌此，苟且不行，功实渐核。吾丈素怀忠赤，当一面之寄，此千载一时也。事有易置者，不妨先达本兵，次第举行；询于有众，事事求实。又本之以诚悫，持之以坚忍，虑定而后动，鲜不济矣。

弟望丈之重，敬丈之深，故敢肆其狂瞽。以丈位隆望重，称休光、颂盛德者，当不乏人，固无事弟喋喋也。辽东地图备悉者，幸见教一帙。

与吴川楼给谏

仆忝在桑梓，与门下投分不浅。后仆抱文园之疾，公亦被曾参之疑，羽翼既乖，遂成疏逖。去春都门一会，会便成别，离合一移，感慨随之矣。

公俊才逸气，锋颖秀拔，不惟脱颖全楚，实亦绝尘海内。然坐是颇为累矣。夫素丝易污，媛颜蒙垢。士之负瑰玮而坎壈者，不可数计，岂必尽世人之过哉？毛嫱、西施，天下之至丽也，鸟见之高翔，鱼见之深入，况无容于前，有伺于侧。同室并御，争妍竞怜，斯楚姬班女所为，招剧而兴悲也。彼才人者，不知含光葆真，内晦其美，乃嫣然姣服靓妆，沾沾自喜，以此求容，将无难乎？孙登之言曰："火有光而不用其光，人有才而不用其才。光在于得薪，用在于识真。"嗟乎！假令屈、贾之俦，少留意于此，则汨罗无不返之魂，长沙无赋鹏之感矣。

仆才不逮公，而邀时厚幸，早蹑清华。自省十余年来，性简疏傲，理足招尤。然公也缺而仆也完，公也踬而仆也免，则有幸不幸耳。今而后，从事于至人之学，庶几乎玄同之轨。

顷辱翰教，盖亦有追往惩蹶之意焉。此天启高明，绥之以方来之祉也。不惮愚陋，妄有所献，惟垂听纳焉。

答西夏直指耿楚侗

别去，倏经霜雪，同心之怀，良不可任。

辱谕，谓比来涉事日深，知虚见空谈之无益，具见丈近日造诣精实处。区区所欲献于高明者，正在于此。但此中灵明，虽缘涉事而见，不因涉事而有。倘能含摄寂照之根，融通内外之境，知此心之妙，所以成变化而行鬼神者，初非由于外得矣。

长安棋局屡变，江南羽檄旁午。京师十里之外，大盗十百为群。贪风不止，民怨日深。倘有奸人乘一旦之衅，则不可胜讳矣。非得磊落奇伟之士，大破常格，扫除廓清，不足以弭天下之患。顾世虽有此人，未必知，即知之，未必用，此可为慨叹也。（懋修曰：虽在清散，抱负已定矣。）中怀郁郁，无所发舒，聊为知己一吐，不足为他人道也。

西夏风土何如？边事尚可支持否？陇西、北地，故多豪杰，今有其人否？风便，频频寄言，乃见爱迪。

答胡剑西太史

滏阳人来，言兄吏事精核，不类迁谪者。弟为年兄虑者，正恐未透此关耳。果尔，复何言哉？《易》所谓"困亨"者，非以困能亨人，盖处困而不失其宜，乃可亨耳。

弟甚喜杨诚斋《易传》，座中置一帙，常玩之。窃以为六经所载，无非格言。至圣人涉世妙用，全在此书。自起居言动之微，至经纶天下之大，无一事不有微权妙用，无一事不可至命穷神。乃其妙，即白首不能殚也，即圣人不能尽也。诚得一二，亦可以超世拔俗矣。

兄固深于《易》者，暇时更取一观之，脱去训诂之习，独观昭旷之原，当复有得力处也。

答罗近溪宛陵尹

比来同类寥落，和者甚稀。楚侗南都，庐山西蜀，公在宛陵，知己星散。仆以孤焰，耿耿于迅飙之中，未知故我何似。闻公政致刑措，不言民从，盖皇农之再见。所治是信心任理，不顾流俗之是非，此同罗近溪本来面目。然同志数君子，往来倡导，使人咸知有仁义道德，则所以助公道缘为不少也。

学问既知头脑，须窥过际。欲见实际，非至琐细、至猥俗、至纷纠处，不得稳贴。如火力猛迫，金体乃现。仆每自恨优游散局，不曾得做外官。今于人情物理，虽妄谓本觉可以照了，然终是纱窗里看花，不如公等只从花中看也。圣人能以天下为一家，中国为一人，非意之也；必洞其情，辟于其义，明于其分，达于其患，然后能为之。人情物理不悉，便是学问不透。孔子云："道不远人。"今之以虚见为默证者，仆不信也。

寄徐太学国式

执事雅操端洁，造诣闳博，实仆畏友，未敢屈季通于坐侧也。

儿曹鲁钝，幸荷甄陶，数月之间，便觉开悟，志不在温饱。顾代者非人，别后情态毕露，全无启迪之功。欲更易之，仓卒又难其人。使诸儿旧日萌芽，有退无进，良可惜也。以此怀想执事高谊，愈觉惓惓。

令婿回，附寄小诗，并诗扇三柄纳上。欲见无期，临楮怅惘。

（懋修曰：先师徐国式，讳一正，仕至太守。其训蒙以贤圣立品，不专文章。不肖兄弟方在童年，即教以志不在温饱，而先父雅重之。今为父者，每忽童子之师，以为记书认字足已，不知根基一定，遂不可移。余谓举业之师传文艺，犹为易得；蒙童之师铸人品，百中难得一也。故曰："蒙以养正，圣功也。"）

寄高孝廉元谷三首

沈子来，知已纵观太和之胜，烟霞心赏，恨不同之。顷缘多病，归思已积，而事乃有大不如人意者。便差不可得，俟明春长往耳。世虑婴怀，宦情寥落，吾兄视不肖岂不然哉？区区鄙愿，竟不获遂，乃知行止当有数也。江干花鸟，恐复笑人，言念此期，以日为岁。

比者，中州盗起，道里阻绝，大河南北，榛莽萧萧，恐丧乱未已。天下事足可寒心。携手之欢，知在何日矣！向欲卜居城东，得果此缘不？日来所得，想复倍进，如弟则荒陋如昨。远道之怀，书岂能殚，努力心期，以俟良晤。

入冬，侦北来消息，不谓江鱼莱彩，竟恋庭闱。念兹契阔，岂胜怅惘！

昔马祖欲上京就选，有禅师示之：不求选佛，乃求选官。吾丈冲襟高志，固非一第所能荣也。

楚中连年水患，民困艰食。弟既无道相援，又无拯溺之责，每念及此，若己推之。薄田不入，非所虑也。

别来改岁，同心之契，无时可忘。此行虽勉强涉世，乖其本图。

近日静中悟得，心体原是妙明圆净，一毫无染，其有尘劳诸相，皆由是自触。识得此体，则一切可转识为智，无非本觉妙用。故不起净心，不起垢心，不起着心，不起厌心，包罗世界，非物所能碍。恨不得与兄论之。

近日举业何如？将试不必多作文，但凝神养气。曹孟德临敌，思意安闲，如不欲战，亦可以武喻文。

答贵阳开府霁岩吴老师

辱台翰。不遗先驱之璧，何以远过？师翁绝才冠世，卓行范俗，当路且欲虚揆席以待，贵阳开府，只暂借耳。

比奉手教，乃有东山之怀，岂群情所望乎？胡正伯绾篆词林，汪伯玉建牙闽、粤，殷正甫青宫翊赞，陆与绳持铨东省，韩明仲督学关西。五君子者，清才雅望，砥励明时。论者谓门下得人，于斯为盛。班、倕司匠，门无弃材。虽樗散如正者，亦厕诸贤之末，效㮣栌之用。然揣分度力，未尝不自惭于周任也。不审师翁何以策之？

答闽中开府汪南溟

公夙抱奇瑰，膺兹特简。命下之日，皆为朝廷得人贺，况弟素称莫逆者哉！

谭公当闽人厌乱之秋，有良将帑储之助，因缘际会，遂得成功。遽以墨缞解职，已事遄归，可谓善刀而藏之矣。公锋刃乃新发于硎，蠢兹小丑，魑魅蚍虱，何足当其剚割乎！但闽中久困戎马，师之所在，荆棘生焉。弟则以为今日扞御之后，绥怀为急。如苦剂逐病，必时顾其本根；策驷取途，又恶殚其余力。非痛自省节，加意拊摩，恐未足以起凋瘵而跻之康阜也。迂腐之见，惟高明采之。

答周鹤川乡丈论禅

费生至，辱翰教。以值秋试，仆虽久辞却，犹以远嫌却扫。故诸生至者，皆不敢通。至九月，始得发函读之。

远道之怀，出世之想，启我愚蒙。中世以后，大雄之法，分为宗、教二门。凡今吾辈之所讲研穷究，言语印证，吾教也。若夫宗门之旨，非略象忘诠，真超玄诣，讵可易言？然宗由顿契，教可依通，譬之法雨普沾，随根领受。而今之学者，皆舍教言宗，妄意揣量，执之为是。才欲略象，而不知已涉于象；意在忘诠，而不知已堕于诠。此竖拳喝棒、狗子矢橛之徒，所以纷纷于世也。

狂瞽之谈，伏惟裁教。费生志向甚佳，足以占门下高风之所振起也。

答闽中开府汪南溟

去冬，闻海堧有警，公在劻勷中不忘记询，感戢。但奖藉逾实，非所敢当。

昔人谓"心相怜，马首圆"，非虚语也。岛孽未尽，顷闻广中之议，欲委责于闽，庙堂知之，故以戚帅兼领惠、潮。夫以邻为壑，君子之所不取。今天下一家，人臣比翼协力以事天子，何邻之可壑乎？近见楚、蜀相阋不已，功欲己擅，罪则谁归？此非君子兼济之心，忠臣不欺之节也。

老伯寿章，久稽宿诺。适志事甫完，复有讲筵之冗，再假数月，乃得呈教。暂此奉复。

答蜀中开府谭二华

正不肖，于世无所比数。然好慕天下长者，意所向往，恒恐不得托交焉。如门下高标渊识，卓行异能，则平生尤所钦挹也。然不敢竿牍求通，乃辱先施降接，感慰。

方今周道宁夷，夔、龙之侣，云集于庙堂；《羔羊》之风，渐被于朝野。惟是边境潢池，未渐圣化，故烦鹰扬之老，秉钺镇之。不然，以门下之宏抱，固宜入秉钧轴矣，何久劳于行间乎！

蜀地岩邻番，其民犷悍易动。大抵绥之则靖，扰之则乱，怠则顿网诡衔，急则鸟惊鱼骇，故不可以内地之治治之也。无论往事，即如近者龙州、支罗及妖民诳乱，其初或以操切太过，或以处置失宜，几微不审，酿成大患，至动大众。蜀中人言，此三事，编户良民死者以十余万计，非细故也。

今乱民既诛，地方再定，宜示休静以绥众心。治大烹鲜，老氏至训；渊鱼不察，定远良筹，在门下加之意焉。奉翰教，谓厚生善俗，禁奸伐谋，则安攘大计，门下固已预筹之，竖儒复安所置喙哉！平生闻谭公胸中数万甲兵，所至风驱电扫。今治蜀顾如此，乃知宏才不器，无适非宜，哲士达权，随时善变也。敬服。

冒昧瞽言，无所逃罪，惟高明垂亮焉。

卷二十九　文集一

承天大志纪赞

基命纪赞

臣闻帝王之兴，其先必有明圣显懿之德，丰功厚利积累之业，以肇基明命，而潜发厥祥。

昔周之盛，大命既集，乃诗人颂述休美，必溯其自于文王，曰："周虽旧邦，其命维新。"盖文王不回之德，式克昭事于天，受帝而施子孙。假哉天命，由此乎基也。

我皇上应期挺生，膺图握纪，仰万年之明盛，陟三五之登闳，骏命之隆，超轶有周远矣。实由我献皇帝，天纵圣哲，日跻诚敬，渊仁厚德，迈于周文；而章圣皇太后，明章妇顺，又于太姒徽音，有加美焉。积功累仁，祈天永命，由来远矣。是以忻豫通于上下，精诚贯于神明。上帝眷歆，笃生神圣。缵绍丕图，光昭鸿业。由朴棫之化，宣下武之光，本作丰之功，成宅镐之烈，天锡显号，胙社曰兴。固昭代中兴之基所由肇也。

夫蓄基厚，则发之必弘；嗣德昌，则培之愈固。二圣宥密，所基既厚且弘。而皇上又振耀前猷，茂恢令绪，德总百王，规摹万世。以永凝佑命，寖启昌期，曷有纪极！臣稽《实录》所载，二圣肇基帝业，纪其尤大彰著者，列于首篇。以征世德作，求卜景祚于万祀云。

赞曰：古称河间好文，东平乐善，非有甚盛德事也，然且邈哉乎希闻矣。彼借尊崇而富有，无万几之兢业，克懋乃德，固已难矣。若乃慎修永图，敦仁广泽，且天立厥配，懿美并耀，其又可易得哉！惟我二圣，积厚流光，教训成俗，内外和理，诚前圣靡得而兼焉。观夫寅畏上帝，则唐尧之钦昊天也；宣布慈惠，则虞舜之治民心也；训恭务啬，则神禹之克俭勤也；屏嗜黜玩，则成汤之远声色也；昭垂女训，则庆都之育神圣也。耿光大烈，炳炳巍巍，天人之道备矣。夫擅一德，居一功，犹足以承休垂裕。矧夫备美统善，格天心，新骏命，爲奕千载者哉！敬识其大者，昭示方来，俾与天壤无极也。

龙飞纪赞

孔子叙《书》，断自唐尧，赞之曰："大哉，尧之为君也，巍巍乎，惟天为大，惟尧则之。"

夫尧以上，先天开人，所可述者多矣。然皆阙而不载，而独于尧亟称焉。岂非以其蕴德最隆，际时尤盛，起唐都而为天子，乃天之所特授者耶？汉文而下，无庸论矣。

惟我皇上应五百之昌期，承二圣之积庆，天人协顺。爰自兴邸，入纂丕图，万邦黎献，靡不快睹焉。曰圣天子，今之帝尧也。

夫史称帝尧，其德如天如神，光四表，格上下，生而感赤龙之祥，即政而荣光出河，龙马衔甲，其事神矣。

我皇上弘仁天覆，大智神启，既与广运之德，异世同符。而河清云庆，祥光烛天，帝王之有真，又已炳示几先，效灵神宝。即赤精荣光，龙马之应，未足以喻其宏显也。于是膺历数，顺人心，龙飞五位，开泰运，恢帝纮，视放勋有光焉。非天所特授，其曷有此哉！昔者宸踪之渡河也，父老相与欢忻颂述曰："吾圣主始生，此河清者三日。"黄河清，圣人出，今果然矣。是天下之鼓舞阗怿，莫不尊亲，又不待时雍协和，而后为《康衢》之歌，华封之祝矣。巍巍乎大哉，同天同尧，一人而已。

谨述天命，本帝德，推人情，著之兹篇，与陶唐并称焉。

赞曰：《易》曰："天地之大德曰生，圣人之大宝曰位。"。夫圣人之以位为宝也，岂徒崇高富贵云哉！其畜德宏而备道广，志在生民而量包天地，匪位将无以究厥施耳。龙之为灵也，道能神化。然必乘云气，凌太清，茫洋穷乎玄间，然后能霖雨下土，而泽被九垓，圣人之于位也亦然。

故《乾》之九五曰："飞龙在天，利见大人。"孔子系之曰："圣人作而万物睹。"又曰："首出庶物，万国咸宁。"皇上德合天地，明并日月，序参四时，先后乎天而不违，正《易》之所谓"大人"也。乘龙御天，德广被而道大施。怀生之类，靡不沾润乎汪涉之泽。洪厖茂和，信矣哉！云行雨施，天下平矣，登极之日，时雨沾旱，万象咸新，岂非天固示之以象哉？天且弗违，而况于人乎？《诗》曰："显显令德，宜民宜人。受禄于天，保佑命之，自天申之。"天之所申佑，斯为亿万年无疆之休也。

圣孝纪赞

臣闻古先哲王，立爱以教睦，率德以兴行，盖未有不以孝理天下者。然尽伦立极，则惟至圣者能焉。是以孔子序列古之帝者，独称舜为大孝，武王为达孝，岂不以二圣人者尊养之至，继述之善，固往哲之尤盛者乎？

惟我皇上，冠道履德，体睿穷几，固以总百王之条贯，包万善而时出矣。乃天笃至性，于事亲尤肫肫焉。粤自中兴，丕膺新命，永惟我皇考圣母，启佑之恩，昊天罔极。故践祚之初，首命廷臣议举尊崇之礼，而当时议者，率牵章缝之谀见，执叔季之陋仪，纷纭靡定。时厪睿思，亲赐折衷，然后观其会通，协于礼义。鸿号之称定，则一本之义昭；宗祀之礼成，则严父之教显；卜藏之事谨，则慎终之虑悉；省巡之政举，则《时迈》之颂兴。至于山陵所在，永怀周虑，备物尽制，又极详且毖焉。盖自书契以来，舜武之后，光扬恢廓之典，未有甚于今日者也。夫圣神广运，德莫大焉；光抚函夏，尊莫尚焉；化隆休洽，时莫盛焉。以德则本茂，履位则道光，治隆则时豫，三者备矣，用能修旷古非常之典，以成帝王极至之孝。然则所谓尽伦立极者，非我皇上，其孰能之？

孔子曰："昔者，明王事父孝，故事天明；事母孝，故事地察。"皇上尽宗子之道，建三极之中，爱敬通于神明，德教刑于四海，神人禔福，灵贶骈蕃。休哉！臻兹盖有由矣。顾臣愚不足以仰窥圣德大孝之全，第录其系于旧邦者如此云。

赞曰：臣伏读《献皇帝实录》，我皇上七岁授《孝经》，即问皇考以先皇至德要道之义。皇考喜甚，他日以语侍臣，无不顿道贺者。臣仰而叹曰：大哉，圣人之孝乎！圣性得之天所授也。异日者，大礼尊称，及明堂宗庙，山陵巡省诸典礼，盖重且大矣。

皇上圣不自圣，每一举事，即遍询群臣可否。当其时，荐绅章缝之士，簪笔待问者，云集朝廷。然每议下，辄惶顾咨度，莫知所裁，且或诞其说而左焉。迨我皇上，睿思英断，折衷群言，词宣为经，动协于义，群臣禀圣谟，受成画，奉而行之。验之往古，质之经义，无一不契者。然后相与惶悚慑服，叹神圣之莫及也。由此观之，圣孝根心，非天所授，讵能然乎？且夫析众疑而阐湮典，大智也；不阻不回，断之在独，大勇也；修义明礼，万世为则，大烈也；广爱覃恩，以幸海内，大惠也；承天道，顺人情，上下和洽，嘉祥屡降，大顺也。然皆自尊亲一念以始之。信乎圣人之德，无以加于孝矣。

大狩纪赞

臣闻古者天子五年一巡狩，狩必遍于四岳。则夫荆、襄、随、郢之域，固南岳所迤莫也。是以尧巡丹水，舜觐南后，考其政教之迹，类帝怀神，辑瑞觐牧，礼问百年，归格艺祖，至为明备。然未有穷万乘而为其亲劳者也。

仰惟我皇上，尧仁舜孝，超轶前古。粤自藩封，入登大宝，缅惟皇考，山陵远隔，未申展谒之忱。及后，慈圣上仙，议将南祔，又以窀穸事重，必求允藏。遂乃躬御六飞，弭节纯山，周回远览，审观厥祥，图之再三，其兆乃定。于是退而御行宫，朝诸侯，燔柴燎，享上帝。修秩祀以怀柔百神，明黜陟以震叠群辟，发德音以镇抚遗老，敷大赉以绥惠罢氓。神人之礼既该，上下之情以洽，犹虑久役之劳民也，星驰电迈，振旅而旋。当其时，奥岩穷谷之民，戴白垂髫之众，莫不耸观骇听，雀跃行讴，欢声震乎雷霆，渗泽溢于江、汉。盖自唐、虞以来，圣帝时巡之辙，复见于今日矣。然其始也，本以笃二人之永怀；其既也，遂以修千古之旷典。弘仁大孝，一举兼该。斯又前轨未闻殊常之盛事、经生学士所为诵说而难遭者也。

臣谨自大驾发轫之初，迄于回銮，列次其事。以上继《诗》、《书》

之盛，且侈郢人千载一时之遇焉。

赞曰：君人者，出王游衍，莫非天也，岂不信哉。

往者南巡初议，群臣言盖人人殊矣。皇上稽于有众，断自圣心。及銮辂所经，豫顺以动，以之感人，则群黎百姓罔不忻戴。且道经二千里之余，师行迈数万之众，而往返不逾六旬，大事定乎万祀。湛恩渥泽，徽章彝轨，一举而众善咸集焉。岂非圣孝感乎，圣诚肫至，故万灵卫其出入，九穹为之绥佑者乎？

《诗》曰："时迈其邦，昊天其子之。""怀柔百神，及河乔岳，允王维后。"夫天之所子，固天下万世之所戴以为后者也。独郢人云乎哉！

宝谟纪赞

臣闻《书》言："圣有谟训，明征定保。"又曰："丕显哉，文王谟。"自昔圣帝明王，其丰功骏德，既已措之躬行，施之当世矣。犹以泽历久而易尽，言无文而不远，于是乎敷之彝训，以为定保之征；记之简编，以发经纬之蕴。是以百世之下，虽去圣已远，而诵其诗，读其书，则模范存焉。斯圣人不朽之业，所以垂教思于无穷者也。

我献皇帝，圣质天成，睿思神授。昔居西馆，已著英声。及封国以来，二十余年之间，绝嗜寡好，孳孳典学，国政有暇，独以觚翰自适。是以述作之精，卓然冠古。篇章繁富，亡虑数十万言。

臣尝伏而读之，其裁制之恢弘，文词之粹微，固无容喙矣！乃其属意纂言，皆根极理要；阐发性命，则研精极深；敷郁古今，则出经入史；杂物撰德，则显微毕具；立法申鉴，则美恶备彰。识深而旨远，义奥而理玄。盖典谟训诰，经世之文；天球弘璧，希代之宝也。昔者淮南《鸿烈》之著，河间《考工》之篇，徒以摛挦藻丽，夸诩诵闻。非有圣哲之极论，道德之奥旨。然且树声艺苑，迄于今传焉。矧圣谟丕显，流辉宇宙，盖将为悬诸日月不刊之典，岂徒镇耀楚域，为法当代而已哉！

臣谨分类裒辑，并录献皇后之女训附载于后。用彰我二圣贻燕之泽于无穷焉。若夫圣德渊涵，精微之蕴，则所谓性与天道，不可得而闻也。

赞曰：昔周人称文王之文，"光于四方，显于西土"。太姒嗣音，佐文德以成《周南》之化，则《葛覃》、《卷耳》之诗作焉。夫古之帝者，述德敷言，托之琬琰，垂范百世，若典谟训诰，章章具矣。乃若后理阴教，以听天下之内治，而能发为文词，与王者并则，由周而来，盖希睹之也。

天佑我明，圣神继作。我太祖、成祖，暨孝慈、仁孝，扶玄黄于始泮，缀象纬以垂光，御藻宸章，壶范内训，藏之天府者，彪炳焕烂，莫可殚述矣。而我献皇帝，以天挺睿哲之资，缉熙圣学，覲列祖之耿光。献皇后俪德配天，修文翊治，嗣徽音于二后，用能佑启圣主，以隆文明之盛治，比于有周，不啻过之矣。岂非乾坤光岳之气萃灵于昭代，出河呈洛之祯焕发于今日哉！

夫云汉为章，下土同仰。隋和炫彩，世所共珍。今二圣之瑰章玮制，播在寰区。惟兹臣庶，家传人诵久矣。而臣独以系之旧邦者，溯《周南》之首化，见文教之所由兴也。

御制纪赞

我皇上稽古右文，经纬二仪，阐泄神秘，琼章宝翰，炳若日星。固万方共仰，以为彝训者，不独郢中有也。

臣述《郡志》，顾上纪御制者何？良以圣德莫加于孝，而孝思所寓，则皇考、圣母肇造之邦，莫有先焉。

仰惟皇上，夙承先训，寤寐不忘。继辞寝园，瞻思如在。是故当万几之勤事，而笃二人之怀；履天位之尊安，而重桑梓之念。志意所纡，补之金石；典礼所定，勒之简书。或博喻以该情，或简言以达旨，或剖疑以立准，或纪烈以扬休。鸿篇短什，体制虽殊，皆出于御笔之亲裁，非臣下所能赞一词者。

臣处下土，而仰末照，固不足以悉其经纬，罄其形容。然圣心之蕴，因言以宣。苟缺逸而不载，臣之罪也。于是集所见闻，汇以成帙。虽布之朝堂，纪之行在，其时其地，或有不同。以其情寓乎孝思，而事关乎帝迹，咸连类附之，不敢遗焉。若夫绎阐鸿猷，敷敍圣治，嗣喜起之音，而萃谟训之体者，则秘之金匮，藏在石室，兹不敢具录云。

赞曰：夫文之作，岂不生于情哉！故善琴者，鼓宫而阳和升，百草坼；

鼓商而金风应，万叶零。非意之也，情之所感者深也。

臣伏诵我皇上之制，瑰文藻思，精工粹丽，固非臣愚所能赞矣。乃其本原奥旨，则庶几窃窥万一焉。

盖我皇上，一念纯笃之孝。由于天植，而伦制兼尽，尊养并隆，又前古之所未备者。是以折衷群疑，则典礼斯定；发挥至爱，则性术昭宣。随感而彰，自然炳蔚。盖因心以贯道，所谓情深而文明者也。薄海内外，佩服圣训，靡不由然兴孝弟之心，熙然成不严之治，是岂徒以言语教诏为哉！至德要道，所感者深矣！

彼汉歌《大风》，唐赋庆善，止以夸诩疆盛，怆怀往昔已尔。通追来孝，未之闻焉。固不足以语此也。《书》曰："俾万姓咸曰：'大哉王言。'"又曰："一哉王心。"诵王言之大者，其尚推本于王心哉！

陵寝纪赞

臣闻炎帝葬于长沙，虞舜葬于九嶷，今皆在楚之封域。夫南国山川之胜，自古记之矣。

按《舆志》，郢、荆之山，发自终南、太华，而桐柏总其要会。折而北，为厉山，神农之所育也；折而东，为白水诸山，汉光武之所兴也；又折而东南，为大洪山，结秀于纯德，则我献皇帝之剑履藏于斯焉。扶舆清淑之气，钟于斯焉。左瞻聊屈，右眺三山，章山表其南，花岭踞其北。又有沔汉之水，方数千里，际天而来，萦绕前后。山趋水会，凤翥龙翔。信乾坤之隩区，阴阳之福地。盖天作高山，以为我二圣栖神之幽宅，以荫我皇上福祚于无疆者也。

往者，龙飞之始，天下窃见圣衷远慕，有陟屺之思。于是浮言胥动，为迁陵之请者，盖纷纷矣。及后慈圣上仙，礼宜合祔。则虽二三辅弼亲信之臣，亦靡不瞻顾惶惑，而莫之敢主。惟我皇上，睿谟神断，孝思天启，始折群淆，决策南祔。又亲御六飞，时巡楚服。周览山川形胜，躬定二圣兆域。然后王气完而先灵妥，典礼协而群情安。盖南北纷纷之议，至是始决焉。

于是作新宫，备规制，置官署守卫，增封表邑，胜概与孝陵、天寿并峙矣。夫灵山潴源，宝藏所出。根深柢固，枝叶乃繁。我皇上圣德中兴，恢弘大业，虽昊穹之所笃佑，而荫发于地灵者，亦不可诬也。

臣谨以山川形胜，陵宫规制，各为一图。用备九重瞻览，少慰风木之思。

又岳怀王，常宁、善化二公主园墓，置守冢，命辅臣撰志。皆皇上广因心之孝，爱其所亲者，亦并录之云。

赞曰：先儒谓："养生者，不足以当大事；惟送终可以当大事。"若我皇上之事亲也，可谓致敬致愨矣。显扬大典，既极其尊崇，山陵又极其愁慎。即如迁陵一事，谋之十有余年而其议乃定。至于庀工襄事，营兆卜吉，虽一树一器，无非圣衷之所区画，圣孝之所流通。是以灵祇昭格，山川毓秀。

昔为睿考卜兆之时，居民感梦，其事固已异矣。及慈宫南祔，则山陵托物以告异石之处，川后安流而增久涸之涨，甘露再降于陵树。昭哉！天之笃我明祜也。

昔汉明帝夜梦其先，悲不能寐。明旦上陵，遂获瑞露之应。夫一念之诚，犹感通如是，况大孝永慕，历万年而无替者乎？然则天亲之眷佑我皇上，盖方兴而未艾也。

宫殿纪赞

臣读《诗》至《小雅·斯干》，盖诗人祝其君考室见祥云。其二章曰："似续妣祖，筑室百堵。"说者以为周之盛王，能兴文武之业，修复其宫室，诗人所为美也。嗟夫，先王之德，入人深矣！思先王而不见，思其居处，幸睹后王之兴也。肯构似续其旧，则欢欣叹美，形之祝颂，不亦宜乎！

昔我献皇帝，天赐名邦，受兹赤社，应翼、轸以建基，奠维垣之丕业，夙夜基命，恒于斯矣。

追我皇上，膺运龙飞，入践皇极，固已化国为天下，犹以枌榆故里，王迹所兴，睠怀不置。及六飞南幸，光临旧邸，追惟我二圣履綦之迹，又优然如将见之。于是即邸第之遗规，恢为新式；改藩垣之旧号，焕以鸿名。

乃营外朝，乃葺内寝，乃建享殿，乃备潜宫。模帝都而作范，劳睿思以亲题，宏规华构，焕日月而壮全楚矣！

夫以我先帝之泽在人，奚啻周人之思文王？而我皇上似续肯构，饬藩国以天子之制，所以昭先德，系民思，又岂直修复其旧已哉！臣窃揆之：使当时诗人，获睹今日，又不知何如其叹美祝颂也已。

臣谨考其规制，绘为一图，而详其建置如左。用昭我皇上恢弘缔构之美，垂之无穷。庶几有鸿笔之臣，作为歌颂，以续《斯干》者乎？臣姑俟之焉。

赞曰：夫圣人之诞生，为天下主也。即其居室所在，亦岂偶哉。昔黄帝为有熊国君之子，居于轩辕之丘。生而神灵，竟代神农以有天下。史称圣治，为五帝首，而号曰帝轩氏，本之以帝所居轩丘云。

昔我献皇帝之初建邦也，盖常究度于四国矣。爰契我龟，卒定于兹，锡名曰兴，天所命也。

及神圣诞生，将受赤帝之符，启灵长之祚。则有非常之光见于宫中，上烛乾维，下彻坤轴。远迩震烨，以为希瑞。乃复御跸光临，肆觐群后，修禋祀之文，举班瑞之典，布省方之教，播《时迈》之颂，则向之閟宫藩邸，遂化为紫宫天庭、帝者之居矣。

然则黄帝以轩丘而大有熊之号，我皇上以兴邸而启中兴之业。后先辉映，千古一辙。盖所谓"帝省其山"，"眷顾""与宅"者，斯岂人之所能焉哉！

惟我国家，受天丕命，光宅九有。高皇帝定鼎金陵，文皇帝建都燕蓟，我皇上龙飞襄郢，三大都在寰宇间，皆据百二之雄胜，萃岳渎之灵秀，鸿图华构，鼎峙于南北。譬之三垣丽天，太乙之所更居也。呜呼盛哉！臣既备旧邸宫室规制，而终之以此，俾二三京、四三都者，得其考云。

礼乐纪赞

臣闻儒者之论礼乐曰："大人举礼乐，天地将为昭焉。"又曰："揖让而治天下者，礼乐之谓也。"语其功化之隆如此。至论其实，则曰："礼以节文事亲，乐以乐之，又不越乎庸德之行。"何哉？盖殊事合敬，异文合爱者，礼乐之用。而爱敬之施，必始于家邦。然后举而措之天下，能四达而不悖也。

明兴，积德百有余年。至我皇上，以圣德而居尊位，兼总述作之权。命有司，宪遗经，搜彝典，于是制作大备。登三咸五，光祖宗之鸿业，郁郁乎盛矣。然其大礼与天地同节，大乐与天地同和，用之郊庙朝廷，而达诸天下者，固非臣之愚所能殚述。

若夫爱敬始于家邦，以隆大孝，创为盛礼备乐，总群议而裁之圣心者，臣盖得以记其梗概焉。谨条其礼仪祭告之文，及乐章、乐器之数，为《礼乐纪》。盖虽未及备大圣人尽制之全，抑儒者所论礼乐之实，以基治化者，则庶几乎具于此矣。

赞曰：记礼者，谓礼乐之数可陈也，其义难知也。今臣所记礼仪、礼器、乐章，皆有司、祝史之事，所谓其数云尔，乌足以窥大圣人制作之精乎？然因其易者，求其难者，数举而义斯寓焉。故荀卿有言，"不知其义，谨守其数。"然则仪章、器数，又安可略哉？

矧我皇上，大孝尊亲。生事葬祭之典，其大者固已竭情尽慎，斟酌损益，建诸天地而不悖，质诸鬼神而无疑矣。乃其登降揖让之节，声容缀兆之祥，亦莫不加圣心焉。极情文之大备，举巨细而毕该，盖所谓兼总条贯，金声而玉振之者也。

昔者，孔子睹庙器而知持盈之理，聆琴音而思文王之德。倘有通玄识微之士，能于器数之间，仰溯圣人之蕴者，则有司存焉。

苑田纪赞

臣闻设苑以资观游，授田以守典籍，有国者所不废也。然而灵囿之咏，独归周文；而上田之锡，亦惟于《鲁颂》称之。岂非以文王敬德，不敢盘于游田；而僖公之贤，意者其取于民有制耶？

我献皇帝，阼社于兴，大开厥宇，苑田之制，于今可睹记焉。臣窃考之，而仰见帝德之不可尚已。夫以宗国藩垣之重，荆楚饶沃之区，加以当时礼越诸藩，分不嫌于厚植，化洽南纪，民咸乐于子来。即使侈其经营，广其疆理，亦谁曰不宜哉！然乃抑畏自将，稼穑为念，日儆儆焉。无淫于观于逸，于游于田。以奉厥邦常，祗若明命。盖观于阳春台赋，而不遑暇逸之念，可想见也。至于土田宣亩，又皆出于锡予之旧，数十年无改辟焉。而蠲租之令，靡岁不下；省耕省俭，靡时不行。是所谓不敢盘于游田而取民有制者，非耶？

夫戒逸豫而尚忧勤，敬也；薄税敛而恤蒸庶，仁也。敬，故上帝时歆；仁，故下民祗协。肇基骏命，而永彰令闻，其本深矣！盖《书》称文王"无逸"，必继之以受命享国之永；而鲁之所以颂僖公者，亦曰受祉而昌大焉。理之不诬固如此。于戏！此臣所以纪苑田也。

赞曰：《诗》有之："维桑与梓，必恭敬止。"重父母之所遗也。夫桑、梓且然，况其所燕适而世守者乎！

惟我皇上至德，天植永怀，所以丕承显谟，昭光振耀者，既罔不备；而于此苑田之遗，亦惓惓靡忘焉。龙飞之始，即命户曹移示守臣，若曰：惟兹田土，其戒兼并，均出纳，计敛蓄，恤灾伤，所分与诸臣校者，悉如故。已而从岵山、阳春台，又并创为亭，用勒琬琰，以识先帝登览之迹，一何其注思之深耶！

夫皇上统一万邦，光宅寓内，以上林为苑，天下为田，其于先业，既已恢弘而昌大之矣。顾犹重怀乎此者，何哉？诚念夫庆泽之昭垂，而期于基业之永绍，反本隆始，固善继善述之一端也。

臣即列次诸纪，而终之以此。盖圣德大孝，于是为备云。

卷三十　文集二

轩皇问道治世长生颂

臣闻在昔受命之君，有握符应运、致世升平者矣，未必能长生也；玄都羽客，有御风蹑景、超举青冥者矣，未必能治世也。兼而有之，惟古之轩皇为然。史称其正名百物，监抚万区，淳化浃虫蛾，协气蒸舆盖，其致治之盛既如此；阅世世千祀，乘云上升，合釜山之瑞符，衍泰元之神策，其仙化之迹又如彼。岂非后王之高躅，古今所希觏者哉！

揆厥所由，盖尝访广成于崆峒，闻至道焉。其辞曰："抱神以静，形将自正。心静神清，无劳汝形，无摇汝精，乃可长生。"夫至道之要以寿身，而其绪以寿天下，固至人之妙诠，而君天下之鸿宝也。彼异端者流，掇虚崇诞，谓轩皇受丹经，传九品，及服食金液之术，岂不浅之乎窥圣阃哉！

仰惟皇上，三极凝真，千龄毓粹。蚤征灵瑞，叶寿丘之符；幼秉英喆，类徇齐之圣；运膺九重，洽垂裳之化；卜历万祀，契得天之纪。若夫斋明祗栗，寅奉上帝，合宫祀也；燕闲逌穆，服膺古训，巾几铭也；提纲挈维，"式序在位"，宫师正也；斫雕蠲烦，阜殷兆人，华胥俗也；天声蓁隆，王会毕臻，阪泉威也；洪流循轨，龙首效奇，妫川图也。巍巍焉，煌煌焉！所谓统一道真，而迓治世长生之嘏者，允与轩皇合辙也。

时维秋仲十有七日，乃圣诞之辰。薄海内外，含生之伦，罔不延睇云霄，稽颡宸阙，以效华封之祝。而臣叨首辅弼，夙荷隆恩，庆忭之忱，实万恒品。谨博采轩皇治世长生之迹，而要归于主道，托之丹青，摘为颂诗，用祝皇上万万岁寿。

夫道者，万福之宗。身者，万化之根。道立而福不臻，身治而世不泰平者，未之前闻也。

惟我皇上，味广成之至言，遵轩皇之遐轨，正心修身，以会千圣之真；保精颐神，以隆五位之福。则恩从祥凤翔，德与和气游。百度咸熙乎易简，万国毕登于仁寿。皇上方将履乾久视，抚泰长生。后三光而不凋，配霄极以俱永。斯非薄海际天，所共欣愿者哉！

臣诚不胜忠爱惓惓，谨作颂曰：

上天佑民，树以后王。畴膺大宝，而化聿光。畴抚泰平，而寿弥昌。倬惟轩皇，河图诞受。统辖万区，群元毕阜。巍巍骏功，为帝者首。泰元鼎策，得数之全。康龄不老，度岁百千。子孙万叶，配天永延。匪直也斯，渊源至道。齐心大庭，崆峒是造。佩服真诠，探玄洞奥。丕铄我皇，寅御瑶图。畨征灵瑞，大电绕枢。徇齐敦敏，与轩同符。广庭森严，法宫渊靓。出入起居，作所惟敬。凝真养和，体道自性。绰哉运治，礼陶乐镕。文明万国，协于时邕。外宁内谧，华胥之风。坐享升平，垂裳而理。仰奉宝慈，式燕以喜。祉绥九佑，祥开百子。节临秋仲，景贶弥申。甲观画堂，虹彩纷纶。泰元神策，与轩合真。臣拜稽首，祝皇万寿。冈陵等坚，松柏俪茂。诞膺百禄，以昌厥后。愿言寿民，濯痍煦寒。愿言寿国，磐石孔安。化洽无垠，声垂不刊。美哉至道，寿身暨国。如户有枢，如星有极。惟皇克念，宝之无斁。唐节天长，九龄纳徽。愚臣绘图，以代金镜。寿我圣皇，无疆维庆。

神母授图万年永赖颂

按道书《云笈七签》云："云华夫人，居于具茨之山，云楼玉台，碧宫琼阙，灵官侍御，狮子抱关，天马启图，毒龙电兽，八威备轩。神禹造拜，求治水之术。夫人命侍女凌容华，出丹玉之笈，开上清宝文以授禹。"遂能导波决川，奠五岳，别九州，以收地平天成之功，成世永赖。

臣闻圣王膺天骏命，君主万方，必有翼圣之贞符，开天地之宝范，乃克兴造功业，福彼元元。粤若大禹，奠五岳，导百川，地平天成，和宁四极。启辟以降，神颂神灵，明德者归焉。世传神母，授禹玉笈宝文、通水之理，而后禹得以施其疏凿之力。夫巍巍禹绩，万世赖之。非有禀承，其何能济？神授之祯，岂其爽哉！

洪惟我圣母慈圣宣文皇太后，圣善天成，睿明神启。蚤膺符命，叶《玄云》之征。兼苞艺文，垂彤史之训。启迪英圣，则宫闱之师保。登翼太平，则笄珈之尧舜。盖天祐我国家，笃生圣君，为亿兆立极，必钟毓圣母，为一人开先，非偶然者也。

先是涿水横溢，居者靡宁，行者病步。上轸慈衷，捐数万之赀，垒石为梁，以济往来。俾徒旅获如砥之安，舆辀无濡轮之困。日者，河淮泛汩，灾被郡国。黎萌荡析，虣厄弗康。圣母戚之，特谕我皇，亟图俾乂。神谟密运，河伯效灵。畚锸方兴，昏垫化为甘壤。璧马未荐，濒洞儵尔安澜。疏凿之功，指掌可竟。平成之烈，跂足以须。微夫慈诚内启，休应响答，畴克臻兹，卓哉煌煌。与神母授禹之符，如出一辙。

时维仲冬，载临庆诞。长乐之觞甫献，中嵩之祝交腾，而洪流适以循轨奏。千里荣光，六宫瑞霭，若有期会，并映一时。古称圣神生，河渎应，宣房塞，万福来。灵祇佑觌，孰有殊尤灿烂若斯者乎！臣明首辅弼，荐被渥恩。快睹嘉祺，庆跃无极。敬绘神母授禹图，摘为声诗，庸申庆祝。

颂曰：皇矣上帝，斡运太清。眷绥明德，以奠群生。授谟启圣，厥符孔贞。粤昔大禹，疏河导谷。遐清地纪，仰正天轴。九州攸宁，万世提福。厥有神母，琼阙是居，畀以灵秘，金简绿书。微禹若母，兆人其鱼。

於铄我皇，功崇德厚。潜发祥源，曰维圣母。鸿化翼登，昭哉启佑。赫赫天命，皇丕承之。英英皇皇，母慈训之。奠丕丕基，兆人是依。嗟彼河淮，怒溢淜漫。万室成渊，千里无岸。我皇忧之，衣宵食旰。请于圣母，圣母曰："咨，捐储简僚，涤源导支，无留巨浸，痛我遗黎。"慈诚感通，灵答如响。阳侯息波，支祁奠壤。万旅罢锸，千舻济饷。猗嗟休绩，厥匪偶然。禹功帝烈，接踵比肩。溯惟母授，万载同诠。

庆逢慈诞，泰玄增策。海晏河清，乾明坤怿。袭吉会昌，灵休孔赫。臣拜稽首，天子万年。福禄来崇，如日如川。缵禹之绪，蹦古无前。臣拜稽首，圣母万寿。永锡祚胤，克昌厥后。俪彼神母，荣镜宇宙。敬赓天保，祈嘏祝厘。炳若丹青，缀以声诗。镂之玉版，配天永垂。

万寿无疆颂

臣闻天之道惟纯，故能亘古今，历浩劫，而其运不息。圣人之德惟纯，故能配天地，宰民物，而其寿无疆。

今夫天，茫旻漠溟，颎朦鸿洞，运于於穆之中，超乎非想之外，其纯如此。是以动而不居，运而无积。嘘之为阳，吸之为阴。嘘已复吸，吸已复嘘。环之无端，推之不穷。彼星历家，以天道为不可测也，乃占斗建，作甲乙，日积为岁，岁积为纪，乘而为十百千万，衍而为元、会、运、世。其术虽精，然天载之神，非象数所究。上元肇于甲子，而鸿朦之初，为甲子者，不知其几也。万世之后，为甲子者，又不知其几也。以数穷天，不知天者也。

圣道即天道，渊渊穆穆，为而不有，长而不恃，若是者，其德纯也。故圣人之灵，或居天上，或降寰中。或为帝王，而长生治世；或为真宰，而秉教司权。其诞降也若有期，而生于无极之始，先天以固存者也。其应化也若有迹，而超乎无极之外，后天而不老者也。盖道宰数，数虽穷道。故谓圣寿为可数计者，不知圣道者也。

仰惟皇上以聪明神圣之资，证元、始、冲、一之道，出王游衍，罔不在帝左右。盖纯粹至精，与天合一。诞圣之初，荣兆河清，帝曜光楚。四纪于兹，道化汪涉，内恬外熙。赪禽素麑，神芝灵草，应图而至。将非至德极玄，何能永绥佑命若斯之盛乎？

兹秋仲十日，为灵夙之期。而景度昌辰，适与日会。则自兹以往，相推不穷，卯卯会祥，旦旦逢吉，循环之数，昭然可睹矣。而臣窃以为皇上之寿，不可以干枝时日之数计者，亦如天之不可以数穷耳。

昔绛县老人，计其生平，四百甲子，闻者异之。夫甲子而曰四百，比之天道只旦暮耳。星家以帝尧之生，起于日之癸，月之巳，星之元，其策一百二十有七，盖得天地之中数也。夫天道本无所谓始，无所谓中，无所谓终。今得数而曰中，是有终也。

伏惟我皇上，受命穆清，应真持世，配天悠久，巧历所不能究，即尧之适得中数者，且不足以拟其盛，而况可以甲子计者乎？

臣不胜庆忭，谨因玉景会元之旦，拜手稽首而献颂曰：

皇矣上帝，运化於穆，静斡乾机，默旋坤轴。翕辟驰张，环轮共毂。一元迭运，终始相属。容成、大挠、隶首、区公，布历推策，仰测鸿蒙。三统、五纪、四分、九宫，机智可尽，太虚无穷。穆穆圣皇，配天建极。缉熙至道，罔游于佚。功侔吹万，神存抱一。独化陶钧，"基命宥密"。唯天眷德，俾炽而昌。"敛时五福"，以至万方。岳祇贡祉，川后输藏。四灵毕至，九译来王。在昔诞圣，流虹绕电。今兹四纪，昌辰逢旦。绿籍标年，紫图益算。南极宵朗，卿云昼烂。

古称封禅，七十二君。皇风邈矣，龟板徒云。亦有冥灵，爰及绛老。八千何修，四百何少。蓬莱清浅，或化为陆。崋彼嵩乔，或沦为谷。

夫惟大道，虚无自然。数不可究，言安能诠！玄穹得之，宰化司权。我皇得之，治世长年。紫宫绛阙，金堂玉关。九华承盖，六气扶轮。夷犹大始，嘘吸混元。万灵稽首，率土皈尊。穷哉皇哉，浩劫永存。

圣寿无疆颂

臣闻：天得一以清，故常覆而四时行；地得一以宁，故常载而万物生；圣人得一以贞，故久道而天下化成。

伏惟皇上，躬神圣之资，履冲和之德，握图受命，廿有八载。嗣大历服，寿考作人，虽玄穹降佑有明，盖皇上秉道含贞，得一合符之明效也。

若夫道化汪�，至治旁洽，文德敷矣；命将出师，獯鬻远遁，武功定矣；诸福之物，可致之祥，群趋而毕至，休征应矣。功德巍巍如此，嘉祥协应如彼，故宜天寿平格，神降之休。然皇上方且兢兢不倦，图惟永终。由此推之，天保艾我圣躬，宁有既乎？

昔周公美高宗享国之永，召公颂成王茀禄之康，并载《诗》、《书》，光昭简册。臣以浅薄，谬参辅佐，窃睹景命益昌，皇龄增算，不任踊跃忻忭之诚。敢因诞圣之吉，敬献《无疆颂》一首。文辞芜陋，虽不足扬鸿休，光圣治；譬之候虫时鸟，感气而鸣，亦冀以发挥冥工，仰答玄造者也。

谨顿首稽首而上颂曰：

天门开兮仰穹苍，卿云烂兮景星煌。云罕霭兮华盖张，会百神兮发清商。鼍鼓硍兮震岩廊，玉锵琅兮引鸣玱。万国集兮朝未央，旅庭实兮拥珪璋。献万寿兮祝圣皇，天佑皇兮作君师，惟天惟大皇则之，和辑九有驭四夷，端冕垂拱致雍熙。明德馨香协神祇，和气凝兮景福绥。祯祥应兮日益滋，应龙见兮升殿楣。表灵异兮扬光辉，皇之德兮荷帝禧。荷帝之禧御中区，膺宝历兮奉灵符。骖日月兮敞云辂，布太和兮寿群生，匝宇宙兮华胥人。山作杯兮河为觥，斟沆瀣兮吸玉精，岁岁为乐兮奉圣君。愿亿载兮有万民，寿如天兮以长存。

得道长生颂

臣闻黄、虞以来，英君谊辟，应运而兴者，载之史册，班班可考。臣窃以为皆有圣人之资，而未备圣人之道也。

夫道包络宇宙，涝漉群生。恢之弥形想之外，总之会太乙之先。是万物之始，经纬之纪也。

圣人者，本始以知万物之源，治纪以知经纬之端。故虚愉恬靖，湛然守一，知常袭明，渊乎若得而窥焉。以此养生，则抱一含虚，摄有归真，与天地同其悠久矣。以此治天下，则执简握机，因应随化，使知者效其画，材者毕其能，而明主不劳而治功成矣。

故岩栖谷饮，绝粒噙精者，守形之士也，虽苦而无成；探策岱宗，驰驭昆仑者，荒唐之辙也，或诞而不经。自非至圣，孰能与之？

恭惟我皇上，履运中兴，抚世立极。躬禀神圣之资，而又兼备神圣之道。澄心於穆，握纪于精微，受命以来，修政一度，厘典饬工，制作轶百王，谟烈光列圣，文德昭矣；法太乙以命将，按五雷以治兵，南戡北扫，玄武布昭，虽有小丑孽逆，旋起旋灭，武功定矣。黄祇效顺，幽明叶应，虔修大典，以昭事上帝。薄海内外，无不仰庇玄庥，道化成矣。

然皇上身不出乎轩陛，而化已行于域中；机独运于玄冥，而应已响于寰宇。赏一行，则雨露均濡；威一振，则飚霆同迅。人但知神功伟烈，超载百代，夫孰知皇上渊衷之默宰乎？盖圣人之道，内以养生，外以治天下。其要甚微，而其功甚逸。我皇上盖独得之矣。是以天寿平格，神降之休，高真拥佑，景福茂增。神芝灵草，遍满五岳。扬光献瑞而来者，不可缕数。由此推之，则天之保艾我圣躬，岂有既乎？

臣末学浅陋，管窥蠡测。蒙皇上简擢，置之近地，仰赞玄修。臣诚惶恐，虑无以报称者。敬因诞圣之吉，敢拜手稽首而献颂曰：

维明畀兴，昊天有命。笃生我皇，膺历启运，电绕虹流，楚分光映。厥祥伊何，曰"维诞圣"。

右一章，圣人出

龙飞清汉，矫翼天阊。肆焕其大号，改度易章。肆九伐七伐，肃彼远方。海外有截，荒服来王。

右二章，御六龙

皇在九五，神道设教，得一惟贞，同玄体妙。机运高清，功施海徼。譬彼日月，幽岩朗照。

右三章，合神符

受千福百祥，自天降康。緊我后靡怠，昭事皇皇。对越伊迩，胙釁孔彰。惟此明德，格于穹苍。

右四章，告成功

惶惶灵芝，万年一秀。今独何为，光遍宇宙。曰"天子万年，受天子祜。何以媲之，昔唯轩后"。

右五章，永玄庥

雍肃殿箴

北极、紫宫，惟皇宅中。身为民表，心与天通。斯须不和，则乖戾起；斯须不敬，则傲慢丛。念常生于所忽，祸乃发于无穷。是以圣人事心，天命是敕。钦厥止，日谨万几；处深宫，心周八极。不以嗜欲滑和，不以逸豫灭德。无作好，无作恶，蔼蔼熙熙，如春斯煦；无荒色，无荒禽，兢兢惕惕，如渊斯临。勿谓"燕闲，人莫与观"。一喜一怒，作人燠寒，弦急者绝，器平者安，优优和衷，为君实难。勿谓"宥密，人莫与弼"。一动一言，恒为度律，危惧则存，骄泰则失，昭昭神明，相在迩室。在昔成周，宇内太和。由雝雝其在宫，友琴瑟而不颇。亦曰懿恭，小民怀保。由肃肃其在庙，克对扬于祖考。

我皇睿哲，是谓智临。匪高明之不足，贵育德于静深；我皇抚运，是谓开泰，匪丰亨之丕臻，惧此心之或佚。乐以平其情，虽钟簴不设，而若闻希声，然后心和气和，而天下平；礼以饬其志，虽升降未施，而若持重器，斯谓无逸乃逸而天下治。故曰：冲和者养威，淡泊者养禄，惕励者养安，忧勤者养乐，以古为师，于何不仪。平平周道，惟皇建之。以心为鉴，于何不见。穆穆文王，惟皇所宪，朽索在手，勿谓无伤。覆车在睫，奈何弗防。和不可流，敬不可忘。慎终如始，万寿无疆。

圣母图赞

附宝感电<small>黄帝母曰附宝，见电光绕北斗枢星，感而生帝。</small>

轩皇圣母，厥有灵符。煜煜神电，明辉天枢。精通景贶，庆启瑶图。纪灵迎日，百王所模。天开皇统，其兆则殊。

女节应星

有美轩妃，神风遐邵，晥彼长虹，中天垂耀。光流华渚，于昭庆兆。乃诞金天，首弘帝道。不有圣迹，曷彰灵造。

庆都毓圣

大哉唐帝，德与天同。灵钟圣母，冥感神通。玄云入户，赤龙在宫。遂开景运，万国时雍。济济岳牧，是谓云龙。

涂山翼夏

禹锡玄圭，周行四隩。启生而出，八年不复。实有涂山，内襄椒屋。遂登夏道，永承天禄。泽远渊深，昭哉有淑。

简狄生商

於铄圣绪，长发其祥。瑶台有女，玄鸟来翔，乃遗之卵，覆于玉筐。简狄吞之，感而生商。玄王之胤，是为成汤。

太任胎教

立教之方，罔不在始。思斋太任，震夙圣子。视听有仪，周旋中礼。所以文王，缉熙敬止。穆穆母仪，光于图史。

太姒嗣音

姒氏继任，益彰内治。南国化行，德音是嗣。诞武兴周，日昌而炽。《樛木》《螽斯》，壶行纯备。《葛覃》垂咏，光范来季。

明德崇俭

富贵惜福，天祐益隆。明德伟识，俭素是崇。身服大练，化行汉宫。裁抑外家，克己示公。弼明翊章，邈矣休风。

长孙进贤

唐宗烈烈，踵美三王。实维哲后，左右椒房。调和直谅，奖进忠良。用俾房、魏，勋庸显彰。煌煌彤管，千年遗芳。

宣仁守旧

宋哲冲年，握图在宥。尚赖王母，单心拥佑。政必法祖，人惟求旧。一洗熙宁，化为元祐。休哉女德，唐虞比懋。

接引佛赞

妙湛弘慈两足尊，能以总持不动力。拔诸沉沦出苦海，引入毗卢大宝阁。我愿学及无学人，自度度他智无碍。毕竟无有得度者，是则名为天人师。

钟鼎砚铭

铸之端山之阳，登之翰墨之场。胡舍其铿铿锽锽，而为磷磷琅琅。发其条理，翊我文章。将以鸣治世之盛，而垂述作之光。

工科左给事中丘岳并妻敕命一道

奉天承运皇帝敕曰：国家仿古谏议之职，分设六科。慎简才贤，置诸近列。咨其献纳之猷，冀底敷言之绩，厥惟重矣。非端慎明允，练国章而识治体者，乌能胜斯任乎？尔工科左给事中丘岳，清素励于持操，敏达优于服政。昔居剧邑，夙著贤声；继涉谏垣，益隆誉问；铨书奏最，亟用嘉焉。兹特进尔阶征仕郎，锡之敕命，以为尔荣。夫古人不慕专城之柄，符竹之荣，而愿出入禁闼者，为其身依清近，而雅言易闻也。尔尚以古之贤臣自期，励志纾猷，拾遗补阙，用裨治化之成，无负抡授之意，其尔尚亦有显陟矣。钦哉！

敕曰：为人臣者，靖共以事君；为人妇者，淑慎以相夫。其道一也。故国家推恩臣下，并及其配焉。所以劝交儆，厚人伦也。尔工科左给事中丘岳妻黄氏，夙闲姆训，克慎妇仪，综理惟勤，柔嘉惟则，其贤足征矣。

兹特封尔为孺人，尚其无忘鸡鸣之谊，以永燕誉之休。

工科左给事中丘岳父母敕命一道

奉天承运皇帝敕曰：朕闻植根深者，不期茂而自茂；植德深者，不期昌而自昌。故丘园之子，考槃之人，身或不食，而后乃荣茂，兹天道也。尔丘尚忠，乃工科左给事中丘岳之父。孝友著于家庭，恂实表乎闾里。享不符德，而有子登庸，斯亦足以成厥志矣。用赠尔为征仕郎工科左给事中。秩命之荣，具如其子。虽禄养之弗逮，而潜德之已彰。冥漠有知，服兹宠锡。

勅曰：母之于子，不独内爱笃也，盖亦有义方之训焉。故国家宠命臣工，必偕及其父母。示罔极之恩，同严亲之教一也。尔熊氏乃工科左给事中丘岳之母，勤淑相夫，式修壸范，端严教子，丕著母仪。兹特封汝为太孺人。远贻闺阃之光，用介期颐之祉。

卷三十一　文集三

辛未会试程策一

问:《易》之《泰》曰:"天地交,而万物通也。上下交,而其志同也。"言"泰"者,固在君臣相与间矣。夫泰之时,和气洽而理道昌,一有壅阏,不足为泰。在昔明君良臣,相与开泰于先,保泰于后者,用何道欤?君臣遇合,盖古以为难,而胡以交欤?唐、虞、三代尚矣。汉以下,有讲经论理,夜分乃寐者;有制谏官,随宰相入议政事者;有降手诏,给笔札者;有请轮侍从直宿,以待宣召者;亦庶几所谓交泰欤?尝伏读《大诰》,首君臣同游。圣谟远矣,颂盛德者,谓开泰莫如二祖,保泰莫如宣、孝二朝。当时谋臣策士,耆旧老成,侍帷幄,图国政,以佐致升平者,可悉数欤?朝讲之仪,载在令甲备矣。乃又不时宣召,得无烦且劳欤?我皇上临御以来,讲学勤政,嘉与百执事,共登太平之理,湛恩威命,即叙遐荒。斯亦交泰之验矣!抑古人有言:"行百里者半九十。"且夫平能忧陂,往能思复,《泰》之旨也。愿推广其说,以为今日保泰之助。

夫君臣之际,其天地之交乎?是故先天而开泰也,相与定一代之鸿图;后天而保泰也,相与建万世之长策。聚精会神,相得而益彰;显志宏业,相须而共济。盛美溢乎当世,声光流于无穷。盖自唐、虞以及昭代,致理之原,古今一揆矣。

愚请绎《泰》之义:先著君臣之所以交,然后铺张我祖宗休烈可乎?《易》"天地交,泰。后以裁成天地之道,辅相天地之宜,以左右民。"夫泰之言通也,后以裁成辅相为事,盖身视臣庶,而家视寰宇。使元首与股肱弗相联属,则精神不贯而身病;使主伯与亚旅弗相亲比,则意气不洽而家暌。故天道下济，地道上行，绁缊近合，以生万物。交也者，天地之所不能违也，而况于人乎？人臣怀忠信之心，抱匡济之画，孰不欲委质清时、结心明主？然而冠履之分严，而宫庭之地隔。其情易涣，而其势易疏也。明主知其然，故"首出庶物"，而下刍荛；兼制四海，而先褻御。朝而议政，坐而论道，所以优体也；虚怀而听，造膝而筹，所以致亲也；日晏侍食，夜分彻炬，所以示渥也；辟左右，借颜色，披衷愫，忘忌讳，所以尽情也。君咨于内曰："尔惟曲糵"，"尔惟盐梅"；臣顺于外曰："斯谋惟后，斯猷惟后。"所以一德也。《泰》九二，以刚中应五，而五以柔中，虚己以从之，此之谓君臣之交。故《泰》之初，拔茅汇征，与共开焉；《泰》之极，"难贞无咎"，与共保焉。二言所为，五不言所为。二，臣道也，以任事为忠；五，君道也，以任人为大。二胜其任，则五可无为，故曰"以祉元吉"而已。此之谓君臣交而为泰也。

夫都、俞、咨、命，喜起赓歌，唐、虞尚矣。三代相与，载在《诗》、《书》。君臣之情，犹可想见。由汉而下，肇造元勋。中兴名佐，代固有之。然率外合而中疑，文具而情阂。建武数引，公卿讲论，而责以吏事，则其体失也。贞观宰相，入阁议事，而随以谏官，则其中疑也。庆历、龙图、天章阁，降手诏，给笔札，而固辞不对，则臣负其君也。治平中，司马光请命侍从，轮直资善堂，夜宿崇文院，以待宣召，而卒未行，则君负其臣也。何以庶几于交泰哉！

愚尝伏读《大诰》，首君臣同游。曰历代君臣，同心一气，立纲陈纪，昭示天下，为民造福。是以感格天地，时和年丰，家给人足。大哉圣谟！我皇祖列圣之所以交群臣而昌泰运者，率用此道矣。

请陈其略：

高皇帝延揽英贤，廓清华夏，所与参密议而赞鸿猷者，时则有若基、若濂、若安、若祎、若溢、若琛、若彦良其人焉。文皇帝亲礼儒硕，绥靖邦家，所与商几务而从征讨者，时则有若缙、若广、若淮、若俨、若荣、若士奇、若幼孜其人焉。夫天造草昧，干戈不遑，家难勋勤，创夷初起，而君臣之相与如此。是以神流气鬯，天地太和，延及群生，施于方外，而一代之鸿图定矣。所谓开天地之泰者，非邪？

列圣相承，久安长治，宣、弘之际，尤称郅隆。章皇帝心存无逸，耆旧不遗。阁臣则若荣、若士奇、若溥，部僚则若义、若原吉、若淡，斋宫、便殿召对者数矣。至于登山泛舟，赐章给馔，一则曰同心同德，两无猜嫌；一则曰以游以豫，庶几古昔，又何其欢洽也。

敬皇帝志大有为，老成具在。执政则若溥、若健、若东阳、若迁，台省则若文升、若大夏、若珊，平台、暖阁召对者数矣。至于天颜开霁，庙算周详，疏拟则或更数字，或削数语，执奏则或移晷刻，或至累日，又何其披豁也。夫奕叶承平，法守已定，庶事循习，玩愒易生，而君臣之相与如此。是以神流气岊，天地太和，克笃前烈，施于后昆，而万世之长策建矣。所谓保天地之泰者，非邪？

当其时，主无贰任，臣无隐忠，欢忻交通，而德威宣畅。故论开济，则功轶于姬姒；颂熙洽，则治匹乎唐虞。而一时名臣硕辅，幸逢昌运，亦得以勒勋德于旂常，垂功名于竹帛。猗欤休哉，真千载一时之遇也！

今天子光抚鸿图，只遵成宪。讲学临政，寒暑必亲。嘉言忠谟，纳听靡倦。公卿百执事，相与励翼于下，而天子恭己，南面以听之。内宁外谧，时和年丰。黠虏来庭，炎荒奏凯。斯亦泰运之再昌已。而执事尚欲闻保泰之说，则愚将何词以献乎？窃以为欲登太平之理，莫若致隆于上下之交。欲隆乎上下之交，莫若宪章乎召对之典。夫人情狃于法之所常行，而惕于意之所间举。今辨色而入，日出而视之，顷刻而退矣。习则玩，玩则不可振。故不若间一召对之为益也。盖有六善焉；阅世务，一也；察材品，二也；明德意，三也；密事几，四也；定国是，五也；激忠悃，六也。请得实以祖宗故事，熟数于前，而执事试垂听焉。

夫人主虽神圣睿智，而四方庶务弗能周也。钱、谷、刑、狱，各有主者，召而问之，则幽隐毕达。故屯田、盐法，欲计其宜，而临淮、洛阳，得毕虑于下矣。边备、虏情，欲定其算，而钧阳、华容，得决策于前矣。故以阅世务率作考成，可弗眩也。

夫退而具疏，则可饰也。思而陈词，则端可匿也。惟卒然问之，心术立见，能否莫逃。故吕震与仪智并对，而谀直见。杨士奇与蹇义并对，而迟敏见。故以察材品，则明暗回正，可弗欺也。

上意犹的也，射者争趋之。故诸司奏请，必令稽旧章，侍臣以此知上意之在守法。召问天下何时太平，朕安得如古帝王？大臣以此知上意之在兴治。故以明德意，则措注响往，可弗违也。

夫造膝而密语者，不可以先传也。从容而纳诲者，不可以牍尽也。假令议，广诏条，而可令多人知乎？出厂贴，议改命，可外泄乎？故以密事几，则转移变化，可弗窥也。

众议毕集，可否易淆，不惟金夫与正士殊科，即君子意见，亦有同异。如移师彰德，杨荣以为是，士奇以为非。举伏伯安为使，塞义以为可，原吉以为不可。黎利请立陈氏后，张辅、蹇、夏曰勿许，荣、士奇曰许之。此其心皆体国，而所见各殊。惟折以宸衷，则众论一也。故以定国是，则盈庭聚讼，可弗乱也。

夫入侍帷幄，出奉乘舆，内寄腹心，外资谋断，人人自以为亲己矣。有君如此，其忍负之！祖宗朝相与盛事，藏在秘府，愚不得遍观。即如泰和、长沙、华容之所私录，毗倚眷顾，迄今诵之，犹为感动。况亲当其盛者乎？故以激忠悃，则御恩幸遇，可弗负也。

斯六善者，皆已事之明验。盖于法制常行之外，而时用吾鼓舞不测之权，故圣智日益，观听日新，贤才乐为之用，而天地常泰。且初虽似劳，久而情谊洽，弥见其适。初虽似烦，久而要领得，弥见其简。又何烦劳之有？

愚又闻二祖诸臣，皆从事乎草昧勘勘间。而宣德、弘治所亲礼，乃其辅道之旧，盖未登大宝，而相与已素矣。

且孝宗十载，始召诸臣面对。其召也，虽内侍不及知。夫恭默思道，是惟不言，言乃雍。沉几观变，是惟不行，行乃果。宸衷独发，固不可测也。

今上励精图治，日临群臣，益明习国家事。且将举祖宗故典，以备熙朝盛美，盖有待焉。草莽愚生，倾心拭目于是举也久矣！若释此而他求保泰之道，则愚何知焉！

辛未会试程策二

问：王者与民信守者法耳。古今宜有一定之法。而孟轲、荀卿皆大儒也，一谓"法先王"，一谓"法后王"，何相左欤？我国家之法，鸿纤具备，于古鲜俪矣。然亦有在前代则为敝法，在熙朝则为善制者，岂行之固有道欤？虽然，至于今且敝矣，宜有更张否欤？或者谓"患不综核耳"。古今论综核者，莫如汉宣帝。然当其时，亦五日一视事矣，伪增籍者受赏矣。若此者可谓行法欤？"宣优于文"，岂为通论？而或者亟其叹服；抑宜美元，似知大体，而或者深刺其非。孰为当欤？夫综核则情伪有不可穷，更张则善制有不必变，诚不知所宜从也。愿熟计其便，著于篇。

法不可以轻变也，亦不可以苟因也。苟因，则承敝袭舛。有颓靡不振之虞，此不事事之过也；轻变，则厌故喜新，有更张无序之患，此太多事之过也。二者，法之所禁也，而且犯之，又何暇责其能行法哉！去二者之过，而一求诸实，法斯行矣。

执事发策，考荀、孟之异论，稽国家之旧章，审沿革之所宜，求综核之实效。愚尝伏而思之：夫法制无常，近民为要，古今异势，便俗为宜。孟子曰："遵先王之法而过者，未之有也。"此欲法先王矣。荀卿曰："略法先王，而足乱世术；不知法后王而一制度，是俗儒者也。"此欲法后王矣。两者互异，而荀为近焉。何也？法无古今，惟其时之所宜，与民之所安耳。时宜之，民安之，虽庸众之所建立，不可废也。戾于时，拂于民，虽圣哲之所创造，可无从也。后王之法，其民之耳而目之也久矣。久则有司之籍详，而众人之智熟，道之而易从，令之而易喻。故曰：法后王便也。

往代无论已。明兴，高皇帝神圣统天，经纬往制，博稽逖采，靡善弗登。若六卿仿夏，公、孤绍周，型汉祖之规模，宪唐宗之律令，仪有宋之家法，采胜国之历元，而随时制宜，因民立政。取之近代者十九，稽之往古者十一，又非徒然也。即如算商贾、置盐官，则桑、孔之遗意也。论停解、制年格，则崔亮之选除也。两税、三限，则杨炎之田赋也。保甲、户马、经义取士，则安石之新法也。诸如此类，未可悉数，固前代所谓"陋习敝政"也，而今皆用之，反以收富强之效，而建升平之业。故善用之，则庸众之法可使与圣哲同功，而况出于圣哲者乎！故善法后王者，莫如高皇帝矣。天府之所藏，掌故习之；所颁，有司守之。大小相维，鸿纤具备。自三代以来，法制之善，未有过于昭代者也。

然今甫二百余年耳。科条虽具，而美意渐荒；申令虽勤，而实效罔获。屯田兴矣，土旷犹故也；嵯政举矣，蜚挽犹故也。清勾数矣，乏伍犹故也。积粟课矣，空廪犹故也。岂法之敝而不可行哉？故议者谓宜有所更张，而后可以新天下之耳目者，愚窃以为不然也。夫高皇帝之始为法也，律令三易而后成，官制晚年而始定。一时名臣英佐，相与持筹而算之，其利害审矣。后虽有智巧，蔑以逾之矣。且以高皇帝之圣哲，犹俯循庸众之所为。乃以今之庸众，而欲易圣哲之所建，岂不悖乎！

车之不前也，马不力也。不策马而策车，何益？法之不行也，人不力也。不议人而议法，何益？下流壅则上溢，上源窒则下枯。决其壅，疏其窒，而法行矣。今之为法壅者，其病有四，愚请颂言而毋讳，可乎？夫天下之治，始乎严，常卒乎弛；而人之情，始乎奋，常卒乎怠。今固已怠矣。干蛊之道，如塞漏舟。而今且泄泄然，以为毋扰耳。一令下，曰："何烦苛也！"一事兴，曰："何操切也！"相与务为无所事事之老成，而崇高夫坐啸画诺之悼大。以此求理，不亦难乎？此病在积习者，一也。天下之势，上常重而下常轻，则运之为易。今法之所行，常在乎卑寡；势之所阻，常在乎众强。下挟其众而威乎上，上恐见议而畏乎下，陵替之风渐成，指臂之势难使。此病在纪纲者，二也。夫多指乱视，多言乱德，言贵定也。今或一事未建，而论者盈庭；一利未兴，而议者踵至。是以任事者多却顾之虞，而善宦者工遁藏之术。此病在议论者，三也。夫屡省考成，所以兴事也。故采其名，必稽其实；作于始，必考其终，则人无隐衷，而事可底绩。今一制之立，若曰"着为令矣"，曾不崇朝，而遽闻停罢；一令之施，若曰"布海内矣"，而畿辅之内，且格不行。利害不究其归，而赏罚莫必其后。此病在名实者，四也。四者之弊，熟于人之耳目，而入于人之心志，非一日矣。今不祛四者之弊，以决其壅，疏其窒，而欲法之行，虽日更制而月易令，何益乎？

夫汉宣帝，综核之主也。然考其当时所行，则固未常新一令，创一制；惟日取其祖宗之法，修饬而振举之，如曰："汉家自有制度耳。"且其所任魏相，最为称上意者，亦未尝以己意有所论建，惟条奏汉家故事及名臣贾谊、晁错等言耳。当其时，虽五日一视事，而上下相维，无苟且之意。吏不奉宣诏书，则有责；上计簿徒具文，则有责；三公不察吏治，则有责。其所以振刷综理者，皆未尝少越于旧法之外。惟其实事求是，而不采虚声；信赏必罚，而真伪无眩。是以当时吏称其职，民安其业，政事、文学、法理之士咸精其能，下至技巧工匠，后世鲜及。故崔实称其"优于孝文"，而仲长统极其叹服；荀悦论美元帝，而李德裕深以为非，良不诬矣。

然则今之欲求治理者，又奚以纷纷多事为哉？高皇帝毕智竭虑，以定一代之制，非如汉祖之日不暇给也。列圣相承，创守一道，非有武帝之纷更中变也。百官承式，海内响风，非有许、史、霍氏之专制挠法也。成宪具存，旧章森列，明君贤臣，相与实图之而已。毋不事事，毋泰多事，袪积习以作颓靡，振纪纲以正风俗，省议论以定国是，核名实以行赏罚，则法行如流，而事功辐辏矣。若曰："此汉事耳，吾且为唐、虞、为三代。"则荀卿所谓"俗儒"也。

辛未会试程策三

问：古之君子，兴建鸿业，声施后世者，世必目之曰英雄，曰豪杰。是二名者，岂非伟丈夫之通称欤？乃论著家，又各析其名义。匪直英雄与豪杰有辨，即英与雄，亦从而分之。谓有英而不雄者，有雄而不英者，其说然欤？历代英雄豪杰，见于史册者，不可胜举。然亦有即标题为号者，如蜀之四英，周之七雄，战国之四豪，汉之三杰。其人材行声绩，果皆不愧其名欤？将其人品，又各有高下欤？近世儒者，谓："真正英雄，必自战兢中来。"又谓："豪杰未必圣贤，圣贤必为豪杰，而古唯三圣人足以当之。"则其说岂不尤异欤？夫英雄豪杰，美名也。士以是称，可以为难矣。乃儒者犹雌黄之不少假，则尚友者，何所取则欤？试言之，以观其志。

古瑰伟奇特之士，树鸿业于当时，垂鸿称于后世者，岂独其才之过人哉？盖尤系于养矣。养有浅深，则其才有纯驳。才有纯驳，则其建立有巨细。才得于天地者也，养由于人者也。才欲恢、欲宏、欲奇、欲俊，养欲微、欲深、欲精、欲奥，两者若相反焉。然微、深、精、奥者，所以为恢、宏、奇、俊也。

故古之善养才者，不恃其得天之异，而勉其修己之纯。阀如虓虎，不敢以言勇，惧其刚之易摧也。铦如莫邪，不敢以言利，惧其锋之易折也。神若蓍蔡，不敢以言智，惧其算之易穷也。力若九牛，不敢以言任，惧其趋之易踬也。炼之至精，而敛之至密。韬之至深，而蓄之至厚。夫然后其神凝，其气专，发之不可御，索之不可穷矣。人徒见其事业声称，照耀今古，抑孰测其所以致之者哉？

今夫两间清淑之气，丽于形象。在天为星辰，在地为河岳，在土石为宝玉，在飞走为麟凤，在人则为英雄豪杰。是英雄豪杰者，固均之二气之间，钟人伦之首出者也。然有辨焉。

刘孔才云："聪明秀出谓之英，胆力过人谓之雄。"有英而不雄者，有雄而不英者。智勇并异，则英雄兼焉。《淮南解》曰："才过千人谓之豪，万人谓之杰。"此英雄豪杰之辨也。总之，皆以其智力绝殊，不可以寻常尺度论耳。

自古迄今，所以树立人纪纲，翊世运，决大疑，排大难，建大功，立大节，必此四人者为之。然而品格异焉，不可不察也。

夫人非无才之患，有才而能善用之为难。四人者，其机智勇决，既与凡民迥异。则未免过于自恃，而有眇焉轻天下之心。纷错未交，而谓几不足与晰也。艰阻未识，而谓功不足与图也。考衷叩蕴，则固未有灼然先几之见，确然不可夺之守。一挫其锐，则折北而不振矣。是纯乎气者也。

夫千钧之弩，不以鼷鼠发机。万石之钟，不为尺梃成响。物理有分，感应有节，不可易也。四人者，负其才具，则不能安于无事，往往不胜技痒，曲牵于应试之迹，而轻试其所长。是以见弹求鸮，或欲速而不达；投珠抵鹊，或见小而妨大。此与虚悁恃气者，固有间矣。然而其强可挠也，其躁可激也，其骄可乘也，其欲可挛也。以综天下之务，则得失参焉，不可与谋成也。是识不能胜其才者也。

等而上焉，严乎内外，审于施应，既不沾沾以自喜，亦不汲汲以从时。自度其智，可与几也，将谓天下之故，非己莫能瞩耳；自度其勇，可与断也，将谓天下之事，非己莫能成耳。其晰微制决，持危定倾，能于转盼咄嗟之间，而竖俶傥不群之绩。此四人者之能事也。然而其光外朗，其气内盈，寻之不易其方，而测之可穷其际，是兼得乎养而未盛者也。品之优也。

等而上焉，智周万物，而不自用其明；勇盖万夫，而不自任其力；随事而应，弗胶于成心；循理而行，弗牵于功利。朕兆未萌，法象未著，渊然独虑，而百姓莫见其迹；不世之功，永世之泽，蓦然丕建，而百姓莫知其然。天下所谓智者、勇者，举莫得而望焉。此朱子所谓真正英雄豪杰而圣贤者也。品之上也。

愚尝以是泛观古今之迹，总挈人物之量，其英雄豪杰优劣高下之辨，大都不越此四者。顾更仆未易数也，姑即明问所及者言之：周之衰也，王纲弛维，诸侯力政，于是县宇分裂，称为七雄；战国之末，贵臣握柄，资瞻游谈，于是列国公子，号为四豪；汉高坐屈群策，以建篡尧之业，则张良、萧何、韩信三臣者，皆人杰也，而汉之得天下由是焉；昭烈知人待士，以嘘炎刘之烬，则诸葛亮、董允、蒋琬、费祎四子者，皆英俊也，而蜀之存亡因之焉。

即史传所纪，固各有英雄豪杰之目矣。试即前四者之等，以概此数子之长，则七雄者，彼哉无以议为也。平原卑卑，不及格矣；孟尝、春申，广交养名，背公死党，奸人之魁耳；信陵，威信于强秦，义存乎弱赵，急人之难，不居乎功，盖犹有烈士之风焉。惟其挟威震主，内疑外忌，则君子所不道者，其在三四之间乎？三杰遭际兴运，各奋才智，推毂汉祖，卒成帝业，信乎为代宝矣。子房英略盖世，而貌若处子，功成身退，超然远引，比之何、信为最优焉，三品之上者乎！董允、蒋琬、费祎，端谨节士耳。虽事无过举，然天之所授，非特异也，有忝英称矣。孔明望重于卧龙，力抗乎汉鼎，君臣契合，投袂匡时。至于出师献纳之言，宁静淡泊之语，出处议论，庶几王者之佐焉。盖入其域而未优者乎？之数子者，皆以盖世之才，际功名之会，云蒸龙变，鹰扬虎视，考其平生之所建树，可谓伟俊卓荦矣。然其中或得分有多寡，赋才有兼偏，细节多疏，则不能无负俗之累；气质偏胜，则不能无瑕额之存。盖所谓众材之尤也，非众尤之尤也。必也其大禹乎？凿龙门、排伊阙、别九州、宅四隩，绩固伟矣！然且不矜不伐，而莫与争功；愚夫愚妇，而凛若胜予。彼视地平天成，于吾身何有轻重也。其周公乎？除凶残，驱虎豹，立纲纪，陈礼乐，功莫大焉。然且吐哺握发，下白屋之士；不骄不吝，履赤舄之安。彼视胜殷遏刘，于吾心何有加损也。其孔子乎？学殚累世，而不以智闻；力抉门关，而不以勇闻。在乡党而恂恂，居朝廷而唯谨，固俨然儒者也。及其却莱兵，反郓、讙，堕三都，诛正卯，即慷慨奇节之士，决眦奋臂，极力而不能辨者；乃不动声色，徐引而振之。既振，油然而退，无矜容，无盛气，此岂世之君子，所可与量尺寸哉？盖此三圣人者，受之于天，既皆得夫浑沦磅礴之气；修之于己，又皆懋夫沉潜纯粹之学。其所基者，密而宥；而所蓄者，完而固也。故能决大疑，排大难，建大功，立大节，纡徐委蛇，而不见其作为之迹。嗟夫！非天下之至圣，其孰能与于此哉？

故朱子谓：真正英雄，皆自战兢中来，而贤圣豪杰，唯此三圣人足以当之。信不诬矣。然则世之君子，受天地特厚之才，而有志于三圣人之事者，顾可不慎所养乎？养之之道：无欲，其本也；慎动，其要也。析义穷理，沉几察微。莹乎若夜光之内朗，洞乎若止水之独鉴，所以养智也；抑其强阳，销其客气，深乎若强弩之握机，韬乎若宝剑之敛锷，所以养勇也。尸居而龙见，渊嘿而雷声，圣人之事也。即史册所载，瑰伟奇特之士，犹将姑舍是焉，而况其下者也！

盖尝闻纪渻子之养斗鸡也，始虚憍而恃气，驯之十日，则应景向矣；又十日，然后其德全，而异鸡无敢斗者矣。此养德之喻也。故英雄豪杰之从事于学也，若纪渻子之养鸡，则几矣。

卷三十二　文集四

敕建涿州二桥碑文

涿密尔京邑，当四方孔道，朝觐、贡献、仕旅、商贾之所必经。其北有河二：自西山诸泉来者，曰胡良河，距城七里；自紫荆关外铁锁崖入者，曰巨马河，距城二里许。每伏秋水发，汹涌暴至，倏忽即数十尺寸，行旅走避不及，岁漂溺者常数百人，行者病涉，兆民咨嗟！

圣母慈圣皇太后，在先帝时，梦若有神告言，宜作功德事，以福国祐民，太后意念之不忘。今上建元之首年，会州民有奏乞建桥济众者，太后忆与梦符，遂语上以欲建桥意。上曰："兴作，大事也。请得与辅臣计之。"出，以太后意谕臣居正。臣因言："'时诎举赢'，古人所戒。上始即大位，一切宜与民休息。兹役太劳民，且费巨，恐有司亦未能办，奈何？"上曰："圣母自以宫中供奉金募工为之，一夫不役于民，一钱不取于官也。"臣顿首曰："幸甚！"乃发帑金五万两，诏工部以农隙鸠材，发春戒事。命司礼监太监冯保择内臣廉干者督工，保举内官监太监刘济；命工部尚书朱衡择司属中精敏者二人相其役，衡举郎中易可久、贺幼殊。上曰："往钦哉！毋扰民，毋冒费，毋淹时，毋苟且塞责。"

诸臣奉命唯谨。乃以二年正月之十日兴工，诸臣夙夜在公，出入有稽，厚值以傭工，民争趋之，盖五阅月而遂告成事。为胡良河桥一、巨马河桥一，高广各二丈许，长三十余丈，皆甃以巨石，锢以铁锭，除道属之两桥间，伏龙宛虹，巧侔神造，而费不过七万，役不过数月。往嘉靖间，建琉璃河一桥，费三十余万，作者数万人。兹二桥之费不当四之一，而坚致精工，乃过之数倍。居者颂，行者讴，方轨并驾，徒众摩肩，望之窿窿屹屹然，信天下之巨观也。

事既竣，上手诏以二桥工成，圣母功德甚大，命臣居正纪其事。

臣观《易·益》之由曰："利涉大川。"孔子赞之曰："损上益下，民悦无疆。自上下下，其道大光。"而五之辞曰："有孚惠心，勿问，元吉。"夫惟弘济大川，而宁损己之有，不伤民财，是以举措光大，而闿泽无疆也。夫天下未有十利之事也，劳民以便民，病寡而利多，仁者犹将为之。兹役也，诚不忍斯民之垫溺，而思以拯之也。即上以诏令水衡出钱，间左兴役，责之有司如期而办。凡以利民，夫谁曰不可！乃圣母与皇上，视民之溺由己溺之，既以涝漉引救之矣。而又不烦有司、不扰闾阎，至出其脂膏之资，以为万姓造福，兹非所谓"损上益下"而有"孚惠"之心者乎？以是而获"元吉"、受介福，奚俟问矣？

虽然，有方之仁，可得而名言也；无方之仁，不可得而名言也。昔齐宣王不忍一牛之觳觫而舍之，孟子许其心足以保四海。今天下之广，兆民之众，蒿目而仰上之泽者，何限涿？独以眉睫之地，呼号之声一彻天听，遂皇皇思以拯救之，弗少后，所谓一牛之觳觫耳！推是心也，将举天下而怙戴之，无俾一夫不被其泽者，而后上心始慰。此之功德，宁可以算数计耶！而又何以名言之乎？不可名者，臣将与天下相忘于无言矣；可名者，臣谨恭纪其事如右，而系之以词曰：

瞻彼涿鹿，为京喉舌。匪无庄馗，河水所啮。哀我人斯，沦胥以灭。欲度无梁，如食斯噎。浩浩洪流，平陆成渠。下民其咨，行旅卒痛。声闻于天，我后曰吁。视而弗救，虑殚为鱼。乃召司空，乃命匠作。往即尔职，爰诹爰度。作之泛溇，属诸郊郭。水昏而栽，日北而落。帝复谆戒，我后至仁，匪以厉众，毋扰甸人。捐金为之，期以利民。欢声载途，荷锸云屯。曾不逾时，两桥并建。象彼阁道，横绝天汉。轮蹄缤纷，士女泮涣，来游来过，以讴以忭。曰我后德，配地无疆，拯此沦溺，置之康庄。女娲炼石，我后造梁。补天奠川，厥功匪彰。上帝鉴观，介以繁祉。繁祉维何，保兹天子。克昌厥后，本支百世。亦祐我民，永赖□□。明明天子，后笃生之。穆穆后德，天子成之。粤求治平，惟孝与慈。千秋万祀，固此丕基。

敕建承恩寺碑文

皇朝，凡太子、诸王生，率剃度幼童一人为僧，名替度。虽非雅制，而宫中率沿以为常。

皇上替僧名志善，向居龙泉寺。慈圣皇太后、今上皇帝，追念先帝及其替僧，以寺居圮坏，欲一新之；而其地湫隘，且滨于河，势难充拓。乃出帑储千金，潞王公主及诸宫眷所施数千金，命司礼监太监冯保，贸地于都城巽隅居贤坊，故太监王成住宅，特建梵刹。外为山门、天王殿，左右列钟、鼓楼，中为大雄宝殿，两庑为伽蓝、祖师殿，后为大士殿，左右库房、禅堂、方丈、香积、僧房，凡九十有五。庄严法事，靡不毕具。

寺成，因官志善为僧录司左善世，以住持之，而赐名曰承恩。余惟承恩有二义焉：施给园，创精舍，崇重三宝，上恩也；以大悲智力拯拔沉苦，跻诸彼岸，以大光明灯，普照沉迷，示之觉路，佛恩也。思报上恩，则必虔恭，朝夕勤修法事，以祝慈寿圣恩千万祀；思报佛恩，则必恪守戒律，发深信心，以求速证毗卢正果。庶毋负于圣母、皇上创建之意也。於戏！后之居此者，宜谛思之。

工始于万历甲戌年，告成于乙亥年□月。谨述其创立始末，勒之于石，以垂不朽。而系之以偈曰：

佛恩广大浩无边，毗卢光明照大千。拔诸沉苦证涅槃，如以宝筏济迷川。慈思浩浩亦如然，巍巍功德不唐捐。舍卫城中给孤园，梵刹萃起开中天。琳宫玉除宝庄严，间以宝树郁慈芊。宝华芬敷色殊妍，华云鬟云垂四埏。法轮常转妙义宣，法灯常明烛幽缠。我愿缁俗诸有缘，普沾法润沃心田。诵我重宣此偈言，永祝慈龄万万年。

重修海会寺碑文

佛法之大，举华藏世界海，一一皆有微尘数诸佛不为多，于一毛孔中纳世界海微尘数不为碍。寺之名海会者以此。其寺在都城之南，创于嘉靖乙未，穆宗皇帝尝受厘于此。历祀既久，栋宇弗葺，榱桷将毁。皇上即位之二年，函夏乂安，四民乐业。圣母慈圣太后，思所以保艾圣躬，焄奕胤祚者，惟佛宝是依。乃出内帑银若干，俾即其地更建焉。

即集议，慈圣皇太后暨潞王贤妃、贵人以下，咸出赀助之。会游僧有范成铜像一躯，无所庇覆，司礼监太监冯保因请移置其地。复出内储大木，以为殿材，遂以□年□月□日始事，命□□监董其工役。

于中为殿三，皆三楹；方丈一，凡五楹；钟、鼓楼二，配殿十二，禅堂十，僧房四十有奇，前为山门，缭以周垣。殿宇靓深，廊庑曼衍，重阁层轩，翚飞丹焕，像设获以安妥，僧徒于焉游集，煌煌乎，都邑之盛观也。又于其外拓地六顷，收其租入，以为焚修供具之资。

揆厥胜因，必由善建。恭惟慈圣皇太后，体坤元之载物，同慈利之好生，发至诚之心，证大乘之果，将以保皇躬，翊皇度，纳八荒于华严胜界，漉群生于沉沦业海。巍巍功德，不可名已。是以宫壸出其琛宝，褒御效其诚悃，工不逾时，役不告劳。是宜刻之贞石，告厥成功，昭示来裔。铭曰：

天睠鸿德，受命孔固。诞育我皇，时维圣母。恩隆罔极，载厘胤祚。皈依竺范，宅美希夷。乃辟灵宇，在邦之圻。珍输内帑，民悦子来。丹刻有辉，金容丽设。中座耽耽，飞檐辚辚。印度重开，耆山有截。禅慧攸托，神足来游。都人瞻仰，徒众幽求。鱼灯螺梵，无缺春秋。福德佑仁，储祥委祚。皇心悦豫，宫闱燕喜。于斯万年，施于子孙。玄风广播，皇舆载安。道合无为，功存不刊。勒于贞珉，永垂大观。

敕修东岳庙碑文

自古帝王建国，肃恭群祀，列在祀典，大祝颂之，士民不得奉；而民间所为号祝歌舞，其事诞漫，祠官不主也。惟岱宗之神，自绳契以来，秩在祝史，通乎上下。今天下郡国，皆有东岳庙；而京师则庙朝阳门之东，相传唐、宋时已有。国朝正统中，益恢崇之，岁遣太常致祭，燠旱则祷焉，而都人士女，祈祉禳灾，亦各自财以祠云。臣尝读睿皇帝所制庙碑，大要归于厚民生、顺民欲、明德远矣。

百余年来，庙寝倾圮，神将弗妥，士女兴嗟。圣母慈圣皇太后闻之，曰："吾甚重祠而敬祀，其一新之，然勿以烦有司。"乃捐膏沐资若干缗。皇上祗顺慈意，亦出帑储若干缗，命司礼监太监冯保，择内臣廉干者董其役。

工始于万历乙亥八月，讫周岁而落成。其殿寝门闼之右，廊庑庖湢之制，大都不易其故，而挠者隆之，毁者完之，垩者藻饰之。又于左右建鲸龟楼，东为监斋堂，规模瑰丽，迥异畴昔，岿然若青都紫极矣。

既告事成，上以圣母意，诏臣为之记。臣闻圣王先成民，而后致力于神；亦有为民而檄福于神者。故御灾捍患，《祭法》所载，何可忽诸！且圣人以神道设教，岱居东方，其德曰生。往牒所称，触石生云，膏雨天下，生也；冥运阴骘，赫如雷霆，使人弗罹于天宪，亦生也。君人者，恩则庆云，威则迅雷，要归于永底蒸民之生。而愚夫愚妇，刑赏所不及者，神实司其祸福之柄，盖亦有阴翊皇度者焉！祀之非黩也，不宁惟是。

臣仰窥圣母，垂恩诸祉，保护皇躬，将广建功德，以祈万年胤祚。虽无文咸秩，矧又祀典所载。而皇上孝奉慈闱，仰答玄贶，虽节用之旨时佩，而有其举之，莫敢废也。

今赖天地之灵，山川之佑，丰祅屡报，四夷咸宾。是御灾捍患，允符祀典。而睿皇帝所称"厚民生，顺民欲"者，亶在兹矣。臣谨恭纪其事，而系之以辞曰：

瞻彼岱岳，是为天孙。乘震秉箓，生化之门。位镇一隅，仁流八极。率土是临，矧兹京国？京国有庙，肇禋百年。弗缮其故，何以告虔？惟皇祖清，胖飨征应。乃新神居，聿遵兹命。既拓其基，亦除其廥。琳宫中起，缭垣外周。厥宇峨峨，厥灵濯濯。谁谓邦畿，俨彼乔岳。维岳有神，维帝之德，后则基之，神介繁祉。笃我帝后，泰山之维。泰山之久，亦佑下民。自天降康，时雨而雨，时旸而旸。臣拜稽首，勒此贞石，亿万斯年，昭垂罔赖。

敕建慈寿寺碑文

寺在都门阜城关外八里许。先是，我圣母慈圣宣文皇太后，常欲择宇内名山灵胜，特建梵宇，为穆考荐冥祉。皇上祈允，遣使旁求，皆以地远不便瞻礼，乃命司礼监太监冯保，卜关外地营之。出宫中供奉金若干两，潞王公主暨诸宫眷助佐若干金，委太监杨辉等董其役。时以万历丙子春二月始事，以□月□日既望告竣，而有司不知也。

外为山门、天王殿，左右列钟、鼓楼，内为永安寿塔，中为延寿殿，后为安宁阁，旁为伽蓝、祖师、大士、地藏四殿，绕以画廊百楹，禅堂、方丈有三所。又赐园一区、庄田三十顷，食其众。以老僧觉淳主之，中官王臣等典领焉。

寺成，上闻而喜曰："我圣母斋心竭虔，懋建功德。其诸百灵崇护，万年吉祥。"恭惟我皇上圣心嘉悦，因名之曰"慈寿"，而诏臣纪其事。

臣惟佛氏之教，以毗卢檀那为体，以弘施普济为用。本其要归，惟于一心。心之为哉，无有分界，无有际量。其所作功德，亦不住于有相，不可思议。故曰：洗劫有尽，而此心无尽；恒沙有量，而此心无量。至于标宫建刹，崇奉顶礼，特象教为然。以植人天之胜因，属群生之瞻仰，则固未尝废焉。

惟我皇上，觉性圆明，妙契宿证。盖自践祚以来，所以维持之者，惓惓焉，约己厚下、敬天勤民为训。至如梁胡良河以资利济，减织造以宽杼柚，蠲积逋以拯民穷，慎审决以重民命，其一念好生之心恒欲举一世而跻之仁寿。故六七年间，海宇苍生，餐和饮泽，陶沐玄化，无大无小，咸稽首仰祝我圣母亿万年，保我圣主与天无极。此之功德，宁可以算数计哉？犹且资佛力以拔迷途，标化城以崇皈仰，要使苦海诸有悉度无漏之舟；阎浮众生，咸证菩提之果，斯又圣人所以神道设教微意也。臣谨拜手稽首，恭纪日月，而系之词曰：

于昭我皇，秉乾建极。薄海内外，罔不承式。谁其佑之，亦有文母。覃㴑皇风，绍休三五。永惟穆考，神御在天。思广胜因，以植福田。我皇承之，乐施靡惜。永延皇图，冥资佛力。乃营宝刹，于兑之方。左瞰都城，右眺崇冈。力出于民，财出于府。费虽孔殷，民不与苦。厥制伊何，有殿有堂。丹题雕楹，玉甃金相。缭以周廊，倚以飞闼。画栋垂星，绮疏纳月。有涌者塔，厥高入云。泉彼不周，柱乾维坤。维大慈尊，先民有觉。普度恒沙，同归极乐。譬如我皇，博施群生。千万亿国，大小毕宁。

惠路旁流，慈云广芒。如是功德，不可思议。民庶咸祝，天子万年。奉我圣母，慈禧永安。臣庸作铭，勒兹贞石。志孝与仁，与天无极。

敕建万寿寺碑文

初，禁垣艮隅，有番、汉二经厂，其来久矣。庄皇帝尝诏重修，以祝厘延贶，其功未就。

今上践祚之五年，圣母慈圣宣文皇太后谕上若曰："创一寺，以藏经、焚修，成先帝遗意。"上若曰："朕时佩节用之训，事非益民者弗举，惟是皇考祈祐之地，又重之以圣母追念荐福慈意，然不可以烦有司。"乃出帑储若干缗，潞王公主暨诸宫御中贵，亦佐若干缗；命司礼监太监冯保等，卜地于西直门外七里许，广源闸之西，特建梵刹，为尊藏、汉经香火院。

中为大延寿殿五楹，旁列罗汉殿各九楹；前为钟鼓楼、天王殿；后为藏经阁，高广如殿，左右为韦陀、达摩殿各三楹。修檐交属。方丈、庖、湢具列。又后为石山，山之上为观音像，下为禅堂、文殊、普贤殿。山前为池三，后为亭池各一，最后果园一顷，标以杂树琪株璇果，旁启外环以护寺地四顷有奇。法轮妙启，龙像庄严，丹垩藻绘，争辉竞爽。

工始于万历五年三月，竣于明年六月。以内臣张进等主寺事，上赐名曰"万寿"，而诏臣为之记。

臣闻古之圣王，建皇极以临区宇，敛时五福，其一曰寿。而臣子祝颂其君，亦曰"报以介福，万寿无疆"；曰"于万斯年，受天之祐"。是人君以德致福，无先于寿而为之。臣民者思以仰酬洪造，发纾忱悃，舍颂祝之外，盖亦无以也。

我皇上聪明天启，图治妙龄，恢皇纲，接帝统，广至治于无疆，锡嘉祉于群臣百姓者，不啻沦肌而浃髓矣。薄海内外，日所出入，含生之伦，莫不翘首延睇仰面而颂曰：天子作民父母，为天下王，其庶几万年有国，以福我蒸黎乎？林茂而鸟悦，渊深而鱼乐。鱼鸟之情，何期于林渊哉？所寄在焉。故凡亿兆之命，悬于一人，天子明圣，则生人褆福；故亿兆之情，莫不愿人主之寿者，斯亦鱼鸟之愿归于茂林深渊也。

然则慈宇之建设，虽役民生之力，用天下之财，而可以祝圣母万寿者，臣民犹将乐趋焉。况役不劳民，费不公取，用以保国乂民，功德无量。为臣子者，其踊跃而赞颂之，讵能已耶！谨拜手稽首，恭纪其事，而系之以词曰：

惟君建极，敛福锡民。民有疾苦，如在其身。巍巍大雄，转轮弘教。毗卢光明，大千仰照。佛力浩衍，君亦如然。其以悲智，济彼颠连。琅函贝叶，藏之天府。以翊皇度，自我烈祖。沿及我皇，绍成先绪。表此胜因，共跻极乐。只奉慈命，复轸民瘝，毋烦将作。乃发帑储，鸠工庀财。龙宫蔚起，鹫域弘开。翼翼岌岌，有截其所。仰侔神造，俯瞰净土。凡斯巨丽，前武之绳。聿追来孝，旋观厥成。景命有仆，永锡纯嘏。既相烈考，亦佑文母。保兹天子，亿万斯年。本支百世，蛰蛰绵绵。

敕建五台山大宝塔寺记

昔阿育王获佛舍利三十余颗，各建塔藏之，散布华夷，今五台灵鹫山塔是其一也。我圣母慈圣宣文皇太后，前欲创寺于此，为穆考荐福、今上祈储，以道远中止，遂于都城建慈寿寺以当之。臣居正业已奉敕为之记。

顾我圣母，至情精虑，不忘始愿，复遣尚衣监太监范某、李友辈，捐供奉余资，往事庄严。

前为山门、天王殿、钟鼓楼，又内大雄宝殿，旁伽蓝殿，外为十方院、延寿殿，诸围廊、斋舍、庖、湢，罔不悉备。复赐园地以供常住之需。

工始　年　月　日，成于　年　月　日。计费金钱若干缗。圣母复命臣记之。

臣窃惟圣人之治天下，齐一幽明，兼综道法。其灿然者，在先古帝王垂成宪、著章程于世矣。乃有不言而信，不令而行，以慈阴妙云，覆涅槃海，饶益群生，则大雄氏其人也。其教以空为宗，以慈为用，以一性圆明、空不空为如来藏。即其说不可知，然以神力总持法界，劳漉沉沦，阐幽理，资明功，亦神道设教者所不废也。

我圣母诞育皇上，为亿兆主，养成圣德，泽洽宇内，施给方外，日所出入，靡不怀服。至如宁静以奠坤维，建梁以拯垫溺，俭素以式阃帏，慈惠以布恩德，含生之伦，有阴蒙其利而不知者。所种孰非福田，所证孰非菩提者？乃益建胜因，广资冥福，托象教以诱俗，乘般若以导迷，斯可谓独持慈宝，默运化机者矣！

先是，虏酋俺答，款关效贡，请于海西建寺，延僧奉佛，上可之，赐名曰"仰华"。至是，闻圣母作五台寺，又欲令其众赴山进香。夫丑虏嗜杀，乃其天性，一旦革彼凶慝，怀我好音。臣以是益信佛氏之教，有以阴翊皇度。而我圣母，慈光所烛，无远弗被。其功德广大，虽尽恒河沙数，不足以喻其万分也。乃拜手稽首，庸记岁月，而系之以词曰：

于维慈氏，阐教金庚。以般若智，济度众生。普天率土，莫非化城。法云慧日，布濩流行。雁门之西，亦有灵鹫。七级浮屠，峛然特秀。阿育获宝，散布缁流。南飞一粒，永镇神州。尘劫几更，山川不改。重建妙因，机如有待。惟我圣母，天性慈仁。总持阴教，覆育蒸民。庄严宝刹，于兹灵壤。龙宫巍巍，人天共仰。皇穹眷德，降福穰穰。既佑文母，亦佑我皇。定命孔固，寖隆寖昌。臣庸作颂，亿载垂光。

特进光禄大夫柱国太师兼太子太师成国公追封定襄王谥恭靖朱公神道碑

今制，异姓不王。惟元功佐命，有大勋劳于国者，殁乃得追封焉。

明兴以来，朱氏王者三人。东平从文皇帝靖难，用决策力战封；平阴死土木之难；今定襄又以忠劳，受知三圣，得赐封如其祖。

夫朱氏之先，岂亦古神明之胄耶？何其历之久远，寖隆寖昌也！初，世宗肃皇帝南幸承天，道卫辉，行宫夜火，侍卫仓卒不知驾所在，独王与陆都督炳，翊上以出。世宗常言："诸从我于难者，功当与开靖等。"

顷余侍今上于便殿，会有司奏王恤典，引令申非军功不王。上独顾余言："希忠者，事皇祖，有扈跸功，皇祖遇之甚厚；朕今推皇祖意，王之不为逾制。"遂定封为定襄王，谥恭靖。孝哉冲圣！乃能追念先德，不忘逮其所亲信故臣也。

　　定襄王者，讳希忠，字贞卿。其先，凤阳怀远人。七世祖亮，从高皇帝起义，以功授燕山中护卫正千户。六世祖肇封成国，追封东平武烈王能。王世祖平阴武愍王勇。曾祖太师庄简公仪。祖太傅恭僖公辅仪。考太傅荣康公凤。母成国夫人陈氏。王生而警敏绝人。稍长，通《尚书》、《周易》，兼涉韬钤，有文武智略。嘉靖丙申，袭封成国公，年甫二十二。初，拜表谢恩，世宗望见王丰度秀整，独伟视之。自是，遂被恩顾。

　　承天水，奉命告祭显陵。戊戌，上皇天泰号，充捧册表进使，礼成，加太子太傅。世宗将有事显陵，召王与勋辅诸臣于慈宁宫幕次，及文华殿南城，议南幸，并册立东宫事，日见亲信。己亥正月，世宗御启祥宫，召诸大臣见皇太子，特命王扶掖皇太子以行。因指示皇太子曰："此汝将来师保也。"二月，使持节册封穆宗为裕王。圣驾南巡，佩都扈副将军印，掌行在左府事。至卫辉，以身卫上出于火。渡河，侍御舟，赐诗命和，王操笔立成。上谓辅臣曰："勋裔中，如此人才绝少。"称善者久之。是岁秋，充神机营总兵官。

　　庚子，提督团营及五军营。王坚明约束，拊循将士，军整以和。壬寅夏，掌五军都督府事，督营如故，秋加太保。丙午，加特进荣禄大夫。庚戌，加特进光禄大夫、柱国。九月，虏穿塞，直薄近郊。王部署诸将卒，昼夜捍御。虏知有备，遁去。解严，加兼太子太师。壬子春，穆宗加冠，持节掌冠。癸丑，改掌后府事。壬戌，加太师，王力辞不获，乃拜命。

　　穆宗践祚，奉敕监修《世宗实录》，知经筵事。戊辰，持节册立今上为皇太子。是岁夏，以疾请解府事，优诏不许，再请乃许之。壬申春，今上加冠，持节掌冠。

　　六月，上嗣登大宝，复敕监修《穆宗实录》，知经筵事。上眷倚方隆，而王以疾不起。时九月三十日也。

　　王历事三朝。中间代祀圜丘三十有九；方泽二十有七；他中祀尤众。主进士恩荣宴者十。先后蒙被恩泽，赐泛舟太液，赐肩舆，赐秘书，赐禁中乘马，荫子为锦衣者三，加岁禄至七百石，诸衣带、金币、器物人口之赍，不可胜纪。

　　其卒也，上震悼，为王辍朝；一切赗祭营葬，皆视旧制有加，至特进，封王爵，尤为异数云。

王器宇凝重，至性夙成。始弱冠，即受知世宗，恩宠举无与比。然以是益斤斤勤恪。每奉命摄祀，必端肃薰沐，致其精洁。临祭，登降周旋，咸中准度。儤直西内，夙夜在公，不敢言私。世宗在位久，以威严驭下，虽素所亲任辅旧，往往被遣斥，惟王以忠慎自结于上，无少替。世宗尝称之，曰"恪恭敬慎"；曰"忠谨勤诚"；又曰："卿可谓为臣允忠。"故独被隆眷三十年，无丝发不当上意指者。逮事穆宗及今上，以三朝勋硕，百辟具瞻，而小心翼翼，始终一节，进止殿陛，皆有常度，不失尺寸。

事父荣康公，冠带侍养，立终日不欹仄。母陈太夫人病亟，王方直西内，不敢归，忧形于色。世宗见而异之，以问辅臣，具以实对，乃谕令归视母病。无何，陈夫人卒，王哀毁骨立。

与其弟左都督、掌锦衣卫事、太保公希孝，友爱笃至，朝夕过从，怡怡如也。抚庶弟希慎，无殊同胞。与士大夫处，贵而能降，久而弥敬。饮酒至数斗，虽大醉，终不失一语。

谙于国家典故，而口呐呐，若无所知。每廷议大事，常逊居后，不敢发论，或称引片言，咸中肯綮。世宗晚年，诸大典礼，即辅臣有不及知者，常命问王，以王少在左右，明习故事也。然不问，亦终不言，其周慎如此。

余尝以为，王兄弟孝谨如石庆、石建，而才略过之；其重厚可属大事，如张安世，而文雅风议，安世远不及也。"桃李不言，下自成蹊。"王生平笃厚谨饬，未尝自表异，希称誉，而士大夫咸倾慕之，唯天子以为国器。殁之日，吊客皆为掩涕。嗟乎！非其中心诚信孚于人，乌能得此乎！

王生正德丙子八月二十三日，享年五十有八。配张夫人，前中府都督女。早卒，遂不再娶。子，男一，时泰，后府都督佥事，管锦衣卫南镇抚司事。娶陆氏，武惠公炳女。孙男四，长应桢，聘恭顺侯吴公继爵女；次应槐、次应桂。孙女二。

太保公将以十二月，奉王葬于北泽山赐地，与张夫人合。乃奉其状诣余，而泣请隧道之铭。余与王兄弟相善，谂其素履，皆如状所云不虚，乃为之铭曰：

黄河若带，泰山若砺，誓固云然，畴克永世。桓桓东平，济德弥昌，六叶而生，实维定襄。猗王挺生，万夫之望，敦悦诗书，渊谟亦壮。弱冠分符，寅戴肃祖，入参帷幄，出总翰虎。于赫肃祖，恩威靡恒，终始惟王，腹心股肱。帝昔南狩，王属都护，身翊宸躬，以康天步。虏阑郊原，王典戎兵，振我常武，以卫神京。秉珪摄事，于郊于社，夙夜敬恭，以迓纯嘏。光佐三朝，总领班行，天球在序，瑞羽高翔。胡不耄耋，大星宵坠，帝曰吁哉，厥有劳勚。封以大邦，锡之休命，丝纶孔烁，初终克令。昔王先人，宝善于躬，名其二子，曰孝与忠。惟王与弟，金昆玉季，丕绍先猷，引绳勿替。我铭其功，以勒景钟，千秋万祀，与明无穷。

特进光禄大夫柱国太保兼太子太傅掌锦衣卫事后军都督府左都督赠太傅谥忠僖朱公神道碑

锦衣，领禁旅、直宿卫，又理诏狱，察举不法，实兼古司隶、金吾之职。嘉靖间，肃皇帝以威严驭下，大狱数起，群言事忤旨，辄逮系锦衣讯治；或杖之于廷，有立毙者。而当事者，亦以鸷击为能，侦伺校卒，猛若乳虎，一但不如意，所夷灭不可胜道，京师为之重足。自太保朱公视卫篆，代猛以宽，罢遣诸阴鸷校卒，一切务从长厚。于是，廷杖者咸得不死，而京师之人，皆始贴席。

今上践祚之元年，有贼挟刃至宫门，警跸捕得，下东厂治，贼冀缓死，妄言有主者。于是，内外错愕，索贼甚急。然余知其诬，乃见上，言："斯事重，请令锦衣卫与东厂杂治之。"上曰："可。"公既受命，即独宿外舍，燕居深念，多设方略，密侦之。如是十余日，乃得其情。趣具狱上，戮止一人，余无所问。当是时，微公，缙绅祸且不测，其所存活，不啻数百千人矣。夫韩厥存赵，庆流子孙；王氏以百口保符彦卿，世食其报。以公之德如此，而年不逾中寿，禄不逮子嗣，何哉？昔人谓天道，是耶，非耶？余窃悲其志，为之叙其事，俾后世有称焉。

公讳希孝，字纯卿，凤阳怀远人。自其先祖燕山中护卫、东平武烈王能，以文皇帝佐命元勋，始封成国公。平阴武愍王勇，死事土木；传庄简公仪，恭僖公辅，及父荣康公凤，兄定襄恭靖王希忠，族滋大。定襄与公，皆陈夫人出。公以嘉靖甲午，授锦衣勋卫，时年十七。事世宗肃皇帝，见称谨敏。戊戌，皇穹宇、太庙成，以恩授都指挥使，掌卫事。甲寅，升都督同知，奉敕提督缉捕，寻转右，丁巳转左。戊午，累功加太子太保，特进光禄大夫、柱国，召入内直。壬戌，加少保。癸亥，加太保。甲子，赐肩舆。庄皇帝立，加兼太子太傅。今上在东宫，总理侍卫。及登极，加岁禄三十六石，荫一子锦衣百户最先。后荫子为锦衣者七，赐岁禄至百石，金币、蟒衣、宝钞、书籍、牲醪之类，不可胜纪。

公历事三朝，终始一节。当肃皇帝时，定襄以上公陪国议。而公内领羽林、佽飞之士，周庐宿卫；外持节刺举不法。兄弟贵宠，于群臣无两，然公忠信谦悫，恂恂如也。

其家事、治言，于国无隐情，称于士大夫无异词。上或密问边漕事，公手自裁对，无不当意指，而终不泄上一语。故以肃皇帝之雄察，即亲信勋戚罕能保终者；唯公兄弟事之，顺焉终身，未尝一被谴责。

今上以公先朝耆旧，礼之尤厚。卒之日，为之悼惜者久之，辍朝赐棺敛，命有司治茔兆，谕祭有加，赐太傅，谥忠僖。公卿以下咸奔走吊唁，宿卫士有痛哭失声者。其忠情诚信，孚于上下如此。

奉事荣康公及陈太夫人，能以色养，病则吁天求代。与定襄友爱笃至，定襄薨，哭之昼夜不绝声，以是疾不起。抚其庶弟金吾君希慎如同胞。又好拯人之难、恤人之急。死弗棺者，骼弗掩者，登山而呼庚癸者，捐赀济之，不少吝。

起家将种，素娴韬钤，明习国家故事，而居常悛悛，言若不出口。其敬礼士大夫，造请延接，久而弥笃。好读书，所购古图篆名笔甚富，亦有精鉴，能辨真赝。及他细行可称述者尤众，不具论，论其大者如此。

余尝谓公兄弟重厚可属大事如张安世，而文雅过之；孝谨如石建、石庆，而才略则二石远不及也。论者以为知言。

公生正德戊寅，卒以万历甲戌，年五十有七。配汤氏，灵璧侯女，封一品夫人，后公数月亦卒。长子时丰，早殀。立侄孙应梅嗣，以荫授锦衣卫指挥同知，聘武清伯李公伟孙女。其弟金吾君，以□年□月□日奉公与汤夫人，合葬于藁梓庄之新阡，持都督余君荫状，诣余，请隧道之铭。余雅善公，具知生平，乃叙事，而系之以词曰：

东平靖难，平阴死忠，爰及定襄，世奏肤公。赫赫太傅，二难并美，咸以一德，媚于天子。入参帷幄，出领押卫，邦之司直，王之爪牙。曰有疏附，曰有御侮，公实兼之，腹心肱股。历事三朝，拥佑劻勷，惟忠惟孝，恪守宗祊。高而不危，满而不有，闻命则俯，循墙而走。国之所重，乔木世臣，矧有令德，宜于民人。胡天降割，老成雕谢，定襄既逝，公亦捐舍。承帝曰嗟，予懋乃勋，锡之崇典，贲于幽埏。玄宫楚楚，终焉安处，九原可作，惟公归与。

卷三十三　文集五

光禄大夫柱国少傅兼太子太傅吏部尚书建极殿大学士赠太保谥文简豫所吕公墓志铭

万历庚辰元日，豫所吕公卒于家。讣闻，上辍朝一日，诏所司议恤典。谕祭十有一坛，遣官营葬，赠太保，谥文简，荫一子中书舍人。诸视常数有加。而公之子祠部兴周，遣人持吴大参国伦所为状，来请余志公墓而铭焉。

按谥法："平易不訾曰简，一德不懈亦曰简。"余与公司政府，知公深。公为人，外温而心辨，中毅而貌和，于事呐呐不轻为可否，于人恂恂不苟为异同。尝曰：大臣协心体国，苟利社稷，嫌怨共之。安事羯羠其间，无论彼己懁忮即贤者各是所见，政本之地，断断而争，如国体何！世儒嘤嘤，猥小曹参而卑丙吉，然则虞廷云寅恭者，非邪？自余柄政，与公共事者六年。内奉冲圣，勤缉熙，外赞密勿，定计画。莫逆于心，莫违于口，六年如一日也。盖诚所谓不訾不懈者，斯可以为"简"也已。

上尝手书赐公，曰"枢机克慎"，曰"同心夹辅"。知臣莫如主，信哉！

按状：公姓吕，名调阳，字和卿，别号豫所，西粤桂林人也。其先，楚兴国之大冶人。洪武初，从军戍天长，后践更桂林曰鉴者始即家桂林，是为公曾祖。鉴生纲，纲生璋。吕氏文学自纲始，世为郡诸生。而璋以贡为徐闻令，徐闻人尸祝之。璋二子，长应阳，蚤卒；次即公。正德丙子中春，母张夫人梦巨蟒入室，紫光煜煜，寤而生公。公生十九年，为嘉靖甲午，举于乡。庚戌，赐及第第二人，授翰林院编修。癸亥，迁国子司业。

乙丑，擢春坊谕德。隆庆改元，迁南京国子祭酒，寻改国子祭酒，是冬擢南京礼部侍郎。戊辰，改礼部，侍庄皇帝讲读。逾年，改吏部，寻以吏部左侍郎兼翰林学士，掌詹事府事。壬申，上初即位。拜礼部尚书。顷之，上问余："孰可与卿同事者？"余以公对。上在东宫，亦雅知公端慎，遂召为文渊阁大学士，与机务。逾年，进太子太保。甲戌，修《穆庙实录》成，加少保，直武英殿尚书如故。丙子，一品秩满，进少傅，兼太子太傅，吏部尚书，直建极殿。

公先后历官垂三十年，半守史局，三任成均，四历卿贰。春坊，典内制。詹府，教习庶吉士。少宗伯，日侍讲读。凡总修嘉、隆《实录》者再，分校丙辰，副辛未，典甲戌会试考者三。所事咸称。在礼部，厘正典章，自宗藩、外戚、中常侍，不得逾制。有所希请，诸曹郎吏，凛凛奉职。由大宗伯入内阁，若大丧，若大婚，若崇亲荐号，若降夷受俘，诸巨仪旷事，咸借公相成，以当上心。上优礼公，称先生不名，数命分献郊庙，释奠先师；时遣中官，给赐上尊珍膳，兼金文绮、乘马、什器之属，不可胜计，多自昔辅臣所未尝蒙。公故病肺，又患足痿，顾念恩厚，未忍言去，久之益剧。戊寅秋，乃疏乞骸骨，上固不许，谕留甚温。疏十上，始得请。赐帑金文绮，乘传归，仍遣御医视疾，行人护行，听其子兴周以祠部扶侍公于家。居一岁，疾良已。会岁暮，公晨对客，饮食如常；日中，忽不语。越三日元旦，自起栉沐，端坐卒，年六十有四。

公沉密简重，人莫窥其际。尝游国学，从祭酒永康程先生谈名理。后公为祭酒，遂以永康学教授诸生，先德而后艺，以其身为型范。为诗若文，古雅醇厚，不事摹拟。性尤淡泊，虽蟒玉，未尝去澣衣。门无私谒。所树惟恐见知，所急惟恐见德。顷，平古田及怀远、府江，当事者皆从公受策，然公不自言，人故无所藉以颂公。

公先娶朱夫人，一岁卒。继张夫人，名家子，能以贤孝佐公。初第时，将父母邸中，躬暨张奉匕箸上食惟谨。夜中，其父母咸中煤毒，公从梦中心动，若有促之起者，即与张夫人起视，则父母俱僵卧不能言。急汲水沃之，乃苏，人以为孝感。久之，以编修满，封父母如其官，奉之归。盖封四年而奔父丧，及禫，又丧母，哀瘁骨立。后以少保总裁《实录》成，赠曾大父、大父、父，皆如公官，妣皆一品夫人。配张，累封一品夫人。少傅满，荫一子中书舍人。先是南都会恩，荫一子入监读书，及恤荫凡三。而公四子，长兴周，既举进士，为祠部；次兴齐，又以公归之明年，举于乡；次兴文、兴武，振振济美，世且滋大。周娶湖广参议宋廷表女，齐娶太仆丞秦致恭女，文聘封川令陶晃女，武聘兴国吴参政国伦女。女四，少者未字。婿举人毛如纶，诸生萧如蒗、常任。孙一，嗣简，聘延郡丞屠炳言女。公虽籍桂林，数往来，道兴国，省族展墓。比其归也，视所治新第，徘徊不能去。又新婿于兴国，语吴大参曰："吾先君命诸孙名皆从'兴'，以示不忘故乡。明年，吾其以家来，菟裘于斯矣。"会公卒，不果。公质，行多长厚，余独心服。其在政府，断断乎有古大臣之风焉。铭曰：

稽古盛际，同寅协恭。百僚师师，以洽时雍。譬伯与仲，响和景从。诚一无他，深厚有容。在汉丙吉，今也则公。主少不疑，仰德乃风。内宁外谧，波恬漠空。吏称民安，时熙岁丰。守和自近，孰知其功。我铭贞石，以著朴忠。

光禄大夫柱国少师兼太子太师吏部尚书赠太保谥襄毅杨公墓志铭

晋地表里山河，其人瑰玮多大节，能以功名自显。往古无论，自余登朝，则见故少师太宰杨公，心窃向慕之。公亦与余为忘年之契。公在本兵久，又遍历诸镇，躬履戎行，练习边事。余每从公问今中国所以制御夷狄之策，及九塞险易，将士能否，公悉为余道所以，如指诸掌。故自余在政府，所措画边事，盖得之公为多。今上登极，首命公还秉铨衡。余受先帝遗托，方欲与公同心戮力，共佐休明，而公已矣。嗟乎！天不慭遗一老用辅英主，惜哉！然其生平所建立，咸足以方驾往哲，炳耀后祀。余知之素深，谨识其大者，用垂不朽。

公讳博，字维约，别号虞坡。幼颖敏，读书能五行俱下。十七举于乡。弱冠登进士，授陕西鳌屋令。调长安，用治行第一，征为兵部武库司主事，升郎中。会肃皇帝南狩承天，起阁学翟文懿公为行边使，以公参幕府。起辽左至甘肃，行万余里，所至辄有疏记，悉得其肯綮。至肃州，属番数百人，遮道邀赏。文懿欲勿予，不能；予之，恐来者益众，无以应之。公请文懿坐堂上，严仪卫，跪诸番辕门外，数之曰："相公奉诏劳军，若等宜倾巢远迓，乃泄泄若此，何也？"诸番咸慑服，莫敢仰视。久乃释之，稍责其先至者。诸夷落闻之，方惧以后至见让，莫敢复来。文懿以公为敏，入朝，荐公才堪大任。嘉靖辛丑、壬寅，虏数入宣大山西。公为职方郎中，羽檄旁午，应机立断，其所规画靡不当上意指。安南不庭，庙议发兵讨之。公请先之以文告。会安南请降，公谓小丑不足烦王师，宜许以自新，因上便宜六事。肃皇帝用其策，交人遂款服至今。已从职方，出为山东督学宪副，升参政。丙午，以佥都御史巡抚甘肃。初，罕东诸属番，畏土鲁番侵扰，避居肃州境上。久之，其众滋繁，边人患之。公召诸番酋，犒以牛酒，因语之曰："若辈久羁于此，既不能归，胡不为久远计？"诸酋曰："为计奈何？"公曰："此去某处，水草甘美，吾为若筑城堡，作渠坝，给耕具，使若等定居，长为藩蔽，如何？"诸酋咸顿首曰："幸甚！"公乃筑白城、威虏、金塔等七城，稍给与牛具器用。诸酋率其部落数千人徙居之。离塞远者，四五百里。河西益少边患。乃凿龙首等渠，垦田万余顷。又请以巡按御史，兼督学政，如辽东例，富而教之，肃州遂为重镇。虏畏不敢近塞。间一入盗，将士奋击，斩首百四十余级。上赐玺书加奖，晋副都御史。庚戌，丁母忧，西人拥道泣送，车不能行。是岁，虏大入蓟，薄都城。癸丑，起公兵部侍郎，经略蓟镇，筑潮河川墩，以遏虏冲。简将士，汰冗弱，军声大振。事竣，诏遂留督蓟辽保定军务。无何，虏复寇古北口，号二十万，连营百余里。公擐甲登陴，督诸军御之，礌石丛射，所杀伤甚众。一虏先登，及雉，我军斫其腕堕，虏气沮，乃退。公募死士，持火器，夜袭其营，一夕四五惊，虏众宵遁。捷闻，赐豸绯衣一袭，晋右都御史，荫一子锦衣卫百户。明年，虏以万骑入马兰谷，公督兵击走之，几获其酋打来孙。公在蓟二年，虏再犯，俱不得利去。乙卯，入为兵部尚书，寻加太子少保。丙辰，丁父忧。戊午，诏还本兵，时尚未终禫。会虏围大同，右卫急，公仓卒奉诏，率师援之，墨缞而往。虏闻公出关，曰杨少保至矣，遂遁，右卫围解。诏晋公太子太保，兼左副都御史，暂留经画大同事，筑牛心等墩堡二千八百余座，浚濠堑三十里，五十日而毕。会虏入蓟镇，督臣被收，又移公镇蓟。公至，虏遁。乃召公还理部事，加少保。癸亥，虏复寇蓟，督臣易之，不为备，虏穿塞入，至通州，烽火通于甘泉。日夜图上守御方略，虏寻引去。上怒而诛督臣。乙丑，以一品再考，荫一子国子生。丙寅，改吏部尚书。肃皇上宾，穆宗践祚，请录忠谏，举遗佚，蠲逋肆赦，海内大悦。丁卯，一品三考，加少傅，兼太子太傅，再荫一子国子生。公疏辞恩荫，三请乃许。其在铨衡，所建论甚众，大率以录旧德、抑浮薄、课功能、禁竞趋为务。以故游谈之士，颇不便之，左右幸臣亦不悦，公遂为所媒，谢政归。久之，上寤，乃起公以冢宰，理本兵事。万历改元，诏公还吏部，以一品四考，晋少师，兼太子太师，仍荫一子国子生，所赐赍甚厚。癸酉，奉命分献夕月坛，疾作扶归，遂恳乞骸骨，给传归。数月而卒，上震悼，为辍朝一日，赐祭葬，赠太保，谥襄毅，荫一子为中书舍人。盖公生平行履，其大者如此，他固不能悉记也。

余尝谓世有大人，有伟人。其志翩翩，其行岩岩，其处于世也，卓然如秋峰之耸峙，昂然如鸡群之野鹤，伟人也。其志渊渊，其行桓桓，其处于世也，巍然如泰华之蟠礴，浩然如沧溟之含纳，大人也。二人者，语其才美标格，则大人似不若伟人之奇俊。要以闳深奥衍，不言而信，不怒而威，使人望而归之，世以为众父，为蓍龟，则大人之与伟人，大有迳庭矣。余观公在朝廷，则朝庭重；在边鄙，则边鄙重。国有大政，议者盈庭，或日中不决，公才出数语，众已称善。排大难，批大节，应手而释，恢恢尚有余力。九边之士，闻公来，如见父母，欢跃鼓舞，白刃在前，不驱而赴。嘉靖中，疆场多故，肃皇帝以威断驭下，本兵督臣，大者诛，小者斥，未尝终三岁不更置也。惟公以敏练称上意，眷遇之隆，始终弗替。在甘肃时，尝疏发咸宁侯仇鸾之奸，鸾被收下狱，后更贵幸，为大将军用事，衔公甚深。值分宜当国，纵其子干政，颐指百官。公在本兵，数以事见忤，相与排根中之者屡矣，而竟不得间。其后咸宁诛，分宜败，而公望愈重。万、隆之间，老成雕谢，唯公岿然如鲁灵光，为海内所倚，此其望实器业，有越在风格之外者矣。嗟乎！非大人而能若是乎？

公所著有《虞坡文集》，诗集、杂著、历官奏议行于世。生正德己巳　月　日，卒万历甲戌　月　日，寿六十六。其先，弘农华阴族也。国初有善甫者，徙蒲，遂为蒲人。曾祖谌；祖选；父瞻，四川按察司金事，皆以公贵，赠如其官。曾祖妣张，祖妣赵，妣田，皆赠一品夫人。配段氏，累封一品夫人。诸子皆才贤。段夫人生俊民，嘉靖壬戌进士，太仆少卿；俊士，万历甲戌进士，凤翔府推官；俊彦，官生；俊卿，隆庆武举第一人，管锦衣卫事指挥使。女三，长适州学生景宣，次适举人冯瀹，次适嵩县守备孙仲全。侧室贺氏、何氏。贺生子俊臣，官生。何生女一。孙男七：元祯、元祥、元祉、元禧、元祺、元祜、元祐。孙女十四人。

太仆兄弟，将以　年　月　日葬公王庄之原，敕建垄次，持阁学张公状，属余为之铭。曰：

世有大人，龙德正中。吾闻其语，今见于公。维公之德，智圆行方，忠不近名，言不泥常。李郭无文，韩范无武，公也兼之，吉甫召虎。九牛在肆，良庖趑趄。公徐磔之，游刃有余。大栋将倾，见者怀慑。公徐正之，退无德色。桓桓世庙，纬武经文。公媚天子，耆定策勋。穆穆庄皇，垂衣拱手。公佐太平，声色不有。迨于今皇，两作继明。询兹黄发，还公宰衡。我求一德，惟公是与。不吊昊天，夺我心侣。有谋孰咨？有难孰夷？山颓木坏，怆矣其悲。惟帝念功，荣称显锡，光光天宠，贲此元室。不亡者寿，不朽者名。百世之下，视此刻铭。

中宪大夫都察院右佥都御史霁寰吴公墓志铭

隆庆己巳二月廿日，都御史孝丰吴公以病卒于家。先数月，今天子诏廷臣，举海内诸遗侠、故臣可大用者，议者咸欲以公应诏。会公卒，不克荐。祠部乃疏其巡抚贵州剿贼功，得赐谕祭，遣使临视垄兆，恩恤甚渥。然不及公生时录用，俾赍志以殁，惜哉！

按《状》，吴氏之先，淮海人也。宋南渡，徙孝丰。明兴，代有闻人，至吏部公松，家大显。松二子，长曰麟，由御史历山东宪副；次曰龙，由吏部郎中历参政。公，宪副子也。母方氏，封恭人。公方在娠，其大母张宜人梦神女遗一子，曰以为而孙；至大期，又梦庭中柱石，千仞属天。宪副公亦梦舍后山，高出云端，岩岩岳立。及生，遂名之曰维岳，长字峻伯，别号霁寰。公少秀颖绝伦，十岁能属文，弱冠举浙江丁酉乡试第五人。明年登进士，授江阴令。会崇明贼起，邑与邻壤，故无城郭，民大恐，公设备甚严，贼不敢犯。居三年，用廉能征，入为尚书郎，主比部奏牍，奉诏详定问刑条例，称旨，著为宪令。丁未，同考会试。庚戌，虏穿塞，直犯郊圻。先帝怒，收兵部尚书，下吏趣具狱，将诛之。公从容言："尚书无大罪，拟从末减。"上不从，竟诛尚书。当是时，廷中皆称吴郎长者也。虑囚江西，所平反万五百余人。其尤著者，徐滚以母故击杀发冢之人；刘福德以义杀里中不孝子，皆抵死。公特原之，人服其允。事竣，居大父、父、母丧三年，起补驾部郎中。寻以按察副使，督山东学校。修秩祀，表节行。饬三氏子孙奉约束，以风齐鲁诸生。每试诸生，差第其文毕，即按籍察举素无行者，褫其衣巾，笞斥之也。即以文在高等，亦不贷。齐鲁之士，蒸蒸向风焉。迁湖广参政，江西按察使，拜金都御史，巡抚贵州，兼制湖北川东道，数上书言便宜事，诏皆如议。土酋杨珂，与其叔雄进有隙，兵连数十岁不解。公使人谕珂自缚，待以不死，珂顿首伏罪。事闻，赐白金文绮，遂移兵诛王世麟于清浪，捕宋廷武于草塘，俘王阿利于平伐，诸夷畏服，境内以平。会有尚书言贵州抚臣严急好兴事，不可以治夷者。得旨，改南。而公先有仲弟之丧，居常邑邑，遂谢病归，归五年而卒。

公自少虽以文雄于时，而明练吏事，娴于当时之务，故所至有声，事事精办。然性高简，不能当世取容，颇为庸众人所嫉，屡致颠阻。初举进士，射策大廷，忌者匿其卷，不得进，抑居下列。在江阴，御史行县，谒孔庙。故事：令以下皆蒲伏道，候御史车过乃起。公独立俟桥门外，御史深嗛之。始为郎，太宰熊公知其贤，欲荐补铨部，属以不往谒执政。议格不行。督学山东三年，一字不交于当路。巡抚贵州，有使者出。所部左右言：使者贵人，遇之宜有加。公不从，延接而已，使者以为憾。其被谤颇亦由是。然公不以寡偶之故，易其所操。谢病山中，读书谈道，不复求用于世。病且革，循戒其子弟曰："某子甲所馈朱衣，毋以敛。"其励节守义，终身不变如此。盖嘉靖之季，天下言风节者，称浙中吴公云。

公生以正德甲戌六月四日，卒才五十有六。初娶长兴臧氏，封安人，赠恭人。生子稼端，邑学生，娶归安陆侍郎女。女三：长适华亭国子生冯继可，次适乌程国子生严应桂，次适钱塘郡学生茅用吉。继娶永嘉陈氏，封恭人。生子稼翊，聘秀水项吏部女；稼登，聘乌程闵茂才女。女一，许聘乌程闵世南。初，公校士南宫，所举戴记士仅十人，皆海内名俊。其最显者，余与今少保济南殷公，并在政府。婺源汪公，为御史中丞。故余姚胡公，为太常卿，国子祭酒。嘉兴陆公，为太常少卿。余五人，皆至藩臬郡守。其卒也，汪公状其行，殷公表其墓，而余为之铭。铭曰：

谓公不达，而肮仕是都；谓公达耶，而谗口郏娄。舍命不渝，谁毁谁誉。吁嗟云乎，展也夫。

封通议大夫兵部右侍郎兼都察院右佥都御史镜川吴公暨配赠淑人合葬墓志铭

镜川吴公者，今少司寇百朋之父也。其先吴人也，宋绍兴间，有十五世曰恺者为青田尉，自青田徙义乌之元圃，家焉。代有闻人。五世祖某，某生某，某生希采，以尚义捐赀赈乏，有司闻于朝，为旌其闾，事具郡志中。大父文高，父澜，母蔡氏。其生以弘治辛亥四月廿四日。其官止盐城县学教谕。其贵以子司寇君。累封通议大夫，兵部右侍郎，兼都察院右佥都御史。其卒以隆庆己巳十月十四日。其寿七十有九。其配初娶蔡，赠淑人；继金，封淑人。其葬在白瑕山之原。其生平行实，则乡人少宗伯诸君为之状，而乞余铭。

状曰：公讳璋，字德纯，镜川其别号也。初颖异绝人，长受业于阳明先生之门人山阴朱宁中，学益进。归补邑弟子员。善为文，督学使者咸奇之，然以数奇不第。嘉靖辛卯，始应诏，超等贡于京师。授永城县学训导，饬躬端教，士皆乐从。宁陵尹缺，部使者檄公视篆，数月，邑中大治。迁盐城县学教谕，其教士悉如永城，时尝一摄邑事，邑亦大治，如宁陵然。自以官薄不足展厥志，颇厌宦游。癸卯，司寇君举于乡，公乃叹曰："吾有子矣。"遂弃官归，结庐城东山中，读书谈道，晏如也。丁未，司寇君举进士，授永丰尹，治邑称最。拜监察御史，屡迁都察院右佥都御史，抚治郧阳。已又从郧阳转抚南赣，皆封公如其官。隆庆改元，今上登极，用建储覃恩，是时司寇君以剿贼功，晋贰兵曹，遂益封公通议大夫，兵部右侍郎，兼都察院右佥都御史，最凡三益封。而其父澜，母蔡夫人，俱以例貤赠，于是公移书司寇君曰："吾少苦学，亦欲自见于世，然官不过邑博。今汝贵为三品，通显矣。又蒙上恩，推及三世，无以报。自今以往，汝之身，吾不敢有矣。"己巳，司寇君从留曹被召，改今官。过里省公，公老，目眊不能视。司寇君不忍离，上书乞侍养，公固遣之，曰："奈何以我故，迟君命！"会司寇君所上书，亦寝不报，遂涕泣而行。至京师数月而公卒，司寇君号痛几绝。然公本教以急于王事，勿恤其私，固亦无憾也。

公少有至性，事父及母淑人以孝闻，又推产分让其弟。与乡人处，恂恂煦濡，不为崖异。乡人化之。所为恤孤赒急事甚众不载，载其巨者如此。

初配淑人蔡氏，即母蔡淑人再从女侄也。少婉嬺秀慧，年十岁通《女经》《女诫》诸书，父母奇爱之，欲择佳婿，以公蔡甥有异质，遂以归公，乃克相公以媚于舅姑。实生司寇君，期月，淑人遂卒。生弘治壬子十二月廿二日，卒正德庚辰六月十二日。距淑人之逝，盖先公四十余年。及是，始启其窆而合葬焉。公子男六：长百元，庠生，娶虞氏；次百忠，早卒，娶傅氏；次即司寇君，娶王氏，累封淑人。俱蔡出。次某某。孙男十，某某。孙女五。曾孙男十，曾孙女三。

往司寇君以御史按楚，及抚治郧阳，俱有异政，尝为余言："吾所兢兢于官守者，皆以家大人之教也。"余楚人，又与司寇君同举进士，故志其事而为之铭，曰：

呜呼！是维长者吴公之阡，双璧合焉。尔之后，藩且贤。尔之深，泽且绵。天之报施善人，固其然。

素庵戴公墓志铭

戴氏之先，浙之湖州德清人也。自素庵公客游京师，从先皇帝分封于郢，居郢者三世。及今上皇帝龙飞，而素庵之孙良齐君，用翊戴功，历升锦衣卫指挥金事。戴氏盖三徙，而其后益显。良齐公虽发家武籍，然好儒学，所交皆当世宿学知名之士，用能绍麻恢业，以大其宗。尝恸素庵公艰难造次，殁四十余年，而未能铭诸幽者，持《状》属余，请修其阙。余乡人也，谊不能辞。

按《状》：公讳景春，号素庵。父讳礼，官两淮盐运司政，除武冈州。生三子，长景晖，仲景旸，公其季也。初，武冈公之官时，独与长子俱，而以仲子与公托诸其友，留京师从学。无何，武冈公卒于官，而长子留楚，不知所之；仲子居京师者亦殁，以是戴氏谱牒世系，及武冈公宦迹官名，俱莫可考。公时甫十二，羁旅寓越，乃弃儒治生，赘于仁和倪氏。成化丁酉，先皇帝将大封诸王，募人充仪卫，公以良家子应募，事先皇帝于西馆。弘治甲寅，从之安陆，以善制香得幸。先皇帝尝亲洒睿翰，书咏茶诗以赐之。正德丙寅，保升总旗管理伍事，方欲大用公，而公以疾乞老，遂徙居七里湾，竟卒。公性沉重寡言，人罕测其喜怒。训子侄，必以孝友礼法；与乡人处，好名检，不为苟容。里中少年有殴母者，公欲与其父直诸有司，置之重典。少年惧，叩头流血请改，公乃许之。而其人亦痛自创艾，卒为善士。为乡里所重如此。幼失父兄，间关南北，备尝艰阻，能以勤俭力业，积微至巨。盖公之殁六年，而上龙飞，入践大位，凡先皇帝旧臣，靡不依日月之末光，或从舆隶取尊官大爵。而公以早逝竟不获遇，至其孙乃显，岂非命哉！然其铄懿渊积，庇于后者远矣。距公生于　年　月日，葬某山之原。铭曰：

龙欲升天云为翼，真人之兴多士集。先皇藩僚尽英俊，公也桓桓乃其一。一朝五位升皇极，翊戴诸臣俱显陟。吁嗟灵兮倏已化，骈翼攀鳞恩世及。故簪遗履蒙宸忆，赏以世延卉殊锡。譬彼黍稷公所植，身不及获孙乃食。七里新阡汉江侧，终焉允臧卜云吉，福汝后嗣千万亿。

处士立斋高翁墓志铭

高处士者，兵部武选主事尚志祖也。始武选与余同举于乡。嘉靖甲辰中会试，以病不能廷对。丁未，复与余同举进士。是时，武选年三十余，而处士翁尚无恙。及出宰海宁三年，用廉能征擢今官，而处士乃卒。卒年七十有七。高氏在邑中，称为德门。翁既寿考，而其子孙复贵，于是人愈益向慕之矣。嗟乎！阀阅簪縠之家，贤豪炳煜之士，席位藉柄，以矜名行，犹不能庇其后嗣，而委巷野老，煦煦慕义，庆流子孙何哉！语曰："人举阳善，鬼录阴德。"彼茫茫然者，其有知乎，其无知乎？非通于幽明之故者，又孰能无惑焉。

按《状》：翁讳纲，字惟振，系出宋南平王崇文之后，其先自大原徙也。始祖能静，能静生凤仪，凤仪生旭政，旭政生伯温。伯温生翁，十二岁而殁。翁独与母杨氏居，常自伤己不及养其父，岁时伏腊，悲感动人，故事杨至勤。杨以守节而终，有司特表其墓；翁毁瘠尽瘁，哀思终身，族党称孝焉。高氏故多赀，及翁少孤，家益落。素所贷者，人皆负之。翁揣知负者尽窘，曰："奈何以利故，重困吾乡人！"乃弃券折负，不复责偿。癸未岁大饥，疫死者相枕。翁率子弟，撤复屋材为椁，躬荷锸埋之。其治产，取足衣食，不求余。度稍足自给，即以周宗族贫者。里中新锐少年，或用睚眦，怒斗致讼，公徐以一二言折之，少年往往感伏，忿讼亦解。其为人所爱慕如此。今上诏郡国三老，孝弟力田，七十以上者冠带。有司以翁应诏，岁终饮腊，常与宾焉。翁于是始一摄冠履，见官长，自他足不及城府所。武选在海宁时，用威严，诛锄强梗，邑中翕然称治。翁独贻书诫之曰："邑吏佐天子，牧养小民，宜用宽仁，行阴德，何乃独任法乎？"翁故长者，性喜忍，不伤物，即所言不达吏理，其意殆近厚矣。翁所居一都，里中诸长老素椎，不业儒。乃翁独好儒，群子弟延经师教之。诸长老见翁所为，尽骇异，不喜。翁不为变，至翁子孙竟以儒，而一都亦自是彬彬多文学之士，埒于他里，于是诸长老则人人喜，多公能变厥俗也。斯可谓一乡之善士矣。

翁配管氏，继配薛氏。生五子：长允迪，为益府长司，娶周氏，管出也；次允恭、允升、允中、允逵，薛出也。女二：长适陈生宗儒，次适张生文弼。孙男九：长即武选君尚志公。孙女八。曾孙三：长荐，邑庠生；次重庆、幸庆，尚幼。曾孙女一。以　年　月　日，窆于云台桥之阳。先讣至京师，武选君向余悲曰："吾幼长于祖，今殁而不吾见也。哀哉！"请为之铭。铭曰：

绣林峩峩，大江所经。精缊灵结，郁生逸人。泽及枯骨，古曰周文。翁也编氓，比德齐仁。不雕自饰，不式而成。韬光隐耀，以裕后昆。毋曰盖高，索之冥冥。视履考祥，鉴此刻铭。

辽府承奉正王公墓志铭

余在史局，好具问先朝事。见老珰数辈，语及孝庙时，辄悲咽。嗟乎！敬皇帝之泽，入人深矣。其后见辽府承奉王君，亦弘治间人，至论曩事，尤能历历道也。嗟乎！敬皇帝诚圣主也。堕弓遗舄，犹且重之，况其旧臣乎！宜为志。志曰：

王君讳大用，字惟贤，霸州大成县人也。事敬皇帝时，才弱冠，侍乾清、坤宁为奉御，而慈寿皇太后居仁寿宫，公在三宫间。端愿自媚于上。积功劳，升兵仗局左副使。毅皇帝亲阅近侍，仪貌魁杰者，选置左右。三月，升御马监左少监。是时，帝方好武，中贵人皆习骑射，裘马从猎上林诸苑，而公独周慎谦抑。乃帝顾喜公，赐蟒服三袭，遂升太监，内苑乘马，加赍禄米二十石。无何，毅皇帝上宾，公侍大行几筵。会今上入继大统，中贵人从代来者，皆新幸用事，而君自以先朝旧臣弗为下。诸新幸并忌之，遂出为辽府承奉。君在内庭久，明习国家事。及至，则悉条司中诸敝蠹，启王厘正之，府中顿肃。庄王薨，今嗣王幼，国太妃主政。太妃贤，谙习书史，沉敏有断，事无大小皆与决之，君亦殚忠毕虑，克称委任。当是时，太妃贤闻天下，亦以有君辅之也。乃王嗣爵，以君国之耆硕，恩礼尤殷。王英敏聪达，才智绝人，群臣莫敢望也。而君每事献替，即有不可，辄力谏，谏或犯颜。王察其忠悃，恒嘉纳焉。而性峭直，以庄见惮，刻廉自律，不受私赂，莫可干以私。侍御胡公按楚者，尝颜其堂曰"忠诚体国，议谓无愧"云。然君始用也，特被恩宠，业通显矣，以不能少下亲贵，竟老外藩。嗟乎！人之遇合，诚有命也。观其卓然大节，终始不渝，其谊有足称者，藉令久禁闱，管枢密，如近代怀恩、萧敬辈，岂足多耶？

按《状》：公大父，讳希泉，父福能，母李氏。兄四人，琪、璋、现、瑞，皆早卒。公所以抚养诸子者备至，多不悉录。生弘治戊申十二月，卒年 月 日，卜江陵郭西磨旗冢之原葬焉。铭曰：

生于燕，老于楚，孰曰信美，而非吾土。出于朝，相于藩，孰曰位屈，而名则尊。彼何为兮，唯唯诺诺；此何为兮，蹇蹇谔谔。吁嗟君兮，尚寐无觉，重冥之下，亦足乐矣。隆然者丘，崒而崇，郁哉佳气，烟云重重。公乎公乎，藏骨于其中。

敕封承德郎刑部山西司主事云谷曹公墓表

语曰：不知其父，视其子；不知其主，视其所使。此言积习率化然也。河南有隐君子，曰云谷曹公。余不识云谷公，而识公之仲子亨，今缙绅中所称曹仲子者也。始仲子宪副于楚，扼强宗室，治巨狱，有能名，楚人思之。迁浙江参政。无何，奔云谷公丧归。明年，遣使持其乡人所为撰述公之行实，走京师，求表其墓。乃余则又获知公之潜德隐行，曰：嗟乎！曹仲子之贤，盖由世德云。

云谷公者，讳大夏，字子禹，汝宁新蔡人也。先世祖曰世隆，居县东胡庄，至曾大父英，始自东徙县西九沟坡。大父端。父凤，举进士，稍迁至都察院右副都御史。母刘孺人。当武皇帝时，竖瑾窃国政，势若烈焰，一旦不如意，所夷灭者不可胜道。而都宪公独抗直不为少屈，遂为瑾所陷。至鬻其产以赎，产且尽，都宪公益窘。公曰：'吾闻峣峣者易折，皎皎者易污，大人以直道忤时，命也。苟不负所学，虽终窭何憾！'是时公方弱冠，其器识卓异如此。逾年，而都宪公卒。卒六年，公以儒士应试，有司不录，乃退而躬耕。嘉靖十三年，仲子始举进士，授刑部主事。十五年，大祀覃恩，封公如其子官。公伤都宪公之志，为书诫仲子曰："嗟乎！吾先大夫以修正蒙难，为世名臣，至于予而中废乎。夫不辱其先之谓孝，移以事君之谓忠，而勉哉！毋忘吾所欲承继先志者矣。"仲子则祇奉公命，不敢坠，以故曹仲子之仕，所至辄显名。守兖州日，积俸金为公寿，公却之曰："吾欲汝以清白养，不欲汝以金养。且吾自食其力，何用金为？"二十九年，仲子徙浙江参政也。自楚归省，是时公年六十余。

仲子念公老，业不欲行。公故强饮食，振步，以示尚健，曰："趣行矣，毋以吾为念。"仲公不敢留，去一年所而公卒。

公生而莹朗，声如钟磬。既长，博学无所不该，尤善礼射楷书。性至俭，耻为豪侈，其治产取足衣食，不求余。夫豪子弟，袭父兄余焰，乘坚策肥，过诧闾里，乃其常态。而公以都宪子，恒力田自敛，约同齐民。当是时，邑中贤士大夫，皆多公能摧强为弱也。与人交，无论贵贱贤不肖，皆处之无忤。所见即善，虽疏远，必愿慕交纳；即恶，亦矜容不峻绝。人曰："太浑矣。"公曰："不然。夫分别善恶，贤贤贱不肖者，有司之事也。吾为乡人，与世大同而已，安所不可，而欲沾沾自异乎？"于是邑中人愈益多公。按《状》载公之为人如此，隐不违亲，贞不绝俗，殆近古所谓逸民者与！

夫世未尝无瑰伟倜傥之士也。或远迹于鹿豕，或泥蟠于岩穴，乏青云之媒，阙骥尾之援，长湮灭而无闻者多矣。曹公以硕人之德，栖迟考槃，即如劝都宪公以守正抗节，与所以训迪其子者，斯亦无愧于当时之士矣，乃竟不获显于时。彼睢盱澳忍，纡金紫而绾章绶者，是遵何德哉？先民有言，臂彼农夫，是穮是蓘，虽有饥馑，必有丰年。曹公之贤，至其子乃章。所谓不于其躬，于其子孙者乎？

公生成化甲辰，终嘉靖辛亥，年六十八。配张氏，封安人。三男子：长直，庠生，先公卒；次即亨；次亶，崇府典膳。五女子：长适元镇，仲高生，季庠生萧儒，余皆殇。孙男五，女三。以 年 月 日，葬于□□之原。

史张氏，取公行事，勒之于石，以诏后人。呜呼！凡厥子孙，尚其瞻哉！

卷三十四　文集六

人主保身以保民论 辛未程

天之立君，以为民也。人君明于天之意，则所以自爱其身者，必不轻矣。夫以天下之大，林林总总之众，而无君则孰与治之？人主以其身托于天下君王之上，而无民则孰与守之？故世之爱戴人主也，莫不愿其安富尊荣而长为君者，非独爱其君也，有之以为利故也。人主之自爱其身也，亦莫不欲其寿考宁固而长为君者，非独爱其身也，有之以为天下利故也。故贵以其身为天下者，乃可以托天下；爱以其身为天下者，乃可以保天下。善乎！宋儒魏氏之言曰："人主保身以保民。"盖言人君子民之道也。而愚又推之于天。

今夫父母之于子也，上以属宗祊之重，而下以为昌后之图也。故其爱之也甚殷，而忧之也甚切；劳之以其所不堪，而约之使弗纳于邪。其为子者，一举足出言，而不敢忘焉，惟恐亘以其身之亏辱为父母忧。故子之爱其身也，非以自为也；体父母之爱，为久远计也。

大君者，吾父母宗子也，又天之所甚爱者也。赋之以聪明圣智之资，而界之以崇高富贵之宝，使天下曾不得睨视而跂望焉。佐之以侯王君公之长，而授之以礼乐征伐之权，使天下曾不得矫命而雄行焉。其爱之甚，何也？以为民也。天下有强掩弱，众暴寡，怀知而不以相教，擅利而不以相分，绝国殊俗，僻远幽遐，不能以被德承泽。然后举天下而授之一人，号曰"天子"，使之齐一其乱，而均适其欲，衣食其饥寒，而拊循其疾苦，然后天之意有所寄焉。故人主之身，非一人之身，亿万兆人之身也。天以民之故而爱君，而人主不思爱其身以保民，则无乃孤天所以付托之意乎！

然而人主之爱其身也，与众庶异，不可以不察。庶民之爱其身也，常患无以养之；人主之爱其身也，常患无以制之。何也？凡人之情，有不得，则其欲有节，而用不穷；无不得，则其欲易恣，而反至于困惫。人主之于天下也，奚不得哉！其威足以怵惕，其势足以奔走，可致之欲交于前，而可畏之机伏于后。始于娱乐，终于忧患，而民与身始交病矣。

明主知其然，故常有以节之。黼黻文章，所以养目也；而冕旒蔽之，不极其观。钟鼓管磬，所以养耳也；而黈纩塞之，不淫于聪。八珍在御，侧载臭茞，所以养口也；而一餐告饱，不求其余。深宫曲房，管簟缇帷，所以养体也；而应门击柝，鼓人上堂，女史授环，彤管记过，不求其娱。负扆以居，句陈营卫，所以养安也；而虫飞会盈，辨色视朝，日中考政，日昃不遑，不求其便。张官置吏，建侯树屏，所以养尊也；而疑丞后先，卜筮左右，太史奉讳，工师诵诗，御瞽几声，士庶传谤，不求其徇。礼乐刑政，整齐约束，所以养威也；而虞宾在位，三恪助祭，夏士在廷，殷士在庙，仇民在甸，夷隶在门，不求其同。凡所以养之者，必有所制，不得极欲。譬之百官有司，事有所禀，不得专命。若然者，岂故拘挛齷齪，屈万乘而躬韦布之行哉！其节之者，正所以爱之也。夫物也者，所以养性也，非以性养也。以性徇物，养生者慎之，而况于人主乎！

是以古之帝王，善保其身者，使欲不穷于物，物不屈于欲，则其欲有节矣。欲有节则神定，神定则无越思；欲有节则气完，气完则无过动；欲有节则事简，事简则无滥费。是以慆心溢志之事，不滑其和，而烦扰掊克之政，不逮于下。精爽通于天地，而德泽洽于寰宇。含生之伦，仰上之德，象主之指，各便其性，安其居，处其宜，为其能。三光明，六符正，群生遂长，五谷蕃殖。海隅日出之邦，雕题凿齿之民，莫不重译贡琛，敛袵稽颡，以戴天子。天子者，端委恭己而南面焉。澹然无为，寂然无声，而万机咸理矣。中心悦恺，四体康豫，而寿考且宁矣。故古之圣帝明王在位久者，皆历世百千万岁而不化。其民就之如日，望之如云，爱之如父母，而归之如流水，矫手顿足，欢呼祝颂，欲万世而为君者，岂非保身以保民之明验欤！

晚近世则不然，以天下之大，奉一人之身，而常苦其不足。口厌甘脆，而天下始有藜藿不饱者矣；身厌纨绮，而天下始有裋褐不完者矣；居厌广丽，而天下始有宵啼露处者矣。其弊至于离志解体而不可收拾，则汉、唐、宋之季世是已。

嗟乎！彼其身之不保，而又何以保民乎哉！夫彼之爱其身也，亦无以异于古之帝王，而成败相反，荣辱异趋者，古之帝王以养之之道爱之也，而彼以戕之之道爱之也。故事有顺而相贼，反而相成。美疢之滋毒，不若药石之生我也；柔曼之倾意，不若奇丑之益德也。是以明主不以天之所爱为乐，而以命之靡常为惧。不以天下奉其身，而以其身为天下。使其身常有余而无不足，其民常安乐而无患难。诚以天之爱我者甚殷，而托之甚重故也。

尝观《无逸》一书，叙商、周之哲王，所以寿永命而配上帝者，不外乎抑畏恐惧，卑服康功，忠臣之爱君，固如此也。而世乃有曰："有天下而不以恣睢，命之曰桎梏。"嗟乎！人主之欲保身以保民，岂必若拘儒所云，神农憔悴，尧瘦臞，舜黧黑，禹胼胝之为劳哉！又岂必如术家所云，吹嘘呼吸，吐故纳新，熊经、鸟伸，鸱视、虎顾之为养哉！惟不以天下与其心而已。不以天下与其心，则内者不出，而外者不入。内不出，外不入，则耳目聪明，而心志宁一。何事之不节，何功之不成，而必曰以恣睢。夫使人主无常身，而百姓无常保者，必斯言矣。

抑愚闻之，爝火之方微也，一指之所能息也；及其燎原，虽江河之水弗能救矣。鸿鹄之未孚也，可俯而窥也；及其翱翔浮云，虽蒲且之巧，弗能加矣。人心之欲，其机甚微，而其究不可穷，盖亦若此矣。是故善养心者贵豫，主敬以存之，典学以明之，亲正人君子以维持之。禁于未发，制于未萌，此豫之道也，所以保身保民者也。

葬地论

世言葬地能作人祸福。谓葬得吉壤，家必兴隆；得恶地，家必衰替。若影向桴鼓之符应者，悉妄也。

夫人死则精神消散，魂气飞扬，其奄然僵卧者，体魄也。譬之人寐，则阳神出游，触感成梦，当其梦时，栩栩然不知身之在于床笫也。人死，大梦也，不复觉者也。《易》称："精气为物，游魂为变。"精魂，气也，故能感而通灵，变而化物。是以人禀正气之厚，及强死而气未散者，类能为鬼神，作祸福。若体魄，块然无知，与木石等耳，虽得吉地，岂能使之通灵乎！故古不墓祭，以为祖考之神灵不在于是也。《诗》言："文王在上，于昭于天。"《传》言："忠臣义士，圣贤之流，死或为五星之佐。"故傅说栖神于箕、尾，萧何降精于昴宿。《记》言："骨肉毙于下，阴为野土，其气发扬于上为昭明。熏蒿凄怆，此百物之精也，神之著也。"夫以死者为有知，则其灵在魂而不在魄。灵既不在，是又安能司人之祸福？

夫人之情，岂不皆欲子孙累世贵显、富厚不绝哉？方其生时，魂强神王，智能思，力能行，然欲为子孙图虑长久，亦有不能尽如其愿者。死后枯骸，乃能庇覆其后人乎？若谓凭藉地灵，乃能垂荫后世，凡欲为子孙计者，速死而已，恶用生为乎？《书》言："作善降祥，作恶降殃。"《易》曰："积善之家，必有余庆；积不善之家，必有余殃。"斯天道也，然亦有不尽然者。今曰家之兴替，皆系于葬之吉凶，则人欲避殃而趋祥者，惟取必于地而已，又恶用作善为哉！且灾祥祸福之柄，既系于地，则彼苍苍者，又将安所司乎？天包乎地，地不能大于天。灾祥善戾之感，在天道犹不可必也，而况于地乎！

上古人死，则举而委之于壑，后乃归而掩之。当其委壑之代，人亦有贵有贱，有荣有枯，有贫有富，有寿有夭。彼无葬地也，是又孰为之乎？骁裘之国，亲死则弃之于野，经月不视，俟虎狼野兽食尽，以为送终。西方之俗，尽从火化。彼诸国人，亦有贵有贱，有荣有枯，有生有死，有贫有富，又孰主之乎？今吴、越之间有水葬者，鱼鳖之腹，人之丘陇也。彼其子孙，亦有通显贵盛累世富厚者，是又孰为之乎？黄帝葬于桥山，藏衣冠耳。尧葬济阴，坎而不墓。禹葬会稽，不改其列。殷汤无葬处。王季葬楚山之尾，栾水啮其墓，见棺之前和，而文王不以为戚。"魏惠王将葬，雪深及牛目，反棺而旋，改期而葬。"彼皆身为帝王，而葬礼如此，然其子孙为天子、诸侯历世享国者千有余年。此其尤大彰明较著者也。至若匹夫编户之氓，贫实穷约，或掩骼荒丘，寄骸丛垒，而子孙崛起暴贵者，又不可胜数也。是遵何术哉！

上古死而不葬，中世葬而不墓，近古墓而不择地，不拘时日。今之言相地卜兆者，皆叔季希觊之私，谬妄无稽之论也。且《青鸟》之书，始于郭璞。彼固精于其术者，葬其亲也，宜得吉壤善地，而身为王敦所杀，后裔无闻。若曰灾祸之来，有必不可逃者，则人之博求吉地，欲以避殃致祥者，又胡为者哉？近世言堪舆者，皆宗江右曾、杨二姓。今江右之区，贵门世族，踵相接也，乃二姓之后未闻有显者。彼其祖何独不求一善地，以自庇其后人乎？又何工于为人谋而拙于自谋乎？若曰地可遇而不可求，则人亦惟遇之而已，何以求为？夫人固有未得吉地而显贵，已得吉地而衰替者，祸福之应，然乎否耶？至如江南巨室，停丧待地，有子不葬父，孙不葬祖者，累累浅土，或被盗发，或因山兴讼，竭赀求胜，至于灭门逮死而后已者。将来之福，尚属杳茫；见前之祸，辄已蒙被。吁嗟愚哉！可悲也已！

或曰："膏沃之壤，华实必茂；刚卤之区，根荄靡托。物理如此，何得言无地脉乎？"此殆不然也。夫地之美者，以其能生物也。然使树枯木朽株于其间，亦未有能生者矣。今言地之善者，能使枯木复华，僵尸再起乎？

若谓："风藏气聚，则体魄安妥，或阅千百年而不化。不则有风吹倒转，虫蚁啮食之变，使死者体魄不安，祸及子孙。"此大惑也。夫人死，枯木朽株耳，虽不化，奚益？战死之人，脂膏草野，肉饱乌鸢，而其子孙亦有富贵显赫者，安在其能贻子孙之祸乎？且体魄无知，亦无安与不安也。

或谓："古者建都立邑，皆必据形势，相水泉。故曰：'我卜涧水东，瀍水西，惟洛食。'今民间作一室，犹必求向背之利，纳阴阳之和，何独阴宅可无择乎？"此又不然也。夫建邑筑室，为生人计耳，故必据形势，相水泉，择向背，纳休和，而后生人蒙利。体魄无知，何所爱憎乎？又何关于生人之休戚乎？

或谓："术家之说，往往多验。苟无其实，安能逆睹于将来乎？"此又不然也。夫相地之法，如射覆然，未有的然知其中之所存者也。有地于此，使三人视之，一曰吉，一曰凶，一曰先凶而后吉或先吉而后凶。而贵贱荣枯贫富寿夭者，生人之所必有也。他日出于吉，则言吉者验；

出于凶，则言凶者验矣；出于先凶而后吉或先吉而后凶，则言先后者验矣。而世皆传其验者，不传其不验者，故谬悠荒唐之说，不闻于人；而臆度幸中之谈，独存于世。况术家者流，每挟奇以诳俗，饰浅以惊愚；而流俗之见，未有不惑于祸福之说者。故其术难穷，恶在其为多验乎！

或曰："祸福之说，固不可以是拘拘为也。然以祖考之遗体，委而弃之，略不加意，于心宁有忍乎？子之言葬也，如之何？"曰：葬者，藏也，欲人弗见也。人死则厝之于草莽之中耳，平衍窈奥，兹焉允臧。毋居险仄，恐其崩也；毋近水泽，恐其陷也。掘地为坎，衣周于棺，土周于椁，反壤树之，一瞑而万世不视矣。其速化耶，吾乌乎知之？其不化耶？吾乌乎知之？其化与不化，又何足休戚耶？反哭而虞，设主于室，奉神灵而永孝思焉，而送终之事毕矣。

若夫世之延促，家之隆替，命也，吾何知焉？君子强为善而已矣。吴季子适齐，其子死，即葬于嬴、博之间。深不及泉，其高可隐也。掩而号之曰："骨肉归复于土，命也！"若魂气，则无不之也，无不之也，而遂行。彼以为此天地之委蜕也，无之而不可藏也。奚以故国之归，胜地之求乎？嗟乎！若季子者，可谓明也已矣！可谓远也已矣！

翰林院读书说

玉堂夫子学统天人，道通今古，主盟于词赋之坛，树帜于文章之府。天子嘉其谊，重其望，选四方文学之士二十有余人，往从之游。于是文学之士，彬彬然望风景附，云集于函丈之下。鼓箧既竣，升席而坐，乃进诸文学于庭而告之曰："方今治道休隆，德化浃洽，夔、龙、稷、契，比翼于廊庙。群臣百寮，师师济济。一时人物之盛，蔑以加矣。圣天子乃犹倾念丰芭，网罗草泽，特选尔诸士，登诸词苑。开木天之馆以为藏修，联师儒之任以为董正。其于尔诸士，亦有厚望焉。若亦知天子之所以储养之意乎？"

诸文学揖而对曰："自代谢绳结，文旨肇兴，谟诰拾于简编，《大雅》久而不作，王风既委，体格世殊。迨至有汉方隆，董、贾擅其芳声，迁、雄端其榘矱。汯汯乎犹有三代之遗音焉。既而淳气益漓，骈丽乃作，滥觞于齐、梁，猖狂于卢、骆。唐、宋而还，风斯下矣。夫鸣盛华国，润色鸿业，非文其孰能为此也。乃今圣化昭明，观人文以化成天下。而某等适遇其会，又有夫子倡于上而起其衰，蹑作者之芳规，嗣前献之遗轨，此其时矣，又何让乎？"

于是夫子辴然微哂，愀然作色而叹曰："噫吁嘻，陋哉！测浅者不可以图深，见小者不可以虑大。子实占毕之儒，未闻昭旷之论，是以为此言也。来，吾语女！盖学不究乎性命，不可以言学；道不兼乎经济，不可以利用。故通天地人，而后可以谓之儒也。造化之运，人物之纪，皆赖吾人为之辅相；纲纪风俗，整齐人道，皆赖吾人为之经纶；内而中国，外而九夷八蛮，皆赖吾人为之继述。故操觚染翰，骚客之所用心也；呻章吟句，童子之所业习也。二三子不思敦本务实，以眇眇之身，任天下之重，豫养其所有为，而欲借一技以自显庸于世。嘻，甚矣其陋也！且道德者，事之实也；文辞者，德之华也。故尚行则行有枝叶，尚言则辞有枝叶。训诰典谟，圣人岂殚精极虑，作意而为之者哉？几微内洞，文采外章，扬德考衷，启发幽秘，不求文而自文耳。乃吾见一人焉，辩若悬河，藻若春工，含吐邹、枚，方驾陆、谢。及考其实，曰：是人也，德薄人也，才辨之流，虚浮之党也。若而人者，诸君愿为之乎？又尝见一人焉，辨不惊世，誉不向俗，其言呐，身不胜其衣，粥粥若无能。及考其实，曰：是人也，忠信人也，君子之徒，圣贤之归也。若而人者，诸君愿为之乎？何则？根本固者，华实必茂；源流深者，光澜必章。是以君子处其实，不处其华；治其内，不治其外。夫恢皇王之绪，明道德之归，研性命之奥，穷经纬之蕴，实所望于尔诸君也。是之不务，而文焉从事。若曰文词而已矣，岂徒为尔诸君之累，毋亦忝天子之命，而虚其望乎，又何令名之有？"

于是诸文学赧焉自失，蹴然负墙，逡巡而退，曰："夫不闻建鼓之音者，不知拊瓴之足羞也。不睹悬黎之珍者，不知燕石之非宝也。某等智识浅昧，未烛于理，又执固陋之见，足已而不问。夫子发以闳深之辞，引以大道之要，乃今廓然发蒙已昭矣。敢不夙夜以求，无负于天子之宠命。"

来雁说

顾舍人宦居京师，有雁集于邸舍，迫就不惊，容止闲暇，有宗卿作而言曰："休哉，瑞应乎！夫雁，负阴抱阳，候时眠宿也。此其背玄渚之岑寂，为人寰之清征，殆以章瑞表应，兆先舍人矣。"

客闻之，以问陈先生曰："斯言是邪？"先生逌尔叹曰："然哉休哉！休哉然哉！抑犹未循厥本。夫观物测征，揆类表应，此琐士之思也，非所以议于廊庙之模也。宗卿之言过肤，不乃甚乎！"

客曰："何为其然也？羽毛得气先，自古而记之。矧其耿特之禽，婉仪敛翮，引翁骈躞，邕邕肃肃，似搔而驯，殆汉氏之所为协律豫神者也。夫子其有遗闻邪？"先生曰："乌谓此乎？且夫夎麢鸾雉，诡毳殊章，今昔之所珍也。虞人负罟，掎机入林，即鹿射骏翟，飞跌者众矣，虞人靡得以为瑞也。赪鳞绮甲，世之所希也。渔子揄九罭以游江河，河则舛之类，诡族噞喁，浮没扬波，连缅者伙矣，渔子靡得以为瑞也。夫物固灵未必遇，不必灵而传者矣。此何以称焉？"

客曰："然则夫子何以休旃？"先生喟然曰："嗟乎，兹难以微已！然而兹事虽细，皇风之既概也，乃余秉艺文之权，惟始终之表，恶可嘿焉！恶可嘿焉！盖试论之：夷隆，时也；机祥，适也；显没，会也。建德章号者赴时，希光摛盛者逅适，雍休履祉者附会。论世绎化，不越三者而立教也。故事有微而必章，亦有显而弗扬。彼舍人优优委蛇，乃矜矜于休娠。藉令遭替运而立讳朝，虽叠珍叠异，方踽踽匿没，岂能以扬芬而撼茂哉！"

客闻之，曰："惟圣人君役万物，中智以降，则万物之为役者也。方今天子神圣抚运，休光累叶，湛恩浑浡，溢于罔极。犹邀登不髦，俾宇内一技之士，亦得效谞陈悫，以黼黻鸿猷。是以氓庶阎悦，遐近欣欣，协气充牣，嘉况麤集，熙雪表瑞，滴露飞甘。仁麎皎兔灵爵之贡，日旅彤庭，嘉由异道之祥，尽升清庙。而天子犹为执悒不居，下令若曰："此大夸靡，敕示中外，自今毋得献。"而诸福之物，郡国什一间上羡溢图牒者，尤不可殚述。人人谓致华平之草，家家薪至林氏之驺，跂足致膻，延颈成痏也。海内喁喁然，无不望上兼瑞命，总百灵也。

昔者爵集省第，黄霸扬其声，鸾降庭木，萧恕表其政。皆遇好夸之主，居偏驳之朝，处疏逖之位，犹援物著化，垂视后来。而舍人以明体慧质，遭逢隆盛，附鸿渐之翼，应凤毛之简，珥笔金闺，刷彩瑶闳，日昫天藻，手榢云英。夫既以习观太平之业，而沐浴膏泽，眢被其文章矣。欤彼蜚雁，焱然戾止。其心若启，可则可仪。夫羽毛之应，岂必致信符箓。然而引兴协思，不可少也。王生有言："世衰道微，伪臣虚称者，殆也；世平道明，臣子不能宣者，鄙也。"盖情有积而思宣，美有稽而思邕，性有触而思起。舍人焜耀希会，乃得以因物托义，拔饰趣指，播之悠逖，以昭其和休焉。

夫感上奋内，护盛归美，而输布忠荩，臣子之职也。抒道情以通讽训，藻士之致也。推上尽下，铺衍宏变，以极广遍，卿大夫之事也。《诗》云："翙翙其羽，亦集爰止。蔼蔼吉士，媚于天子。"又云："交交桑扈，有莺其羽。君子乐胥，受天之祜。"兹其所谓丕休也。若乃眩异测应，以几宠援而惟辖况，不亦恶乎？岂其然哉！

义命说

先儒谓义命有正合者，若尧、舜之有天下，仁者之必寿，积善者之获福是也；有不合者，谓若孔子不得位，颜渊之早殀是也。以愚综其实，殆不然。昔者，夫子盖罕言命；至于义，则谆谆不已也，何则？造化之数，阴阳之变，运之所遭，气之所遭，有不可以常理测者。仁者不必寿，寿者不必仁；圣人不必有天下，有天下者不必圣；善者不必获福，福者不必善。

尧、舜以圣人而有天下，然其子丹朱、商均，竟以不肖不能守其业。孔子，希世之大圣也，历聘世主而不遇，逐于鲁，厄于陈蔡，故曰："匪兕匪虎，率彼旷野。吾道非耶？"回也屡空，夷、齐求仁得仁，竟饿且死。然操、温之徒，暴戾篡夺，至无行也，身为帝王，屡世富厚。试使孔、颜、夷、齐与操、温之徒絜德度义，不同日而语矣！此亦何相去之远耶？

然犹有所解者，以为人之禀气不同，或贵贱素定于天故也。若夫百里奚，在虞而虞亡，之秦而秦伯。太公，渭滨之钓叟也，年八十，老于磻溪，遇文王而为师尚父。公孙弘五十举贤良，不合，退牧羊于海滨，一朝而为汉相。一人之身耳，然成败异变，先后相反也。此其于义命，合邪？否邪？世之善恶祸福，参差异等，其相去不啻什伯者，可胜道哉！

何则？"大钧播物，坱圠无垠。"行或止之，使或尼之。既申重之，又摧败之。数有不可穷，理有不可解。故夫子罕言之也。而曲士寡学，必使牵合推测，以验天人之际，不亦惑哉！虽然，命不可必，可必者义也。命之所在，虽圣人有所不能违；义之所在，虽造物者有所不可夺。韩子曰："祸与福存乎天，贤不肖存乎我。在我者，吾将勉焉；在天者，吾何知哉！"是故孔子不以厄易其圣，颜渊不以穷易其仁，伯夷、叔齐不以饿且死弃其义。衡且击之，彼将安之；升且沉之，彼将顺之。是故得之不喜，丧之不戚，生之不贪，夭之不怒。彼其视富贵福泽、贫贱忧戚，如波涛之于巨石也，岂以其纷然者动于中哉！是所谓义也。

孔子曰："富而可求也，虽执鞭之士，吾亦为之；如不可求，从吾所好。"然哉，虽圣人固亦唯知有义而已！彼蒙蒙瞆瞆者，固将行险以侥幸；而狷忿之流，又不达顺受之正，屑屑焉与造物者较其多寡，责其期效，不得则怨愤热中。屈原以之自沉，贾谊以之哭泣，申徒狄、鲍焦之流，负石蹈海而不悟。是何异以蠡测海，以丈度天。欲以区区之义，上干造化之运，不亦误乎？是故学者亦唯循吾义而已。至于命，非所可与也。

或曰："今之谈义命者，异于吾子之所说，何哉？"任数者则曰："生死之数，穷达之遇，分定于天，不可易也。"任人者则曰："天定固能胜人，人定亦能胜天。"凡此皆一隅之说，知其一而未知其二者也。譬之稼也，耕耘播种，人也；雨旸丰歉，天也。虽有神农、后稷，不能必其岁之丰，而田作之功，自不可以不力。彼任数者，不知耕耘播种之在人，而一归于岁。任人者，不知雨旸丰歉之不常，而取必于力作之勤。吁，惑亦甚矣！人生而有利害之情；有利害之情，则不能无推测之智。是以纷纷议论而卒无所归也，可胜叹哉！

拟韩信谕燕书

信已破赵。用李左车之计，使人遗书燕王臧荼曰：盖闻圣人不违天以立事，智者不悖时而建功。是以伊尹丑夏归亳，微子去殷即周。彼二贤者，皆审天命之归，以决去就之义。是以福庆流于无穷，声名著于后世也。

往者，天下同患苦秦，豪杰蜂起，汉王与项羽戮力攻秦。怀王约诸将曰："先入关者王之。"汉王先破秦，当王关中；羽倍约，夺汉王关中，而王之巴、蜀。又以私意易置侯王，尽王其将相功臣于善地，而徙其故主于长沙，已又弑之。汉王因天下不平，发蜀、汉之士，还定三秦，缟素而问弑君之罪。天下豪杰，云合向应，皆弃楚而归汉。故天命之数，归于汉王，愚知所知也。

魏王豹背畔无亲，绝河津，距境而自王。仆受命徇河北之未附者，涉西河，虏魏豹，下四十余城，遂擒夏说阏与。今赵又破矣。便欲乘胜，北首燕路。而军吏皆曰："赵破，燕固自宜听从。若其从焉，又乌用多杀士大夫为也？"故按兵释士，使人献愚计于左右。

仆闻《周易》垂知几之箴，兵家审彼己之势。郑伯面缚，严王退舍；国小图大，宋以败亡。《诗》云"祸福无不自己求之"者，愿足下详计而熟图焉。

今为燕谋者，必曰："我有易水之险，汉兵远来，势孤援绝，而欲以长技取胜，是自速其危亡者也。"且成安君有百战百胜之计，阻井陉之固，连燕、齐之兵，南面而争权于天下。然仆以偏师鼓行而前，不崇朝破赵二十万众，遂斩成安君泜水上。夫燕之恃以自蔽者，独赵耳。昔虢破而虞亡，韩降而魏惧；前事之不忘，后事之永鉴。故凡为足下谋者，皆危亡之路，不忠于足下，不可用也。

为足下计，莫若息兵彻备，以身自托于汉。仆请为足下报汉王，即燕封足下，剖符世世，与汉始终无极，孰与势穷力蹙，坐而待亡乎？计不出此，以区区之燕，远托于孤绝垂亡之楚，而欲鼓螳臂之勇，以抗乘胜之师。仆之所虑，蓟丘之壤，不可以图存；成安之事，复见于今日矣！故愿足下详计而熟图也。危亡之端，祸福之机，迅如发矢，不预揆之，后悔何及！

拟唐回鹘嗢没斯率众内附诏宰相李德裕撰
异域归忠传赐之群臣贺表会昌二年

伏以圣主中兴，九译戴同文之治；名王内附，十行承赐札之恩。仰舜德以咸宾，诵尧言而丕式。声施蛮貊，欢动寰区。窃惟圣人以六合为家，则迩者安，远者至；天子以四夷为守，则要服贡，荒服王。嘉靖殷邦，爰致氐、羌之享；丕单武烈，聿来肃慎之庭。凡雕题漆齿之氓，尽图王会；若辫发贯胸之长，咸隶象胥。盖上仁所不怀，必至诚为能化。

惟兹回鹘，世长北藩，树芽承突厥之衰，通道值贞观之盛。燕然请吏，犬羊窃比于中华；灵武征兵，蛇豕荐窥乎上国。洎叶护狃东都之盛，致怀恩勾朔漠之师。金缯和亲，不解南侵之祸；边城互市，竟渝北面之盟。烽烟时彻于甘泉，车驾频烦于细柳。属关、陇腥膻之后，徒事羁縻；当藩臣跋扈之秋，未遑经略。百年胡运，尚宽膏斧之诛；一统皇舆，忽睹献琛之会。

此盖伏遇圣亶聪明，天锡勇智。垂衣而治，际河清海宴之期；秉钺有虔，鼓雷厉风飞之烈。坐明堂而朝群后，惠中国以绥四方。冠带月支，旅应駏牙之瑞；梯航日出，咸输象齿之珍。神威交鬯于遐荒，德教诞敷于鞮译。遂使可汗遗胄，系组来朝；特勒大酋，韬戈款塞。豺狼伏其凶性，鸥枭怀我好音。

虽夷情之叛服靡常，要圣泽之涵濡无外。丹书锡誓，既崇日逐之封；赤芾疏荣，仍懋秩訾之赏。载厪宸虑，特诏台司，褒武义贞烈之臣，辑异域归忠之传。远稽秦、汉，近采皇唐。始戎由余之见几，终尚可孤之著节。写诸琬琰，播狼胥瀚之声；炳若丹青，掩麟阁云台之美。衮钺中严于笔削，丝纶下逮于兜离。感以至诚，喜溢淄青之诏；陈之大训，荣逾飞白之书。俾观古以知今，用变夷而之夏。信王者怀柔之大德，妙圣人鼓舞之微权。彼呼韩请朝，特位侯王之上；乃窦融归款，遽蒙图传之颁。然未有袭我冠裳，为王屏翰，稽颡而臣阙下。穹庐获齿于内藩，推心以置腹中，文字遂通于殊俗。允矣圣朝之盛事，昭哉史册之休光！

臣等材谢请缨，筹疏借箸。元戎十乘，期赓《六月》之诗；干羽两阶，幸睹七旬之格。瞻龙颜而有喜，肃虎拜以扬休。伏愿居安虑危，柔远能迩，如天覆帱，益隆下济之谦；未雨绸缪，弥切外宁之惧。戢干戈，櫜弓矢，万方偃武以修文；役邛、筰，朝冉、駹，亿载宅中而图大。

卷三十五 文集七

辛未会试录序

隆庆改元之辛未，复当会试天下士。届期，礼部尚书臣晟，侍郎臣希烈、臣大绶以请。上若曰："兹吁俊登献惟重典，其命辅臣居正典试，学士调阳辍讲筵事副之。"臣祇奉明命，不胜大幸。伏念臣一介草茅，经术浅陋，往荷先帝简拔，侍上于潜邸，时时诵说所闻，得效启沃。及上登九五，录用旧学，即召臣入赞机务，一岁中迁至孤卿。夙夜兢兢，念皇上所以拔任臣者，即捐糜一身，何足用报！惟当搜罗天下才俊，以布列周行，共熙帝载，庶足以仰酬其万一尔。

有告臣曰："某也贤，克称厥位。"辄手记而心存之，荐达之恐后。"某也能，克任厥职。"亦手记而心存之，荐达之恐后。然负奇抱艺，伏在草莽者，未有以闻也。乃今谬司校文之任，得以尽观天下士，简汰而搜拔之，则所知益广，所荐达益多，而区区图报之忱，亦可藉是以少塞矣，岂非臣之至幸至幸者与！

乃以二月己亥，偕臣调阳及内外诸执事，陛辞入院，合两畿诸省前后所贡士四千三百余人，如故事，三试之。戒诸执事，咸既乃心，试题必明白正大。无或离析章句，以为奇异；无或避忌趋好，以长谀佞。抡文必崇尚雅正，无或眩华遗实，以滋浮靡。有能综览古今，直写胸臆者，虽质弗弃；非是者，虽工弗录。盖阅二旬而告竣。遵宸断，取四百人，梓其姓名与其文之优者，为录以献。

录既成，臣与臣调阳暨诸执事聚而观之。曰："文不近实矣乎？"佥曰："实矣。""士能尽如其文矣乎？"曰："未可知也。"虽然，既以是取之，敢不以是望之。顾诸士脱蒯屦而登王庭，犹未知上意之所向，与己之趋者，宜何如也？臣请告之，以定厥志。

臣闻世之治也，恒自文而返质；其既也，恒自质而之文。昔者孔子欲损周之文，从夏之忠，而不可得。有能究礼之本者，则深嘉而亟叹之。诚达于时宜如此也。明兴二百余年，俗凡几变矣。我皇上嗣大历服，于兹五年，悬象布令，作则垂范，一切务剿剥枝蔓，以崇本质。省章奏之繁词，握默运之元柄。言不蕲工，期尽诚款；行不蕲卓，取裨实用。侧席疚寐，惟欲得忠信诚悫、直谅不欺之士而任之。故臣敢以诸士进。夫帝有帝臣，王有王佐，霸有霸偶。今上所修，帝道也。诸士固且愿为帝臣。其上一乃心，端乃志，毋作伪以乱真，毋矜名以示异，毋纤言而不中其实，毋诡故而不近人情。宁拙而迟，毋巧而速；宁有瑕而为玉，毋似玉而为石。忠信直质，以事其上。若是，斯可以为帝臣，而无负于今日之举矣。不然，是主与臣意异矣。臣主意异，不能治三家，况天下乎！

臣事皇上久，窃有窥上意之所在，故于诸士始进之日而告之以此。夫士有才而不以进，有司之过也。主德不宣，申令不熟，标准不立，约束不明，臣等之过也。主德已宣，申令已熟，标准不立，约束不明，臣等之过也。主德已宣，申令已熟，而众弗率，则士之过也。若是者，谓之跃冶之金，匠者睨而弃之。邦有常刑，臣不敢庇。於戏，登兹录者，可不勖哉！可不惧哉！

少师存斋徐相公七十寿序

往余读中秘书，则公为之师。公相业在嘉靖末及隆庆初而请老。今上嗣位，公年始及老，盖家居者三年矣。余既为公门人，不自意又从公政府之后，诸所为佐国家者，一惟公是师。公生之辰，即不及奉觞为寿，礼宜有言。

今世称人仁寿者，以为家人言耳，然其理不可易也。彼直以煦煦言仁，未睹仁体。夫仁于乾坤为元。是天地之大德也。于人则无偏无党，无反无侧，无作好恶。君体之而相调之。公尝善程夫子之言仁，以训学者，盖其所自得也。故其相业，海内能言之，余未暇论。第观庚戌而上，暨于嘉、隆，君子小人之进退，士风民俗之清浊，朝廷边鄙之休戚，如阴曀复开，如冱寒复燠，谁为此者乎？公方且作而不辞，生而不有，功成而不居，应天之道，年未及而引退。夫贵以身为天下，可以寄天下；爱以身为天下，可以托天下。渊乎微哉，吾以此识仁体矣！天道无心，诎信皆仁，皇极无私，与物委蛇。子贡称："博施济众为仁。"孔子告以己欲立立人，己欲达达人。故人己一体，立达一心。是不必己，非不必人。名不必己归，功不必己出。荡荡平平，可以为天下，可以保真，可以引年。故庙廊亦仁，岩薮亦仁，匹夫匹妇与被其泽亦仁，一介不以取予亦仁。由耕野而保衡，不以其故增益；保衡而复于耕野，不以其故贬损。未尝不施，未尝不济，亦不必于施，亦不必于济，是以常施常济。常施常济，故常仁。常仁，故常寿。

昔汉安昌侯老，长安车驾数亲临问，而学士不免疵议。宋温国居洛十五年，绝口不言事，上亦不之问，而竖卒远夷知名，称真宰相司马，隐然倚以为重。此遵何德哉！假令君实耄期无恙，天下固愿之。人情如此，天道岂远哉！故公之寿不必吐纳导引，而长生久视，可悬策已。

大《易》爻义，乾元取象，或潜而勿用，或见而文明，或亢而有悔，或群而无首。此之休咎，不占可知。公毕在田之业，崇用九之德，高而不亢，返于初潜，其道无疆，利永贞矣。天下方以公为蓍蔡，何可一日无也？天子孳孳圣学，锐意太平，慕古宪乞之义，廛求旧之思，业诏有司存问。异日者，将礼三老五更于太学，固我公矣。夫仁于天下为元气，以佐天下为元勋。故公位为元臣，齿为元老，无论家居矣。后来者遵公约束，庶几画一之治。窃比于宋元祐耆硕者，公何啻君实，顾余为吕晦叔何如耳！

少师存斋徐相公八十寿序

今年吾师存翁徐老先生，寿登八袤。九月二十日，其悬弧之辰也。先是，居正等从阁中上书，言今中国有大庆，覃恩宇内，则大臣致政家居者，八十以上，有司以礼存问；九十以上，遣官存问。嘉靖间大学士王鏊、谢迁，皆年届八十，悉得遣问。今原任少师徐阶，今年正八十，比之王、谢诸臣，齿德相同，而勋业之赫奕，有非诸臣所能及者。臣等昧死，敢邀天恩，幸从遣官之例，以彰圣朝崇礼耆硕之美。上亟报可，降玺书，遣大行人往，又特赐白金、文绮、蟒衣。于是海内争相传颂天子至意，而吾师洪勋茂德，又足以当明眷。煌煌哉盛举，旷世所希遘也。

居正尝谓士君子所为尊主庇民，定经制，安社稷，有自以其身致之者，有不必身亲为之，而其道自行于天下，其泽自被于苍生者。窃以为此两者，惟吾师兼焉。当嘉靖季年，墨臣柄国，吾师所为矫枉以正，矫浊而清者，幸及耳目。其概载在国史，志在缙绅。里巷耆长，尚能道焉。此以身致治者也。比成功而归老也，则挈其平生所为经纶蓄积者，尽以属之居正。居正读书中秘时，既熟吾师教指，兹受成画，服行唯谨。万历以来，主圣时清，吏治廉勤，民生康阜，纪纲振肃，风俗朴淳，粒陈于庾，贯朽于府，烟火万里，露积相望。岭海之间，氛廓波恬；漠北骄虏，来享来王，咸愿保塞，永为外臣。一时海内，号称熙洽。人咸谓居正能，而不知盖有所受之也。此不必身亲为之者也。故此两者，惟吾师兼焉。

夫士君子修身理天下，孰非精神之所运用？天既厚吾师精神，以发祥于事业，施之后世，皆可为法程。盖其运用也大而久。大可以扶皇极，锡庶民之福；久可山延世运，培万年之祚。及其归藏林壑，颐老烟霞，以其余者授之于人，而以其精者敛而自寿。今寿跻八袠，而精强神王，其聪明步履，虽新壮少年有弗如。本之天所以笃祐，原与众异，而吾师自善为调摄，以承天意。推此言之，自兹以往，度为百千，盖未可量也。居正将次第执简而修祝焉。

寿封翁观吾王年丈六十序

余与宜城观吾王子同庚子乡试，余时年十六，王子年三十七。王子博学邃养，厚积而晚发。余以童稚浅薄，谬为有司所录，获从王子之后。其视王子，丈人行也，不敢肩随焉。数年，王子始仕，为理临江府，晋霸州太守，致仕。而其子道甫，举壬子乡试第一，登进士，拜南宫。王子自其家来视道甫，会余京师，相与道故事，叙畴好。盖去庚子之秋二十余年，而余亦年三十七矣。顾视王子，则其貌苍然而光，其气盎然而扬，神清体健，无殊畴昔。而余以多病早衰，平居气不充形，临事力不副意，昔人所谓已成老翁，但未白头耳。忆与王子并翼秋风，同听《鹿鸣》，当其时，余为少年，王为壮夫。乃今转盼之间，遂成陈迹。不惟浮名身外，无可控抟，即吾所有之身，已非曩时之旧矣。是不亦可慨也哉！

夫人身百年耳，而精神意虑，每随血气以为盛衰。往往见人其盛时，气若奔马，颜若槿华，或奋于义气，临大难，决大疑，议不反顾，计不旋踵，虎视一世而心雄万夫；及其形摧力尽，志靡心灰，盖有百炼之刚，化为绕指者矣！故骐骥罢于迟暮，强弩顿于末力。若是者，岂其勇怯强弱顿殊哉！无道以驭之，而随其气以为盛衰，是以日徂月化，而莫能自止耳。夫惟至人有道之士，其天定，其神凝。其天定，故不与世俱移；其神凝，故不与形俱敝。方其壮也，众方驰骛枭勃，而彼或敛之若无；及其老也，人皆萎苶沮丧，而彼则炼之愈锐。四时之变，生长凋谢，日交代乎前，而其守如一，则有道以驭之也。故强弱，气也；荣瘁，形也。不作而自强，不泽而常荣，非形非气，湛然常存者，是不可得而名言也。呜呼！非天下之至深，孰能与于此哉！

今年七月十二日，王子年六十，道甫以余有世讲之谊，蕲余言以为寿。余观王子，年虽周甲，体力方强。别来数十年，精神意气，曾不少变，盖若庶几乎有道以充其形，而不随气以为盛衰者。余也知虽及之，力有弗逮，世务汩其虚明，趣舍滑其思虑，常恐日月易往，与众俱尽。追惟今昔，深用慨然。异日且当与王子杖藜担笠，遗世独往，登祝融，蹑鹿门，以求所谓至人者而证之。王子其肯从我哉？

翰林为师相高公六十寿序

圣贤之学，始于好恶之微，而究于平治天下。好恶得其平，则因应无为，不降阶序，而万务咸理。《书》曰："天寿平格，保乂有殷。"言天无私寿，惟至平格天者，乃寿之以保乂王家。夫相臣，佐天子，理阴阳，顺四时，长养万物，总摄众职，其道鸿矣。乃《书》称格天基寿，保国乂民，不外乎平一之言，则致理之要，断可识矣。

今少师高公，起家词林，已隐然有公辅之望，公亦以平治天下为己责。尝与余言："大臣柄国之政，譬之提衡，与之轻重，与之低昂，而己无与焉。在皇极之畴曰：无偏陂，无作好恶，无偏党反侧。而后人无有比德，民无有淫朋，是谓平章军国之理。"余深味其言，书之座右，用以自镜。

其后与公同典胄监，校书天禄，及相继登政府，则见公虚怀夷气，开诚布公。有所举措，不我贤愚，一因其人；有所可否，不我是非，一准于理；有所彰瘅，不我爱憎，一裁以法；有所罢行，不我张弛，一因于时。无兢兢以贬名，无屑屑以远嫌。身为国相，兼总铨务，二年于兹。其所察举汰黜，不啻数百千人矣。然皆询之师言，协于公议。即贤耶，虽仇必举，亦不以其尝有德于己焉，而嫌于酬之也；即不肖耶，虽亲必斥，亦不以其尝有恶于己，而嫌于恶之也。少有差池，改不旋踵；一言当心，应若向答。盖公向之所言，无一不售者，公信可谓平格之臣已！

夫皇极之道，人主所以敛福锡民者，而佐之实在辅相。今天子恭默虚己，委任丞弼。盖将执皇极之要，以敛福锡民，而得公平格天之佐。提衡秉钧，斡旋默运，则悠久无疆之业，自可不劳而成。天祐国家，亦必将锡之遐龄，畀之多祉，使海内熙熙，登春台而享太平，公其跻于福寿康宁之域，如《书》所云者，必不诬矣。

余无似，获从公后，廿有余年。兹又奉上手诏，谕以同心辅政。自惟驽下，公之才十倍于余，何足以仰赞其万一。亦惟以公素所以教我者，而共相励翼，以仰副主上之委托，则余亦有荣幸焉。

今年公六十春秋矣。翰林诸大夫将以公诞辰奉觞于公，而征余言以为祝。余惟公文章功业，炳辉烜赫，皆诸君所亲见。既以笔之史册，光昭若来世，无俟余言。第论其学术之奥，基寿保国乂民，其道由此。且诸大夫列官词坛，踵公芳躅，他日皆有平章责者，其亦闻余言而得所师承焉。

门生为师相中玄高公六十寿序

天祐国家，必有耆硕魁垒之士，以据鼎轴而斡机衡，然后其主不劳，而休美无疆之业，可衍而昌也。自昔有道之长莫如周，周之盛莫如成王，成王时相业莫如周公。史称公相武王，五十有八载，其负黼扆而佐嗣王，又十有余年，已乃还政而归东周，留东都者又七年。盖公是时春秋高，阅天下之义理多矣。身为太傅，操冢宰之权，而上不疑，周道以隆，天下归德焉。老成人之重国家固如此。

今少师中玄高公，相肃皇帝及今天子有年矣。入则陈王道之阂，启乃心，纳乎圣听；出则兼冢宰之重，鸠众材，庀乎主职。以余所睹记，按公旦之往迹，抑何符也。公尝授经天子，天子改容而师事之。比参大政，发谋揆策，受如流水。其著者，肃皇帝凭玉几而授顾命，天下莫不闻。论者乃罪及方士，污蔑先皇，规脱己责，公为抗疏分辨之。君臣父子之义，若揭日月而行也。虏从庚子以来，岁为边患，一旦震惧于天子之威灵，执我叛人，款关求贡。中外相顾骇愕，莫敢发。公独决策，纳其贡献，许为外臣，虏遂感悦，益远徙，不敢盗边。所省大司农刍粟以巨万计。曹、沛、徐、淮间，数苦河决。公建请遣使者按视胶莱河渠，修复海运故道，又更置督漕诸吏，申饬法令。会河亦安流，舳舻衔尾而至，国储用足。是时方内乂安，四夷向风，天下翕然称治平矣。公犹弗康，日兢兢与九卿百执事，讲究实政，甄别吏治，问民所疾苦，抚摩而噢咻之。虽桑土绸缪，不劢于此矣。

始公方柄用，遭忌者言，郅娄不可诘辨，公避居东山，意豁如也。居二年，再入政府，众谓是且齮龁诸言者，公悉待之如初，未尝以私喜怒为用舍。逾年，再上书请解铨务，上手诏慰劳，恩礼有加焉。虽赤舄逊肤，不泰于此矣。

公才略盖世，又天子师也，而滋益恭，亲贤爱士，实能容之。一事之善，称不容口；一言之当，决若江河。虽吐握延接，不勤于此矣。昔公旦修此三者，令闻长世，为国元老。而公之功德烂然，后先争烈。年已六十，聪明步履，有逾少壮，其于上寿，犹掇之也。今天子基命宥密，孰与成王贤，其委任公，不在周公下，薄海内外，皆跻足抗手，歌颂盛德。

即余驾下，幸从公后，参预国政，五年于兹。公每降心相从，宫府之事，悉以咨之，期于周、召夹辅之谊，以奖王室。此神明之所知也。由此言之，国家休美无疆之业，溢于成、周，虽有巧历，莫之能得。兹于公而卜之矣。

嘉平之十又三日，为公诞辰。公所举乡、会士百有余人，薪余言介寿，而余为举其大者著于篇。夫春阳煦物，百卉咸荣，而迎曦含旭，桃李为最。诸君皆公桃李也。公今行周公之道，萃宇宙之太和，跻一世于仁寿，而况近在门墙者乎？宜其感悦爱戴，倍于恒情云。

重刊西汉书序

自孔子没而《春秋》绝，后之论史者，乃独称迁、固。迁据《左氏》《国语》《世本》《国策》作《史记》，而固承父彪之后修《西汉书》。然子长之书虽驰骋该博，类取杂家、小说以实之，其为文多不驯雅，不如固之简严明切，叙次有纪。何也？迁所涉猎者广，帝王《本纪》多《尚书》之文，《世家》、《列传》又本《左氏》、《家语》及《楚汉春秋》所录，上下数千载间，诸史百氏，靡不通贯。而固独取汉书，成一家之言，以故其言醇而不驳。缉杂彩者难为工，制段锦者易为力，兹其所以异也。

然固虽直述汉事，而褒贬论赞，比类引合，其意又有存于纪述之外者。叙《周勃传》而不录其汗出沾背之耻，叙董仲舒而不载其议和亲之疏，忠厚之至，为贤者讳。志郊祀，则备详于淫黩之制；志礼乐，则三复乎仲舒、刘向之言。凡皆有深意，非浅识者所测也。至其准阴阳，穷人理，总百氏，贯古今，训辞尔雅，文质彬彬。盖自史迁以来，一人而已。

世儒皆喜讥斥前辈，或谓固贵谀伪而贱死义，又谓叙《司马迁》、《扬雄传》不当取其自叙，而曲记其世系。不知作史之与立言传道，其事不同。彼立言者，称度衡量，不敢有一言之偏，以几垂训也。至于作史不然，要在纪其实耳。虽其是非颇谬于圣人，故或出于一时愤激之言，非可为典要也。若固所述，定邪正，推幽隐，虽不可上拟于《春秋》，然下视蔚宗、陈寿之俦，猥俗阔略者，可同语哉！今议者不本其大旨，而特毛举数事以病固，愚窃以为过矣。语曰："一人作之，十人聚而议之。"正使此辈执笔操觚，与固絜其短长，所创作或未必逮固，而徒纷纷以议之，不亦恣轻诋之私，伤旁通之谊哉！

三代而下，西汉之治，最为近古。所尚皆淳朴忠厚，非后世所及。学者览此，不独可以观良史之才，亦可考知其世变也已。

刻滦州志序

余尝披舆地图，观京师形势，周览畿甸冯翊之区，未尝不欣然仰皇居之胜也。今《滦志》可见矣。滦盖碣石地，自黄帝肇域于涿，獯鬻远遁，始被淳风。周时，孤竹二子以其国让，又避纣居北海之滨。今其俗犹慷慨狷忿，尚廉让，有夷、齐之风焉。然自黄帝以来，异姓迭兴，皆在伊洛、崤函之间，则滦之距中州，盖数千有余里，或沦没于夷狄，其幸者，乃仅同于边郡耳。我国家建都幽、冀，以控制蛮夷，则太行以东，薄海皆左辅之地，而滦之去京师，仅数百里，层峦叠嶂，周回环拱，披拂皇风，密迩天邑，盖屹屹乎重镇矣！

嘉靖乙巳，养吾陈子以王命来守兹土。越明年，政成民安，百废俱举。乃周视四封，躬按往牍，考世系之传，溯土风之旧，喟然叹曰："昔诗人咏歌周业，始乎《二南》，岂不以王风所被，自近及远者乎？今滦土，亦王郊也。予牧于兹，一方之事，阙而不载，上无以比于周风，下无以昭示来世，余有甚惧焉。"于是搜罗载籍，博访耆旧，编摩阅期岁乃成帙，汇为四卷：曰《世编》，曰《疆理》，曰《壤则》，曰《建制》。将以授梓，驰书请余为之序。

夫州郡之有志，犹国之有史。《周礼·职方》所载，《八索》《九丘》，小史之帙尚矣！萧相入关，先收秦籍。襄郊之迷，识者病焉。夫以宇宙之寥廓，万类之区分，古今之沿革，陵谷之迁换，山川方物，诡状殊形，精察强记，有所弗逮。然俱程按牍，半武不出于户，而通塞毕谙者，以有志焉耳。

且滦固北边要郡也。自三代以来，虽汉、唐盛时，犹不能尽隶中国，况五季而后，蛮夷猾夏，腥秽同风，宁复知有礼义纲纪民彝如今日者乎！今幸而释椎髻而冠裳，又幸而列于畿辅，为声教之所首被。盖自黄帝至于今，世之相去数千有余载，而藩屏之胜，绝代悬符；文物之隆，后先相望，则夫侈国家舆图之广，记斯地蛮夷之迹，以垂示于不朽者。微斯文，乌能有征于后世哉！

若夫证往古以昭鉴戒，则《世编》可考；经画野以奠民居，则《疆理》可稽；《壤则》示惟正之义，《建制》昭民力之存。规画经理，寓于橐括之中者，开卷可得矣。吾又安知后之宦于斯者，不藉以为指掌之资乎！则是书也，其有系于滦者重矣。敬赘数语简端，俾省方者有以观焉。

送李汉涯之永清序

昔蜀苏氏父子，皆以文章名于时。余自总角，则爱诵苏氏文。观洵之作，实胜二子，然二子之名乃独显，何也？洵之走京师，历抵诸公间。当是时，意在暴其子之所长而已。及其望实已著，轼、辙之名冠海内，而洵竟老，无以自见于世，以故其名寖以不章。若洵殆靳其发，秘其光，让其子以为名者焉。

李侯汉涯，少负奇气，善属文，为当时名士许少华辈所称重。方侯壮盛时，屈指计日，谓卿相不足取者，然竟落落不偶。而其子元树、元性，以学显于时。元树与余同举进士，元性亦举于乡，且夕且见进用。兄弟躐踵摩肩并起，少年有称誉光显矣。而侯年六十，乃得一县令。嗟乎，人之处世遇合诚有命也！若侯者，岂非命邪？抑亦靳其发，秘其光，让其子以为名者邪？然余闻之，厚积者远发，蓄硕者用允。譬之于物，取精多而受气足，则其发之必迟，华实必茂。侯之未去京师也，曾一再过余。余视其貌甚健，视听明，气冲冲然锐也。为余言："今吏不能有益于民，为宠赂以败类者，凡皆欲自顾其私，富厚滋润，为子孙计耳。今吾起布衣，数贫，二子已幸自立，虽富厚滋润无所庸。凡吾所以来，亦欲庶几乎平生之蓄志，又焉求乎？"观此，亦足以见侯之心矣。

夫其孕美含精，既让二子以成其名。而磊落瑰伟之概，数十年悭沦坎壤，百不试一，晚乃效用于时，而复无时俗所谓计子孙富贵滋润者，则云蒸龙变，愤发其所蓄，必有过人者矣，岂特如洵之终以文名家者哉！侯之行也，乡士大夫饯侯于郊，使不佞致词焉。余观侯之事，绝与苏氏父子间相类，因纪其事如此。若其子之为轼为辙，功名所就，固可预料，然亦不必论也。

重刊大明集礼序

王者治定制礼，因时立制，累数十年，然后乃备。周至成王，周公始制礼作乐。汉仪之定，乃由武帝，虽文、景之富，有未遑焉；而当时仲舒、刘向、王吉、班固之俦，犹以大仪不具为恨。盖创制作则，更化宜民，若斯之难也。

至我国家不然。高皇帝以神武定天大下，承胡元极衰之敝，经制大坏，先王之典无有存者。当是时，又攘除群雄，殄逆讨叛，迄无宁岁。而将相大臣，皆武力有功之人，至于稽古礼文之士，莫有任其责者。高皇帝天纵神圣，兼总条贯，天下甫定，即命儒臣兴制度，考文章，以立一代之典。于是陶安定郊社，詹同定宗庙，刘基定百官，魏观定祝祭，陶凯定军礼，而曾鲁、徐一夔、董彝、梁寅，又总其纲领，综其条目，汇为《大明集礼》一书。盖编摩缀拾，虽出于一时诸臣之手，而斟酌损益，皆断自圣衷，是以经纪无遗，巨细毕举。夏、商以后，议礼之详者，莫如成周，而我皇祖之制，实与之准焉。

自今观之，周吉礼十，今《集礼》之所存者十有四；周凶礼五，今《集礼》之所存者二；至于军、宾、嘉礼，莫不师其遗意，酌夫时宜。盖纤悉委曲，虽颇不同，而通变移风，则后先一辙。然成周之典，具于治功平定之后；而我朝之制，定于倾侧扰攘之间，缓急疏密，又度越前代远矣。呜呼，此岂非传之所谓大圣乎！非大圣焉能当此制作之任者乎！

孔子称："夏、殷之礼，文献不足征也。周监于二代，郁郁乎文哉！吾从周。"明兴百八十余年，高皇帝作之于前，今天子述之于后。奕世载德，重熙累绩，稽古礼文之事，襄然具备矣。则所以一民之行而易民之俗者，又奚必远有所慕哉！

记曰："明其义者，君也；能其事者，臣也。"其数可陈，其义难知。虽然，非数则义安所取征哉！义非愚臣之所能窥也，数则有简编存焉。因重刻而序之，用以陈其数焉尔。

赠毕石庵先生宰朝邑叙

善宦者流，尝轻诋理学之士，以为不适于用，且曰："为政恶用学为哉！夫守经据义，士所先也；聪明强干，吏所先也。欲为政而从事于学，泥矣！"

张子曰："不然。吾闻古之君子，终始典于学。居则学于父兄宗族，出则学于君长百姓，莫非学也，迹之显晦，乌能间之？昔者帝舜起匹夫，摄百揆。及为天子，辟四门，明四目，达四聪，好问好察迩言，至与其臣禹、契、皋陶辈，询言陈谟，规诲不倦。推其言，殆若居木石而友麋鹿，无少异者。圣人之学，其纯如此。广汉、延寿之伦，世所称能吏，然暗于学术，不知道，不能正己格物，而务为一切以求愉快，故终不可大用。试使理学之士商功利，课殿最，诚不如广汉、延寿。然明道正谊，使天下回心而向道，类非俗吏所能为也。夫欲舍学以从政，譬中流而去其楫，蔑以济矣。"

他日以告石庵子。石庵子曰："然。吾闻天之道不息，故久；君子之学不已，故纯。《诗》曰：'学有缉熙于光明。'动静者时，嚣寂者境，显晦者遇，不二者心。心有所间，则不能缉熙；不缉熙，则光明息矣。往之一息谓之古，来之一息谓之今。古今之辽邈，曾不能以一息，而况于显晦之间乎？故学无间于显晦，然后其志一；志一，然后其神凝。如是而畅于四肢，发于事业，则其政精核。推此以言，则政亦学也。世言政、学二者，妄也。"

无何，石庵子出而仕为朝邑宰。张子过石庵子。石庵子曰："吾何以办朝邑哉？"张子曰："曩子言之矣。今将去父兄宗族而学于君长百姓，愿无忘缉熙，以成光明之治。"石庵子曰："兹行，吾有大惧焉。盖学非言之难，用之为难。恬而夷者非难，纷而剧者为难。曩吾言之，今将用之。曩吾处其恬而夷，今吾处其纷而剧。夫以匹夫匹妇之胜予，爱憎毁誉之横发，丝棼棋布之事，交集于躬。一或少懈，皆足以移吾之志而滑其心。兹行也，其克遂吾志而益其所不能者，在是；其弗克有成而隳吾学者，亦在于是也。吾奚为而弗惧？"

张子退而谓人曰："石庵子学当益进矣！"夫志成于惧而荒于怠。惧则思，思则通微；惧则慎，慎则不败。能思而慎，何替之有。《诗》曰："温温恭人，如集于木。惴惴小心，如临于谷。"惧之谓也。持此以往，虽以天下可也，况兹一邑。异时理学之士为善宦者诋也，吾得用石庵子解矣。

赠荆门守黄君升开封贰守序

黄君既晋开封贰守，旧僚某子曾为文以赠之。黄君曰："吾思得史张氏文也。"夫余既不能以言悦人也，君知之矣。君知之而必欲余言，是君不欲人以言悦己也。言者不悦人，而听者不人悦，则虽有质直之词，必不逆于耳矣。

于是张子遂言曰：吾观今之为治者，而知吏之难也。夫吏之难，非治民之难也，事人之难也；非得下之难也，悦上之难也。夫事使之数不同，而人之材力有限。譬以什计也，闲僻之地，事简而虑优，吏之材力，五在上而五在下，其半犹及民也。稍繁，则逮下者什三而已。又繁，则逮下者什一而已。为人上者，又以爱憎喜怒殿最之；则虽有倜傥卓荦之士，必不能以什一者事上，而以什九者逮下。何则？势所趋便也。

荆门山厚而土沃，往隶荆州时，在属邑最为殷阜矣。及改隶承天，大工数起，征赋百出，又当郢、邓、蜀、汉孔道，长吏日奔走救过不及，何暇治民事。黄君为之，比及三年，政成民恬。虽不违于上，亦不贻戾于下。以故声望旁达，擢晋大郡。然亦劳且瘁矣！盖时之难也。

夫开封之视荆门，则又繁矣。贰守，尊秩也；会城，劳薮也。秩尊，则上之责之也弥重；劳瘁，则下之望惠也愈难。君能以其什一者事上，而能以其什九者逮下乎？

夫人趋亦趋，人骤亦骤，则无贵于为士矣。往者，余过荆门，谒象山先生祠，继读其文，观先生在荆门时，与友人书曰："今治道益衰，吏为机巧，溺意功利，失其本心。夫唯有志障百川而东之，不见知于庸人，必见知于识者，不蒙录于上，必有利于下。"卓哉斯言！故先生在官，虽平屯田一事之微，必与监司反覆详勘，务求便于民而后已，即忤上不恤也。嗟乎！非有道独行不改，能不受驱于流俗如是乎？今先生去此数百年，世之富贵尊显者，茶茶然澌尽久矣。而先生名德，烂然终古，撷芳荐藻，报祀不辍。其所得孰多孰少，此亦足观矣！

黄君与先生为同乡，数百年后，复蹑遗迹，宦于此州。闻君在治，常饰新先生祠宇，朝夕瞻对，景行流风，必有感者深矣。今兹行也，余亦唯述先生之言行以告，遂志期望之意焉。

贺云溪翁汪老先生八十寿序

世之言养生者众矣，皆谓出于老氏。书传于世者，独五千言，皆天道玄虚，上古皇农之道，而归本于合神抱一，清静自正。盖圣人之学，内以修性，外以理人，其道甚近，而其效可睹者也。今此言神仙者，亡虑数百家，高者入寥廓，卑者杂污秽。其言幻幻漫漫而莫得其纪，其效茫茫唐唐而莫知其归也。一切谓出于老氏，不亦诬乎？

余为此言，他日以质诸九江守，今致政汪公。公曰："然。夫驰思于千里，不若跬步之必至；噉喁于豢豹，不若粝糒之充腹也。言者率曰冲举，曰委蛇。冲举、委蛇之称，日哗于耳，而其事了不可得。华山之下，白骨如莽，乌睹世所云者乎？庄生有言：'善养马者，去其害马者而已。'然则善养生者，去其害生者而已。夫人形太劳则敝，神太劳则竭。故曰：毋劳尔生，毋摇尔精，神将自宁。斯不敝之道也。今释此不骛，而希心漭荡，以觊非望，是安可几也！"

公之言如此，盖公之所以理性养形者，亦不外是云。今年春，公年八十矣，齿宿而德愈新，身老而神益王。余尝见公语或移日，及退如初见时，无一语不伦次。至论家国事，从容道故，称说往古，霏霏如屑琼玉，有味乎其言之也！饮酒或至夜分，坐客跄跄倦矣；公徐正衣冠，揖拱乃出，乃其聪明步履，即新锐少年不逮也。嗟乎！彼学为冲举、委蛇者，其卒有如公者乎？故知世所言悉妄耳，斯其得失之略可观也。春曦既旦，淑景载移。同乡诸君，登卧云堂，歌《南山之什》以觞公。张子曰："余论养生之事，而知公获寿所由也，作《原寿》。"

玉林清赏诗序

云溪汪公，致政余三十年，筑于江南之野，襟亢云林，踪绝城市，躬耕乐道，澹如也。太守定山袁公慕其谊，特渡江造其庐访焉。饮于竹间，觞咏酬适，为诗数章。是时，独柱史龙州君与偕，诸君皆莫从也。其后闻者，皆依韵赓酬，总若干首，都为一帙，题曰《玉林清赏》。夫长吏，民之表也；贤士，产之贤也。古者为政，重于得人，而贤者又以道自重。故然明抗行，仲举宾徐，谈者龊之。世降道丧，斯义几微矣。乃今穴居名彦，大夫垂访。诸君感鸣鹤之应，邕邕焉，锵锵焉，夫亦行古之道也。斯事虽细，义有足称者。《诗》云："子子干旄，在浚之郊。素丝纰之，良马驷之。"大夫之谓矣。"蒹葭苍苍，白露为霜。所谓伊人，在水一方。"云溪子有焉。是庸序之，以贻厥后。

卷三十六　文集八

赠水部周汉浦榷竣还朝序

荆州榷税，视他处最少。居吴、楚上游，舟楫鳞萃，称会区焉。乃后稍稍寥寂，商旅罕至矣。汉浦周子始至，申甲令，厘宿弊，平物价，恤无赀。赋视旧额，务在轻贷，舆人诵焉。

张子曰："余尝与周子论始所建榷及后稍异者。其略曰：古之为国者，使商通有无，农力本穑。商不得通有无以利农，则农病；农不得力本穑以资商，则商病。故商农之势，常若权衡。然至于病，乃无以济也。异日者，富民豪侈，莫肯事农，农夫藜藿不饱，而大贾持其赢余，役使贫民。执政者患之，于是计其贮积，稍取奇羡，以佐公家之急，然多者不过数万，少者仅万余，亦不必取盈焉。要在摧抑浮淫，驱之南亩。自顷以来，外筑亭障，缮边塞，以扞骄虏，内有宫室营建之费，国家岁用，率数百万。天子旰食，公卿心计，常虑不能殚给焉。于是征发繁科，急于救燎，而榷使亦颇弩益赋，以希意旨，赋或溢于数矣。故余以为欲物力不屈，则莫若省征发，以厚农而资商；欲民用不困，则莫若轻关市，以厚商而利农。"

周子曰："即如是，国用不足，奈何？"

张子曰："余尝读《盐铁论》，观汉元封、始元之间，海内困敝甚矣。当时在位者，皆扼揽言榷利。而文学诸生，乃风以力本节俭，其言似迂，然昭帝行之，卒获其效。故古之理财者，汰浮溢而不弩厚入，节漏费而不开利源。不幸而至于匮乏，犹当计度久远，以植国本，厚元元也。贾生有言：'生之者甚少，靡之者甚多，天下财力安得不诎。'今不务除其本，而竞效贾竖以益之，不亦难乎"？

周子闻余言，则心是之。虽余亦自谓唯周子可以为此言也。无何，周子事竣代归，乡大夫诸君祖于江上，征余言以为赠。而余以病不能文，因识其所以为议论者如此。

赠袁太守入觐奏绩序

凡俗之害于政者，奸民梗玩，伏机隐慝，以诇上之衅，谓之曰民蠹；贵家侈族，持吏短长，数干谒以挠正，谓之权蝎。此最大患也。吾郡幸无此二者，而昔之治者，往往称艰，何哉？盖其弊有二，所从来久矣。其一，宗室岁禄，仰给有司，异时诸宗中有号为贫者，数十百人，日入公府，喧呼横索。欲尽应所求，则民力不给；即不应，辄喧呼丑诋。太守日与是曹酬接不暇，又何暇治民事乎？其二，守库藏吏与诸王府中卒养厮隶深相结纳，因缘为奸，凿幸孔以生厉阶，以故俗日以偷，政日益坏。

公始至，则廉吏之素欺罔者数人，诸与为奸利者又十余人，皆抵罪。乃下令曰："宗室岁禄，随所食邑。输至者，辄散之。不足者，均之。其不顺令，比吏为幸孔者，罪之。"于是诸宗贫富皆得以次瞻给，喧呼者不至。公复明甚，不可罔。即数百里外，有欲为铢两之奸者，畏公知之，咸弭耳慑伏不敢动。三年，郡中翕然，公府无事。

异时，太守坐府中，仆仆劳瘁，至日旰不遑食，若有重负于躬，不得遂去以解。公恒以暇日，与郡中士大夫登览赋诗为乐，意訢訢相安，不知为繁且劳也。此岂与曩者殊俗易民哉！事有机，政有要。公乘其机，握其要，而徐图之，故其治不肃而成矣。窃闻公知旧过视公者，视公久理繁剧，咸愿公早晋大位以去。公独曰："不然。此固非佳处，然其民虽愚，而不知伪；其士大夫有耻，而不敢以私挠吾法。是犹足为也。"

嗟乎！荒陬陋区，幸得藉公化理，民不敢为蠹，士不敢为蝎，而向之所谓二弊者，又皆已剔去。虽公之心，亦安能遽弃吾郡之人乎！然公始在郎署，用文行著闻。往天子轸念吾郡之民，借公出守，固非久劳于外者也。今将入觐，天子嘉公治理，必将简置左右以酬其劳；而司铨者又将上公之最绩以风天下。则公虽欲不弃吾郡之人，尚可得哉！

顾常以为君子之政，仁必久而后洽，功必久而后成。汉时守令便于民者，辄赐玺书褒美，稍增其秩，不数易之。故世之言吏治者称两汉。然余不敢远引异代，即如国初，守令久者至十余年，而何文渊、刘德皆用太守积劳，擢拜九卿。重任而责成，故良吏辈出，治亦近古。此皆近事可覆者也。

今天子既已轸念吾郡之民，为择良吏矣，而遽夺之乎？公于吾郡之民，既已拯引之矣，而遽弃之乎？复祖宗之旧，久任贤良以兴治理，是所祈于天子者也；有往来夙以慰答民望，是所愿于公者也。余不佞，谨述公治郡状，并致其借寇之意，敢以告于铨衡。

又一首

荆州领属城十三，疆域之广甲楚中，其称繁剧难治，亦甲楚中。异时长吏三四辈，率不胜任去。俗日以敝，民且无聊。吏部议择郎署中有威望、精吏事者弹压之，宜可治。于是定山袁公以祠部出守兹郡。至则按诸吏数犯法及民梗玩与吏交手为市者数人，郡中震慑，莫敢为非。乃均宗禄，举积滞，察冤狱，覃德惠，政成民安，府中晏然无事，上治绩，更为诸郡最。三年，以例入觐。归州知州汪一勺等，戴公倡率之化，就余图所以为赠者。而余时以赐告归，故得遹观大化之成，乃不敢辞。序曰：

昔者仲尼叹王化之阏壅，慨然称曰："苟有用我者，期月而已可也，三年有成。"夫圣人之治，非必神化捷速然也，盖亦有资于时焉。夫旸者之望雨也，见霾霿而鼓舞；寒者之乞温也，睹束缊而挟纩。周衰，列国力政疲民，思欲息肩于有德，苟有圣人起而拯之，直易易也。假令仲尼当唐、虞之时，处比封之俗，殆与其民相忘于无事耳！所谓可与成者，安可得见哉！是故圣人乘敝而达变，智者因难而显功。民之嗷嗷，固贤圣之所资也。

往者，荆之俗常坏于积偷矣。公徐至而救之，曾不数年，竟以大治。何则？势激者易变，愿得者易与。当此之时，民之思良吏，如婴儿之望慈母，故董之以威，则民畏而感之，以惠则民怀，其势居然也。兹非所谓乘其时者乎！

往余在京师，见今之仕者，咸重内而轻外。而天官、宗伯之属，最为优崇，尤不乐补出为吏；即欲出，亦自择善地简僻易治者然后去，以为常。公始在兰省，用清望著闻。及出守是郡，人且谓公难之。公恬然不为动，盖其气愈平，故其政愈精也。嗟乎，孰知繁剧盘错，更足为君子树立资也乎！

虽然，不择难易而受任者，人臣之分也；均节劳逸而校功者，劝臣之道也。余不敢知其他。窃见今用守令与迁转之法，率不量地之难易，事之繁简，一以资格为断。太守治郡有效，满岁称职，财得拜一级，为按察使副。即有卓绝异等，殚精毕力，亦不得蓦常格。而优游简僻，纵无他长，亦得积日累岁，擢升是官。如是，是劳逸无等也，即人心何劝？方今吏治颓靡，民俗疲瘵，意者且将少变今法，以重择守令而后可耶？夫欲重守令，则必显能治剧难、有劳苦功多者，以风天下。如公宜何以处之？兹其行也，僭为之言。

寿汉涯李翁七十序

往汉涯翁为永清令，裁数月，辄自免归。翁少卓荦多奇，望实炳烨有闻矣，然竟不第，老乃得一令，又郁郁不乐去。去六年，为嘉靖丙辰，而翁年七十矣。是时其子谏议君亦谢病归，称觞昼锦，光溢里闬。殆天畀翁以遐龄厚享，偿其平生云。

窃常以为人生不可必者三事，其最难值者一。聪明才惠，而老寿不可必；夫妻偕老，而贤不可必；老且有子，又能大其家声不可必。人有贤子，或离亲远宦，縻于王事鞅掌，《陟岵》兴谣，睇云从慨，何得日侍左右晨夕之欢？此又最难得者也。翁既少负才名，年涉耆艾，步履尚健，聪明不衰，太夫人结发并寿，而两子俱以学显。何人之不可必者，天尽以畀翁乎！始谏议在朝廷，号为伉直敢言，权贵人侧目。翁与太夫人日夜涕泣，念归其子。是时朝廷方欲厘制度，攘夷狄，以太平之业，而天子明察，百官惶恐尽瘁，莫敢言归。乃谏议独得归，凤诰有辉，宫彩交映，里中啧啧称庆也。何人之难值者，天子独以与翁乎！夫不可必者，天与之；其最难值者，君与之。则翁之寿，信非恒人所可冀也已。

居正窃闻古之君子，澡心浴德，不有其身，以奉君亲。故入以事亲，出以事君。事君鞠躬尽瘁，莫敢云劳，则有义不反顾而计不旋踵者矣。当其时，身，君之身也，亲安得有之？及其解负辞荣，怡然膝下，啜菽饮水，乐于万钟。当是时，身，亲之身也，君安得有之？是以仁君之御其臣，不以臣之委身于己也，而遂尽其力，故有赐沐之恩，有驰封之典，以体其私。父母之于子，不敢以其身为已有也，而必致之君，故教之以莫逃之义，训之以匪躬之节，以报乎上。故君子一身，君与亲之隶也。谏议官琐闼，为耳目之司，非可一日阙者。独念翁老欲归，而天子遂许之，使谏议无靡盬之叹，翁得以介眉寿之福。是上之体其我者至矣。乃居正则愿从翁乞谏议之身，以还朝廷，俾将以寿其身者，移之为寿国寿民，翁其许我乎哉？

贺少宰镇山朱公重膺殊恩序

愚睹载籍，汉大夫韦彪之议曰："求忠臣必于孝子之门。"斯语岂不良然哉！愚盖于镇山朱公有征云。朱公之乡，为吉之万安。吉为贤哲之区，在昔赫赫称巨公者，不一二数。顷岁以来，得公其人，又今昔希遘睹也。

公沉毅春粹，与物无町畦，海内士慕公者，无不愿一识公。且犹博综丘索与当世之务，凡古今隆替，名物隐赜，试一叩之，罔不犁然辨、洞然析。武库未足喻其藏，江海未足方其畜也。公自登仕，迨今余三十祀矣。周历中外，所至辄留德美，垂嘉闻，勤民体国，凿凿皆有成效，兹不具论已。先是，公以中丞秉节钺，抚绥东土。方是时，三殿、西宫之役，适且告急，会少司空缺，简公寄之。公与大司空毕力协谋，饬材董役。即隆寒甚暑，无间昕夕，两宫赖以速成。主上念乃劳绩，文绮藏褓，颁锡隆叠，俾荫其子一人；寻采庭论，迁公佐理邦治，皆异数也。愚每窃论公，勤以奉公，慎以居宠，三十年一日也。今所遭值，不负畴曩矣。古所谓事君以忠者，斯其无愧哉！

今年愚承乏与浔阳董公偕，得辨材省中，因之益熟公履。公居常简重不发，至语当时大务，及官人举士之要，苟利君国，则博引曲喻，不要诸当不已。光俊之业，熙明之治，实锐心焉。愚又与浔阳公云："朱公论谔谔然，罔不夙夜，念在公家，信其忠勤也已。"

公由中丞食三品，于兹三有历年。令甲百司、周三载者，课其绩最者进阶，至三品，则荣其三世，并录其后。考功氏以公绩报闻，封拜赠叙之典悉如例，不靳施焉，知公素也。浔阳公与余暨诸曹郎，偕为公贺。大要谓人臣捐韦布，跻卿贰，官隆隆显矣，矧褒先及后也，此可眇小视哉。公荣矣！乃公愀然若不自怿，顷曰："予先大夫少为伯氏确夫公后，确夫公其予嗣祖也。今荷主上恩，得幸袭宠荣矣。予本生祖，则熙斋公是焉。兹制于典，不获沾一命，假泉壤有知，如子孙何？"居无几，即列疏上请，乞以己封移赠熙斋公，披吐衷臆，谆且笃也。皇上素以仁孝劝率天下，鉴公真悃，诏许之。公拜命，不学色喜过望，怡怡若有重获也。浔阳公与愚金曰："镇山公其至孝哉！"斯固业官之所以能忠也已。

昔周宣平淮夷之乱，任召穆公旬宣江、汉间。其册命之词曰："文、武受命，召公维翰。毋曰予小子，召公是似。"嗣公既底绩，锡之圭瓒秬鬯，山川土田。又曰："于周受命，自召祖命。"夫始之遣，惟公分也。必曰"召公是似"，若欲因孝以作之忠者，继之宠，惟王恩也。必曰"自召祖命"，而光祖之孝，且于显忠时一昭揭焉。则三代盛时，君上所以命官作人，与臣子所以表树勋烈者，匪忠孝盍由哉？此益信韦彪氏之言，非诞谩也。公保厘藩服，翊赞庙堂，积劳累伐，当与穆公之业先后比隆。至主上眷遇拔擢之恩，其褒异乎公，即周宣不啻已。

今兹益懋往绩，对扬休命，以弼成天子万年之治，视召公称祝于周廷者，成于庙器者，将不有同心哉！诸曹郎庆公沐此殊遇，造愚与浔阳公，谓不可无言以记其盛。浔阳公复以属愚。愚备述他日与浔阳公论公者如此，以塞诸曹郎之请。浔阳公亦谓愚他日有绪言也。因以质之镇山公云。

送大曹长旸谷南先生赴留都考功序

昔延陵卓子，乘苍龙翟文之乘，前有错饰，后利锼策，进则引之，退则策之，四牡避而欲逸，造父感于驭人之理，过而泣焉。愚窃叹曰："今之人士，绳约毁誉之中久矣，其幸而不为造父之所觊哉！"愚斯言，盖谓南大夫旸谷君也。"

君起家进士，始以吉士读书中秘，当其时，即已扬声艺苑中，荐绅先生咸推毂南吉士矣。嗣简列铨部郎，周历诸曹，事无细大，罔不由于矩矱。宇内策名之士，崇巨冗屑，无问识不识，类能悉其素而第其品，臧否淑慝，井井辨也。往年以考功入选部，适其际稍异故常，太宰翁欲严简汰以祛夙疿，君毅然当之，登俊斥回，不少牵避，藉藉当于众心。

计绩序劳，人谓君跻陟通显，且旦夕矣，胡至罹此意外哉！主上廉君曩日，令以旧秩，暂移南中，且易其曹，列之考功。盖考功在南中，视他曹独要也。旨下，在廷士举欢然语曰："主上神明哉！神明哉！其知南大夫矣。"同舍诸大夫讯君于邸，揖君曰："嗟！君乃复此行。里谚云：'美服人指，美玉人估。'言责之者备矣。其君谓哉！"

君默然为问曰："诸君第勿我念。昔人谓成败利钝，非所逆睹，岂彼盲昧哉！盖谓操之者有在也。愚兹行，得非操之者为乎？"愚曰："君言操者，无谓天耶？愚请以天之说备质之君矣。天者，主在造物，显郁沉陟，通窒荣悴，更历叠移，一瞬万态者也，讵可常哉！总之不可与易之理，固可据而推也。杞梓楩柟，托根于沃阜，高者千仞，大者百围，庙堂之栋，于彼资焉。其沾濡煦妪，始之句萌，达之拱把，渐之百围千仞，固天之所厚而培也。乃风霆霜雪，撼震摧落，则何利焉？然长养振拔，俾之凝厚庞结，终以支大厦，堪巨任。天之厚之，固于此益深且笃也。至于人，欲以遗大肩重，亦必挫抑坎壈，历试备尝之，以定其气而成其章。是以发之坚忍砥琢之后，其容畜也必宏，而建树也必远。古硕彦名流，炳烺当代，焜耀千祀者，咸于困踬中起之，诚非幸也。彼袭芘而谬至隆危，拥肿而误收匠石，虽以徼福，实以贾戾。殆物之无幸，而帝心之所大不厚者。君兹往，将谓杞梓楩柟之风霆霜雪非耶？矧于此益淬其初，强立而定持之，他日主上抡卓荦操执之臣，以赞彪赫奇伟之绩，且将急需乎君。君且挺身先矣。冲霄之羽，岂铩于樊中！千里之蹄，岂淹于枥下哉！天之所笃厚而阴庇之者，于兹又自有前占也。"

语既，君亦怡然顾愚曰："予荷主上恩，得今量移，幸矣幸矣！宁期他日，第益淬厥初，则斯语益我矣。"其心识之。君被命甫称谢，即束装戒道，不及世俗栖栖语。同舍诸大夫出祖于郊，咸黯然于君之行而重为之别，欲为之词以致之君。愚于诸大夫齿最后，当任执笔之役，乃不自虞鄙谬，因为援天以慰之。复执盏为寿，申之曰："蔼蔼吉人，惟君子使，分也。东西南北，惟命之从，遇也。靖共尔位，不择事而安之，义也。行乎其间而莫之能违者，莫非天也。君业已知天，且能自定其天矣。愚何言！愚何言！"

赠罗惟德擢守宁国叙

罗子惟德被命为宁国守，将之郡，诸同舍谒予赠之言。予闻惟德，雅志向学者，请以学论。

今夫胜重任，引巨辐，行千里于一日，骐骥诚力矣；逸而弗庸，力无从见也。断蛟龙，剸犀革，遇磐错而无厚，干将诚利矣；匣而弗试，利无从见也。是故士不徒学，而惟适用之贵。裕内征外，懋德利躬，此励己之符，而亦镜物之轨也。

国家造士，率以理学风示宇内，缙绅儒硕，相与阐心性，析仁义，强志问学，烝烝盛矣。总之，烜赫焜耀，伟然追古贤哲，固可口悉而指计也。乃怀诡者，玄探隐索，以眩骇耳目，而夸侈无实，掠虚誉于声响形影之似，斯又其下矣。学之利用也，诚难哉！三代无论已，先汉人才，瑰伟卓荦，彬彬鲜与为俪。后世诸儒，或谓不学无术，或谓适道之难，且犹慊然少之。假令今肤言阔论之士，诚得际会操柄，其所兴发建竖，视彼何如？大都任本实者，诚以达材；骛空言者，辨而无当。此其大较。不可明见耶？

惟德结发时，即肆力心性仁义之学，不为风习移易。其语人，深而非异，远而非侈，凿凿皆可底成绩。且自奉简薄，恶以物诱见污。探其蕴，莫之能穷；叩其衷，无不可告。沉然澹然，可爱而不可厌也。夙夜处官，狱无细大，必躬自裁听，不欲深发巧摘；而详比谳覆，又罔不惟明法之丽。此非实践之士哉！

顾何有于宁。宁在南服，缘江阻山，控据歙池、吴越之会，屹为留都重镇。其民和俗阜，可朝令而夕视其成。以惟德寄之此地，布德行庆，锄黜庇良，奖让其属，以绥集其氓，恢恢乎游刃耳。其所表见，视今宁啻什百耶？是故推心以敷之，政罔不若；率性以顺之，道罔不遵；覃爱以沛之，仁罔不怀；端轨以协之，义罔不从。所谓骐骥以驰骋效其力，干将以刜割显其利者，非是之谓哉！惟德行矣！诚惟益究厥施，毋争长于跬步，脆薄以自多，足使今世学者，咸知躬行君子之为难也。惟德将有辞于天下矣。《诗》曰："惟其有之，是以似之。"体用之学也。《书》曰："非知之艰，行之惟艰。"惟德其念也。

贺少司寇少崖傅公三品奏最序

夫人虽躬秉灵淑，蹈履卓异，然犹必润之以学。盖孔子笾而遇白贲之由，曰舍之，谓其徒白而无采也。然世皆疾今之言学者，以为夸侈而无实。夫夸侈无实，非学也。古之所为学道术者，将以砻琢其理性，而磨莹其瑕颣。故质直守正，恢之以容；节廉澡洁，膏之以惠；木讷愿朴，济之以通；强毅有为，裁之以识。夫然后足以弘道恢业，开物成务焉。

尝观人材之生，大抵肖其土产，必学焉而后融之。楚之有江、汉、衡、巫，山磅礴而水济湃，故其人多任率简谅，有礌砢倜傥之概。然其蔽也，径直而不诎，锋锐而鲜坚。世亦以此少之。往古勿论，即如国朝，杨文定之谟弼，夏忠靖之康济，刘忠宣之筹画，皆世所称元功硕辅，社稷臣也。然论者犹以为质掩其学，风习未融焉。假令数公者，玩白贲之笾，览砻琢之喻，则庶几哉！《诗》《书》所称皋、禹、伊、说之伦矣。

自居正通籍朝列十有余年，见今楚材辈出，又斌斌皆兴起于学。而少宰冯公，少司寇傅公，为之楷范。冯公渊雅而通识，傅公清真而冲邃，皆余所严事者。尝窃论两公之为人，譬之镜也。夫镜之有土蚀斑驳，镜之额也。然世皆指斑驳者谓之古，而其驳落明莹者，顾反以为额。于时而不知贵，乃不知斑灭又而明莹者之为古更甚也。

故非有精鉴者，不能辨无驳之镜；非有邃学者，不能莹有额之质。夫两公，盖镜之明莹而驳落者也。冯公别有纪述，不具论。傅公者，弱冠举楚士第一，登进士，拜庐陵令，以政绩异等，擢授兵部尚书郎，调考功。是时，当考察庶官，人皆缩避不敢任。公乃从他部中骤领其事，而鉴别精核，大允物情。已乃回翔藩臬，周历数省。而后为御史中丞，巡抚山东。已又移督漕运，入佐司寇。所在辄有显称，乃其事余不能缕缕道也。其器干之通济如此，然又深中而惄外，达识而闳度。其居官不以一钱浼己，而能恕己量物，所与交必天下名士，而能愚知并容，故自公卿以下咸推毂之。谓公之生楚也，而弗类楚人也。此非有邃学厚养，讵能是乎？今年夏，公以三品任满，天官氏上公之劳绩，闻于天子，咸谓公卓才弘量，可以投大肩重，与余言类。

于是天子嘉公行能，锡之诰命，封其大父母、父母，又荫一子为太学生，恩赉甚渥。然余观公之挟持酝藉，英英为鼎铉之器，盖非可以累日积劳论者也。故举楚先哲之事以望于公，而献其质学之说焉。虽然，今之恶言学术久矣！夫镜之加以磨莹，镜之幸也。今以时镜之足以乱古也，而遂厌磨莹之工，以为不必用。人之有学术，所以为圣贤者也。今以世之学者，皆窃虚声而躬秽行也，而遂以为人之无所事学，是为明镜护瘢而为圣贤存额也，不亦误乎！夫事固有同行而异趣者。"亡者东走，逐者亦东走。东走则同，而所以走则异。""周人谓鼠之腊者曰璞，郑人谓玉未理者曰璞。"璞之名同，而实则殊也。可不辨哉！可不辨哉！

寿襄王殿下序

今祝人主寿者，曰万岁；祝侯王者，曰千岁。夫人寿之不可几以千万，谂矣，而祝者咸愿之，则世主侯王之与众庶异也。夫物有便于己，则愿常有之；无便于己，即一日不能相守。日之中天也，有目者待以视，有足者待以行。鸡三号，延颈跂踵，东面而晞，无不愿万年有日者，非爱也，恃赖焉故也；五岳、四渎之居于方隅也，兴云雨，胎宝藏，以给人之求，人莫不祷祀而祈福焉，利在焉故也。人主者，日也；侯王者，岳渎也。人主兼利天下，天下无不愿以为君；侯王泽逮一国，一国无不愿以为君。故人主万岁，则天下之人以万岁蒙其利矣。侯王千岁，则一国之人以千岁蒙其利矣。故世之祝人主侯王者，莫不愿其千岁万岁，何者？便于己故也。非然者，且为厉为孽，将诽谤之是承，何千万之有！

襄之建国百年矣，世济其德，以屏翊帝室。至今王，益有声江、汉间。居正自家食时，闻王之贤，未见也。及过襄阳，窃从下风，望见颜色。王，天下之贤王也！夫贤者，使人爱而戴之，便而安之。居正窃闻太守汪大夫言，王虽处崇巨，其自约结，恒如处子。士大夫过封内者，无问知与不知，必降接礼遇，下客已甚。其惠民也渥，而驭左右也甚严。事涉有司，即有司人百曲，不罪也；左右人虽百直，犹不贷。务在诎己检下，以信有司之法。故自太守以下，至于编户之氓，咸曰："王有大惠于襄之吏民，吏民靡有秋毫可以报塞者，独愿王千岁有国，以重惠襄之人。"此之为德，不直一手一足便之而已。

夫渊深而鱼聚之，林茂而鸟兽归焉。《诗》曰："投我以桃，报之以李。"王所以投于襄之吏民者厚矣，非寿考祺福，将安用报乎？虽然，窃有愿焉。王亦知夫敖氏之积粟者乎？周人有敖氏者，积粟盈困，足支数十年，未足也，而问贮积于啬夫。啬夫曰："子之积厚矣，吾无以益子。子而计子之所有者，慎用之而已。夫圭撮之不慎，钟筥泄之；钟筥之不慎，尾闾泄之。江海虽大也，以奉漏卮，则没世不能取盈焉。我啬夫也，吾告子以啬而已。"夫神不可以骛用，啬之则凝；福不可以骤享，啬之则永；强不可以厚恃，啬之则坚。故圣人之言曰："事天治人莫如啬。"王今年三十春秋矣，计三十之于千岁也，不犹积贮盈困，而始去其圭撮者乎？王诚能少垂听于啬夫之论，无轻用其年力之富，以颐神而思永，则所谓千岁云者，犹近言之也。

封君尧溪刘先生七十寿序

今士大夫身服官政，不得归侍父母寿，率薪能言之士，侈之为词，烂然累牍，盖世之骛于文，日甚矣！张子居京师，与吏部考功刘子相友善。刘子之学，务在剽剥枝叶，归究本实，不侪于俗，而求当于古。本之其父曰尧溪翁。尧溪翁者，楚隐者也。居衡山，好古乐道，以德化其乡人，乡里咸称为长者。张子与刘子居，闻君行谊甚悉，固知刘子之学，有家承也。

居数年，尧溪翁寿七十。于是乡之大夫宦于朝者，廿有八人，咸谓张子曰："子善刘子，知尧溪翁，盍词焉？"张子曰："唯唯，否否。夫刘子者，离于俗而当于古者也，奚以文为哉！人之相与，情不至，而后益之以文；信不至，而后饰之以礼。故深拱揖让，傧诏陈词，施之于交际，而父党则无容，况其亲乎？故曰：以敬孝易，以爱孝难；以爱孝易，使亲忘我难。

今夫布衣闾巷之人，身不越乎陇亩，疾耕力役，时得一窝之味，以上其亲，即父子嬉嬉，终日相对，或箕踞袒裼，至忘尔汝。彼其于饰恭敬悦耳目者，至浅鲜矣。然要以爱情深至，而天真欢洽，则艳于文者，固不若厚于实矣。

且夫刘子之事其亲也，又奚以余言为哉！夫刘子始为南昌令。南昌为江西首邑，当四方孔道，百责之所丛委，世好之所熏灼。然刘子虑辱其亲之故，夙夜劳瘁，修敕如处子，用廉能冠于诸邑。其在铨曹，终日扃户，省事寡交，愚愚焉，以修其职业为务。人之称刘子者，未有不本之尧溪翁者也。荣闻厚实，从中征外。虽微吾言也，刘子之所以事其亲者，岂其少哉！"

诸大夫曰："不然。夫力勤服事，怡愉愿悫者，士庶人之行也；中心惨怛，节文修饰者，卿大夫之行也。诗人以春酒介寿，称彼兕觥，形之咏歌，不一而足，皆所以恺埋郁而长欢爱也。且夫君子者，岂务为冥冥昒昒，独修其身乎？亦将以垂范作则，敦行而善俗者也。今刘子独以身在郎署，不得亲执觥酌，奉一日之欢，而托之以修词以宣其埋郁，达其情愫，俾闾巷之人，睹其盛者知慕，艳其荣者兴仁，用以长慈孝之风，而示为子之节。故君子之于教也，非家至而日见之也。本之以情，秩之以礼，修之家庭之间，而孝弟之行立矣，独文也与哉！”

于是张子谢曰：“诸大夫幸以刘子之举，有系于世教，非愚所及也。请书以贻尧溪翁，遂以训其里之有子者。”

寿李母杜夫人七十序

杜太夫人者，御史中丞李公母也。中丞公早孤，太夫人身不越阈，茹苦坚操，以训中丞公，遂致通显。中丞公游宦四方，恒奉太夫人为养云。正尝观览古人瞻云陟屺事，盖伤之焉。夫子之于亲，其念诚笃矣。或意有所壅阏，不得自恤其私，独乃流涕于云霄，兴歌于道路。若然者，即有奉公许国之诚，岂不以返顾虑牵私怀哉！

正数从中丞公游，窃闻太夫人在壸内，持范严，居处节，顾独好释氏言，其奉佛最谨，乃侍婢亦化之。中丞公奉觞为寿，侍婢居旁，语释氏事，太夫人即大喜，为益餐焉。是以太夫人体和气适，寿七十矣，而聪明步履，恒如盛年。公亦因是得专积虑，忘返顾之怀。殆天以太夫人之寿厚公，而赞其勤劳之志也。然亦公有以致之焉。

夫致寿有三：养备体腴者寿；身荣志惬者寿；施德于人，人皆欣戴慕愿者寿。备养者，奉甘膴，实肠腹者也，此编户之氓有力者能之。荣悦者，以贵逮亲者也，此宦仕之人乘坚策肥者能之。若夫德厚施于人，而惠爱润乎物，得人欢心，以事其亲，则非公卿大夫有道术者，未之由矣。

自公为巡抚，以敦大优裕为治，远近莫不洽悦。间者国家欲更新三殿，搜材楚、蜀、贵州之地，亿度用费，且数百万。民惶怖逃匿，嗷嗷靡依。公不震不遽，镇之以定，徐令有司曰：“创作，国之大事也；而元元，国之本也。本一摇，即大事何赖？”其务所以安之，然后度经费，审区画，慎选良吏，分任其事。未数月，山中以巨木告者，项背相摩于道。事既遄举，而民不告劳。

里中父老咸曰：“今吾所以获生者，由李公。闻公有母事佛，慈爱不忍伤物，乃公所为者，举太夫人教也。吾侪念无以报公，独愿太夫人之寿于万斯年，以享公之禄养于无穷。"此之为德，不直一口誉之，一手戴之而已。兹非所谓德施于人，而人皆欣戴慕愿之者耶？夫鼓撼园则花放，鸟群噪而风生。众动所向，天必从之。故太夫人之寿，天所以厚公，亦公有以致之也。正窃听舆人之诵，而知太夫人之所以获寿者由此。因论次其语，以为太夫人寿。

云海子序

扬子云白首著《太玄经》，殚竭心力，而世无有称之者，独桓谭以为必传。今人读其书，谓如《坟》《典》《丘》《索》，谈艺者必归焉，而不知当时人以为只足覆瓿云耳。夫流俗之情，好追慕往古而轻忽侪类，信其习见，而奇所希闻。世人亲见扬子云名位不显，又其所著非浅见谫闻易用窥测，其见诋诃宜矣。微独子云，即古岩穴之士殚精神于毫素者，有不以穷约自发愤者哉？其埋灭而无闻者，又何可胜道哉！

云海子遁世绝俗，闭门不交当世，而好著书，至老不倦。所著有《太平本论》《玄叩集》。余读《太平本论》，上穷皇农之化，下述道德之意，大极寥廓之宇，细入肖翘之变，可谓辨矣。至读《玄叩集》，则又穷极幽深，钩致隐赜，索玄珠于象罔，叩寂寞而求声。吁，又何其闳览博物君子乎！观其托意幽远，铸词险峻，读者至不能以句，又乌能究其指归？则世之知之者，盖亦希矣。嗟呼！云海子幸无轻出其书，世有博极达观如桓谭者，必将特垂赏鉴，而何计乎流俗之知与不知哉！作《云海子序》。

西凌何氏族谱序

法史氏年表，为《欧阳氏谱》；法礼家宗图，为《苏氏谱》。斟酌二氏，而剔其远胄之谬，为西陵《何氏谱》。何氏者，溧阳人，洪武朝始徙西陵。五世而至今太守公，以明经中第，历跻通显，于是何氏族甲于西陵矣。

自汉以来，取士悉重阀阅，士大夫推本世系，皆假借前代，托附名家，以自表异。龙门系出重、黎，兰台远宗於菟。诸如此类，不可殚记。至我国家，立贤无方，惟才是用。采灵菌于粪壤，拔姬、姜于憔瘁。王、谢子弟，或杂在庸流，而韦布闾巷之士，化为望族。昔之侈盛竞爽者，溺于今之世矣。夫隆替靡常，而泽施有限。历观前代侯王有土之君及卿大夫为子孙计虑深远者，岂不欲固其本根，期世世弗替哉！然或数十世，或一再传，而存者什一而已。彼其先世之泽，及身而已。淳者已漓，而不思懋德以醞醇；厚者已薄，而不知返薄以归厚。如是，即世家鼎族，乌有弗替者乎？

故君子垂世作则，不在族之繁微，而视其德意之凉厚；不在贻之肥瘠，而卜其规模之恢隘。序之谱牒，以治其昭穆；为之礼节，以联其属姓；教之敦厚，示之省约，以振其风靡。斯寖隆寖昌，寖流寖长之道也。余观《何氏谱》，载先世行事，咸质直忠厚，又观太守公，居官长者，不侈世好，故知垂范者远矣。呜呼，何氏其世有兴者乎！

锦冰集叙

《锦冰集》者，津南陈公在礼部时作也。按唐旧说，仪部员外郎号瑞锦窠，祠部称为冰厅。公在部十年，周历四署，而居仪制、祠祭最久。已从祠部郎中出守荆州，乃衷其集题曰"锦冰"。盖公所以深造厚蓄者，得之二司为最多。

余忝朝籍，得交海内名士，南宫为盛。盖诸曹咸理丛剧，而南宫所掌，皆国家徽章巨典、礼乐制度之事。望优而务简，士大夫得以余力，寄意于文翰。今观公集，赡才丽藻，花烂映发，又综故实，达时宜，有闳衍深沉之思。盖力优则造深，虑闲则思睿故也。夫士操翰掞藻，欲有施于世者，何可胜道！然卒鲜有闻者，何则？才局则抽之而愈促，故畀赋者不可强，务剧则负厚而虑疲。公既卓荦多奇，家承世学，优游兰省，虑殚神凝，才俊而又成之以遇，欲亡传得乎？

顾余所深惜者，以公素所树植，第令置诸阙庭间，必且为国家彰黼戳之文，扬治世之音，而鸿渐之翼，阻于一麾。兹其故，余未之解矣。夫器有所宜，而音有所谐。夏璜周鼎，朝廷之器也，以陈于阛阓，则视者骇。朱弦疏越，清庙之音也，以鼓于委巷，则听者疑。故余览公集，感其先后殊遇，再三兴慨。世有识器审音，自当辨之，余言非谀也。陈公闽人，先世有䌹斋先生、耻庵先生，并以学致通显，至于公犹光云。

种莲子戊午稿序

往甲寅，不佞以病谢归，僻在林里。谈艺之侣，屡绝于户。独辽殿下好名重士，时以文翰相与于跫向空谷，遂忘其阒寂焉。丁巳，不佞再忝朝列。今年秋，以使归。谒王，王手诗三册，曰："此近稿也。"不佞受而读之，为诗二百余首，他作亦称是。考其年月，则自春徂秋，方数月而已。何篇什之巨盛，而文采之工缛乎！

盖天禀超轶，有兼人之资，得司契之匠。其所著述，虽不效文士踵蹑陈绩，自不外于矩矱。每酒酣赋诗，辄令坐客拈韵限句，倚次比律，纵发忽吐，靡不奇出，或险韵奇声，人皆燥吻敛袂，莫能出一语。王援毫落纸，累数百言，而稳贴新丽，越在意表，倾囊泻珠，累累不匮，故其著述之富如此。诚令与缀述之士应制分题，争场竞捷，则东方之袍不属于之问矣。夫人之材品不同，或注兴立就，或累日乃成。而谈者咸右缓步之工，谓疾趋之率。嗟乎，此可语中常者耳！夫世所以尚骐骥者，谓其立致也；所以贵镆铘者，谓其立断也。若旷日积晷，则铅刀效于一割，驽马可致千里。故曰："兵宁拙速，未睹巧之迟也。"于文亦然。曹子建、李太白，文坛之飞将也，或七步而纾伟咏，或摇笔而赋《清平》。即其文粗者，犹足以方驾朋俦，沾润后代。世岂以是短之哉？

不佞读王诗，往往称说曹、李，而王逸才俊气，略与之埒。岂千里之种，必产于渥洼耶！然子建沉抑东阿，太白漂沦江海。而王又钟毓特异，福与才齐，则天之所赋，厚脆又殊矣。

不佞谫陋，为文数日，才撰一篇，辄又弃去，然卒无以逾入。而王谬以为谈文之契，属题评冠序。辞不获命，僭为序诸首简。夫下乘末品，望骐骥之绝尘，当踸踔喘汗之不逮，又乌能窥其步骤哉！王栖心玄胜，今上赐以真人之号。又献材助国，捐禄救民，皆被敕奖。语具津南陈太守序中，不具论。论其文如此。

赠霁翁尊师吴老先生督学山东序

往嘉靖丁未，海内通《戴记》之士，毕试于礼部。是时翰林陈先生，比部吴先生，实董校阅。盖中试者，总二十有二人。夫二先生皆世所称通识巨儒也，诸士徼时厚幸，获所依归。及奉教于二先生久，则见其行谊卓荦，有瑰玮鸿廓之观，盖私心幸庆之焉。窃计以为如二先生者，诚令专造士之业，董作人之任，以其学树帜于时，即所振起，当不啻吾曹千百。而陈先生则在内廷，以论思献纳为职，不得处外。居数年，会山东督学缺。部议视诸曹中文行最著者，咸莫如吴先生，遂以先生行。

乃居正窃言于众曰："今兹先生之学，且大行矣。夫乐之于马也，不择驽良，然得骐骥騕袅，则其御愈精。倕之于材也，不较枉直，然得楩梓豫章，则其工愈妙。夫山东者，齐、鲁之区，其综于儒学，盖自古记之矣。斯亦先生之骐骥豫章已。"

虽然，愿有以质于先生。居正少时见诸学士巨公称人之文曰：某人也，文也，他日且为节士，已而果节士。某人也，文也，他日且为才卿，已而果为才卿。彼所阅者，不越篇章觚简之间，而稽终究用，如执左券以待合，靡不应者。今世学者，含菁咀华，选词吐艳，盖人人能矣。而究其实，则或行业盭戾，先后殊诡也。岂昔之学者达于衷，而今之学者辩于口耶？夫嫫质而嫱饰，则饰者眩；华椟而葆石，则贾者嗤。故窾言者，弃德之窦也。缛采者，雕朽之饰也。攘窃者，剽文之宄也。挹波者，塞源之篑也。士有此四者，即煜于春华，奚益哉！夫志意不一，不可以议行；趣舍滑观，不可以识真。且欲兴复古学，以新士业，唯在抑浮端习哉。异日者，见齐、鲁诸生，某也节士，某也才卿，曰：此吴先生之徒也。则居正辈，且却三舍避之矣。

卷三十七　文集九

辛未进士题名记

隆庆辛未，礼部大比贡士，中式者四百人于廷。皇帝临轩亲策，问以隆礼敦让、化民成俗之道。赐张元忭等及第、出身有差。已，所司循故事，请立石太学题名。有诏，令臣为之记。初，臣典试南宫，诸士实由臣以进，故上使臣记其事。

臣既阅其甲第姓名，乃窃叹曰：夫诸士之托名于贞石也，将以薪不朽也。闻古之所称不朽者三，而言居其一。然自书契以来，士之殚精神于毫素，期以为后世名者众矣。今世所称名家、大方可指数者无几耳。乃默识躬蹈之士，倜傥非常之人，虽不薪以言传，而只辞片语，往往见称于人。或勒诸金石，守为蓍蔡，无敢忽焉。何哉？天下之物，必有其实，而后乃发之于华。芳林堕蘽，采撷遗英，色非不鲜，彩非不炫也，乃不终朝而萎翳者，无本故也。故德与功，本也。言，华也。道德有诸中，于是以宣其蕴蓄，则为有德之言，而德非言之所能尽。功绩底于成，于是以述其梗概，则为后从之言，而功非言之所能尽也。惟不得已而发之于言，而言又不足尽其蕴，斯其为言也，听之而有味，爱之而必传。盖古之所为者以此。向也，臣固闻诸士之言矣。今既因其言以策名于朝，又勒名于石，则诸士之所薪于后世者，亦徒以其言而已乎？其犹未也。

夫德与功与言者，析之则三，撮之则一。德与功待言，而言不出于德、功者，未能传也。今诸士抑首受书，幸一旦离蔬释属，而登天子之廷，其德与功，且未见其端倪也，而独以其言薪名于后世，庸讵能乎？君子进德修业，忠信，所以进德也；修词立其诚，所以居业也。夫修词在立诚以存忠信，则其为言也孰尚焉？诸士其亦务所以进德居业者，以自树其本，而后修词以立其诚。由是令名载而行之，虽与天壤俱敝可也。不然，则昔之植碑沉石者，虑陵谷之有变迁，而其名不可磨也。今陵谷未改，而其言已渐尽矣。莓苔并没，燕山之石可胜用乎？然其德政，至今犹在人口者，则非徒恃以言耳。故臣以为不朽之图，在此不在彼也。

是科也，贡于南宫者三百□十□人，前科附廷对者□人，合四百□人。

（懋修谨按：故事：会试主考者即记题名。辛未当先父，而是科张阳和、邓定宇二公屡为请索。先父以机务未暇，遂延，至五科俱未镌记。张、邓二公每以为言。适先父作记已成，而二公又以差去，不及催请，此记遂久留书记所。而先父告终，二公俱不在京师矣。其后癸未，礼科以五科无题名记，缺典为请。上命自内阁以下，词臣撰补之，而五科缺典始完。懋修亦不知先父亲笔书记，乃在记室所也。遗笥之手泽空存，公庭之贞石未勒，梓此以存，凡以完词林之逋。乃辛未诸公，咸未之见也。）

京师重建贡院记

今天子践祚之三祀，新修贡院成。其地因故趾，拓旁近地益之，径广百六十丈。外为崇墉施棘，微道前入。左右中各树坊：名左曰虞门，右曰周俊，中曰天下文明。坊内重门二，左右各有厅，以备讥察。次右曰龙门。逾龙门，直甬道，为明远楼。四隅各有楼相望，以为瞭望。东西号舍七十区，区七十间。易旧制板屋以瓦甓，可以避风雨，防火烛。北中为至公堂，堂七楹。其东为监试厅。又东为弥封、受卷、供给三所。其西为对读、誊录二所。帘以外殖殖如也，翼翼如也。后为聚奎堂，七楹。旁舍各三楹，主试之所居也。又后为燕喜堂，三楹。东西室凡十六楹，诸胥吏工匠居之。其后为会经堂。堂东西经房相属，凡二十有三楹，同考者居之。帘以内渠渠耽耽如此。其他庖湢库舍，所在而有。明隩向背，咸中程度。其规制名额，虽仍旧贯，而阅丽爽垲，邃密萦隩，视旧制不啻三倍。工始于万历二年三月，以明年九月告竣。计庸三十六万有奇，费以五万金。既告成事于上，于是司空郭公率其属，请予为文以记之。

按京师贡院，始于永乐乙未。是时考卜未定，文皇帝以巡狩御行幄，庶事草创。其所举士，秋试不过数十人，春试率百余人。故试院规制虽颇湫隘，亦仅能容。及燕鼎既定，人文渐开，两畿诸省，解额岁增，士就试南宫至四千有奇。而贡院偪隘如故，又杂居民舍间。余为诸生，就试南宫；及官词林，典试文武士，数游其中，恒苦之。自嘉靖间，建议者咸请改创西北隙地。或言东方人文所会，宜因其趾而充拓之以从新。然旋议旋辍，未有必然之画也。今天子始俞有司之请，一旦焕然，易敝陋而为闳丽。士之挟策而来者，不啻若登龙门、探月窟矣。嗟呼！振敝维新，固自有时。举二百余年之陋制，一旦建为堂构巨观，非振奋乌能有成哉！

尝谓创始之事，似难而实易；振蛊之道，似易而实难。室已圮而鼎新之，易也，鸠材庀工而已。惟夫将圮而未圮，其外隆然，丹青赫垔未易其旧，而中则蠹矣。匠石顾而欲振之，闻者必以为多事而弗之信，其势不至于大坏极敝不已也。明兴二百余年，至嘉、隆之季，天下之势有类于此者多矣。纪纲法度，且将陵夷而莫之救，有识者忧。今天子茂龄抚运，嘉与海内更始，于是举二百余年之将坠而未仆者，一切振而举之。然众庶之见，溺于故常。令下一年而民疑，二年而民谤，不曰上之所以兴废起坠者，皆申饬旧章也，而曰创行新政也。浮言四起，听者滋惑。赖主上明圣，不少摇惑，盖五年于兹，而后仆者起，暗者睹，于是海内始知相与歌诵上德，翊戴明主，而不知始之振之如是其难也。

夫论治者，怠则张而相之，废则扫而更之。夫惟能张之而毋怠，则自不至于废而可更。故虞廷当治定功成、礼乐明备之时，而其君臣赓歌以相儆，惓惓以率事省成为言，怠荒无虞为戒，盖恒恐其怠，而思以张之也。呜呼！继自今上之取士，与士之待用者，其亦远览虞廷率事儆戒之意，感明主振兴才俊之心，皆务为恪恭匪懈，为国家建久安长治之策。其无鹜为偷安苟禄，以隳上之事哉。

司礼监太监冯公预作寿藏记

冯公寿藏，在京城西南可二十余里。实黑山之壤，聚为太监刚公墓。

刚在永乐时，随成祖靖难有功。公素慕其为人，故即其地旁而卜兆焉。左瞻城阙崔巍，右瞰香山碧云；广途前舒，层峦背拥，气佳哉！郁郁葱葱，信灵境也。前为大门，驰道属之。门内左为僧寺，以奉香火；右为护藏之宅；寺宅后为石楼各一。中为祠堂，堂后为寿藏地。缭以周垣，树之松柏。左右又各为茔兆一，左则公之名下太监王君喜辈之藏，右则公弟都督君佑之藏。其制务为朴素坚固，不事华饰。其工费则以三朝赐金为之。董工者即其弟都督君，与王君喜也。工始于万历改元之九月，至二年九月而告成。事役既竣，公蕲余文记其事，用垂不朽。

余惟霄壤间，万物皆有尽，惟令名为不朽。今京西之原，珥貂贵宠，高冢连云者何限，无论后代，即今人所与知者几何？昔巷伯兴咏于亩丘，史游殚精于籀书，吕疆清贞，承业忠鲠，皆并耀四星，流芳千古。今求其所为葬地，尚有存者乎？固知不朽之图，在此而不在彼也。

公昔以勤诚敏练，早受知于肃祖，常呼为大写字而不名。无何即超拜司礼，管内政。嘉靖丙寅，迎立穆宗皇帝，以功荫其弟侄数辈。穆宗不豫，召辅臣至御榻前，受顾命。公宣遗诏，音旨悲怆。今上践祚，奉先帝遗命，以公掌司礼监事。适余得上召见于平台，付以国政。宫中府中，事无大小，悉咨于余而后行。未尝内出一旨，外干一事。调和两宫，赞成圣孝，侍上左右，服勤备至。凡宸居早暮，出入饮膳，皆有常度。亵御供事，皆选端慎者以充。上日御讲幄，无间寒暑，公惓惓劝学，侍立终日，日无惰容。凡宫中冗费，悉从减省，务在节财爱民。如大庖减供御，惜薪司裁去柴炭，御马监省刍豆数，皆公所奏施行。余每对便殿，从容语及国家事，有关于君德治道者，公必导上曰："先生忠臣，先帝简托以辅上者，所言宜审听之。"宫壸之内，尤极严肃。有干纪者，悉置之理，虽所厚亦不少贷。故上以冲龄践祚，中外宁谧，宫府清宴。盖公之力为多。语曰："人貌荣名，岂有既乎！"今以公建立，视古巷伯之伦何让焉！诚由此永肩一心，始终弗替，虽与霄壤俱存可也，又奚俟于寿藏而后永乎！然窀穸之事，人所讳言也。而公乃预为之，达也。营以赐金，用彰君赐，忠也。制用质朴，不为厚藏，智也。爱其身，施及其弟，葬其属，仁也。此皆即事可纪者。因略述公之行谊，与其作藏日月，勒之于石，俾后来者观焉。公讳保，常山之深州人。

（懋修谨按：先父之与冯司礼处也，亦宫府相关，不得不然。谢世之后，言者用为罪端。今观其与预藏文，惓惓勉以令名，固非阿私贿结者。曾记万历丙子年，司礼之侄都督冯邦宁者，以贵倨使酒凌市人。适遇先父长班隶人姚旷者，劝之。邦宁手抠姚旷，旷即捽碎其衣带，同赴朝房，禀先父。先父即致一帖与司礼，云其侄之使酒失仪，宜戒饬。冯即杖其侄四十，奏革职，待罪一年，方得与朝列。按此一事，即士大夫之贤者，犹不能无护短之意，作于言色。而冯君信先父之深，竟割爱处断。可见先父当主少之时，于左右侍近，其调处之术，可谓深矣。不然，以先父之严毅，使左右不服其调处，亦将奈之何哉？苦心国事者，自当有推谅其衷者矣。余言虽嫌由父子之私衷，似乎违众非之极诋，然已幽沉之善，安忍避私畏违而掩之乎？）

游衡岳记

《山海经》，衡山在《中山》之经，而不列为岳。岂禹初奠山川，望秩犹未逮与？《舜典》："南巡狩，至于南岳。"今潇湘苍梧，故多舜迹。殆治定功成，乃修禋祀与？张子曰："余登衡岳，盖得天下之大观焉。"

十月甲午，从山麓抵岳庙。三十里石径委蛇盘曲，夹以虬松老桂，含烟裛露，郁郁葱葱，已不类人世矣。余与应城义河李子先至。礼神毕，坐开云堂。湘潭会沙王子，汉阳甑山张子，乃从他间道亦至。同宿。是夜，怳然若有导余升寥廓之宇者。蹑虹梯，凭刚飙，黄金白玉，幻出宫阙；芝草琅玕，璨然盈把。殆心有所忆，触境生念云尔。

乙未晨，从庙侧右转而上，仄径缥缈，石磴垂接，悬崖巨壑，不敢旁瞬；十步九折，气填胸臆。盖攀云扪天，若斯之难也。午，乃至半山亭。亭去岳庙十五里。五峰背拥，云海荡漾，亦胜境也。饭僧舍，少憩。复十五里，乃至祝融。初行山间，望芙蓉、烟霞、石廪、天柱诸峰，皆摩霄插云，森如列戟，争奇竞秀，莫肯相下。而祝融乃藏诸峰间，才露顶如髻。及登峰首，则诸峰顾在展底，若揖若退，若俯若拱。潇湘蒸江，一缕环带。因忆李白"五峰晴雪"、"飞花洞庭"之句，盖实景也。旁睨苍梧九疑，俯瞰江汉，纮埏六合，举眦皆尽。下视连峦别巘，悉如培塿蚁垤，不足复入目中矣。同游五人，咸勒石纪名焉。暮宿观音岩。岩去峰顶可一里许。夜视天垣诸宿，大者或如杯盂，不类平时所见也。

晨登上封观。海日初出，金光烁烁，若丹鼎之方开。少焉，红轮涌于海底，火珠跃于洪炉，旋磨旋莹，苍茫云海之间，徘徊一刻许，乃擘浮埃而上。噫吁嘻，奇哉，伟与！山僧谓此日澄霁，实数月以来所无。往有好事者，候至旬月，竟不得见去。而余辈以杪秋山清气肃，乃得快睹，盖亦有天幸云。然心悚神慑，不能久留。遂下兜率，抵南台，循黄庭观，登魏夫人升仙石。西行四十里，得方广寺。方广在莲花峰下，四山重裹如瓣，而寺居其中。是多响泉，声彻数里，大如轰雷，细如鸣弦。幽草珍卉，夹径窈窕。锦石斑驳，照烂丹青。盖衡山之胜，高称祝融，奇言方广。然洞道险绝，岩壑幽邃，人罕至焉。暮谒晦庵、南轩二贤祠，宿嘉会堂。夜雨。

晓起，云霭窈冥，前峰咫尺莫辨；径道亦绝，了不知下方消息，自谓不复似世中人矣。止三日，李子拉余冲云而下，行数里所，倏见青云霁日，豁然中开。问山下人，乃云比日殊晴。乃悟向者吾辈正坐云间耳。又从庙侧东转十余里，得朱陵洞，云是朱陵大帝之所居。瀑泉洒落，水帘数叠，挂于云际。垂如贯珠，霏如削玉，飞花散雪，萦洒衣襟。岩畔有冲退石，大可径丈。列坐其次，解缨濯足，酌酒浩歌。当此之时，意惬心融，居然有舞雩沂水之乐，诚不知簪被尘鞅之足为累也。是日，石棠李子亦自长沙至，会于岳庙，同返。

自甲午迄辛丑八日，往来诸峰间。足穷于攀登，神罢于应接，然犹未尽其梗概也，聊以识大都云。张子曰：昔向平欲俟婚嫁已毕，当遍游五岳。嗟乎！人生几许时，得了此尘事？唯当乘间自求适耳。余用不肖之躯，弱冠登仕，不为不通显。然自惟涉世酷非所宜，每值山水会心处，辄忘返焉，盖其性然也。夫物唯自适其性，乃可永年。要欲及今齿壮力健，即不能与汗漫期于九垓，亦当遍游寰中诸名胜，游目骋怀，以极平生之愿。今兹发轫衡岳，遂以告于山灵。

后记

张子既登衡岳数日，神怊怊焉，意罔罔焉，类有击于中者，盖其悟也。曰：嗟乎！夫人之心，何其易变而屡迁耶？余前来，道大江，溯汉口而西，登赤壁矶，观孙曹战处，慷慨悲歌，俯仰今古。北眺乌林，伤雄心之乍衄；东望夏口，羡瑜、亮之逢时。遐想徘徊，不知逸气之横发也。继过岳阳，观洞庭，长涛巨浸，惊魂耀魄，诸方溟滓，一瞬皆空。则有细宇宙，齐物我，吞吐万象，并罗八极之心。及登衡岳，览洞壑之幽邃，与林泉之隈隩，虑澹物轻，心怡神旷；又若栖真委蛇，历遐蹈景之事不难为。嗟乎！人之心，何其易变而屡迁耶！太虚无形，茫旻漠泯，顼蒙鸿洞云尔。日月之迭照，烟云之变态，风雨露雷之舒惨，淑气游氛之清溷，日交代乎前，而太虚则何所厌慕乎？即太虚亦不自知其为虚也。夫心之本体，岂异于是耶？今吾所历诸境，不移于旧。而吾之感且愕且爱且取者，顾何足控搏？乃知向所云者，尽属幻妄。是心不能化万境，万境反化心也。夫过而留之，与逐而移焉，其谬等耳。殆必有不随物为欣戚，混溟感以融观者，而吾何足以知之？

襄阳府科第题名记

汪大夫守襄阳之三年，诸大令既举，乃惟章表人物，以兴士励俗。取明兴以来，郡中科第之士，总百□十人，出诸属邑者咸附焉，勒石学宫，虚其左方，以俟来者。而余适以使事道汉上，为记其事。

夫自我国家以科目选士，士生此时，即行若由、鱼，才怀管、萧，是亦无由以进。顾一切皆限以科条桎梏，虽绝材奔驷，亦必俯首屈就羁靮。而足力稍后者，又辄有顿踬之虞。故襄阳为楚中巨郡，然二百年来，而阖郡之士登名科第者，才百十人而已，可不谓希觏而阔闻者哉！然余闻之，古之觇国者，恒视其有人无人以为强弱。夫谓国有人者，非肩摩毂击，朝市皆盈也；而无人者，又非宫府左右，尽皆虚也。得士与不得士而已。夫得则以一二人重于千百，不则以千百人轻于一二。故马不必拥轴，要之齐足；木不必蔽乘，要之中墨。夫士恶可以多寡言哉！国初之取士，或拔于台隶，或举于三老，或奋于刀笔。当时号为制科者，率不过百余人。其作为文词，皆据经义，不务剿剥蒪藻，乃近时人所共姗笑者。而名卿硕士，往往多出其中。功烈施于后世者，至不可缕数也。今文教大兴，海内向学，于是悉罢诸荐士路，一切网以科第。士争趋阙下，若鱼鳞杂沓，云合雾集。文学彬彬，可谓极盛。然考其功实，顾相悬也。异日者，天子患吏治之不振，增颁制额，广罗英俊，令穷乡鲰邑，皆用科第士以为长吏。其欲兴平致理，盖惓惓焉。乃求之愈多，而呈材愈乏。若是者何？撷华之悦目，固不若摘实之充口。故士之适用，诚不可以多寡论也。

余尝往来襄、汉间，美其风俗。与缙绅大夫处，咸质直重厚，辩于心而讷于口。及闻长老言，前辈风烈，尤为恂实尔雅。大者，以经术取卿大夫，辅翊其世主，功名著于春秋；小者，下至郡邑守令，咸可称述。沨沨乎，固大国之风也！如此，即百□十人，庸可以少称乎哉？夫人材之污隆，由于风俗；乃风俗亦赖人材以成。亢桑抱道，畏垒大穰。绵驹善讴，齐右变俗。故君子之处世，所以制俗者也，非由俗制也。将使浮者挽之以就实，而况实焉者乎？漓者酿之以还醇，而况醇焉者乎？语曰："不习为吏，视已成事。"后有兴者，考德论世，审名实之所归，察操执之所究，斯亦得失之林已。若曰整齐其故事而已，非大夫意也。

学农园记

樊迟请学稼，而孔子小之。意迟欲躬稼勤苦，思以易天下，如许行所称皇农之道，并耕而治者。故孔子明礼义，信大人之学，以广其意。如曰能如是，民归之，且有为之稼者，何用屑屑自亲其事为？夫圣贤之言，各有攸当。世儒见迟鄙嗤于孔子，便谓农不足学。绮衣灿烂、钟鼓馔玉，剥下自润，而不睹其艰。第令此曹得侍孔子，讵足以小人嗤之邪！昔晋简文不识稻，闭阁三日不出，犹有惭色。曰："宁有赖其末而忘其本者。"夫天子之尊，犹以不知稼事为耻，况其下者，何敢自逸！

余少苦笃贫，家靡担石。弱冠登仕，裁有田数十亩。嘉靖甲寅，以病谢。自念身被沉疴，不能簪笔执简奉承明之阙。若复驰逐城府，与宾客过从，是重增其戾。乃一切谢屏亲故，即田中辟地数亩，植竹种树，诛茅结庐，以偃息其中。时复周行阡陌间，前田父佣叟，测土壤燥湿，较稑穧先后；占云望浸，以知岁时之丰凶。每观其被风露，炙熇日，终岁仆仆，仅免于饥，岁小不登，即妇子不相昫；而宫吏催科，急于救燎；寡嫠夜泣，逋寇宵行，未尝不恻然以悲，惕然以恐也。或幸年穀顺成，黄云被陇；岁时伏腊，野老欢呼，相与为一日之泽，则又欣然以喜，嚣然以娱。虽无冀缺躬馌之勤，沮溺耦耕之苦，而咏歌欣戚，罔不在是。既复自惟：用拙才劣，乏弘济之量；惟力田疾耕，时得甘腝以养父母，庶获无咎。且斯事虽贱，非学亦无由知也，因榜其园曰"学农"，以申止足之义焉。

或曰："农，生民之本也。周家用稼穑兴王业。即治天下国家，同亦由力本节用，抑浮重穀，而后化可兴也。吾子意在斯乎？"夫君子志其远者、大者，小人志其浅者、近者，吾侪小人，饔飧之不给是虞，而又敢有他志？且为菟裘，以娱吾生而已。诗曰："优哉游哉，聊以卒岁！"

荆州府题名记

荆州旧无题名。定山袁公，由祠部郎中出守兹郡，三年，既政成民熙，公府多暇。按郡志，访遗老，得国初以来太守若干人，同知、通判、推官总若干人，纪其迁授年月，并勒于石，以传永永。其中或用贤能取卿相，显名当世，鸿猷遗惠，至今诵之不衰；或但有姓名，考其树立，莫可称述。后之览者，必将有感焉。斯亦得失之林已。居正既得览观前守行实，因以慨风俗之盛衰，乃喟然称曰：嗟乎！夫弛张之道，岂不由世变哉？

余闻里中父老，往往言成化、弘治间，其吏治民俗，流风蔑如也。是时明有天下几百年，道化汪濊，风气纯古，上下俱欲休息乎无为。而荆州为楚中巨郡，户口蕃殖，狱讼希简，民各安其乡里，亲爱长吏。长吏出行，旌麾前导，社中儿群游嬉车侧，不知走匿。盖其风纯至如此。太守以下率八九岁一易，即无他异能，而因常袭故，亦称贤能。当其时，治之为易。其继也，醇俗渐漓，网亦少密矣。一变而为宗藩繁盛，觊权挠正，法贷于隐蔽。再变而田赋不均，贫民失业，民苦于兼并。又变而侨户杂居，狡伪权诡，俗坏于偷靡。故其时，治之为难。非夫沉毅明断，一切以摘奸剔弊，故无由胜其任而愉快矣。然则地岂有难易哉？流俗渐靡使然耳。

语曰：圣人不能违时。振敝易变，与时弛张，亦各务在宜民而已。居今之时，用曩之治，欲因常袭故以希治平，譬以乡饮酒之礼理军市也，亦必不可几矣。是风俗之变也。嗟乎！明兴才百九十年，而变已如是。吾安知继今以往，其将变而厌弃今俗，以复古之敦庞简易乎？抑将变而愈甚以至于莫知其所终乎？后之治者，非随俗救弊，又将安所施乎？是皆不可知也。姑记此以俟来者。

宜都县重修儒学记

庚戌之春，余用侍从，请告归故郡。宜都教谕魏大济来移书曰："宜都旧有学也，岁久寖敝。荐绅先生学士大夫游其中者，咸思以新之而未能。嘉靖乙巳，会稽陶侯来守兹土。大济则间以是谋之。侯慨然曰：'是在余矣。'会天大雨，江水溢，巨木浮江而下，取以为材，省费之什二，乃为堂、为庑、为祠。又置学田五百余亩，以缮祭器，给师生之廪禄。自他旧制，有不当于人者，侯皆一新之。于是百年之废，一朝具兴，厥功茂焉。乃大济与诸生则愿以其事纪之于石，以垂不朽。"

史张氏乃曰：余闻之孔子"道之以政，齐之以刑，民免而无耻"。《传》曰："如欲化民成俗，其必由学乎！"信哉，是言也。夫法令政刑，世之所恃以为治者也。言道德礼义，则见以为希阔而难用。然要其本，则礼禁未然之前，法施已然之后。法之为用易见，而礼之为教难知。故古之王者，立大学以教于国，设庠序以化于邑。皆所以整齐人道，敦礼义而风元元者也。今议者不深惟其本始，骛为一切之制，以愉快于一时。夫教化不行，礼义不立，至于礼乐不兴，刑罚不中，民将无所措其手足。当此之时，虽有严令繁刑，只益乱耳。乌能救斯败乎？由此观之，道民之术在彼不在此也。

宜都环数里以为邑，处僻远之区，吏复不能加意以振起士习，数十年，学者益落。然陶侯一新学，而人皆䜣䜣。荐绅先生、学士大夫咸相与踊跃赞叹，改观而思奋。延及齐民，亦无不被服于德教者。此其转移化道之机，盖有不言而风行者矣。故上之化下，犹影响也，何必政刑？子之武城，闻弦歌之声而喜之。岂为一弦歌足以治武城哉？在以道化民，渐渍以礼乐，而孔子取焉。故曰君子学道则爱人也。若陶侯所谓君子者非耶？虽然，人知陶侯之功矣，犹未悉其深意。自孔子没，微言中绝。学者溺于见闻，支离糟粕，人持异见，各信其说天下。于是修身正心、真切笃实之学废，而训诂词章之习兴。有宋诸儒，方诋其弊。然议论乃日以滋甚，虽号大儒宿学，至于白首犹不殚其业。而独行之士，往往反为世所姗笑。呜呼！学不本诸心，而假诸外以自益，只见其愈劳愈敝也矣。故宫室之敝，必改而新之，而后可观也；学术之敝，必改而新之，而后可久也。陶侯不惮改作，以新宜都之学。宜都之士亦必不惮去其旧习，以自新其学。继自今傥有窥圣人之宫墙，而升堂入室者，讵知非吾言启之与？

荆门州题名记

荆门州者，故荆州府北鄙也。今上龙飞汉郢，升安陆州为府，割旁郡属邑以益之，乃荆门又改隶承天焉。古称东南形势，荆、襄为吴、楚上游。襄阳北距宛、洛，荆州西控巴、蜀。而荆门介居荆、襄间。唐邓瞰其腹胁，随郢益其肘臂。南望江陵，势若建瓴，重关复壁，利以阻守。运奇制胜，亦足以冲敌人之肘胁。故称荆门，言隘地也。详其名义，度其要害，乃知改隶之议漏于是矣。天下幸而无事，关门夜启，行者不道徼，守者不执戈，虽有险，无所用之。即一旦狗吠于垣，烽烟乍警，则步仞之丘，阻于崤函；寻常之流，画为天堑矣。况此州当南北要冲，为荆郡门户。噫，其可忽哉！

余闻长老言，始荆门隶荆州时，人物殷富，蓄积盈囷，食山泽之利，民至老死不睹市廛。今密迩潜邸，供需百出；又当九达之途，冠盖往来，项背相望，少不如意，即被遣斥。长吏奔走，救过不给，而其民亦颇饰狡狝，骜为一切苟免，无周身之虑。盖旧俗之亡，久矣。夫财不足则争，信不足则伪，大奸之所资也。何以守险？曰人。何以聚人？曰财。财赡而礼义生。即有大奸盗，莫之敢乘。昔者孔子之论政曰：足食足兵，而民信之。非甚不得已，不敢去一。故善为天下虑者，毋使至于不得已也。夫欲先事，弭患息民固士，唯在拊循爱养哉，唯在拊循爱养哉！

按南宋时，荆门为边郡。自象山陆先生守是州，倡明道学，以易其旧俗，又积贮筑城，为守御之备，荆门遂为重镇。然先生收之于疮痍凋瘵之后，而今也养之于国家全盛之日。程时度力，难易又殊矣。余尝读先生语录，至所谓分别义利之辨者，乃使人斤斤焉，神竦心惕。及过荆门，谒先生祠下，又低徊久之不能去。《诗》曰："高山仰止，景行行止。"苟有志于斯民者，伐柯之则，夫岂远哉？

荆门旧无题名。州守戴君，同知邹君，始创为之。戴君精敏而孚惠，邹君慎清而端悫，皆能其官。故余志之，亦以告后人。

重筑松滋县城记

嘉靖乙卯，松滋尹张君家传，抵任二年，厘正百务，积滞具举。乃为文抵当路曰："邑故有土城，岁久且圮。里甲约敛民财，岁岁补葺。而奸民阴规其利，干没自润，实无益于秋毫，城圮如故。今独不可规久远。一切用砖石，俾奸民无所规其利，而邑以永宁。且夫不一劳者不久逸，不暂费者不终省。窃与邑中士大夫父老熟计之，皆以为修之便。"于是分守大参鹤峰柳公、分巡宪副槐溪孙公、郡守定山袁公，咸报曰："如令议。"适岁大稔，遂用其年八月始事。君乃捐俸酌赎，庀公约费，民争趋之。至十月，工竣。为城八百丈，甃以巨石，扃以崇关，井干楼橹靡不宏丽，屹屹为巨观矣。异日，抚治檄列郡，督所属州邑城垣宜修者，所司竟持空文塞责，莫敢为先。乃张君以实奉行，不惮一时之劳，而建百世之利，民不告瘁，大工克就，厥功茂焉。

史张氏曰：余读周《诗》，至《兔罝》之章，曰："赳赳武夫，公侯干城。"尝叹以为文、武之初，治化旁洽，胶结民心，虽兔罝之野人，皆可以为干城扞御，何其盛也！其季也，疆圉多故，在位者多旷，诸大夫忧之，曰："无俾城坏，无独斯畏。"劳役不已，曰："土国城漕。"吁！又何瘁也。岂所谓盛世之守在人，季世之守恃险耶？在人者，无形之险也；恃险者，有形之险也。然亦时异世变，有不得不然者。明兴百八十余年，属国家隆运，寓内无鸡鸣狗盗之警，民至老死不见兵革，可谓极盛矣。往时东南濒海之区，列县数十，富甲天下。无城守扃镝之限。及海寇窃发，长驱诸郡，民皆骈肩束手，莫之敢撄。何则？变起于仓卒，而人心狃于治安，此必毙之道也。夫无形之险，既已靡恃，而有形之险，复不加修，则是束手骈肩俟毙已矣。松滋西接夔峡，面江阻山，即有缓急，亦要区也。人之恒情，能见已然，不能见将然。时属清泰，未睹其利害。一旦有不测，则是城所系，岂直一手一足之为烈哉！《诗》曰："吁谟定命，远猷辰告。"兹役有焉。庸纪其事，以垂不朽。

张君名家传，浙之鄞县人。果毅有为，其在邑治理诸务，皆如城事。相其画者，县丞苏曜、主簿韩镂。董其工者，省察官田辖。并列于后，以彰保障之功。

王承奉传

王承奉大用者，霸州人也。逮事敬皇帝为奉御，侍慈寿皇太后于仁寿宫。毅皇帝时，升御马监太监，赐蟒衣，内苑乘马，通显矣。然性刻廉刚直，弗能下其侪辈，以是不得久内庭，出为辽府承奉。是时辽庄王病，不能视事，委政国妃毛氏。国妃贤，通书史，沉毅有断。而承奉从内佐之，所厘正国家事，不可胜道。

顷之，庄王与国妃相继薨，嗣王立。王聪敏辩给，而嗜利刻害。及长，多不法。常出数百里外游戏，有司莫敢止，故无所惮。然心独惮承奉。承奉好直谏，王积弗能忍。乃曰："承奉老矣，宜免朝请。"于是承奉希得见王。王少无子。所幸乐妇生子，置外舍。久之，王有萎病，度终无子，乃取外舍儿内宫中。时儿已八岁。诈曰宫人某氏子，欲以闻于朝。故事：王子生，承奉司即具所生母姓名及产婐状，关相长史，乃得奏附玉牒。

王以其事下承奉。承奉愕曰："王安得有子？承奉乃不识何宫人有娠，及产子状，不敢奉命。"王大怒曰："老奴敢尔者，死邪！"于是尽捕承奉诸用事者，皆榜笞数百，被重罪，欲以迫胁承奉。承奉终不为动。王乃召承奉，缪为好语曰："而不知予之为病耶？事成，而有后主，而富贵可长保，独奈何为他人忠？"承奉伏地叩头流涕曰："老奴受国厚恩，死无以报！顾此事涉欺罔，法例严甚。王子非真子，外悉知之。后有发如者，祸且不测。老奴死不敢奉令！"王谬谢曰："承奉言是也。"乃以计绐夺其印，而自署承奉名行之。承奉既见欺，无可奈何，怒以首撞壁，大叫曰："生不幸为刑余，又弃外藩。今王所为如是，吾弗能匡救，祸且及矣。诚不忍老见刑狱。"即闭户自经。绳欲绝，会有救者，得苏。日夜涕泣，竟至失明以死。国人悲焉。

太史张氏曰：余在史局，好问先朝事。诸老阉语及孝庙时，辄流涕有哽咽者。及归楚，见王承奉，忆往事，犹能历历道也。语具别录中。夫地之美者，善食禾；君之仁者，善养士。何敬皇帝时人物之茂，乃其厮隶亦莫不有大臣风节焉。观其临议执正，毅然不为利回，不为威惕，虽壮夫哲士，何以加焉。第令久内庭，管枢密，如近时兴安怀恩辈，讵足多哉！余以是知敬皇帝之泽入人深矣。王承奉，盖弘治间人也。

卷三十八　文集十

题竹林旧隐卷

竹林者，万子荣故居也。万子生于屏陵，长待诏宦者署，出为益内史。是时宗藩中，益殿下最为亲贤好学。而万子以修洁自将，又聪慧颖悟，以故得幸于王。三年，以类奏走京师。而余与万子同乡里，既相见，道故旧劳苦如平生欢。已乃向余叹曰：吾闻君子乐其所生。而有情之物，思不忘本。故楚客越吟，庄生爱似，其致一也。吾少有烟霞之想。方其隐居修竹之间，图书自娱。盖自谓与此君终焉尔。竹坚贞有常性，贯四时，凌霜雪而不改。又盘据纠结，固守其所，得君子之止焉。而吾轻去父母亲戚，远宦他国，旧业日芜，枝柯零落。竹不负吾，而吾负于竹多矣，能无思乎？

张子曰：若是，则子之爱竹，是得其形而不得其神者也。夫得其形，则视天下之物皆物也；得其神，则视天下之物皆我也。故竹微物，而昔之君子贵之，皆意有所惬焉者也。夫外直而中洞，音中律吕者虚也；发萌陨箨筿然葱茜者，文也；严霜下零，众草俱萎，寒色森森，与贞松而并秀者，节也。君子取其虚以宅心，可以弘翕受之德；取其文以饰听，可以焕至德之光；取其节以励行，可以坚独立之操。斯所谓得其神者也。得神而形可忘矣。且圣人不撄情于物，而委心以任去留。故以天地为寄迹，以四海为一区。若子之言必处潇湘之间，日与其苍翠檀乐者居，而后为友也，毋亦与昔人之所存者异乎？

万子矍然曰：远哉，先生之谈，吾乃今之得与竹为友也。吾向者之言，固矣。既闻至论，请终身服之。

跋叶母还金传

余读史，窃高杨震、管宁之为人。及至京师，游荐绅诸公间，又闻有叶母还金事。还金至小节，非叶母母仪妇训之炳然者，而士大夫咸极称之，何哉？杨、管不作，而介然取舍之操乃出于妇人云尔。然方其临莅不顾，逡巡退让之时，岂自知当播誉于人，垂光简册哉？宁以贫困，义不苟得，盖所谓无欲而好仁者。仲尼称人之为善，欲盖而弥章也，岂叶母之谓邪？显扬其亲，美以崇孝，中书君之谓邪？

跋会稽徐珊四宝编

楚人太岳子曰：余尝为翁张君传，拟韩氏之毛颖，已而火之。盖文以属词切理，宣扬道德者也。司马长卿为《上林赋》，借子虚乌有以讽世主，犹不免取诮俳优。况复作谜语，以夸侈藻绘者哉！自退之作，已见笑于子厚。其他寿光生生草华诸传，琐琐可胜道哉？然其称引托喻，谲以为讽，抑亦韩制之旁流也。墨士故自以文为戏，观者亦且以小喻大，文章家所不废也。余于徐氏《四宝编》，欣然而存之。

方氏建水射铭

黄山之源，东流为淇潭之水。溉田千亩，亩俱五钟。六姓者居焉：为方、为夏、为汪、为李、为姚、为阎，咸先世名族也。而方氏居北岸。岸受水冲啮，虑殚为河矣。居人疾焉，谋为石岸，以射水势。而工巨莫为任者。浔溪方君端，独慨然曰："一劳者永逸，利百者功建，其在余乎！"乃鸠工伐石，舆致其侧。水潦举事，嶒崯重累，上为大道，延袤数里。于是依北岸者百余家，为奠居焉。起嘉靖丁亥，迄乙卯，工乃落成。盖费虽不赀，而百世利矣。

夫修身洁行，雉膏龙霖，以博济天下者，卿大夫事也；散财树德，拯患急难，以利一乡者，士庶人事也。今豪右侈族，以其财雄里闬，即不翼其虒戾足矣，能建利捍患于人耶？快于自润，吝于及人，人情也。若方君者，讵不足多乎？方君从子五溪、大濂，俱从余游，而以君建水射大功，祈余为之纪。方君闻之，矍然曰："细行何足烦大君子记！"其深衷不伐如此。夫不惮劳费，建百世之利，近于义；积而能散，近于智；不矜其功，近于厚。信哉，方君！居士庶人而有卿大夫雉膏龙霖之功者乎？余嘉其词而为纪。系之铭曰：

为鱼淮阳，化鳖秦中。谁言柔德？其害靡穷。层岩嵯峨，巨石岰。障彼狂澜，委伏而东。昔也沮洳，今焉崇墉。高原肬肬，禾黍芃芃。千万斯年，不骞不崩。谁其营之？方君之功。

玄海子著书评

扬子云白首著《太玄经》，殚极心力，而世无有称之者，独桓谭以为必传。今人读其书，谓如《坟》《典》《丘》《索》，谈艺者必归焉，而不知当时人以为只足覆瓿云耳。人情好慕远古而忽侪类，信习熟而骇所希闻。彼亲见扬子云名位不显，又所著作非浅见谫闻者所易窥测，其见诋诃宜矣。微独子云，即岩穴之士，殚精神于毫素，有不以穷约自发愤也哉？其堙灭而无称者，又可胜道哉！

玄海子遁世绝俗，不交当世，而好著书，至老不倦。所著有《太平本论》《玄叩集》。余读《太平本论》，上穷皇农，中述道德之意，下极肖翘之变，旨趣深矣。读《玄叩集》，又穷极幽隐，钩致深远，索玄珠于象罔，叩寂寞而求声。吁，又何其闳览博诣君子乎！他作铸词险峻，至不可句，又焉能究其旨归？则世之知者盖亦希矣。嗟乎，玄海子慎勿轻出其书，世有博诣远观如桓谭者，将必有传之后世之先见，而何计世俗之知与不知哉！

书胡氏先训卷

吉胡正甫氏出其高、曾祖《遗训》。余观之，称慕古昔，率中规矩，以守道居约，箴诫子姓，而归本于质厚。盖两翁生先朝全盛时，道化汪涉，故皆知节谊敦实，而无夸毗市利之习。夫人处世，譬之尺蠖矣，食苍而苍，食黄而黄，故啜醇者之不能为醨，与处华者之不可返质。即贤者犹将移之，况渐渍于由俗者乎？

正甫行修，而文复恬于世好，最为卓越矣。然未知真纯简素，便可比踪先世否？璞不能不散而为器，玉不能不磨琢而为圭璋瑚琏。彼其为圭璋瑚连也，则亦远于璞矣。

余从正甫观遗训，盖累叹焉。又别出其父晴冈翁手泽一卷，言质直率，类其二祖，而于圣贤之学尤惓惓焉。胡氏世有儒宗矣。昔阳明先生昌学于东南，学士大夫或颇有弃而不信，而闾巷之儒油然宗焉。如是者何哉？兼膏雨之洽润，非有所择也，物则有受弗受矣。受则莘茸犹华实，弗受则苞乘之财日就槁矣。余与正甫论学最契，谓其出于罗念庵先生，余素所倾向者。然不知正甫更承其家学如此也。驹本渥洼，而良、乐又从而拂拭之，欲不千里得乎？

祭张龙湖阁老文

呜呼！自吾乡李文正公之殁也，数十余年而公兴。惟公实钟衡湘之秀，秉箕尾之精。既而擢冠礼闱，翱翔艺苑，以至爱立作相，望实炳煜，日有闻矣。而顾止于是。胡造物者之于公也，既与之以勃郁磅礴之气，而复夺其期颐耄耋之年耶？窃尝见公议论天下大计，谋思如江河之不穷，早见如龟策之不爽，意公久于其位，必当以修攘之策靖四方，使朝庭尊荣，边圉宁谧。见公之立于朝，正色率下，无所假借，意公久于其位，必当以刚直之节肃百僚，使端士不惧，懦夫能立。见公之学术渊深，博闻强识，意公久于其位，必当以帝王之学沃君心，使礼乐可兴，道化湔洽。而今皆已矣！

嗟乎！公之心未可一二与俗人言也。公之自留都入相也，今天子拔之于疏远之中，而置诸左右。公之知故，莫不为公喜，而公独愀然不见其忻豫之容。宾客在门，颦蹙疾首；语及时事，辄扼揽而於邑。此其志意岂在富贵贤豪间耶？嗟乎！难成者事也，难得者机也。以公之硕德宏器，负海内之望者二十余年，曾不得大展于时，乃竟颅颃以陨也，谓之何哉！

凤翔等于公有同乡之情，有分职之任，或与公为交游，或为公之晚进，皆思毕虑竭愚，陈其所知以献于公，少裨万一。岂谓公遽止于是而已哉！嗟乎！生之有死，古之与今犹旦暮耳，何足悲乎？所悲者，不悲公之死，而悲公之志未伸；不悲公之一人云亡，而悲夫后学之无所师承也。呜呼，已矣！幽明之谊永乖隔矣。漫漫修夜，寂寂高堂，言寄于衷，泪寄于觞。精爽伊迩，昭格洋洋。

祭朱公文

导漾挺灵，大别储精，葱茏蕴结，郁生人英。惟公幼怀瑰玮，早继簪缨。执殳胄甲，腹心干城。心驰瀚海，志勒燕铭。遘兹时之偃武兮，爰嘉遁以辞荣。弋冥鸿于碣石兮，招黄鹤乎秋冥。遥弭节于梦渚兮，长绝意于青门。惜猛志之既蹶兮，终崛起于后昆。笃生侍御，乘时策名。分符岭表，揽辔都亭。猗猗令望，赫赫厥声。怀陟岵之遐思兮，冀瓜期之既及。秣昼游之骢马兮，振斑斓以晨夕。何寸草之方殷兮，伤大椿之遽靡。驰遥想于重云兮，结长悲于万里。呜呼哀哉！公厌世兮，释累而离氛。骖驾苍螭兮，谒云中之君。仙辀杳而难即兮，灵御俨其缤纷。羡华胥之不返兮，哀人生之长勤。彼生死同于旦暮兮，又何修短之足云。

某等追随令子，挹公余芬。莫能走哭于宾位兮，悲讣音之远闻。寄愁心于楚水兮，托哀响于江云。瑶席兮玉瑱，桂醑兮兰馨。瀹江兮荐琛，缬芷兮燔薰。灵之来兮不来，使我心兮殷殷。

祭兵部侍郎傅公文

呜呼我公，邦之干城。作镇大藩，式武且文。狝狁匪茹，逼我畿辅。帝乃震怒，陈师鞠旅。曰："嗟咨！畴赞予征？"四岳咸荐，来公于京。肃肃我公，帝命是共。星言凤驾，沐雨栉风。公既戾止，百劳萃止。既总国储，戎务是理。惟此大任，咸集于公。宁居不遑，夙夜在公。公病于邸，手足萎苶。人曰："盍归？"公曰："效死。"岁夏六月，公遂以亡。嗟嗟昊天，夺我邦良。公志未遂，公身先殂。大难未夷，公归何所？不悲公死，悲时之艰。匪鳣匪鲔，曷逃于渊？死者永宁，生者长戚。心之忧矣，疢如首疾。灵莩南发，祖道悠悠。奠公一觞，聊以写忧。

祭敕封翰林检讨陈公文

呜呼！自绮等得侍吾师陈先生，听其语，未尝一日不在岷峨锦水之间者，念翁在也。然翁闻先生之欲归，辄唏哦不乐，驰书戒使拒而尼之。先生徘徊於邑，欲去不克遂者数年于兹。故翁之没也，先生崩恸殒绝，呕血呼天，不能自止。诚憾夫夙志之有违，而痛乎追养之莫逮也。

夫父子之爱，天性也。人之于子，莫不愿拳踞伛偻，拊之膝下；祖辈鞠膐，就之朝夕。然世顾有近之而愈戚，远之而愈欣者。将资父之义，重于承欢；显扬之美，贤于色养耶？嗟乎！身无衡命，顺之而已。苟顺其志，生则悦之，死则安之。夫先生为讲幄近臣，有论思之责，有调护之寄，任大望重如此。翁能以私爱夺之否乎？第令先生奋然决一旦之意，不顾违亲以快其志可矣。翁悦之否乎？不悦则必有拂郁壅阏之怀焉。翁能以寿考终其天年否乎？若先生者，盖所谓抑志以安亲，违心以顺命者也。而又何憾于心乎？

某等游先生之门，悲先生之志。闻翁之讣，盖切怛悼痛，雪涕而兴哀焉。然又知翁之心，以先生之能顺其意为安且悦也。故瓣香陈词，告翁之灵，并以为先生解。嗟乎！翁而有知，谅亦无逆于斯言乎！

祭少司成晁春陵文

嗟乎！卜商失明于西河，濬冲钟情于一恸。忧能伤人，古今一揆，岂不悲哉！先生苍颜古貌，长身玉立。眠其状貌，度百岁人也。及伤其子吉士君之亡也，结念郁惇，遂成内患，形衰色惫，神气黯然。不五六年，而先生亦以长逝矣。岂溺情结爱，虽通人犹有所蔽耶？嗟乎！吉士君，贤子也。夫芝兰玉树，不幸殒折于风霜，即行道者犹咨嗟叹忆。乃一旦夺之阶庭，而委之泥涂，自非无情，能不悲乎？遂使文梓先摧，乔林继萎。矧读书万卷，而弘济未神；积德百年，而骏业中阻。嗟夫！先生安得不以是悲其子，而人安得不以是悲先生哉？

初，先生以弘衍该博，蜚声艺林。缙绅大夫，鸿儒学士，无不延颈举踵，愿托末交。而先生雍穆浑潜，恂然若无能者。其教成均仅数月耳，六馆师生以数百人，至众也，而颂先生之德者，口啧啧不休。使天畀之以年，其化导莫可量矣，乃今竟尔尔。岂意先生之巨者，既未尽布；而其细者，乃亦不克终耶？嗟乎先生，可悲也已！余二人者，以承乏，缪董教胄之役。而六馆师儒，又先生夙所甄陶者。方且欲咀先生之余润，以沾溉后生；播先生之遗风，以兴起善类。而先生不可复作矣。虽欲相与协和友善，以共图菁莪棫朴之化，尚于谁赖哉？

是日也，有牲在俎，有酒在罍，于以奠之？绌帷之下。神其来歆，我悲以写。

祭李封君文

文梓贞干，生于邓林。岂繄材良，植根则深。渥洼龙种，育必神驹。纷纷凡匹，厥类则殊。气厚期昌，德厚期祉。赫赫京兆，维公之子。

吁嗟我公，古之逸人。贲于丘园，顺志含真。汾沮崇俭，考槃乐道。潜德之光，闷而愈耀。乃生贤哲，作瑞家邦。譬彼九苞，翻飞鸣阳。掞藻词林，珥笔琐禁。崇阶荐跻，令闻藉甚。禄养方隆，天休载笃。方期大椿，遽悲风木。陟彼燕台，以望白云。白云不见，哀讣空闻。嗟嗟公乎，食于后人，不于其躬。天之报公，孰曰不崇？富贵福泽，既祺且寿。公之受享，孰曰不厚？乘烟驭风，驾螭骖虬。游于华胥，其乐悠悠。

某等昔与令子，比翼词垣。谊虽友朋，情均弟昆。死丧之戚，兄弟孔怀。瓣香陈词，维以兴哀。

祭封一品李太夫人文

夫鞠育顾复者，有生之所共念。力不副志者，贤哲之所歔欷。故有蓬户编珉，桑枢贱士，脍鳞为羞，采薇代旨。恨一馈之已竭，欲毕志其奚以？亦若奉舆西迈，逐子东征。入陈绮馔，出奉文辂。顾行亏而德劣，何禄养之足荣。矧乃修短靡恒，耄期难越。木望秋而先零，月既盈而倏魄。考载籍之所闻，索什一于千百。

惟太夫人，淑贞温惠，含德之贞。配沙麓以毓秀，孕太阴以储精。冰霜励其孤操，姜孟轶其令名。乃生哲嗣，翊我皇明。厥嗣伊何？曰少傅公。惟兹少傅，秉德渊冲。忠贞作干，夙夜匪躬。履姬公之几舄，奏崇伯之肤功。皇风穆其休洽，庶类煦以蚘懞。承帝曰咨，繄其有母。采璇珠之英英；溯灵源于合浦。惟深山与大泽，实龙蛇之所处。乃锡华章，一品是褒。煌煌翟氅，峨蛾凤翘。阶森兰玉，鼎列麟羔。揖绿华与金母，叫琼蕤兮绯桃。既履善而顺志，亦备养以充庖。是以心和体适，气谧形延。节匪筇而自健，鬓不沐而长玄，百岁厌世，翩然上仙。乘云驭风，驾凤骖鸾。缛典殊恩，殁而被焉。故论德则骏业著乎寰宇，征养则甘膬穷乎海岫，侈荣则崇封陟乎穹品，考终则修龄跻乎上寿。盖往帙之所寥闻，而方内之所稀觏者也。

某等幸承末庇，夙藉徽音。瞻兰堂而启处，悼月没兮珠沉。嘉休光之烨煜，又易戚而为欣。酌芳酤兮列糈，托柔翰以写忧。为斯言者，一以慰先灵于冥漠，一以缓傅相之哀怦。

祭封一品严太夫人文

国之隆昌，必有元臣。天寿平格，永康兆民。家之隆昌，必有贤配。缵严女功，以正厥内。臣劳主逸，刚唱柔承。代乾施化，配坤永贞。博观宇宙，邈焉寡伦。曰师相翁，暨其夫人。惟我元翁，小心翼翼。谟议帷幄，基命宥密。忠贞作干，终始惟一。夙夜在公，不遑退食。惟我夫人，式克承之。肃肃母训，煌煌令仪。纮綖苹藻，筐筐枲丝。居中作范，俨以妇师。笃生哲嗣，异才天挺。济美象贤，笃其忠荩。出勤公家，入奉辰省。义方之训，日夕惟谨。

嗟乎！国倚于翁，翁倚夫人。翁家有托，国乃用宁。我愿翁寿，齐于岱华。亦愿夫人，与之并驾。何期鸾驭，厌世遽谢。譬彼龙剑，雄存雌化。凡我朝士，下及台舆，奔惶载路，吊唁盈间。匪夫人伤，实为翁吁。惜哉樊孟，今也则无。光光天宠，煜煜孙子。既寿且昌，载绥繁祉。彤管有辉，令闻不已。嗟乎夫人！固无憾矣。灵辀南发，祖道悠悠。跂予望之，章江之陬。白云紫气，帝里皇州。青裒有知，庶其来游。

祭秦白崖先生文

吁嗟乎！造化无端，譬彼蒙倪。始余不信，今乃知之。夫先生初起海隅也，含菁咀华，怀珍抱璞，揖班扬，掩陆谢，出入铜龙，升降金马。此时视九列与三事，殆计日而可跻。曾无几何，素丝见缁，娇颜蒙垢。遂使威凤之羽，将摩霄而遽蹐；逸骥之足，望长路而中蹢。一信一诎，谁其尸之？及其暮年，身栖林壑，名重岩廊。于是龙光贲于丘园，逸驾返乎宣室。先生方将畏此简书，肃征戒两，而阙庭未觐，高车已摧；贺者未归，吊者随至。一出一处，又谁驱之？假令先生，上无汲援，下无推毂，谢安之诏不下于东山，蒙叟之舟得藏于巨壑。则先生必且终老林泉，从容正寝。何致委弃亲昵，毕命路隅！一生一死，又谁使之？呜呼！昔人有言：天地蘧庐耳，奚足怪乎？畀之何丰，攫之何匮，修乎何忻，促乎何怼。贾生睹鹏而长悲，尼父观麟而兴喟。岂崇替之所由，在圣智而犹蔽？唯冥契以达观，乃昭晰而不昧。某等凤承芳誉，遥藉徽音；托交令弟，比翼词林。听鹡鸰之哀噭，伤连枝之半倾。乃寄辞于柔翰，托生刍以写忧。

先考观澜公行略

先君讳文明，字治卿，别号观澜。高祖唐，妣沈氏。曾祖旺，妣王氏。祖怀葛公诚，妣聂氏。父东湖公镇，妣李氏。怀葛公以下，俱赠特进光禄大夫云云、大学士。聂以下，俱赠一品夫人。

其先，凤阳定远人也。始祖关保，国初以军功授归州守御千户所千户。至怀葛公，以别支徙居郡城。怀葛公阴行善，施德于人，不食其报。身自作苦，得钱即以周贫乏，或施僧供，家无余财。有识鉴，虽口吃，而其言皆足为训。里中父老称为謇子。每举其言以训戒诸子弟，必曰张謇老云云。其见敬信如此。謇祖生三子：长钺，仲即镇，季钛。钺能治生，饶于财。钛业儒，为邑庠生。镇豪宕任侠，不事生产，又弗业儒。然謇祖顾独爱之，逾于伯、季远甚。

及镇生先君，謇祖乃曰："吾平生济人多矣，后世必有兴者，其在此儿乎？"长而白皙修美，宗室有欲以女妻之者。謇祖曰："吾以此儿大吾宗，何用妇人贵乎？"卒不许。弱冠补郡庠。关西少华许君，督学楚中，试居高等。选郡中士才质尤异者，别居书院肄业。先君与焉。其后院中士先后皆取科甲，贵显于时。先君乃独七举不第。嘉靖癸丑，不肖以翰林编修，三年秩满，例得貤封。先君乃叹曰："吾束发业儒，四十年矣。自视非后于人也，今困厄至此，命也夫？"遂就封。为书语不肖曰："吾所未遂者，尽属汝矣。"

甲寅，不肖以病谢归，前后山居者六年，有终焉之志。先君居忽忽不乐，日见憔悴。不肖窃怪之，因亲友以探意。先君言："吾平生志愿未遂，望吾儿树立，用显吾祖。今顾若此，吾复何望？"不肖不得已复出，先君乃大喜，为益一餐焉。然自是不复奉晨夕矣。后不肖幸以先君所训经术，得侍穆宗于潜邸。继入中书，参大政。先君又为书戒不肖："汝平生恒以古人自期，今既遇明时，辅英主，勉之，毋负夙心。"隆庆庚午，以不肖一品，三年满考益封。久之，凡三益封至今官。今上践祚之三年，忽一日问左右曰："张先生父母在乎？"左右对言："先生父母俱年七十余，固无恙也。"上喜甚，以玺书谕不肖曰："闻先生父母俱存，年各古稀，康健荣享，朕心喜悦。特赐大红蟒衣一袭，银钱二十两。又玉花坠七件，彩衣纱六匹，乃奉圣母恩赐，咸宜钦承。着家僮往赍之。"先君捧读圣谕，叩头流涕曰："吾儿非吾有矣。"病中犹手自作家书，遣使来京。对之强饮食以示健。然语及不肖，未尝不流涕也。每书言："吾非不思汝，但人臣之义，鞠躬尽瘁。况汝膺先帝顾托之重，皇上眷倚之隆，阖门千指，咸受国恩，非捐糜此身，何用为报？矧吾尚健，慎勿念也。"不肖因是不敢言归，拟俟大礼告成，当请告一省觐。乃竟弗逮，以至抱憾终天。呜呼，痛哉！

先君幼警敏，为文下笔立就，不复改窜。口占为诗，往往有奇句。然不能俯首就绳墨，循矱矱，以是见诎于有司。性任真坦率。与人处，无贵贱贤不肖，咸平心无竞。不宿仇怨，人亦无怨恨之者。尝诵邵尧夫诗云："'半生不作皱眉事，世上应无切齿人。'吾殆庶几焉。"喜饮酒，善谈谑。里中燕会，得先君即终席尽欢。自荐绅大夫，以至齐民，靡不爱敬。有佳酒必延致之，或载至就饮。其自奉甚约，每食未尝过二器。不肖岁时或间奉绮丽，才一着，即藏之箧中不复用。凡服食器物，虽至敝坏，不以分给诸子。妾媵皆不得衣帛。不肖尝讽之曰："大人老矣，何自苦如此？且今藏之，不过以贻后人耳。大人且不敢用，彼为子孙者，何福可以消之？"先君言："吾性适尔，岂为后人计乎？且令后世师吾俭，乃所以贻之也。"然以周贫困，济艰急，则又无所惜云。

先君生以弘治甲子十二月十五日，卒万历丁丑九月十三日，时年七十有四矣。配封一品夫人赵氏。子男四：长即不肖；次居敬，郡庠生，早卒；次居易，荆州右卫指挥佥事，四川都司军政佥书；次居谦，癸酉举人。女一，适郡庠生刘允桂。孙男十人：嗣文，癸酉举人；嗣修，丁丑一甲第二人，翰林编修；嗣允，郡庠生；嗣哲，荫锦衣卫正千户；嗣弼，嗣澜，嗣宽，嗣信，嗣敏，嗣惠，俱幼。曾孙男□。以戊寅四月十六日，敕葬山。

处士方田李公行状

公讳秀，字茂实。其先扬州江都人也，洪武中从岷府护卫改戍临安，遂家焉。公性严毅浑朴，寡言笑。食不兼味，衣不纨绮，足不蹑公门，乘马不入里党。其孝友得之天性，兄弟三人，白首怡怡如也。子姓恂恂如也。少食贫，顾能心计，以少致蓄。然好施，其致产辄饶裕，而辄以分其诸弟。道路桥梁倾圮，辄捐赀为修葺，然常自秘不以闻。其阴德遍郡内矣。嘉靖戊子，临安大饥，谷价腾贵。有贷粟于公者，约丰岁倍偿。公曰："使吾欲射利，则数岁之偿，犹不足以当时值。夫有余不以济乏，非仁也；因而利之，非义也。"乃悉发庚赈之。所全活甚众。临安蒋守卒于官，索秘器，未有称者。公即出所藏为守敛。郡僚召之，以其值当。公曰："守，吾父母也。父母有急，可利其售乎？"卒不受值。众咸异之，名之义民矣。公辄又自秘，弗以伐。盖轻财慕义，振人之急，自天性也。

初，公好黄老言，及为善阴骘。《颜氏家训》《吕氏乡约》诸书，皆躬履。以教子弟，必忠厚谨敕。耻言人过，尤不喜争斗。见新锐少年，有使气持人短长、引绳批根者，恒下之，弗校。然少年亦莫敢侮之。享年八十云。

子遇元，登丁未进士，从中秘，擢拜给事中。公移书诫之曰："吾闻老氏称希言自然，大辩若讷。吾每诵其言，口不论人得失。然汝为谏官，言职也，义不当尔。天子置谏诤之臣，欲以通壅塞，广聪明也。宜日夜思道天子德意，陈善纳忠。若挟公立威，微文巧诋，发人之阴以快臆，吾死不愿汝有此名也。"是时朝廷多事，天子明察。谏臣言事一不称旨，辄条责言路，号为难称。公恒以为虑。无何，婴疾遂逝。

公生成化正月初一日子时，卒嘉靖辛亥六月廿二日丑时。配叶氏，生丈夫子二：长即给谏君；次调元，先公卒。女二：长适萧彦昭，次适陈昌言。孙男二：如瑜、如璨。公质行如万石君，木讷如建陵、张叔。虽潜德不耀，而修洁等也。余与给谏同读书中秘，素闻公事，记其大都若此，为立言者先矢焉。

卷三十九　文集十一

杂著

一

《大学》所谓至善,《中庸》所谓中，皆事理当然恰好处，如射的之红心，心里中红心也。为人父，有为父之理；为人子，有为子之理。天理人情，适当其可，而无过不及，乃为至善。如哭子，慈也；而至于丧明，则过矣。哀毁，孝也；而至于灭性，则过矣。然事理无常，当随时处中。故有在昔以为善，而在今为不善者矣；有在此以为善，而在彼为不善者矣。非有致知格物之功，则不能得止；非有惟精惟一之功，则不能执中。朱子所谓止者，必至于是而不迁之谓。夫谓必至于是则可，谓不迁则不可，不迁则滞矣。若易"迁"字为"过"字，则得"止"字之义。

二

《洪范》"稽疑"："身其康强，子孙其逢吉。"古注逢音宠，昌盛也，与强字叶。吉字与下诸吉字同。

三

《无逸》："惠鲜鳏寡。"鲜与先同，古字通用。言文王怀保小民，小民之中有鳏寡者，尤为加意，恩惠每先及之。《孟子》"文王发政施仁，必先斯四者"。

四

甘受和，白受采，非孔子之言也。夫味出于无味，色出于无色。甘亦五味之一，岂能受味？白亦五色之一，岂能受色？今易之曰：淡受和，素受采。故水无当于五味，五味弗得弗调；素无当于五色，五色弗得弗章。忠信之人，可以学道，以其质任自然，无所染着也。

五

《书》言"百姓"，皆谓百官。古时世家宦族，或以官为氏，或以父祖名字，或以封邑。惟居官赐爵禄者乃有姓。故黄帝之子廿有五人，得姓者十二人而已。尧"九族既睦，平章百姓。百姓昭明，协和万邦黎民"。是自宗族而推之百官，自百官而推之庶民也。后世以庶民为百姓，误矣。

六

殷人之俗，先鬼而后礼。其治天下多言鬼神。盘庚迁都，所以谕其臣者，率言其先世祖宗佐命成功之事，若其子孙不能忠于国家，则其先祖之灵必且请命于天，降之灾罚。高宗欲相傅说，恐人心不服，则托言梦赍，以儆动之。箕子，殷人也，其言五行征应，颇涉窈冥，遂启后世穿凿傅会之谬。至以"稽疑"、"卜筮"之事，与八畴并列，又为失伦。若言建皇极，敬五事，兼三德，用八政，则诚万世治天下之大经大法也。大抵神道设教，用以诱导愚俗，阴翊皇度，圣人所不废。智者唯心知其意，而毋泥其说，则可谓明也已矣。

七

陆象山言："唐、虞之时，道在皋陶。"今观虞廷之臣，所为陈谟献说，唯皋陶之言至为精粹。"知人""安民"二语，乃万世治天下者之准则。以九德甄别人才，以率作考成，保泰守业，无一语不关切治道。当时禹经理九州，十余年在外，宅揆之任必属之皋陶。故舜与之论道论治，其言独多。虞廷至治，实皋陶致之。后舜赞其功曰："俾予从欲以治，四方风动，惟乃之休。"禹曰："皋陶迈种德，德乃降，黎民怀之。"后世独见舜士师之命，遂言皋陶终身为刑官，殆不然也。禹之推让，恳切谆至，必有以服其心者。但皋陶赞襄左右，默运机衡，功在不显。而禹平成永赖之绩，昭塞宇宙，故舜因天下之心以命之。其实亦心知皋陶之德之盛也。禹之时，皋陶必已不存，使其尚在，禹岂舍之而传子乎？后世惟伊尹学术事业可与并称，至于周公稍觉多事矣。

八

中庸五德，兼备者寡。虽有具体者，或未能浩浩渊渊，底乎至大至深之域，未可谓之溥博渊泉也。夫惟天下至圣，乃能于此五者广大悉备，浩乎不可限量，沉深精奥，渊乎不可窥测。其溥博也如天，非寻常之溥博也；其渊泉也如渊，非寻常之渊泉也。如是，乃能随感顺应，各当其可。被其德者，莫不敬信悦服，而尊亲之。斯圣德之神也。尧、舜，吾不得而见之矣，禹以下，其犹具体而微者乎。

九

董仲舒言："夏尚忠，商尚质，周尚文。三代之治若循环然。当今宜损周之文，致用夏之忠。"此言非也。

《记》曰："虞、夏之文，不胜其质。"是夏亦尚质矣。"殷、周之质，不胜其文。"是商亦尚文矣。孔子曰："先进于礼乐，野人也。"是周之先亦尚质矣。

大抵天下之事，其发始也常简，其将毕也必巨。日之方升，其光煜煜，其气苍苍，至中天而后光明炫曜，至于中则昃之始也。花之未放，其色苍淡，其状蓓蕾，至盛开而后鲜艳馥郁，至于旰则萎之渐也。开国之初，庶事草创，人情朴古，大抵皆多质少文。凡制礼作乐、铺张繁盛之事，皆在国之中世。当其时，人以为太平盛美，而不知衰乱之萌肇于此矣。夏、商皆然，不独周也。圣人知其然，恒不待其盛而亟反之，斫雕而为朴，毁圆以为方。其制物也，宁拙毋巧；其用人也，宁实毋华。譬之枝木，重加栽截，则反本复始之机也。故孔子大林放之问，而志在从先。

十

天下之势，最患于成。成则未可以骤反。治之势成，欲变而之乱难；乱之势成，欲变而之治难。譬之霖潦之时，淡云薄雾皆足致雨，虽日光暂吐，旋即弥覆，阴之势成故也。亢旱之岁，日光酷烈，润气全消，虽云霭旋兴，旋即解散，燠之势成故也。

夫乱非一日之积也。上失其道，民散于下，贪吏虐政又从而驱迫之，于是不逞之徒乘间而起。堤防一决，虽有智者，无如之何矣。夫吏之被讦也，以虐政毒民。然茹其毒者，恒不能讦吏。而讦吏者，皆武断乡民、素不畏官法者也。盗之起也，以迫于饥寒。然饥寒者，不能为盗。而为盗者，皆探丸亡命、喜乱好斗者也。彼方含毒挟刃，以斗一时之衅，而为人上者又以乱政驱之，藉其怨愤无聊之心，以鼓其好乱不逞之气。焱至火烈，一旦遂欲扑灭之，能乎？故识其几而豫图潜消之，上也。不幸而至于是，在上者有人引咎罪己，拯罷困之民，诛贪贼之吏，使天下之人系心于上而未睽离，则盗贼之势孤，而应之者少。数年之后，根本渐固，人心渐安，不逞之徒其忿已泄，而其势日杀，庶可解散耳。然至是，国家之元气十损八九矣。故势之未成，中材可以保图；势之既成，智者不能措意。

贾生之论曰："借使子婴有庸主之才，仅得中佐，山东虽乱，秦之地可全而有。"此不揣事势之言也。夫天下怨秦久矣，当此之时，虽伊、吕何益乎？

十一

国势强，则动罔不吉；国势弱，则动罔不害。譬人元气充实，年力少壮，间有疾病，旋治旋愈，汤剂铖砭咸得收功；元气虚弱，年力衰惫，一有病患，补东则耗西，实上则虚下，虽有扁卢，无可奈何。昔有人年七十矣，而患肠澼。医曰：此脏热也。饮以寒剂。寒停胃中，肠澼未愈而病胃，不能食。医曰：此中寒也。投以温剂，助其饮啖。虚火内炎，胃未强而病眩冒，不能寝。于是又从而消导之，下利数日而毙矣。此其治之非不对症也，而卒以死者，元气不胜故也。是以君子为国，务强其根本，振其纪纲，厚集而拊循之，勿使有衅。脱有不虞，乘其微细急扑灭之，虽厚费不惜，勿使滋蔓，蔓难图矣。

十二

赵、盖、韩、杨之死，史以为汉宣寡恩。然四子实有取祸之道。盖坤道贵顺，文王有庇民之大德，有事君之小心，故曰“为人臣，止于敬”也。四臣者，论其行能，可为绝异，而皆刚傲无礼，好气凌上，使人主积不能堪。杀身之祸，实其自取。以伯鲧之才，惟傲很方命，虽舜之至德，亦不能容，况汉宣乎？《易》曰：“坤道其顺乎？承天而时行。”毕志竭力，以济公家之事，而不敢有一毫矜己德上之心，顺也。险夷闲剧，惟上之命，而不敢有一毫拣择趋避之意，顺也。内有转移之巧，而外无匡救之名，顺也。怨谤任之于己，美名归之于上，顺也。功盖宇宙，而下节愈恭，顺也。身都宠极，而执卑自牧，顺也。然是道也，事明主易，事中主难；事长君易，事幼君难。

十三

天下之事，极则必变，变则反始，此造化自然之理也。尧、舜以前，其变不可胜穷已。历夏、商至周，而靡敝已极，天下日趋于多事。周王道之穷也，其势必变而为秦。举前代之文制，一切铲除之，而独持之以法，此反始之会也。然秦不能有，而汉承之。西汉之治，简严近古，实赖秦为之驱除。而贡、薛、韦、匡之流，乃犹取周文之糟粕，用之于元、成衰弱之时，此不达世变者也。历汉、唐至宋，而文敝已甚，天下日趋于矫伪。宋，颓靡之极也，其势必变而为胡元。取先王之礼制，一举荡灭之，而独治之以简，此复古之会也。然元不能久，而本朝承之。国家之治，简严质朴，实藉元以为之驱除。而近时迂腐之流，乃犹祖晚宋之弊习，而妄议我祖宗之所建立。不识治理者也。

十四

三代至秦，浑沌之再辟者也。其创制立法，至今守之以为利。史称其得圣人之威。使始皇有贤子，守其法而益振之，积至数十年，继宗世族，芟夷已尽；老师宿儒，闻见悉去；民之复起者，皆改心易虑，以听上之令，即有刘、项百辈，何能为哉！惜乎，扶苏仁儒，胡亥稚蒙，奸宄内发，六国余孽尚存，因天下之怨而以秦为招。再传而蹙，此始皇之不幸也。假令扶苏不死，继立必取始皇之法纷更之，以求复三代之旧。至于国势微弱，强宗复起，亦必乱亡。后世儒者，苟见扶苏之谏焚书坑儒，遂以为贤，而不知乱秦者扶苏也。

高皇帝以神武定天下，其治主于威强。前代繁文苛礼，乱政弊习，铲削殆尽。其所芟除夷灭，秦法不严于此矣。又浑沌之再辟也。懿文仁柔，建文误用齐、黄诸人，踵衰宋之陋习，日取高皇帝约束纷更之，亦秦之扶苏也。建文不早自败，亦必亡国。幸赖成祖神武，起而振之，历仁、宣、英、宪、孝，皆以刚明英断，总揽乾纲，独运威福，兢兢守高皇帝之法，不敢失坠，故人心大定，而势有常尊。至于世庙，承正德群奸乱政之后，又用威以振之，恢皇纲，饬法纪，而国家神气为之再扬。

盖人心久则难变。法之行，不可虑始，即有不便于人者，彼久而习之，长而安焉，亦自无不宜矣。三代惟商之规模法度最为整肃。成汤、伊尹，以圣哲勇智创造基业，其后贤圣之君六七作，故国势常强。纣虽无道，而周取之甚难。以文、武、周公之圣，世历三纪，始得帖然顺服，盖天下之归殷久矣。余尝谓本朝立国规模，大略似商，周以下远不及也。列圣相承，纲维丕振。虽历年二百有余，累经大故，而海内人心宴然不摇，斯用威之效也。

腐儒不达时变，动称三代云云，及言革除事，以非议我二祖法令者，皆宋时奸臣卖国之余习，老儒臭腐之迂谈，必不可用也。

十五

曾参杀人，言之者三，而母为投杼。羊叔子之不酖人也，其敌而信之。夫祜之贤不及参，抗之亲孰如母？然彼信而此疑也。故心迹见谅，异域可亲；拟议不明，同胞何益！传曰：人之相知贵知心。又曰：士为知己者死。使知己而可多得也，何用死之？故苏秦不信于天下，为燕尾生；豫让忘君事雠，而为智伯死。今各府州县，有圣祖颁行戒石铭曰："尔俸尔禄，民膏民脂。下民易虐，上天难欺。"本五代时蜀主孟知祥之词。

十六

立嫡以长，常道也。若长者未克负荷，而众子英贤可立，则周太王、文王行之矣。此自人主家事，且创业之君计虑深远，未可拘寻常，引故事以争也。

汉惠帝仁柔，高祖以赵王为类己，故欲立之，未必尽由戚姬之宠，故留侯不强争。其后为建成所劫，不得已为之画计。武帝舍其诸子而立少，使霍光传之，竟以安汉。光武舍东海而立明帝，东海未有失德也。晋武早从卫瓘之言，必无永嘉之祸。唐之基业，实太宗所造。高祖庸暗，不定计于先，致使禁庭喋血，兄弟相戕。宋王成器鉴之，力辞储副，以让玄宗，终身友爱，长保福禄。斯其得失之效，略可睹矣。

创业之初，天下甫定，反侧未尽归服，威德未尽周洽，其所建立，未能尽当乎人心，非如奕世之后，势有常尊，而人有定志也。诚得长君英主，世及相承，数十百年之后，威德洽于海内，国势奠于久安，反侧者已尽，觊觎者不萌，即有庸主中佐，天下宴然可无事也。周之先世，积德累功。武王既没，成王幼冲，殷民放于外，三叔阋于内。当此之时，若无周公，姬氏之业犹未可知也。而况崛起于草莽，角逐于群雄者乎？殷家传弟，世有长君，故国势最强。元魏高欢，二子相继为帝，而娄后主之。彼虽妇人，亦有远识，非书生竖儒所能窥也。

高皇帝自失懿文之后，实属意于成祖。而刘三吾等老儒，乃谓置秦、晋二王于何地。不以社稷为重，而牵于长幼之情，此世俗之见也。嗟呼！建文之时，国本挠弱，强宗并峙，非成祖之雄略，起而振之，天下之势岂不危哉？此非寻常之人所可语也。

十七

王景略，雄杰士也。其君臣相得之美，匡济荡定之功，亦千载一时也。独其计陷慕容垂之事，吾无取焉。垂本以穷来归，苻坚厚遇之而不疑。其招徕并包，盖亦有英雄之度。斯垂之所为感奋致死者也。使苻坚志意不荒，景略长在，虽垂等百辈，不过垂橐鞬、杖斧钺、奉奔走耳，何能为乎？坚之所以亡，在宠幸嬖佞慕容冲等，志骄气盈，远事江左，不在用垂也。当此之时，即无垂，秦不乱乎？猛盖自揣才略不能驾驭垂，故百计欲去之，以为足以弭将来之患。而乃出于阴贼险狠之谋，类小人女子妒宠忌能者之所为，此诸葛孔明辈所不道也。

十八

或言大臣子弟应举，不当与寒士争进取者，此论非也。

自晋、唐以来，士人咸重门地，王、谢子孙与六朝相终始。至隋、唐设科取士，寒素乃得登用。而建官要职，仍多用世家。大臣恩荫，皆得至将相。如唐萧、卢、崔、郑，累世宰相，有至八九人者。中唐以后，进士一科最为荣重。而李德裕以其父荫，为备身千牛。或劝之应举，德裕言好驴马不入行，后亦为宰相。盖世家子弟，自有登用之路，不藉科目而后显。是科举大臣子弟一人，则退寒士一人矣。

若本朝，则立贤无方，惟才是用。高皇帝时，用人之途最广。僧道皂隶，咸得为九卿。牧守大臣荫子，至八座、九卿者不可缕数。宣德以后，独重进士一科，虽乡举岁贡，莫敢与之抗衡。而大臣恩荫，高者不过授五府幕僚，出典远方郡守而止。即有卓荦奇伟之才，若不从科目出身，终不得登朊仕，为国家展采宣猷矣。岂古人所谓乔木世臣之义乎？故大臣子弟不宜与寒士争进之说，在前代则可，非所以论当今之务也。

十九

祖宗旧例，凡官员有才德出众，屈在下僚者，许监司官保举拔用。本以待非常之才及淹滞下位人不知者耳，非谓贤能官员一概例保也。盖外官既有考课之典，又有考察之例，各该上司皆注考语，铨部据之以为迁转，何烦荐举？惟是才德出众，又屈在下僚者，恐上未及知，故须特荐耳。夫曰才德出众，则虽有才德而不出众者，不必举；曰屈在下僚，则虽有才德出众，而已跻通显，不在下僚者，亦不必举。今抚按官任满，不论官之大小，不辨才之常异，一概保之，多至数十人，或地连数省。耳目所不及，误采人言，至于黑白混淆，贤否倒置。是上下皆视以为常例，非祖宗收罗异才之初心也。

二十

高皇帝尝与侍臣论及古之女宠、宦官、外戚、权臣、藩镇、夷狄之祸。侍臣曰："自古末世之君，至于失天下者，常在于此。"高皇帝曰："朕观往古，深用为戒。然制之有道。若不惑于声色，严宫闱之禁，贵贱有体，恩不掩义，女宠之祸何自而生？不溺于私爱，惟贤是用，苟干政典，裁以至公，外戚之祸何由而作？阉寺便习，职在扫除、供给使令，不假以兵柄，则无宦寺之祸。上下相维，小大相制，防耳目之壅蔽，谨威福之下移，则无权臣之患。藩镇之设，本以卫民，使财归有司，兵必合符而调，岂有跋扈之忧？至于御夷狄，则修武备，谨边防，来则御之，去勿穷追，岂有侵暴之虞？"圣祖远鉴前代，贻谋深远。今二百余年，凡此数事皆无之。独承平日久，武备废弛，丑虏渐强，叛附者众。而当事者犹事虚谈，持文法，将帅之令不能行于偏裨，偏裨之令不能行于士卒，深可虑耳。

二十一

洪武九年，福建参政魏鉴，笞一奸吏至死。中书省劾奏之。高皇帝赐玺书旌劳曰："'吏卒违法背理，绳之以死，勿论。'此令行久矣。奈何贪官动为下人所持，任其纵横，莫敢谁何。今福建参政，致极刑于奸吏。朕闻兹事当哉！惟仁人能好人，能恶人，果然也。尚慎终如始，乃能其官。"

二十二

二十五年十二月，刑部尚书杨靖逮一武官，将鞫之。门卒捡其身，得一大珠。僚属骇愕。靖徐曰："安有许大珠？此伪物侮人。"令椎碎之。因以上闻。高皇帝曰："靖此举有四善：他人见有奇物，必以献朕，以求容悦，而靖不然。所谓以道事君，一善也。其人藏珠于身，苟穷诘之，必谓有所投献，是以一珠而起大狱。靖有阴德于人，二善也。若一卒得是珠，因而嘉奖，由是快意求获，人将受法外之苦。能杜小人侥幸，三善也。且人处常易，应变难。今千金之珠卒然至前，略不为动，乃斥以为伪物而碎之。靖有过人之识，应变之才，四善也。"

二十三

倭奴自元以来，尝为中国患。元尝以十万人从海征之，舟泊其境，值海风大作，十万人皆没于海。本朝有天下，四夷君长靡不向风，独倭王艮怀不奉朝贡，寇掠直、浙，至遣某某等募兵船以御之。沿海诸郡，俱罹其苦。洪武十四年，高皇帝命礼部移书，责其国王，亦只言天道祸福之理，以导之耳。终不能一加兵于其国。是以其人骄悍狡诈，谓中国无如之何，侵侮之渐，有自来也。

二十四

洪武六年六月，以户部郎中吕熙为本部尚书，寻又以为吏部尚书；以都督府经历俞溥为户部尚书，以户部侍郎陈则为大同府同知。以大同守将坏法，有司不能禁辑故也。以刑部主事陈璿为本部尚书。

二十五

置内正司。设司正一人，秩正七品；司副一人，秩从七品，专掌纠察内官失仪及不法者。

二十六

皇明祖训，凡七易稿。揭于西庑，朝夕省览，改定，六更寒暑而始成。

二十七

定宦官禁令：凡内使于宫城内相骂，先发而理屈者，杖五十；后发而理直者，不坐。其不伏本管钤束而抵骂者，杖六十。内使骂奉御者，杖六十。骂门官并监官者，杖七十。内使等于宫城内斗殴，先斗而理屈者，杖七十，殴伤者加一等；后应理直而无伤者，笞五十。其不伏本管钤束而殴之者，杖八十，殴伤加一等。殴奉御者，杖八十。殴门官、监官者，杖一百；伤者，各加一等。其内使等，有心怀恶逆，出不道之言者，凌迟处死。有知情而蔽之者，同罪。知其事而不首者，斩。首者，赏银三百两。

二十八

洪武八年二月，以都督府经历韩焯为户部尚书。

二十九

始制大明宝钞，以桑穰为质，中图钱贯之形。十串为一贯，准铜钱一千文，银一两。五串为五百文。凡六等：曰一贯，曰五百文，四百文，三百文，二百文，一百文。一百文以下，止用铜钱。

三十

十一月，以登州卫知事周斌为户部侍郎。

三十一

九年八月，以礼部员外郎张筹为本部尚书。

三十二

洪武十一年正月，以西安知府李焕文、宝钞司提举费震俱为户部侍郎，礼部员外郎朱梦炎为本部侍郎。

三十三

是年，始制朝参文武官员牙牌。

三十四

以兵部郎中陈铭为吏部尚书。

三十五

十二年，以莱州府知府董俊为兵部尚书，明州府知府余文升为工部尚书，常州府知府张度为吏部尚书。

三十六

十月，以儒士王本等为四辅官。谕之曰："古者，三公四辅，论道经邦。朕视卿等，皆为高年笃厚，故九月告于太庙，以卿等为四辅官。"按本等起布衣，即拜辅导，此事与版筑莘野之用何异？自胡惟庸诛，虽罢丞相，分任六卿，而四辅实居论思之地。则虽无相名，实有相道也。

三十七

以教谕石璞为户部侍郎。

三十八

十四年七月，以刑部郎中胡祯为本部尚书。祯，钱塘人，御史台吏也。

十一月，以礼部郎中高信为本部尚书，大同卫知事朱安仁为户部侍郎。

三十九

十五年十一月，以上海训导顾彧为户部侍郎。

是月，仿宋制，置殿阁学士。以礼部尚书邵质为华盖殿大学士，翰林学士宋讷为文渊阁大学士，检讨吴伯宗为武英殿大学士，典籍吴沈为东阁大学士。前此虽罢丞相，分任六卿，然设四辅官以为辅导，置诸大学士以备顾问，则师、保内阁之职悉具矣。今著本朝志记诸书，谓内阁始于成祖时用解缙等七人者，殆未之考也。

四十

十八年十二月，以庶吉士杨清为户部右侍郎，以给事中秦升为户部试侍郎。

四十一

二十二年正月，以浙江道御史凌谟为右副都御史，数日后又升右都御史。

四十二

二十三年正月，遣行人赍敕，以上尊、楮币赐劳温州府平阳县知县张础，以其执法爱民也。

四十三

以鞑靼指挥安童为刑部尚书。是以武臣任文职始见于此。

四十四

二十四年正月，以芜湖知县李行素有实政，擢刑部右侍郎。复以吏部考功司主事周舟为新化县丞。初，舟为新化丞，有善政，升考功。至是邑民诣阙言：舟去任，民不安，愿再借舟为丞。故有是命，赐宴礼部而遣之。

四十五

二十五年九月，以刑部员外郎□□为都察院左副都御史，刑部郎中任励为本部左侍郎，司务祈著为右侍郎。

四十六

二十九年正月，以詹事府丞杜泽为吏部尚书，左赞善门克新为礼部尚书。

四十七

三十年五月，以礼部员外郎侯泰为刑部左侍郎，司务暴昭为刑部右侍郎。

四十八

洪武六年六月，定天下府为三等：粮二十万以上为上府，秩从三品；二十万以下为中府，秩正四品；十万以下为下府，秩从四品。

（右先公手泽行书，谨装为一卷，以为字法。而懋修跋之曰：先公留心典故，在政府，凡大政事，非祖宗成法，不敢创一新政。惟率由旧章，以实行之。惟其行之以实而不便者，则见以为综核太过，遂束湿变政之肆讥，皆未考于典故也。此卷所载，如殿阁学士之设于革丞相后，虽无相名而有相道，乃始于洪武，不始于永乐用解缙等。而天下知府有上中下，秩从三品、正四、从四之不同，则《吾学编》《宪章录》及王弇洲所著本朝诸书，皆未之知。而懋修亦创闻云。）

四十九

永乐元年三月，沈阳卫军士唐顺之言："卫河南距黄河，陆路才五十余里。若开卫河，距黄河置仓厫，受南方所运饷，转至卫河交运，公私两便。"上曰："此策亦是。命近臣详议。如可行，亦俟民力稍苏行之。"

五十

洪武八年四月，命皇太子摄祭皇地祇于方丘。以后常遣代祭诸神祇。

五十一

二十一年三月，始策试天下贡士九十七人，擢任亨泰为第一，题名刻碑于太学。

五十二

二十五年六月，以皇太子新薨，欲停时享。命礼部侍郎张智等考求前代典礼。智等奏："《宋会要》言：王制，丧三年不祭，惟祭天地社稷。真宗居丧，易月服除。明年，遂享太庙。今祀天地于圜丘，郊用乐，余皆备而不作。今宜如宋制。"从之。

五十三

八月，上召太常寺卿许升问祭祀礼义。升不能对。典簿刘仲实从旁代对甚详。上曰："国莫重于祭祀。职太常者，昏惰如此，何以事神？"遂降升为刑部主事，而以仲实代之。此与汉文帝虎圈啬夫之事相类，而处之不同。此见祖宗神智，不落前人窠臼也。

五十四

三十五年八月，成祖敕礼部曰："太祖高皇帝封建诸王，其仪制服用，俱有定着。乐工二十七户，原就各王境内拨给，便于供应。今诸王未有乐户者，如例赐之。仍旧不足者，补之。"

五十五

十一月始作奉先殿成，享五庙太皇帝后。观此，则内殿初唯以祀太后耳。

五十六

洪武六年六月，中都皇城成，一如京师皇城之制。城南坝砖脚五尺，以生铁灌之。

五十七

二十二年四月，始置泰宁、朵颜、福余三卫，以处故元辽王阿札失里等。以阿札失里为泰宁卫指挥同知，脱鲁察儿为朵颜卫指挥同知。

五十八

马端肃为太宰，钧州缺守，马公钧人也，用例贡李邦彦为之。人皆惊异。及抵任，严明廉干，迥出流辈。州同知某者，以主事谪；州判某，以御史谪。皆唯唯听从出其下，州中大治。人始服马公之精于用人，诚不可以资格限也。

五十九

王端毅公恕，老而好学。在留都，一日出，有狂夫向公呼万岁。公入部，延僚属告之。娄驾部曰："昔张乖崖守蜀，三军呼万岁，乖崖应之甚善。"公曰："止，勿言。"即退私宅，戒阍人谢宾客勿通。静坐思数策。明早以语驾部，驾部不答。公乃问曰："当时乖崖何以处之？"曰："亟下马呼万岁。"公喟然叹曰："吾辈安能及古人？彼仓卒应变而有余，吾终日思之而不得。"

六十

宋议论繁多，文法牵制，不能用磊落奇伟之士。张乖崖咏，有王伯大略，当时用之，未尽其才也。

六十一

凡物颜色鲜好，滋味秾厚者，其本质皆平淡。丹砂之根，色如水晶，谓之砂床，炼之则极鲜红。花卉含葆，率青白色，盛开乃有彩艳。红花色亦正白，洗之乃红。解盐初出池，其色红白而味淡，虽多食不咸。茗之初采，其芽白。皆物器之最佳者。故人之才性，以平淡为上。刘孔才《人物志》云：先求其平淡，而后求其聪明。至于才智勇敢，出群绝伦，皆彩色华艳，滋味醲厚者也。

六十二

昔有富家，与一士人有仇。或告之曰："汝第捐千金，则某之官败矣。"其仇曰："计将安出？"曰："今考察期近矣。汝遣人至京师，先腾谤言，多写揭帖于部院投之，乃密侦科道官有素行卑污者，科得一人焉，以五百金赂之；道得一人焉，以五百金赂之。至期谤议上腾，则此两人者，必出而证之曰：'余亦闻此言，莫须有也。'科道言同，而其过不可解矣。若人之官，尚可保乎？"其仇如言，而士人果败。此可见流言之当察。

六十三

韩非子言："为土木人，耳鼻欲大，口目欲小。盖耳鼻大则可裁削使小，口目小则可开凿使大。此可以为建制处事者之法。"南唐主闻江淮俗，端午日皆泛龙舟夺标为戏，因令民间勿禁，视其矫健善水能多得标者，皆厚赏之，阴记其名，他日皆籍以为水军。

六十四

人之所以畏吏，而必欲赂之者，非祈其作福，盖畏其作祸也。如兵部袭职官，功次系于首级，一颗一级，令甲至明也。昔有吏，故将一字洗去，仍填一字，持以告官曰："字有洗补，法当行查。"俟其赂已入手，则又曰："字虽洗补，然查其贴黄，原是一字，无弊也。"官即贷之。是其权全在吏矣，欲毋赂之可乎？

六十五

今吴中制器者，竞为古拙，其耗费财力，类三年而成一楮叶者。是以拙为巧也。今之仕者，以上之恶虚文责实效，又骛为拙直任事之状，以为善宦之资。是以忠为诈也。呜呼！以巧为巧，其敝犹可救也；以拙为巧，其敝不可救也。以诈为诈，其术犹可窥也；以忠为诈，其术不可窥也。

六十六

天鸡星明，则其国有赦。故唐以后，凡赦文必置金鸡于竿首，乃为传布。

六十七

虹、蜺、蝀字俱从虫，殆有物为之。儒者以为阴阳邪淫之气，臆说也。沈存中《笔谈》：世传虹能饮涧，信然。熙宁中，使契丹，至黑水境永安山下。是时新雨霁，见虹下涧中。余与同行扣涧观之，虹两头皆垂涧中。使人过涧隔虹对立，相去数丈，中间如隔绡縠云云。余又闻一老僧言：渠行山中，雨后见一物大虾蟆，仰天鼓腹吐气，遂成虹霓。今世人常言气吐虹霓，固知老僧之言不妄。《月令》：四月虹始见，九月虹藏不见。曰见、曰藏，可知有物。今蛟蜃嘘气腾空，楼阁人物皆备，海滨人谓之海市。则虹气与日光两气相映，而有光何足异乎？僧所见物如蟆者，蜥蜴耳。

六十八

雷亦非阴阳击搏之气。古字雷字作回，为龙蛇蟠屈之状。《易》："雷在地中，雷出地奋。"曰在曰出，明为有物矣。凡有声之物，得空更宏。而人项中一窍，乃出声之处，故雷起平地，其声迸裂奋迅，至空中则砰訇响震，其势然也。殆亦蛟龙之类，乘纯阳之至精者，随阳气之出入，以为起蛰。且其变化莫测，大则飞腾入虚，小则化为细物。其蛰也，无处不可藏，或于古树，或于房屋，或于山石。秋冬之间，与百虫而俱蛰；阳气升腾，亦与百虫而俱奋。奋则有声。春阳熙熙，雷声殷殷，夏阳赫赫，雷声吰吰，因其时也。其隐隐锄锄者，游戏之声也；磕磕蹦碰者，争斗之声也。五行惟火性猛烈酷暴，如铳炮之类，火药一发，金石皆炸裂。其毒着物，无不烁烂。雷禀阳之纯，得火之精，故其起也，在石则裂，在木则折，在屋则毁。其飞腾而有火光，则为电。其火气着物，无不立死。故人畜之死于雷者，皆有焦烂文如符篆，是火气之所烧灼也。其人物之死者，是偶与雷相值，非雷击之也。有近之而不伤者，其火毒偶未着身也。北方气寒，阳气固藏，故雷发常迟。南方气暖，阳气早泄，故多冬雷也。冬天气暄，则草木早萌，蛰虫亦有出户者，不独雷也。广东雷州，四时常雷，遂以为郡名。炎荒极热之地，产此物独多。如硫黄火药，皆产于南荒，感气而生也。推此言之，则谓雷为阴阳击搏之气，与罚殛有罪云云者，悉臆说也。

六十九

皇城北苑中，有广寒殿，瓦甓已坏，榱桷犹存。相传以为辽萧后梳妆楼。成祖定鼎燕京，命勿毁，以垂鉴戒。词人题咏甚多。至万历七年五月四日，忽自倾圮。其梁上有金钱百二十文，盖镇物也。上以四文赐余。其文曰"至元通宝"。按至元乃元世祖纪年，则殿创于元世祖时，非辽时物也。以此见世所传古迹，讹误者多，而信耳者往往据以为真，殊可笑也。

七十

沈存中《笔谈》言，古人铸镜，大则面平，小则微凸。盖镜洼则照人面大，凸则照人面小，小镜不能含纳人面，故令微凸以收人面也。余见古镜小者，其面皆微凸。沈言良信。

七十一

本朝久任大臣，内阁则杨文贞公士奇，历三朝四十三年；杨文敏公荣，三十五年；金文靖公幼孜，二十五年；杨文定公溥，二十一年；陈芳洲循，十三年；商文毅公辂，前后十七年；彭文宪公时，前后二十年；李文达公贤，十年；刘文穆公吉，十九年；徐文靖公溥，十二年；刘文靖公健，二十年；谢文正公迁，十一年；李文正公东阳，十七年；杨文忠公廷和，前后十四年；费文宪公宏，前后十三年；张文忠公孚敬，八年。吏部则蹇忠定公义，二十七年，中辍部事，备顾问者八年；郭公琎，十七年；王文端公直，十四年；王忠肃公翱，十八年。历永乐改元，至成化丁亥，凡六十六年，任吏部尚书者，蹇、郭、两王四人而已。此后惟尹恭简公旻，十四年；王端毅公恕，先后十余年。九卿则夏忠靖公原吉，在户部二十八年；胡忠安濙，在礼部三十二年；马端肃公文升，在兵部十三年；戴恭简公珊，为左部掌院十二年。巡抚则黄忠宣公福，在交趾十九年；周文襄公忱，在苏、松二十二年；于肃愍公谦，河南、山东十八年；陈祭酒敬宗，在国学二十年；况公钟，守苏州十二年。从郎署径至本堂者，夏忠靖元吉，自户部主事至尚书：刘愍节俊，自兵部主事至尚书；周庄懿瑄，自刑部主事至尚书；屠襄惠滽，自御史历副金，至左都掌院；李文达贤，自吏部主事历文选郎中，升吏侍入阁，始终皆不离本局。故职业精练，克称厥官。祖宗之用人如此。

本朝父子祖孙，三世尚书者，闽林文安公瀚，南京兵部尚书；子廷㮶，工部尚书；廷机，南礼部尚书。父子尚书者，三原王端毅公恕，吏部；子承裕，南吏部尚书。新昌何文渊，子乔新，刑部、户部尚书。濮阳李瓒，子廷相，俱户部、吏部尚书。灵宝许襄毅进，子赞，吏部诰户部，论兵部。新安詹同，子徽，俱吏部，南礼部尚书。上元倪谦，子岳，吏部尚书，南刑部尚书。阳曲周瑄，子经，礼部尚书，刑部尚书。耿九畴，子裕，吏部尚书。吴江吴阂，子山，俱刑部尚书，吏部尚书。大学士王文，子宗彝，南礼部尚书，兵部尚书。白珪，子钺，礼部尚书，南吏部尚书。余姚王华，子守仁，南兵部尚书，封伯。钧阳刘璟，子劼，俱刑部尚书，南工部尚书。何诏，子鳌，刑部尚书。兄弟尚书者，灵宝许氏，闽林氏，及鄞之南吏书杨守阯，工书守随。真定之吏书大学士石珤，户书玠。铅山之吏书大学士费宏，礼书寀。桂林之南工书蒋昇，户书大学士冕。泰和之吏书大学士彭时，礼书华数家。然彭、费、杨，犹从昆弟也。

七十二

阎立本画十八学士真像一卷，于志宁赞，沈存中跋。绢楮剥落，其画意与近时所传全不同，当是立本真迹。卷藏山西蒲州监生魏希古家。嘉靖癸卯甲辰间，希古携以游京师。京山侯崔都尉以二百金购之，不与。是时边患孔棘，希古因条陈边事，并以此卷封进，意图进用。会世宗不好翰墨，其所言边事又无当，疏入不省，谩以其疏并卷俱发兵科，而此卷遂留藏科中。近有好事者，乃言成祖得此卷，仁庙与汉王争求之，成祖难两与，遂发该科收藏。殊为可笑也。

七十三

凡貂裘以绮丽之服，皆有光。余每于冬月盛寒时，衣上常有火光振之，迸炸有声，如花火之状。人以为皮裘丽服温暖，外为寒气所逼，故搏击而有光，理或当尔。

七十四

嘉靖丙寅四月□日，天微雨，忽有流火如球，其色绿，后有小火数点随之，从雨中冉冉腾过予宅，坠于厨房水缸下。其光如月，厨中人惊视之，遂不见。次年入相，人以为瑞应。

七十五

犀有三角，一在顶上，一在额，一在鼻。在顶者佳，额次之，鼻为下。中有一孔如线，从本直透角尖者，名通天犀，乃望月而生者，最佳。以之画水，水为分流。

七十六

羚羊角有血痕贯顶者，生取者也，入药乃佳。无血痕者，自解死角也。

七十七

沙鳖虫，从中断之，辄自合不死。用以接骨良。蚰蜒截之，亦能自续，但不堪入药耳。

七十八

张益州云："事方到手，便当思其出脱。"此处事之要法。古语云："莫使满帆风，常留转身地。"此处世之一法。

七十九

牙齿非时脱落，或为物所伤者，乘其初脱，尚有生气，急以熟铜末（打铜烧红淬入者佳），五倍子末，粘牙根安上，即复旧。

八十

浪荡子能治食噎。其草根着土上，而子乃深在土中，一蔓引之如丝。子所居处，中空，故谓之浪荡耳。

八十一

人饮烧酒过多，近火，即口中火出。得水，则其焰愈炽，至焦烂而后已。惟灌以老醋即止。

八十二

五月五日，熨斗烧热，入枣一枚，锻令烟起，投之床下，能辟蚤虱。

八十三

早起漱口水咽下，久之，能治偏坠。此理不可晓，然试之良验。胡桃油能软铜。

八十四

丹砂有大毒，生服之，能养心安神。若炼服，即杀人。曾有一道士炼朱砂为丹，经岁余，沐浴，再入鼎，误遗下一块，其徒丸服，遂发懵冒，一夕而毙。

八十五

水银除虱，然但能治衣中虱，不能去头上虱。曾有人患头虱，以囊盛水银系髻中，久之，虱如故，水银反渗入脑中，遂患头痛。以头风药攻之，其病愈甚，饮食减少，势甚危笃。一道士以银作一箸，插入鼻中，半日许取出，得水银数两，其病遂愈。盖银能受水银故也。今人治虱，多用水银，不可不慎。

八十六

鸡有皮肤半白半黑者，自喙至足，黑白正均，名曰阴阳鸡。有患疟抱之怀中，立止。鸡群中间有之，但其毛色与常鸡同，故人鲜识之。

八十七

南方冰薄，难以收藏。其法用盐洒冰上，一层冰一层盐，久之，则结成一块，厚与北方等。次年开用，虽其味略咸，而可以解暑愈病。盐性润下，得水即消，今乃以结冰，盖母子相合也。

八十八

六月六日，日未出时，汲井水，用磁罂盛之，入王瓜一条于中，黄蜡封口。四十九日则瓜已化尽，水清如故。用以洗热毒、丹瘤之类，神效。饮之，亦可解热病。

八十九

京师天宁寺塔，殿门阖处观之，其影倒悬，人以为异。然沈存中《笔谈》谓：凡影入窗隙，皆倒悬，乃其常理。如阳燧照物皆倒，中间有碍故也。纸鸢飞空中，其影随鸢而移，或中间为窗隙所束，则影与鸢遂相违，鸢东则影西，鸢西则影东。楼塔之影，中间为窗所束，亦皆倒垂，与阳燧一也。

卷四十　诗一

五言古
恭述祖德诗

赫赫我太祖，应运开鸿基。仗剑起濠梁，群雄摧若遗。威德加四海，混沌分两仪。勋华信巍焕，典则仍贻垂。成祖靖内难，桓桓东征师。奠鼎卜燕朔，犁庭扫凶夷。武功既焜赫，文命乃丕厘。瑶图仰再造，万国歌重熙。景陵躬睿质，披览复忘疲。敛衽接三辅，一德无猜疑。大渊间临幸，政务日畴咨。大哉《帝训》编，道法何缊缊！孝皇具至性，恭己秉谦祗。内庭远嬖幸，外囿绝游嬉。崇俭尝却貂，听言犹转规。太平十八祀，万姓有遗思。肃祖起南服，龙飞会昌期。属当改弦初，制作命夷夔。论道阐敬一，明伦垂典彝。九重握金镜，太阿恒自持。临御逾四纪，恭己化无为。二祖肇皇纲，三宗奠天维。成功烛宇宙，涉泽洽蒸黎。我皇亶神圣，明两赫重离。河山光大业，宗社锡繁禧。缔构想艰难，丰芑思燕诒。仪刑见羹墙，谟训遵蓍龟。率乃祖攸行，万世永有辞。愚臣备枢轴，理道惭无裨。敬陈《祖德篇》，惟帝其念兹。

恭励圣学诗一首

元后辅万邦，绥猷良不易。若稽古哲王，多闻乃建事。尧舜帝者宗，精一阐微义。夏禹既祗德，殷高亦逊志。成后务缉熙，周《诗》咏《小毖》。猗钦休烈光，英声播来嗣。今皇体睿明，冲龄纂神器。爰当访落初，即敞金华秘。书帷简儒彦，艺圃罩文思。朝昃不遑暇，寒暑靡暂离。寰宇仰休明，风云庆遭际。顾以谫陋质，无能补天地。愿言崇圣功，问学登纯懿。勿云天聪明，无为事博识。图书足自娱，兼之益神智。勿云富春秋，茂叶聊可诿。寸阴重逾璧，居诸易流驶。勿云履崇高，优游保天位。君心苟纵逸，万几遂颠坠。勿云当燕闲，可以快志意。一暴而十寒，细行终为累。戒彼鸿鹄心，专精道乃致。褒御必端良，勿狎于非类。为山九仞崇，成功归一篑。慎初惟克终，永保无虞治。愚臣职司规，敢以告中侍。

恭颂母德诗一首

圣化基中阃，坤仪贞万方。涂山翼夏启，文母诞周王。徽音著彤管，奕奕流芬芳。我明肇造初，孝慈佐高皇。艰难扶景运，在宥相乾纲。补苴感将士，采拮亲蚕桑。居贵不忘俭，大练为衣裳。文皇勤厥家，亦由内德良。思媚惟仁孝，箴言足赞襄。尝为《女训篇》，睿谟何洋洋！吕霍垂永鉴，宠溢慎其防。休哉二后烈，迈彼姒与姜。贻谋及来裔，绳绳庆方将。猗欤我圣母，世德宣重光。扶天致升平，毓圣纂灵昌。履盛弥勤恪，秉礼日矜庄。内庭政无哗，外家恩有常。明达信如此，马邓岂足望！九重勤孝养，万寓际时康。永言绥寿祉，地久与天长。

拟西北有织妇

西北有织妇，容华艳朝光。朝织锦绣段，暮成龙凤章。投杼忽长吁，悢焉中自伤。绵绵忆远道，悠悠恨河梁。远道不可见，泪下何浪浪。春风卷罗幌，明月照流黄。山川一何阻，云树一何长。安得随长风，翩翩来君傍。愿将云锦丝，为君补华裳。

柬李鹑野

同居长安城，累月阻谈宴。虽无簿领急，婴此微疴患。日夕想音徽，踌躇夜参半。况兹霜霰积，凄其岁云晏。靡靡众芳萎，苒苒物候变。已怆世虑婴，兼之越乡叹。非君慰寂寥，幽思何由见。

述怀

岂是东方隐，沉冥金马门？方同长卿倦，卧病思梁园。謇予秉微尚，适俗多忧烦。侧身谬通籍，抚心愁触藩。臃肿非世器，缅怀南山原。幽涧有遗藻，白雪漏芳荪，山中人不归，众卉森以繁。永愿谢尘累，闲居养营魂。百年贵有适，贵贱宁足论！

送高廉泉之任

秋风振燕山，念子当远征。离鸿遵别渚，惊呼求其朋。征马鸣萧萧，仆夫促严程。愿言不能终，挥涕沾长缨。欢觞为悲酌，清弦动哀声。携手临广陌，含情各酸辛。风尘何扰扰，世途险且倾。勉哉崇令德，慰此离索情。

送黎忠池二首

在昔同心秘，出入承明闼。謇余陋劣姿，谬得偶贤达。慷慨金兰契，晤言怀抱豁。如何欢宴促，倏忽万里别。婉娈凤昔意，一旦成契阔。闽海出悠悠，征途候明发。感旧思方积，怅远情弥怛。一望潞河水，愁心不可越。

余有归与兴，抱病淹朝秩。君怀济世心，揽辔辞皇邑。以兹负羁羽，羡彼抟云翼。况多感慨情，世虑缠胸臆。盈盈别泪泫，漫漫歧路及。不惜去日远，我怀谁与析？世路方嶮峨，修名苦难立。愿以皓首期，无为素丝泣。

适志吟

有欲苦不足，无欲亦无忧。羲和振六辔，驹隙无停留。我志在虚寂，苟得非所求。虽居一世间，脱若云烟浮。芙蕖濯清水，沧江飘白鸥。鲁连志存齐，绮皓亦安刘。伟哉古人达，千载想徽猷。

蒲生野塘中

蒲生野塘中，其叶何离离。秋风不相惜，靡为泉下泥。四序代炎凉，光景日夕驰。荣瘁不自保，倏忽谁能知？愚暗观目前，达人契真机。履霜知冰凝，见盛恒虑衰。种松勿负垣，植兰勿当逵。临市叹黄犬，但为后世嗤。

羽林郎

霍家苍头儿，姓冯名子都。宠借将军恩，身为执金吾。朝游平乐观，暮宿酒家垆。青丝窣骊马，观者隘路衢。斗鸡狭邪道，结客平陵隅。杯酒吐然诺，千金为锱铢。司隶不敢问，豪吏徒盱睢。势利可薰人，宁论知与愚。吁嗟原宪辈，白首困桑枢。

余有内人之丧一年矣偶读韦苏州伤内诗怆然有感

昔人怨离居，余亦罹斯患。衔情对嘉藻，掩卷空长叹。蹇薄遭运屯，中路弃所欢。嬿婉一何促，饮此长恨端。离魂寄空馆，遗婴未能言。玉匣揜明镜，尘埃双带盘。感此意惨怆，触物忧思攒。落月挂虚牖，凄霜生暮寒。沉绵夜方永，倏忽岁已单。滞虑信为感，幽怀讵能宽。悲哉难具陈，泪下如迸澜。

朱凤吟

朱凤失其群，十年不得双。早栖汉宫树，独啄瑶草芳。羽族虽万类，谁可相颉颃？西来见王母，假多青鸾皇。翳我上太清，飘飘浮云翔。竹实已千载，修梧蔽扶桑。穷览周八极，遨游仰三光。仙游诚足娱，故雌安可忘。

喜雨独酌

振风起西北，飘飖撼庭干。长空响浡雷，骤雨何霖乱。奔腾走蛟龙，倒泻倾河汉。倏忽庭除下，淼漫生波澜。沾洒遍枯槁，翩翻舞沙燕。遥岭合翠微，平林郁葱茜。伊余困积热，闲居解簪弁。披襟卧北窗，橐管辞东观。嘉此凉霭惬，且复屏纨扇。开樽聊命觞，欣豫以濡翰。

同汪云溪太守李龙洲侍御刘百洲太守
钱罗湖州守岳东浔别驾登怀庾楼

丹楼造天居，遐眺靡不周。江声动地转，楚岫与云浮。索处独无绪，骋望且销忧。况兹遘芳月，欣赏藉名流。轻烟翳华薄，时雨霁芳洲。灌木鸟嘤嘤，飞鸣求匹俦。景物既葱茜，嘉会亦绸缪。但恐蒙汜夕，余光不可留。风尘暗沧海，浮云满中州。目极心如惄，顾望但怀愁。且共恣啸歌，身世徒悠悠。

修竹篇

孤篠植汶阳，筇笼挺阴崖。何似侣幽人，结根烟水湄。修枝拂杳霭，接叶映涟漪。阴森野气积，戛击凉飙吹。朝露缀琼玖，宵月荫参差。水吟蛟龙蛰，云盘凤鸟仪。永愿老烟霞，宁知劳岁移。但畏伶伦子，截此凌霄枝。裁凿岂不贵，所患乖天姿。亭皋霜露下，凄其卉草衰。愿以岁寒操，共君摇落时。

雨霁游萧氏园亭

端居苦沈郁，振策憩云林。夕雨荡氛埃，惠风扇轻阴。以兹景色丽，翛然生远心。披榛寻径曲，排云眺岖嶔。摎松宿烟霭，延萝挂襟簪。江花送余馥，山鸟怀好音。仰欣天宇阔，俯视万卉森。洗觞幽树底，长啸白云岑。折蒙霏琼屑，濡毫动兰吟。日夕车马散，林塘紫翠沈。

七贤吟

余读《晋史》七贤传，慨然想见其为人。常叹以为微妙之士，贵乎自我，履素之轨，无取同涂。故有谤讟盈于一世，而独行者不以为悔，沈机晦于千载，而孤尚者，不以为闷。斯皆心有所惬，游方之外者也。

夫幽兰之生空谷，非历遐绝景者，莫得而采之，而幽兰不以无采而减其臭；和璞之缊玄岩，非独鉴冥搜者，谁得而宝之？而和璞不以无识而掩其光。盖贤者之所为，众人固不测也。况识有修短，迹有明晦，何可尽喻哉！

今之论七贤者，徒观其沈酣恣放，哺啜糟醨，便谓有累名教，胎祸晋室。此所谓以小人之腹，度君子之心，独持绳墨之末议，不知良工之独苦者也。尝试论之。《易·翼》有言："天下同归而殊涂，一致而百虑。"故语默不同，其撰一也，弛张异用，其旨归也。巢、由抗行，稷、契宣谟，并容于尧代；箕子佯狂，比干死诤，俱奖于宣尼，世岂有异议哉？余观七子，皆履冲素之怀，体醇和之质，假令才际清明，遇适其位，上可以亮工弘化，赞兴王之业；下可以流藻垂芬，树不朽之声。岂欲沈沦滓秽，无所短长者哉！而值禅代之朝，在玄黄之际，当涂之鼎未移，睥窃之谋已炽，司马父子自以人心未厌，惧大业中倾，于是芟除异己，树植同盟，世家鼎族，咸就诛锄，名德才流，并罹荼毒。方其豪主狼吞，群才鸟尽，于斯时也，进欲佐命成功，则贾充、荀勖之俦，七子之所耻也；退欲高蹈远举，则孤特自表，以速患害，又七子之所不为也。自以道高才俊，深虑不免，故放言以晦贞，沈湎以毁质，或吏隐于廊庙，或泊浮于财利，纵诞任率，使世不得而羁焉。然其泥蟠渊默，内明外秽，澄之不清，深不可识，岂与世俗之蒙蒙者比乎？蝉蜕于粪涵之中，爝然涅而不缁者也。其清言名理，冲襟逸度，犹足以拔起后生，涝漉沉溺。彼王澄、胡母彦国之伦，遇既殊时，才复异等，而希心玄胜，妄意宗流，徒窃皮毛，遗其神髓，殆所谓画虎不成反类狗者也。世遂以此诋诃前人，因噎恚食，岂不枉哉！

　　若夫中朝丧乱，胡羯猖狂，彼自以负荷乏人，贻谋不令，识者已鉴于数十载之前矣，又岂七子之遇耶！嗟乎！大鹏翔于寥廓，斥鷃戏于枋榆，钧天之庭，岂工师之所蹑；无航之津，非鼋鲋之所游。世之汩没于腥羶者，固无足道。而小儒曲士，自守一节，又乌可以谈尺寸之外哉？七子之义，几于晦矣。昔司马子长，愿执鞭于晏子，长卿托名于相如，此人皆悬解神契，不随俗之好恶者。余窃高七子之节，因以暇日，叙述遗事，各为短咏，以纾其幽致，虽不敢谓独契古心，庶亦不移流俗，亦冀玄览达观君子，有以明余之志焉。

阮步兵

　　阮公生人表，英才固天启。解角风尘会，戢翼云林里。从容谢婚媾，沈湎混泥滓。郁彼《咏怀》言，寄辞蕴玄理。

嵇中散

中散龙凤姿，雅志薄云汉。少无适俗韵，早有餐霞愿。调高岂谐俗，才俊为身患。缠悲《幽愤》词，结恨《广陵散》。

山司徒

巨源江海情，本欲全高尚。潇洒秉枢轴，畴能测弘量。密识既渊沈，清心亦玉亮。谈笑奖人伦，千龄称哲匠。

刘参军

参军俶傥客，逸气凌八纮。任真蒙叟放，慢世长卿情。颂酒固有托，荷锸真达生。顾念区中士，燕雀空荆榛。

王安丰

濬冲夙清拔，志与浮云徂。时哉忽迁化，缅邈黄公垆。虽有缨绂累，终知世网疏。钻李岂通蔽，持筹乃自污。

向常侍

子期耽玄默，山阴遘心侣。南华泄幽秘，奥义清泉吐。蹑履登承明，诡对轻巢许。悲凉《怀旧篇》，独共冤魂语。

阮始平

仲容寡名欲，越礼自疏放。审均非术解，识达由神旷。嫣美众所嫉，出守情弥畅。万物莫能移，斯言诚可谅。

夜燕曲

　　朗朗宵月流，烂烂河星光。昼乐苦不足，夕宴启高堂。旨酒千春醅，琼筵百福香。清管发东讴，艳舞进西倡。绮罗纷杂沓，言笑吐芬芳。明珠垂列璧，错落黄金缸。千金寿客饮，万年酬主觞。萋华耀朝日，桃李熙春阳。月魄不重盈，花落岂再扬。悟彼《蟋蟀》叹，为乐及时康。朱光发东白，欢虞方未央。

怨歌行

步出上东门，桃李夹路傍。花花自相对，叶叶自相当。_{一解}
迢迢兰渚东，绿水双鸳鸯。飞鸣啸俦匹，行上自成行。_{二解}
牵牛不负轭，织女虚七襄。可怜仙灵匹，万古限河梁。_{三解}
种莲高山颠，枝叶那得长。断绠落银瓶，何由汲寒浆。_{四解}
驰波赴东海，晦魄沦宵光。盛年若为容，憔悴令心伤。_{五解}

再寄胡剑西二首

　　昔我游京华，通籍金马门。锵锵众英列，璀璨富瑶琨。夫君起豫章，五色鸣朝暾。流藻发春华，吐论泻洪源。伊余信薄劣，攀云仰天阍。如彼枋榆翮，翻飞附大鹍。省己终日恧，偃卧返丘园。朅来清江滨，三易凉与温。谁言栖息异，契阔有成言。流俗薄素交，久要古所敦。

　　埙篪不同器，和鸣发宫商。方圭与圆璧，俱登君子堂。民生各有性，迭用异柔刚。羡君侗傥概，千里何昂昂。而我荏弱姿，忍垢惧发铓。偏智守一隅，语默互相妨。通人贵兼畜，忘己归大方。韦弦着炯戒，黑白耀文章。所愿共追琢，德音长不忘。翳彼他山石，可用莹精光。

潇湘道中

江南佳丽地，灵境信隈隩。连峰造天关，石笋插云足。我前拥烟霞，我后映松竹。飞窦洒征衣，山光荡人目。朝采碧涧藻，夕息清湘曲。侧想素心人，浩歌渺空谷。逸驾如可从，吾当谢簪绂。

暮宿田家

暝投谷田港，野日沉荒冈。行子昧所如，假息墟里傍。野老喜客至，开门下严装。坐我茅檐下，饭我新炊粱。儿童四五辈，趋走行壶浆。篱笆有余粒，傍舍绕丛篁。攘袂再三起，向我夸耕桑。体貌虽村愚，言语多慷慨。世儒贵苟礼，文缛意则凉。大羹不俟和，素质本无章。感此薄流俗，侧想歌皇唐。

谒岳庙作

炎州标灵岳，岧然奠南极。兴云翊帝工，荫峰直轸域。千秋俨庙貌，邦典祀有秩。我来叩幽秘，跻云屡登陟。斋心肃永夜，胖鼍如可即。仿佛遘真侣，排空假羽翼。授我玉桦药，光耀有五色。瑶草吐云英，金书启石室。顾惭尘土躯，恐负心所忆。愿言藉神休，精诚倘能值。

祝融峰

祝融群峰表，崒嵂万古雄。采虹挂丹磴，邈若升苍穹。举手扪太微，天关洞开通。璀璨南斗星，垂珠当我胸。俯瞰六合内，沆漭烟云重。浩如太始初，二气涵冲融。须臾涌阳景，倒挂扶桑东。瀛海不复辩，三山安可穷。寄谢驭风子，吾将游混蒙。

谒晦翁南轩祠示诸同志

两贤异乡域，千里还相求。只为恋徒侣，能忘路阻修。我行蹑遗迹，仰见祠屋幽。高山近可仰，嘉会亦绸缪祠前堂名嘉会。俯首念畴昔，戚戚怀殷忧。能抱遗俗心，赋质暗且柔。嵲屭负乔岳，有志力不遒。愿我同心侣，景行希令猷。涓流汇沧海，一篑成山丘。欲骋万里途，中道安可留？各勉日新志，毋贻白首羞。

同贞庵殿下李罗村饮述斋园亭

结侣芳春时，置酒忘忧馆。既枉东阿辙，复集西台彦。韶物讵能几，繁花开已烂。芳林啼早莺，雕梁语新燕。徘徊花林间，坐惜流光换。朝游忘景昃，夕游候宵半。华月丽层穹，河星出有灿。四座咸怡豫，羽爵行无算。欢追邺下踪，赏挹平台宴。伊余愧薄劣，谬忝同声眷。开缄玩嘉藻，入手明珠璨。胜游如可续，及此阳春旦。

人日对雪赠朱镇山

今日良宴会，嘘琯测候移。况逢春风起，吹雪下瑶墀。九逵密如绣，双阙影离离。烟郊乱晴絮，远树放华滋。佳此景色丽，嬛婉觌心知。且为阳春吟，愿子驱车迟。

驱车雪上飞，下车冰已泮。翘首望嵩高，遥遥隔河县。仙花行可采，汴柳看应暗。穷谷既晞阳，东人亦待旦。恋侣徒摇摇，骊驹安可绊。仰攀琼树枝，聊以赠缱绻。

宿荆门寄怀郢中知旧

秋分气已厉，原野莽潇森。我行未越疆，已觉离思深。解辕造山馆，山馆霭沉沉。朝行畏霜露，夕息忆重衾。飘雪出远岫，落叶辞故林。已怆物候变，况惊离别心？违颜旷庭彩，恋侣解朋簪。徂途指有余，归鞅杳难寻。引领飞鸿翼，迟尔江上音。

独漉篇

独漉独漉，羊肠坂曲。积羽丛轻，翻车折轴。彼何者鸟？来往翩翩。叽腐啄腥，吓凤惊鸾。萋兮菲兮，贝锦是张。猘狗所吠，吠此宵行。同行窃金，按剑相疑。子实不良，畏我子知。衔珠向君，精光可烛。小人在旁，猥曰鱼目。国士死让，饭漂思韩。欲报君恩，岂恤人言！

卷四十一　诗二

七言古
辽左奏捷

　　长白山前昼传箭，鲜卑羯儿骑如电。军书昨夜驰乐浪，天子登坛策飞将。羽林六郡称材雄，拟金伐鼓蒲河东。左馘名王右生虏，归来血染宝刀红。胡笳吹落关山月，捷书飞报承明阙。洗兵辽阳海水沉，立马天山阵云没。皇恩已讐五单于，小丑那复忧东胡。将军超距称雄略，制胜从来在庙谟。

恭题文皇四骏图四首

龙驹（郑村坝大战，胸堂着一箭，都指挥丑丑拔箭）

　　天马徕，翼飞龙。蹄削玉，耳垂筒。碧月悬双颊，明星贯两瞳。文皇将士尽黑虎，复有龙驹助神武。流矢当胸战不休，汗沟血点桃花雨。坝上摧锋第一功，策勋何必减元戎。君不见虎士标形麟阁里，龙驹亦入画图中。

赤兔（白沟河大战，胸堂着一箭，都指挥亚失帖木拔箭）

　　雷镝镝镝，北军来。赤兔走，黄云开。扨身超夹涧，策足绝尘埃。

白沟原头振鼙鼓，贯陈穿营猛如虎。穆王赤骥讵为奇，昭陵发电应难数。百战间关未解鞍，箭瘢还向画图看。只今四海升平日，谁识当年缔搆难！

枣骝（小西河大战，胸堂一箭，后两曲池一箭，安顺侯脱火赤拔箭）

紫骝马，金络月。朝刷燕，晡秣越。倜傥精权奇，超骧走灭没。当年万马尽腾空，就中紫骝尤最雄。战罢不知身着箭，飞来只觉足生风。北风猎猎吹原野，长河水渐血流赭。谁言百万倒戈中，犹有弯弧射钩者？

黄马（灵璧县大战，后曲池着一箭，指挥鸡儿拔箭）

轩后兴，龙马翔。驾天驷，乘飞黄。回头看紫燕，顾影失超光。君王神武古来少，万里烟尘一剑扫。马蹄蹴处山为摧，何论陈晖与平保？扬鞭渡淮淮水清，金陵父老壶浆迎。从此华阳休骏足，山河重整泰阶平。

恭咏画鹿四首

鹿濯濯，在灵囿。峥嵘玉角新，点染霜毫秀。捧驾应从西极来，衔环欲献南山寿。

鹿呦呦，食野苹。松间求友出，泉上引麑行。齐宫汉苑纷相狎，丰草长林空复情。

鹿麌麌，聚中原。草香寻宿麝，树暝伴蹄猿。虞山尚忆群游地，梁沼还承顾盼恩。

鹿牲牲，在中林。养茸芳径暖，照影碧溪深。上苑不须惊羽猎，皇仁应有放麑心。

太平歌

中兴日月开明庭，垂衣御宇朝万灵。鸡鸣入问龙楼寝，燕坐亲谈虎观经。四时玉烛调元气，万国梯航皆远至。雅奏应谐《韶護》音，豫游不事曼延戏。太平之象复如何，五风十雨禾黍多。小臣拜手陈《无逸》，愿以兢兢保太和。

送敕使阅武

貔貅百万护神京，细柳云屯大将营。雄称六郡良家子，气压三河侠少名。我皇中兴初复古，四海时平犹整旅。巡边敕使出承明，奉诏临戎来阅武。麒麟锦带佩干将，鱼鸟分麾跃骕骦。擐甲林林皆鼓勇，弯弧一一直穿杨。军威万里播幽朔，胡天已见旄头落。始知颇牧在禁中，何事劳师勤远略。

白燕曲四首

白燕飞，两两玉交辉。生商传帝命，送喜傍慈闱。有时红药阶前过，带得清香拂绣帏。

白燕来，呈瑞向瑶台。映日灵姿璨，凌风雪翼开。春长花发春宫里，弄影双飞日几回。

白燕翔，素影落银塘。交飞红菡萏，遥映紫鸳鸯。太平景物先呈兆，燕喜年年乐未央。

白燕舞，日照葵心午。轻縠翦跹衣，清歌谐细语。感德跄跄仪舜庭，呈祥嚣嚣来文圃。

应制题画马二首

五花骢马青丝络，宣德年中景陵作。只今百五十年余，生气权奇宛如昨。良药一顾价千金，争似君王宝爱深。非缘爱物图神骏，要识兢兢朽索心。

丹青好手曹韩笔，貌得天闲紫骝匹。晨凫飞燕敢争雄，绝景超光意俱失。漠漠胡沙瀚海秋，几随汉将觅封侯。时清敛却追风足，芳草闲眠饮碧流。

元夕行

今夕何夕春灯明，燕京女儿踏月行。灯摇珠彩张华屋，月散瑶光满禁城。禁城迢迢通戚里，九衢万户炉光里。花怯春寒带火开，马冲香雾连尘起。弦管纷纷夹道傍，游人何处不相将。花边露洗雕鞍湿，陌上风回珠翠香。花边陌上烟云满，月落城头人未返。共道金吾此夜弛，但愁玉漏春宵短。御沟杨柳拂铜驼，柳外楼台杂笑歌。五陵豪贵应难拟。一夜欢娱奈乐何。年光宛转不相待，过眼繁华空自爱。君不见燕台向时歌舞人，歌舞不闻明月在。

送徐浴泉考绩还任

使君来从函谷关，独骖两凫翔云间。君王为念秦父老，再借旗旆西来还。长安三月春已暮，渺渺离亭暗燕树。念我空多别后思，怜君更向来时路。太行连天烟雾多，终南西望愁经过。莫嗟远别春明外，计日鹓行听玉珂。

三瑞诗为严相公赋

仙翁来跨两青龙，头骨竖削而宠嵸，化为双竹凌苍穹。山中夜雨飞龙去，唯见孙枝满旧丛。延恩阁何崇崇，下见芝草纷芊茸。光耀五色，轮囷其中。日月所照，精英所钟。主人寿考百福隆，商洛之歌安可同。猗嗟莲，谁所移？葆盘礴，花纷披。灵根迥与凡卉异，太华之种争神奇。联跗共蒂彩煜煜，华堂清荫相参差。初疑天孙来，云锦光陆离。俄惊弄珠侣，濯波江水湄。扶植元因造化功，爱护似有神明持。君不见秋风江畔众芳萎，唯有此种方葳蕤。

曹纪山督学题老子出关图见寄谢之

君不见，赤乌东飞宝鼎斜，丰宫镐殿烟尘遮。王风寂寞萎蔓草，豪国奔腾如乱麻。仲尼乘桴泛东海，伯阳西游度流沙。流沙迢迢几万里，休气荣光半空紫。下看六合满尘埃，鸿飞却在云霄里。强留著述传后人，凤毛麟角宁足珍。大象由来贵冥契，世上言语徒纷纷。君不见，函谷关，高陵深谷须臾改，紫气青牛竟何在。千年石壁琐空冥，金书玉简埋光彩。苦思大药驻朱颜，逝水驰光岂相待。我昔图南奋溟渤，身逢明主游丹阙。作赋耻学相如工，干时实有扬云拙。一朝肮脏不得意，翩翻归卧沧江月。故人知我烟霞心，遥传毫素寄云林。看图仿佛犹龙面，使我跌宕开尘襟。尘襟已消豁，世网谁能侵？休言大隐沉金马，且弄扁舟泛碧浔。他年紫阁如相忆，烟水桃花深更深。

赠国子马生行

马生年少负雄姿，气凌江海干云霓。二十作赋黄鹤楼，四座惊听阳春词。由来此曲和者寡，眼底纷纷乱郑雅。鹍鹏踆躃风尘中，骅骝伏枥盐车下。尔来不觉四十余，有策未献承明庐。南山老弃孟东野，渭桥那识马相如？吹竽自耻投齐好，手提双龙走燕赵。纵观七泽未足奇，弹铗跃马长安道。长安大道连狭邪，五侯七贵竞纷华。歌钟夜宴平阳宅，玉树朝开上苑花。平阳上苑春如织，意气倾人生羽翼。眼前空自爱繁华，马生视此泪沾臆，富贵由来苦不常，风云变态如瞬息。不见当年许史家，朱楼绮户青云逼。一朝宠失门祚衰，堂前一一生荆棘。乃知世事如短蓬，飘扬倏忽浮云空。丈夫且知贵适志，安能踡曲坐樊笼？燕山十月朔风起，挽车欲度桑干水。翻然长叹归沧溟，转望青山白云里。煌煌日照京路尘，道傍相送车辚辚。驱马一去不复顾，回头却笑尘中人。

桃溪书屋

涧滨子，少年卓荦称经纶，五言下笔如有神。手握隋和不易售，十年闭户桃溪滨。桃溪绕涧春流满，灵境高踪两幽绝。载酒难寻杨子亭，寻源岂识秦人宅？三十作赋登君门，凤凰在笯鹤在轩。金花瑶草秘幽室，白石苍苔空履痕。

宝剑篇

君不见，昔时欧冶铸双剑，乃是赤堇之金，若耶之铜。玄鼎烹煎白帝髓，洪炉鼓鞴炎精融。冶开龙虎欻挥霍，青天倏忽飞长虹。神物变化世叵测，谁知埋没丰城侧？鹿卢剥落苔藓暗，龟藻朦胧土花蚀。忽如赤道霾妖氛，蟾斗金精太阴黑。司空仰鉴斗牛精，冥漠千年竟合并。剚起幽泉霏雪冷，洗开残晕玉华明。握中科斗深深见，匣里蛟龙夜夜鸣。扶风豪士吴门客，见此仓惶丧精魂。荆卿匕首色黯淡，越国流星气萧索。五都声价讵能测，一诺殷勤重想结。提携西向蜀关道，万里烟尘净如扫。山中野魅走慄慑，水底长鲸欲奔倒。至宝由来有冥契，烈士得之壮怀抱。君不见，平陵男子朱阿游，直节不肯干王侯。却请上方斩马剑，攀槛下与龙逄游。丈夫礧砢贵如此，何能龌龊混泥滓！看君倜傥有奇概，赠此相逢慰知己。尊前舞罢玉龙飞，一道寒光进江水。

皇贵妃发引鼓吹词（附入）

灵輀出祖沙河路，夜月韬光霜积素。彩鸾翔，青鸟御，玉箫声断空烟雾。行云已飞去，欲挽飙车难住。天际苍苍陵树，极目伤心处。

汉江

汉江东流风作波，南船北檝愁经过。舟师缩手抱双桨，对客唱公无渡河。襄阳渡头春可怜，襄阳城北花含烟。大堤高楼酒初熟，欢吟且驻木兰船。

割股行

割股割股，儿心何急。捐躯代亲尚可为，一寸之肤安足惜！肤裂尚可全，父命难再延。拔刃仰天肝胆碎，白日惨惨风悲酸。吁嗟残形，似非中道，苦心烈行亦足怜。我愿移此心，事君如事亲。临危忧困不爱死，忠孝万古多芳声。

雪中柬刘生

十日不出风雨繁，风号泉枯争隆喧。江头梅蕊冻不发，欲觅浊醪何处村。城南处士索居者，四壁寥然对虚牖。桂薪玉粒乌裘敝，千金卖文复何有。君不见，五侯酒垆红焰天，氍毹锦帐坐烹鲜。闭门不肯学干谒，被褐苦吟谁其怜？

双燕词

燕燕东南飞，翩翩舞衣乱。弄影交栖秦帝宫，合欢并入昭阳殿。昭阳殿，秦帝宫，高楼几处来春风。珠帘绣柱宜朝日，翠幌金铺结晚虹。啸俦还命侣，拂翠复翻红。细语巧随歌管换，芳泥解点杏梁空。只爱春光共流转，宁知摇落秋江晚。却怜海鹤与冥鸿，翻飞独傍孤云远。

送黄将军

雉飞不出林，鹏举轻千里。男儿所志在四方，何用碌碌困泥滓？吾观黄君风骨殊，数奇不合长次且，神鹰岂为凡鸟顾，骐骥终非辕下驹。丈夫龙变世叵测，风云忽动垂天翼。灞亭犹识李将军，冷灰复焰韩安国。东市骏马北市鞯，酒酣笑揖黄金鞭。宝剑平生心所重，临行持赠结交欢。

卷四十二　诗三

五言律
应制荷花诗

液池涵圣泽，灵卉吐仙葩。皎素凝琼雪，轻妍簇绛霞。蟠桃同介寿，萱萼并敷华。岁岁临长景，呈祥应帝家。

应制题百子图

褓袱钟慈爱，群嬉悦圣情。眼前看赤子，天下念苍生。雏凤翩翩舞，祥麟队队行。百男今有兆，太姒在周京。

髫髫谁家子，芳林剧戏亲。玉繁庭际树，珠弄掌中人。少小看头角，嬉游总性真。应知皇泽远，麟趾自振振。

应制题画四首

牧童骑牛吹笛

是处桑麻好，田家乐事同。耕犍闲白昼，牧竖趁春风。短笛乾坤里，长林雨露中。命俦还藉草，相与说年丰。

牧童持鞭

陇上朝朝牧，归来路不迷。饮流非避世，扣角岂干齐？乍转松萝畔，还过桃李蹊。时清无战伐，纵尔任东西。

牧童竿悬蛙蟹

释却沾涂苦，闲来弄钓竿。黍禾千顷熟，烟雨一蓑寒。处处溪流满，山山秋色阑。不知田野乐，为向画图看。

牧牛按拍歌

驱犊行游遍，遥村复近阿。乱山秋色暝，高树晚凉多。不识官输苦，焉知帝力何？太平无一事，按拍且高歌。

孝恪皇太后迁祔鼓吹词一首挽歌十首

鼓吹词（应天长）

赤龙降后登仙早，露满园陵悲宿草。启玄宫，扬素旐，骊乘萧萧风袅袅，葆吹千峰绕。怅望慈云缥缈，白鹤归来华表，鸟啼山月晓。

挽歌

毓圣恩无极，游仙梦不归。载逢玄隧改，重念紫宫违。帐殿松阴合，铃歌薤露晞。永陵原上月，今夕见重晖。

忆昔推宫范，于今戴母慈。渚虹方衍庆，风木已兴悲。专祀隆周典，陪陵备汉仪。丹旐遥发处，一望一凄其。

虞琴方罢奏，湘瑟久含愁。班竹无双泪，苍松共一抔。掖庭春寂寂，山殿夜悠悠。不尽终天思，凄风三月秋。

晓日金山道，灵辄向北移。祇看双凤翣，遥度九龙池。日月回陵谷，风云护羽仪。共知明主孝，甘露洒琼枝。

嗣望膺宸极，重闱天寝园。身违天下养，名极域中尊。蜃辂迥芳甸，星轩复紫垣。千秋霜露候，冠佩肃陵原。

自昔亲蚕日，盆缫几度陪。春风依旧到，仙驭不重回。北陇泉扉启，西郊辇路开。彩云偏有意，来去绕陵台。

梧野营新兆，金山从旧封。镜埋长隐凤，剑化自从龙。暝色浮千嶂，涛声起万松。回瞻佳气合，苍翠锁居庸。

北极恩长戴，东朝养未伸。月残长乐梦，花发霸陵春。典礼遵前古，哀荣及此辰。孝思根圣性，仁望几伤神。

地应占沙胜，天开梦日祥。一辞丹凤辇，长返白云乡。月落千峰暝，乌啼五夜霜。尊荣及泉壤，舜孝仰重光。

德以璇闱著，名从玉简传。无疆元应地，有子正当天。遗佩藏丹壑，飞輧入紫烟。焄蒿霜露夕，怅望自年年。

赋得玉河冰泮

御涧开凝冻，春波绕苑墙。碧摇宫柳色，红映晓霞光。喷浪知鱼跃，连云下鹭行。渐看新涨涌，几曲碧流长。

阁试秋霁

爽气澄残暑，晴光满素秋。黄知篱菊净，红见野枫稠。雁带霞光度，天连山色浮。边烽昨已熄，云霭望中收。

秋夜感怀寄钦之二首

海月稍稍落，檐蚤细细吟。芙蓉秋色老，鼓角夜堂深。峡水违长笑，江鱼滞好音。疏庸随画省，灯下愧华簪。

迟尔天衢步，骎骎藻思豪。青藜然夜火，彩笔涌秋涛。冀北夸龙种，图南识凤毛。长安春色好，不负杏园曹。

山月晓仍在

蚤夜趋丹陛，严城听曙鸡。孤钟长乐转，片月太行低。日气光还照，霜华影未迷。慈乌惊万树，历乱御沟堤。

返照

落日千山暮，寒光入蓟城。虚堂余树色，御苑乱鸦声。拥衲僧归晚，开轩客望平。乡关杳何处，万里一含情。

送范比部恤刑广右四首

客舍起骊歌，双旌拥玉珂。紫貂冲白雪，彩鹢渡黄河。远布虞廷诏，深知禹泣多。即看万里去，把袂奈君何。

画省三年绩，彤墀五色章。君恩覃桂岭，使节指蛮方。怀古悲苍野，登台吊越王。更须勤疏草，解网答明光。

春色蔼金茎，春风满玉京。市桥朋酒绿，关塞客星明。慷慨青萍剑，行过白帝城。悬知思旧侣，愁听鸟嘤嘤。

即有同心者，宁如君与予。过谈皆意气，投赠自琼琚。五夜西曹梦，三秋北雁书。梅黄应下峡，可得问蓬庐？

元夕

蓟门今夕夜，皎皎彻寒庐。不饮杯中酒，其如月色孤。钟声来御苑，火树满长衢。相逐行吟者，安知夜已徂？

秋夕省直

凉飕何袅袅，秋入白云司。为读骚人赋，翻增旅客思。蝉声咽高柳，暝色下疏篱。摇落关山外，清笳晚更悲。

双河寺小憩

云间开梵宇，寂寂枕寒流。万劫空中息，诸天象外幽。地疑玄度宅，河似白鸥洲。即此堪乘兴，风烟况早秋。

送黎封部参藩广右二首

尊酒河梁上，秩秩夏木阴。片帆千里远，一语百年深。去住悲离合，乾坤自古今。相思何处切，纤月到疏林。

于尔开青眼，相看器自殊。凤翔天外出，剑气斗边孤。谢树怜双玉，雄文重两都。向来余古意，且得问苍梧。

郊寺送客三首

三旬不出郭，冲泥复此过。轻风摇砌草，迟日照渠荷。僧饭盘中足，禅机物外多。分题有新句，投醉客颜酡。

　　郊关频送客，因叩远公扉。下榻藤花落，翻经野鹤归。诸天开色象，层阁入烟霏。欲问无生诀，那能遂息机？

　　禅关幽寂甚，一到隐心生。礼佛炉烟细，烹茶鼎火明。万缘空里息，半偈静中清。落日催归骑，依依钟磬声。

雨中过周比部

　　客抱苦不惬，因君一解颜。入帘飞白雨，起坐见青见。计日江南发，何时汉关还？双河秋夜月，谁与叩禅关？

题隐庵远寄亭

　　胜地监江汉，危亭架沇寥。檐阴飞冻雨，窗洞引清飙。竹影檀栾密，山光碧玉摇。仙居不可问，渺渺隔丹霄。

登仲宣楼二首

　　一楼雄此郡，万里眼全开。孤嶂烟中落，长江天际来。看题寻旧迹，怀古寄新裁。不见操觚者，临风首重回。

　　百雉枕江烟，危楼倚碧天。望随云共没，心与日俱悬。柳暗迷通浦，沙明辨远川。登高愧能赋，空羡昔人贤。

送汪远峰太史省亲二首

　　紫阁朝陈疏，青藜夜辍书。里应夸结驷，归及荐江鱼。剡曲瞻云近，庭闱爱日舒。《南陔》如可续，莫为赋《闲居》。

泾水不入渭，此心唯见君。但令心共许，谁复叹离群？别曲听朝雨，归帆逗海云。握中何所赠，杂珮藉兰薰。

咏虎丘图

野草荒吴殿，浮图出梵天。云霞通海气，楼阁瞰江烟。林暝涵秋色，岩悬想瀑泉。未能穷远迹，怀古一凄然。

孝烈皇后挽歌二首

厚载侔天德，勤劳翊帝功。讵知鸾驭杳，长使凤楼空。懿范传中禁，遗言怆圣衷。仙游渺何处，瞻恋五云中。

鸿号瑶图启，鸾飞宝镜沉。白云仙路迥，玄寝寿宫深。上食开行殿，悲筇度远岑。昭陵空怅望，风日晚阴阴。

庄敬太子挽歌

鹤驭凌霄汉，龙楼锁寂寥。空悲仙路杳，无复寝门朝。绮季辞金辂，浮丘侍玉霄。惟余凤笙曲，犹逐白云飘。

送张少渠之鄞

客路悲千里，离旌指四明。风烟连泽国，秋雨缓王程。迢递双凫远，翩翻一鹤轻。碧云摇落候，相送若为情。

寄枝江殿下

忆昔趋陪地，烟云入梦多。断蓬辞故土，丛桂隐山阿。消息经年阻，风尘奈客何。梁园谁受简，白雪满关河。

初秋四首

玉琯调商律，金飚拂绛纱。碧云宫阙晚，丹树禁城遮。客况看流火，边愁入暮笳。无能裁楚赋，空自怅年华。

花落昭阳暮，寒生御液迟。碧空浮霁霭，黄叶舞轻飔。静爱潘郎赋，情深楚客悲。凉风正萧瑟，莫唱汉宫词。

摇落怜乡思，居诸感宦游。莼鲈江国缈，砧杵汉宫秋。步月愁看影，瞻云爱倚楼。有怀吟不就，惆怅晚风飔。

寒暄殊景物，岁月叹蹉跎。况是天涯客，其如秋思何？金茎霄露湛，碧汉夜凉多。独立苍茫里，闲愁付短哦。

送杨别驾之泸

去去西征客，蚕丛路几千。江流通白帝，剑道倚青天。解缆惊秋早，维舟忆月圆。时清官况好，不似度泸年。

同李石麓张西吴游正法寺二首

精舍何崇旷，幽林景翳如。风生洞户冷，云度石堂虚。已惬寻幽胜，因之慰索居。坐深机事息，飞鸟狎人裾。

广殿肃阴阴，禅堂萝薜深。人疑玄度至，地即远公林。庭药澹清影，林栖多好音。纷纷非所好，尘外且娱心。

送赵方泉出按应天二首

绣斧出长安，都人拥骑看。豺狼当道避，鹰隼逼云抟。盖转三山动，霜飞六月寒。五陵多侠少，应借惠文冠。

金陵佳丽地，楼殿郁嶙峋。龙起恢王业，骢鸣出使臣。山川行处胜，樽酒别时亲。去也驱驱日，千金慎子身。

宿裕州候晴

一雨遍霖潦，长途车马稀。霏霏犹合幰，羃羃欲侵衣。官舍鸟声寂，郡城山色围。结轨候明发，沉云殊未归。

月下怀曹纪山侍御二首

子夜钟声彻，高秋露气清。海风吹月白，流影向人明。笛怨关山远，寒催砧杵鸣。不知乌府客，兹夕若为情。

孤月生残夜，盈盈涌玉盘。离人不欲寐，清景共谁看。魄转银河湿，光生草露寒。今宵有归梦，应绕碧云端。

送朱文石使楚二首

起草违丹陛，衔纶降紫霄。春原嘶去马，山馆听鸣镳。郢雪歌中尽，江花笔里飘。会因双鲤便，莫遣尺书遥。

雪里年华改，青门柳又新。可堪长作客，还对欲行人。驿路啼莺合，汀洲芳草春。数宵有飞梦，先尔到江滨。

与李义河给谏约游衡岳不至奉嘲二首

再枉山中信，期为汗漫游。那知鸿鹄羽，翻为稻粱谋。谩解陈徐榻，虚同李郭舟。云天愁望汝，高驾为谁留？

大鹏有修翰，野雉无远趾。分飞既异路，会合应难俟。芳洲杜已落，江介舟徒舣。勖子烟霞心，毋为困泥滓。

重游萧氏园亭二首

不到南塘久，莺声觉底繁。野云低抱石，江气远含村。只爱松筠冷，宁闲车马喧。相过已无数，不必问前源。

结构怜幽僻，云门网薜萝。只愁迷径术，何意屡经过。野食共蔬茗。山衣葺芰荷。还期卜邻并，时共晒庭柯。

送张襄之归新喻

幽燕倦为客，振袂思故乡。已怆通家恨，犹怜别路长。帆逐秋云迥，行襆野杜香。鼎山栖隐处，还是谢公堂。

送石橡

怜汝青云器，萧曹可颉颃。簿书悲肮脏，公府失贤良。未假风尘会，空瞻日月光。谁当垂翳拂，万里必腾骧。

半山亭（亭去祝融、岳庙各十五里，居山之半）

碧落平分竟，危亭架沈㵿。未穷天路尽，已觉世尘遥。云海翻银浪，风篁听玉箫。九关知不远，霞起祝融标。

白云处处满，行子暮何栖。不辨幽林色，惟闻归鸟啼。虚岩映灵籁，人语隔前溪。夜宿庄严境，明珠照客迷。

方广寺宴坐次念庵先生韵并致仰怀

幽隐何所托，长与薜萝期。听法过祇苑，皈心礼大悲。堑晴云起处，松暝鹤归时。此意人先觉，吾来已较迟。

访大方禅僧次念庵先生韵

烟雨晓微微，山堂未启扉。花坛分石髓，苔壁挂云衣。挥麈频问难，停轺已忘归。曹溪一宿后，真觉夙心非。

送毛青城谪滇南

客有相如倦，心耽扬子玄。浮名看自薄，谪宦转悠然。别袂分春色，题诗隔暮烟。从来富词翰，到日百蛮传。

书罗医师凤冈卷

揽德呈嘉瑞，回翔忆故居。碧梧秋雨老，修竹晚烟疏。药煮琅玕宝，书衔金简余。九苞有灵胤，还见羽仪舒。

寄题秀溪

清溪开濴洘，飞瀑泻洪流。影向银河落，光涵玉镜秋。忘机鱼鸟狎，卷幔水天浮。为问沉冥客，仙槎几度游？

别草堂作

劳劳成徂两，惘惘背云林。自被移文诮，谁知捧檄心。庭篁虚宿霭，山鸟送余音。莫遽荒三径，金门肯陆沉。

同望之子文人日立春喜雪二首

暖暖宫云缀，飞飞苑雪来。春随银箭晓，花傍玉楼开。西液流渐满，东方瑞彩回。此时瞻朔气，斥候净氛埃。

信是春风早，霏霏满帝城。冀呈七叶瑞，琼散六花英。墀阙朝光迥，阶庭夜色明。占丰聊共慰，和郢愧同声。

成趣园夜宴限韵三首

名园开绮宴，艺苑聚文星。共许心期结，相看眼倍青。吟为招凤曲，书作换鹅经。妙论超非相，精思出有形。夜深仙籁发，疑是蹑天庭。

秋色冷疏竹，秋空点数星。水光浮积素，山色漾重青。泛渚惊初到，寻源喜再经。鹤驯阶下影，鱼失镜中形。画舸轻摇处，人称小洞庭。

帝子神仙侣，蟠胸灿斗星。奔腾宫里骥，俊逸海东青。赋掩曹王作，精研庄叟经。三田含内景，五岳识真形。自愧风尘客，劳劳隔径庭。

送田青丘之南雄兼寄拒山先生二首

铜柱天南郡，怀君万里行。海波浮地阔，岭树入云横。风壤瓯闽近，冠裳锦里荣。还家见康乐，春草句还成。

问讯田夫子，风尘阻见期。斗山终自仰，樗散愧相知。寂寞玄犹白，蹉跎鬓易丝。徒藏匣里剑，未有报恩时。

临湖曲六首

结庐湖水西，坐望湖水东。东西两相望，疑是镜光中。一解
浩渺镜湖波，香风出芰荷。月明山下静，时听采莲歌。二解
月出波光碧，波澄月影寒。轻舟棹两桨，乘月弄潺湲。三解
鼓枻下椒潭，骛舻驰桂屿。遥闻箫鼓声，呜呜隔前浦。四解
鳞冲锦浪翻，鹭点苍烟纱。人在水烟中，忘机狎鱼鸟。五解
徜徉湖水畔，湖水即沧浪。讵似鸱夷子，扁舟爱渺茫。六解

送徐太学国式归省

三礼知名久，游雍业更精。君能传戴圣，予独愧阳城。鱼脍思亲馔，莺声乱客情。汉仪如可就，先聘鲁诸生。

后九月九日赏菊阁试

两度逢阳九，秋深菊未阑。天应留物色，花不畏风寒。扑盏香犹细，当轩影尚繁。尊前爱余景，为尔更凭栏。

马上见西山

帝里风烟豁，西山送翠来。芙蓉天外削，图画望中开。叠嶂环都邑，浮光接露台。马前空仰止，佳气郁崔巍。

出左掖

献罢《甘泉赋》，还过彩凤楼。逼霄仙掌湿，拂袖御香浮。日恋彤墀影，烟涵玉涧秋。回看禁城里，宫殿五云头。

卷四十三　诗四

七言诗
恭纪圣德中兴十事诗

问寝承欢

长乐春深爱日迟，慈闱燕喜及芳时。尧门晨暮三朝礼，汉殿春秋万岁卮。日曜龙章成彩服，天开凤篆作瑶池。已将北斗倾仙醑，还指南山祝寿禧。

宵衣勤政

雨阶庭燎簇旌旗，曙色微微露未晞，世泰何曾忘儆戒，丰年犹自念寒饥。乍听漏滴疑摇佩，才报鸡鸣已进衣。君道克终当致慎，老臣特此赞惟几。

缉熙圣学

冲龄已赋圣人资，典学尤勤恐后时。努力寸阴常为惜，谈经终日意忘疲。闲观翰墨情偏惬，坐对缥缈手自披。二帝三王心法在，文华高揭即蓍龟。

隆礼师臣

朝朝讲幄侍宸旒，忝窃宾师礼更优。謇语每劳倾耳听，腐儒何有格心猷？风云一代真奇会，鱼水千年岂易投？浅薄无能称献纳，只将丹悃答皇麻。

面奖廉能

纷纷计吏集金门，劳遣亲烦万乘尊。共望龙颜瞻日表，近承天语挹春温。虞询方岳遗风远，汉奖循良古道存。知己尚然酬一诺，诸臣何以报殊恩？

诏蠲逋负

俄传纶绋下丹霄，积负如山顷刻消。野老扶筇听汉诏，衢氓击壤播唐谣。漫愁杼柚诛求竭，已觉闾阎生意饶。为问皇仁何所似，旱时甘雨润枯苗。

澍霖应祷

斋居端默自沉沉，精意俄然格帝心。万里春随温诏下，崇朝泽并圣恩深。皇穹响答同桴鼓，农扈欢歌胜雨金。自是圣朝无阙事，不须露祷向桑林。

植桑知艰

玉食朝闻撤大官，悯农还见轸盘餐。三推未向天田举，百谷先从御苑看。宇县迎和逢岁稔，闾阎鼓腹洽民欢。南风不用歌矇史，冲主偏知稼穑艰。

九塞称臣

幕南秋色静王庭，月满边关夜不扃。北地胡儿能汉语，西陲宛马尽龙形。屯田都护休乘障，破虏将军早勒铭。干羽两阶文德洽，九重端拱万方宁。

百蛮归款

才闻西马来天极，又见文犀出海滨。越嶲不烦通蜀使，呼韩已作款关臣。

威横朔汉烽烟息，泽暨炎荒雨露均。凯奏胡歌杂蛮语，纷纷尽唱太平春。

恭祝万寿无疆二首

太平天子正垂裳，凤纪重开赤室祥。万岁歌声弥海宇，千门佳气霭明光。西池云驾临仙仗，南极星躔映寿觞。欲颂巍巍那可拟，神尧十六御陶唐。

拜陈金镜庆尧年，况属清秋灏景鲜。龙衮光中香篆袅，凤韶声里玉卮传。九霄瑞露凝仙掌，三殿祥云捧御筵。浅薄幸霑恩似海，讴歌惟祝寿齐天。

恭颂圣德诗二首

凤历万年归圣主，鸿图十代授神孙。求言已见开尧室，图治还能辟舜门。

独运英谟开日月，共欢泰道叶乾坤。愚臣衮职惭何补，拟续《卷阿》

答至尊。

太平天子御明堂，绣衮端垂化瑟张。五岭耕桑休战士，九边钲鼓纳降王。

凤麟并兆人文朗，龙虎重开帝业昌。幸际无虞思献纳，愿将兢业对时康。

圜丘陪祀有述

苍盖朱罳倚碧空，郊坛高峙帝城东。宸旒肃穆千官合，卤簿辉煌万国同。上界清都依紫汉，泰阶黄幄隐晴虹。相如莫献青鸾赋，不是祈灵太乙宫。

恭侍讲读纪事

日日趋承向紫清，石渠天禄未为荣。敷陈固以惟仁义，弼直还因际圣明。爱听謇言频促席，亲劳御手为调羹。微尘敢谓裨山岳？只竭葵忠一念诚。

春日侍讲

御炉香袅衮衣垂，虎观横经侍汉仪。风度云编香细细，日临春仗昼迟迟。悬情双白身难乞，报国孤丹主自知。归向纶扉清漏午，还将簪笔纪芳规。

皇上祝圣母

宝历躬膺理万方，流虹初发庆源祥。女中圣德称尧舜，膝下承欢有帝王。运辅日升人共泰，庆逢阳至景初长。慈闱罔极恩何报？遥指南山祝寿康。

辽左大捷

霜戈一指靖辽阳，露布星驰入未央。天子垂衣多庙算，将军汗马自鹰扬。丝纶奖借承殊眷，金紫辉煌出尚方。帷幄敢言能决胜，独余忠荩佐时康。

庆成侍宴

大庭酺宴庆郊成，鱼藻歌腾见镐京。日照千花明衮绣，凤和万籁协韶音。宸情喜觉春生面，天语频传酒满觥。交泰正逢千载会，谫才何以佐升平？

文华殿进讲大宝箴应制二首

天位艰难保泰年，昔贤献纳有遗编。图陈虎观开缃帖，鼓动龙颜促讲筵。问道轩宫风自远，谈虚汉殿席空前。恭逢帝代师臣礼，彤管长令奕世传。

彤帏高敞翠华临，纳诲先陈《大宝箴》。造膝从容承顾问，当宸延伫见虚襟。酒池琼室伤心丽，塞圹垂旒鉴古深。天藻殷勤清漏午，愧无明保作商霖。

上林春晓

潋滟初添太液波，春光常在凤城阿。新莺渐与仙韶合，细草偏宜御辇过。旌盖纷纷随日转，杏花灼灼倚云多。太平乐事应无限，愿以时成和舜歌。

题荷花应制

宫沼澄漪通太液，天葩的历炫新装。移来玉井根原异，开向瑶池色倍光。细细香风随凤辇，霏霏轻露湿仙裳。碧筒长喜倾芳醴，愿祝慈龄万祀康。

玄兔

曾向瑶台伴月轮，今来文囿瑞昌辰。灵丸捣就千年药，镔屑锤成百炼身。黝质元因钟水德，缁衣岂是染京尘? 还将老子玄玄义，为祝君王万万春。

黄鹦鹉

曾随大上翔南海，今奉慈颜集上方。色藉铜龙增气象，影摇金凤共辉光。含灵省识三株树，解语能称万岁觞。不信黄中符地德，为看仙鸟应休祥。

五色鹦鹉

帝遗灵禽献寿来，声声频劝万年杯。彩衿色夺宫花丽，绮翼遥凝瑞锦裁。照影池娥犹自让，调音梁燕定应猜。徒闻王母三清使，驯扰何如在帝台？

玉兔

冰轮高挂碧云端，玉质身依玉宇寒。万里山河天外过，千秋宫殿镜中看。吸残桂露花长在，捣就琼霜夜未阑。已伴嫦娥游帝阙，更随王母奉仙丹。

题画猫应制

内苑驯来有岁年，双双彩色最堪怜。间行花辨雕阑外，小踞风生绣榻前。穷穴已知狐鼠尽，芳春惟见蝶蜂翩。微躯何幸承恩眄，率舞应居百兽先。

圣寿朝贺

高秋驰道入轻寒，珮玉珊珊晓漏残。蓬海神舟青鸟信，柏梁仙掌露华团。万年景运过周历，二殿威仪拥汉官。拜首嵩呼天仗合，銮舆遥在紫云端。

送罗比部守宁国

鸣蝉落木玉关秋，愁见河梁一叶舟。云物共怜燕市客，风流遥忆谢公楼。鲸波横海曾多事，虎竹分廷借远筹。三十二峰明月满，思君当在最高头。

壬戌七月望夕初幼嘉陈子嘉二年兄过访次韵

壬戌秋光此再游，纷纷凉月玉觥浮。关中寒杵星河动，塞外清箫几席秋？二妙相过怜北极，双鱼宁惜滞南洲！狂歌裒裒天风发，未论当年赤壁舟。

中秋前二夜与诸君共集双河寺

野殿虚无生紫烟，薜萝古柏相新鲜。佳辰已是中秋近，万里清光自远天。迟客不来思玉轸翁生善琴，期而不至，飞觞得句信瑶篇。拂衣联臂双河寂，闺曲衢歌听杳然。

赋得秋色老梧桐

凉露燕山秋自偏，高梧十寻殊可怜。萧萧落叶当寒井，瑟瑟悲风起暮烟。疑有凤凰鸣碧干，不堪哀怨付清弦。皎月夜窗闲对汝，外人谁识子云玄？

送初幼嘉年兄还郢三首

燕市重来二月初，翩翩意气曳长裾。金门未售《甘泉赋》，玄室何人问子虚？太乙夜燃东壁火，天池时化北冥鱼。乾坤岁岁浮春色，环珮相将侍禁庐。

黄鹤楼中忆旧行，白蘋江上此离觞。天边日气残鸡鹊，帝里星华照鹓鸾。燕士从来先郭隗，汉庭那得老冯唐？思君何处堪情切？草色青青满建章。

秋深鸿雁落汀洲，嘹亮西风动客愁。月下绿尊同郢曲，天涯青眼对吴钩。萧关箫鼓惊寒烧，泽国芙蓉念敝裘。爱尔明珠罗万斛，逢人莫向暗中投。

秋日集曾工部宅得天字

暝色城隅殊可怜，西风摇落转凄然。三年黄菊逢燕市，七泽椒兰忆楚天。海上素秋看碣石，尊前白雪自瑶篇。邀欢最爱扬雄宅，此日相将更问玄。

送翁云松琴士还浙

幽人结屋东华头，郁郁松阴四壁秋。一点浮云向天外，片帆风影挂江流。《广陵》新调惊玄鹤，渭水长竿起白鸥。归去不堪千里道，山阴夜雪满孤舟。

咏江滨梅得阳字

江岸纷纷留野雪，波光历历带残阳。寒枝一绽已春色，轻萼数点亦幽香。行人欲折情可寄，辞客相看思欲狂。赖与乾坤壮孤寂，独随山月映茅堂。

塞下曲

九月西风塞草残，胡沙黯黯点征鞍。一声羌笛吹关柳，万卒雕戈拥贺兰。都护长缨勤庙略，单于远道伏长安。漠南坐觉烽烟靖，天汉嫖姚可易看。

送王邑博之定海

高天寒色逐金茎，书剑翩翩此独行。朋酒不堪燕市别，客槎因与越潮轻。郑虔自属传经望，扬子谁怜献赋情？到日即看池藻绿，春风先被鲁诸生。

江中对月得郎字

秋夕萧森泛野航，菰蒲远棹动清凉。万山月色侵虚幌，十里江光入巨舫。影入鱼龙看历历，露团萑苇见瀼瀼。好怀欲向骚人遣，太白那能起夜郎？

范比部鲁工部洪山人夜过得龙字

蓟门寒日落千峰，莽莽流云翠欲重。海内文章几扬马，天涯笑语自人龙。石炉对集凭杯酒，城柝齐鸣杂禁钟。时事未堪愁里论，九关何计息烟烽？

王明府之吉水席上致别

因君倍忆楚江浔，江气萧森秋色深。黄菊紫萸堪在把，双鱼孤雁自惊心。明妃村树已空寂，王粲楼台还古今。斗酒相看不成醉，西风愁听捣寒砧。

怀曾水部

郭外冲泥野雪侵，别君之后思逾深。登临不分题桥兴，咫尺何孤入社心。寒榻一春应卤莽，芳尊几日复招寻。匣琴莫向云岑鼓，怪听山中有凤吟。

省中对雪再用前韵

客裘二月尚寒侵，远色惊看雪霰深。省署珮环消簿领，关河雁鹜系愁心。谁家羌笛那堪听，何处梅花不可寻？入夜抽簪星汉动，琅琅疑是海龙吟。

省中春望次吴侍御房山喜闻倭退寄郝侍御韵

长安西望浮晴色，片片春云护远峰。辽海烽烟收羽檄，汉家宫阙隐歌钟。鸟啼欲趁天风度，条变犹怜夜雪封。江上早梅纷可折，江南驿使未相逢。

再次吴侍御别陈侍御韵

苍珮同趋玉笋班，三年裘马寄燕关。厌看春草新官舍，赖有瑶华破客颜。碣石孤峰云外出，蓬莱双鹤斗边还。相期共拾天门月，迟尔青萝翠壁间。

送周比部卢囚江南便归省觐二首

珂珮相从侍玉墀，分曹犹寄白云司。尊前清笑看长铗，月下长歌岸接䍦。别浦孤蒲凉气早，远村鸿雁客心知。晋陵吴苑堪乘兴，料尔登临起壮思。

庭闱喜气觉全纾，使节翩翩指旧庐。绿鬓锦袍还意气，白鱼青笋自庭除。晚风吹浪江南棹，秋水怀人蓟北书。欲与文园拾瑶草，相期何日返征车？

左阙校阅除书

微风晓度禁城西，沟水芙蓉拂玉堤。浴鹭冲波还泛泛，鸣蝉泣露故凄凄。炉烟直射仙人掌，宝篆新开御墨题。序进忝随郎吏后，自惭通籍在金闺。

送梁鸣泉给谏册封晋藩

已欣胜览驰千里，况捧纶恩出五云？唐叔圭桐初启晋，汉皇箫鼓忆横汾。金羁路指黄河近，玉佩香从画省分。遥想诸藩争识面，中朝汲直向来闻。

病怀

鳌禁承恩忆往年，西清几听漏声传。青旆簇仗闱仙陛，黄表开函奉御筵。沆瀣宵凝双掌露，燎光晴映九霞天。沧江一卧弥年岁，紫极空瞻象纬悬。

卷四十四　诗文

七言律
巽州图为沈封君题

飘飘复见沈休文，栖隐芳洲远世氛。白社相将鸿鹄侣，青尊独与鹭鸥群。石门天净邀新月，瑶瑟秋深鼓暮云。华省更看琼树好，黄麻已向汉庭分。

寿王观吾封君

襄阳自昔多耆旧，庞德千年复见君。绿鬓投簪怜豹隐，青山浊酒狎鸥群。极星入夜天中烂，桃实惊秋海上分。才子独留金马在，高堂应望楚墟云。

夜过吴侍御得来字

客里那能数举杯，楚山燕岫客徘徊。疏篱两见黄花发，绝塞重惊白雁来。霜落金茎枫叶晚，风生绣弁角声哀。高名季子惭同调，簪笔琅琅落上台。

中秋前再过吴侍御得阳字

霜空征雁送斜阳，凉月纷纷满建章。影落明河摇彩笔，光浮太液照霓裳。梧桐惊见燕山老，橘柚因怀楚泽黄。望后清光还自倍，天门那惜更飞觞？

味秘草堂卷为贞庵王孙赋

别业初开小苑东，翠微佳气郁葱葱。瑶章惊锡蓬莱阙，羽节高悬太乙宫。采药但教云作侣，应门常使鹤为童。独怜尘世遥相隔，惟听琼箫度碧空。

送涂司理之叙州

尔梦刀州初拜官，风尘须借惠文冠。十年离别交情在，千里驰驱蜀道难。飞舸乍移红树晚，悬旌直指翠屏寒。辎轩更暇探幽兴，为访君平旧肆看。

闻警

初闻胡骑近神州，杀气遥传蓟北秋。间道绝须严斥堠，清时那忍见毡裘！临戎虚负三关险，推毂谁当万里侯？抱火寝薪非一日，病夫空切杞人忧。

月夜登城

一叶已落人间秋，夜澄江空烟雾浮。月光入水影明灭，霜气薄人风萧飕。沙鸟欲宿寒未稳，城乌惊栖啼不休。酒酣对客发幽兴，清啸骚然满沧洲。

送方金湖之宁津

车马萧萧过上兰，都亭贳酒强为欢。已知天地共行客，不为别离愁路难。汲黯积薪缘宦拙，长公直道薄微官。谁怜十载河阳令，还向风尘拂旧冠。

游南海子

芳郊秘苑五云中，犹识先皇御宿宫。碧树依微含雨露，朱甍窈窕郁烟虹。空山想见朱旂绕，阙道虚疑玉辇通。此日从臣俱寂寞，上林谁复叹才雄？

慰刘生卧病苦吟

瘦臞何事日长吟？却以斋居思转深。枥骥不忘千里志，病鸿终有赤霄心。轩车入市谁相讯，容鬓经秋恐不禁。肯与留侯同辟谷，碧坛瑶草共幽寻。

李石麓晋翰学入直撰文遥贺

鱼珮初悬入禁闱，冰衔新宠奉恩辉。沉香花发仙人藻，云锦裁成帝女机。直禁晓瞻温树近，退朝宵捧御莲归。上林有凤栖梧竹，却放冥鸿海外飞。

元日望阙

北阙朝元忆往年，趋承长在日华边。青阳御跸乘春转，黄道诸星傍斗旋。镐宴并沾歌湛露，虞庭率舞听钧天。江湖此日空愁病，独望宸居思渺然。

元日感怀

青镜流年惜暗移，江湖潦倒负心期。被嘲扬子玄犹白，未老安仁鬓已丝安仁三十有二始见二毛，余年与之同，而鬓已点白。直北烟云占斗气，隔江梅柳媚春姿。闲愁底事淹芳序，且尽尊前柏叶卮。

和贞一王孙八岭山韵

千骑霓旌控紫庭，曙烟晴抱日华明。山蟠王气藏真宅，草绿春心怆孝情。笙凤度云回仗影，洞龙衔雨听松声。仙城杳霭何因见？怅望青霄耸翠屏。

寄胡剑西太史二首

文园卧病岁华移，又见飞花楚水湄。向暖愁看江燕舞，怀人心许塞鸿知。剑悬牛斗离当合，书隔云霄未可期。远梦关山那易到，只看梁月慰相思。

橘性从来本易移，鸥情长爱水云湄。投胶约在终相忆，附骥才悭却自知。北极星辰瞻瑞彩，东山萝薜惬幽期。唤愁江草年年绿，欲折蘼芜寄所思。

留别新乡方大尹

迢递云山十日程，旅怀真为故人倾。夜烧红烛催春酒，晓藉鸣琴写别情。官舍柳青萦去旆，河阳花满送啼莺。天涯离合堪惆怅，愁听行歌唱渭城。

寿马年兄母八十

南归已遂荣亲志，春酒初传献寿杯。驷马车从天外转，六鳌仙自海中来。光移玉树霓旌动，春触庭花舞袖回。况是茂陵词赋客，可无高咏续《南陔》？

送谭少石之湘乡

别思迢迢不可任，湘江湘浦碧云深。春湖水泛桃花色，沙岸烟含苦竹阴。鼓瑟几听江上曲，登楼一寄日边心。青霄迟尔双凫翼，吊古休为楚客音。

和答龙湖阁老舟中见示

风烟怅望三秋迥，奎壁瑶连八座明。海内几年公辅望，士林今日斗山情。天书珍重瑶华赠，秀句花从彩笔生。樗散独惭培植旧，漫同桃李向春荣。

雪中招友

东风吹雪迥生姿，小径先分玉树枝。阴合野人愁日暮，冻含宫柳讶春迟。多情未减山阴兴，寂寞能忘北郭思？已办香醪供晚醉，莫辞泥泞负心期。

九日宴汪年兄宅得清字

风物凄凄秋满城，况逢佳节不胜情。云明远塞翻鸿影，霜入疏篱见菊英。海内弟兄欢促席，天涯踪迹自飘萍。未嗟万里长为客，坐对英尊笑语清。

赠贞庵王孙二首

缑山帝子本胎仙，曾种华池玉井莲。江上初闻小有洞，年来不住大罗天。云缄宝箓传丹阙，鹤引金舆驾彩烟。白昼果能生羽翼，淮南何羡枕中编？

龙车虎驾拂烟开，来往青霄日几回？曾向麻姑问沧海，每随松子驻蓬莱。玉笙吹月闻天乐，珠树留云远世埃。我病欲求鸿宝诀，自知尘骨少仙才。

送杨生南归

清时不献太平书，为复还从江上居。芳草暗随乡梦合，孤云争似客情疏。南山雾雨文初变，滇海扶摇翮未舒。知子少年思养晦，归来不是忆鲈鱼。

送吕都谏参知秦中

百二山河何壮哉，旬宣使节自天来。不缘重地须人望，肯藉中郎出帝台？骑驿秋辞燕树渺，省薇晴傍召棠开。春明暂隔休惆怅，卿月遥占赐履回。

送林仪部视楚学

少年兰省藉时名，南国儒台简命荣。敷教祗遵虞五典，传经曾拟汉诸生。鹤飞潦沉楼还古，龙起湘江水尚清。扈跸胜游今十载，因君重忆楚山程。

送陈见吾考绩南还因寄亲友二首

把臂都门问所如，烟花南望引征舆。章华台畔啼莺后，杜若洲前见燕初。候吏重瞻仙令舄，路人争羡马卿车。张衡已著《思玄赋》，归梦从君绕敝庐。

几度思归病未瘳，那堪送子向南州？帝城花满离亭曙，江国春残杜宇愁。旅客独伤魂渺渺，征人长忆路悠悠。先凭一寄南中友，相见犹疑在暮秋。

观音岩次罗念庵韵

上方重阁晚依依，飞锡何年此息机？行尽碧霄平有路，坐看红树不知归。法身清净山长在，灵境虚无尘自稀。欲借一枝栖野鹤，深公应笑买山非。

赠沈山人次李义河韵

苏耽控鹤归来日，李泌藏书不仕年。沧海独怜龙剑隐，碧霄空见客

星悬。此时结侣烟霞外，他日怀人紫翠颠。鼓棹湘江成远别，万峰回首一
凄然。

宿南台寺

一枕孤峰宿暝烟，不知身在翠微颠。寒生钟磬宵初彻，起结跏趺月
正圆。尘梦幻随诸相灭，觉心光照一灯燃。明朝更觅朱陵路，踏遍紫云犹
未旋。

出方广寺

偶来何见去何闻？耳畔清泉眼畔云。山色有情能恋客，竹间将别却
怜君。瘦筇又逐孤鸿远，浪迹还如落叶分。尘土无心留姓字，碧纱休护壁
间文。

潜江悯涝

水啮平堤沙岸回，野田空见荻花开。江涛挟雨秋仍壮，燕雁冲寒暮
独来。岁晚风霜欹客枕，夜深灯火傍渔台。悲时亦有江南赋，愁听荒城鼓
角哀。

应城访李义河给谏宿古城寺

茂陵同病复何如？强半秋来未有书。岂为浮荣愁堕甑？须知世路可
翻车。青霄结绶谁相引？白首论交独共予。世事缤纷那足问，隔江东畔有
鲈鱼。

吴大尹道南见访古城寺
杨温泉李义河张阳苏李方城夜集

山寺移尊接几筵，薜门萝径隐苍烟。江涵雁影秋将尽，月散林光夜不眠。倾盖喜逢东鲁彦，入疆初听武城弦。虚惭浅薄参同志，记取风流起后贤。

泊汉江望黄鹤楼

枫霜芦橘净江烟，锦石游鳞清可怜。贾客帆樯云外见，仙人楼阁镜中悬。九秋槎影横清汉，一笛梅花落远天。无限沧洲渔父意，夜深高咏独鸣舷。

山居

林深车马不闻喧，寒雨潇潇独掩门。秋草欲迷元亮径，清溪长绕仲长园。苍松偃仰云团盖，白鸟翻飞雪满村。莫漫逢人语幽胜，恐惊樵客问桃源。

正月初四日南郊礼成

午夜祥云绕太微，圣明开运六龙飞。箫韶享帝声容盛，玉帛来王历数归。宝幄天光临负扆，金舆春色映垂衣。微臣快睹唐虞际，三祝尧年仰曙辉。

春日禁中即事

驰道春归入建章，九重花卉动年芳。浮云细细生城阙，晴雪霏霏湿苑墙。内殿徐停红羽仗，御屏高闭素金床。日长退食天门里，惭愧中朝鹓鹭行。

送杨孝廉下第归

曾于鉴院窥奇藻，直拟长江倒峡来。白璧何人收楚璞，黄金空自筑燕台。因歌蜀道愁征骑，还向龙门叹暴鳃。狗监若论文似者，汉家终忆子云才。

病怀

白云黄鹤总悠然，底事风潮老岁年？自信合公沧海客，敢希方朔汉庭仙？离居可奈淹三月，尺疏何因达九天？独坐书空不成寐，荒芜虚负北山田。

度河

十年此地几经过，未了尘缘奈客何？官柳依依悬雨细，客帆渺渺出烟多。无端世路催行剑，终古浮荣感逝波。潦倒平生江海志，扁舟今日愧渔蓑。

七夕咏戏呈曹纪山馆丈

河汉佳期已旷年，人间天上两相怜。双鸾暂照今宵影，一水还订隔岁缘。凉入画屏秋缈缈，光摇银烛夜娟娟。谁知更有嫦娥冷，独闭琼楼只自眠。

西内即事二首

纷纷羽盖拂云来，冉冉霓旌下帝台。朝退玉宸香满袖，液分仙掌露盈杯。灵符关鹤来三岛，宝剑飞龙运五雷。夜见灵光照城阙，不知河上放灯回。

海上群仙一一来，袅云纡雾拥香台。下听天籁和琼管，更取霞浆泛玉杯。祝圣万年同海岳，驱邪三界走轰雷。青霄来往须臾事，为问仙车日几回。

对菊

客愁何意玩芳菲？只爱幽香冷浸衣。物色暮看秋后景，宠光晴藉苑边晖。餐闻楚调心还折，采向陶篱愿已违。今夜一枝聊对汝，并怜孤影月中微。

钟山堂

卜筑兰堂岁月深，地幽偏称结庐心。看山不碍翠微色，近市浑无车马音。直以蓄畲开骏业，还将篇籍代籝金。谢家庭树依然在，为报新枝已满林。

送袁少参之广东

粉署栖迟已十秋，更看旄节向南州。未论歧路关离思，且喜山川得胜游。海近十洲波不涌，花明五岭瘴全收。旬宣万里经行处，想见棠阴满道稠。

卷四十五　诗六

五言排律
扈从斋坛赐观斋宫温室纪恩

汉时卿云丽，周郊旭景妍。钩陈依太乙，仙跸驻甘泉。清吹喧驰道，斋宫谒上玄。紫坛香雾霭，苍璧瑞光圆。祀典祈宫肃，宸纶中使传。九盘分玉馔，八宝缀金钱。身似游天上，心常在日边。所祈灵贶远，长共圣恩延。

便殿奏事纪恩

造膝金华秘，承颜玉陛春。便宜条汉事，勤己动虞询。曲踊明臣礼，提携荷圣仁。宠褒华衮重，香引御袍新。下济天光近，传呼昼漏频。恩慈同地厚，伛偻欲墙循。臣忝台衡久，偏承鱼水亲。盐梅悬圣藻，蒲柳寄微身。主圣惟将美，才疏愧演纶。所希常道泰，千载庆兹辰。

赐御膳纪恩

迟日明青琐，薰风卷绛绡。金盘从内捧，玉食荷亲调。入碗冰同莹，流匙雪未消。加餐天语重，借箸主恩饶。多幸陪经幄，无能酌斗酌。轻身如沆瀣，藉手愧琼瑶。恺乐追鱼藻，赓歌叶凤韶。愿言均圣泽，耕凿戴唐尧。

拟咏四时山水花木翎毛画四首

春

紫陌晴云霭，青郊淑景新。秾花争笑日，好鸟乱鸣春。卷幔湖光入，铺茵草色匀。芳菲分帝苑，发育总皇仁。山锁秦人里，烟迷樵客津。隔林催布谷，圣主正歌豳。

夏

万顷烟江阔，千章灌木荣。盘涡深浴鹭，密叶暗藏莺。原野云为幛，河洲柳作营。游鳞牵荇乱，舞燕掠花轻。雨气消烦暑，山光送晚晴。皇风披宇内，不借五弦鸣。

秋

清商临素节，江上起层阴。芦荻芳洲静，芙蓉曲径深。秋声动幽竹，凉意入疏林。过雁黄云影，残蝉碧树音。露华全缀玉，菊蕊半舒金。爽气长空净，披图邑睿襟。

冬

祈年劳圣虑，瑞雪积瑶台。野竹凌风劲，山花破腊开。草枯霜隼奋，林暗暮鸦来。汝国人方卧，衡阳雁未回。暖催燕谷黍，寒尽陇头梅。会见青龙转，春风遍九垓。

题孙公遗爱祠

山拔天门峻，湖连汉水淜。惠人不可见，此地有遗祠。邑是沧浪汇，民愁沮洳危。自公驱五马，啣命总嘉师。杼柚忧亡屋，幽茕询寡嫠。野荒开沃壤，逋黎起疮痍。政以催科拙，才缘盘错知。潜沱疏惠泽，岩谷被恩私。绩奏吴公最，人怀杜母慈。来沾甘雨润，去望德星移。庙貌存遗像，丰碑表去思。有灵歆俎豆，无地返旌旗。箓竹含新箨，甘棠老故枝。高风长邈矣，怀古独凄其。骏发光逾远，鸿庥欻未衰。生申钟岳秀，梦说起岩居。廊庙瞻风雅，云霄振羽仪。衣冠夸奕世，声藉冠当时。运偶龙兴日，恩须凤诰跎。荣名兼世美，千载仰芳规。

上林春晓

禁苑春光晓，皇州霁景浮。淡烟笼细草，晴旭抱重楼。鸟影林稍乱，莺声花外留。红殷桃雨暗，绿散柳风柔。拂曙寒犹峭，侵衣露欲流。葱葱佳气里，春在五云头。

泰陵春祀

孝帝藏灵地，千秋寝殿崇。当年闻铸鼎，此月想遗弓。圣泽流寰宇，神真妥閟宫。山河春寂寂，松柏郁葱葱。玉盌晨光合，金灯夕照空。幸来陪初祀，瞻念五云中。

寿严少师三十韵

云际中兴圣，星精命世贤。千秋真遇主，八柱已承天。岳降生申日，岩居梦说年。作霖龙蛰起，华国凤仪骞。握斗调元化，持衡佐上玄。声名悬日月，剑履逼星躔。补衮功无匹，垂衣任独专。风云神自合，鱼水契无前。已属经纶手，兼司风雅权。春华霏藻翰，宫锦丽瑶编。润色皇猷远，铺张帝业鲜。语缄温树密，宴和柏梁篇。履盛心逾小，承恩貌益虔。神功归寂若，晚节更怡然。密勿孤忠励，仪刑百辟先。还将调燮理，却养寿祺绵。德邵身弥健，形和气自延。三朝见元老，七衮俨真仙。不睹松乔寿，焉知柱石坚？条风初变律，淑景正催妍。瑞霭浮南极，长庚耀蓟墙。沙明堤骑拥，云湿羽衣翩。垂柳摇金屈，飞花簇玳筵。筹增至几万，桃实又三千。鹤曲传瑶岛，鹏霄驻彩旗。云仍看接武，春色上华颠。历纪庄椿固，功存汗竹宣。毕公年未艾，裴相望逾悬。福迓天休永，名因帝眷全。所希垂不朽，勋业在凌烟。

梅中舍有作邀余赋

净舍梅花发，娟娟挺玉姿。犹怜残雪在，故傍暖云垂。地僻尘逾远，帘疏影并移。馨香只自惜，攀折欲谁贻？客有广陵兴，邀题东阁诗。春愁依堕蕊，乡思绕南枝。搦管那能赋？寻芳似有期。孤英聊足对，莫向笛中吹。

朱汉水墓

昔别余将隐，同吟《渔父篇》。今来君已殁，独见茂陵阡。剑解嗟何及，膏焚只自怜。清秋薤露湛，霄汉客星悬。知己今谁在？交情涕泗涟。江回流恨水，山晚结秋烟。大块同浮幻，风尘岂息肩？畏途今若此，吾道转凄然。役役劳生梦，纷纷世网牵。宁知暝游者，不爱此长眠？

柏亭

手植凌霄干，葱葱已数寻。萧森合野气，苍翠落庭阴。坐处云团盖，吟成月满林。栽培元有意，霜雪竟难侵。影接松峰暗，香分桂苑深。幸承玄景荫，长伴岁寒心。

七言排律
辽左奏捷奉谕以授略成功赐白金袭衣纪恩

烽火辽阳暗虏尘，鹰扬猛将事专征。洗兵青海朝氛尽，牧马天山暮雪平。都护近乘高阙塞，匈奴新款受降城。幄中决策臣何有？天上垂衣主自英。瑶札忽传奎藻丽，锦袍重解圣恩荣。让功真见虞廷美，偃武还看禹德明。四裔只今歌有道，书生何用请长缨？

七言绝句
应制题画鹿四首

濯濯仙姿傍碧山，瑶光应散在人间。只今周囿歌攸伏，不数西池献白环。

呦呦頫仰似亲人，伴鹤参猿复几春。何事便无芳草恋？为呈灵瑞感皇仁。

吸露栖云几岁年？从苍得白转为玄。黎丘不托荒游乘，芩野唯鸣湛乐筵。

中林腾倚偶成三，杂树青莎性所甘。上苑嬉游今已足，好归衡岳伴苏耽。

应制题画渔人二首

生绡写就锦江鳞，仿佛辞波上钓纶。见说周王歌在藻，愿归灵沼咏皇仁。

弱柳文丝系锦鳞，凭谁献作大庖珍？若非渭水持竿客，定是桐江把钓人。

应制题画马

神骏元从西极来，权奇俶傥是龙媒。君恩放与眠芳草，腾达终须万里才。

应制题四景翎毛

内苑桃花烂漫开，万年春色在蓬莱。灵禽自解传人语，也向君主祝寿来。

锦树丹葩照日红，雕阑翼翼引薰风。瑶池不是来王母，青鸟何由到汉宫？

疏篁丛菊彩娟娟，驯鸽飞鸣态宛然。幸得长雏金屋里，不愁鹰隼击高天。

苑树凝寒雪未消，渐看春色上梅梢。芳林可自容鸠拙，不向南枝借鹊巢。

应制咏瓶花六言二首

彩笔图将瑞萼，金瓶贮取仙葩。冉冉清香浥露，盈盈丽色凝霞。

旖旎一丛春色，葳蕤数朵寒香。不是丹青造化，谁知禁苑芬芳？

汉江古意

汉江东流风扬波，南船北船愁经过。舟师缩手抱双桨，对客唱公无渡河。

襄阳渡头春可怜，襄阳城北花含烟。大堤高楼酒初熟，欢吟且驻木兰船。

安肃道中雪

二月燕山雪尚飞，薄云笼日转霏微。官桥细柳仍含冻，何处飞花点客衣？

自兜率往南台行空雾中

祝仙兜率接南台，十里烟云总未开。咫尺前峰看不见，刘郎何处出天台？

水帘洞（飞泉在朱陵洞，最奇绝）

误疑瀛海翻琼浪，莫拟银河落碧流。自是湘妃深隐处，水晶帘挂五云头。

听泉

恰向峰头窥日出，还来松下听泉鸣。飞涛跳沫几千里，转石轰雷一夜声。

飞来船（石船在桂山畔）

石舰飞来几阅年？半落不落云中悬。何当棹向银河去，直取支机下九天。

应制白鹤吟十首

白鹤翻飞下九重，羽衣犹带露华浓。清音呖呖和仙乐，舞影翩翩绕帝宫。

仙禽本是仙人骥，不向人间振羽毛，为爱帝城多玉树，故随仙侣下丹霄。

青鸾为侣凤为媒，万里遥从阆苑来。衔得瑶池金母信，海桃重见数株开。

嘹嘹清唳隔苍烟，片片明霞绕御筵。金简忽传天上字，东华初纪大椿年。

玉字翱翔自玉京，九霄顿觉往来轻。昔随子晋登缑岭，今奉仙皇侍紫清。

九华宫阙逼云开，冉冉灵光拥帝台。不信仙真临上界，为看瑞鹤绕天来。

度尽烟霞几万重，夜深还宿蕊珠宫。凭谁授得长生术，一点灵砂满顶红。

万里云霄见羽仪，碧天秋日影离离。只缘呈瑞来仙苑，不是乘轩恋玉墀。

来时玉雪盘空下，舞处琼云绕座霏。圣主万年临紫极，仙禽长傍帝乡飞。

素衣不受市尘侵，飞息长依御苑深。解祝君王千万寿，一声声出五云岑。

题吕仙口号 （十三岁应试作）

这个道人，黄服蓝巾。分明认得，却记不真。呵呵，元来是醉岳阳、飞洞庭、姓吕的先生。

题竹 （十三岁应试作于楚王孙园亭）

绿遍潇湘外，疏林玉露寒。凤毛丛径节，只上尽头竿。

文华殿对

念终始，典于学，期迈殷宗；于缉熙，单厥心，若稽周后。

披皇图，考帝文，九宇化成于几席；游礼阙，翔艺囿，六经道显于羹墙。

四海升平，翠幄雍容探六籍；万几清暇，瑶编披览惜三余。

纵横图史，发天经地纬之藏；俯仰古今，期日就月将之益。

西昆峙群玉之峰，宝气高腾册府；东壁耿双星之曜，祥辉遥接书林。